JN442863

파산법연구

林 治 龍 著

博 英 社

머 리 말

이 책은 저자가 1998년부터 2004년까지 파산법에 관하여 쓴 글을 모아 2004년 6월 말을 기준으로 새로이 보완한 것이다. 저자가 처음으로 파산법에 관하여 관심을 갖게 된 것은 1989년 수원지방법원에서 회사정리사건을 담당하면서부터이다. 모르는 것이 허다하였고 참고할 책도 적어 부득이 일본 책을 읽다 보니 일본의 회사갱생법이 미국의 파산법에서 유래하였다는 흥미로운 사실을 알게 되었다. 그 후 사법부의 도움으로 미국에 연수갈 기회가 있어 평소 바라던 대로 법과대학원에서 파산법을 수강하였다. 1996년 귀국 후 미국의 민사소송법, 파산법 및 국제사법에 관하여 각 1편씩 글을 발표하는 것이 公僕의 道理라 생각하여 1998년도에 '헤이그송달조약에 관한 연구', '미국 파산법의 개정역사', '미국 저축법의 현황'을 각 발표하였다.

글을 쓰는 도중인 1997년 아시아경제위기가 들이닥쳐 파산법에 대한 관심이 높아지고 저자도 파산법에 관한 글을 추가로 발표하다보니 편수가 늘게 되고 주위에서 책을 내보라는 권유가 있어 蠻勇을 부려 책을 내게 되었다. 저자는 학자가 아닌 판사로서 전공도 없고, 임지가 바뀌면 그 때마다 새로운 사건을 심리해야만 하므로 파산법에 관하여 깊이 연구할 시간도, 더구나 능력이나 자질이 없음은 자신이 더 잘 알고 있다. 그럼에도 감히 이 책을 세상에 출간하는 이유는 저자가 품은 의문점과 그에 대한 둔하고 거친 생각이나마 남에게 알림으로써 언젠가 같은 문제를 접하는 분들의 소중한 연구시간을 아낄 수 있으면 하는 바람 때문이다.

출간을 격려해 준 오수근 교수님, 권순일 부장판사님, 한국전 참전용사로서 미국 파산법에 관한 자료를 보내주시는 Arnold Quittner 변호사님, 교정을 봐 준 이용운, 이준철, 이수열 판사, 편집에 수고하신 김선민 차장님께 감사를 드린다. 그 외 도움을 받은 분들은 글의 각주 앞부분에 기재하였다. 어려운 시절 많은 도움을 주시고, 법관으로서 자세가 흔들릴 때마다 먼발치서 등대의 역할을 해 주신 작은

外叔, 外叔母님께 이 책을 바친다. 부모님은 아직 두 분보다 年少하시니 부모님께 대한 獻詞는 후일을 기약한다.

2004. 8.

저자 林 治 龍

차 례

제 1 편 파산법 일반

도산법개정안에 대하여(상, 하)

도산법제에 있어서의 파산절차의 특색

도산절차에 있어서 어음채권자의 지위

개인채무자회생법 해설

Korean Insolvency System

제 2 편 미국 파산법

미국 파산법의 개정역사

미국 파산법의 주요내용

제 3 편 회사정리법

정리채권의 확정절차와 그 불복방법

정리회사와 보증인의 법률관계

정리계획안의 공정 · 형평 · 수행가능성에 관한 연구

한국 · 미국 · 일본의 회사재건제도의 현황

제 4 편 국제파산

국제파산절차와 사법공조

외국파산절차가 국내에 미치는 영향

통합도산법개정안 중 국제파산편에 대한 검토

제 1 편 파산법 일반

도산법개정안에 대하여(상, 하)
도산법제에 있어서의 파산절차의 특색
도산절차에 있어서 어음채권자의 지위
개인채무자회생법 해설
Korean Insolvency System

도산법개정안에 대하여(상, 하)

Ⅰ. 파산법원의 설치문제	Ⅳ. 정리계획안
Ⅱ. 회사정리신청의 범위를 확대하는 문제	Ⅴ. 법원의 감독업무
Ⅲ. 정리회사의 경영권	Ⅵ. 소비자 파산

지금 국내의 도산법 개정 작업은 다분히 미국의 1978년 개정파산법을 염두에 두고 있는 것처럼 보인다. 파산법원 및 파산관리위원회의 설치 등에 관한 논의가 그 예이다. 1978년 개정작업은 1938년부터 1978년까지 40년간 종전 파산법의 운용 경험과 전국파산법개정위원회를 설치한 후 그간의 운용실태에 대한 충분한 연구에 터잡은 것이다. 특히 동법의 핵심은 파산사건의 행정적인 관리를 법원이 떠맡지 않고 미합중국 관리관제도를 창설하여 위 관리관에게 많은 권한과 역할을 위임하고, 파산법원의 관할권을 확대한 것 등이다. 그간 신문지상을 통하여 논의되고 있는 도산법의 개정작업에 졸견을 표하고 글을 마무리하고자 한다.

Ⅰ. 파산법원의 설치문제

미국의 파산법원은 연방헌법 제Ⅰ장 제8조에 기한 것이다. 州際通商을 원활히 한다는 점과 미국이 연방제도를 취하고 있는 관계로 어느 주의 채권자가 다른 주의 채무자 또는 다른 주에 소재한 채무자의 재산에 대한 채권 추심이 방해받지 않도록 하자는 것이 파산법원 설치의 가장 큰 이유이다. 연방지방법원의 판사는 종신의 임기와 감액되지 않는 보수의 보장을 받는 판사(이른바 Article Ⅲ judge)이고, 파산법원의 법관은 당초부터 이러한 연방법원판사를 보조하는 지위에서 유래하였다. 현재의 파산법관은 연방항소법원이 임명하고 임기도 14년이고 보수의 보호가 없는 법관으로서 양자의 신분상의 차이는 현격하다. 또한 파산법원과 연방지방법원의 관할문제는 지금까지도 미국 파산법이 해결하여야 할 난제로 남아 있다. 그러나 우리 나라는 모든 법관의 자격이 동일하므로 이와 같은 문제는 애초부터 생길 수가 없는 것이다. 따라서 우리 나라에서 논의되고 있는 파산법원의 문제는 오로지 전문성을 제고하여 파산사건의 신속한 심리를 위한 것으로 보여지는바, 그러한 문제는 법을 개정하여 파산법원을 설치할 것이 아니라 전문재판부의 운영을 통하여서도 충분히 가능할 것이라고 생각한다. 예컨대 파산사건 전문재판부의 사무분담을 다른 법원에서 근무하는 기간만큼 근무하게 되면 도산 사건의 전문성을 숙지하고 이를 반영하는데 큰 문제는 없으리라 본다.[1] 기존의 가정법원 외에 특허법원과 행정법원이 1998. 3. 1.부터 개원하고 있는바, 한편으로 정부기구를 축소하자는 행정개혁을 논의하고 있는 시점에서 독립한 법원을 만들어 기구를 확대하는 것이 올바른 것인지, 또한 전문법원의 증가가 사법 정책적으로 과연 바람직한지에 대하여도 깊은 연구가 있어야 한다고 생각한다. 다음으로는 과연 별도의 법원을 설치할 만큼의 전국적인 도산 사건이 있는지에 대하여 검토하기로 한다. 별지 표에서 보는 바와 같이 지난 1986년부터 1997년까지의 파산, 화의, 회사정리사건의 통계를 보면 비록 1997년에 많은 사건이 폭주하였다고 하지만 아직 전국규모의 별도의 독립법원을 설치하기에는 부족하다고 생각된다.[2]

Ⅱ. 회사정리신청의 범위를 확대하는 문제

현재 회사정리법의 적용대상이 되는 회사는 주식회사로 한정되어 있다. 이를 합명회사, 합자회사, 유한회사의 다른 형태의 회사에까지 확대할 것인지, 더 나아가 개인사업자의 경우에도 미국 파산법 13장과 같은 형태로 재건절차를 인정할 것인지에 관하여 논의가 있을 수 있다.[3] 또한 지금과 같이 일정 규모 이상의 회사에

1) 인사이동 후 전국의 파산전문재판부 법관의 연수를 실시하여 전임자가 숙지한 파산법에 관한 이론과 노하우를 공유하고 새로운 법관에게 전수시키는 방안도 있을 수 있다.

2) 이 글을 쓸 당시에는 1998년을 기준으로 한 통계를 작성하였으나 2003년을 기준으로 한 도산통계는 이 책의 개인채무자회생법 해설의 부록에 韓·美·日 3국의 도산통계자료를 참조 요함.

3) "좌담회 회사정리법의 제문제," 인권과 정의(1992. 3), 33면 이하, 좌담회에 참석한 분들은 대체로 법원이 회사정리절차의 신청에 대하여 보다 개방적이 되어야 한다는 주장이고 특히 주식회사뿐 아니라 유한회사에 대하여도 이 제도의 혜택이 돌아가야 한다는 주장도 있었다(정동윤 교수

대하여만 회사정리절차를 인정할 것인지에 대하여도 논의가 있다. 회사정리의 실무가도 회사정리절차의 대상을 일정규모 이상의 회사에 대하여만 허용하자는 법원의 구 관행은 이론상으로 회사정리법 제38조의 법문의 해석에 맞지 않고 실천적으로도 대기업에 대하여만 특혜를 주는 것이 되어 옳지 않다는 지적하고 있다.[4] 이번 개정 논의에서 구체적으로 어느 범위까지 회사정리의 신청범위를 확대할 것인지에 대하여는 아직 알 수 없으나 저자가 추측하기에 이 점 역시 파산이나 화의, 재건신청에 아무런 제약이 없고 일단 신청이 있으면 모든 소송 및 집행절차가 자동적으로 중단된다는 미국의 제도에 착안한 것이라고 보여진다. 저자는 원칙적으로 주식회사 이외 합자회사 등 다른 형태의 회사법인에 대하여 회사정리신청의 범위를 확대하는 점에 대하여는 찬성하고 자본금 100억 원 규모 이상의 대기업에 대하여만 회사정리를 인정하는 관행에는 반대한다. 종전의 실무 관행이 일정 규모 이상의 주식회사에 대하여만 회사정리절차를 인정하려고 한 데는 나름대로의 이유가 있었다고 생각한다. 첫째는 대규모 회사가 부도 처리되면 그 즉시 파산절차로 가는 것보다는 기업을 유지하여 갱생을 도모하는 것이 실업을 예방하고, 자산이 헐값에 매도되는 것을 방지함으로써 국가 경제적으로 유익하다는 공익상의 이유와 둘째로 보전처분을 받게 되면 부정수표단속법위반죄로 처벌받지 않는 형사법상의 면책을 가급적 좁게 인정하여야 한다는 형사법적인 고려에 기한 것[5]과 끝으로, 아무래도 대규모회사는 성공률이 높은 반면에 소규모회사는 성공률이 낮을 것이고 성공률이 낮다면 그로 인한 비판을 피하기 위한 것이라고 생각한다.[6]

그러나 미국의 경우는 우리 나라의 부정수표단속법과 같이 부도수표의 발행을 형사적으로 규율하는 법이 없다. 현금보다는 수표가 일상의 지불수단으로 되어 있는 철저한 신용사회가 기반이 된 미국에서는 굳이 부정수표단속법의 제정이 없더라도 부도수표의 남발은 정상적인 사회생활을 영위하지 못하게 되어 신용을 유지하는 일이 무엇보다 중요한 것이다. 그간 우리의 회사정리 제도가 일반인으로부터 비판을 받아온 것 중의 하나가 부정수표단속법위반을 회피하기 위한 목적으로 악

발언부분, 37면).

4) 金龍潭, "정리계획기간중의 감독권행사 철저를 둘러싼 문제점," 민사판례연구(XVI), 박영사(1994), 362-364면 참조.

5) 金龍潭, 전게논문(주 4), 561-562면에서는 그 동안 법원이 회사정리사건에 소극적인 이유로 정리회사의 성공률이 낮은 점, 채권자들의 희생하에 회사파탄에 책임이 있는 기업주에게 형사상의 면책과 채무의 면책을 인정해주는 면죄부를 준다는 점을 들고 있다.

6) 미국의 경우도 자산이 1억 불 이상인 대규모 회사의 성공률이 소규모 회사보다 몇 배 높다고 한다.

용되는 경우[7]가 있었다는 점이다. 몇 천만 원의 수표를 부도내는 일반 중소기업의 사장은 바로 동법 위반으로 구속되어 형사처벌을 받고 있는데도 몇 백억 원의 수표를 부도낸 대기업의 사장에 대하여는 회사정리법에 기하여 형사처벌을 면하고 회사까지 살려준다는 이 소박하고 단순한 질타를 염두에 두어야 할 것이다.

일반인들에게 아직까지 가계수표의 사용이 흔하지 않아 구미와 같이 신용사회가 아직 뿌리내리지 않은 우리 현실에서 부정수표단속법을 폐지하여 부도수표를 발행한 사람에게 사기 등의 형사범으로 처벌되는 것은 별론으로 하고 부정수표 발행행위 자체를 처벌하지 않겠다는 것이 동법에 익숙하여진 일반 국민의 정서를 납득시킬 수 있는지 의문이다. 기업의 도산이 연쇄적으로 일어나면서 수표의 부도가 급증하는 현실에서 종전과 같은 기준에서 부정수표단속법을 적용하여 인신을 구속하는 것이 타당한 것인가에 대하여 다시 생각해볼 때가 왔다. 부정수표단속법과 회사정리법은 양자의 입법목적이나 규율하는 영역, 법률의 성질 등에 있어서 서로 다른 것이지만 실제 운용상 밀접한 관계가 있는 것이고 어떻게 이 양자를 조화롭게 운용하느냐를 앞으로 개정작업에서 고려해야 할 것이다.

또한 정리절차 개시 당시에 회사의 갱생가망을 회사정리절차의 개시 판단의 결정적인 근거로 삼는 것은 적절하지 못하다. 파산입법의 역사는 회사의 회생가능성을 예측해서 재건형 절차가 성립된 것이 아님을 보여주고 있다.[8] 지금과 같이 개시결정을 좁게 인정하고 대신에 정리계획을 인가함에 있어 장기간의 변제기한을 인정하여 주는 것보다는 개시결정의 문호를 조금 넓히고 오히려 채권자에 대한 배당률을 높이고 정리계획의 변제기한을 보다 단기간으로 인가하여 주는 방향으로 실무의 운용을 개정하는 것이 옳다고 생각한다. 미국이나 일본에서 회사정리제도를 포함한 도산 제도가 비판을 받고 수회 개정된 공통의 이유가 개시절차를 느슨하게 인정하는데 있었다기보다는 오히려 재건절차가 시일이 오래 걸리고, 비용이 많이 드는데 비하여 채권자들에 대한 배당률이 낮았던 데에 있음에 주목할 필요가 있다.[9] 따라서 정리절차를 개시한 사건 가운데 정리절차가 폐지된 것이 많다는 이유만으로 회사정리법이 악법이라는 비판은 타당하지 않은 것이다. 미국의 경우에서도

7) 전게 좌담회(주 3), 35-36면.

8) 吳守根, "회사정리법의 역사적 발전과정에 관한 소고," 민사판례연구(XVI), 박영사(1994), 469면.

9) 미국의 경우 1898년 파산법 제정 이전의 초기 파산법이 수차례에 걸쳐 제정되었으나 단기간에 폐지된 것도 이 점에 있었다. 일본의 경우도 會社更生法이 악법이라고 비판받는 이유도 보통 15-20%의 낮은 배당률과 보전명령으로부터 채권의 변제가 금지되는 보전명령일로부터 정리계획안종결까지의 기간이 길게는 20년이 넘게 되는 점이 큰 이유라고 한다(淸水直, 續·會社更生手續の實務, 商事法務硏究會(1983), 23-26면 참조).

11장 사건이 인가된 정리계획대로 종결되는 비율은 높지 않은 것이고 이를 두고 11장 제도의 폐지를 주장하지는 않고 있다.

회사정리의 문호를 좁게 인정하고 일단 개시결정이 나면 대부분이 인가되어 장기에 걸쳐 채무의 변제라는 특혜를 주는 종전의 방식을 택할 것인가, 아니면 문호를 넓히고 정리계획안의 심사를 강화하여 인가율을 낮추되 인가되지 못한 사건은 파산으로 이행할 것인지 결단의 문제만 남았다고 생각한다.

Ⅲ. 정리회사의 경영권

현행의 회사정리절차를 실무상 운영함에 있어 겪는 어려움은 첫째는 갱생의 가능성이 있는지 여부를 심리하여 개시결정을 할 것인지의 문제이고, 둘째는 정리회사의 원활한 업무수행을 위하여 정리회사의 실정과 규모에 맞는 적합한 관리인을 선임하는 일이고, 셋째는 정리계획안이 공평하고, 수행가능성이 있는지를 판단하는 것이다. 그런데 그 중 관리인이야말로 채권자들과 종업원들의 희망대로 장차 정리회사가 갱생할 수 있도록 회사를 운영하는 중요한 직책이다. 따라서 관리인의 선임결정은 매우 중요한 것이다. 즉 관리인은 개시결정 후의 운영자금의 조달과 회사의 조직을 장악하고 종전의 거래선과의 거래관계를 유지하고 새로운 고객을 확보하는 등의 일을 하여야 한다. 그러나 실제로는 관리인이 구 경영주의 허수아비에 불과하거나 적어도 구 경영주와 밀접한 관계가 있는 사람이 선임되는 경우가 많다. 법원으로서도 보다 공정하고 운영자금을 조달할 능력도 있고 회사의 종업원과도 원만한 관계를 갖출 수 있는 관리인이 선임되기를 바라고 있으나 이와 같은 조건을 갖춘 사람이라면 굳이 정리회사를 인수하기보다는 자기가 창업을 하는 편이 낫다면서 관리인이 되기를 기피하는 것이 현실이므로 법원이 원하는 관리인을 구하기는 실제로 매우 어렵다. 대기업의 경우에는 다액의 정리담보권자인 은행이 관리인이 되거나 은행의 중역을 관리인으로 추천하기도 하지만,[10] 중소기업의 경우에는 은행 등 다액의 정리담보권자도 회사의 경영에 관심이 없게 마련이다. 개정 전의 회사정리법 제94조 제 1 항은 관리인은 아무런 이해관계 없는 자 중에서 선임하

10) 최근 주거래은행들은 보전관리인을 추천하였다가 나중에 회사가 갱생에 실패하는 경우 채권자 및 근로자들로부터 회사의 갱생실패원인이 은행의 관리잘못이라는 오해를 받을 우려가 있다는 등의 이유로 보전관리인 추천을 주저하는 경향을 보인다고 한다. 金炯枓, "최근 서울지방법원의 회사정리 및 화의사건 실무," 인권과 정의(1996. 9), 69면.

여야 한다고 규정하였으나[11] 실무상 아무런 이해관계 없는 자로 하여금 능력과 열성을 다하여 직무에 충실하게 일하게 한다는 그 자체가 이율배반이고, 緣木求魚이다.[12]

미국의 파산법의 개정경험이나 그간 우리의 회사정리제도의 실무에 있어서 드러난 경영권을 고수하려는 채무자의 입장을 솔직히 직시하여야 한다고 생각한다. 근자의 파산사태에서 알 수 있듯이 구 경영주의 사기, 불성실, 경영의 실패를 원인으로 한 것이 아니라 갑작스런 금융위기가 엄습하여 흑자임에도 일시적인 자금의 경색으로 도산하는 경우도 있다. 종전 대표이사에게 경영권을 유지하고 종전의 대주주에게도 어느 정도 회사의 주식을 가질 수 있도록 하는 편이 현재와 같이 관리인을 선임하여 종전 대표이사가 갖고 있던 회사의 경영권을 빼앗고 구 주주를 경영권에서 배제하는 내용의 100% 주식을 소각하는 내용의 정리계획안을 일률적으로 적용하는 것보다 회사를 신속하게 재건하는 데 도움이 되리라고 생각한다. 즉 관리인을 별도로 임명할 필요가 없으므로 비용이 절약되고, 일반채권자 입장에서도 새로운 관리인을 임명하는 것보다 종전의 채무자에게 경영을 맡기는 것이 유리한 경우도 있을 수 있다.[13] 특히 일시적인 자금경색으로 흑자 도산하는 경우 채권자들이나 소수 주주들도 종전 경영인에게 회사를 계속하여 경영하도록 하는 데에 아무런 반대가 없는 경우에 반드시 관리인을 선임하여 회사의 경영권을 관리인에게 모두 넘겨주는 것이 옳은 것인지 생각해볼 필요가 있다. 따라서 종전의 경영주가 갖고 있는 회사내부와 회사의 거래선에 대한 정보를 잘 활용하고 갱생의 의욕도 있는 종전의 경영주에게도 회사경영권을 인정하도록 회사정리법을 개정하여 이들을 회사정리법으로 끌어들이되 회사정리법(또는 통합된 도산법) 내에 동인의 권한을 적절히 견제할 수 있는 장치의 마련[14]을 강구하는 방향으로 개정함이 옳다고 생각한다.

1997년 극심한 경제위기를 겪으면서 중소기업뿐 아니라 재벌기업마저 도산하는 사태가 발생하였다. 이러한 대기업의 도산을 대처하기 위하여 제정된 법이 회사정리법이다. 그러나 실제의 상황은 우리의 도산법체계가 예상하지 않은 사태로 전

11) 개정법 제94조는 관리인은 그 직무를 행함에 적합한 자 중에서 선임하여야 한다고 개정하고 공동관리인의 경우 1인은 이해관계 없는 자가 아니라도 무방하다는 내용의 제 2 항은 삭제하였다.

12) 金龍潭, 전게논문(주 4), 368면.

13) 小林秀之, アメリカ民事訴訟法, 弘文堂(1985), 380면. n 61. House Report 95-595, 95th Cong., 1st Sess, at 232-234(1977).

14) 미국의 파산법상의 채권자위원회의 기능도 참고가 될 수 있다.

개되었다.[15] 기아그룹이 화의신청을 냈으며 그 밖의 대기업과 중소기업까지 화의신청을 하였다(위 통계표에 의하면 1997년에 이르러 처음으로 화의사건이 회사정리사건을 크게 앞지르게 되었다). 대기업이 회사정리법의 적용을 피하고 화의를 신청하는 이유는 간단하다. 즉 회사정리법에 의하는 경우에는 회사의 경영권이 관리인에게 귀속되고 구 경영주의 주식을 소각한다는 회사정리 운영방침[16]을 염려하여 경영권을 그대로 유지하기 위한 것이었다. 이는 1978년 파산법 개정 전의 미국의 상황과 같은 것이라고 보여진다. 대기업의 도산을 화의법으로 해결하기에는 여러모로 적절하지 않다.

화의법상의 화의는 채무자에게 파산의 원인이 생겨 파산선고를 받아야 할 상태에 처한 경우 법원, 정리위원, 관재인의 보조·감독하에 채무자와 채권자들 사이에 협정을 체결하여 채무의 변제방법을 정하고 이에 의하여 파산선고를 면하는 제도를 말한다.

그러나 화의제도는 회사정리보다 그 구속력이 약하다. 회사정리절차에서는 정리계획안이 법정의 가결요건을 갖추어 가결되면 그에 반대한 담보권자까지 구속력이 미쳐 회사 재산에 대하여 강제(또는 임의)집행을 할 수 없게 된다. 그러나 화의의 효력은 일반채권자에게만 미치고 조세채권자와 같은 일반의 우선권이 있는 채권자, 근저당권자와 같은 별제권자에게는 화의의 구속력이 미치지 않기 때문에 비록 선순위의 담보권자는 화의에 동의하였으나 부동의한 후순위의 담보권자가 언제라도 담보권을 실행할 수 있게 되어 일반채권자들과 채무자가 공들여 마련한 화의계약이 목적을 달성하지 못하게 되는 것이다.[17] 실무상 화의개시결정의 중요한 요

15) 그러나 실무상으로는 이미 예견되었던 것이다. 즉 법원이 1996. 7. 27. 송무예규(제487호, 회사정리사건처리요령)를 개정하여 회사정리절차의 개시요건을 강화하고, 관리인은 종전 사주의 영향력이 미치지 않는 중립적인 관리인을 선임하고, 구 경영진의 주식을 무상소각하기로 하고, 이에 따라 서울지방법원의 실무가 보전처분결정 전에 주권 및 무상소각 동의서를 받아두었다가 후일 무상 소각한다는 방침이 알려지자 회사정리절차의 이용을 회피하고 이러한 제한이 없는 화의법을 선호하게 된 것이다. 金炯枓, 전게논문(주 10), 73면 참조.

16) 위 송무예규 중 관리인의 선정 기준 및 구사주의 영향력 배제 등의 항목 중에 '부실경영 등에 대한 책임을 묻고 제3의 인수기업의 인수를 활성화하기 위하여 구 주식전부를 무상소각하고 인수 의사를 밝힌 제3의 인수기업에게 신주를 발행, 배정하는 것을 원칙으로 함. 다만, 상장회사나 장외등록회사인 경우에는 구 사주측의 주식만 무상소각하고 나머지 구 주식은 일정비율로 병합하여 구 주식수를 줄인 다음 신주를 발행하여 제3의 인수기업에게 배정함'이라고 규정하고 있다. 동 예규는 일본의 동경지방법원의 사례를 근거로 들고 있으나 일본의 실무가 중에는 상장회사가 會社更生節次에 들어간 경우 주가가 폭락하였더라도 그 가치가 전혀 없는 것이 아님에도 마치 회사가 죽은 것으로 보아 100% 감자를 하는 것은 의문이 있다고 반대하는 견해도 있다. 淸水直, 전게서(주 9), 30-31면.

17) 화의법 제43조는 우선권을 가진 채권자는 화의채권에서 제외시키고 있으며 실무상으로는 채권자와 채무자가 협상을 벌여 담보채권자의 담보권을 포기하게 하여 화의채권이 되게 하고 있으나

건으로 삼는 것이 화의조건의 이행가능성인바, 그 중 회사의 공장과 같은 영업재산에 대한 별제권자가 별제권행사를 유예하고 화의개시에 동의하고 있는가 하는 점인데 별제권자로서도 약속한 화의조건을 위반하면 언제든지 별제권을 행사하여 경매할 수 있는 권리를 유보하고 다만 채무변제가 약속대로 이행되는 동안에만 별제권행사를 유예하는 것이므로 회사정리의 경우보다 쉽게 화의조건에 동의하고 있으나 언제든지 경매절차가 가능하므로 기업의 재건을 꾀하기에는 여러 모로 부적합하다.

그렇다면 미국의 파산법의 개정과정과 같이 종전 경영진이 계속하여 회사의 경영을 하도록 하는 이른바 Debtor In Possession을 허용하는 방향으로 개정할 것인지에 대하여 신중히 검토해야 할 것이다.

다만 경영자에게 사기, 불성실, 경영상의 과오 등이 있는 경우에는 회사를 파탄에 빠뜨려 국가경제를 흔들어 놓은 기업에 대하여 회사정리신청을 허가하여 주고 더구나 기업의 경영까지 계속하여 맡긴다는 것은 일반 국민의 법감정이나 형평에도 맞지 아니하므로 회사정리법 제38조 제 7 호 및 제 8 호[18]를 적절히 활용하여 신청을 기각하거나 회사정리법 제221조 제 2 항[19]을 적용하여 구 경영주배제 규정을 적용하여 관리인을 선임하여 새로운 관리인에게 경영권을 맡기고 정리계획에 있어서도 구 경영주의 주식을 전부 또는 상당부분을 소각하는 방안을 강구하면 족하다.

Ⅳ. 정리계획안

회사가 정리절차 개시신청을 함에 있어 보전처분을 함께 신청하는 것이 통례이다. 이 보전처분이 받아들여지면 이때로부터 채권자에 대한 변제가 금지되어 정리계획안이 인가되면 정리계획안에서 정한 변제기간까지 채권을 추심할 수 없게

이를 법률적으로 강제할 수는 없어 후순위의 담보권자가 별제권을 행사하여 담보목적물을 환가처분하는 것을 방지할 수는 없다.

18) 제 7 호는 '회사의 파탄원인이 이사나 이에 준할 자 또는 지배인의 회사재산의 도피, 은닉 또는 고의적인 부실경영 등 행위에 기인한 때'를 제 8 호는 '기타 신청이 성실하지 아니한 때'를 각 규정하고 있다.

19) 제221조 제 2 항은 1981. 3. 5. 신설된 것으로 '정리절차 개시의 원인이 이사나 이에 준할 자 또는 지배인의 회사재산의 도피 · 은닉 또는 고의적인 부실경영 등 행위에 기인한 경우에는 그 행위에 관여한 주주 및 그 친족 기타 특수관계에 있는 주주가 가진 주식의 2/3를 소각하는 방법으로 자본을 감소할 것을 정하여야 한다'고 규정하고 있다.

된다. 서울지방법원의 실무는 보전처분이 있으면 대표자심문, 은행 등에 대한 의견조회, 공장검증 등 심리의 진행 결과에 따라 신청 후 1주 내지 4주 사이에 결정을 하고 있다.[20] 저자가 근무한 수원지방법원의 1980년대 통계를 보면 보전처분 후 개시결정일까지는 보통 짧게는 2개월부터 길게는 7개월까지 소요되었다.[21] 일본이나 우리 나라의 회사정리법상의 정리계획은 2년의 준비기간과 10-15년(최장 20년인 경우도 있다)에 걸쳐 원리금을 분할 상환하고 있다.[22] 그렇다면 채권자가 변제를 받지 못하게 된 날로부터 원리금을(실무상 정리채권자에 대하여는 이자를 계상하고 있지 않고 있다) 다 받기까지 소요되는 위 기간은 너무 길다고 하지 않을 수 없다.[23] 개시결정 후 정리계획안을 인가할 당시 장래의 수익을 정확하게 예측할 수는 없는 것이므로 당초의 계획안대로 정리계획이 수행되지 못하는 경우도 있고 10년 후 20년 후의 변제액이라는 것이 당초의 예상과 떨어져 현실과 유리된 숫자놀음에 불과하게 되어 정리계획이 중도에 변경되는 사례도 적지 않게 된다.[24]

정리절차에서의 배당률이 파산절차에서의 배당률보다 낮다고 한다면 채권자로서는 정리절차에 동의할 까닭이 없는 것이다. 따라서 미국의 파산법과 마찬가지로 채권자의 동의가 없는 한, 정리계획안에 의하여 배당받는 것이 파산절차에서 배당받는 비율보다는 높아야 할 것이다. 그렇게 함으로써 정리계획이 장기간에 걸쳐 배당률을 낮추는 것을 방지하고 신속하게 정리절차를 종결시킴으로써 동법이 채권자의 희생하에 채무자에게 특혜를 주었다는 비판을 누그러뜨릴 필요가 있다.

종전 법원은 회사정리법이 주주인 구 경영진에게 특혜를 주는 악법이라는 비판에 대하여 이해관계인이 아닌 자로부터 관리인을 선임하여 동인에게 회사의 경

---

20) 金炯枓, 전게논문(주 10), 69면.

21) 85파270호, 보전처분 1985. 3. 8. 정리절차개시 1985. 5. 25; 85파589호, 보전처분 1985. 6. 24. 정리절차개시 1985. 8. 27; 85파738호 보전처분 1985. 10. 7. 정리절차개시 1986. 1. 23; 86파382 보전처분 1986. 7. 1. 정리절차개시 1986. 11. 25; 86파2753 보전처분 1986. 10. 13. 정리절차개시 1987. 2. 27; 87파3831 보전처분 1987. 6. 23. 정리절차개시 1988. 1. 26; 88파346 보전처분 1988. 6. 30. 정리절차개시 1988. 10. 4; 88파156 보전처분 1988. 5. 9. 정리절차개시 1988. 11. 22.

22) 수원지방법원 82파58호(2년의 준비연도, 14년의 변제기간), 89파417(2년의 준비연도, 15년의 변제기간), 88파346(2년의 준비기간, 10년의 변제기간) 등이다. 한편 서울지방법원의 경우 정리계획이 인가된 사건 34건 중 10년 이하가 4건, 10-15년이 19건, 15-20년이 11건이라고 한다. 金炯枓, 전게논문(주 10), 72면. 한편 일본의 경우 정리계획안을 분석한 것을 보면 일본의 경우도 변제기가 최장 20년까지로 된 계획안이 있는 것으로 조사되었으나 우리와 다른 것은 존속형의 정리계획의 경우에도 단기 3년 내지 5년의 계획안이 많이 발견된다는 점이다. 자세한 것에 대하여는 霜島甲一외 3인, "會社更生計劃の分析," ジュリスト 1967. 9. 1(No. 378)호부터 1968. 6. 1(No. 399)호 특히 정리계획안의 기간에 관하여는 1968. 6. 1(No. 378)호, 104면부터 107면 참조).

23) 同旨, 金龍潭, 전게논문(주 4), 585면.

24) 淸水直, 전게서(주 9), 26면.

영을 맡길 뿐 아니라 정리계획을 인가함에 있어 경영진의 주식을 전부 소각하기 때문에 회사정리제도는 구 주주에 대한 특혜가 아니고 회사를 살리는 제도라고 홍보하여 왔다. 그러나 채권자들 입장에서는 누가 회사를 새로이 경영하느냐 하는 문제보다는 설사 종전 경영주와 관련이 있는 사람이 관리인이 되더라도 좋으니(실무상으로 이런 사례가 많았다) 빠른 시간 내에 높은 배당률로 채권을 회수하는데 초미의 관심이 있었던 것이다. 따라서 법원으로서는 지금까지 회사정리의 실무를 개시결정의 허부나 적합한 관리인의 선임 감독이라는 데에 초점을 맞춘 데서 벗어나 과연 정리계획안이 얼마나 효율성이 있는가 또한 법이 정한대로 공평하고 수행가능한 것인지 하는 문제에 역량을 기울여 보다 빠른 기간 내에 배당률을 높이고 채권을 회수할 수 있도록 노력을 경주할 필요가 있다고 생각한다. 그렇게 함으로써 정리계획안 인가단계에서 위와 같은 기준에 미치지 못하는 정리회사에 대하여는 과감하게 파산절차로 이행하는 것[25]이 동법이 구 경영주에게 특혜만 줄 뿐 채권자에게 도움이 되지 못한다는 비판을 벗어날 수 있으리라 생각한다. 또한 실무상 정리법원으로서도 기간이 짧으면 정리계획에 보다 철저한 감독을 할 수 있으므로 이로 인한 노력과 비용 등을 줄일 수 있다.

다만 미국의 경우 13장의 경우 소규모의 개인사업자를 위한 정리계획안이 3년 내지 5년의 기간을 인정하고 있음에 비추어 볼 때 회사정리법은 대규모의 기업을 상정하고 있다는 점에서 적어도 위 기간보다 단축하는 것은 무리라고 생각한다.

V. 법원의 감독업무

우리 나라의 회사정리의 체제는 미국의 1938년 Chandler Act를 계수한 것이다. 법원의 후견적인 역할을 강조하여 관리인을 통하여 회사의 재건을 꾀하고 관리인의 전횡이나 비리를 감시 감독하는 역할을 맡고 있다. 또한 정리계획안이 제출되면 정리계획안의 심리를 위한 제 2 회 관계인 집회나, 결의를 위한 제 3 회 관계인 집회를 소집하기 이전에 법원이 직권으로 정리계획안의 수정을 명할 수 있으며(회사정리법 제197조), 정리계획안이 관계인 집회에서 가결되었더라도 정리계획안이 공정, 형평하고 수행가능하지 아니하는 등 제233조의 요건을 갖추지 못한 경우에는 법원이 정리계획안을 인가할 수 없으며, 위의 요건에 해당하지 않더라도 모든 사정을 고려하

25) 미국의 경우 신청된 정리계획안 중 17%만이 인가된다고 한다.

여 인가하지 아니하는 것이 부적당하다고 인정하는 때에는 계획인가의 결정을 할 수 있도록 규정하고 있어 법원의 후견적인 권한이 강화되어 있다.

그러나 실무상 담당재판부는 길어야 2년 이상 회사정리를 전담하는 부서에 근무하지 못하고 있음에 반하여, 정리계획안은 15년 내지 20년의 기간으로 되어 있어 정리절차의 개시단계에 노력을 경주하고, 정리계획이 인가된 후의 회사정리사건의 감독은 엄격하게 감독하지 못하고 있는 실정이다. 재판부나 당사자들로서도 정리계획안이 인가되면 사실상의 중요한 문제는 해결된 것으로 생각하고 그다지 큰 관심을 갖고 있지 않는 듯하다. 재판부로서는 워낙 과도한 사건부담(보통 회사정리사건 외에 다른 본안사건이나 신청사건도 맡고 있다)과 새로 접수된 회사정리 사건에 파묻히다 보면 정리절차가 폐지될 시기에 임박하게 되어서야 다시 위 사건을 검토한 것이 저자의 경험이다.

오히려 대립 당사자주의의 장점을 살려 채권자들의 이익을 대표하는 가칭 채권자위원회를 설치하여 동 위원회에서 변호사나 회계사 등을 선임하여 그들로 하여금 회사의 운영을 감시 감독할 수 있는 권한을 부여하고 법원은 관리인과 채권자위원회의 상반되는 주장을 듣고 이를 판단하도록 하는 것이 더욱 효율적이라고 생각한다. 법률전문가인 법관으로 하여금 회사의 경영에 관한 전반적인 문제를 감시 감독한다고 하는 것이 현실적으로 무리한 주문을 하는 것이 아닌가 생각한다. 미국, 일본, 우리 나라에서 회사정리업무를 법원에 맡긴 이유는 워낙 이해관계가 큰 것이어서 절차의 공정성을 확보하기 위한 것이라고 한다면[26] 법원으로서는 절차의 공정성에 역량을 쏟고 회사 경영의 효율성, 능률성에 대하여는 채권자와 채무자 사이에서 상호 견제하는 장치를 이용하는 것이 지금의 방식보다 더 능률적인 방법이라 생각한다. 이 점에 관하여 미국 파산법상의 채권자위원회 또는 연방파산관리관제도의 연구를 통하여 단서를 얻을 수 있지 않을까 생각된다.

Ⅵ. 소비자 파산

파산법의 역사에서 알 수 있듯이 당초 파산법의 목적은 채권자의 집단적인 채권 추심을 원할히 하고 채권자들간의 공평을 꾀하는 쪽에 초점이 맞추어져 있었으나 근대 파산법의 다른 목적은 채무자에게 면책의 효과를 인정하여 새로운 출발을

26) 전게 좌담회(주 3), 55면.

가능하게 하는 면에도 있다.[27] 소비자파산의 문제는 주로 후자의 목적을 염두에 둔 제도이다.

국내에서도 1997년 처음으로 소비자 파산신청이 받아들여졌으며 그 후 소비자 파산에 대한 관심이 높아져가고 있다. 미국의 경험에 비추어 보면 신용카드의 양산과 이로 인한 충동적 소비 등을 원인으로 앞으로 영업자가 아닌 봉급생활자, 주부 등의 파산이 급증할 것으로 예상된다. 파산법의 역사에서 우리가 배운 점은 채권자와 채무자가 각자 자기의 이익을 주장하는 방향으로 법이 개정되어 왔다는 점이다. 불황인 국면에서는 다분히 채무자에게 관대한 방향으로 개정되고, 그 후 경제사정이 좋아지면 신용회사 등의 로비활동에 따라 면책을 제한하거나 비면책채권의 범위를 확대하는 방향으로 개정되었다. 그러나 가장 중요한 것은 채권자 보호와 채무자 보호를 어떻게 균형 있게 규율하는가에 있는 것이다.

죽은 부모의 빚마저 자식이 갚아야 한다는 유교 전통하에서 민법상 인정되고 있는 상속재산의 포기마저 흔하지 않은 지금까지의 국내상황으로는 파산사건이 매우 희소하였다. 그리하여 대부분의 파산사건은 이른바 빚잔치에 의하여 해결되고 파산신청까지 하지는 아니하였다. 그러한 점에서 이제까지는 다분히 채권자에게 유리한 상황이었다고 할 수 있다. 외국과 달리 소비자의 신용상태를 전혀 고려함이 없이 마구 카드를 남발해온 카드회사로서는 앞으로의 소비자 파산에 대비하여 영업전략 등을 재고하여야 할 때가 왔다고 생각한다.[28] 아직 소비자 파산이 희소한 현재의 상태로는 소비자 파산이 급증하고 이를 악용하는 사례가 발견되기 전까지는 채무자를 보호하는 방향으로 제도가 운영되고 법이 개정될 것으로 예상된다. 우리의 경우는 다행히 집행면제재산이 민사소송법에 규정되어 있어 이에 관한 주법과 파산법이 상이함을 둘러싸고 미국에서와 같이 격렬한 논의를 할 필요가 없게 되었다.

저자는 수원지방법원에서 2년간 회사정리를 한 적이 있어 이 분야에 대하여 평소 관심을 갖고 있었으나 깊이 연구한 바는 없다. 그러나 최근 신문지상에 도산법의 개정 움직임이 있어 그에 조그만 도움이 되었으면 하는 바람으로 이 글을 쓰게 되었다.

(1998. 2. 16.자 법률신문 제2670호, 제13면 및 제2671호, 14면 소재)

---

27) Epstein, Nickles, & White, BANKRUPTCY 3(1995).

28) 미국의 파산법조사위원회는 최근 보고서에서 신용카드로 인한 채무 중 채무자의 신용한도액을 초과한 부분에 대하여는 광범한 면책을 인정할 것을 권고하고 있다.

[후기]

발표문은 법률신문에 게재하느라 지면 사정상 각주를 생략하였으나 원래의 주석만을 보완하고 새로이 가필하지 아니하였다. 당시의 상황을 되돌아보는 것도 유익하다는 판단 때문이다. 이 글을 쓸 당시에는 1997년 경제위기가 도래하고 처음으로 파산법에 대한 개정작업이 논의되기 시작할 때였다. 그 후 파산3법은 1998. 2, 1999. 12, 2001. 4. 3회에 걸쳐 개정되었고, 2004. 파산3법을 통합한 가칭 채무자회생및파산에관한법률안이 국회에 상정되었으나 폐기되었고 법률안 중 개인채무자회생편만이 분리되어 국회 법제사법위원회 대안의 형태로 개인채무자회생법이 제정되어 2004. 9. 23.부터 시행되게 되었다. 이 글에서 저자가 언급한 쟁점 중 DIP의 인정여부는 법률안에서의 입법과정에서도 의견의 일치를 보지 못하였고, 정리절차의 운영방안은 문호를 넓히고 계획안의 심사를 강화하는 방향으로 개정되거나 실무가 운용되고 있다. 정리계획안의 기간을 20년에서 10년으로 감축하고 보전처분과 개시결정의 처리도 단축되었다. 법률안은 화의법을 폐지하고 개인과 법인을 대상으로 하는 회생절차를 도입하게 되었다. 미국의 파산법 제13장을 모델로 한 개인채무자회생법의 시행은 바야흐로 한국에서 소비자파산시대가 도래하는 신호탄이 될 것이다. 기업구조조정을 객관적 입장에서 처리하여야 하는 기관은 궁극적으로 법원이라는 인식이 경제학자들에게도 점차 확대되고, 앞으로 개인채무자회생사건이 급증한다면 전국적인 규모의 파산법원의 설치 여부를 재고할 필요가 있다고 생각한다. 파산법원의 설치 여부 등 1997년 개정 전후의 도산제도 전반의 문제점에 관하여 경제학자의 관점에서 분석한 책으로는 『南逸聰, 도산제도의 경제적 분석, 한국개발연구원(2001)』이 있다. 또한 기업구조조정촉진법에 대한 평가와 기업구조조정에서 법원 역할의 중요성을 언급한 책으로 『서정환, 기업구조조정촉진법의 평가와 제언, 한국경제연구원(2001/09/20)』이 있다. 두 책 모두 법률가들에게 유익한 내용을 담고 있다.

〈별지〉 도산사건추이현황 〈사법년감 2004〉

연 도	회사정리사건	파산사건	화의사건
1987	30	20	0
1988	26	21	0
1989	27	37	2
1990	15	27	0
1991	64	16	0
1992	89	14	0
1993	45	26	0
1994	68	18	0
1995	79	12	13
1996	52	18	9
1997	132	38	322
1998	148	467	728
1999	37	733	140
2000	32	461	78
2001	31	842	51
2002	28	1,443	29
2003	38	4,159	48
2004	35	12,479	81

도산법제에 있어서의 파산절차의 특색*

Ⅰ. 머 리 말

근자 한국경제의 급속한 경기침체로 대기업, 중소기업을 가리지 않고 부도가 속출하고 있다.[1] 이에 따라 파탄에 직면한 개인과 기업을 규율하기 위한 파산법, 화의법, 회사정리법에 관한 논의가 그 어느 때보다 활발하게 이루어지고 있다. 경제적 · 사회적으로는 몹시 어려운 상황이고 하루 빨리 경제난국을 이겨야 하지만, 법학발전에 있어서는 그간 다소 생소했던 도산법[2]에 관하여 새로운 관심과 깊은 연구가 활발히 이루어지고 있는 유익한 점도 무시할 수 없다.

우리 나라에서는 도산절차를 다루기 위하여 파산법, 화의법, 회사정리법의 3개 법률을 두고 있다. 직접적으로는 일본의 법률을 계수한 것이므로, 일본에서의 논의를 참조하고, 현재 전 세계 파산입법에 강한 영향을 미치고 있는 미국의 파산법[3]

* 듀크대학의 Jennifer Maher 교수와 미국 법무부의 Margaret Newell 변호사가 자료송부와 질문에 답변을 해주었다. 감사를 드린다.

1) IMF 체제 이후 은행에서 당좌거래가 중단된 기업만도 22,000개에 달하고, 실제의 도산한 숫자는 이보다도 많을 것이라고 한다. 조선일보, 1998. 9. 17.자 1면, 송희영, 한국경제 회생의 길.

2) 용어상 도산보다는 파산법의 파산절차를 협의의 파산, 화의 및 회사정리절차를 광의의 파산 등으로 구분하자는 견해(金龍德, "회사정리절차와 화의절차의 비교를 통하여 본 회사도산법제의 현황과 문제점," 법조(1998. 11), 165면 주 3)도 있으나, 미국과 같이 통일된 파산법 내에 청산형, 재건형 파산절차를 규율하는 경우라면 몰라도 파산법, 화의법, 회사정리법이 별도의 법률로 편제된 현재로서는 위 3개법을 포괄하는 법률관계를 규율하는 명칭으로서는 도산이라는 용어가 차선이라 생각되고, 중소기업기본법 제12조에도 도산이라는 용어를 사용하고 있어 전혀 근거가 없는 용어는 아니다. 저자에게 주어진 논제에서도 도산절차라는 용어를 사용하고 있으므로 이하 도산절차라 함은 위 3개 법률을 포함하는 절차의 의미로 사용한다.

3) 이하 1978년에 개정된 파산법을 신 파산법이라 하고, 그 이전의 파산법을 구 파산법이라 한다.

에 관하여도 필요한 범위 내에서 언급하고자 한다.

이하에서는 파산절차의 특성을 탐구함에 있어서는 나머지 도산 절차인 화의제도와 회사정리제도(일본에서는 우리 나라의 회사정리법에 대응하는 법률로서 회사갱생법이 있고, 우리 나라에 없는 회사정리, 특별청산제도가 상법 내에 편제되어 있다)와 비교하여 그 차이점을 검토하고자 한다.

파산법의 모든 분야를 화의, 회사정리제도와 개별적으로 비교하는 것은 먼저 저자의 능력을 넘는 일이기도 하거니와 다른 발표자의 글과 중복되는 점도 있으므로 저자 나름대로 기본적이라고 생각되는 논점에 대하여 개괄적으로 비교하는데 만족하고자 한다. 먼저 파산절차의 역사에 대하여 살펴보고, 파산절차의 특색으로서 파산절차의 목적, 보전처분, 절차의 개시원인, 담보권자의 지위, 파산재산의 관리, 채권조사절차, 파산의 효과로서 면책 및 제 3 자에 대한 효력 등에 대하여 재건절차와 비교하고 끝으로 파산법 개정시에 고려할 사항을 언급하기로 한다.

Ⅱ. 파산절차의 역사

1. 미국의 경우

영미법상의 파산이라는 단어 bankruptcy가 부서진 작업대[4]라는 말에서 유래하였다는 점에서 알 수 있듯이 파산절차는 원래 상인에 대하여만 그 적용이 있고 비상인에 대하여는 적용되지 아니하였다. 또한 채권자가 채무자의 작업대를 망가뜨린다는 것처럼 채권자의 주도로 파산절차가 개시되었다. 파산절차는 기본적으로 채권자를 위한 구제절차로서의 성격이 먼저 강조되었다. 즉 채무를 변제하지 못하는 채무자를 둘러싼 여러 채권자들이 보다 공평하게 재산을 분배받는데 초점을 맞추었던 것이다. 만일 파산절차가 없다면 먼저 집행을 하는 채권자에게만 유리하게 되므

미국 파산법의 개정 역사에 대하여는 Charles Jordan Tabb, The History of the Bankruptcy Laws in the United States, 3 Am. Bankr. Inst. L. Rev. 5(1995)와 동인의 The Historical Evolution of the Bankruptcy Discharge, 65 Am. Bankr. L. J. 325(1991)가 있으며 이를 참고하여 정리한 국내문헌으로는 林治龍, "미국파산법의 개정역사 연구," 법조(1998. 4)가 있다. 그 외 국내문헌으로는 田炳西, "파산면책의 입법적 검토," 저스티스 제31권 제 1 호(1998), 吳守根, "회사정리제도의 의의와 역사적 발전과정에 관한 소고," 민사판례연구(XVI), 박영사(1994) 등 참조.

4) 영국의 보통법상 채권자가 채무자인 상인이나 수공업자가 빚을 갚지 못하면 그의 작업도구를 부수어 버림으로써 채무자가 더 이상 장사를 할 수 없게 되었다는 것을 공적으로 알린다는 데서 유래하였다고 한다. Jeff A. Schnepper, THE NEW BANKRUPTCY LAW 1(1981).

로, 아직 파산에 이르지 아니하였음에도 장래의 채권의 변제를 받을 목적으로 채권자들이 쇄도하게 되어 채무자를 파산에 빠뜨리기도 하고, 먼저 변제받기 위하여 채무자와 짜고 다른 채권자들을 해하면서 담보권을 설정받는다든가, 미리 변제를 받는 등의 행위가 빈번하게 일어나게 된다. 그리하여 초기의 파산제도는 채권자들의 공평한 취급과 배당의 기본이 되는 채무자의 재산의 散逸을 방지하는데 그 목적이 있었다.

그러다가 채무를 갚지 못한 채무자를 구금하는 것이 가혹하다는 반성과, 채무자를 극빈자로 만들어 사회가 사회보장제도를 통하여 보조하여 주는 것이 사회 전체적으로도 이롭지 못하다는 반성에 기하여 정직하나 불운한 채무자에 한하여 면책의 효과를 인정하게 되었다. 채무자 스스로 면책의 효과를 얻기 위하여 파산신청을 인정하고,[5] 미국법이 영국의 파산법보다 면책의 범위를 널리 인정하게 되자 그리하여 이러한 면책의 효과가 점차로 채무자에게 유리하게 되어 미국에서도 자발적 파산신청이 증가하게 되었다.[6] 그 후 미국에서 철도회사의 파산사건이 증가하면서 철도회사의 재산이 미국 전역에 산재하고, 사업의 공익성에 비추어 그 재산을 매각하는 것보다는 회사를 그대로 존속시키면서 기업을 계속 경영하도록 하여 영업활동에 의하여 발생되는 수익으로 채권자들의 채권에 배당한다고 하는 재건형 파산절차가 판례법상의 receivership제도에 의하여 발전하게 되었다. 이를 명문으로 규정한 것이 1934년 개정된 §77B이고 1938년에 개정된 유명한 Chandler Act에서 동법 제X장에 회사재건절차에 대하여 보다 상세하게 규정하였다. 1978년 파산법이 대대적으로 개정되어 파산자라는 용어 대신에 채무자, 파산선고 대신 구제명령 등 채무자에 우호적인 용어의 사용과 아울러, 구법에서 나누어져 있던 화의, 회사재건절차를 제11장의 단일한 장으로 통합하고, 당사자들의 자치를 인정하는 방향으로 개정되었다.[7]

5) 미국에서는 이를 자발적 파산신청(voluntary petition)이라 하고, 채권자가 신청하는 것을 비자발적 파산신청(involuntary petition)이라 하고 있으나, 일본에서는 전자를 자기파산신청이라고 한다.

6) 우리 나라나 일본의 파산법에서도 파산 도중 강제화의절차로 전환되어 채무의 일부를 면제받거나 기한을 유예받을 수 있어 종래의 사업을 유지할 수 있었으나 진 빚을 다 갚고 재기한다는 국민정서와 파산에 대한 징벌주의적 사고에 터잡은 선거권의 상실 등 公私의 명예상의 불이익이 크고, 면책의 효과가 미국보다 광범위하지 못한 점 등에서 거의 사용되지 않았다. 中田淳一, 破産法·和議法, 有斐閣(1960), 5-6면.

7) 신 파산법 개정의 개괄적인 특징으로서는 小林秀之, アメリカ民事訴訟法, 弘文堂(1993) 중 第9章 新破産法典と再建型倒產節次 부분 참조. 신 파산법의 개정 배경에 대하여는 霜島甲一, "アメリカ合衆國連邦破産法改正の背景と草案について," 判例タイムズ 제306호(1978) 및 "アメリカ合衆國一九七八年連邦破産法の成立," 民事節次法の革新(下) 三ケ月章先生古稀祝賀, 有斐閣(1991), 400면 이하 참조.

2. 우리 나라와 일본의 경우

당초 일본의 구 파산법은 명치시대에 프랑스상법전의 파산편을 본따 상법의 파산편으로 제정되었으나 법전편찬논쟁에 휘말려 시행되지는 아니하였다. 독일의 파산법은 프랑스파산법과 1855년 프로이센파산법, 바이에른의 소송법을 참조한 것이라고 한다.[8] 그 후 독일의 영향을 받은 민법이 시행되면서 독일의 파산법을 계수하여 현재의 파산법을 제정하였다. 파산법은 1914년에 오스트리아의 화의법을 계수한 화의법과 함께 제정된 것이다.[9] 당시의 파산법은 오로지 영업을 해체하는 것을 전제로 하는 청산형이었고, 채무자의 재건 내지 갱생의 도산제도는 알지 못하였다.[10]

독일에서는 근자까지도 파산이라 함은 청산형만을 인정하였고, 재건형 파산을 인정하기 시작한 것은 최근에 이루어진 파산법 개정에 의한 것이다.[11] 일본의 경우 개정 전 파산법은 독일법처럼 파산절차 종결 후에도 잔존채무에 대하여 파산자의 책임을 존속시켜 면책을 인정하지 아니하였으나, 뒤에 보는 바와 같이 1952년 미국의 파산법의 영향을 받아 회사갱생법을 제정하면서, 개인에 대하여도 면책을 인정하는 내용으로 파산법을 개정하였다.[12] 그리하여 일본에서 파산제도가 활성화된 것은 개정 파산법 이후이고 특히 소비자 파산이 급증하게 된 1980년대 이후이다.[13] 일본의 화의법은 파산을 예방하기 위한 절차로서 1914년에 제정된 오스트리아의 화의법을 계수하여 파산법과 같이 1922년에 제정된 것이라고 한다.[14] 일본의

---

8) 齊藤秀夫 · 麻上正信 編, 注解破産法, 青林書院新社(1992), 13면.

9) *Id.*

10) *Id.*

11) 독일에서도 신청사건의 3/4 이상이 재단부족을 이유로 기각되고 있다고 한다. 그리하여 파산법과 화의법이 더 이상 기능을 하지 못하게 되자 채무자를 구제하기 위한 적절한 방법 또는 파산기업을 갱생하기 위한 방법을 모색하기로 파산법을 개정하기로 하여 1990년 1월 1차 개정안을 기초하여 작업 끝에 1999. 1. 1.부터 개정 파산법을 시행하기로 하였다. 개정 파산법은 종래의 파산절차와 갱생절차를 가능케 하는 단일한 파산절차를 법제화한 것이 가장 큰 특징이다. 자세한 것에 대하여는 이상영, "독일 일반집행법상 새로 채택된 파산계획에 관하여," 대전대학교 사회과학논문집 제16권 제 1 호(1997) 및 김경욱, "독일의 소비자파산과 잔여채무면책에 관한 연구," 법조(1998. 10) 참조.

12) 일본의 면책제도의 개정과정이 영국식이 아닌 미국식의 면책제도를 본받았다는 점을 알 수 있는 글로는 三ケ月章, 會社更生法硏究, 有斐閣(1969) 참조.

13) 일본에서도 1952년부터 1975년까지 파산신청건수는 연간 1,200건에서 2,600건으로 과반수 이상이 취하되었으며 파산선고까지 간 것은 의외로 적었다고 한다. 그 이유에 대하여는 田炳西, 전게논문(주 3), 77면 이하 참조. 이는 독일의 상황과 유사하다. 1980년대 초에는 이른바 봉급생활자를 상대로 한 금융(サラ金)이 현저히 증가한 1983, 1984년에 급격히 증가하였고, 1990년 이후 경제에 거품이 걷히면서 신용카드의 무분별한 사용으로 인한 것이다. 일본의 소비자 파산에 대하여는 林采雄, "소비자파산의 연구," 서울대학교 석사학위논문(1997), 34면 이하 참조.

14) 법원행정처, 개정판 화의사건실무(1998), 서문.

회사갱생법은 제 2 차 세계대전 후 맥아더 정부의 일본 통치시에 미국의 구 파산법인 1938년의 Chandler Act를 계수한 것이다.

우리 나라의 파산법은 1962. 1. 20. 법률 제998호로 독일식 파산법에 미국의 면책을 접목한 일본의 개정 파산법을 모방하여 제정된 것이고, 화의법(법률 제997호) 역시 같은 날 일본의 화의법을 모델로 제정한 것이다.[15] 우리의 회사정리법은 1962. 12. 12. 법률 제1214호로 일본의 회사갱생법을 모델로 한 것인데 1998. 2. 24. 개정에 이르기까지 중소기업의 특례조항 등을 개정한 것 외에 대대적인 개정은 없었다. 이번에 1998. 2. 24. 개정된 파산법, 화의법과 회사정리법의 개정 역시 근본적인 구조를 바꾸는 개정작업은 아니지만 전체적으로 미국의 파산법의 영향을 많이 받았다고 평가되고 있다.[16]

Ⅲ. 파산절차의 특색

1. 파산절차의 목적

파산절차가 화의, 회사정리와 다른 점은 후자가 채무자의 재건을 목적으로 하는 제도임에 반하여 파산절차는 채무자의 재산의 청산을 목적으로 하는 것이다. 위 양자가 충돌하는 경우에는 파산절차가 종속하게 된다. 즉 화의개시의 신청이 있으면 파산절차는 중지되고(화의법 제17조), 화의개시 후에는 화의채권에 기한 파산신청을 할 수 없다(화의법 제15조). 한편 화의개시의 신청이 있어도 회사정리의 개시신청을 하는 것이 방해되지 않으며, 회사정리절차 신청이 있으면, 신청 또는 직권에 의하여 파산절차, 화의절차에 대하여 중지명령을 발할 수 있고(회사정리법 제37조), 개시결정이 있으면 이전에 이루어진 파산절차, 화의절차는 중단된다. 따라서 3개의 절차들 사이에서는 회사정리절차가 가장 우월한 지위를 갖게 된다. 이를 요약하면 파산절차가 개시되더

15) 법률 호수로는 화의법(제997호)이 파산법(제998호)보다 먼저이다.

16) 채권자협의회의 설치가 미국법상의 채권자위원회(creditors committee, §705 이하)를 본받은 것이라고 한다. 林時圭, "화의법 및 회사정리법상의 채권자협의회," 인권과 정의(1998. 5), 35-36면. 그 외 회사정리절차의 개시요건에 관한 '경제적으로 갱생의 가치가'라는 용어가 미국 파산법상의 채권자들을 위한 최대이익의 원칙(best interest of creditors test)을 도입한 것이라고 한다. 金龍德, 전게논문(주 2), 170면 주 13.

저자로서는 미국 파산법상의 위 원칙이 정리절차 개시의 단계가 아닌 정리계획안의 인가기준시에 사용된다는 점을 고려하여 이를 정리계획안도 나와 있지 않은 개시요건의 단계에 규정할 필요가 있는지, 과연 그 내용이 종전보다 훨씬 투명하다고 볼 수 있는지 하는 점에서 회의가 든다.

라도 화의, 회사정리절차의 신청이 가능하지만, 회사정리절차가 개시되면 파산이나 화의절차는 개시될 수 없게 된다.

재건절차인 화의, 회사정리절차에서는 담보목적물이 채무자의 재건이라는 데에 유용한 것인가가 중요한 기준이 되나, 파산절차에서는 청산을 목적으로 한다는 점에서 그와 같은 것은 문제가 되지 않고, 담보물건이 파산재단으로서 가치가 있는가 아닌가 하는 문제는 오로지 그 물건이 피담보채권을 초과하는 잉여가치를 갖는가 없는가에 달려 있다.[17)]

미국은 단일한 파산법을 마련하여 우리 나라의 파산절차에 해당하는 것에 대하여는 제 7 장으로, 화의 및 회사갱생을 포괄하는 단일한 재건절차로 제11장으로, 정기수입이 있는 개인의 재건절차에 대하여는 제13장으로 규율하고 있어 각 장 상호간의 일부 변환이 가능하도록 되어 있어[18)] 종전 절차에서 얻은 소송절차의 효과를 그대로 승계할 수 있는 장점이 있다. 예컨대 소송절차의 중단의 효과, 채권조사절차, 관리인의 선임 등을 그대로 변환된 절차에서 그 효과가 인정되므로 시간과 비용을 절약할 수 있다. 우리 나라의 경우 화의신청을 하여 보전처분을 하였으나 심리하여 본 결과 대규모 주식회사에 해당하므로 회사정리절차를 이용하는 것이 적당하다는 이유로 하여 화의신청을 기각하는 경우, 별도로 회사정리신청과 보전처분을 다시 신청하여야 하는 번거로움이 있으므로 소송경제를 고려하면 앞으로 입법시에 이 점에 관한 미국 파산법을 고려할 필요가 있다.

2. 파산절차와 보전처분

(1) 보전처분의 내용

파산의 신청이 있는 때에는 법원은 신청 또는 직권으로 파산재단에 속하는 재산에 관하여 가압류, 가처분 기타 필요한 보전처분을 명할 수 있다(파산법 제145조 제1항). 파산신청이 임박하게 되면, 채무자는 파산선고에 의한 제한을 피하기 위하여 재산을 은닉하거나 특정채권자에게 편파적인 행위[19)](변제, 담보권의 설정 등)를 할 염려가 있

17) 伊藤眞, "和議節次における擔保權者の地位(上)," 判例タイムズ No. 423, 29면.

18) 제13장 사건을 제 7 장, 제11장으로, 제 7 장, 제11장 사건을 제13장으로 각 변환할 수 있다. 단 채무자만이 변환 신청할 수 있다. 반대로 채무자가 면책을 얻은 후에는 제11장 사건을 제13장 사건으로 변환할 수 없다. 그러나 처음 제 7 장으로 신청된 사건은 언제든지 제13장으로 변환될 수 있다. 林治龍, "미국파산법의 현황," 인권과 정의 제260호(1998. 4), 96면 이하.

19) 미국법에서는 preference라는 용어를 사용하고 있으며 우리와 마찬가지로 관리인의 부인권의 대상이 된다.

고, 채권자들도 파산이 선고되면 권리의 행사가 중단되므로, 선고 전에 미리 변제를 받으려고 획책하게 된다. 이러한 행위를 허용하게 되면 총 채권자를 위한 청산절차라는 파산제도의 목적을 달성할 수 없기 때문에 파산법은 신청 후 파산선고 전에 보전처분을 할 수 있도록 규정하고 있다.

채권자의 가처분이 총 채권자를 위한 것이라는 점에서 담보를 제공할 필요가 없다는 주장도 있으나 위법한 보전처분에 의하여 생길지도 모르는 채무자의 손해를 담보한다는 의미에서 보증을 요하는 것이 일본의 다수설이다.[20] 보전처분의 내용으로는 채무자를 상대로 장차 파산재단이 될 채무자의 재산에 대한 가압류, 처분금지가처분, 상업장부의 폐쇄, 보관의 가처분, 영업의 강제적 관리의 가처분을 포함한다.[21]

화의법에서도 같은 내용의 규정을 두고 있다(화의법 제20조). 파산법에서는 보전관재인이라는 제도를 두고 있지 않음에 반하여[22] 개정된 화의법에서는 구법과 달리 관리위원회의 의견을 들어 보전관재인을 선임할 수 있게 되어(화의법 제20조 제2항), 보전관재인이 채무자를 감독하게 된다. 이 점은 회사정리법에서 보전관리인을 선임할 수 있도록 하는 것과 대응하는 것이다.

회사정리법상의 보전처분에는 재산의 처분을 금지하는 처분제한형 보전처분과 회사에 대하여 채무변제 및 借財를 금지하는 등의 일정한 작위 부작위를 명하는 업무제한형 보전처분 및 보전관리인에 의한 관리를 명하는 조직법상의 보전처분으로 구분된다. 이러한 보전처분은 회사에 대하여만 그 효력이 미치고 제 3 자에 대하여는 효력이 미치지 아니하므로 이러한 보전처분만으로 회사 재산에 대한 강제경매나 임의경매 등을 저지할 수 없으므로 이를 방지하기 위하여 중지명령제도를 인정하고 있다. 파산법, 화의법은 회사정리법과 달리 중지명령에 관한 제도를 갖고 있지 아니하다.

(2) 경매절차와 보전처분

파산 및 화의절차의 보전처분으로 임의경매 · 강제경매를 저지할 수 있는가?

---

20) 齊藤秀夫 · 麻上正信 編, 전게서(주 8), 736면; 伊藤眞, 破産法, 有斐閣(1988), 56면.

21) 伊藤眞, 전게서(주 20), 26면.

22) 파산입법의 통일성이나 이론상 또는 실무상으로 파산자가 업무수행능력을 잃은 경우 개시신청(특히 비자발적 파산신청의 경우) 후 개시결정 전까지의 기간 동안 보전관리인이 선임될 필요성이 있으므로 개정시에는 긍정적으로 검토할 필요가 있다. 同旨, 伊藤眞, 破産法(新版), 有斐閣(1991), 64면. 참고로 미국의 경우 제 7 장의 비자발적 파산신청의 경우 채권자의 신청에 의하여 보전관리인의 임명을 할 수 있도록 규정되어 있다(§303(g)).

이 점에 관한 일본의 논의를 보면, 먼저 강제경매에 관하여는 화의개시결정 전이라도 강제경매를 중지할 수 있다는 점에 대하여는 대체로 견해가 일치하고 있으며, 강제경매의 경우 장래의 특정채권자에 대한 강제집행의 금지에 대하여는 실무상 견해가 나누어져 있으나 학설은 이를 인정한다.[23] 더 나아가 이미 개시된 강제집행에 대하여 강제집행의 정지를 명하는 가처분이 가능하다는 점에 대하여도 학설은 견해가 나누어져 있으나 실무상으로는 가처분을 인용하고 있다.[24] 그 이유로는 파산선고나 화의개시결정이 내려지면 파산재단 또는 채무자의 재산에 대한 강제집행, 가압류, 가처분이 그 효력을 잃는다는 것을 근거로(파산법 제61조; 화의법 제40조) 이미 개시된 강제집행정지의 가처분뿐 아니라 채권자를 상대로 한 장래의 강제집행을 금지할 수 있는 가처분도 가능하다고 설명한다.

파산절차에 있어서 담보권자는 뒤에서 보는 바와 같이 별제권자로 취급되어 파산절차에 의하지 아니하고 권리를 실행할 수 있으므로 보전처분으로 임의경매를 막을 수 없다는 점에 대하여는 견해가 일치하고 있다. 그러나 화의절차에 관하여는 담보권자는 화의채권자가 아닌 별제권자이므로 별제권자는 화의개시결정에 의하여 아무런 구속을 받지 않고 담보권을 행사할 수 있다는 견해도 있으나 종전 실무는 비록 화의법 제20조 제 1 항이 회사정리법 제39조 제 1 항의 기타 필요한 보전처분이라는 동일한 문언[25]을 사용하고 있음에도 불구하고 화의의 인부결정이 있을 때까지 별제권의 행사인 임의경매를 중지할 수 있다고 처리한 바 있으나[26] 현재 서울지방법원은 견해를 바꾸어 경매절차 중지의 보전처분을 인정하지 않고 있다.[27]

이 점에 대하여는 회사정리법이 보전처분 외에 중지명령제도를 두고 있다는

---

23) 伊藤眞, 전게서(주 20), 58면; 특정채권자에 대한 장래의 강제집행금지를 부정한 판결로는 仙台高秋田支決 1983. 5. 18. 判例タイムズ No 498, 104면이 있다. 화의법에 기한 보전처분으로 이를 긍정한 판결로는 大阪高決 1980. 11. 20. 判例タイムズ No. 430, 153면이 있다.

24) 伊藤眞, 전게서(주 20), 58-59면 이하 참조 및 倉增三雄 "強制執行の一時停止を命ずる 破產保全處分の可否," 判タイムズ No. 209, 102면(1967). 伊藤眞, 전게서(주 20), 60면의 註 33에서 재인용.

25) 회사정리법상 제39조 제 1 항의 '기타 필요한 보전처분'의 내용에 관하여는 강제경매, 임의경매에 대한 절차에 대하여 별도로 중지명령의 제도를 두고 있음을 이유로 상업장부, 자동차 등의 집행관보관, 금전수지상황의 정기보고 등을 들고 있다. 법원행정처, 전게서(주 14), 50-51면.

26) 종전 실무례에 관하여는 金炯科, "최근 서울지방법원의 회사정리 및 화의사건 실무," 인권과 정의 제241호(1996. 9), 80면.

27) 실무례가 바뀐 것은 현재 회사정리신청을 하여야 할 사건이 화의신청을 남용한다는 점, 중지명령에 의하여 경매를 중지당한 별제권자가 화의인가 후에 이를 속행시킬 경우 오히려 혼란이 가중되리라는 점을 근거로 견해를 변경하여 화의법상의 보전처분으로 임의경매를 중지시키는 가처분은 인정하지 않고 있다고 한다(당시 李揆弘 부장판사님이 사법연수원에서 발표한 자료(미발간), 법원행정처, 전게서(주 14), 50면).

점을 들어 화의법에서 중지명령제도가 없는 이상 기타 필요한 보전처분에 다른 절차의 중지명령을 포함하여 해석하는 것이 무리라는 반대론이 있다.[28]

그러나 보전처분에 관한 파산법 제145조도 화의법 제20조 제 1 항과 동일한 표현인 파산재단에 관하여 가압류, 가처분 기타 필요한 보전처분을 명할 수 있다는 문구를 사용하고 있음에도 불구하고 파산이 개시되면 어차피 강제집행의 효력이 상실되는 점에 비추어 파산법의 목적 달성에 필요한 보전처분에는 강제경매의 중지를 포함한다고 해석하고 있다. 이러한 점을 고려하면, 화의법이 회사정리법과 같이 경매절차의 중지명령의 제도를 두지 않았다는 것만으로 기타 필요한 보전처분에는 강제경매나 임의경매절차의 중지가 포함될 수 없다는 논거는 설득력이 약하다.

문제는 강제경매든 임의경매든 화의절차에서 중단할 필요성이 있는가에 관한 정책적 판단에 귀착된다고 본다. 뒤에서 보는 바와 같이 화의절차에서도 별제권의 행사가 제한을 받는다는 주장도 설득력 있게 주장되고 있다는 점을 고려하면, 보전처분의 단계에서 화의의 인부결정이 있을 때까지 별제권 실행의 중지를 할 필요성도 있으므로 종전 실무처리를 비난할 수는 없다고 생각한다. 미국의 경우에도 재건절차가 4 가지로 나누어져 있던 1978년 개정 이전의 상황에서도 화의절차에 있어서 자동적 중지의 효력이 담보권자에게도 미친다고 판례법이 형성됨으로써 실제로 화의사건과 회사재건사건의 구별을 없애는 역할을 하여[29] 궁극적으로 재건절차를 통합할 수 있게 되었다.

이 점은 우리의 화의법이 파산법과 같이 대륙법을 계수하였음에 반하여 회사정리법은 미국의 파산법을 계수한데서 오는 차이로 법률체계상으로는 별제권자의 권리행사를 막을 방법이 없으나, 화의절차가 점차로 회사정리법과 유사한 방향으로 개정되고[30] 실제로도 회사정리법을 대체하는 재건절차로 사용하려는 기업의 行態

28) 金龍德, 전게논문(주 2), 138면.

29) 小林秀之, 전게서(주 7), 353면. 미국 구 파산법에서 우리 나라의 화의절차에 상응하는 것으로는 제XI장 Arrangement라고 표기하였다. 영어로 쓴 글 중 일본의 화의법을 Composition Law라고 번역한 글도 있으나, 미국 법에서 composition agreement(또는 composition settlement)라 함은 지급불능에 빠진 채무자와 채권자들 사이에 각 채권액에 비례하여 변제받고 나머지 채무에 대하여는 면책을 받는 것을 내용으로 하는 계약으로서 채무자와 채권자들간의 관계뿐 아니라 채권자들간의 관계에도 구속을 미친다는 점에서 채무자와 다른 채권자 1인과의 계약인 accord와 다르다. accord and satisfaction하면 보통은 채권액의 일부만을 이행하고 채무를 면제받는 것을 말한다. Arrangement는 파산법에서 규율하는 재건절차의 일종임에 반하여 composition은 보통법상의 계약이론에 근거를 두고 있어 파산법의 제도와 절차보다는 여러 가지 점에서 효율성이 떨어진다. Benjamin Weintraub ET AL, PRACTICAL GUIDE TO BANKRUPTCY AND DEBTOR RELIEF 226(1964).

30) 보전관재인의 선임, 채권자협의회의 설치, 화의개시의 요건을 파산의 원인 사실이 생길 염려가 있는 경우로 확대한 점 등을 들 수 있다.

에서 발생하는 문제로, 대규모 주식회사에 대한 화의신청의 허가여부 등을 둘러싼 문제와 함께 단일한 파산입법의 필요성을 보여주는 좋은 예이다. 미국의 경우 재건절차를 통합한 이유 중의 하나가 바로 화의절차와 회사재건절차에 대한 구별을 위한 가이드라인의 설정이 실패하였고, 양자를 둘러싼 무익한 소송의 남발, 화의신청에 대한 변환신청을 위협하면서 유리한 정리계획안의 수립을 획책한 사실에 대한 반성적 고려에 기인한 것이다. 이 점은 앞으로 우리의 입법과정에서도 고려하여야 할 요소이다.

(3) 검 토

법원이 한편으로는 변제금지가처분을 하였으면서도 가처분의 상대방이 채권자가 아닌 채무자라는 이유만으로 채권자들의 강제집행을 막을 수 없다는 해석은 이론상은 흠잡을 수 없으나 실제상으로는 비효율적인 것이다. 즉 어차피 파산선고가 내려지면 모든 채권자들의 강제경매는 효력을 잃게 되는바, 법원이 파산신청 후 채무자의 변제금지 보전처분을 받아들여 재산의 散逸을 방지하고자 한다면 별도의 경매중지의 가처분이 없이도 일반채권자들의 일체의 권리행사를 막을 수 있도록 함이 재산의 散逸이나 채권자들의 집행쇄도를 막는데 보다 효율적이라고 생각된다. 즉 파산선고의 효력은 모든 채권자들에게 효력이 미친다면서 그 전제로 하는 보전처분은 개별 채권자를 상대로 하여야 한다는 해석은 그 균형이 맞지 아니한다. 즉 보전처분의 상대방이 채권자가 아니라는 이유만으로 일일이 경매중지의 보전처분을 다시 하여야 할 필요가 있는가 하는 의문이 든다.

또한 소의 제기, 강제집행의 중지는 가처분으로 가능하다고 하면서, 실제로 집을 찾아가거나, 전화를 걸거나, 퇴직금을 집행재산으로 삼기 위하여 직장에 찾아가 소란을 피우거나 심지어 폭력배를 동원하여 최고하는 것을 막지 못한다면 이러한 사실상의 위협에 굴하여 변제하는 것을 막을 수 없는 것이고, 이는 '법보다 주먹이 가깝다'는 속된 말을 정당화하여 주는 것이 아닌가 하는 의문도 든다. 참고로 미국의 경우 자동중지의 효과는 소송의 제기, 경매의 진행 등의 권리행사, 채무자에 대한 보험계약의 해지뿐 아니라 전화, 방문, 편지 등의 사실상의 최고행위도 중단에 포함되며, 일반채권자뿐 아니라 담보권자의 권리도 별도의 법원의 재판 없이 채무자의 신청만으로 중단된다. 경청할 만한 입법이다.

3. 파산절차의 개시원인

(1) 파산원인

파산원인은 개인에 관하여는 채무자가 지급을 할 수 없는 때(지급불능)와 채무자가 지급을 정지한 때이다. 후자의 경우에는 지급을 할 수 없는 것으로 추정한다. 법인에 관하여는 지급불능 외에도 부채의 총액이 자산을 초과하는 경우(채무초과)에도 파산선고를 할 수 있다(파산법 제116조, 제117조). 지급불능이라 함은 변제능력을 결하였기 때문에 변제기가 도래한 채무를 일반적·계속적으로 변제할 수 없다고 판단되는 객관적 상태를 말한다.[31] 재산이 있어도 환가가 곤란하면 지급불능이 될 수 있고, 재산이 없더라도 신용이나 수입에 기하여 변제능력이 있으면 지급불능이 아니다. 이 점에서 채무초과와 다르다. 또한 변제능력의 결여가 일반적이라 함은 총 채무의 변제에 대하여 채무자의 자력이 부족하다는 것을 의미하는 것으로 특정채무의 변제를 할 수 없다고 하여 전체적 자력부족에 의한 것이라고 판단되지 않는 한 그 사실만으로 바로 지급불능이라고 할 수 없다. 일시적인 지급불능이 제외됨은 당연하다. 채무초과라 함은 법인만의 부가적 파산원인으로서 채무액의 총계가 자산액의 총계를 초과하는 상태를 말한다.

구 화의법에서는 화의의 개시요건에 관하여 파산법과 동일한 내용으로 규정하였으나 개정 화의법은 개시요건에 '파산의 원인인 사실이 생길 염려가 있는 경우'를 추가함으로써[32] 그 적용범위를 보다 확대하여 파산에 이르지 아니한 개인이나 기업도 화의절차를 이용할 수 있게 되었다. 단 규모가 큰 주식회사의 경우 화의신청을 기각할 수 있는 규정을 두어 회사정리절차를 이용하도록 유도하고 있다.

개정 전의 회사정리법은 제 1 조에서 재정적 궁핍으로 파산에 직면하였으나 갱생의 가망성이 있는 주식회사에 관하여 그 정리재건을 도모함을 목적으로 한다고 규정하고 회사정리신청을 기각하여야 하는 사유로서 제38조 제 5 호에 갱생의 가망이 없는 때를 들고 있었다. 그러나 개정 후의 회사정리법은 제1조에서 갱생의 가망성이라는 용어 대신에 경제적으로 갱생의 가치라는 용어를 사용하고 정리절차 기각사유를 회사를 청산할 때의 가치가 회사를 계속 존속시킬 때의 가치보다 큰 경우로 개정하였다. 그 개정이유로는 종전의 용어가 불확실한 개념이라는 취지에서 좀더 객관적인 의미인 경제성이라는 개념을 사용한 것이라고 한다. 이에 따라 개정

31) 伊藤眞, 전게서(주 20), 43면.
32) 개정 화의법 제12조 제 1 항.

된 회사정리사건처리요령 예규에서 청산가치는 청산대차대조표상의 개별자산의 가액을 기준으로 하여 산정하고, 계속기업가치는 현금할인흐름법에 따라 기업재산을 해제 청산함이 없이 이를 기초로 하여 기업활동을 계속할 경우의 가치를 말한다고 규정하였다. 그러나 앞으로 경제적으로 갱생의 가치가 있는가 하는 판단기준에 관하여는 계속하여 논란이 있을 것으로 생각한다.

파산신청은 채무자나 채권자가 신청할 수 있으나(파산법 제122조), 화의신청은 채무자만이 할 수 있다(화의법 제12조, 단 법인인 경우에는 이사 또는 이에 준하는 자의 합의를 요한다. 제 1 항 단서). 이에 대하여 회사정리절차는 채무자인 회사의 대표이사가 이사회의 결의를 얻어 신청할 수도 있고, 주주와 채권자는 파산원인의 사실이 생길 염려가 있는 경우에 한하여 발행주식총수의 1/10 이상에 해당하는 주식을 가진 주주와, 회사자본의 1/10 이상에 해당하는 채권을 가진 채권자가 개시의 신청을 할 수 있다(회사정리법 제30조).

(2) 미 국

미국 파산법의 경우 지급불능이라 함은 대차대조표에 의하여 부채가, 집행면제재산이나 채권자를 해할 의도로 은닉 양도한 재산을 제외한 나머지 재산보다 많은 경우를 의미하고,[33] 채권자가 신청하는 비자발적 파산신청의 요건에서 별도로 채무자가 일반적으로 변제기가 도래한 채무를 갚지 못하는 상태에 대하여 규정하고 있다.[34] 따라서 미국에서는 채무초과가 곧 지급불능의 개념으로 사용하고 있는 셈이어서 우리와 용어상의 차이가 있다. 또한 자발적인 파산신청을 함에 있어서 채무자가 지급불능을 요건으로 하고 있지 않으므로 채무자는 언제든지 파산신청을 할 수 있고 별도의 재판(파산선고) 없이 구제명령의 효력을 가지므로[35] 즉시 채권자의 일체의 권리가 중단된다. 이에 반하여 비자발적 파산신청의 경우에는 채무자의 이의가 있으면 채무자가 일반적으로 채무를 갚지 못하고 있다는 점 또는 보관인에게 재산이 양도되었다는 점을 심문을 통하여 입증하여야 구제명령이 내려지게 된다.

미국 파산법 제 7 장에 대한 비자발적 파산신청은 무담보채무가 10,000불(1994년 개정 이전에는 5,000불) 이상인 경우에는 3인 이상의 채권자가, 채권자가 12인

---

33) 28 U.S.C. §101(32)에 정의 규정을 두고 있다. 이하 미국파산법의 표기는 28 U.S.C.부분을 생략한다.

34) §303(h).

35) §301. 구법에서는 신법상의 order for relief라는 용어 대신 우리의 파산선고와 같은 adjudication이라는 용어를 사용하였다.

미만인 경우에는 1인의 채권자도 파산신청을 할 수 있다.[36]

이상 논의를 요약하면 파산절차의 개시요건은 지급불능이라는 재정적 어려움이 도래한 경우에 비로소 가능하지만, 화의나 회사정리절차에서는 파산을 예방하고 채무자의 재건을 꾀한다는 의미에서 파산원인이 도래하기 전에도 그 절차를 이용할 수 있도록 한다. 미국의 경우 자발적 파산신청에 있어서는 지급불능(채무초과)의 상태를 요건으로 하지 않음으로써 언제든지 파산을 신청할 수 있다.[37]

4. 파산절차에 있어서 담보권자의 지위

(1) 종래의 통설

파산법 제70조는 강제집행 및 보전처분이 파산절차개시에 의하여 당연히 중지되는 것을 정하고 있다. 이러한 강제집행이나 보전처분이 파산채권의 실행 또는 확보를 위하여 행하여진 것인 이상, 이를 중지하여 파산절차에 의한 배당에 넘긴다고 하는 생각에 기한 것이다. 이러한 당연중지의 대상에 담보권의 행사가 포함되어 있지 아니하다는 점에 대하여 통설은 별제권자가 그 권리를 실행함에 있어서 제약을 받지 않는 결과라고 해석하고 있다.[38] 따라서 파산재단에 속하는 재산상에 존재하는 유치권,[39] 질권, 저당권 또는 전세권을 가진 자는 그 목적인 재산에 관하여 별제권을 가지며(파산법 제84조) 별제권은 파산절차에 의하지 아니하고 이를 행사한다(파산법 제86조). 그리하여 종래의 통설은 이러한 규정에 터잡아 파산절차에서 담보권자의 지위는 피담보채권의 행사나 만족에 있어서 하등의 제한을 받지 아니하는 것으로 이해하고 있다. 즉 파산절차는 담보권자에 대하여 영향을 미치지 아니한다는 것이다.[40] 별제권의 의미에 대하여는 담보권자가 마치 파산이 없었던 경우와 마찬가지로 개별적 권리행사금지의 원칙의 예외로서 담보물상에 재산권을 행사할 수 있도록 하

---

36) §303(b).

37) 미국의 경우에도 1984년에 개정된 §707(b)에 의하여 개인이 신청하는 소비자 파산의 경우 파산절차를 남용한다고 판단되면 기각될 수 있다.

38) 中田淳一, 전게서(주 6), 111면.

39) 일본 파산법 제93조는 우리와 달리 상사유치권만 별제권으로 인정하고 민사유치권은 파산재단에 대하여 그 효력을 잃는다고 규정하고 있다. 이 점에 대하여는 민사유치권도 역시 별제권으로 인정하여야 한다는 입법론이 있다. 齊藤秀夫 · 麻上正信 編, 전게서(주 8), 537면 이하. 이 점에 관한한 우리 나라의 파산법이 잘된 입법으로 생각된다.

40) 그리하여 일본의 학자들은 별제권의 성격을 담보권자에게 마치 파산이 없었던 경우와 같이 개별적 권리행사의 금지의 원칙(파산법 제16조)의 예외로서 담보의 목적인 재산상에 담보권을 행사하기 위하여 별제적으로 변제를 받을 수 있는 권리로 정의한다. 齊藤秀夫 · 麻上正信 編, 전게서(주 8), 529면.

여 별제적으로 변제를 받을 수 있는 권리로서 별제권은 이러한 담보권자의 본래의 지위가 파산에 있어서도 관철시키는 것을 의미하는 것으로 파산법에 의하여 창출되는 권리는 아니라고 설명한다.[41] 다시 말하여 별제권자는 파산에 의하여 조금도 영향을 받지 않는 지위에 있어야 한다는 것이다.[42] 별제권은 파산재단에 속하는 특정재산에 대하여 우선변제를 받는다는 점에서 원래 법정재단에 속하지 않는 특정의 재산의 인도나 반환을 구하는 환취권과 다르고 파산재단 전체로부터 변제를 받는 재단채권과도 다르다.

(2) 검　토

그러나 과연 별제권자가 파산절차와 전혀 무관계하다고 할 수 있는가? 별제권자가 목적물을 소지할 때에는 그 뜻 및 채권액을 파산관재인에게 신고하여야 한다(파산법 제143조 제 1 항 제 4 호). 파산관재인이 목적인 재산의 제시를 구할 때에는 이에 응하고 또한 파산관재인이 재산을 평가하고자 할 때에는 거절할 수 없다(파산법 제185조). 파산관재인은 감사위원의 동의를 얻어 별제권의 목적물을 환수할 수 있다(파산법 제187조 제14호). 별제권자가 스스로 행사하지 아니하는 경우에는 파산관재인이 민사소송법에 의하여 목적재산을 환가할 수 있고 별제권자는 이를 거절할 수 없다(파산법 제193조 제 1 항). 이유는 강제집행편의 규정에 의한 환가는 가장 공정한 것이므로 별제권자로서 반대할 이유가 없기 때문이다. 만일 별제권자가 임의매각과 같은 방법으로 처분할 수 있는 경우(예컨대, 양도담보)라면 이러한 별제권자의 권리는 존중되어야 하지만 무제한 방치할 수 없으므로 파산관재인이 법원에 신청하여 별제권자가 그 처분을 할 기간을 정할 수 있고, 만일 별제권자가 기간 내에 처분하지 아니할 때에는 처분권을 상실한다(파산법 제19조). 만일 피담보채권 중 별제권의 행사에 의하여 변제받지 못한 잔액에 대하여는 파산채권자로서 그 권리를 행사할 수 있다(파산법 제87조). 그러므로 별제권자도 별제권의 목적 및 그 행사에 의하여 변제를 받을 수 없는 채권액을 신고하여야 한다(제201조 제 2 항). 따라서 담보물에 대한 부족액이 있으면서도 채권신고를 하지 않으면 배당에 참가할 수 없다(파산법 제249조).

이상에서 본 바와 같이 파산법의 규정 자체만으로도 별제권자는 파산절차와 무관할 수 없는 것이다. 이 점은 별제권은 면책의 대상이 되어서는 아니 된다는 사고에 기인한 것으로 생각되나, 면책의 대상이 아니라고 하여 파산절차에서 자유로

41) 遠藤功, "別除權の意義と基礎," 演習破產法(1973), 330면.
42) 中田淳一, 전게서(주 6), 125면.

운 것은 아니라고 생각한다. 이 점은 뒤에 다시 살펴본다.

파산절차에 있어서 별제권자에 대한 통설의 내용은 화의법에도 그대로 적용된다. 그러나 화의절차에 있어서 담보권자의 지위에 대하여 종전의 별제권에 관한 통설에 의문을 제기하면서 화의절차에 있어서 담보권자의 권리행사가 제한되어야 한다는 유력한 견해가 일본에서 주장되고 있다.[43] 이 견해는 미국의 구 파산법의 화의제도에 관한 판례법에 터잡은 것이다. 즉 개시결정 이전에라도 화의신청이 있으면 법원의 재량에 의하여 담보권자의 권리행사를 중지할 수 있다는 것이다. 그 요건으로는 뒤에 보는 서울고등법원 1998. 4. 14.자 97라194 결정이 설시한 것과 대동소이하다.

이에 반하여 회사정리절차에 있어서는 개시결정 이전이라도 법원의 중지명령에 의하여 담보권자가 행하는 임의경매절차도 중지될 수 있고(회사정리법 제37조), 개시결정에 의하여 회사의 재산에 관한 모든 소송절차는 중단되며(회사정리법 제68조), 회사재산에 대한 강제집행, 가압류, 가처분, 담보권 실행 등을 위한 경매를 할 수 없으며 이미 행한 이러한 절차도 중지된다(화사정리법 제67조). 정리담보권자는 일반채권자와 마찬가지로 채권을 신고하지 아니하면 권리가 실권되고, 신고한 정리담보권이라 하더라도 정리계획안에 의하여 담보권의 내용이 변경될 수 있다. 요약하면 개시결정 전에는 재량중지이고, 개시결정이 있은 후부터는 당연중지라고 할 수 있다.

우리의 파산법이 독일의 파산법을 계수하였고 담보물권자에 대한 우월한 지위를 주기 위하여 위와 같은 규정을 둔 것은 이해할 수 있다. 그러나 문제를 근본적으로 생각하여 보면, 파산절차가 많은 채권자들의 채무자에 대한 집단적인 채권집행절차라고 설명하면서, 담보권자의 채권집행은 파산절차에 의하지 아니한다고 하는 것이 과연 파산절차에 관한 위 설명에 명실상부한 것인가 하는 의문이 든다. 담보물의 가액이 담보채권자의 채권액을 훨씬 초과하는 경우라면 그 차액에 대하여는 배당의 재원이 되는 것이므로 일반채권자나 후순위 담보권자뿐 아니라 다른 담보권자에게도 이해관계가 있는 것이다. 담보권자라도 목적물을 적당한 환가절차에 의하여 적정한 금액으로 환가 처분하여야 하고 만일 헐값으로 처분하게 되는 것을 방치할 수는 없는 것이므로 이에 대한 파산관재인의 간섭이 필요한 것이고 그렇다면 파산절차와 무관하다고 할 수 없는 것이다.[44] 반대로 담보물의 가액이 담보채

43) 伊藤眞, 전게논문(주 17)(上), 判例タイムズ No. 425, 31면 이하.

44) 일방에 있어서 별제권자는 파산에 있어서 조금도 영향을 받지 않는 지위에 있다고 하면서도 다른 한편으로는 별제권의 목적인 재산은 파산재단에 속하는 재산이기 때문에 별제권자에 의한 처분에 대하여 파산관재인은 결코 무관심할 수 없다고 설명하고 있다. 中田淳一, 전게서(주 6), 125

권자의 채권액에 미치지 못하는 경우, 담보채권자가 그 부족분에 대하여는 일반채권자로서 파산절차에 가입을 하여야만 배당에 참가하여 몫을 배당받을 수 있는 것이므로, 담보채권자라 하여 파산절차와 무관할 수는 없는 것이다. 담보채권자가 담보물에 대하여 갖는 담보권은 파산절차 후(면책의 효과 포함)에도 존속한다고 하여 담보권자의 권리가 별제권이라는 이유만으로 파산절차와 관계없이 그 권리를 행사할 수 있다고 할 논리적 연결은 없다고 생각한다.

이상 논의는 파산법에 관한 것이고 화의법으로 논의를 옮기면 더욱 화의절차와의 구속력을 갖게 된다. 즉 화의법 제44조는 파산의 경우에 별제권을 행사할 수 있는 권리를 가지는 자는 그 권리의 행사에 의하여 변제를 받을 수 없는 채권액에 관하여 화의채권자로서 그 권리를 행사할 수 있다고 규정하고 있다. 즉 담보권자가 그 목적물의 가액에 의하여 만족을 얻을 수 없어 그 채권의 일부에 대하여 일반의 화의채권자로서 화의절차에 참가할 수 있다고 하는 이른바 잔액책임원칙 또는 부족액의 원칙을 선언한 것이다. 그리하여 위 규정 외에 화의법상의 담보권자가 파산법상의 별제권을 준용한다는 명시적인 규정이 없음에도 종래의 통설은 화의법상의 별제권자와 파산법상의 별제권자를 같이 취급하였다.

더 나아가 현실적인 관점에서 본다 하더라도 화의절차가 재건절차로 인정 사용되고 있는 이상 담보목적물이 재건절차에 필수불가결한 것이라면 화의절차의 목적을 달성하기 위하여는 담보권자의 권리라 하더라도 어느 정도 제한을 받을 이유가 있는 것이다. 종전 서울지방법원의 실무나 위 서울고등법원 97라194 결정이 화의절차에 있어서도 일정한 요건하에서[45] 보전처분으로 화의의 인부결정이 있을 때

면. 이러한 점에 비추어도 담보권자가 파산절차에서 전혀 제약을 받지 않는다는 설명은 모순이라 생각한다. 同旨, 伊藤眞, 전게논문(주 17)(上), 31면.

45) ① 담보물에 충분한 잉여가치가 있어 별제권자에게 실질적인 불이익이 발생하지 않거나 발생하여도 보증 기타 방법에 의하여 이를 제지할 수 있을 것, ② 채무자가 성실하고 화의에 의한 보증 기타 방법에 의하여 이를 제거할 수 있을 것, ③ 담보목적물이 채무자의 영업활동에 필수불가결한 요건을 들고 있다. 단 위 사건에서는 ③의 요건에 해당하지 않는다고 보아 담보권행사를 중지시킬 수 없다고 판시하였다. 이러한 사고의 연원을 거슬러 올라가면 1933년 대공황에 의하여 농업경영자를 보호하기 위한 농업경영자의 재건에 관한 입법에 의하여 토지에 대한 저당권자(mortgagee)의 저당권의 실행을 중지하여야 하는 규정인 구 파산법 제75조(o)에 규정된 것이고, 1934년 개정에 75조(s)가 추가되어 담보권의 실행을 포함한 모든 채권을 5년간 중지하도록 되었다. 이 규정은 모두 연방대법원에서 위헌판결을 받았으나 1935년에 위헌의 요소를 제거한 채 다시 개정하였다. 서울고등법원의 결정이 고려한 3가지가 직접적으로 정립되기 시작한 것은 1938년 Chandler법에 화의절차인 제XI장에 명문으로 법원이 담보권의 실행을 중지할 수 있다는 규정을 둠으로써 판례법으로 형성되기 시작한 것이다. 잉여가치의 존재에 대하여는 In re American Kitchen Foods, Inc.{2 Bankr. Ct. Dec. 715, 720(D. Me. 1976)}이 지도적 역할을 하였고, 담보권자에게 손해가 없어야 한다는 점은 보통 시간적 경과에 의하여 목적물의 담보가치가 떨어지는 소비재나 재고상품 등에 대하여 논의가 되는 것이다. 이 점에 관한 판결로는 In re Gelormino Construction{2

까지 별제권 실행의 중지결정을 할 수 있다고 한 것도 그 밑바탕에는 앞서 본 바와 같은 생각이 깔려 있는 것이다. 회사정리법의 경우 담보권자의 권리는 개시결정 이전에는 중지될 수 있고, 개시결정 후에는 당연히 중지된다.

(3) 미 국

미국의 경우 현행 파산법에서는 일단 파산신청이 있게 되면(자발적이든 비자발적이든) 제 7 장이든, 제11장, 제13장이든 일단 담보권자(자동채권을 갖는 채권자의 채권도 담보권자로 취급된다)를 비롯한 모든 채권자의 권리행사가 중단된다. 이를 자동적 중지(automatic stay)라고 한다. 단 채권자는 적절한 보호가 결여되었다는 이유로[46] 자동중지로부터 구제받을 수 있다. 구제의 내용은 반드시 중지를 종료하거나, 무효로 하는 것만이 아니고 중지의 내용을 변경하거나, 대체담보물의 제공을 조건으로 하는 수도 있다. 담보권자의 권리행사가 자동 중지된다 하여 채무자가 담보채무에 대하여 면책이 되는 것은 아니다. 그리하여 제 7 장 파산절차에 있어서 우선특권 중 약정에 의한 우선특권(consensual lien)[47]에 대하여는 면책의 효과가 미치지 않는다고 보면서도 자동중지에 의하여 권리의 행사를 중단시키고 있다. 그리하여 파산신청이 있으면 담보권자가 자동중지를 해제(lift)하기 위하여 적절한 보호를 받았느냐를 둘러싼 소송이 가장 흔한 것이라 한다.[48]

담보권 중 통일상법전(UCC) §9-201에 의하면 금융진술서(financing statement)를 제출하지 아니하여 아직 완성되지 아니한 담보권(unperfected security interest)은 일반채권자보다는 우위이지만 판결우선특권(judicial lien)을 가진 채권보다는 후

Bankr. Ct. Dec. 39-40(CCH)(W.D.Pa. 1975)}을 들 수 있다. 채무자의 성실성에 대하여는 C.I. Mortgage Group v. Groundhog Mtn. Corp.{4 C.B.C. 387(Ref., S.D.N.Y. 1975)}이 있으며, 재건의 가능성이 있어야 하는 점을 명시한 사례로는 In re Empire Steel Co.{228 F. Supp 3116(D. Utah 1964)} 참조. 끝으로 목적물의 불가결성에 대하여는 In re Creed Bros., Inc., 14 C.B.S. 426, 431(Ref., S.D.N.Y. 1977) 참조. 그러나 신 파산법에서는 담보권자를 포함한 모든 채권자의 권리가 어떠한 파산절차에서든지 자동적으로 중지되며 집행을 계속하기 위하여는 적절한 보호(adequate protection)의 기준을 둘러싸고 소송이 쇄도하고 있다.

46) §362(d).

47) 우리의 저당권을 상정하면 무방하다. 미국법상의 lien을 어떻게 번역할 것인가에 대하여는 국내에서도 아직 통일되어 있지 않다. lien의 종류에는 약정에 의한 것(security interest), 법률에 의한 것(statutory lien), 판결채권자가 갖는 것(judicial lien), 보통법상의 것(common law lien)이 있고 파산법에는 채무의 이행을 담보하기 위한 재산상의 부담(charge)을 총칭하는 것으로 정의한다(§101(37)). 일본의 학자는 先取特權이라는 용어를 사용하나(高木新二郎, アメリカ 連邦破産法, 67(1996)), 우리 나라에서는 우선특권으로 번역함이 무난하다고 생각하여 이와 같이 사용하기로 한다.

48) Harry Rajak, INSOLVENCY LAW THEORY & PRACTICE; Jay Lawrence Westbrook, Chapter 11 Reorganization in the United States, 354(1993).

위이다. 파산법 §544(a)은 관리인에게 파산신청시에 판결우선특권자의 권한을 주므로 미완성된 담보권은 일반채권으로 전환된다.

5. 파산재산의 관리

(1) 파산관재인의 지위

파산, 화의, 회사정리절차가 개시되면 모두 관재인(회사정리법에서는 관리인)[49]이 임명된다는 점에서는 공통이지만 그 관재인 등의 권한은 각 절차마다 다르다. 파산의 경우 관재인이 선임되면, 채무자는 재산에 관한 처분권을 상실하고, 그 권리는 관재인에게 귀속된다. 그러나 파산법상의 관재인은 청산절차를 수행하기 위한 것이므로 재건절차인 회사정리절차의 관리인처럼 사업의 운영권한은 없다. 파산관재인의 업무를 살펴보면 파산재단 소속재산의 점유·관리에 착수하여(파산법 제175조), 그 재산의 가액을 평가하고(파산법 제178조), 재산목록과 대차대조표를 작성하여 이를 법원에 제출하고(파산법 제179조), 파산선고일로부터 1개월 내에 소집되는 제 1 회 관계자 집회에서 파산선고에 이르게 된 사정과 파산자 및 파산재단에 관한 경과 및 현상에 관하여 보고하여야 한다(파산법 제183조). 또 제 1 회 채권자 집회에서는 감사위원을 둘 것인지, 파산자에 대한 부조료의 給與 여부, 영업의 폐지 등에 관하여 결의를 하여야 한다(파산법 제169조, 제184조). 파산자를 당사자로 하는 소송은 파산선고로 중단되므로(민사소송법 제217조), 파산재단에 속하는 재산에 관한 소송을 파산관재인이, 파산채권에 관한 소송은 채권조사기일에서 이의를 제기한 자를 상대방으로 하여 수계한다(파산법 제60조, 제219조). 그 외 파산관재인은 파산선고 전의 채무자의 편파행위[50]를 부인할 수 있다.

회사정리법에서 관리인이 선임되는 경우는 물론 보전관리인이 선임되더라도 회사사업의 경영과 재산의 관리 및 처분을 하는 권리가 보전관리인에게 전속하게 된다(회사정리법 제53조, 제39조의3). 판례는 회사정리절차에서의 관리인은 총 채권자와 주주를 위하여 회사재산의 관리를 위탁받은 공적수탁자로 본다.[51] 이에 반하여 화의법상의 관재인이나 보전관재인은 회사정리법과 달리 회사의 경영권을 인수받아 회사를 관리

49) 일본은 파산법, 화의법, 회사갱생법 모두 관재인으로 용어를 통일하였고, 미국 파산법도 모두 제 7 장, 제11장, 제13장 모두 trustee라는 용어로 통일하였는데, 우리 나라만 관리인과 관재인으로 나누어 달리 사용한 연유를 알기 어렵다. 파산, 화의, 회사정리를 포괄하는 단일한 파산법을 제정하는 경우는 물론이고 회사정리법을 개정함에 있어서도 용어를 통일할 필요가 있다고 생각한다.

50) 미국의 파산법에 있어서 편파행위와 사행행위의 방지책에 대하여는, 金龍德, "미국법상 채무자의 강제집행면탈을 목적으로 한 재산도피 및 은닉 등을 방지하기 위한 제도," 외국사법연수론집 (11), 법원행정처(1994), 431면 이하.

51) 대법원 1974. 6. 25. 선고 73다692 판결(집 22(2) 민 108).

하는 것이 아니라 채무자를 감독하는데 그친다(화의법 제27조, 제32조). 그러나 화의절차가 개시되어 관재인이 선임된다 하더라도 채무자는 재산의 관리처분권을 잃지 아니하되 단 통상의 범위에 속하지 아니하는 행위에 대하여만 관재인의 동의를 얻어야 하고(화의법 제32조 제 1 항) 중요한 행위에 대하여는 관재인이 동의를 함에 있어서 정리위원의 의견을 듣도록 규정하고 있다(화의법 제32조 제 3 항). 따라서 화의절차에 있어서 관재인은 채무자를 감독하는 기능만을 갖고 있어 화의법의 관재인의 권한이 가장 약하고, 회사정리법의 관리인이 가장 권한이 크다.

파산관재인은 개정 전의 파산법에서는 법원이 이를 선임한다고 규정하였으나(개정 전 파산법 제147조), 개정 파산법은 파산관재인은 관리위원회의 의견을 들어 법원이 이를 선임한다고 규정하였다(개정 후 파산법 제147조). 이 점은 개정 전 화의법이나 개정 후 화의법도 마찬가지이다(개정 전 화의법 제27조 제 1 항, 개정 후 화의법 제27조 제 2 항).

법에 명문으로 이해관계 없는 자 중에서 선임하여야 한다고 규정한 바는 없으나 일본이나 우리 나라의 실무는 파산관재인은 공평한 직무수행에 대하여 의심을 가져올 수 있다는 점에서 이해관계 있는 자를 선임하지 않고[52] 통상은 변호사 가운데에서 선임하고 있다.[53] 일본에서는 법인이 아닌 자연인만이 파산관재인이 될 수 있다고 해석한다.[54] 1996. 12. 12. 개정 전의 회사정리법에서는 관리인이 이해관계 없는 자로부터 선임되어야 하고(구 회사정리법 제94조 제 1 항), 수인의 관리인이 있는 경우에는 그 1인에 대하여는 그러하지 아니하다고 규정하였으나(제 2 항), 그 실효성에 대한 반성으로[55] 개정 후의 회사정리법은 제94조 제 2 항을 삭제하고, 관리인은 그 직무를 행함에 적합한 자 중에서 선임하여야 한다고 규정하여 종전 사주와 관련 있는 사람도 관리인으로 선임될 수 있도록 하였다. 회사정리절차에 있어서 관리인은 은행법에 의한 금융기관, 신탁회사 및 종합금융회사가 관리인이 될 수 있다고 규정하고 있어(1996. 12. 12. 개정된 회사정리법 제95조)[56] 그 외의 법인은 관리인이 될 수 없다.

우리 나라에서 1997년에 이르러 갑자기 화의사건이 회사정리사건을 능가하게

---

52) 伊藤眞, 전게서(주 20), 70면.

53) 司法研修所 編, 破産事件の處理に關する實務上の諸問題, 法曹會(1985), 107-108면 이하, 사건의 규모, 법조경력, 지식능력, 사무소의 규모 등 제 요소를 고려한다. 우리 나라의 경우의 사건으로는 서울지방법원 96하7호 사건 외 다수.

54) 伊藤眞, 전게서(주 20), 70면.

55) 이해관계 없는 자 중에서 능력과 열성을 다하여 직무에 충실한 관리인을 구하는 것은 緣木求魚이다. 金龍潭, "정리계획기간 중의 감독권행사 철저를 둘러싼 문제점," 민사판례연구(XVI), 박영사(1994), 368면.

56) 개정 전의 회사정리법에서는 신탁회사와 은행만이 관리인이 될 수 있고 이 경우 이해관계가 있어도 무방하였다(개정 전 회사정리법 제95조 제 1 항).

된 것도[57] 결국은 회사의 경영권을 누가 갖느냐 하는 데에 비롯된 것이다.[58] 화의절차에서 채무자가 경영권을 유지할 수 있는 장점을 이용하여 화의절차를 남용하는 것을 막기 위하여 화의법 제19조의2에 대규모 주식회사에 대한 화의신청을 기각하도록 개정하였다. 그러나 그 기준이 명확하지 않고, 회사의 경영권에 대한 회사정리절차에 대한 유인책이 제대로 보장되어 있지 아니하는 한 앞으로 화의법 제19조의2를 둘러싼 분쟁은 계속되리라 예상된다. 미국에서는 1978년 파산법을 개정하기 이전에 이른바 Debtor In Possession(DIP라고 한다)의 인정 여부를 둘러싸고 격렬한 논의를 겪었으며 결국 화의절차와 회사재건절차를 통합하게 되었다.[59]

(2) 미 국

미국의 경우 제 7, 12, 13장의 파산절차에서는 반드시 관리인이 선임되지만, 제 11장의 경우에는 일정한 경우에만 관리인이 선임되고 원칙은 관리인의 선임 없이 채무자가 계속하여 기업을 경영할 수 있다. 제 7 장의 관리인은 채권자가 선임하지 않은 경우에는 연방관리관에 의하여 임명된다.[60] 연방관리관은 어떠한 경우를 묻지 아니하고 파산법에 의한 절차에 있어서 관리인으로서의 직무에 종사할 자격을 취득한다.[61] 그러나 실제로 연방관리관이 직접 관리인이 되는 경우는 매우 드물고 실제로는 연방관리관이 관리인단을 구성하여 관리인단 중에서 개별 사건마다 관리인을 임명한다.[62] 우리 나라와 달리 파산법 자체에는 관리인의 자격에 대하여 규정을 한 바 없으나, 28 U.S.C.§586(d)[63]에 의하면 연방 법무부장관이 관리인단의 구성원의 자격에 대하여 정하도록 규정하고 있으며, 이에 의하면 정직, 공평무사하여야 하며 전문적인 자격과 일반적인 능력과 경험을 요구한다.[64] 채무자가 계속하

57) 1996년의 경우 화의는 9건, 회사정리는 52건이던 것이, 1997년의 경우 화의는 322건, 회사정리는 132건으로 증가하여 화의 사건이 처음으로 회사정리건수를 초과하였다. 1997년 발간 사법통계연감 807, 863면, 1998년 발간 사법통계연감 656, 701면.

58) 姜永虎, "화의제도, 도산 기업의 구세주인가," 법률신문 제2634호(1997. 9. 29.자).

59) 학자들은 화의냐 회사재건이냐를 둘러싼 소송에 대하여 마치 환자가 병원에 들어왔는데, 이 침대에 눕힐 것인가 저 침대에 눕힐 것인가로 의사들이 싸우는 것에 비유하며 비판하였고, 양자의 구별에 대한 가이드라인을 제시하기 위한 연방대법원 및 항소법원의 수많은 판결이 있었으나 결국 기준제시에 실패하였다. 구 파산법에서 화의냐 재건이냐에 대한 상세한 논의에 대하여는, Benjamin Weintraub ET AL, *supra* note 29, at 153-171.

60) Brian A. Blum, BANKRUPTCY AND DEBTOR/CREDITOR 152(1993).

61) §322(b)(1).

62) *Id.* Standing Trustee라고 한다.

63) 미국 연방 제정법의 내용은 각 장별로 구성하도록 되어 있어 11 U.S.C.는 파산사건에, 28 U.S.C.는 소송절차를 포함한 사법조직에 관한 것이다.

64) Brian A. Blum, *supra* note 60, at 152.

여 재산을 점유하는 경우 검사인(examiner)이 선임되어 채무자의 행위와 사업활동 및 채무자가 계속하여 점유할 것인지 여부에 대하여 의견을 제시한다. 관리인은 개인뿐 아니라 정관에 관리인이 될 수 있는 이상 법인도 가능하다.[65] 관리인은 파산재단의 공적인 대표자로서[66] 검사인으로 직무를 종사한 자는 관리인이 될 수 없다.[67] 파산재단에 대한 관리처분권을 갖고 소송을 담당하는 점[68]은 우리와 같다.

6. 채권의 조사절차

(1) 파산채권, 화의채권, 정리채권

파산채권은 파산자에 대하여 파선선고 전의 원인에 기하여 갖고 있는 재산상의 청구권으로서(파산법 제15조) 파산절차에 의하지 않으면 행사할 수 없다. 그러나 조세채권과 파산절차비용 등의 법정채권은 재단채권으로서 파산절차에 의하지 않고 파산재산으로부터 수시로 변제받을 수 있다. 파산채권에 대한 이러한 개념은 기본적으로 화의채권이나 정리채권에 그대로 적용된다. 즉 화의채권은 채무자에 대하여 화의절차개시 전의 원인으로 인하여 생긴 재산상의 청구권으로서(화의법 제45조) 그 중 일반우선권 있는 채권(화의법 제43조), 별제권부채권(화의법 제44조) 및 비화의채권(화의법 제 4 조)을 제외한 채권이다. 정리채권은 정리회사에 대하여 정리절차 개시 전의 원인에 기하여 생긴 재산상의 청구권이다(회사정리법 제102조). 정리절차에서는 담보권자가 별제적으로 권리를 행사할 수 없으므로 정리담보권이라는 명칭을 쓰며 정리담보권자는 정리채권 또는 정리절차개시 전의 원인에 기하여 생긴 회사 이외의 자에 대한 재산상의 청구권으로서 정리절차개시 당시 회사에 존재하는 유치권, 질권, 저당권, 전세권 또는 우선특권에 담보된 범위의 것이다(회사정리법 제123조). 즉 회사정리법에서는 물상보증인인 주식회사에 대하여 회사정리절차가 개시되면 채권자가 정리회사에 대하여 갖는 담보권도 회사정리절차의 규율에 따르도록 되어 있다. 이에 반하여 파산채권(화의채권 역시 같다)을 담보하기 위하여 제 3 자의 소유물에 담보권이 설정된 경우, 채권자는 파산채권만을 갖고 별제권을 갖지 않으나, 파산자가 물상보증인인 경우 담보권자는 파산자에 대하여 파산채권을 갖지 않고 별제권만을 갖는 것으로 설명하고 있다.[69] 즉 이

---

65) §321(a)(2).
66) §323(a).
67) §321(b).
68) §323(b).
69) 齊藤秀夫 · 麻上正信 編, 전게서(주 8), 531면.

점은 별제권자는 항상 파산채권자여야 하는가를 둘러싼 학설상의 차이에서 유래된다. 통설은 별제권은 파산재단에 속하는 특정한 재산상에 별제권자가 별제적으로 행사하는 권리로 보는 데에 대하여, 소수설은 파산채권자가 파산절차에 의하지 아니하고 재단소속의 특정재산에 대하여 개별적 만족을 받는 권리로 파악하고 있다.[70]

파산법과 회사정리법에서는 채권의 목적이 금전이 아닌 경우(예컨대, 물건의 급부 또는 권리의 설정 등)[71]에도 파산선고시의 평가액을 파산채권액으로 본다고 하여 파산채권으로 취급하고 있다(파산법 제17조 제 1 항; 회사정리법 제117조). 판례는 정리채권에 대한 회사정리법 제102조에 대하여 정리채권에 있어서는 이른바 금전화, 현재화의 원칙을 취하지 않고 있기 때문에 재산상의 청구권인 이상, 금전채권에 한정되지 아니하고, 계약상의 급여청구권과 같은 비금전채권도 그 대상이 된다고 설명하면서 골프회원권이 정리채권에 해당한다고 판시한 바 있다.[72]

채권적 청구권이라 하더라도 예컨대, 전대인이 전차인인 파산자에게 가옥의 명도를 구하는 경우나, 채권자가 채권자취소권의 행사로서 파산자에게 사해행위로 목적물이 양도된 경우 그 취소를 구하는 경우처럼 목적물이 파산재단에 속하지 아니한다는 주장과 함께 그 채권의 내용으로 물건의 인도를 구하는 경우에는 환취권의 대상이 되며, 파산채권에 속하지 아니한다. 이에 반하여 그 권리의 내용이 목적물이 파산재단에 속하는 것을 전제로 그 급부를 구하는 경우에는 파산법 제17조에 의하여 파산채권이 될 수 있다.[73]

---

70) 자세한 내용에 대하여는 齊藤秀夫 · 麻上正信 編, 전게서(주 8), 530면 이하 참조.

71) 中田淳一, 전게서(주 6), 192면.

72) 대법원 1989. 4. 11. 선고 89다카4113 판결. 단 골프회원권의 경우에도 당초의 계약내용에 따라 결정되어야 할 것인데 골프회원권에도 골프장을 경영하는 주식회사의 주주의 자격을 갖는 경우와, 주주는 아니면서 회원권을 구입하여 골프장을 이용하는 권리만을 갖는 경우로 나눌 수 있고, 전자의 경우에는 주주의 지위와 함께 정리채권을 인정할 수도 있으며, 후자의 경우에는 정리채권만이 인정될 수 있다. 미국의 경우도 합명회사(partnership)의 유한책임사원(a limited partner)으로 보아 equity security holder와 claim holder 양자의 지위를 가질 수 있음을 인정한 사례가 있다. In re Charles Preservation Investors, Ltd., 112 B.R. 469(D. C. 1990), *aff'd*, 916 F.2d 727(D.C. Cir. 1990).

73) 伊藤眞, 전게서(주 20), 218면. 그 외에 파산채권이 (대)인적 청구권이라는 요건을 추가하는 것이 보통인데(齊藤秀夫 · 麻上正信 編, 전게서(주 8), 90면, 伊藤眞, 전게서(주 20), 218면 및 郭京直, "화의절차에 있어서의 채권자의 지위," 저스티스(1998. 9), 116면. 특히 후자에 의하면 법원행정처, 전게서(주 14), 108면에서 채권적 청구권이라는 용어를 사용한 것은 적절하지 못하다고 지적하고 있다. 그러나 채권적 청구권이라고 쓴 데는 물권적 청구권을 배제하기 위하여 사용한 것으로 보이고 채권적 청구권 가운데도 임대차계약종료에 기한 반환청구권과 같이 채무자의 재산에 속하지 않는다고 주장하는 권리나 물권의 이전을 목적으로 하는 이전등기청구권, 동산매수인의 매도인에 대한 매매목적물 인도청구권은 물권을 기초로 하는 것이 아니므로 파산채권, 화의채권이라고 설명하고 있다) 대인청구권이라는 용어는 파산자의 특정재산이 아니라 파산자에 대한 청구권이라는 점을 강조하는 것인데 私見으로는 파산채권에 대한 설명으로 '재산상 청구권'이라는 요건

파산채권 중에는 임금채권과 같이 우선특권이 인정되는 것은 우선적 파산채권이 되고, 파산선고 후의 이자, 손해배상액 등은 후순위 파산채권이 된다(파산법 제32조, 제37조, 2000년 개정으로 임금채권은 재단채권으로 승격되었다). 파산채권자는 파산선고와 동시에 정하여지는 채권신고기간 내에 그 채권의 액, 원인, 우선열후의 구분 등을 파산법원에 신고하여야 하고(파산법 제201조) 파산관재인 등 이해관계인이 출석한 채권조사기일에서 조사를 받아야 한다. 채권조사기일에 파산관재인이나 파산채권자가 이의를 제기하지 않는 한 채권은 확정되고 그 결과를 기재한 채권표의 기재는 파산채권자 전원에 대하여 확정판결과 동일한 효력을 갖는다(파산법 제215조). 채권조사기일에 이의가 된 채권은 채무명의가 있는 경우에는 이의자는 파산자가 할 수 있는 소송절차에 의하여만 이의를 주장할 수 있고(파산법 제221조), 채무명의가 없는 경우에는 파산채권자가 이의자를 상대방으로 하여 채권확정의 소송을 제기하여야 하며 위 소송의 판결의 효력은 파산채권자 전원에 미친다(파산법 제217조). 파산재단에 속하는 재산에 관한 소송은(예컨대, 파산자가 원고로서 재산권에 기하여 제기한 이행소송 등) 파산선고에 의하여 중단되고 파산관재인이 당사자가 되며 파산관재인이나 상대방이 수계신청을 할 수 있다(파산법 제60조 제1항).

담보권자가 채권을 신고하지 아니한 경우 담보물의 가액에 의하여 담보된 채권은 파산법에서는 소멸되지 않으나(부족분이 소멸됨은 위에서 본 바와 같다) 회사정리법은 명문으로 소멸한다고 규정하고 있다(회사정리법 제241조).

파산채권에 대한 신고 조사, 그 내용의 확정 등은 화의채권, 정리채권, 정리담보권에 대한 조사절차에 있어서도 기본적으로 같다.[74] 재단채권에 대응하는 개념으로 회사정리절차에서는 회사정리법 제208조에서 정한 공익채권이 있으며 공익채권도 정리절차에 의하지 아니하고 변제받을 수 있으며, 정리담보권이나 정리채권보다 우선하여 변제받는 점과 파산관재인이나 관리인이 이행을 하지 않는 경우에는 소송을 제기하여 강제집행을 할 수 있다는 점(견해의 다툼은 있다)에서 같다.[75] 조

에서 같은 내용을 해설하면 충분하고 채권적 청구권, 대인적 청구권이라는 설명은 불필요하다고 생각한다. 대인적 청구권이라는 용어를 사용하게 되면 마치 물건에 대한 (대물)청구권은 파산채권이 될 수 없다는 오해가 있을 수 있기 때문이다. 그러나 물건의 인도와 같은 비금전채권도 파산채권이 될 수 있음은 위에서 본 바와 같다. 그리고 화의법 제44조에 의하면 파산의 경우 별제권을 행사할 수 있는 권리를 가진 자는 그 권리의 행사에 의하여 변제를 받을 수 없는 채권액에 관하여 화의채권자가 된다는 취지이다. 예컨대, 유치권의 경우처럼 채무자가 유치권자에게 채무를 부담하지는 않으나 목적물의 소유자이면 목적물에 관하여 생긴 채권에 대하여 변제를 하여야 하므로 이러한 경우에는 유치권자가 갖는 권리 중 별제권에 의하여 변제받을 수 없는 부족 부분의 채권은 대인적 청구권이라기보다는 오히려 대물적 청구권에 기한 것이기 때문이다.

74) 회사정리절차에 대하여는 林治龍, "정리채권, 정리담보권의 신고 및 확정절차에 관하여," 수원지방변호사회지 제3호(1991), 74면 이하 참조.

75) 재단채권자가 관재인을 상대로 소송을 제기하여 파산재단에 대하여 강제집행할 수 있다는 견해

세채권이 파산절차에서는 재단채권이지만 회사정리법에서는 개시결정 이전에 성립된 조세채권은 정리채권으로 보는 점[76]에서 다르다.

그러나 화의채권의 신고는 채권을 확정시키기 위한 것이 아니고, 화의채권자로서 채권자집회에 참석하고, 그 의결권액을 명백히 하기 위한 것이므로 신고하지 아니하였다 하여 권리가 실권되지 않는다는 점에서 파산과 회사정리제도와 큰 차이가 있다. 따라서 화의채권자표에 채권이 기재되었다 하여 화의채권자표에 확정판결과 같은 효력이 생기는 것도 아니다.[77] 따라서 화의절차에서는 화의채권확정의 소와 같은 제도는 존재하지 않는다. 또한 화의개시결정이 있더라도 재산관리권은 여전히 채무자에게 있으므로 소송절차의 중단의 문제는 발생하지 않는다.

(2) 미 국

미국의 경우 역시 채권자가 아닌 채권을 기준으로 규율하고 있다. 우리 나라의 파산법, 화의법, 회사정리법 등에서 공통적으로 사용하는 재산상의 청구권이라는 개념은 영미의 claim에 대응하는 것이나 그 개념은 약간 다른 것으로 보인다. 미국 파산법 §101(5)에 의하면 claim이라 함은 금전상의 청구권(right to payment)으로서 판결에 기한 것이거나 금전화되었거나(liquidated), 아직 비금전화되었거나, 확정된 것이거나, 미확정된(contingent) 것이거나, 변제기가 도래한 것이거나, 미도래이거나, 다툼이 있거나, 없거나, 담보부이거나 무담보이거나를 묻지 아니하며, 채무불이행에 대한 형평법상의 구제로서 계약의 불이행에 대한 금전상의 청구권이 인정되는 경우의 두 가지로 정의하고 있다. 구 파산법에서는 청구권은 증명되고(proved) 인정받아야(allowed) 했다.[78] 그러나 미확정되거나 금전화되지 아니한 청구권은 가액을 평가하거나 금전화될 수 있는 경우를 제외하고 인정되지 아니하였다. 그러한 청구권(대표적인 것으로 불법행위채권)은 파산절차에 의하여도 면책이 되지 아니하여 재건절차에 지장을 초래하는 사태가 발생하였다.[79] 그리하여 신 파산법은 청구권의 개념을 구 파산법보다 광범위하게 인정하게 되었다. 담보권자라

로는 中田淳一, 전게서(주 6), 142면, 공익채권에 대하여 회사재산에 대하여 강제집행할 수 있다는 견해로는 한국산업은행, 회사정리법해설(1982), 444면. 참고로 일본의 회사갱생법 제210조의2는 강제집행으로 인하여 회사의 갱생에 현저히 지장을 주고 회사가 환가하기 쉬운 다른 재산이 있는 경우에는 강제집행을 중지 또는 취소를 명할 수 있다고 규정하여 입법적으로 해결하였다.

76) 대법원 1973. 9. 25. 선고 73다241 판결.

77) 이론 없음. 郭京直, 전게논문(주 73), 121면; 金龍德 전게논문(주 2), 182-183면 등.

78) §63 of the Bankruptcy Act.

79) Robert L. Jordan & William D. Warren, BANKRUPTCY 113(4th ed. 1995).

함은 파산재단에 대한 우선특권에 의하여 담보되는 채무자에 대한 청구권을 갖는 자 또는 자동채권을 갖는 자로 정의한다.[80]

현재 미국 파산법에서 청구권이 문제되는 경우는 주로 다음과 같은 상황이다. 어느 기업이 제품을 생산하여 절찬리에 대량판매를 하였다. 그러나 물건에 발암물질이 발견되었다는 것이 발표되면서 많은 수의 소비자들이 질병에 걸려 있고, 앞으로도 그 숫자는 계속 증가되고 있다. 이때 제조물책임소송에 직면한 회사가 이를 타개할 방책으로 제11장의 재건절차를 신청한다. 즉 장래의 피해자들이 회사에 대하여 갖는 채권은 파산채권이므로 이러한 장래의 채권자들을 위한 배당을 마련하고 다시 기업을 재건할 수 있다는 것이다. 이미 질병에 걸린 피해자들이 파산채권자에 해당하는 점은 의문이 없다. 그러나 위 물건을 사용하였으나 아직 질병에는 이르지 아니한 피해자들의 채권은 어떻게 규율할 것인가 하는 점이 다투어지고 있다. 즉 파산법상의 청구권은 주법에 의하여 청구권이 발생한 경우에 한한다는 주법청구권설(accrued state law claim theory),[81] 파산신청 이전에 제조행위가 있으면 청구권이 발생한다는 행위기준설(conduct test theory),[82] 절충설로서 파산신청 이전에 채무자와 어떤 유형의 관련성(계약, 피해의 노출, 충격 등)을 갖고 있는 개인들에 한한다는 신청전관련설(prepetition relationship theory)[83]이 있는데 마지막 견해가 현재 하급심에서 유력하다.[84]

한편 제7, 13장과 제11장의 채권조사절차는 다르다. 제7, 13장에서는 일반채권자로서 배당을 받기 위하여서는 채권자집회일로부터 90일 이내에 채권을 신고하여야 한다(파산규칙 제3002조). 만일 신고하지 아니하면 §501(b)와 (c)에 의하여 관리인, 채무자 또는 공동채무자가 신고기간 경과 후로부터 30일 이내에 채권자를 위하여 신고할

80) David G. Epstein ET AL., BANKRUPTCY 6(1993). A holder of a secured claim is a creditor with a lien on property of the debtor or a right of setoff against property of the debtor.

81) In re M. Frenville Co., 744 F.2d 332(3d Cir. 1984).

82) Grady v. A. H. Robins Co. 839 F.2d 198(4th Cir. 1988); In re Waterman S.S. Corp., 141 B. R. 552(Bankr. S.D.N.Y. 1992). 전자는 Dalkon Shield사의 자궁피임기구로 인한 제조물책임소송이고, 후자는 석면피해소송에 관한 것이다.

83) In re Pettibone Corp., 90 B.R. 918(Bankr. N.D.Ill. 1988). 청구권자의 사용자가 파산신청 전에 채무자가 제조한 지게차를 구입하였으나, 사고와 그로 인한 상해는 파산신청 후에 발생한 사안에서 지게차로 인한 상해가 피해자와 채무자를 연결할 아무런 신청 전의 관계가 없다는 이유로 청구권에 해당하지 아니한다고 판시하였다. 환경보호청이 채무자가 오염시킨 장소를 다시 정화하기 위한 비용청구권은 비록 계획안이 인가되기 전에 오염배출장소를 다 확인하지 않거나 그 비용 액수가 정하여지지 아니하더라도 청구권자와 채무자를 연결할 관련이 있다는 이유로 파산법상의 청구권에 해당한다. In re Chateaugay Corp., 944 F.2d 997(2d Cir. 1991).

84) In re Piper Aircraft Corp., 168 B.R. 434(S.D.Fla. 1994); Lemelle v. Universa Mfg. Corp., 18 F. 3d 1268(5th Cir. 1994).

수 있다. 그 이유는 만일 채권자의 채권이 비면책채권이라면 신고를 하여 파산재단으로부터 배당받게 하는 것이 공동채무자에게 유리하기 때문이다. 만일 채권의 신고(채권자의 신고이든 또는 채무자의 신고이든 묻지 않는다)가 없으면, 채권자는 배당을 받지 못할 뿐 아니라 채무는 면책된다. 또한 보증인 등도 주채무자가 신고를 하지 아니한 경우 주채무자의 신고기간 경과 후 30일 이내에 채권을 신고할 수 있다.[85] 제11장에서는 채권이나 주주권이 채무자나 관리인이 제출한 채권자목록 또는 주주명부에 기재되어 있지 않거나, 다툼이 있거나, 불확정하거나, 금전으로 청산되지 아니한 경우를 제외하고 채권자는 신고할 필요가 없다.[86] 즉 채권자 명부에 기재된 확정된 파산채권은 신고할 필요가 없다. 또한 채무자가 채권의 존재를 알면서도 고의로 채권자명부에 기재하지 아니하였기 때문에 파산절차가 개시된 사실을 알지 못하여 법원으로부터 통지도 받지 못하였고 실제로도 알지 못하여 신고하지 아니한 한 채권은 면책되지 아니한다.[87]

담보채권자는 우선특권(lien)을 보호하기 위하여 채권을 신고할 필요가 없다. 비록 파산자의 채무는 면책된다 하더라도 우선특권은 면책 이후에도 계속하여 존속한다. 이 점을 규정한 것이 §506(d)이다. 우선특권은 법원에 의하여 인정되지 아니한 담보채권의(not an allowed secured claim) 범위 내에서 무효이다. 신고하지 아니하였다는 이유만으로 인정되지 아니한 청구권은 예외로 한다.[88] 그러나 그 후 유명한 Dewsnup[89] 사건에서 연방대법원이 견해를 표시하기 전까지는 위 조문에서 말하는 not an allowed secured claim이 구체적으로 어떤 의미를 갖고 있는지에 대하여는 연방항소법원에서도 견해가 나뉘었다. 연방대법원에 의하면 적어도 제 7 장 사건에서 채무자가 담보물의 가액을 넘는 피담보채권을 깎아 없애는(strip down) 것은 불가능하다고 판시하였다.

어찌되었든 만일 채권자의 피담보채권이 담보물의 가치보다 많은 경우(undersecured)에는 그 차액의 채무는 면책이 되므로 채권자가 그 차액을 배당받기 위하여는 반드시 신고하여야 하는 점은 우리와 같다. 주주명부에 기재되지 아니한 주주

85) 파산규칙 §3005.
86) §1111(a).
87) §523(a)(3)(A).
88) §506(d)(2).
89) Dewsnup v. Timm 502 U.S. 410(1992). 이 판결에 대한 비판과 미국 파산법상의 담보권자 지위에 대한 설명으로는 Lawrence Ponoroff and F. Stephen Knippenberg, The Immovable Object Versus the Irresistible Force: Rethinking the Relationship Between Secured Credit and Bankruptcy Policy, 95 Mich L. REV. 2234(1997).

역시 신고하지 아니하면 실권된다.[90]

7. 면책의 효과

(1) 파산자의 지위

파산자가 되면 법원의 허가 없이 거주지를 떠날 수 없으며(파산법 제137조), 법원으로부터 구인당할 수 있으며(제138조), 도망 또는 재산을 은닉할 염려가 있으면 감수를 당할 수 있다(파산법 제139조). 우편물 또는 전보는 파산관재인에게 배달되고 파산관재인이 우편물을 개봉할 수 있다. 파산자가 우편물을 직접 받기 위하여는 별도로 우편물 관리 해제 신청을 하여야 한다(파산법 제180조, 제181조). 그 외 파산법에는 정하여지지 아니하였으나 개별법에 파산자가 받는 불이익에 대하여 규정하고 있다. 민법상의 후견인(민법 제937조), 유언집행자(민법 제1098조) 또는 은행의 임원(은행법 제14조 제1항 제1호)이 될 수 없으며 위임계약의 종료사유가 되므로(민법 제690조) 이를 준용하는 주식회사의 이사의 해임사유가 되며(상법 제382조), 공법상으로도 공무원(국가, 지방, 경찰공무원), 의사, 변호사, 등의 직업을 가질 수 없으며, 공무원으로 파산자가 되면 당연퇴직사유가 된다(국가공무원법 제69조, 제33조 제1항 제2호; 교육법 제77조; 교육공무원법 제6조 등).[91] 따라서 파산자가 되어 이러한 불이익을 받지 않으려면 강제화의를 제공하여(파산법 제262조)—강제화의의 인가결정이 확정되면 당연히 복권되므로—복권의 절차를 받아야 한다. 면책허가결정이 확정되면 파산자는 당연히 복권되어(파산법 제358조 제1항 제1호) 공·사법상의 신분상 제한이 소멸된다. 뒤에 보는 바와 같은 일부면책결정은 동시에 일부 불허가 결정이기도 하므로 면책결정이 확정되었다고 할 수 없으므로 당연히 복권되지 아니한다. 따라서 이러한 경우 복권되기 위하여는 면책불허가 대상이 된 채무를 변제하였다는 등 그 채무에 대하여 면책된 사실을 증명하여 복권신청을 하고 법원의 인가결정을 받아야 한다(파산법 제359조). 파산자가 되면 금융기관 등에서 신용등급의 하락으로 신용카드의 발급제한, 대출금지 등 각종 제재를 받게 되나 이는 파산에 따른 법률상의 효과가 아니므로 수인하여야 한다. 이 점은 파산자에게 우호적인 미국에 있어서도 마찬가지이다.[92]

---

90) 파산규칙 §3002(a).

91) 신분상의 제약에 대하여는 강영호, 회사정리와 파산의 모든 것, 청림출판(1988), 178, 179면에 자세히 적혀 있다. 위 책에 의하면 개별법에 파산자의 신분을 제약하는 법률이 120여 개가 된다고 하며 지면 관계상 일부만 기재한 것이라고 한다.

92) Jordan and Warren, *supra* note 79, at 670.

(2) 면책제도

파산법의 특징 중의 하나는 채무자가 파산절차를 통하여 면책의 효과를 받을 수 있다는 점이다. 이 점은 근대 파산법이 채무자를 위한 구제절차라는 성격을 잘 보여준다. 화의법과 회사정리법도 채권 중 일부에 대하여 면제를 받는다는 점에서 면책의 효과를 부정할 수 없으나 원칙적으로 인가된 화의조건 또는 정리계획에 의하여 종전 채무를 변제하여야 한다는 점에서 파산법의 면책보다 광범하지 않다.

초기 미국 파산법이 모방한 영국의 구 파산법에서는 면책의 효과를 얻기 위하여는 채권자의 동의를 얻거나 총 채무의 일정비율 이상을 변제하여야 했다. 1898년 영국 파산법에서도 면책에 대한 채권자의 지배를 빼앗기는 하였으나 여전히 법원의 재량에 맡겼다.[93] 그러나 미국의 1898년 파산법에서는 면책을 법에 의하여 정함으로써 면책에 관한 한 획기적으로 채무자에게 유리한 입법을 하여 미국의 파산법이 영국의 파산법과 결별을 시작하면서 근대적인 파산법의 선구자의 역할을 하게 되었다. 이러한 면책에 관한 입법이 제 2 차 세계대전 후 일본의 파산법 개정에 영향을 미쳤음은 위에서 본 바와 같다. 일본의 경우 면책의 근거에 대하여는 파산채권자의 이익실현에 성실하게 협력한 파산자에 대한 특전으로 보는 견해와 파산의 목적 가운데 채무자의 새로운 출발을 강조하는 갱생의 수단으로 보는 견해가 나뉘어 있으나 판례는 전자이다.[94]

면책은 자연인[95]인 파산자만이 파산선고가 있은 때로부터 배당에 의한 파산종결의 확정 또는 재단부족에 의한 파산폐지결정까지 신청할 수 있다(파산법 제339조 제 1 항). 동시파산폐지를 받은 경우에도 면책신청권이 있으나 1개월 내에 하여야 한다(동조 제1항 후단). 면책이 있으면 법원이 파산자를 심문하여야 하고(파산법 제341조 제 1 항), 필요하면 파산관재인으로 하여금 면책불허가사유의 유무에 관하여 조사를 하게 하거나 심문기일에 보고하게 할 수 있다(파산법 제342조). 법원은 제346조 각 호에 해당하는 사유가 없으면 면책을 허가하여야 한다.[96] 반대로 비록 파산자에게 면책불허가사유에 해당하는 사실이 존재하여도 파산자의 불성실성의 정도가 현저하지 아니하고 파산자가 사회인으로서 갱생할 가망성이 충분하다고 판단되는 경우에는 법원은 재량에 의하여 면책

93) Tabb, The Historical Evolution of the Bankruptcy Discharge, 65 Am. Bankr. L. J. 325, 363 (1991).

94) 最高裁判所 1961. 12. 13. 決定 민집 15권 11호, 2803면; 1991. 2. 21. 決定 金融法務事情 1285호, 21면.

95) 이 점은 미국의 제 7 장의 파산사건의 경우도 마찬가지이다.

96) 면책불허가사유에 대한 자세한 설명으로는 田炳西, "파산자의 면책에 대한 고찰," 법조(1998. 1).

을 허가할 수 있다. 전자를 권리면책이라 하고, 후자를 재량면책이라 한다. 재량면책을 결정함에 있어서는 면책불허가사유에 해당하는 사실이 경미한지 여부, 채무를 부담하게 된 경위와 목적, 채무가 증가하게 된 경위, 채무변제를 위하여 실제 기울인 노력, 파산채권자측의 사정과 채권추심 상황, 파산자의 친족 등의 채무변제에 대한 협조 기타 파산자의 갱생에 대한 의욕과 갱생가망성의 유무, 채권자의 이의신청 유무 등 파산선고 후의 사정 등을 고려한다고 한다.[97] 재량면책 중에는 면책불허가 사유가 있는 경우에도 파산자에게 파산선고·동시폐지결정시 혹은 면책결정시까지 채권액 중 일정 비율을 파산채권자들에게 각 채권액에 안분하여 변제할 것을 지시하고 변제가 이루어진 것을 확인한 다음 재량적으로 면책허가결정을 하는 것이 현재 일본동경지방재판소의 실무운용이다.[98]

종래의 통설은 법원이 면책의 허부만을 결정할 수 있고 일부 면책의 결정을 할 수 없다고 보았으나 근자의 유력설과 실무는 일부면책을 인정하고 있다.[99] 또한 파산절차가 종료하고 면책절차가 계속하고 있는 경우에는 강제집행의 중지를 규정한 파산법 제15조가 적용되지 않으므로, 위 기간 동안(즉 파산종료 후 면책결정이 있기까지) 강제집행을 할 수 있는지에 대하여 일본의 경우 긍정설, 부정설, 기타 견해가 나뉘고 있으나 최고재판소와 고등재판소는 파산절차가 종료한 이후에는 면책을 신청하였다 하여 파산채권에 대한 제약이 존속한다고 할 수 있는 근거가 없다는 이유로 이를 긍정하였다.[100] 이러한 문제점들은 파산절차와 면책절차가 별도로 규정되어 있는데서 생기는 것이다.

면책의 법률적 성질에 관하여 채무 자체를 소멸시키지 않지만 단지 책임을 면하게 하는 효력을 갖는데 지나지 않는다는 자연채무설[101]과 채무 자체가 소멸한다고 보는 채무소멸설[102]이 있으나 면책제도가 갖는 목적을 관철한다면 후설이 타당하다.[103] 전설의 문제점에 대하여는 뒤의 미국의 사례에서 보기로 한다. 면책이 있

97) 자세한 것에 대하여는 법원행정처, 소비자파산사건실무(미발간), 43면.

98) 田中康久, "最近東京地裁 破産部の現状と課題," NBL 527, 18면. 법원행정처, 소비자파산실무, 43면에서 재인용.

99) 자세한 논의에 대하여는 田炳西, 전게논문(주 96), 120면 이하.

100) 最高裁判所 1990. 3. 20. 판결 民集 44권 2호, 416면; 高松高等裁判所 1985. 11. 22. 判決. 金融商事判例 735호, 18면.

101) 山木戸克己, 破産法, 青林書院(1984) 300면; 谷口, 倒産處理法, 393면; 齊藤秀夫·麻上正信 編, 전게서(주 8), 1198면; 吉野正三郎, 破産法 30講, 成文堂(1991), 116면. 앞의 두 글은 吉野正三郎, 破産法 30講에서 재인용함.

102) 伊藤眞, 전게서(주 20), 386면; 宗田親彦, 全訂破産法槪說, 法學書院(1983), 396면. 후자는 자연채무설이 현실에 맞지 않는다는 점을, 전자는 면책제도의 목적을 강조하고 있다.

103) 同旨, 田炳西, 전게논문(주 96), 115면.

은 후에는 파산채권의 이행을 구할 수 없다는 점에 대하여는 이론이 없으나 현실적으로 파산자의 법의 무지를 이용하여 돈을 받아내거나, 소송에 불출석하여 패소하게 되는 경우 기판력과 면책 등의 문제가 발생한다. 이 점에 대하여 일본의 학설과 판례는 면책결정 후 이루어진 지급약속은 무효이고 그에 기한 변제는 부당이득이라는 점에 대하여는 채무소멸설이나 자연채무설 모두 일치하고 있다.[104] 문제는 면책이 있은 후에도 면책을 무시하고 당사자에게 사실상 최고를 반복함으로써 괴롭히는 것을 막을 대책이 마련되어 있지 않다는 것이다. 이 점에 대하여 일본은 소송의 제기가 가능하되 파산자가 소송에서 면책의 항변을 하여야 하는 것으로 설명하고 있다.[105] 그러나 문제는 피고가 응소하지 않은 경우이다. 이 점은 뒤에서 보는 미국의 구 파산법의 경우에도 문제가 되었다.

화의절차는 파산을 예방하여 기업의 유지를 가능하게 하는 것이므로 채무자는 인가된 화의조건에 따라 화의채권을 변제하여야 하는 것이므로 파산법과 같은 전부면책의 효과는 생기지 아니하고 채권의 일부에 대하여 면제나 변제기의 유예를 받는 데 불과하다. 화의에 참가하지 아니한 화의채권자는 그 권리를 잃지 아니하나 다른 화의채권과 마찬가지로 화의조건에 따라 권리가 변경된다. 통설에 의하면 담보권자는 담보권을 포기하여 화의채권자가 되지 않는 한 회의인가의 효력에 영향을 받지 않고 담보물에 대하여 권리를 행사할 수 있다. 화의절차의 특징 중의 하나는 화의조건에서 특별히 어떠한 규정을 두지 않는 한 주주의 권리가 변경되지 않는다는 점이다. 회사정리법은 주식회사만 그 대상이 되므로 개인에 대한 면책의 문제는 생길 여지가 없다.[106] 정리절차의 경우 인가결정이 있은 후에는 계획의 규정 또는 법에 의하여 인정된 권리를 제외하고 회사는 모든 정리채권과 정리담보권에 관하여 그 책임을 면하여 주주의 권리와 회사의 재산상에 있던 모든 담보권은 소멸하고, 정리채권자 등의 권리는 정리계획에 정하여진 대로 변경된다(회사정리법 제241조, 제242조).

(3) 미 국

미국의 면책절차와 파산자의 지위에 대하여 일별하기로 한다. 미국의 파산법은

104) 櫻井孝一 編, 演習 破産法(改訂版)(1996), 214면.
105) 齊藤秀夫 · 麻上正信 編, 전게서(주 8), 1210면.
106) 미국은 개인채무자(비사업자도 포함)도 제11장을 신청할 수 있으며{Toibb v. Radloff, 501 U.S. 15(1991)}, 신 파산법 제13장은 정기수입이 있는 개인채무자를 위한 조정절차(Adjustment of Debts of an Individual with Regular Income)를 마련하여 개인도 정리계획을 수립하여 장래의 수입으로 파산채권을 변제할 수 있도록 하는 제도를 마련하고 있다. 제13장에 대한 개관으로는 林治龍, 전게논문(주 18), 98면 이하.

파산절차가 종료되면 제 7 장 사건의 경우에는 별도의 면책신청을 할 필요는 없고 소정의 기간 내에 이의신청이 없으면 면책결정이 내려진다.[107] 제11장의 경우에는 계획안인가에 의하여 면책의 효과가 생기는 것이 원칙이지만 제11장의 경우에도 청산을 목적으로 하는 계획안이거나, 계획인가 후 사업을 계속하지 아니하는 경우에는 예외로서 별도의 면책결정을 얻어야 한다.[108] 파산법원은 형평법상의 권리[109](우리의 직권주의에 유사하다)에 기하여 면책의 신청에 대하여 면책을 인정하면서도 일정기간 면책을 유예하거나[110] 면책을 기각하면서도 변제기를 2년간 유예하기도 하는 등 면책과 관련하여 일부 재량을 갖고 있다.[111]

면책의 효과를 얻은 채무자가 이러한 이익을 누리기 위하여 별도의 행위를 하여야 하는가? 이 점은 파산절차에 참가하지 아니한 채권자가 파산절차 후 채무자가 면책이 되었음에도 채무자의 무지나, 채무자의 경제적 어려움으로 변호사의 조력을 받지 못한 점을 이용하여 소송을 제기하는 경우에 문제가 발생한다. 미국에서는 1970년 파산법 개정시에 구 파산법 §14f와 §17c(2)[112]를 추가함으로써 별도의 면책항변을 제출하지 않고서도 파산절차 전이나 후에 제기하여 얻은 판결을 무효로 할 수 있고, 또한 앞으로의 소송의 제기를 금지하는 금지명령의 효력을 갖도록 규정하였다.[113] 그리하여 이에 위반하여 채권을 추심하는 행위는 법정모독으로 처벌받게 된다.[114] 이 규정이 있기 전에는 채무자가 면책의 효과를 누리기 위하여는 채권자가 제기한 소송(통상은 주법원에 제기한다)에서 항변으로 제기하여야 하고 그렇지 아니하면 면책의 효과를 누릴 수 없었다.

미국의 파산법에 있어서 기망이나 허위사실을 기재하는 등의 거래행위에 의하여 생긴 채무는 면책에서 제외되는바, 파산절차에서 재판상 화해에 기한 채권에 대하여 채무자가 면책을 주장하는 경우, 채권자가 위 채권이 기망에 의한 거래행위로부터 발생한 채권이므로 면책에서 제외된다고 주장하는 것은 재판상 화해의 기판

107) §727(a).
108) §1141(d).
109) §105(a).
110) In re Cheesman, 25 F.3d 356(6th Cir. 1994).
111) Matter of Roberson 999 F.2d. 1132. 판결에 나타난 파산법원의 선고내용.
112) 신 파산법 §524(a)(1), (2) 및 §523로 확대 개정되었다.
113) 채무자가 얻은 면책의 효과를 실효성 있게 하여야 한다는 정책적인 고려 외에도 만일 채무자가 면책의 항변을 제기하는 경우 면책의 여부를 州法院에서 결정하는 것이 단일한 파산법을 제정하여 파산법원에서 심리하려는 파산법의 입법목적에도 반하기 때문이다. Jordan and Warren, *supra* note 79, at 200.
114) Rhyme v. Cunningham, 14 C.B.C. 2d 778(Bankr. E. D. Pa. 1986).

력에 반하지 않는 것이라 한다.[115] 파산자에 대하여 운전면허증의 발급을 중단하는 주법은 파산자로 하여금 면책의 효과를 포기하고 사실상 변제를 강요하는 것으로 위헌이다.[116]

정부기관(governmental unit)[117]은 파산법에 의한 채무자라거나 채무자였던 자에 대하여 그러한 이유 또는 파산법에 의한 면책이 허가되거나, 면책된 채무를 지불하지 않았다는 이유로 면허, 허가, 인가, 특허 기타 수권을 부정하거나 취소, 정지, 그 갱신을 거절하거나, 그러한 인가 등을 함에 있어 차별하거나, 또는 고용을 거부, 해고하거나 그 고용에 차별을 하여서는 아니 된다라고 규정하여, 원칙적으로 정부기관에 의한 파산자의 차별을 금하고 있다. 그리하여 정부기관은 파산자였다거나 현재 파산자라는 등의 이유만으로 고용계약과 관련하여 고용을 거부하거나, 종료할 수 없다.[118] 따라서 법과대학원생들이 졸업 후 학자금융자 채무로부터 면하기 위하여 파산신청을 하였던 사례가 가능하였던 것도 파산자가 된다 하여 변호사 자격에 아무 영향을 받지 않기 때문이다.[119] 그러나 파산과 관련된 사실과 다른 사정을 고려하여 개별적으로 차별을 하는 것은 가능하다. 예컨대, 변호사시험에 합격하였으나 학생시절 학자금대출에 대한 변제노력을 다하지 않고서 쉽게 면책을 받은 경우 변호사로서의 성실히 직무를 수행하고 품위를 유지하여야 하는 직업윤리에 어긋나는 것이 아닌가하는 점은 별개로 다투어지고 있다.[120]

만일 개인기업이 자발적 파산신청을 제기한 종업원에 대하여 해고의 규정을 두는 경우는 어떠한가? 1984년 §525(b)의 개정이 있기 전까지는 법원은 파산자가

115) Brown v. Felson 422 U.S. 127(1979).

116) Perez v. Campbell, 402 U.S. 637(1971). 위 사건에서 문제된 애리조나 주법은 교통사고로 인한 손해배상판결의 채무자가 손해배상금의 지급을 완료하기까지 운전면허증의 효력을 정지하도록 규정하고 있었으며, 명시적으로 파산자의 면책은 위 법률에 의한 효과를 배제하지 못한다고 규정하고 있었다.

117) 공무원이 구성원으로 된 공제조합은 정부기관에 해당하지 아니하며(Brown v. Pennsylvania State Employees Credit Union, 851 F.2d 81(3d Cir. 1988), 연방주택규칙에 의하여 운영되는 사인운영의 주택단지 역시 정부기관에 속하지 아니한다(In re Rosemon, 105 B.R. 8(Bankr. W.D. Pa. 1989). 그러나 입법자료에 의하면 변호사협회나 의사협회와 같이 통상 주정부기관에 의하여 면허가 부여되는 권한을 갖는 기관을 포함한다(Notes of the Committee on the Judiciary, Senate Rep. 95-989).

118) David G. Epstein ET AL., *supra* note 80, at 567.

119) 1990년 개정 전까지는 학자금융자도 면책대상이었으나 개정 후에는 undue hardship(심한 곤란)의 요건을 입증한 예외적인 경우에만 면책이 가능하게 되었다. §523(a)(8). undue hardship의 3가지 요건에 대하여는 Brunner v. New York State Higher Education Services, 831. F.2d 395(2d Cir. 1987). 최근 John Grisham의 민사법정소설인 'RAINMAKER'에도 주인공인 신참변호사가 법과대학원 졸업 전에 파산신청을 하는 장면이 있다.

120) 宮川知法, "破産債務者の職業保障," 民事訴訟雜誌 제36호(1990), 224면 참조.

파산 후 다른 개인에 의하여 차별을 받는 것을 막을 권리는 없다고 판시하였다.[121] 개정 파산법에서는 명문으로 파산법상의 채무자가 되었거나 채무자였다거나 면책을 받았다는 이유만으로 해고하거나 고용에 있어서 차별할 수 없다고 규정하였다. 동조 c항에서도 학생에 대하여 학자금을 융자하는 정부, 기타 그러한 사업자는 학생이 파산법상의 채무자나 채무자였다는 이유로 융자 및 보증을 거부할 수 없다고 규정하였다.

8. 파산절차와 제 3 자에 대한 효력

파산법 제350조는 면책은 파산채권자가 파산자의 보증인 기타 파산자와 더불어 채무를 부담하는 자에 대하여 가지는 권리 및 파산채권자를 위하여 제공한 담보에 영향을 미치지 아니한다고 규정하고 있고, 이 점은 강제화의의 경우에도 마찬가지이다(제298조 제 2 항). 화의법 제61조에 의하면 파산법 제298조를 준용하도록 규정하고 있고, 회사정리법 제240조 제 2 항은 정리계획은 정리채권자 또는 정리담보권자가 회사의 보증인 기타 회사와 함께 채무를 부담하는 자에 대하여 가진 권리와 회사 이외의 자가 정리채권자 또는 정리담보권자를 위하여 제공한 담보에 영향을 미치지 아니한다고 규정하고 있다. 판례[122]는 회사정리법 제240조 제 2 항이 보증인을 합리적 이유 없이 차별하거나, 재산권보장에 반하는 조항이 아니라는 입장이므로 이에 비추어 파산절차의 공동채무자에 대한 파산법과 화의법의 위 규정 역시 합헌이라 추정된다. 따라서 파산, 화의와 회사정리절차의 개시 또는 면책, 정리계획안의 인가와 관계없이 채권자가 파산자 또는 정리회사의 보증인 등에 대하여 강제집행을 함에 있어서 어떠한 제한을 받지 아니한다. 다만 보증인도 구상권에 대하여 화의채권이나 정리채권으로 미리 신고할 필요가 있고, 이를 해태하면 채무자나 정리회사에 대한 구상권이 실권되는 불이익을 입을 수 있다.[123] 이 점은 미국 파산법 §524(e)가 면책의 효과는 채무자에게 있음을 규정하고, 공동채무자나 보증인에

121) McLellan v. Mississippi Power & Light Co., 545 F.2d 919(5th Cir. 1977).

122) 대법원 1995. 10. 13. 선고 94다57800 판결. 같은 취지의 일본의 판결로서는 最高裁判所 1970. 6. 10. 判決이 있다.

123) 화의채권자가 화의조건으로 면제되지 않은 부분은 화의채무자로부터 변제를 받고, 보증인으로부터는 면제된 부분의 변제를 받았다면 보증인은 화의채무자에 대하여 전혀 구상을 할 수 없게 된다. 東京地方裁判所 1970. 8. 18. 판결. 회사정리절차에 있어서 보증인의 지위에 대하여는 金龍德, "회사정리절차와 다수당사자의 채권관계," 서울대학교 석사학위논문(1989); 林治龍, "정리회사와 보증인의 법적 지위," 사법논집 제22집(1991), 86면.

대하여 미치지 아니한다고 하여 일치하고 있다.

단 개인이 채무를 지는 경우 대부분은 친척이나 직장 동료가 보증인이므로 설사 채무자가 면책의 효력을 받더라도 채권자가 보증인에게 청구를 함으로써 파산자에 대한 간접적인 압력을 행사할 수 있다.[124] 미국의 제13장 사건[125]의 경우에는 소비자채무로서 공동채무자가 여신거래를 영업으로 하지 않는 것에 한하여 파산신청에 의한 자동중지의 효과가 채무자와 공동으로 채무를 지는 공동채무자, 보증인 등에게도 그 효력이 미친다고 하여 채무자를 보호하고 있다.[126] 그러나 면책의 효력이 채무자에게만 미치고 공동보증인에게 미치지 아니하는 점은 제 7 장과 마찬가지이다. 그렇지만 제13장 사건의 경우 자동중지의 효과는 자동중지에 대한 채권자의 구제신청이 인용되는 경우를 제외하고는 정리계획이 종결될 때까지이므로 최장 5년간은 그 혜택을 누릴 수 있고 그 동안 주채무가 변제되는 경우 그 만큼 보증채무액도 줄어들게 되므로 보증인에게도 이익이 된다.[127] 미국의 실무상으로는 일부 법원에서는 파산법원이 그러한 규정을 정리계획에 삽입할 권한이 없다고 해석하기도 하나 일반 제11장 사건에 있어서도 정리계획안에 보증인에 대한 채무에 대하여도 규정하고 있는 경우도 적지 않으며 현재에는 그 보증인에 대한 채무감면의 근거를 화해계약으로 볼 것인지 아니면 기판력으로 볼 것인지에 대하여 다투어지고 있다고 한다.[128]

피임기구를 제조한 회사가 제조물책임으로 인한 피해를 감당하지 못하여 제11장 파산신청을 제기한 경우 만일 원고가 피임기구를 창안한 발명가와 회사의 이사,[129] 제조물책임보험회사를 상대로 소송을 제기하는 것은 가능한가? 미국 파산법 제362조의 자동중지는 채무자에 대한 권리행사의 중지에 대한 규정이고 채무자

124) 일본에서도 동조의 합리성에 의문을 제기하고 있다. 齊藤秀夫 · 麻上正信 編, 전게서(주 8), 1213면.

125) 구 파산법 제13장은 채무자가 임금, 봉급, 수수료 등으로부터 주된 수입을 얻는 개인으로 한정하였으나 신 파산법은 정기적인 수입이 있는 한 개인사업자도 포함하였다. 1994년 개정법에 의하여 파산법 §109(e)에 의하면 무담보채무액인 25만 불 이하로, 담보채무액이 75만 불 이하로 규정되어 있다. 그 전에는 무담보채무액 10만 불과 담보채무액 35만 불이었다. 한편 §104에 의하여 1998. 4. 1.부터 매 3년마다 소비자물가를 반영하기 위하여 조정하도록 규정되어 있다. 2002년 현재 상한액은 무담보채무 290,525불과 담보채무 871,550불이다. Arnold B. Cohen, Consumer Bankruptcy Manual 2nd Ed, 5-15(2002).

126) §1301(a).

127) 공동보증인이 보증을 함에 있어서 대가(consideration)를 받거나, 계획안에서 채권자에 대하여 변제하지 않는다고 규정된 경우에는 자동중지에 대한 구제신청이 받아들여진다(§1301(c)).

128) 이상은 Magaret Newell이라는 파산법을 전문으로 하는 미국변호사가 저자의 질문에 대답한 실무내용이다.

129) 발명가와 이사들은 보통 제조물책임보험의 다른 피보험자이기도 하다.

이외의 제 3 자에 대한 권리행사를 중지할 권한을 부여하고 있지 않다. 그러나 파산법 제105조는 파산법원에게 파산절차의 목적을 수행하기에 필요하거나 적합한 경우 채무자 이외의 제 3 자에게 소송의 제기 및 중단을 명할 권한을 부여하고 있다. 그리하여 위 사례의 경우 제 3 자에 대한 소송의 제기와 추심은 채무자의 보험금이라는 재산을 잠식하는 것일 뿐 아니라 소송을 제기하지 아니한 피해자들과 차별하는 것으로 재건계획의 목적을 달성할 수 없는 불이익이 원고들이 소송중단으로부터 입는 불이익보다 크다는 이유로 소송의 제기를 금지하는 금지명령을 발한 예가 있다.[130]

9. 입 법 론

끝으로 장차 파산법 개정시에 고려해야 할 점을 몇 가지 적어보고자 한다. 채무자편에 너무 치우치는 느낌이 들지만 아직 미국과 같은 파산제도의 남용까지 나아가지 않은 현 상태에서는 채무자에 우호적인 방향으로 파산법을 개정할 필요가 있다.[131] 첫째, 파산입법을 단일법전으로 편제하는 점을 고려할 필요가 있다. 우리의 회사정리법(일본은 회사갱생법)이 미국의 파산법 중 기업재건제도를 계수한 것임은 위에서 본 바와 같다. 미국의 기업재건제도는 협의의 파산에 관한 기본이론에 터잡아 역사적으로 발전하여 온 것이다. 우리가 회사정리법을 두고 더구나 파산법에서도 미국의 면책제도를 본 받은 이상, 이러한 채무자 구제의 이념은 통일적으로 규율되어야 함이 옳다. 만일 이러한 작업이 시일을 요하는 것이라면 당장 가능한

130) A.H. Robins Co. v Piccinin 788 F.2d 994.; In re Johns-Manville Corp., 40 B.R. 219(S.D.N.Y. 1984).

131) 미국의 경우에도 파산법의 목적과 근거 및 역할에 대하여 채권자의 채권추심액을 극대화하기 위한 채권자협상이론과 파산으로 인한 손실을 공정하게 부담시키는데 있다고 보는 손실배분이론이 있고 아직까지 어느 견해가 타당한지에 대하여 결말이 나지 않고 있다. 자세한 것에 대하여는 吳守根, "미국의 파산법 이론에 관한 소고," 현대상법의 과제와 전망(양승규교수 화갑기념논문집), 삼지원(1994) 참조. 그러나 재건형 파산에 대한 기본제도조차 성숙되지 않은 현 실정에서는 채무자의 구제에 중점을 두는 것이 오히려 균형을 이루는 것이라고 생각한다. 특히 소비자 파산과 관련하여 신용카드회사의 면책이의에 대하여는 미국의 경제가 간편하게 소비자신용을 이용하면서 발전해 왔으며, 소비자 금융의 증가는 필연적으로 소비자 파산을 수반할 수밖에 없는 것이므로, 소비자금융회사가 이를 예상할 수 있는 것이고, 소비자 파산이 반드시 국가 경제적으로 손해를 주었다고 말할 수 없다는 견해도 유력하다. Bussel, 三木浩一 譯 "アメリカ倒産法における近時の展開(下)," 國際商事法務 Vol. 25. No. 11(1997), 1078. 또한 미국의 파산법조사위원회는 최근 보고서에서 신용카드로 인한 채무 중 채무자의 신용한도액을 초과한 부분에 대하여는 광범한 면책을 인정할 것을 권고하고 있다. Recommendation from the National Bankruptcy Review Commission Final Report, http;//www.abiworld.org/legis/review/agendas/AGENDA.html 참조.

개정의 문제로서는 화의사건과 회사정리 사건과의 구별이 어려운 현실에서 화의사건에서 행하여진 종전 절차를 회사정리절차에서도 그대로 이용할 수 있는 방안을 강구할 필요가 있다.[132] 둘째, 파산, 화의, 회사정리절차에 있어서 보전처분의 효력을 실효성 있게 하기 위하여 권리의 행사뿐 아니라 사적인 추심 등 일체의 권리행사를 금지하는 내용의 중지제도를 도입하고 이에 위반하여 파산제도를 잠탈하는 행위에 대하여 파산법에 파산범죄로 처벌할 필요가 있다. 셋째, 면책절차와 파산절차를 통합할 필요가 있다. 면책을 얻기 위하여 채무자가 파산을 신청하였음에도 파산절차 종료 후 면책결정이 있기 전에 우연히 채무자가 취득한 재산에 대하여 채권자의 집행대상으로 삼는 것은 새로운 출발을 보장하는 파산제도의 목적에 반하는 것이 아닌가 하는 의문이 있기 때문이다. 넷째, 파산법에 잔존하고 있는 징벌주의적인 색채를 과감히 제거하는 것이 개인파산과 기업재건의 불균형을 완화할 수 있을 것이다. 현행 파산법상의 파산자에 대한 공·사법적인 신분상의 제약을 완화할 필요가 있다. 파산법의 신분상의 제한은 너무 심하고,[133] 파산법의 목적 중의 하나인 채무자의 구제 즉 새로운 출발을 보장한다고 하면서 다니던 직장에서 쫓아내고 직장을 구할 수 없도록 하여 과연 실효성 있는 출발이 가능할 것인가 하는 의문이 있다. 이는 파산법의 표어인 '처벌법에서 구제법으로'(from punitive law to relief law), '청산에서 재건으로'(from liquidation to rehabilitation)에도 어긋난다. 채무자가 면책을 받아 복권이라는 효과를 향수하였다 하더라도 이미 파산선고로 공직 또는 기업에서 당연퇴직된 이상 그 후의 복권은 사실상 의미가 없다.[134] 개별법에서 그 직업과 상응하는 자격 예컨대 일정한 자력을 요하는 직업의 경우 이를 증명하지 못하는 경우(재산세납입증명서, 책임보험가입증명서 등) 제외하는 방법으로 규율하고 일률적으로 파산자였다는 이유만으로 배척하는 것은 지양할 필요가 있다.[135] 다섯째, 면책의 효력을 채무자가 명실상부하게 누리기 위하여는 면책이 되었다는 사실을 잘 알면서도 채권자가 채무자의 무지를 이용하거나 소송절차의 허점을 악용하는 최고, 소송의 제기, 강제집행의 신청 등에 대하여 형사처벌을 할

132) 개정 파산법, 화의법은 채무자가 영업자인 파산사건은 회사정리사건과 마찬가지로 지방법원 본원합의부에서 관할할 수 있도록 개정하여 관할의 문제는 해결된 것으로 보인다(개정 파산법 제96조 및 개정 화의법 제 3 조).

133) 범죄자도 아닌 파산자의 편지까지 검열할 필요가 있는지, 이는 기본권의 제한의 정도로서 비례의 원칙에 어긋나는 것은 아닌가 하는 의문이 있다.

134) 복권을 인정하는 결정의 효력은 장래에 향하여 효력이 발생하기 때문이다. 齊藤秀夫·麻上正信 編, 전게서(주 8), 1226면.

135) 이 점에 관한 일본에서의 논의는 宮川知法, 전게서(주 120), 217면 이하 참조.

수 있도록 파산범죄를 신설할 필요가 있다. 미국의 경우에는 법정모독죄로 이를 다스리고 있으나, 우리 나라의 법체계상 법원의 재판을 불이행하거나 어기는 행위에 대한 처벌이 어렵기 때문이다. 여섯째, 개인에게도 미국 파산법의 제13장과 같은 재건절차를 인정할 필요가 있다. 즉 장래의 수입이 계속적으로 발생할 것으로 예상되므로 채권자로서도 장래의 수입이 계속될 것이 확실한 이상 그 수입으로 채권을 변제받는 것이 청산으로 가는 것보다 다액의 배당을 받을 수 있어 유리한 것이고, 채무자로서도 파산자라는 사회적인 낙인을 찍힐 필요도 없는 것이다.

10. 기 타

그 외 편파행위에 대한 부인권, 미이행쌍무계약의 처리문제, 상계권의 제한 등에 관하여는 파산법, 화의법, 회사정리법 대체로 같은 내용이므로 이 자리에서는 설명을 생략한다.

Ⅳ. 결 론

우리 나라에서 도산법제에 대하여 활발한 이용이 되지 않는 데에는 유교적인 전통에 기인하여 파산을 죄악시하는 풍토, 도산법에 대한 국민의 무지와 사법관련 종사자들의 인식결여, 구 금융기관연체대출금에관한특별조치법 제 7 조의3에서 성업공사의 신청이 있는 때에는 회사정리법의 규정에 불구하고 경매절차를 진행할 수 있다는 금융기관을 극도로 우대하였던 법률,[136] 수표부도만으로 채무자를 형사처벌할 수 있는 부정수표단속법과 같은 법률상의 장애,[137] 파산법이 채무자 구제절차로서 갖는 이점의 결여 등이 그 원인이라고 생각한다. 그리하여 개인에 관한 대부분의 집단적인 채권실행 절차는 먼저 채무자를 부정수표단속법위반죄로 고소하여 人身을 구속한 후 형사절차를 통하여 합의의 형식으로 해결하거나, 사법적인 감독이나 통제 없이 사적인 빚잔치에 맡겨져 온 것이 현실이었다. 또한 대규모 기

136) 헌법재판소 1990. 6. 25. 선고 89헌가98 내지 101 결정에서 위헌으로 선고되었다.

137) 종래 회사정리제도에 대하여 법원이 그 개시요건을 엄격하게 해석하여 가급적 이를 인정하지 않으려고 하였던 원인 중의 하나로 개시결정 이전의 보전처분으로 회사의 대표자가 부정수표단속법상의 처벌을 받지 않게 되는 반면, 서민들은 소액의 수표부도에서 형사처벌을 받게 되는 형사법상의 형평성을 들 수 있다. 林治龍, "도산법 개정안에 대하여(상)," 법률신문(1998. 2. 16.자).

업에 대한 파산은 금융감독기관의 정책에 의하여 성업공사의 공매절차나 재벌기업의 기업인수 등으로 해결되어 그러한 문제를 해결하기 위하여 만들어진 파산법이나 회사정리법이 사용될 필요가 없었던 것이었다. 그리고 미국에 비하여 파산선고에 따른 공·사법적 제한이 적지 않은 현재의 법제 아래에서는 이러한 신분상의 제약이 여전히 개인의 파산신청을 억제하는 요소로 작용하리라 생각한다.

비록 지금까지 파산법은 제대로 활용되지 아니하였으나 개인이나 기업에 대한 집단적인 집행절차의 기본법은 파산법임에는 틀림없는 것이므로,[138] 파산법에 대한 연구가 회사정리법이나 화의법의 기초가 되는 것임에도 우리 나라에서는 거꾸로 회사정리법의 이론이 먼저 발전된 기현상을 갖고 있다. 개인이나 기업이 파산상태에 이르렀음에도 법률제도나 사법운영자들의 탓으로 법에 의한 보호를 받지 못하고 있는 현재의 현실은 반드시 개선되어야 한다. 개별적인 채권실행은 경매법, 민사소송법에 의하여 규율되면서도 그보다 이해관계인이 다수이고 액수도 많은 집단적인 채무정산에 대하여는 법적인 규제 없이 이루어지는 빚잔치에 맡길 수는 없는 것이다. 또한 이제 신문지상에서 빚에 쪼들려 채무자뿐 아니라 죄 없는 어린 가족이 자살하는 비극적인 소식은 없어져야 한다. 우리는 이미 5공 시절 행정부처가 법에 근거하지 아니한 각종 구조조정조치라는 강제적인 행정지도를 통한 기업의 채무정리가 정치상황의 반전에 따라 후일 보다 복잡한 분쟁을 야기한 경험을 갖고 있다.

근자에 도산법의 개정작업[139]을 계기로 파산제도를 활성화하기 위한 논의[140]

138) 영미나 독일의 도산법제의 발전사를 보면 알 수 있다.

139) 당초 재정경제원에서 기업의 퇴출을 원활히 하기 위한 제도연구로서 한국개발연구원에서 기업퇴출관련 제도개선방안으로 회사정리와 화의제도의 개선에 대한 보고서를 발간하였다가(한국개발연구원, 기업퇴출관련 제도개선방안(1997. 12). 이 책은 크게 5부로 구성되어 있고 그 제 1 부에 회사정리와 화의제도의 개선을 다루고 있고 이 의견이 이번 개정법에 많은 참고가 되었다), IMF의 구제금융을 받으면서 정부가 제출한 LETTER OF INTENT에 첨부된 Memorandum on the Economic Program의 제35항에 시장원리의 강화를 위하여 한국법에 의한 파산규정이 정부의 간섭없이 운용되도록 한다라는 조항과 파산절차의 간소화라는 목적하에 파산법을 검토하여 입법안을 작성한다는 약속에 기하여 급히 개정된 것이 지난 2월 24일 개정된 도산법 개정의 경위이다. 김성룡, "개정 도산법의 개략적 검토(상)," 법률신문 제2677호(1998. 3. 12.자). 최근 세계은행(IBRD)도 2차 구조조정차관으로 20억 불을 지원하는 조건으로 파산법원의 설립을 요구하여 협상끝에 연내에 서울지방법원에 파산전문재판부를 두고 내년부터 각급 법원에 확대설치하기로 하였다는 뉴스도 있었다(한국일보 1998. 10. 3.자). IMF가 파산절차의 개정과 파산법원의 설치를 요구하는 것은 우리 나라에만 국한된 것은 아니고 이미 태국과 인도네시아에서도 파산법의 개정과 파산법원이 설립되었다. 주로 재건절차를 보다 정치하고 신속하게 하도록 하는 방향으로 개정되었다. 양국 모두 파산법에 소의 제기뿐 아니라 최고를 포함하는 자동중지의 규정을 신설하였고, 태국의 경우 정리계획기간이 5년으로 단축되었으며, 채무자의 배타적인 계획안제출기한을 단축하여 채권자나 금융기관이 적극적으로 주도권을 쥘 수 있으며, 재건절차개시 후의 채권에 대하여는 정리채

가 활발히 진행되고 있어 바람직한 현상이지만 정부, 기업, 가계의 각 경제주체들이 자신의 책임에 따라 자율적이고 합리적이며 일관성 있는 경제행동의 준칙과 관행이 정립되지 않는 한, 파산을 둘러싼 제 문제들이 파산입법의 개정만으로 해결될 수 있는 것은 아니라고 생각된다.[141] IMF 체제는 극복되어야 하지만 그 체제가 법조인에게 합리적이며 효율적인 도산법제의 완성을 요구한 데에 대하여는 긍정적으로 평가하고, 앞으로 한국의 실정에 맞는 도산법의 완성을 위한 우리의 연구는 IMF 체제가 극복된 이후에도 지속되어야 한다고 믿는다.

(파산법의 제문제(하), 재판자료 제83집(1999), 429면 이하 소재)

[후기]

1997년 우리 나라가 이른바 IMF 구제금융을 받게 되고 도산사건이 급증하게 되자 이에 대처하기 위하여 1998년 가을 도산법에 관한 법관연수가 실시되었다. 이 글은 당시에 발표된 것으로서 당시의 상황을 잘 보여주고 있다. 현재의 상황과 비교한다는 뜻에서 보완하지 아니하고 어색한 표현만 고쳐서 그대로 轉載한다.

권보다 우선하는 우선권을 인정하여 채권자들의 지위를 격상시켰다. 자세한 것에 대하여는 Teresa Wyszomiersky, A Way Forward Through Bankruptcy, Asian Wall Street Journal, 1998. 10. 5. at 8.

140) 앞에서 인용한 글 외에 林鍾憲, "대표적 도산처리 절차인 도산 절차의 개관과 그 활용," 저스티스 제29권 제1호(1996); 田炳西, "파산법상의 상계권의 제한," 법률신문 제2683호(1998. 4. 6. 자); 한국법학원보, 심포지움 기업 회생관계법의 개정과 제도운영, 제78호(1998. 5. 11.자); 법원행정처가 1998. 5. 12. 개최한 심포지움 IMF 체제와 효율적인 기업갱생방향.

141) 경영학자들이 지적하는 우리 나라 회사정리제도의 문제점으로는 ① 회사정리를 신청하는 부실기업과 법원간에 정보불균형(특히 갱생가능성)으로 인하여 법원의 회사정리 결정에 있어서의 오류가 발생한다는 점. ② 관리인이 정리계획안을 작성함에 있어서 이해관계인들 사이에 기업가치를 재분배하는 데 있어서 이행상충이 발생하여 손실을 야기하고 있다. ③ 현행 회사정리제도가 채무자인 부실기업의 주도권을 일방적으로 인정함으로써 채권자와 투자자의 손해를 키우고 회사정리절차를 지연시키는 등 기업과 기업주에게 특혜적으로 운영되고 있다. ④ 기업의 경영을 감독하기에는 담당판사의 인원이 절대적으로 부족하고 전문성을 갖추지 못하고 있다. ⑤ 종전 구 경영진과 관련된 사람들이 관리인으로 선임되는 바람에 기업 경영을 장악하지 못하고 있다. ⑥ 금융기관의 이자에 대한 감면으로 은행부실이 심화된다. ⑦ 회사정리신청 이전의 내부자거래를 제대로 가려내지 못하여 소액투자자들의 피해가 크다. 최도성·지헌열, 회사정리제도, 서울대학교출판부(1988), 121-146면. 이에 대한 개선책 중의 하나로 정부가 일관성 있는 부실기업 처리방식을 취할 것을 요구하면서, 부도유예협약, 협조융자협약, 화의, 회사정리 등 부실기업에 대한 대책과 처방이 오락가락하면서 관치금융에 의한 은행여신에서 살릴 기업과 죽일 기업을 가리는데 오히려 혼란만 점점 증대되고 있다고 지적하고 있다, 위 책 150면 참조. 파산법원의 법관들은 이해관계인들이 선의로 행동하지 않는 한 파산절차는 자칫 잘못하면 비용이 많이 들고, 상호 공격적인 전쟁터로 전락하게 된다고 증언하고 있다. Teresa Wyszomiersky, *supra* note 139, at 8.

도산절차에 있어서 어음채권자의 지위

Ⅰ. 머 리 말

현재 어음 · 수표[1]는 상업활동의 결제수단으로 널리 통용되고 있다. 일시적인 자금 경색 등으로 어음 중 일부가 부도처리되면 소지인과 다른 어음채무자들은 어음법에 따라 각자의 권리를 행사하고 의무를 이행하여 그 법적 구제를 받고 기업은 계속하여 영업활동을 계속할 수 있게 된다. 하지만 개인 또는 기업이 발행한 어음 대부분이 부도처리되어 더 이상 회생가능성이 없거나, 회사정리법에 의한 정리절차에 의하지 아니하고는 더 이상 기업이 존속하기 어려운 경우에는 파산법에 의한 청산절차나 회사정리법에 의한 재건절차를 밟게 된다. 그런데 어음의 법률관계는 유통증권이라는 성격 때문에 다수의 어음채권자 및 채무자를 낳게 마련이고 원인관계와는 별도의 어음법상의 법률관계를 정하고 있어 매우 기술적이고 난해하여 일반인으로서는 이해하기 어려운 법률분야 중의 하나이다. 더구나 파산법과 회사정리법은 이해관계를 달리하는 다수의 채권자들간 또는 그 채권자들과 파산자 또는 정리회사간의 이해관계를 공평하고 투명하게 조정하기 위한 것으로 이 역시 법률전문가에게 이해하기 어렵다. 그리하여 어음의 발행인 또는 배서인에 대하여 파산

1) 이하 수표에 대하여는 별도로 설명하는 경우 외에는 어음을 기준으로 설명한다. 화의절차에 있어서 어음채권자의 지위는 대체로 파산절차와 유사하므로 지면 관계상 이 글에서는 다루지 아니한다.

또는 회사정리절차가 개시되면 소지인과 어음상의 다른 의무자들은 어음법만이 아니라 파산법과 회사정리법에 의한 규율을 받게 된다. 따라서 그 법률관계는 어음법과 파산법·회사정리법이 맞물려 여러 가지 어려운 문제점을 낳고 있다. 파산법과 회사정리법도 어음 등이 고도의 유통성을 갖는 유가증권이라는 점을 고려하여 여러 곳에서 어음·수표에 관한 특칙을 규정하고 있다.

이 글에서는 타인이 발행한 어음을 소지하였으나 어음발행인 또는 배서인이 파산한 경우를 기본적인 사례로 들어 파산절차에 있어서 어음채권자가 어떠한 취급을 받는가를 연구하기로 한다. 구체적으로 (1) 파산절차 내에서 어음의 부도처분이 갖는 의미, (2) 어음채권이 파산채권에 속하는지 여부, (3) 파산자 아닌 다른 어음채무자(예컨대 발행인 또는 배서인)에 대한 권리관계, (4) 회사정리법상 보전처분의 명령이 발하여진 경우의 발행인 및 배서인에 대한 어음채권의 행사 가능 여부, (5) 정리회사의 어음거래 방식, (6) 상업어음을 양도담보로 배서양도한 경우 양도담보권자의 지위, (7) 어음채권에 기한 상계, 부인의 행사 및 제한, (8) 정리계획에 있어서 어음채권자의 대우 등에 관하여 순차로 살펴보기로 한다.

Ⅱ. 파산절차의 개시와 어음채권

1. 파산절차에서 지불정지의 개념

약속어음을 지급제시하였으나 지급거절된 경우 채권자는 이를 이유로 채무자에 대하여 파산선고 또는 회사정리절차의 개시를 신청할 수 있는가? 또는 어음이 부도나기 전후에 발행인이 특정 채권자의 채권을 변제하는 행위는 부인될 수 있는가? 어음부도 후 파산선고 전에 채권자가 파산자에 대한 채권을 자동채권으로 상계하는 것은 가능한가? 이러한 점에 관하여 파산법은 어음의 부도 또는 거래정지처분이라는 용어 대신에 지불정지라는 개념을 사용하고 있다. 따라서 파산법상 지불정지의 개념은 절차의 개시와 아울러 상계 및 부인권 행사의 기준시점을 정하는 매우 중요한 역할을 하고 있다. 다시 말하면 지불정지의 개념은 첫째, 파산원인인 지불불능을 추정하는 것(파산법 제116조 제 2 항; 회사정리법 제30조 제 1 항), 둘째, 위기부인의 요건(파산법 제62조 제 2 호; 회사정리법 제78조 제 1 항 제 2 호), 셋째, 상계금지의 요건으로서의 지불정지(파산법 제95조 제 2 호; 회사정리법 제163조 제 2 호) 등으로 사용되고 있다. 먼저 지불정지라는 개념은 무엇이며 절차개시의 경우와 부인 및 상계금지의 경우 모두 같은 의미로 해석되는지 달리 해석할 수 있는지가 문제된다. 실제의 사건에서는 부인권을 주장하는 파산관재인의 주장에 대하여 피고가 변제받은 날짜는 아직 지불정지가 있기 이전이라고 다투거나 채권자의 상계권의 행사가 지불정지 후에 이루어진 것으로 파산관재인이 그 효력을 다투는 경우가 보통이다. 실무상으로는 법원이 언제 지불정지가 있었다고 확정하는 것이 중요하다.

2. 어음의 부도와 지불정지

서울어음교환소규약 제66조 제 1 항은 수표, 약속어음, 환어음의 부도반환사유에 관하여 규정하고 있다. 그 내용으로는 1. 예금부족 또는 지급자금의 부족, 2. 무거래, 3. 형식불비(인감누락, 서명 또는 기명누락, 인감불선명, 정정인누락 또는 상이, 지시금지위배, 횡선조건위배, 금액·발행일자오기, 배서불비, 인수 없음, 약정용지 상위), 4. 안내서미착, 5. 사고신고서접수(분실, 도난, 피사취, 약정용지상위), 6. 위조·변조, 7. 제시기간경과 또는 미도래 등이다. 지급제시를 받은 은행은 부도어음이 있을 때에는 어음 또는 부전에 부도사유와 부도확인번호를 부기하고 부도어음대전회수용 영수증을 첨부하여 교환일 익영업일의 어음교환을 통하여 제시은행에 반환하여야 한다(제65조). 그렇다면 어음 등이 위 1호의 사유로 부도처리가 된 경우 이를 파산법상의 지불정지에 해당한다고 할 수 있는가? 이에 대하여 답을 구하기 위하여는 먼저 지불정지의 의의를 명확히 하지 않으면 안된다.

3. 지불정지에 관한 학설 및 판례

(1) 일 본

1) 다수설과 판례

종래의 다수설은 지불정지의 개념을 파산법상에서 통일적으로 파악하였다. 지불불능이라 함은 채무자가 변제자력이 부족하여 채무를 일반적·계속적으로 변제할 수 없는 객관적 상태를 말하고, 지불정지는 지불불능의 뜻을 외부에 표명하는 채무자의 객관적인 행위라고 정의한다.[2] 행위의 지속성을 요구하여 지불정지의 사실이 파산선고 전의 재판 당시까지 지속하지 않으면 안 된다고 한다. 따라서 일단

2) 齊藤秀夫·麻上正信 編, 注解破産法(上), 青林書院(1998), 471면; 山木戸克己, 破産法(1974), 47면.

지불정지의 사유가 발생하더라도 그 후에 채무자가 채무의 면제나 변제의 유예를 받아 일반적으로 지불을 재개한 때에는 지불불능을 추정할 수 없다고 한다.[3] 이러한 견해에 의하면 일반적으로 지불불능이라는 뜻을 채권자들에 알리고 점포에 표시하는 경우가 명시적인 경우에 해당하고, 폐업, 폐점, 야간도주, 자금부족에 의한 어음의 부도 등이 묵시의 지불정지라고 본다. 즉 1회의 어음부도라도 지불불능의 객관적 상태가 계속되는 한 지불정지에 해당한다.[4] 또한 화의개시 신청 당시 변제기에 이른 다액의 부채가 있었고 그 후 변제금지의 보전명령에 의하여 또는 채권자로부터의 적극적인 추심행위가 없었기 때문에 자금부족에 의한 어음부도를 내지 않고 버텨왔으나 변제기가 도래한 채무를 변제할 자금을 갖고 있는 것도 아니고 보전명령실효 후에도 그 변제를 하지 못하고 있고 화의개시 후에 거의 전종업원을 해고하고 화의개시 신청 전에 이미 첫번째 부도를 냈다면 화의개시 신청 당시를 가리켜 이미 그 변제능력을 일반적·계속적으로 잃고 있음을 외부에 표시한 것으로서 지불정지의 상태에 있었다고 보고 있다.[5]

2) 유 력 설

최근의 유력설은 파산원인을 추정하는 지불정지와 위기부인, 상계금지의 각 요건인 지불정지와는 별개의 것으로 해석하여 전자에 대하여는 일정시점에 있어서의 채무자의 행위를 말하고, 후자에 대하여는 파산선고까지 계속하는 객관적 지불불능을 의미한다고 설명하고 있다.[6] 따라서 후자를 주장하는 자는 그 요건사실로서 일정시점의 채무자의 지불정지 행위에 더하여 파산선고까지 계속하는 객관적 지불불능을 입증하지 않으면 안 된다.[7]

(2) 우리 나라

1) 학 설

지불불능이라 함은 채무자가 채무변제능력의 결여 때문에 즉시로 변제하여야 할 채무를 일반적이며 계속적으로 변제할 수 없는 객관적 상태를 말하며, 채무라 함은 금전채무뿐 아니라 비금전채무를 포함한다. 또한 지불정지라 함은 채무변제능

3) 齊藤秀夫, 전게서(주 2), 471면.
4) 東京高裁 1989. 10. 19. 判決 金融法務事情 제1246호, 32면.
5) 靜岡地裁 1992. 12. 4. 判決 判例タイムズ 제80호, 220면. 이에 대한 비판적인 평석으로는 井上一, 判例タイムズ No. 852(1994. 9. 25), 260면.
6) 青山善充, "支拂停止の意義および機能," 新實務民事訴訟講座 13, 日本評論社(1981), 55면 이하; 伊藤眞, 破産法(1998), 47면.
7) 青山善充, 전게논문(주 6), 67-68면.

력의 결여 때문에 즉시로 변제하여야 할 채무를 일반적이며 계속적으로 변제할 수 없다는 취지를 명시적 또는 묵시적으로 외부에 표시하는 주관적 행위를 말하며 어음의 부도가 가장 전형적인 예로 들고 있다.[8)]

2) 판　　례

서울고등법원 1995.10.12. 선고 94나8252 판결[9)]은 부인에 관한 사건으로서 "파산법 제64조 제 2, 4, 6 호 소정의 '지급정지'라 함은 일반적이고 계속적으로 변제능력이 없음을 외부에 표시하는 파산이 있기 전 파산자의 명시적 또는 묵시적인 행위를 말하는 것으로서 파산자 회사가 은행으로부터 거래정지처분[10)]을 받은 때에 이르러 지급정지를 하였다고 봄이 상당하다"고 판시하였다.

다음으로 서울고등법원 2000.5.3. 선고 99나58367 판결은 1차 부도 후에 이루어진 변제가 회사정리법 제78조 제 1 항 제 2 호[11)]에 해당하는지 여부에 관한 것이다.

"'지급의 정지'란 채무자가 채무변제 능력이 부족하기 때문에 일반적·계속적으로 채무의 변제가 이루어질 수 없는 사정이 외부적으로 표시된 경우를 의미한다고 할 것이므로 통상 어음의 부도, 어음교환소에 의한 거래정지처분 등이 이에 해당한다고 할 것인데, 1차 부도는 지급제시된 어음이 지급거절된 상태로 최종부도가 있기 전까지는 거래정지처분 등이 내려지지 아니한 상태로서 채무가 일반적·계속적으로 변제되지 아니하는 것으로 보기는 어렵다 할 것이다. 이 사건에 관하여 보면, 이 사건 합의가 있기 전인 1997.3.18. 삼미특수강이 1차 부도난 사실은 위에서 본 바와 같으나, 그 밖에 삼미특수강이 지급의 정지 등의 상태에 있음을 인정할 증거는 없으므로 이 사건 합의 당시 삼미특수강이 지급의 정지 등의 상태에 있었음을 전제로 하는 원고의 위 주장은 이유 없다"고 판시하여 부인의 주장을 받아들이지 아니하였다.

이상 하급심의 판결은 단지 회사가 발행한 어음이 1회 부도되었다는 것만으로

---

8) 田炳西, 파산법, 한국사법행정학회(1999), 51-53면; 李亥雨·李在華, 파산법, 법률문화원(2001), 88-91면.

9) 이하 출전을 표시하지 않은 판례는 미공간 판결로써 사법부 전산망의 문서관리프로그램을 통하여 저자가 수집한 것이다.

10) 어음발행인이 어음교환소로부터 거래정지처분을 받게 되면 어음교환소의 전참가은행은 거래정지처분을 받은 자와 당좌예금 및 가계당좌예금거래를 할 수 없다(서울어음교환소규약 제79조 제 1 항, 제80조).

11) 회사가 지급의 정지, 파산, 회사정리개시의 신청(이하 '지급의 정지 등'이라 한다)이 있은 후에 한 정리채권자 등을 해하는 행위와 담보의 제공 또는 채무의 소멸에 관한 행위는 부인의 대상이 된다.

는 지급의 정지가 있었다고 보기 어렵고 적어도 은행으로부터 거래정지처분이 있어야 비로소 지급의 정지가 있다고 본 것이다. 지불정지에 관한 판례의 이론 설시는 종전 日本의 다수설의 입장과 같다고 해석된다.

4. 보전처분과 소구권

(1) 보전처분과 배서인에 대한 소구권행사

어음법상 소구권자는 최후의 적법한 최종소지인과 소구의무를 이행하고 어음을 환수하여 소지인이 된 자이다. 후자에는 소구의무를 이행한 배서인, 보증인, 참가인수인 및 어음채무를 변제한 무권대리인 등이 해당한다. 한편 소구의무를 지는 자는 어음의 배서인, 보증인과 환어음의 발행인이다. 환어음의 인수인과 약속어음의 발행인은 주채무자이고 소구의무자가 아니다. 단 약속어음의 발행인이 어음을 배서한 때에는 소구의무자가 될 수 있다.[12]

지급거절로 인한 소구권을 행사하기 위해서는 어음소지인이 지급제시기간 내에 적법한 지급제시를 하였으나 환어음의 지급인 또는 약속어음의 발행인이 지급하지 않은 경우이어야 한다. 만일 회사정리법 제39조에 의하여 약속어음의 발행인인 정리회사에 대하여 보전처분이 발하여진 경우 정리회사는 위 보전처분에 따라 적법하게 지급거절할 수 있다. 보전처분의 결정 때문에 소지인이 발행인으로부터 지급거절당한 경우 배서인에게 소구권을 행사할 수 있는가?

변제금지의 보전처분이 내려지더라도 어음채권자의 지급제시까지 금하는 것은 아니다. 보전처분의 결정은 정리회사에게만 미치고 제 3 자에 대하여는 미치는 것이 아니므로 어음소지인이 소구권을 행사하는 것을 저지하지 못하고 따라서 소지인은 배서인에 대하여 소구권에 기한 어음금을 청구할 수 있다.[13]

(2) 부정수표단속법위반과 변제금지가처분

발행인인 정리회사에 대하여 변제금지가처분이 발하여져 수표가 부도가 난 경우에 회사의 대표이사가 부정수표단속법위반의 죄책을 지는가? 이에 관하여 대법원 1990. 8. 14. 선고 90도1317 판결(공 1990, 1990)은 "발행한 수표가 제시기일에 지급이

12) 崔基元, 어음 · 手票法, 박영사(1996), 465면.

13) 同旨, 日本 札幌高裁 1957. 8. 9. 判決, 最高裁判所 事務總局, 會社更生事件裁判例集(1966), 107면. 위 책은 會社更生法에 관한 초기의 판결(하급심 포함)을 모은 것이다.

거절되더라도 그 지급거절사유가 예금부족, 거래정지처분이나 수표계약해제 또는 해지로 인한 것이어야만 부정수표단속법 제2조 제2항 위반죄를 구성하는 것이고 회사정리법상의 보전처분이 있을 경우에는 그 지급을 위탁받은 은행은 예금이 있는지의 여부에 관계없이 보전처분을 이유로 당연히 지급거절을 하여야 하는 것이므로 … 수표가 회사정리법상의 보전처분이 있은 후에 지급제시가 되었다면 비록 은행이 지급거절사유를 예금부족으로 하였다 하더라도 그 지급거절이 회사정리법에 의하여 가해진 지급제한에 따른 것인 이상 위 수표의 발행행위는 부정수표단속법 제2조 제2항 위반의 범죄를 구성하지 않는다 할 것이다"고 판시하였다. 종전에는 부정수표단속법상의 죄책을 면하기 위하여 회사정리법상의 개시결정과 함께 보전처분을 신청하였다가 나중에 신청을 취하하는 폐해가 있었다. 이러한 점을 막기 위하여 1981. 3. 5. 회사정리법 제39조의2를 신설하여 보전처분 및 보전관리인에 의한 관리명령의 처분이 있은 후에는 법원의 허가 없이 개시신청 및 보전처분신청을 취하할 수 없도록 개정하였다.

(3) 파산선고와 소구권의 발생

환어음의 인수인, 지급인 또는 인수제시금지어음의 발행인이 파산한 경우에는 소구권이 발생한다(어음법 제44조 제6항). 파산에 갈음하는 화의절차의 개시결정, 회사정리절차의 개시결정도 소구원인이 된다(異說 없음). 파산이라 함은 어음발행 전 또는 발행 후에 파산선고가 있는 경우를 포함한다.[14] 인수제시금지어음(어음법 제22조 제2항)에 있어서는 인수인이 생길 여지가 없으므로 그 어음은 발행인의 신용만으로 유통되므로 발행인이 파산선고를 받은 경우에는 지급인 또는 인수인이 파산선고를 받은 경우와 같이 취급된다(어음법 제44조 제6항).[15] 파산뿐 아니라 지급정지의 경우도 소구권의 발생요건이 된다. 따라서 약속어음의 발행인 또는 환어음의 인수인이 어음부도에 의하여 거래정지처분을 받은 때에도 소구권의 발생원인이 된다.[16]

---

14) 崔基元, 전게서(주 12), 471면. 발행 전에 파산선고가 있었던 경우에는 이에 포함되지 않고 발행 후에 생긴 경우에만 소구원인이 된다는 독일의 견해(다수설이라 함)도 있다. 徐燉珏·金泰柱, 註釋어음·手票法, 육법사(1981), 420면 참조.

15) 崔基元, 전게서(주 12), 470면; 李基秀, 어음법 수표법학, 박영사(1996), 378면.

16) 徐燉珏·金泰柱, 전게서(주 14), 420면. 대법원 1984. 7. 10. 선고 84다카424·425 판결(공 1984, 1422). "어음법은 약속어음의 경우에 환어음의 경우와 같은 만기전 소구에 관한 규정을 두고 있지 않으나 약속어음에 있어서도 발행인의 파산이나 지급정지 기타 그 자력을 불확실하게 하는 사유로 말미암아 만기에 지급거절이 될 것이 예상되는 경우에는 만기전의 소구가 가능하다고 보아야 할 것인바, 이 사건과 약속어음과 동일인 발행명의의 다른 약속어음이 모두 부도가 된 상황이라면 특별한 사정이 없는 한 이 사건 약속어음도 만기에 지급거절이 될 것이 예상된다고 하겠으

(4) 지급제시의 요부

환어음의 인수인이나 지급인 또는 인수제시금지어음의 발행인이 지급정지처분을 받거나, 파산선고를 받은 경우에도 어음소지인은 배서인에 대한 소구권을 보전하기 위하여 지급기일에 지급제시하여야 하는가? 다시 말하여 발행인이 파산하여 파산절차에 의하지 아니하고는 즉시 변제받을 수 없는 것을 알면서도 지급제시를 하여야 하는가? 어음법은 지급정지의 경우와 파산의 경우를 나누어 규정하고 있다.

지급정지의 경우에는 약속어음의 발행인, 환어음의 인수인 또는 지급인이 지급정지처분을 받은 경우에는 이를 이유로 만기전 소구를 하기 위하여는 소지인은 먼저 지급제시를 하고 지급이 거절된 사실을 지급거절증서에 의하여 증명하여야 한다(어음법 제44조 제5항).[17] 그러나 파산선고를 받은 경우에는 이를 이유로 소구를 하는 때에는 거절증서의 작성을 요하지 않고 파산결정서를 제출하면 족하다(어음법 제44조 제6항). 왜냐하면 이 경우에는 이 결정서만으로도 그 지급무능력을 완전히 증명할 수 있기 때문이다.[18] 화의 및 회사정리절차 개시의 경우도 마찬가지로 해석한다.[19] 백지어음의 발행인이 파산한 경우에도 백지어음을 보충하여 지급제시함이 없이 백지어음 그대로 소구의무자에 대하여 소를 제기하여도 구두변론종결시까지 백지를 보충하면 그 청구는 인정된다.[20] 그러나 지급정지의 경우에는 백지를 보충하여 완성어음을 지급제시하지 아니하면 소구권을 보전할 수 없다.[21]

5. 미국 파산법상 파산신청과 소구권보전

미국의 모범통일상법전(U.C.C.)에 의하면 만기전의 소구권을 행사하기 위하여는 지급제시, 거절, 거절통지의 세 가지 요건이 필요하다. 우리 어음법이 거절통지를 요건으로 하지 않고 있는 점에 비하여 인수거절의 통지만이 필요하고 대신에 거절증서의 작성은 그 요건이 아닌 점에 우리 법과 차이가 있다.[22] 또한 우리 파

므로 그 소지인은 만기전이라 할지라도 일단 지급제시를 한 후 배서인에게 소구권을 행사할 수 있다."(밑줄 저자)

17) 崔基元, 전게서(주 12), 473면; 徐燉珏·金泰柱, 전게서(주 14), 424면.
18) 崔基元, 전게서(주 12), 473면.
19) 李基秀, 전게서(주 15), 379-380면.
20) 日本 大阪地裁 1967. 6. 7. 判決 金融法務事情 제491호, 35면.
21) 徐燉珏·金泰柱, 전게서(주 14), 426면.
22) 鄭燦亨, 英美어음·手票法, 고려대학교출판부(2001), 297-303면.

산법에서는 법원의 파산선고가 있어야 비로소 파산선고의 효과가 발생하지만 미국의 1978년에 개정된 연방파산법에 의하면 채무자의 파산신청이 개시되면 파산선고의 효력을 갖게 되고 동시에 자동중지 절차가 실행되어 채권의 청구, 가압류, 경매신청, 최고 등이 중지되는 점도 우리와 다르다.[23]

그러나 어음과 수표의 경우에는 자동중지의 효력에 불구하고 지급제시와 지급거절의 통지를 하는 것까지 금하는 것이 아니다.[24] 왜냐하면 통일상법전 제 3 장에 따라 소지인이 소구권을 행사하기 위하여는 위 3가지 요건을 갖추어야 하기 때문이다.[25] 미국의 1990년 개정 전 U.C.C. §3-511(3)에 의하면 수취인이 발행인에 대하여 파산절차가 개시된 것을 알고 있는 경우 소구권을 보전하기 위하여 지급기일에 맞추어 지급제시를 할 필요가 없다. 발행인, 인수인, 배서인에 대하여 파산절차가 개시된 경우에는 전적으로 면제된다고 규정되어 있었다. 현행의 §3-504(a)(ii)도 같은 규정을 두고 있다. 이 점 역시 우리 어음법과 다른 점이다.[26]

6. 회사정리절차와 회사의 어음거래

(1) 관리인의 어음행위

회사정리절차가 개시되면 회사재산의 관리처분권은 관리인에게 전속되고 종전의 대표이사와 이사 및 이사회의 기능은 약화된다. 관리인이 중요한 거래를 하기 위하여는 법원의 허가를 받아야 한다. 회사정리법 제54조 및 제55조에 의하면 관리인이 회사재산의 처분 및 차재 등의 행위를 하려는 경우 법원의 허가를 받아야 하고 허가를 받지 아니하고 하는 행위는 무효로 한다고 규정하고 있다. 따라서 관리인이 법원의 허가를 받지 아니하고 약속어음을 발행하면 무효이다.

관리인이 어음을 발행하는 경우에도 발행인을 관리인 이름으로 발행하는 것이 원칙이다. 정리회사가 법원의 허가를 회피하기 위하여 타인으로부터 돈을 빌리면서 종전 대표이사의 명의로 기본어음을 발행하였다가 그 이자의 지급을 위하여 새로이 법원의 허가 없이 약속어음을 발행하였다면 무효이다. 다만 어음의 수취인이 선의라면 어음법 제17조에 의하여 그에게 이를 대항할 수 없다.[27] 그런데 만일 관리

23) 연방파산법 §362. 이는 총칙규정이므로 협의의 파산절차인 제 7 장, 기업재건절차인 제11장, 정기적인 수입이 있는 개인의 재건절차인 제13장의 신청 모두 그 적용이 있다.

24) Bankruptcy Code §362(b)(11).

25) U.C.C. §3-503(a), Michael J. Herbert, UNDERSTANDING BANKRUPTCY 111-112(1995).

26) 鄭燦亨, 전게서(주 22), 294면.

27) 同旨, 東京地裁 1962. 6. 29. 判決.

인이 종전 대표이사의 이름으로 약속어음을 발행한 경우 그 어음의 효력은 어떻게 되는가? 이에 관하여 日本의 판결은 종전 대표이사 甲이 정리회사의 관리인이 되어 약속어음을 발행하면서 약속어음의 발행인을 '대표이사 甲'으로 기재하고, 대표이사의 직인을 찍은 사안에서 이러한 어음발행행위는 정리회사의 어음발행행위로서의 형식에는 어긋나는 것이지만, 정리절차개시 후에도 거래은행의 당좌명의가 종전 대표이사 명의로 존속하고 있고 그 이유가 종전 대표이사가 관리인이 되어 있어 정리회사임을 표시하지 않기 위한 것인 점에 비추어 정리회사가 발행인으로서 지급책임이 있다고 판시하였다.[28]

(2) 관리인에 대한 융통어음의 항변

타인으로부터 금원을 빌릴 목적으로 원인채무를 부담하지 않으면서 제 3 자 발행의 약속어음을 교부받아 이를 배서양도하여 사용하는 경우 이러한 어음을 융통어음이라 한다. 이 경우 수취인은 만기까지 어음의 결제자금을 발행인에게 제공하던가 아니면 어음을 반환하기로 하는 명시 또는 묵시의 합의가 있다고 해석된다. 만일 파산자가 제 3 자로부터 융통어음을 빌려 아직 할인받기 전에 즉 제 3 자에게 배서양도하기 이전에 파산선고(또는 정리절차)가 내려져 파산관재인이 어음을 소지하여 발행인을 상대로 어음금청구소송을 제기한 경우 약속어음의 발행인은 원인관계가 부존재한다는 항변을 파산관재인에게 주장할 수 있는가? 만일 파산관재인을 수취인과 동일시하면 항변할 수 있고, 제 3 자로 보면 단순히 악의였다는 것으로는 부족하고 害意 즉 해할 목적으로 어음을 취득하였음을 입증하여야 한다(어음법 제17조). 이 점에 대하여 日本의 最高裁判所 1971. 2. 23. 判決[29]은 융통어음이라는 항변으로 파산관재인에게 대항할 수 있다고 판시하였다.

(3) 공동관리인 중 1인이 한 어음행위의 효력

공동관리인이 있는 경우 관리인 중 1인만이 약속어음을 발행한 경우 수취인이 관리인에게 어음의 발행권한이 있다고 믿은 경우 그 약속어음의 효력은 유효한가? 정리회사의 관리인이 수인인 경우 원칙으로 공동하여 그 직무를 행하고 예외적으로 법원의 허가를 얻어 직무분담을 나눌 수 있다. 이는 관리인 상호간에 직무집행의 권한 남용에 대하여 견제와 감시의 기능을 갖게 함으로써 정리회사에게 불측의

28) 東京地裁 1962. 6. 29. 判決.
29) 判例時報 제622호, 102면.

손해를 보는 것을 방지하기 위한 것이다. 정리회사의 관리인이 수인이 있는 경우 원칙으로 공동으로 직무를 행하여야 하고(회사정리법 제97조 제1항) 위 직무 가운데는 어음의 발행행위도 포함된다. 따라서 관리인 중 1인 단독명의로 이루어진 어음의 발행·배서행위는 무권한에 의한 행위로서 정리회사에 대하여는 효력이 생기지 아니한다.

그런데 주식회사의 대표이사에 대하여 공동의 대표이사가 등기된 경우 대표이사 1인 단독으로 한 법률행위에 대하여 표현대표이사에 관한 상법 제392조의 규정을 유추적용할 수 있는 것처럼 정리회사에 있어서 수인의 관리인이 있는 경우에도 이 조항을 유추적용할 수 있는가에 대하여 일본에서는 견해가 나뉜다. 부정설[30]은 관리인은 파산관재인과 유사하여 회사의 대표자나 대리인이 아니고 법원에 의하여 선임된 일종의 공적기관이고 그 명칭도 관리인 이외의 명칭을 사용할 수 없으므로 사장, 부사장, 전무, 상무 등과 같은 명칭을 사용하는 것에 의하여 문제가 생길 여지가 없다고 주장한다. 그러나 日本의 판례와 다수설은 공동대표이사제도와 공동관리인제도의 취지가 동일하다는 점을 근거로 이를 긍정하여 상대방이 공동의 관리인 중 1인의 관리인에게 적법한 권한이 있다고 믿은 경우에는 정리회사에 대하여도 그 효력이 있다고 해석한다.[31]

Ⅲ. 파산채권과 어음채권[32]

1. 어음채권의 특칙

(1) 원 칙

파산채권이란 파산자에 대하여 파산선고 전의 원인에 기하여 생긴 재산상의 청구권을 말한다(파산법 제14조).[33] 따라서 파산선고 전에 수령한 어음채권은 약속어음의 발행인이 파산하였든, 배서인이 파산하였든 파산자에 대한 어음금청구권 또는 소구권은 모두 파산채권이 된다. 예컨대 어음소지인(丙)이 차를 매도하고 대금의 지급을

30) 境, 批評, 判例評論 제151호, 20면 및 다음 最高裁判所 判決의 소수의견.

31) 日本 最高裁判所 1971. 2. 23. 判決(民集 25권 1호, 151면); 納谷廣美, "複數管財人による手形行爲," 別冊ジュリスト 新倒産判例百選(1990), 61면.

32) 이하 파산에 관한 설명은 회사정리절차에도 그대로 통용되므로 별도로 회사정리절차에 대하여 설명하지 아니한다.

33) 회사정리법 제102조도 같은 취지의 규정을 두고 있으며 파산채권에 대한 설명은 정리채권에 대하여도 준용될 수 있다.

위하여 제3자(甲)가 발행한 약속어음을 매수인(乙)으로부터 배서양도받은 다음 발행인에 대하여 파산선고가 난 경우, 소지인은 발행인에 대하여 어음금지급청구권이라는 파산채권을 가짐과 아울러 합동채무자인 배서인에 대하여는 파산절차와 관계 없이 청구할 수 있는 소구권과 원인채권인 매매대금청구권을 갖는다. 또한 만일 배서인이 파산한 경우에는 발행인에 대하여 파산절차와 관계 없이 청구할 수 있는 어음금지급청구권과 배서인에 대하여는 파산채권인 어음법상의 소구권과 원인채권인 매매대금채권을 갖게 된다. 다음 항에서는 파산채권과 원인채권과의 관계에 대하여 살펴보기로 한다.

(2) 원인(기존)채권과의 관계

위 설례의 경우 乙의 甲에 대한 원인채권은 소멸하는 것인가 아니면 파산채권으로 남는 것인가? 丙의 甲에 대한 어음채권과의 관계는 어떠한가?[34] 이 점을 이해하기 위하여는 먼저 원인채권과 어음채권과의 관계를 살펴보아야 한다.

원인채권과 어음채권이 병존하는 경우 기존채무의 '지급을 위하여' 어음이 교부된 경우에는 먼저 어음상의 권리를 위하여 행사하여야 하고,[35] 만일 기존채무의 '지급을 확보하기 위하여 또는 담보를 위하여' 어음을 교부한 때에는 어느 것을 먼저 행사하는가는 채권자의 재량이다.[36] 약속어음이 기존채무의 지급확보를 위하여 또는 그 담보를 위하여 발행된 경우에는 가령 어음금의 지급이 없더라도 채권자가 그 어음을 유상 또는 무상으로 타인에게 배서양도한 경우에는 다른 특별한 사정이 없는 한 기존채권의 채권자는 채무자에게 대하여 기존채무의 지급을 청구할 수 없고,[37] 소지인의 어음채권이 어음채무자와 사이에서 변제나 상계 등에 의하여 소멸하면 기존 채권도 소멸한다.[38] 대법원 판례는 명시적으로 언제 乙의 甲에 대한 기존채권이 소멸하는지에 대하여는 설시하고 있지 않으나 원인채권이 즉시 소멸하지 않고 채권자가 상환의무를 이행할 필요가 없게 되었을 때에 즉 어음채권이 결제되어 소멸된 때에 비로소 원인채권이 소멸하는 것으로 봄이 옳다.[39] 따라서 약속어

34) 대법원 2000. 2. 11. 선고 99다56437 판결(공 2000, 683)의 사실관계이다.
35) 대법원 1996. 11. 8. 선고 95다25060 판결(공 1997상, 713). "어음이 '지급을 위하여' 교부된 경우에는 채권자는 어음채권과 원인채권 중 어음채권을 먼저 행사하여 만족을 얻을 것을 당사자가 예정하였다고 할 것이므로 채권자로서는 어음채권을 우선 행사하고, 그에 의하여서는 만족을 얻을 수 없을 때 비로소 채무자에 대하여 기존의 원인채권을 행사할 수 있다.…"
36) 통설임 李基秀, 전게서(주 15), 95면; 정희철, 판례교재 어음수표법, 법문사(1975), 169면.
37) 대법원 1969. 5. 27. 선고 69다426 판결(집 17(2) 민 152); 1962. 4. 12. 선고 4292민상1190 판결 참조.
38) 전게 대법원 99다56437 판결(주 34).
39) 李基秀, 전게서(주 15), 96면.

음의 수취인이 어음을 타인에게 배서양도한 후 발행인이 파산한 경우 만일 어음소지인의 어음채권이 변제나 상계로 소멸하는 경우라면 수취인의 발행인에 대한 기존채권도 소멸하게 되어 파산채권 역시 소멸하게 되지만 적어도 파산채권은 어음채권이 소멸하기 전까지는 존속하는 것이므로 수취인은 어음의 분실 등을 대비하여 발행인에 대한 기존채권을 조건부채권으로 신고하여 둘 필요가 있다. 소지인의 발행인에 대한 약속어음채권이 파산채권이 됨은 물론이다.

(3) 파산선고 후의 채권이 파산채권이 되는 경우

파산채권은 파산선고 전의 발생한 채권을 말하고 파산선고 후에 발생한 채권은 재단채권이 되고(회사정리 절차 개시 후에 발생한 채권은 공익채권이 된다) 파산채권과 달리 취급받는 것이 원칙이다. 그러나 파산법은 공평의 원칙상 파산선고 후의 원인으로 생긴 채권임에도 불구하고 그 채권발생의 원인으로 보아서 파산채권과 마찬가지로 취급하는 경우를 규정하고 있다. 어음의 경우에는 파산법 제48조 제 1 항이 이에 관한 규정을 두고 있다.[40] 환어음의 발행인 또는 배서인이 파산선고를 받은 경우에 지급인 또는 예비지급인이 그 사실을 알지 못하고 파산자와의 자금관계상 아직 자금을 수령하지 않았는데도 인수 또는 지급을 한 때에는 그 지급인 또는 예비지급인은 이로 인하여 생긴 채권에 관하여 파산채권자로서 그 권리를 행사할 수 있다. 이는 어음의 원인관계는 이미 파산선고 전에 발생하였음에도 단지 그 자금관계로 인한 청구권이 파산선고 후에 생긴 것이라고 하여 파산채권으로 하지 않는 것은 타당하지 않기 때문이다. 다만 그 지급인이나 예비지급인은 선의로 이를 인수 또는 지급을 하였어야 하나, 파산선고의 공고 전에 지급한 때에는 선의로 추정된다(파산법 제49조). 이 규정은 환어음뿐 아니라 수표와 금전 기타의 물건 또는 유가증권의 지급을 목적으로 하는 유가증권에도 준용된다(파산법 제48조 제 2 항; 회사정리법 제105조 제 2 항).

2. 파산자와 다른 어음채무자와의 관계

발행인 또는 배서인 중 1인에 대하여 파산선고가 난 경우 어음소지인의 다른 어음채무자에 대한 권리는 어떠한 영향을 받는가? 만일 소지인이 파산자인 발행인 또는 배서인에 대한 파산채권을 파산법이 정한 채권신고기한 내에 신고하지 아니하여 실권된 경우 또는 파산자에 대한 채권이 감면된 경우 다른 배서인 또는 발행

40) 회사정리법 제105조 제 2 항도 같은 내용의 규정을 두고 있다.

인에 대한 어음채권은 어떠한 영향을 받는가 등이 문제될 수 있다.

(1) 어음법상의 합동책임의 내용

어음상의 의무자는 합동하여 어음소지인에 대하여 어음금지불의 책임을 부담한다. 약속어음에 있어서는 발행인 및 그 보증인이 주된 채무자 즉 절대적 의무자이나, 어음소지인의 전자인 배서인 및 그 보증인, 무권대리인, 참가인수인 등도 소구의무자로서 책임을 부담한다. 이 합동책임은 어음상의 의무자가 각각 상환금 전액에 대하여 책임을 부담하는 반면, 그 중 1인의 지불에 의하여 모든 의무자가 면책된다는 점에서는 연대채무와 유사한다. 그러나 어음상의 의무자간에서는 전후관계가 있어 소구에 응한 자 및 그 후자의 의무는 소멸하여도 그 전자의 의무는 여전히 존속하기 때문에 의무를 다하여 어음을 돌려받은 자는 다시 자신의 전자에 대하여만 소구할 수 있는 특징이 있다. 그 의무자 중 1인에 대하여 이행을 청구하더라도 다른 자에게는 효력이 미치지 아니하고 의무자간 부담부분이 존재하지 않기 때문에 부담부분의 존재를 전제로 한 면제·시효완성 등의 사유에 관한 연대채무의 효과는 발생하지 않는다.[41] 그러나 소구권자가 의무자 중 1인의 어음채무를 면제한 경우, 지불의 경우와 마찬가지로 면제를 받은 자 및 그 후자의 의무는 소멸한다.[42] 마찬가지로 주채무자인 발행인의 어음채무가 면제된 경우에는 발행인에 의한 어음의 지불과 동일의 효과가 발생하여 모든 어음관계가 소멸하기 때문에 소구의무자도 완전히 면책된다.[43]

(2) 파산선고와 다른 어음채무자의 관계

발행인에 대한 면책결정 또는 면책을 내용으로 한 정리계획안의 인가는 다른 어음채무자에게 어떠한 영향을 미치는가? 이 점에 대하여 파산법 제350조는 "면책은 파산채권자가 파산자의 보증인 기타 파산자와 더불어 채무를 부담하는 자에 대하여 가지는 권리 및 파산채권자를 위하여 제공한 담보에 영향을 미치지 아니한다"라고 규정하고 있다.[44] 위 법조에서 말하는 파산자와 더불어 채무를 부담하는

41) 西山芳喜, "任意整理による主債務者の免責と遡求義務者の責任," 別冊ジュリスト 手形小切手判例百選(1997), 128면.

42) 日本 大阪高裁 1963. 4. 10. 判決 金融法務事情 제347호, 10면.

43) 大隅健一郎, 注釋手形法 小切手法, 343면.

44) 회사정리법 제240조 제2항 역시 "계획은 정리채권자 또는 정리담보권자가 회사의 보증인 기타 회사와 함께 채무를 부담하는 자에 대하여 가진 권리와 회사 이외의 자가 정리채권자 또는 정리담보권자를 위하여 제공한 담보에 영향을 미치지 아니한다"라고 규정하고 있다. 판례는 회사정리

자 또는 회사와 함께 채무를 부담하는 자에는 보증인뿐 아니라 어음수표법상의 합동채무를 지는 자도 포함된다고 하는 것에 이론이 없다.

보증채무와 관련하여 설명하면 주채무자에 대하여 회사정리절차가 개시되어 그 절차가 진행중이라고 하더라도 보증책임에 영향을 미치는 것이 아니므로 보증채무의 이행을 구할 수 있고,[45] 주채무자에 대한 채권이 정리계획안에 의하여 일부 감축된 경우라도 보증채무 전액을 구할 수 있다.[46] 이러한 법리는 합동채무자인 어음채무자들 사이에도 그대로 적용된다. 따라서 파산채권 또는 정리채권을 신고기한 내에 신고하지 아니하여 실권되거나 또는 배당절차에서 일부 배당을 받거나, 정리계획안에서 일부만을 변제받는 것으로 기재되어 인가되더라도 다른 어음채무자에 대한 권리행사에는 영향을 미치지 아니한다. 즉 어음채권자는 파산자 또는 정리회사가 아닌 다른 어음채무자에게 어음상의 권리를 행사할 수 있다.

(3) 사적 정리절차와 다른 어음채무자

우리 나라에는 없으나 日本의 주식회사편에 있는 회사정리제도의 경우에는 주채무자에 대한 책임감면은 보증채무의 부종성의 원칙에 따라 보증인에 대하여도 효력이 있다는 견해가 다수설이므로 사적정리의 경우에도 구체적인 사실관계에 따라 채권자회의에서 발행인에 대한 어음채권의 포기가 있다면 그 포기하게 된 경위에 비추어 배서인에 대한 책임의 면제로도 볼 수 있다는 판례[47]와 학설[48]이 있다. 사적정리의 경우에는 채무의 부종성을 명시적으로 완화한 파산법 제350조, 회사정리법 제240조 제 2 항의 규정이 없는 이상 어음법상의 합동책임의 일반이론과 민법의 보증채무의 일반이론에 따라 배서인의 책임이 감경된다고 해석함이 옳다.

법 제 241조에서 말하는 면책이라 함은 채무 자체는 존속하지만 회사에 대하여 강제할 수 없다는 의미라고 본다(대법원 2001. 7. 24. 선고 2001다3122 판결, 공 2001하, 1919).

45) 대법원 2001. 6. 12. 선고 99다1949 판결(공 2001상, 1565); 日本 最高裁判所 1957. 4. 11. 判決.

46) 정리회사와 보증인간의 법률관계 전반에 대하여는 林治龍, "정리회사와 보증인의 지위," 사법논집 제22집(1991), 359면 이하가 자세하다.

47) 東京地裁 1968. 5. 13. 判決 金融商事判例 제116호, 19면.

48) 注釋會社法(12)(竹下守夫), 275면; 西山芳喜, 전게논문(주 41) 129면; 谷川久, "任意整理による主債務者免責と遡求義務者の責任," 別冊ジュリスト No. 108(1990. 5), 219면.

3. 사고신고담보금에 대한 어음소지인의 권리와 회사정리절차

(1) 사고신고담보금제도

1987. 1. 5.부터 시행되는 개정된 어음교환소규약 제75조의2 및 제76조에 의한 사고신고담보금제도[49]에 따라 어음의 발행인은 어음의 피사취 등을 이유로 지급은행에 사고신고와 함께 그 어음금의 지급정지를 의뢰하면서 당해 어음금의 지급거절로 인한 부도제재를 면하기 위하여 사고신고담보금을 예금하게 된다. 발행인이 한 예치계약은 발행인이 요약자로서, 은행이 청약자로서 소지인을 수익자로 하여 체결하는 제 3 자를 위한 계약이다.[50]

그런데 사고신고담보금을 예치한 후 발행인에 대하여 회사정리절차가 개시된 경우 어음소지인의 사고신고담보금에 대한 청구권은 정리담보권인가 아니면 정리채권인가? 사고신고담보금은 일반의 예금채권과는 달리 사고신고내용의 진실성과 어음발행인의 자력을 담보로 하여 부도제재 회피를 위한 사고신고의 남용을 방지함과 아울러 어음소지인의 권리가 확인되는 경우에는 당해 어음채권의 지급을 담보하려는데 그 제도의 취지가 있으므로, 어음소지인의 어음채권에 대한 담보로서의 경제적 기능을 하는 측면이 있다.[51] 또한 사고신고담보금을 예치받은 지급은행으로서는 어음소지인이 정당한 어음상의 권리자임이 판명된 경우에는 언제든지 그의 지급청구에 따라 사고신고담보금을 반환하는 것이 원칙이고, 어음소지인이 정당한 권리자가 아니라고 판명되기도 전에 이를 어음발행인에게 반환하거나 그에 대한 반대채권과 상계하는 것은 사고신고담보금을 별단예금으로 예치하게 한 취지에 어긋난다고 할 것이므로, 그 예금채권을 수동채권으로 한 지급은행의 상계는 정당한 어음상의 권리자임이 판명된 당해 어음채권자에 대한 관계에서는 상계에 관한 권리를 남용하는 것으로서 무효이다.[52]

49) 개정 전에는 사고신고예탁금제도를 두었으나 선의의 소지인을 보호하기 위하여 개정한 것이다.

50) 異說 없음. 대법원 1993. 9. 14. 선고 93다16736 판결(공 1993, 2771), 全孝淑, "사고신고담보금의 법률관계," 민사재판의 제문제(8)(1994), 572면; 吳官錫, "은행의 사고신고담보금과 상계," 민사판례연구(XVII), 박영사(1995), 105면; 鄭燦亨, "어음所持人인 整理債權者의 事故申告擔保金의 支給請求權," 판례월보 제310호(1996. 7), 15면 이하 참조.

51) 대법원 1994. 4. 15. 선고 93다61000 판결(공 1994, 1442); 1992. 10. 27. 선고 92다25540 판결(미공간) 등 참조.

52) 대법원 1998. 1. 23. 선고 97다37104 판결(공 1998상, 595).

(2) 어음소지인의 권리는 정리담보권인가

대법원은 아래와 같은 이유로 정리담보권을 부정하고 소지인이 정리절차에 의하지 아니하고 은행에 대하여 사고신고담보금의 지급을 구할 수 있다고 판시하고 있다.

〈판결요지 1〉

회사정리법상의 정리담보권이란, 정리채권 또는 정리절차개시 전의 원인에 기하여 생긴 회사 이외의 자에 대한 재산상의 청구권으로서, 회사정리절차 개시 당시 회사의 재산상에 존재하는 유치권, 질권, 저당권, 전세권 또는 우선특권에 의하여 담보된 범위의 것을 말하는 것인데(회사정리법 제123조 제1항, 저자주: 1998. 2. 24. 개정 전의 조항이다), 위 사고신고담보금을 발행인이 출연한 재산이라고 하더라도 은행에 예탁된 이상 그 소유권은 은행에게 이전되고, 은행은 이를 소비하여 후일 동종의 금전을 반환하면 되는 것이므로(민법 제702조 참조), 사고신고담보금 자체를 정리회사의 재산이라고는 볼 수 없고, 정리회사는 다만 은행에 대하여 사고신고담보금 처리에 관한 약정에서 정한 조건이 성취된 때에 한하여 비로소 은행에 대하여 사고신고담보금반환청구권을 갖는데 불과한 것인데(대법원 1993. 9. 14. 선고 93다16376 판결 참조), 회사정리개시결정이 있었다고 하여 위 약정이 무효로 되거나 위 조건부인 사고신고담보금반환청구권이 조건 없이 정리회사에게 귀속되어 회사의 재산이 된다고는 볼 수 없을 뿐만 아니라, 약속어음소지인의 사고신고담보금에 대한 권리와 정리회사의 사고신고담보금반환청구권과는 서로 양립되지 않는 관계에 있으므로, 약속어음소지인의 어음채권이 정리회사가 은행에 대하여 갖는 정지조건부 사고신고담보금반환청구권에 의하여 담보될 수도 없는 것이다.

(3) 어음소지인이 정리채권자임에도 정리절차에 의하지 않고 우선변제를 받는 것이 위법인가

위 사건의 상고인은 상고이유로서 사고신고담보금에 대한 권리가 정리담보권이 아니라고 하더라도 소지인은 정리계획에 의하여 정리채권인 위 약속어음채권을 변제받을 수 있을 뿐이고, 정리절차에 의하지 아니하고는 그 채권을 변제받을 수 없는 것인데(회사정리법 제112조), 만약 소지인이 사고신고담보금으로부터 채권을 변제받게 된다면, 이는 정리절차에 의하지 아니하고 정리회사의 재산으로부터 우선적으로 변제를 받는 셈이 되어 강행법규인 회사정리법의 규정에 반하게 되므로 위와 같은 변제는 무효라고 보지 않을 수 없을 것이고, 따라서 소지인의 사고신고담보금에 대한 권리는 회사정리절차개시와 함께 소멸되는 것이라고 해석하여야 한다고 주장하였다. 이에 대하여도 다음의 이유로 배척하였다.

〈판결요지 2〉

사고신고담보금에 대한 권리를 정리담보권이 아니라고 보게 되면, 정리채권자인 소지인이 정리회사가 아닌 은행에 대하여 갖는 사고신고담보금 지급청구권을 행사하여 그 채권의 만족을 얻는 것을 가지고 정리절차에 의하지 아니하고 소외회사의 재산으로부터 정리채권을 변제받는 것이라고는 할 수 없다.

(4) 사고신고담보금에 대한 지급청구방법

소지인은 구체적으로 어떠한 절차를 거쳐 사고신고담보금에 대한 지급청구권을 행사할 수 있는가? 원심은 정리회사와 은행 사이의 사고신고담보금처리에 관한 약정에서 어음소지인이 사고신고담보금의 지급을 청구할 수 있기 위한 요건으로 정하여진 "어음소지인이 어음금지급청구 소송에서 승소하고 그 판결확정증명 또는 그 확정판결과 동일한 효력이 있는 것으로 피고은행이 인정하는 증서를 제출하는 경우"라는 것은 결국 어음의 소지인이 법원의 소송절차에 의하여 당해 어음의 정당한 권리자임이 증명된 경우라는 의미로 해석함이 상당하고, 따라서 소지인이 정리회사를 상대로 제기한 위 약속어음채권에 대한 정리채권확정소송에서 승소판결을 받고 그 판결이 확정되었다면(밑줄 저자) 소지인은 사고신고담보금 처리에 관한 약정에 정해진 요건을 갖추게 된다고 판시하였는바, 대법원이 이를 肯認하였다.

(5) 寸 評

발행인의 입장에선 만일 사고신고담보금을 예금하지 않았더라면 회사재산의 출연도 없을 것이고 소지인도 다른 정리채권자와 마찬가지로 정리절차에 의하여 변제를 받았을 터인데 부도를 막기 위하여 사고신고담보금을 출연한 후 회사정리절차가 개시됨에 따라 소지인이 발행인이나 예치은행보다 우선적인 입장에서 사고신고담보금을 수령하게 되는 望外의 이득을 보게 된다고 불만을 갖게 됨은 당연하다.[53] 그러나 정리채권이라 함은 정리절차 개시 이전에 발생한 회사에 대한 재산상의 청구권이라고 규정되어 있는 이상 소지인이 일단 수익의 의사표시를 하여 그

53) 소지인은 정당한 권리자로 판명됨을 조건으로 수익의 의사표시를 함으로써 사고신고담보금의 지급청구권을 가지고, 발행인은 소지인이 정당한 권리자로 판명되지 아니할 것을 조건으로 그 반환청구권을 가지며, 은행은 각 조건성취시까지 사고신고담보금을 보관할 의무를 부담하며(全孝淑, 전게논문(주 50), 573면), 정당한 소지인의 권리를 해하는 상계를 할 수 없는 제약을 부담한다.

에게 확정적으로 지급청구권이 귀속되어 그가 은행에 대하여 갖는 사고신고담보금 반환청구권을 일컬어 정리회사에 대한 재산상의 청구권이라고는 할 수 없는 것이고, 이는 규약에 의하여 인정되는 제도로서 마치 정리회사의 채무를 중첩적으로 인수한 채무인수인에 대하여 정리채권자가 회사정리절차와 관계 없이 채무의 이행을 구할 수 있는 것과 비슷한 것이다. 발행인에 대하여 회사정리절차가 개시되었다는 법률효과가 소지인과 은행간의 법률관계에 어떠한 영향을 미칠 수 없는 것에서 비롯되는 것이기 때문이다. 판결의 이유 및 결론은 모두 정당하다.[54]

4. 어음채권의 신고절차

파산절차 등이 개시되면 파산채권자 또는 정리채권자는 법이 정한 신고기한 내에 신고를 하여야 하고 만일 신고하지 아니하면 실권된다. 이 경우 어음채권자가 신고하는 경우에는 어음 자체를 증빙서면으로 제출하면 충분하다. 다만 어음채권과 원인채권은 별개의 채권이므로 양자 모두 신고하여야 하고, 만일 양자 중 어느 하나만을 신고한 경우에는 나머지는 실권의 불이익을 받게 된다. 실무상 어음채권과 별도로 원인채권을 신고하는 경우는 흔히 있지만 정리회사의 피용인의 어음행위(대표적인 예로 직원의 배서위조)로 인한 손해배상청구권의 신고(또는 예비적 신고)를 누락하는 경우가 간혹 있다. 이러한 경우 정리채권확정의 소는 신고한 정리채권(어음채권)에 한하므로 이의가 있는 경우 정리채권자가 이의자를 상대로 정리채권으로 확정하기 위하여 제기하는 것이고 그 확정의 대상은 신고가 되어 정리채권자표, 정리담보권자표에 기재되고 조사의 대상으로 된 것에 한하며 위 표에 기재되어 있는 권리와 다른 원인으로 생기는 권리의 확정을 구하는 것은 허용되지 아니한다. 따라서 약속어음금 채권만을 신고하고 불법행위에 기한 손해배상채권을 신고하지 아니한 경우에는 손해배상청구권을 대상으로 한 정리채권확정의 소는 부적법하게 된다.[55]

54) 이 판결에 대한 평석으로는 鄭燦亨, 전게논문(주 50), 16면 이하. 위 판결을 인용한 후속 판결로는 대법원 2001. 7. 24. 선고 2001다3122 판결(공 2001하, 1919) 참조.
55) 서울고등법원 2000. 7. 21. 선고 2000나13339 판결.

5. 어음의 양도담보와 정리담보권

(1) 문제의 소재

어음의 양도담보라 함은 보통 제 3 자 발행의 어음을 담보로 은행 또는 회사 등에 배서양도하여 융자를 얻는 경우를 일컫는다. 채무자가 파산 또는 회사정리절차가 개시된 경우 이러한 상업어음을 소지하게 된 채권자는 어떠한 지위에 있는가? 회사정리절차의 경우 정리담보권자인가 아니면 정리채권자인가? 만일 정리담보권자로 취급하면 이를 정리담보권으로 신고하여야 하고 이를 해태하면 정리담보권을 잃게 된다. 정리채권자로 보게 되면 정리채권으로 신고한 후 발행인을 마치 회사를 위하여 채무를 지는 다른 공동채무자와 같이 보아 정리절차에 의하지 아니하고 발행인에 대하여 추심을 한 후 이를 정리채권에 변제 충당하면 된다. 이 문제를 해결하려면 양도담보권자를 회사정리법 또는 파산법에서 어떻게 취급하여야 하는가를 먼저 결정하여야 한다.

日本의 最高裁判所 1966. 4. 28. 판결은 기계기구에 관한 양도담보도 회사갱생절차에서 정리담보권에 준하는 것으로 본다는 견해를 피력한 후 학설은 이 판결이 부동산 기타 어음 등의 유가증권의 양도담보에도 그 효력이 미치는가에 관하여 논의를 계속하였다. 그러나 우리 나라에서는 1998. 2. 24. 회사정리법 제123조 제 1 항이 개정되어 양도담보권자도 정리담보권자로 본다고 규정하여 이 문제는 입법적으로 해결되었다. 그러나 동 조항이 어음의 양도담보도 포함하는지에 관하여는 아직 견해가 일치되어 있지 않다.

(2) 일본의 학설과 실무

제 1 설: 기계 등의 양도담보와 같이 정리담보권으로 취급한다. 단 그 중에서도 견해가 나뉘어 추심하여 보관할 뿐 변제충당을 할 수 없다는 견해[56]와 어음채무자에 대하여 공탁을 청구할 수 있을 뿐 추심도 할 수 없으며 다만 공탁금에 대하여 정리담보권자로서의 권리가 인정된다는 견해[57]도 있다. 정리담보권설에 서게 되면 만기미도래의 어음에 대하여는 액면 금액이 정리담보권으로 인정되는 것이 아니라 어음채무자의 지불능력 등을 고려하여 어음의 실질적 가치를 평가하여 정

56) 山内八郎, 實務會社更生法(第 3 版), 一粒社(1971), 282면; 渡部晃, "手形の譲渡擔保," 裁判實務大系 3 會社訴訟 · 會社更生法(1985), 444면.

57) 兼子一＝三ヶ月章, 條解會社更生法(中), 弘文堂(1999), 533면.

리담보권이 인정된다. 이 견해는 어음의 양도담보가 실질적인 어음할인이라 보기 어렵다는 점과, 양도담보의 경우에는 어음추심 후 대부금을 변제 충당하기 위한 사후정리가 필요한 것 등을 근거로 삼는다. 또한 채권질의 경우 정리담보권으로 취급되는데 채권질의 제 3 채무자는 회사정리법 제240조 제 2 항의 회사와 함께 채무를 부담하는 자에 해당하지 않는 것으로 해석하는데 어음양도담보의 경우와 차이를 둘 이유가 없다는 점을 들기도 한다.[58]

제 2 설: 정리채권으로 취급하여 어음의 만기일에 어음금을 추심하여 자기의 채권에 변제충당할 수 있다. 그 근거로는 어음의 양도담보의 실질은 어음할인이고, 어음할인의 법적 성질을 어음매입으로 보고 있으므로 정리절차 외에서 권리행사를 인정할 수 있다는 것이다. 어음양도담보에 있어서 어음채무자의 신용이 담보의 실질이므로 정리회사의 채무를 마치 어음채무자가 보증한 경우와 마찬가지로 보아 어음채무자를 회사정리법 제240조 제 2 항의 회사와 함께 채무를 부담하는 자로 보아 그에 대한 권리행사를 허용하자는 것이다.[59]

제 3 설: 어음의 양도담보의 실질을 파악하여 사실상 어음할인과 같은 경우에는 정리채권자로 취급하고 담보의 경우에는 정리담보권으로 취급하는 견해이다.[60]

日本의 실무는 정리채권으로 신고하는 경우가 많으며 다만 東京地方裁判所는 기본적으로 정리채권설을 취하고 있으나, 정리담보권으로 신고한 때에는 이를 인정한다고 하며,[61] 大阪地方裁判所는 정리담보권설을 취하고 있는 등 실무운용이 아직 통일되어 있지 않다. 파산절차에서는 別除權을 인정한 하급심 판결이 있다.[62]

(3) 우리 나라의 학설과 실무

1) 학 설

우리 나라의 경우는 어음의 양수인은 정리담보권자로 보지 않고 그 어음상의 채무자를 회사정리법 제240조 제 2 항의 「회사와 함께 채무를 부담하는 자」로 보아 이 자에 대하여 채권자가 권리행사를 할 수 있다는 견해가 있다.[63] 이 견해에 의하면 채권자는 한편으로는 회사에 대한 채권을 정리담보권자가 아니고 단순한 정

58) 高木新二郎 編, "更生節次と手形の讓渡擔保," 倒産法實務事典(1999), 873면.
59) 松田二郎, 會社更生法, 有斐閣(1973), 232면; 長谷部, "會社更生法の諸問題," 法律時報 제37권 제 4 호, 70면; 管野孝久, "更生手続と商業手形の讓渡擔保," 金融商事判例 제554호, 108면.
60) 青山善充, 金融法務事情 제520호, 9 면.
61) 東京地裁 1981. 11. 16. 判決 判例時報 제1024호, 109면.
62) 名古屋高裁 1978. 5. 29. 判決 金融商事判例 제562호, 29면.
63) 林采洪 · 白昌勳, 회사정리법(상), 한국사법행정학회(1998), 453면.

리채권으로서 신고함을 요하고, 이와 별도로 어음의 만기일에 어음채무자로부터 추심하여 자기의 채권에 충당할 수 있다고 한다.

이에 대하여 정리담보권설을 취하는 견해도 있다.[64] 이 견해에 의하면 담보권자는 그 어음금을 추심하여 변제에 충당할 수 없고 채권질권에 관한 규정을 유추적용하여 약속어음의 발행인 기타 회사 이외의 어음의무자에 대하여 공탁을 청구할 수 있고, 그 공탁금에 대하여 정리담보권자로서의 권리가 인정되는 것으로 해석한다. 서울지방법원 파산부의 실무는 어음의 양도담보권자를 정리담보권자로 취급하고, 정리계획안에서도 분할변제를 받도록 규정하면서도 어음의 만기가 도래할 경우 어음채무자로부터 지급받을 어음금을 담보권자에게 지급하도록 규정하는 형태로 취급한 사례가 많다고 한다.[65]

2) 판 례

최근 서울고등법원 2001. 1. 31. 선고 2000나39843 판결은 이를 정면으로 다루면서 양설의 입장을 검토한 후 정리담보권설을 취하고 있다. 양설의 장단점에 대하여 자세히 다루고 있으므로 다소 길지만 판결이유를 인용하기로 한다. 다만 아쉽게도 이 판결에 대하여 상고를 취하하는 바람에 대법원 판결을 받아볼 수 없게 되었다.

〈판결이유〉

"…이 사건과 같이 피고가 파산자에게 제 3 자 발행의 받을어음들을 양도하면서 이로써 피고가 파산자에게 부담하는 어음할인거래로 인한 채무, 어음상의 채무, 이자와 채무불이행으로 인한 손해금, 기타 각종의 원인으로 현재 부담하고 장래에 부담할 모든 채무를 담보하기로 약정한 경우의 법률관계는 이른바 어음의 양도담보라 할 것인바, 이처럼 어음이 담보조로 채권자에게 양도된 경우 그 양수인이 정리담보권자에 해당하는지 여부에 관하여는 학설이 다투어질 뿐만 아니라 실무 역시 통일되지 않고 있는 실정이다.

살피건대, 회사정리법 제123조 제 1 항은 명문으로 정리채권 또는 정리절차개시전의 원인으로 생긴 회사 이외의 자에 대한 재산상의 청구권으로서 정리절차개시 당시 회사 재산상에 존재하는 양도담보권은 정리담보권으로 한다고 규정하고 있고, 이와 달리 법상 양도담보권 중 어음의 양도담보권만을 따로 취급하여 이를 정리담보권에서 제외한다는 규정이 없으므로, 우리 법은 일응 어음의 양도담보의 경우도 정리담보권으로 인정하는 입장에 서 있다고 볼 수밖에 없다.

64) 법원행정처, 회사정리실무(1985), 347면.

65) 서울지방법원, 회사정리실무(2000), 174면.

어음의 양도담보권을 정리담보권으로 인정하지 않는 견해의 주된 논거는 다음과 같다. 즉, ① 어음의 양도담보의 실질은 어음할인이라는 점, ② 정리담보권으로 취급하면 담보목적의 가액 평가가 발행인의 자력이라는 불확정한 사정에 의존하여 곤란하게 된다는 점(우리 실무는 이러한 담보어음의 평가라는 실무처리상의 어려움 때문에 어음의 양도담보권을 정리담보권으로 인정하는데 소극적인 자세를 취하고 있는 듯하다), ③ 어음의 양도담보권자는 담보물의 보존의무가 있는 이상 추심을 인정하지 않을 수 없고, 수령한 변제금을 정리회사의 영업을 위하여 사용할 수 없기 때문에 정리담보권으로 취급하더라도 회사의 갱생에 별 의미가 없다는 점, ④ 어음의 양도담보에 있어서는 어음채무자의 신용이 담보의 실질을 구성하고 있기 때문에 정리회사의 채무를 보증한 경우와 마찬가지로 담보어음상의 주채무자를 회사정리법 제240조 제 2 항 소정의 회사와 함께 채무를 부담하는 자로 보아야 한다는 점 등이다.

그러나 위 ①의 점에 관하여 보건대, 어음의 양도담보는 추심금의 변제충당의 처리를 필요로 하는 점에서 그렇지 않은 어음할인과는 그 법적 성질을 달리 하는 것이고, 위 ②의 점에 관하여 보건대, 담보가액의 평가가 어렵다는 점은 어음뿐만 아니라 부동산, 동산, 주식, 채권에 담보권이 설정되어 있는 경우에도 마찬가지라 할 것이고 실무상의 어려움 역시 신용평가기관이나 회계법인 등의 도움을 받아 담보어음의 적정한 부도율이나 회수율을 산정하여 적정한 담보가치를 산정하는 방법으로 어느 정도 해소될 수 있는 것이고, 위 ③의 점에 관하여 보건대, 유휴자산에 설정된 담보권이라도 정리절차에 의하지 않은 권리행사는 금지되고 정리담보권인 지위는 담보목적물을 사업을 위해 이용할 수 있는가 여부와는 관계가 없는 것이며, 위 ④의 점에 관하여 보건대, 법 제240조 제 2 항에 의하여 정리계획의 효력이 미치는 인적 범위에서 제외되는 회사와 함께 채무를 부담하는 자라 함은 보증인, 연대보증인, 연대채무자, 중첩적 채무인수인, 어음법 및 수표법상의 합동채무자와 같이 회사와 공동의 무자로서 회사의 채무가 감면되는 경우 그의 채무도 부분적으로 감면될 자를 말하는 것으로서, 어음의 양도담보에 있어서는 그 담보로 제공된 어음상의 채무자는 회사에 대하여 채무를 지고 있는 자에 불과하지 회사와 함께 채무를 부담하는 자가 아니므로 담보어음상의 채무자를 법문해석상 법 제240조 제 2 항 소정의 회사와 함께 채무를 부담하는 자라고 보는 것은 지나친 유추해석으로 타당하지 않다 할 것인바, 이러한 점들에 비추어 볼 때 어음의 양도담보권을 정리담보권으로 보지 않는 견해의 논거들은 모두 그 설득력이 약하다 할 것이다.

무엇보다, 회사정리법이 담보권을 취급하는 기본 입장은 회사갱생을 위하여 필연적으로 다수의 채권자들이 희생되므로 이런 채권자들 사이에 공평에 어긋나는 일이 있어서는 안 된다는 채권자평등의 원칙에 입각하여 총 담보권자를 절차 내에 끌어들여 정리계획을 세우고 다수결에 의한 권리변경을 통하여 그 부담을 공평하게 부과하려는 데 있는 것이다. 만약 어음의 양도담보권자를 정리담보권자로 보지 아니하고 법 제240조 제 2 항 소정의 회사와 함께 채무를 부담하는 자로 보게 되면, 그의 담보어음에 대한 권리행사를 인정하여 어음추심금으로부터 직접 피담보채무의 변제에 충당할 수 있게 되는데, 이러한 결론은 어음의 양도담보권자에 대하여만 회사정리절차에 의하지 아니하고 다른 정리담보권자보다 유리한 지위를 인정하는 것으로서 위에서 본 채권자평등의 원칙에 반하고 회사정리법의 취지에도 배치된다 할 것이다.

따라서, 어음의 양도담보권 역시 정리담보권에 해당한다고 보는 것이, 회사정리법의 기본원칙 중 하나인 채권자평등의 원칙에 부합할 뿐만 아니라 양도담보권을 정리담보권에 해당하는 담보권 중 하나로 명문으로 규정하면서 달리 그 범위를 제한하지 않고 있는 우리 법의 해석론상 타당하다…"

최근 대법원 판결은 어음의 양도담보권자가 정리채권자인지 정리담보권자인지에 대하여 입장을 표명한 것은 아니지만 어음의 양도담보권자가 추심한 금원을 채권의 변제에 충당할 것인지 여부를 정리계획안에서 다루지 않았다고 하더라도 이는 회사정리법 제211조 제 1 항의 정리계획에서 정할 필요적 사항에 해당하지 않으므로 이러한 정리계획이 위법한 것은 아니라고 판시한 바 있다.[66]

(4) 검 토

저자 역시 서울고등법원의 판결과 같이 정리담보권설이 타당하다고 생각한다. 위 판결과 중복되지 않는 범위 내에서 논거를 제시하고자 한다.

첫째, 日本의 最高裁判所 判決이 동산인 기계기구류에 대한 양도담보에 관한 것이고, 우리 나라의 경우 가등기담보등에관한법률의 시행 후에 학설과 판례상으로도 부동산에 관한 양도담보에 관하여 종전의 신탁적 양도설에서 담보물권설로 변경된 점 등을 고려하면 이론상으로도 부동산, 동산, 어음 기타 채권 등에 관한 양도담보에 관하여 통일적인 이론구성을 꾀할 필요가 있고[67] 어음의 양도담보에 관하여 달리 취급할 실질적 이유가 없다. 부동산의 등기, 동산의 인도, 어음의 배서 등의 형식의 면에서는 개시당시 더 이상 회사의 재산이라고 할 수 없지만 단순한 이전이 아니라 변제기 전에 피담보채권을 변제하게 되면 양도담보권자가 목적물을 반환하여야 하고, 채무불이행의 경우에는 정산의무가 발생한다는 점에서는 공통된 것이므로 어음의 경우를 부동산의 양도담보와 달리 취급할 이유가 없다.[68]

66) 대법원 2000. 1. 5.자 99그35 결정(공 2000, 539). 이 결정에 대한 평석으로는 吳守根, "청산가치를 하회하는 정리계획안의 당부," 민사판례연구(XXIII), 박영사(2001), 578면.

67) 郭潤直, 물권법, 박영사(1999), 546면.

68) 渡部晃, 전게논문(주 56), 445면.

둘째, 회사정리법 제240조 제 2 항은 그 조문의 내용이 회사의 채무를 변경하는 정리계획안이 인가된 경우 인가 이후에 계획의 효력이 미치는 인적 범위에 관한 것으로서 계획인가 이전에 정리절차에 의하지 아니하고 어음금채권을 추심할 수 있는지 여부에 관한 어음의 양도담보에 관한 논의에 이와 무관한 위 조문을 그대로 적용하기에 적합하지 않다.[69]

다만 어음의 양도담보권자는 만기에 이르러 지급제시하여야 할 의무를 부담하고 있고 이를 해태하는 경우 소구권을 상실시켰다는 이유로 손해배상책임을 물을 수도 있는 점[70] 등을 고려하면 통상의 정리담보권자보다 우월한 지위를 인정함이 옳다. 따라서 정리계획안에서 어음의 양도담보권자에게 우선적인 변제조항을 두는 현재의 실무는 나름대로 긍정할 수 있다. 다만 실무의 운용이 아직 통일되지 않은 이상 담보권자로서는 관리인에게 문의하여 그 권고에 따르는 것이 안전하다. 만일 관리인은 정리담보권자로 인정하겠다고 하는데도 부득불 정리채권자로 우겨 신고하였다가 법원에서 정리담보권자로 인정하는 경우 정리담보권에 대하여는 신고하지 않았다는 이유로 실권되고 원인 없이 어음금을 추심한 것이 되어 반환하게 되는 불이익을 받을 수 있기 때문이다.[71]

진성어음과 융통어음으로 구별하여 전자의 경우에만 정리담보권으로 취급할 필요가 있는가에 관하여 살펴본다. 관리인의 입장에서 본다면 융통어음이기 때문에 발행인에 대하여 어음상의 권리를 주장할 수 없다. 그러나 제 3 자는 수취인의 권리를 이전받는 것이 아니라 어음법이 정한 인적항변절단의 효과로써 어음상의 권리를 새로이 취득하는 것이다. 따라서 융통어음의 경우에는 정리회사가 어음상의 권리를 취득할 수 없으므로 제 3 자 역시 담보권을 취득할 수 없다는 입론은 어음법의 이론과 상충한다. 진성어음과 융통어음을 구별할 필요는 없다.

69) 現代財產法硏究會 編, 譲渡擔保の法理, ジュリスト(1987. 8), 256면 좌담회 중 管野孝久 판사의 발언 부분.

70) 대법원 1996. 11. 8. 선고 95다25060 판결(공 1997상, 713). "채권자가 소구권 보전의무를 위반하여 지급기일에 적법한 지급제시를 하지 아니함으로써 소구권이 보전되지 아니하였더라도 약속어음의 주채무자인 발행인이 자력이 있는 한 어음을 반환받은 채무자가 발행인에 대한 어음채권이나 원인채권을 행사하여 자기 채권의 만족을 얻을 수 있기 때문에 아직 손해는 발생하지 아니하는 것이고, 지급기일 후에 어음발행인의 자력이 악화되어 무자력이 됨으로써 채권자에게 자신의 채무를 이행하여야 할 채무자가 어음을 반환받더라도 발행인에 대한 어음채권과 원인채권의 어느 것도 받을 수 없게 된 때에야 비로소 자신의 채권에 대하여 만족을 얻지 못하게 되는 손해를 입게 되는 것이고, 이러한 손해는 어음 주채무자인 발행인의 자력의 악화라는 특별 사정으로 인한 손해로서 소구권 보전의무를 불이행한 어음소지인이 그 채무불이행 당시인 어음의 지급기일에 장차 어음발행인의 자력이 악화될 것임을 알았거나 알 수 있었을 때에만 그 배상채권으로 상계할 수 있다."

71) 日本의 실무에 대하여는 東西倒産實務硏究會 編, 會社更生·會社整理, 商事法務硏究會(1989), 159-160면.

Ⅳ. 어음채권과 상계

1. 파산절차에 있어서 상계의 요건

상계가 간이한 결제수단의 역할뿐 아니라 담보적 기능까지 갖고 있음은 민법에서 널리 승인된 명제이다. 파산채권이나 정리채권은 파산절차 또는 정리절차에 의하지 아니하고는 행사할 수 없다.[72] 그러나 파산채권자가 파산선고 당시에 파산자에 대하여 채무를 부담하는 때에는 원칙적으로 파산절차에 의하지 아니하고 상계를 할 수 있다(파산법 제89조). 파산법은 민법상의 상계요건 즉 동일 당사자간의 동종의 목적을 갖는 변제기가 도래한 양 채권이어야 한다는 점을 일부 확대하여 파산채권(자동채권)이 기한 미도래의 채권이라도 현재화에 의하여 파산선고시에 기한이 도래한 것으로 보고(파산법 제16조),[73] 비금전채권이라도 금전화가 이루어져(파산법 제17조) 민법보다 상계의 요건을 확대하고 있다. 회사정리법의 경우에는 파산법 제16조에 상응하는 규정이 없으므로 문제가 생길 수 있다.

2. 회사정리절차의 개시와 만기 미도래의 어음채권

어음소지인의 발행인에 대한 어음채권의 만기가 아직 도래하지 않았으나 어음의 발행인에 대하여 회사정리절차[74]가 개시된 경우 이 채권을 자동채권으로 상계할 수 있는가? 위에서 본 바와 같이 상계적상이 되기 위하여는 적어도 자동채권의 변제기가 도래하여야 한다. 회사정리의 경우에는 파산선고와 같은 변제기 도래의 효과를 가져오는 규정은 없다. 그러나 어음법 제43조 제 2 호는 파산·지불정지가 있는 경우 만기전의 소구를 인정하고 있고 학설은 파산이라 함은 파산법상의 파산뿐 아니라 회사정리 화의 등의 개시도 포함하는 것으로 해석하는 것에 일치되어 있다. 따라서 위에서 본 바와 같이 발행인에 대한 회사정리절차가 개시된 경우에도 배서인 등에 대하여 만기전 소구가 가능한 것으로 해석하고 있다. 문제는 위 조문

72) 파산법 제15조, 회사정리법 제112조. 이하 제 4 장에 관한 설명은 회사정리절차에 관하여 따로 언급하는 외에는 파산절차를 기준으로 기술한다.

73) 민법에서는 자동채권은 반드시 변제기에 있어야 하나 수동채권은 변제기 미도래라도 가능하다(郭潤直 編, 민법주해(XI), 박영사(1995), 375면).

74) 파산의 경우는 위에서 본 바와 같이 파산선고에 의하여 만기가 도래한 것으로 의제하는 규정이 있으므로 상계가 가능하므로 문제가 될 것이 없다.

이 배서인이나 환어음의 발행인과 같이 소위 소구의무자에 대한 조문인데 약속어음의 발행인과 같이 절대적 의무자에 대하여도 본조를 유추적용하여 배서인 등에 대하여 소구의무가 발생한 경우,[75] 약속어음의 발행인에 대하여도 어음금의 지불의무를 부담시킬 수 있는가에 있다. 동조는 만기전 소구에 관한 것이고 발행인과 수취인간의 문제는 최종적으로 원인관계가 연결되어 있어 그것으로 해결되어야 한다는 주장도 있으나 실무는 공평의 견지에서 배서인과 같은 담보책임자에게도 만기전의 소구의무를 부담시키면서 절대적 제 1 차적 책임을 부담하는 약속어음의 발행인에게 만기전 어음금지불의무를 부담시키지 않는 것은 부당하다며 발행인에게도 당연히 만기전 지불의무를 인정하고 있다.[76]

따라서 이러한 입장에 선다면 위 질문의 경우에도 만기미도래의 약속어음의 발행인이라 하더라도 그에 대하여 회사정리절차가 개시된 경우 파산과 마찬가지로 약속어음채권을 자동채권으로 하여 상계할 수 있다. 그러므로 이러한 문제점을 피하기 위하여는 발행인과 거래하는 계약조항에 기한이익상실조항을 삽입하는 것이 바람직하다. 다만 회사정리법 제162조에서 상계는 자동채권의 변제기가 채권신고기간 만료 전까지 발생한 것으로 그 시간적 제약을 규정하고 있으므로 그 이후에 변제기가 도래하는 채권에 대하여도 기한이익상실조항에 의하여 변제기가 도래한 것으로 볼 수 있는지에 대하여 다툼이 있다. 日本의 最高裁判所는 그 효력을 인정하여 상계할 수 있다고 판시하였다.[77] 회사정리절차의 신청이 있으면 지불정지와 같이 볼 수 있으므로 이러한 경우에도 회사정리절차의 개시와 마찬가지로 만기미도래의 약속어음채권을 자동채권으로 상계할 수 있다.[78]

3. 상계의 제한

(1) 일 반 론

파산절차는 파산절차에 참가하는 총채권자의 평등한 취급을 고려하여 민법과 달리 상계의 금지요건을 정하고 있다. 첫째로 파산선고 이후에 자동채권 또는 수동채권을 취득한 경우에는 상계가 제한된다. 둘째로 파산선고시 정당한 상계권을 취득하더라도 그 취득이 위기시기(지급정지 또는 파산신청 이후의 시기)에 이루어진

75) 전게(주 16) 84다카424·425 판결 참조.
76) 商事法務硏究會, 更生會社 vs. 債權者, 商事法務硏究會(1978), 191-202면.
77) 日本 最高裁判所 1970. 6. 24. 判決(民集 24권 6호, 587면).
78) 商事法務硏究會, 전게서(주 76), 193면.

경우로서 상계권자에게 악의가 있는 경우에는 상계를 인정하지 않고 있다. 전자는 파산법 제95조 제1호 및 제3호에, 후자는 파산법 제95조 제2호 및 제4호에 규정되어 있다. 전자의 예로서는 파산재단에 대하여 채무를 부담하는 제3자로부터 채무를 인수함으로써 파산채권자가 파산재단에 대하여 채무를 부담하는 경우, 파산선고 후 제3자가 파산자의 계좌에 이체를 하여 파산채권자인 은행이 파산자에 대하여 예금반환채무를 부담하는 경우 등이다. 후자의 예로서는 파산신청이 있은 후에 파산자로부터 재산을 매수하고 그 대금지급채무와 파산채권을 상계하는 경우, 지급정지 후 파산선고 전에 제3자로부터 계좌이체에 의하여 예금반환채무를 부담한 은행이 파산채권과 상계를 주장하는 경우 단 후자의 경우는 상계권자가 악의라는 것을 관재인이 입증하여야 한다. 위기시기 이후에 악의로 파산재단에 대해 채무를 부담하는 경우에 상계를 불허하는 파산법 제95조 제2호는 1998. 2. 24. 개정에 의하여 신설된 것이고[79] 이는 日本의 1967년 개정을 본받은 것이다.[80] 이는 부당하게 파산채권의 만족을 얻는 것을 방지하기 위하여 파산채권자가 채무자의 지급정지 또는 파산신청 이후부터 파산선고 이전에 파산자에 대하여 채무를 부담한 경우에 상계를 금지토록 한 것이다. 회사정리법 제163조 역시 1998. 2. 24. 개정에 의하여 회사의 채권자가 정리절차개시의 신청이 있은 후에 회사에 대하여 새로운 채무를 부담하고 이를 수동채권으로 한 상계를 금지하는 규정을 두고 있다.[81] 개정 전의 조항에 관한 대법원 1993. 9. 14. 선고 92다12728 판결(공 1993하, 2744)은 정리절차 개시신청을 한 바 있는 회사가 대출금채무를 부담하고 있는 은행에 대해 수출어음을 매도한 사안에 대하여, 은행이 수출어음 매입대금채무를 수동채권으로 하여 대출금채권과 상계한다면 회사의 수출어음 매도행위가 부인권의 대상이 되어 상계의 효력이 인정되지 아니한다고 판시하였다. 이 판결은 상계의 효력 자체를 부인하지 않고 부인권의 법리에 의하여 채무부담의 원인행위를 부인하는 방법으로 상계의 효력을 제한한 것이다. 이 판결은 마치 대법원이 정리회사의 행위가 아닌 채권자의 상계도 부인의 대상이 될 수 있다고 판시한 것으로 오해를 불러일으킬 염려가 있으므로(일본의 경우는 상계권행사 자체는 부인권의 대상이 되지 아니한다고 한다) 개정 전의 학설과 같이 해석하여 상계의 효력을 부인하는 편이 낫다는 비판도 있다.[82]

79) 회사정리법, 화의법도 동일한 개정이 있었다.

80) 개정 전에도 통설은 제4호의 유추해석에 터잡아 상계의 효력을 부인하였으나 最高裁判所 1965. 4. 4. 判決(民集 20권 4호, 529면)이 상계의 효력을 인정하자 입법적으로 제한한 것이다.

81) 개정 전의 경우에도 상계가 금지되는지에 관한 논의에 관하여는 李敏杰, "회사정리절차상의 상계와 부인권," 민사판례연구(XVII), 박영사(1995), 313면.

82) 李敏杰, 전게논문(주 81), 337면 참조. 한편 尹眞秀, "회사정리법상의 보전처분과 부인권," 민

⑵ 회사정리법상의 제한

1) 시기적인 제약

정리채권자가 정리절차에 의하지 아니하고 상계할 수 있는 기한은 정리채권 신고기간 내에 한하므로(회사정리법 제162조) 정리채권자 역시 위 기간 경과 후에는 상계를 할 수 없고, 또한 회사정리법 제163조 제 3 호의 취지는 정리절차가 개시되어진 회사의 채무자가 지불정지 등의 사유에 의하여 이미 가치가 떨어진 그 회사의 채권을 쉽게 취득하여 그 액면가액으로 자기의 채무를 상계하는 것을 허용하게 되면 회사의 자산에 속하는 채권은 그 한도에게 이미 소멸하게 되고 다른 한편 일부의 채권자에게 불공평한 만족을 주는 결과가 되기 때문에 이를 금지하려는 것이다. 따라서 채권자가 정리회사가 이미 지불정지에 빠져 있는 것을 알면서 어음채권을 취득하고 그 상계의 의사표시를 정리절차개시 전에 한 경우라도 그 후 개시결정이 선고된 경우라면 위 조항의 취지를 살리기 위하여 소급하여 무효가 된다고 할 것이다.[83]

2) 법원의 허가

정리채권자의 상계권 행사는 관리인에게 해야 하고 관리인측에서의 상계 역시 정리채권은 정리절차에 의하지 않으면 소멸시킬 수 없다는 같은 법 제112조의 규정에 따라 원칙적으로 허용되지 아니하고 다만 법원에 의한 허가가 있는 경우에 그 범위 내에서만 가능하다.[84]

⑶ 소지인이 파산선고 후에 어음을 환수한 경우 상계의 가부

배서인이 소구의무를 이행하고 어음을 환수한 후 어음의 발행인 또는 전 배서인에게 소구권을 행사하고자 하였으나 어음을 환수하기 이전에 소구의무자가 파산한 경우에 배서인의 소구권을 자동채권으로 하여 파산재단에 대한 채무와 상계할 수 있는가? 형식적으로 본다면 배서인의 소구권은 파산선고 후에 취득한 것이어서 파산법 제89조에 의하여 상계는 금지될 것이다. 그러나 비록 파산선고 후에 취득한 것이지만 어음의 재소구에서는 상계하고자 하는 자에게 이미 앞서 청구권이 성립되어 있으며 어음의 유통상 청구권의 양도시에 자동적으로 환수의무를 부담한다는 이유로 상계를 허용하는 견해가 어음법학자들의 견해이다.[85]

사재판의 제문제(8), 1081면은 부인권의 대상이 될 수 있다는 입장으로 보인다.

83) 日本 東京地裁 1966. 2. 23. 判決 참조.

84) 대법원 1988. 8. 9. 선고 86다카1858 판결(공 1988, 1207).

85) 李基秀, 전게서(주 15), 391면.

(4) 어음채권의 특칙(지급제시요부)

어음채권을 자동채권으로 하여 상계의 의사표시를 하는 경우에는 이를 재판외의 상계와 재판상의 상계로 나누어 전자의 경우에는 어음채무자의 승낙이 없는 이상 어음의 교부가 필요불가결하고 어음의 교부가 없으면 상계의 효력이 생기지 아니하지만, 후자의 경우에는 어음을 서증으로써 법정에 제출하여 상대방에 제시되게 함으로써 충분하다는 것이 대법원의 확립된 견해이다.[86] 만일 어음채권이 수동채권을 초과하는 경우에는 수취증권이라는 점에서 어음채권자가 어음을 상대방에게 교부하지는 않더라도 적어도 지급제시는 하여야 한다.[87]

(5) 파산법 제95조 제 2 항 단서, 회사정리법 제163조 제 2 호 소정의 '그 부담이 법정의 원인에 기한 때'의 의미

1) 의　　의

위 조항은 채권자가 채무자의 위기를 알기 전에 생긴 원인에 기하여 부담한 채무라면 설령 채권자가 채무자의 위기 상황을 알면서 채무를 부담하였더라도 이를 수동채권으로 하여 상계하는 것은 허용한다는 것이다. 즉 상계의 담보적 기능을 기대함이 타당하다고 인정되는 경우에 채무를 부담하였다는 것을 이유로 하는 것이므로 전에 생긴 원인이라고 하는 것은 구체적이고 직접적인 채무부담의 원인이 아니면 안 된다. 어떠한 행위가 채무부담의 원인이 되는 행위에 해당된다고 볼 것인가가 당연히 문제가 된다.

2) 사　　례

일본의 사례를 통하여 살펴본다.[88] 단순히 상계 전에 은행과 고객간의 어음거래약정계약이 있었다는 것만으로는 전에 생긴 원인에 해당한다고는 보지 아니한다.[89] 학설과 판례는 제 3 자가 파산채권자인 은행의 파산자 명의의 구좌에 송금한 경우는 이에 해당하지 아니하여 상계가 허용되지 아니한다고 한다.[90] 다만 은행과 파산자 또는 제 3 자 사이에 약정이 이루어져 제 3 자가 파산자에 대한 지급을 파산

86) 대법원 1991. 4. 9. 선고 91다2892 판결; 1977. 3. 8. 선고 76다2999 판결; 1976. 4. 27. 선고 75다739 판결; 1971. 6. 29. 선고 71다1047 판결 등 참조.
87) 金東潤, "회사정리절차 및 화의절차에 있어서의 상계의 제한," 회사정리법 화의법상의 제문제, 법원도서관(2000), 586면; 日本 大阪地裁 1957. 10. 2. 判決 참조.
88) 자세한 논의에 대하여는 金東潤, 전게논문(주 87), 598면 이하.
89) 뒤의 日本 最高裁判所 1988. 10. 18. 判決의 입장이다.
90) 趙炳顯, "파산절차상의 상계권행사," 파산법의 제문제(하), 법원도서관(1999), 347면 주 42 참조.

자의 은행구좌에 입금하는 방법으로만 하는 이른바 강한 移替指定의 경우 반대견해가 있으나 학설과 하급심판례는 상계를 허용한다.[91] 또한 파산자가 특정의 채권자에게 변제를 대리수령할 권한을 부여하여 이를 철회하지 않기로 합의하고 파산자의 채무자도 이를 승낙하여 위기시기에 대리수령이 이루어진 경우에도 상계를 허용한다.[92]

3) 어음의 추심위임과 상계 여부

은행이 고객에 대하여 지급정지 또는 파산신청이 있음을 알고 있으면서 고객이 맡긴 타인 발행의 약속어음 등의 추심위임을 맡아 추심하여 고객의 통장에 보관하고, 은행이 고객을 채무자로 한 대출금채권을 자동채권으로, 고객의 은행에 대한 추심금반환채권을 수동채권으로 하여 상계할 수 있는가? 우리 나라의 경우는 아직 유사한 선례를 발견하지 못하였다. 日本의 경우는 最高裁判所 1988. 10. 18. 判決[93]이 이 점을 정면으로 다룬 바 있고, 학자들이 이 판결을 두고 많은 평석을 한 바 있으므로 이를 중심으로 살펴보기로 한다.

〈사안의 개요〉

자동차부품판매업을 하는 A는 1977. 1. 27. 피고(신용금고)와 신용금고거래약정을 체결하여 거래선인 B로부터 물품대금의 지불을 위하여 수령한 약속어음 등의 추심을 위임하면서 배서양도하고 어음할인의 방법으로 대출을 받았다. A는 1980. 3. 22. 파산을 신청하여 그 해 4. 17. 파산선고를 받았다. 이 사건에서 문제가 된 甲 어음은 파산신청이 있은 후에 지급정지가 된 사실을 알면서 추심한 것이고 乙 어음은 파산선고 후에 추심한 것으로서 피고는 甲, 乙 어음에 기한 추심금반환채권을 수동채권으로 하여 상계처리하였다. A의 파산관재인이 원고가 되어 어음의 추심위임은 日本 파산법 제104조 제 2 호 단서(저자주: 우리 파산법 제95조 제 2 호 단서)에서 정한 "파산채권자가 지급정지나 파산신청이 있었음을 알기 전에 생긴 원인에 기한 때"에 해당하지 않기 때문에 상계할 수 없다고 주장하였다.[94] 원심이 甲, 乙 어음 모두에 대하여 원고의 청구를 인용하였

91) 趙炳顯, 전게논문(주 90), 348면의 주 48, 49 참조. 金東潤, 전게논문(주 87), 598면은 이체지정을 약한 이체지정과 강한 이체지정으로 나누어 후자의 경우에 상계를 허용한다고 기술하고 있다. 약한 이체지정이라 함은 채무자와 제 3 자와의 사이에 변제방법에 관한 합의로써 채무자의 은행구좌로 납입하는 경우를 말하고, 강한 이체지정이라 함은 은행과 채무자 및 제 3 자 사이의 약정에 의하여 제 3 자가 그 지급을 채무자의 은행구좌로만 납입하기로 약정하는 것을 말한다.

92) 橫浜地裁, 1960. 12. 22. 判決 判例タイムズ 제122호, 18면, 趙炳顯, 전게논문(주 90), 348면에서 재인용.

93) 民集 42권 8호, 575면.

94) 원고는 이외에 상사유치권의 성립 여부, 신용금고거래약정서 중 문제가 된 조항이 수표에 대하여 양도담보권, 질권 등의 담보권을 설정한 것이 아니라는 주장도 하여 법원에서 받아들여졌으나 이 글에서는 다루지 아니한다.

으나 最高裁判所는 乙 어음에 대한 부분은 상고기각하고 甲 어음 부분에 대하여는 원고의 청구를 기각하고 파기자판하였다.

〈판결요지〉

채무자가 채권자에 대하여 동종의 채권을 갖는 경우에는 대립하는 양 채권은 상계할 수 있으므로 담보적 기능을 갖고 당사자 쌍방도 이를 신뢰하여 거래관계를 지속하는 것이지만 그 일방이 파산선고를 받는 경우에도 무제한으로 상계를 허용하면 채권자간의 공평 평등한 만족을 목적으로 하는 파산제도의 취지가 몰각되는 것이기 때문에 파산법 제104조는 제2호는 파산채권자가 지급정지 또는 파산의 신청이 있는 것을 알면서 파산자에 대하여 채무를 부담한 경우에 상계를 금지하는 한편 단서에서 상계의 담보적 기능을 기대하고 이루어지는 거래의 안전을 보호할 필요가 있는 경우에 상계를 금지하지 않는다고 규정하고 있다. 파산채권자가 지급정지 전에 체결된 거래약정에 기하여 어음의 추심위임을 받아 배서양도받은 경우에는 이러한 채권에 대하여 상계할 수 있다고 믿는 채권자의 기대는 보호할 가치가 있으므로 甲 어음에 대하여는 상계를 허용하고, 乙 어음에 관하여는 A와 피고간의 추심위임은 A가 파산선고를 받는 것에 의하여 종료하였기 때문에(日本 민법 제656조, 제653조) 피고는 원고에 대하여 어음을 반환할 의무를 부담하기 때문에 상계할 수 없다.

이 판결에 대하여는 학설은 最高裁判所가 지급정지의 사실을 알기 이전에 단순히 은행거래약정을 체결하였다는 것만으로는 부족하고 채무불이행의 경우에 채권자가 점유하는 어음을 추심하여 추심금을 채무의 변제에 충당할 수 있다고 하는 약정이 있어야 하고, 실제로 위 약정에 기하여 그 이전에 채무자로부터 어음을 양도받아야 비로소 법조 소정의 전에 생긴 원인에 해당하는 것으로 해석한다.[95]

V. 어음채권과 부인

1. 부인제도 총설

부인권의 목적은 공평의 견지에서 특정채권자를 다른 채권자 등에 비하여 편파적인 대우를 하는 것을 부인함으로써 유출된 재산을 회복하여 파산채권자에게 더 많은 재산을 배당하도록 하거나 기업의 재건을 용이하게 하려는 것이다. 부인의

95) 山口和男, 判例タイムズ No. 735(1990. 10. 25), 328면; 西尾信一, “破産法第104條2호但書の「前ニ生ジタル原因」と手形取立委任,” 判例タイムズ 제700호(1989. 9. 1), 42면.

유형으로는 크게 악의부인(고의부인), 위기부인, 무상부인의 3가지가 있다.[96]

파산법 제64조 제 5 호[97]는 이른바 무상부인에 관한 것으로 회사가 지급의 정지 등이 있은 후 또는 그 전 6개월 내에 한 무상행위와 이와 동시하여야 할 유상행위를 부인의 대상으로 규정하고 있다. 위 법조 소정의 '무상행위'라 함은 파산자가 대가를 받지 않고 적극재산을 감소시키거나, 소극재산 즉 채무를 증가시키는 일체의 행위를 말한다. 따라서 파산자가 약속어음의 발행인으로부터 아무런 대가를 받지 아니하고 약속어음에 배서를 한 행위는 무상행위에 해당되어 부인의 대상이 된다.[98] 따라서 어음의 소지인은 배서인에 대하여 어음금청구권을 파산채권으로 주장할 수 없게 된다. 다음에서 보는 파산법 제65조는 어음소지인이 발행인으로부터 지급을 받았다가 발행인이 파산되어 그 지급이 부인되면 전소구의무자에 대한 권리가 소멸되는 것을 방지하기 위하여 예외적으로 부인권의 행사가 제한되는 것이므로 파산자의 배서행위가 부인되는 경우에 적용되는 것이 아니다.[99] 이하에서는 편의상 파산절차를 기준으로 설명하고 법이라 함은 파산법을 말한다.

2. 어음의 지급에 관한 부인의 제한

(1) 법 제65조의 내용

법 제65조는 제64조에서 규정한 부인의 요건에 대한 예외로서 '파산자로부터 어음의 지급을 받은 자가 그 지급을 받지 아니하였으면 채무자의 1인 또는 수인에 대한 어음상의 권리를 상실하게 되었을 경우'에는 부인할 수 없도록 규정하고 있다.[100]

(2) 취 지

본조는 어음채무자가 어음소지인에게 어음금을 지급한 후 파산선고를 받은 경우에 어음금의 지급도 채무변제이므로 부인의 대상으로 삼는다면 생기는 불합리를

96) 파산법 및 회사정리법상의 부인에 대한 자세한 설명으로는 朴性哲, "파산법상의 부인권," 파산법의 제문제(하), 법원도서관(1999), 241면; "회사정리절차 및 화의절차에 있어서의 부인," 회사정리법 화의법상의 제문제, 법원도서관(2000), 683면 이하 참조.

97) 회사정리법 제78조 제 4 호도 같은 내용의 규정으로 이하 회사정리절차에 관하여는 설명을 생략한다.

98) 서울고등법원 2000. 7. 21. 선고 2000나13339 판결.

99) 전게 서울고등법원 판결.

100) 회사정리법 제78조와 제79조에서도 같은 내용을 규정하고 있다.

피하기 위한 것이다. 즉 약속어음의 발행인(환어음의 지불인, 인수인의 경우도 같다)이 지불정지 후에 어음의 만기일이 도래하여 어음소지인이 배서인에 대한 소구권을 보전하기 위하여 어음을 발행인에 대하여 지급제시한바 발행인이 지불정지 후임에도 불구하고 지급을 한 경우에 어음금의 수령행위를 부인하게 되면 어음소지인으로서는 이제 소구의무자에게 소구할 수 없게 되는데[101] 발행인이 지불을 거절한 경우에는 소구권을 행사할 수 있었던 경우보다 오히려 불리한 지위에 놓이게 된다. 법 제65조 제 1 항은 이러한 경우 부인권의 행사를 제한함으로써 소지인을 구제하려는 것이다.[102]

(3) 요　　건

본조에서 말하는 '어음'이라 함은 약속어음, 환어음 및 수표를 포함한다. 어음의 '지급'이란 약속어음의 발행인, 환어음의 지급인과 인수인, 참가인수인, 수표의 지급인의 지급 중 그 지급을 거절하면 전자에 대한 소구권을 상실하기 때문에 부득이 지급을 수령한 경우를 말한다. 따라서 파산자가 하는 일부지급(어음법 제39조 제 2 항, 제77조 제 1 항 제 3 호), 파산자가 하는 상계도 어음소지인이 이를 거절할 수 없어 어음의 지급과 동일시되므로 이에 해당한다. 그러나 만기전의 지급, 지급제시기간 도과 후의 지급의 경우에는 소구권의 보전과 직접 관계가 없고, 거절증서의 작성이 면제가 된 경우에는 소구권을 상실하지 않으며, 어음개서, 어음채무에 대한 대물변제, 어음채무에 대한 담보설정 등은 이를 수령하지 않아도 소구권을 상실하지 않고, 어음소지인이 한 상계 또는 집행행위는 자발적으로 어음채권을 추심한 경우이지 부득이 지급을 수령한 경우가 아니므로 모두 여기에서 말하는 지급에는 해당하지 아니한다.[103]

(4) 어음의 환매와 부인권

법 제65조 제 1 항은 파산자가 약속어음의 발행인인 경우에 한하는가 아니면 발행인뿐 아니라 수취인, 배서인인 경우에도 적용되는가에 관하여 논의가 있다. 예컨대 금융기관이 할인의뢰인인 고객으로부터 어음을 할인하여 어음을 소지하게 되었다가 지불정지 후에 파산자가 된 할인의뢰인이 금융기관과의 거래약정에 따라 어

101) 소구권보전 절차에 필요한 요건의 하나인 거절증서작성을 할 수 없고, 또한 거절증서작성이 면제되더라도 만기에 지불이 없었어야 한다는 소구의 조건을 충족할 수 없기 때문이다.

102) 前田 庸, "手形の買戻と否認," 別冊ジュリスト 銀行取引判例百選(新版), 214면.

103) 朴性哲, 전게논문(주 96), 274면; 田炳西, 전게서(주 8), 177면은 약속어음의 수취인이 소지인인 경우와 거절증서작성이 면제된 경우를 예로 들고 있다.

음을 還買하고 대금을 돌려준 경우에도 還買가 부인의 대상이 되는가 하는 문제가 자주 발생한다. 만일 어음의 還買를 부인하게 되면 소지인은 대금을 돌려줘야 하는 한편 할인의뢰인이 이미 어음을 발행인이나 이전 배서인에게 어음을 이미 돌려준 경우라면 소지인은 어음을 소지하지 못하게 되어 발행인이나 다른 어음채무자에게 어음금을 청구할 수 없게 되는 불이익한 지위에 놓이게 된다. 이러한 경우에도 법 제73조 제 1 항을 적용 또는 유추적용하여 어음소지인을 보호하여야 하는가?

1) 다 수 설

종래의 日本의 통설[104]과 판례[105]는 법 제65조 제 1 항이 파산자로부터 어음금의 지급을 받은 자가 그 수령을 거절하면 파산자 이외의 자에 대한 어음법상의 권리를 전면적으로 상실하게 되므로 이를 회피하기 위하여 부득이 지급을 수령한 경우에 한하여 적용되므로 제 1 항에서 말하는 채무자의 1인 또는 수인에 대한 어음상의 권리란 전자에 대한 소구권을 가리키고, 어음의 지급이란 발행인에 의한 지급(환어음의 인수인, 지급인 또는 수표의 지급인도 포함한다)만을 의미한다고 한다. 따라서 수취인이 최종 어음소지인으로서 파산자인 발행인으로부터 어음금의 지급을 받은 때에는 소구권을 행사할 전자가 존재하지 않기 때문에 법 제65조 제 1 항에 의한 부인의 예외를 주장할 수 없다. 또한 수취인 기타 중간의 배서인이 자신의 피배서인에게 소구의무를 이행하여 소구금액을 지급한 후 파산선고를 받은 경우에는 아직 최종의무자인 발행인에 대한 어음금청구권이나 전자에 대한 소구권이 남아 있기 때문에 어음법상의 권리를 전면적으로 상실하였다고 할 수 없으므로 마찬가지로 법 제65조 제 1 항이 적용되지 아니한다. 따라서 이 견해에 의하면 어음의 환매입은 어음할인을 한 금융기관이 은행거래 약정서에 기한 환매청구권을 행사하지 않더라도 소구권을 상실하는 것도 아니고, 환매대금의 수령이 소구권의 상실을 방지하기 위하여 부득이 변제를 수령하는 것도 아니므로 어음의 지급에 해당하지 않는다고 한다. 우리 나라의 경우에도 이 견해가 다수설이다.[106]

2) 소 수 설[107]

이 견해에 의하면, 파산자인 배서인(할인의뢰인)이 피배서인(금융기관)에게 還

104) 加藤正治, 破産法要論, 161면; 中田淳一, 破産法和議法, 164면; 山木戸克己, 破産法, 205면; 宗田親彦, 破産法概說, 226면; 伊藤眞, 破産法, 307면. 이상은 前田 庸, 전게논문(주 102)에서 재인용. 會社更生節次에 대하여도 같다. 宮脇行彦, 注解會社更生法, 青林書院(1986), 277면.
105) 日本 最高裁判所 1962. 11. 20. 判決(民集 16권 11호, 2293면).
106) 朴性哲, 전게논문(주 96), 277면; 田炳西, 전게서(주 8), 177면도 이러한 입장에 서 있다.
107) 福岡博之, "破産法第七三條第一項の適用範圍の問題と割引手形の買戻," 手形研究 제42호, 215면.

買대금을 지급하고 교부받은 어음을 다시 발행인 내지 전자로부터 어음금의 지급을 받으면서 반환하여 버린 때에는 위 어음의 還買에 대하여 부인권을 행사하더라도 어음을 금융기관에게 반환할 수 없고 그에 따라 어음의 소지회복이 불가능하게 된 금융기관은 다른 곳에서 어음금의 지급을 받을 기회가 박탈되므로 이러한 경우에도 금융기관을 보호하기 위하여 제 1 항을 적용 내지 유추적용하자고 주장한다. 앞에서 본 設例의 경우 어음의 還買는 법 제65조 제 1 항에서 말하는 어음의 지급에 해당하므로 부인의 대상이 되지 않는다.

3) 검 토

생각건대 약속어음을 배서양도받아 최종소지인으로서 어음을 발행인에게 지급제시하여야 하는 경우에는 어음소지인으로서는 전자에 소구권을 보전하기 위하여는 어떻게 해서라도 지불정지의 상태에 빠진 발행인에 대하여 지급제시를 하지 않으면 안된다. 그러나 어음환매의 경우에는 어음을 할인한 금융기관은 할인의뢰인이 지불정지의 상태에 빠지더라도 만기일이 될 때까지 기다렸다가 발행인이 지불을 거절한 경우에 비로소 소구권을 행사할 수 있으므로 지불정지의 상태에 있는 할인의뢰인에게 만기 전에 재매입시키는 것이 자기의 어음상의 권리를 보전하기 위하여 반드시 필요한 것은 아니다. 따라서 이러한 경우에까지 파산법의 원칙에 대한 예외를 인정하면서까지 할인어음을 환매청구하여 대금을 수령한 자를 보호할 이유는 없다. 따라서 두 번째의 경우는 부인권의 행사가 허용된다고 해석하는 것이 옳다. 저자도 종전의 다수설에 찬동한다.[108]

(5) 환매입한 어음에 기하여 어음채무자로부터 어음금을 수령한 경우

예컨대 할인의뢰인인 파산자가 어음을 1백만 원에 환매입하였으나 다른 어음채무자인 발행인 또는 소구의무자로부터 90만 원을 받은 경우나, 1백만 원을 받은 경우 각각 부인권의 행사가 가능한 것인가가 문제이다.

日本의 最高裁判所 1969. 1. 16. 判決은[109] 파산자가 반환받은 어음으로 다시

108) 同旨, 田炳西, 전게서(주 8), 177면.

109) 民集 23권 1호, 1면. 약속어음의 배서인인 A회사가 피배서인으로부터 그 어음을 환매입하고 그 대금을 지불한 것에 그친 경우에는 파산법 제72조의 부인권행사를 면할 수 없는 것이 당연하지만 환매입한 어음에 대하여 그 어음금액이 A회사에게 현실로 지급된 경우에는 그 환매입을 위하여 필요한 대금과 그 어음금의 지불받은 금액과의 차이를 정산하여 파산재단에 속하는 재산에 대하여 가치의 감소를 가져오지 않는 한 위 어음금의 환매대금을 지불한 것에 대하여는 파산법 제72조에 의한 부인권행사는 허용되지 않는다고 봄이 상당하다. 생각건대 어음을 환매입하면서 지불한 대금의 변제와 그 어음금의 변제수령을 나누어 고찰할 것이 아니라 이것을 파산재단에 속

발행인 등으로부터 현실의 지급을 받은 때에는 양자의 차액을 계산하여 파산재단에 속하는 재산에 대하여 가치의 감소를 가져오지 않는 한 부인권의 행사는 허용되지 아니한다고 판시한 바 있다. 따라서 90만 원만을 받은 경우에는 10만 원의 한도에서 부인권의 대상이 되지만 1백만 원을 받은 경우에는 부인권의 대상이 되지 않는다.

그러나 위기부인(법 제64조 제2호·제4호)은 채권자에 대한 평등변제를 해하는 행위를 대상으로 하는 것으로서 융자에 의한 변제(특정채권자에 대한)는 파산재단에 속하는 재산에 대한 가치의 변동을 초래하지 않더라도 부인의 대상이 되고 있음에도 日本 最高裁判所가 재산의 변동이 없다는 이유로 부인의 대상에서 제외시키는 것에는 이론상의 약점이 있다.[110] 만일 채권자로부터 어음을 환매입한 즉시 어음상의 권리를 행사하였더라면 발행인 또는 배서인으로부터 어음금을 받을 수 있었을 터인데 권리행사를 소홀히 한 잘못으로 어음금을 전혀 받지 못하거나 일부밖에 받지 못한 경우에 부인권의 행사를 인정하게 되면 채권자가 불측의 손해를 입게 된다. 따라서 이 경우에는 발행인 또는 배서인으로부터 어음금을 수령하였다는 점에서 찾을 것이 아니라 어음금의 지급이 확실시 될 것이라는 의도하에 채권자가 파산자로부터 환매입 대금을 받고 어음을 파산자에게 교환하여 준 점에서 그 근거를 찾아야 한다고 생각한다. 즉 미국 파산법상의 부인행위에 관한 이론 중 새로운 가치의 同時交換論[111]에 따라 부인의 대상에서 제외된다고 해석함이 이론적으로 더 타당하다.[112] 환매입 후 실제로 파산자가 어음금을 발행인 등으로부터 수령하였다면 어음의 가치는 수령한 금액과 일치한다고 봄이 자연스러운 해석이다.

⑹ 원인채권의 유무와 법 제65조 제 1 항의 적용여부

법 제65조 제 1 항을 적용함에 있어서는 어음소지인이 배서인 기타 어음채무자에 대하여 소구권 이외의 원인관계상의 채권이나 이득상환청구권을 갖고 있는지

하는 재산의 가치의 변동이라는 관점에서 종합적으로 고찰하는 것이 타당하다. 그런데 원판결은 단지 이 사건 어음의 환매입시에 A회사의 대금지불만을 고찰함에 그치고 그 어음금이 A회사에 대하여 지급되었다는 주장이 있음에도 불구하고 이 점을 심리하지 아니한 것은 심리미진의 위법이 있다.

110) 前田 庸, 전게논문(주 102), 215면.

111) 연방파산법 §547(c)(1). 채권자와 채무자(저자주: 파산자임을 말한다)간에 실질적으로 동시에 새로운 가치를 위한 교환이라는 의도하에 거래가 이루어 질 것을 요건으로 하여 이 경우는 부인권의 대상에서 제외된다.

112) 미국 파산법상의 부인제도에 대하여는 金性龍, "미국 파산법상 부인권 개관," 법조(1998. 12), 117면 이하 참조.

여부는 고려되지 않는다.[113] 즉, 어음의 최종소지인이 파산자인 발행인으로부터 지급을 받았으나 부인권의 대상이 되어 이를 파산재단에 반환하게 되고 종전 배서인에 대한 소구권이 상실되면 족하고 종전 배서인에 대하여 원인관계상의 매매대금채권이 있다 하더라도 이는 어음상의 채권에 비하여 입증 기타 절차상의 부담이 따르므로 이 점을 고려하지 않고 제 1 항의 적용여부를 고려한다.[114] 법 제65조 제 1 항이 적용되면 어음의 지급에 대한 부인이 제한되어 적법한 변제로서의 효과가 발생한다.

(7) 법 제65조 제 2 항의 법률관계

채권자가 법 제65조 제 1 항에 의한 부인의 제한을 악용하여 간접적으로 자기 채권의 완전한 만족을 도모하는 경우가 생길 수 있으므로 법은 제 2 항에서 이러한 행위를 방지하기 위하여 그 행위를 한 자에 대하여 파산자가 제 3 자에게 지급한 금액을 상환시키고 있다. 즉 최종의 상환의무자 또는 어음의 발행을 위탁한 자가 그 발행당시에 지급정지 또는 파산신청이 있었음을 알았거나 또는 과실로 인하여 이를 알지 못한 때에는 파산관재인은 그로 하여금 파산자가 지급한 금액을 상환하게 할 수 있다고 규정하고 있다. 최종상환의무자라 함은 약속어음의 제 1 배서인, 환어음과 수표의 발행인이 이에 해당한다. 대표적인 예로는 채권자가 최종소지인이 되기 위하여 파산자로 하여금 약속어음의 발행을 위탁하고 제 3 자를 수취인으로 하는 약속어음을 발행시키고 그 수취인으로부터 약속어음을 배서양도받아 파산자로부터 어음의 지급을 받거나 다시 이를 다른 제 3 자에게 배서양도하여 그 대가를 얻고 제 3 자로 하여금 파산자로부터 지급을 받게 한 경우 등이다.[115] 상환의무자가 발행 당시에 파산자에게 지급정지 또는 파산신청이 있었음을 알았거나 과실에 의하여 알지 못하였을 것이라는 요건의 존부를 판단하는 기준시는 어음발행시이지 발행을 위탁한 때가 아니다. 입증책임은 파산관재인에게 있다. 파산관재인은 파산자가 현실로 지급한 금액을 상환청구할 수 있다.

3. 대환으로 인한 어음발행과 부인

금융기관과 채무자가 새로운 자금의 실질적 수수 없이 문서상으로만 신규대출

113) 林鍾憲, "일본 파산법상의 부인권에 관한 연구," 外國司法硏修論集⑿ 제66집(1994), 795면.
114) 齊藤秀夫, 전게서(주 2), 400면.
115) 보다 구체적인 사례로는 朴性哲, 전게논문(주 96), 279면.

의 형식을 구비하여 기존채무를 변제한 것으로 처리하는 이른바 대환은 특별한 사정이 없는 한 실질적으로는 기존채무의 변제기의 연장에 불과하고 이렇게 대환이 이루어진 경우에는 기존채무가 동일성을 유지한 채 존속하는 것이므로 최초의 어음할인과 이에 관한 정리회사의 연대보증 등 대출거래가 있은 후 그와 같은 대환에 의하여 변제기가 연장되어 옴에 따라 최초의 대출거래시기가 정리회사의 지급정지일부터 6개월 전 이전에 해당하게 된 경우에는 정리회사의 연대보증행위는회사정리법 제78조 제 1 항 제 4 호에 규정된 무상행위 부인권의 대상이 될 수 없다.[116)]

Ⅵ. 정리계획과 어음채권의 처리

1. 정리계획의 공정 · 형평[117)]

정리담보권자, 정리채권자 및 주주의 권리를 변경하는 조항은 적어도 회사정리법 제228조(이하 제六장에서는 '법'이라 약칭한다)에서 정하는 순위[118)]를 고려하여 공정 · 형평한 차등을 두어야 한다. 여기서 공정 · 형평한 차등의 의미에 관하여 견해의 다툼이 있다. 절대우선설이라 함은 우선순위가 다른 각 권리자가 있는 경우에는 우선순위에 따라 우선하는 권리자가 후순위권리자에게 우선하여 충분하고 완전한 보상을 얻도록 정리계획 중에 권리를 부여하여야 하고, 또한 이러한 각 권리자에게 부여하는 권리의 범위는 회사의 자산을 기준으로 하므로 회사의 자산액으로 보아 후순위권리자에게는 계획 중에서 권리를 부여할 수 없다고 한다. 이에 대하여 상대우선설은 회사의 자산을 기준으로 하여 우선순위의 권리자에게 충분하고 완전한 만족을 주지 않더라도 공정 · 형평한 차등이 있으면 무방하다는 견해이다.[119)]

(1) 학 설

우리 나라의 학설은 대부분 이른바 상대우선설을 견지하고 있다. 그 근거로는

116) 대법원 2003. 5. 30. 선고 2002다67482 판결(공보불게재); 2001. 11. 13. 선고 2001다55222·55239 판결(공 2002상, 49); 2001. 5. 29. 선고 2001다16814 판결(공보불게재) 등 참조.

117) 이에 관한 자세한 글은 林治龍, "정리계획의 공정 · 형평 · 수행가능성," 사법논집(2000), 733면 이하.

118) 정리담보권, 일반의 우선권 있는 정리채권, 전호와 다음 호에 게기하는 것 이외의 정리채권, 후순위 정리채권, 잔여재산의 분배에 관하여 우선적 내용이 있는 종류의 주주의 권리, 전호에 게기하는 것 외의 주주의 권리의 순서이다.

119) 林采洪 · 白昌勳, 회사정리법(하), 한국사법행정학회(1998), 163면.

법 제228조가 '권리의 순위에 따라' 라고 규정하지 않고 '권리의 순위를 고려하여' 라고 규정하고 있는 점과, 회사정리절차의 성격은 절대로 청산적이 아니고 화해적이라고 이해하여야 하는 점을 근거로 공정 · 형평의 개념은 상위의 권리자보다 하위의 권리자를 우선시켜서는 안 됨을 원칙으로 하되 각 권리자 상호간에 화해정신 즉 상호양보에 따른 의견의 조정을 필요로 한다고 이해한다.[120] 또는 기업가치의 평가가 불확실한데 이를 기준으로 하위의 권리를 계획에서 절대적으로 배제한다는 것은 부당하다는 점과 권리자 각조의 다수결제도에서 법정다수에 의한 동의라는 화해적 요소가 나타나 있는 점, 절대우선설도 우선권존중의 원칙이 완화되어 있음을 시인하고 있는 점을 근거로 삼기도 한다.[121] 이에 반하여 절대우선설을 주장하는 견해도 최근에 주장되고 있다.[122] 과거 및 현재 서울지방법원의 실무는 기본적으로 상대우선설을 취하고 있다.[123]

(2) 판례에 나타난 공정 · 형평의 개념

정리계획안의 공정 · 형평을 다룬 대법원판결 및 하급심판결은 정리법원의 정리계획안 인가결정에 대하여 항고인이 계획안이 법 제233조 제1항 제2호에서 정한 '공정 · 형평'의 요건에 어긋난다는 이유로 항고를 제기한 사건들로서 주로 부동의 組가 있는 경우의 권리보호조항, 주식의 消却, 같은 조에 있는 다른 채권자간의 차별이 公正 · 衡平의 원칙에 합치하는가를 다루고 있다. 대법원은 일관하여 첫째, 법 제233조 제1항에서 정리계획인가의 요건을 규정하고 있는 것은 회사정리절차에 있어서 우선순위가 다른 채권자들끼리의 결의에 의하여 권리변경이 이루어지므로 정리계획의 내용이 각 이해관계인 사이에 공정 · 형평하게 이루어질 수 있도록 함과 동시에 정리제도의 목적인 기업의 정리 · 재건을 달성할 수 있도록 하려는 데에 그 취지가 있다. 둘째, 법 제233조 제1항 제2호 전단이 규정하는 공정 · 형평성이란 구체적으로는 정리계획에 법 제228조 제1항이 정하는 권리의 순위를 고려하여 異種의 권리자들 사이에는 계획의 조건에 공정 · 형평한 차등을 두어야 하고, 법 제229조가 정하는 바에 따라 同種의 권리자들 사이에는 조건을 평등하게 하여야 한다는 것을 의미한다. 셋째, 법 제229조 소정의 '평등'이라 함은 형식적 의미의

120) 林采洪 · 白昌勳, 전게서(주 119), 164면.
121) 한국산업은행, 회사정리법해설(1982), 504면.
122) 김정호 · 권오성, 법정관리이야기, 자유기업센타(1998), 40면.
123) 邊在承 외 4인, "서울民事地方法院의 會社整理事件 處理實務," 사법논집 제25집(1994), 346면; 서울지방법원, 전게서(주 65), 266면.

평등이 아니라 공정 · 형평의 관념에 반하지 아니하는 실질적인 평등을 가리키는 것이므로, 정리계획에 있어서 모든 권리를 반드시 법 제228조 제 1 항 제 1 호 내지 제 6 호가 규정하는 6종류의 권리로 나누어 각 종류의 권리를 획일적으로 평등하게 취급하여야만 하는 것은 아니고, 6종류의 권리 내부에 있어서도 정리채권이나 정리담보권의 성질의 차이 등을 고려하여 이를 더 세분하여 차등을 두더라도 형평의 관념에 반하지 아니하는 경우에는 그와 같이 할 수 있는 것이지만 같은 성질의 정리채권이나 정리담보권에 대하여 형평의 관념에 반하지 아니한다고 볼 수 있는 합리적인 이유 없이 권리에 대한 감면의 비율이나 변제기를 달리하는 것과 같은 차별은 허용되지 아니한다고 판시하고 있다.[124]

2. 어음채권과 일반 상거래채권과의 차별여부[125]

(1) 합리적인 차별의 예

미국의 경우 계획안에 대하여 부동의 하는 組에 대하여는 이른바 cram down을 하기 위하여 각 부동산 별로 정리담보권자조를 나누거나 채권자를 권리의 성질에 따라 세분하지만,[126] 우리 나라의 실무는 조를 정리담보권자조, 정리채권자조, 주주의 3개조를 나누어 정리계획안을 심의 가결하고 있다. 그런데 실무에서는 정리채권이라 하더라도 발생원인에 따라 차등을 두고 있고 그에 따라 합리적인 이유가 있는 경우라면 권리에 대한 감면의 비율이나 변제기를 달리하고 있다. 판례에 나타난 사례로는 상거래 정리채권을 금융기관의 정리채권보다 우대하는 것,[127] 보증채권은 변제책임을 지는 주채무자가 따로 있을 뿐 아니라 반드시 보증에 상응하

124) 대법원 2000. 1. 5.자 99그35 결정(공 2000. 539); 1999. 11. 24.자 99그66 결정(공 2000상, 134); 1998. 8. 28.자 98그11 결정(공 1998하, 2493); 1989. 7. 25.자 88마266 결정(공 1997상, 285); 1987. 12. 29.자 87마277 결정(공 1988, 398) 등.

125) 여기서 어음채권이라 함은 수표채권도 포함하는 설명이다.

126) 미국의 경우 §1122(a)는 권리가 다른 권리와 실질적으로 유사한 경우에만 한 조로 분류할 수 있다고 규정하고 있는데 실무상으로 조의 분류에 불만을 품은 채권자들이 계획안에 대하여 다투는 경우가 많다. 조의 분류는 권리의 본질(nature)에 따라 법원의 재량에 의하게 되는데 이는 권리의 법적 특징(character)과 성질(quality)의 분석을 통하여 결정하게 된다. In Re Los Angeles Land and Investments, Ltd., 282 F.Supp. 448, 453(D. Hawaii(1968), Michael A. Gerber, BUSINESS REORGANIZATION 807(1997)에서 재인용.

127) 전게 대법원 99그35 결정(주 124) 참조. 금융기관의 정리채권은 68%를 면제하는 대신 상거래 채권은 전액을 분할변제하도록 정하였으나 대법원은 이를 공정 · 형평에 반한다고 할 수 없다고 판시하였다. 회사정리실무, 전게서(주 65), 311면은 그 이유로서 상거래 채권이 소액이고 채권자가 다수이고 금융기관의 채권처럼 장기간의 분할변제를 하는 경우 정리채권자를 도산시킬 염려가 있다는 점을 들고 있다.

는 대가를 얻는 것도 아니라는 점에서 주채권에 비하여 일정한 차등을 두는 것,[128] 그리고 지배주주 및 계열회사의 정리채권을 다른 정리채권보다 열등하게 취급하는 점 등을 들 수 있다.[129]

(2) 어음채권의 경우

1) 이른바 진성어음채권과 일반 상거래채권

어음이 이른바 진성어음 즉 대금의 결제를 위하여 물건이나 용역의 제공을 받고 그 지급을 위하여 지급한 경우 어음금채권을 일반의 상거래채권과 그 변제조건을 달리하여 정리계획안을 마련하는 경우라면 그 계획안은 공정·형평에 반한다고 볼 것이다. 왜냐하면 어음금채권이나 상거래채권의 발생원인은 동일하되 다만 지급수단으로 어음을 발행하였다는 점에 차이가 있을 뿐이기 때문이다. 그러나 어음발행인이 원인관계의 존재 없이 금원을 빌리면서 어음을 발행하는 이른바 융통어음의 경우에는 다른 정리채권자보다 불리하게 취급하고 있다.

2) 융통어음채권과 일반 상거래채권

이를 다룬 2개의 하급심판결을 살펴보기로 한다.

먼저 서울고등법원 1997. 7. 11.자 97라95 결정(효성다이아몬드 사건)[130]

〈사안의 개요〉

항고인(동양할부금융)은 정리회사가 발행한 융통어음을 가지고 있는데, 이 사건 정리계획안은 일반 상거래채권은 5백만 원 이하인 경우 준비년도(1997년)에 전액변제하고, 5백만 원 이상인 경우 제 1 차년도(1998년) 내지 제 3 차년도(2000년)부터 시작하여 3년 내지 8년 동안 분할 변제하도록 되어 있으나, 항고인이 가진 어음금채권은 융통어음으로서 비정상거래에 의한 채권이라는 이유로 정리계획 수행 마지막 해인 제10차년도(2007년)에 일시 변제하도록 되어 있다. 이에 항고인이 이 사건 정리계획안은 공정·형평성을 갖추지 못한 것으로서 법 제229조에 어긋난다는 이유로 정리계획인가결정에 대하여 항고하였으나 기각되었다.

〈결정요지〉

[1] 순위에 우선이 없는 같은 일반 정리채권이라 하더라도 그 발생원인(예컨대 물품매입, 금전차용, 융통어음발행 등)이 서로 다른 채권은 법 제229조 본문에서 말하

128) 전게 대법원 99그35 결정(주 124).
129) 이 점에 대하여는 외국 및 국내의 실무 학설 모두 승인하고 있다. 자세한 것에 대하여는 林治龍, 전게논문(주 117), 753면 이하 참조.
130) 하집 1997-2, 414.

는 '같은 성질의 권리'라고 할 수 없고, 또한 같은 성질의 채권들이라고 하더라도 같은 조 단서에 따라 이들 간에 차등을 두어도 형평을 해하지 아니한 때에는 조건을 달리 정할 수 있는바, 권리발생의 원인 및 태양, 변제기, 채권의 목적, 발생 시기의 차이 등에 따라 조건에 차등을 두는 것은 그 차등이 불합리하게 심하지 않는 한 오히려 실질적 형평의 원칙을 지키는 것이다.

[2] 항고인이 가지고 있는 정리회사의 어음은 정리회사가 거래처의 신용의 편의를 위하여 아무런 대가관계 없이 발행한 순수한 융통어음으로서 물품을 납품받고 발행한 진성어음과는 그 성질이 다른 점, 항고인으로서는 각 어음의 배서인들에 대하여 어음금을 청구함으로써 채권을 회수할 다른 방법이 있는 점, 융통어음 소지인의 채권이 일부라도 면제된 것은 아닌 점, 융통어음의 소지자들은 모두 기타 일반 정리채권으로 분류되어 똑같은 조건의 변제계획이 정해졌으므로 항고인만이 불리한 대우를 받은 것은 아닌 점 등에 비추어 볼 때 위 정리계획안이 항고인에게 합리적 근거 없이 심히 불리한 조건을 정한 것이라고 할 수 없다.

다음으로 서울고등법원 1999. 4. 26.자 99라29 결정(삼립식품 사건)이 있다.

〈사안의 개요〉

① 항고인(파산자 쌍용종합금융)은 정리회사에 대하여 정리회사의 계열사가 주채무자로서 자금을 융통함에 있어서 정리회사가 발행한 어음과 전면보증한 어음에 기한 보증채권인 정리채권이 있다.

② 정리계획안은 정리채권을 우선권 있는 정리채권, 금융기관의 정리채권, 일반상거래 정리채권 및 보증채권으로 분류하고, (ㄱ) 보증채권은 원칙적으로 주채무자가 변제하되 주채무자에게 정리절차의 폐지 또는 화의인가결정의 취소 등이 있을 경우 그 시점부터, 회사정리절차나 화의절차의 개시결정 등이 없을 경우에는 주채무자의 자체 청산 종료시점(주채무자의 담보부동산에 대한 경매절차가 종료되는 시점)부터 각 4년 거치 후 6년간 분할변제하고 발생이자는 면제받는다. (ㄴ) 일반 상거래채권은 1억원 초과는 1년차부터 5년간 균등 분할변제한다고 되어 있다.

③ 항고인은 융통어음이 아닌 정상적인 상거래로 인한 정리회사 발행의 진성어음을 할인해 주었으므로 항고인의 어음채권은 상거래로 인한 일반정리채권으로 분류되어야 한다는 이유로 이 사건 정리계획인가결정에 대하여 항고하였으나 기각되었다.

〈결정요지〉

항고인이 가지고 있는 정리회사 발행어음은 원래 정리회사가 계열회사 내지 방계회사인 주식회사 삼립테코와 성일기계공업 주식회사에 자금을 지원할 목적으로 아무런 대가관계 없이 발행한 순수한 융통어음으로서 물품을 납품받고 발행한 진성어음과는 그 성질이 다르며, 이 사건 정리계획상 항고인의 채권 원금이 일부라도 면제된 것은 아닌 점, 항고인과 같은 융통어음의 소지자들은 모두 이 사건 정리계획상 보증채권으로 분류되어 항고인과 똑같은 조건의 변제계획이 정해졌으므로 항고인만이 불합리한 차별대우를 받은 것은 아닌 점 등에 비추어 볼 때, 이 사건 정리계획안이 항고인에 대한 변제방법을 부당하게 정하여 현저하게 공평을 잃었다거나 공정·형평의 원칙에 반하여 위법하다고 볼 수 없다.

Ⅶ. 결 론

위에서 어음채권자가 파산 및 회사정리절차에서 갖는 지위를 살펴보았다. 어음법 자체가 기술적인 성격을 갖고 있고, 파산 및 회사정리법이 집단적인 청산절차를 규율하고 있어 어음채권자가 파산절차에 참가하는 경우 다른 채권자보다 복잡한 양상을 띠게 된다. 상업어음의 양도담보에 관하여 아직 실무의 통일이 이루어지지 않은 점이 그 대표적인 예이다. 기업의 도산이 적지 않게 일어나고 그로 인한 쟁송이 많아지고 있는 즈음 파산절차에서 어음채권의 취급에 대하여 저자 나름대로 정리하여 보았으나 미진한 점을 인정하고 동도제현의 비판을 기대하며 글을 맺는다.

(사법논집 제32집(2001), 367면 이하 소재)

[후기]

발표 후에 선고된 대환에 기한 약속어음 발행이 부인 대상인지에 관한 대법원 판례를 본문에 소개하였다. 그리고 대법원 2001.7.24 선고 2001다3122 판결(주54)에 대한 평석으로서 李鎭萬, “整理債權인 약속어음금債權의 免責과 事故申告擔保金” 민사판례연구(XXV), 박영사(2003), 324면 이하의 글이 발표되었다.

개인채무자회생법 해설*

Ⅰ. 머 리 말

1. 입법경위

현행 파산법제는 재건절차로 회사정리법과 화의법을, 청산절차로 파산법을 마련하고 있다.[1] 그러나 재건절차는 모두 기업의 재건을 목표로 입법된 것이어서 개인의 재건절차는 마련되어 있지 않다. 1997년 금융위기 이후 정부는 통합파산법의 제정을 목적으로 꾸준히 파산법제를 개정하였고, 마침내 2003년 파산 3 법을 단일화한 '채무자의회생및파산에관한법률안'(이하 법률안이라 한다)이 성안되어 16대 국회에 상정되었으나 검토시한에 촉박하여 폐기되고 말았다. 다만 이 법률안 중 제

* 이 글을 쓰는 동안 일본의 민사재생절차에 관한 통계자료를 보내주신 윤강열 판사(일본 연수 중), 통계자료의 인용을 허락한 徐慶桓 판사, 초고를 읽고 오류를 지적한 鄭晙永 판사, 미국 판례를 찾아 보내주신 Arnold Quittner 변호사께 이 자리를 빌어 감사드린다. 법이 아직 시행되지 아니하여 판례나 실무관행이 형성되기 이전이므로 문제점에 대한 해석론 중 전거를 밝히지 아니한 부분은 저자의 사견임을 밝혀둔다.

1) 회사정리법은 미국의 1938년 구 파산법(Bankruptcy Act) 중 제X장의 corporate reorganization 절차를, 화의법은 오스트리아법을, 파산법은 독일법을 계수한 것이어서 3자의 통합이 쉽지 아니하였다. 참고로 현행 미국 파산법은 1978년에 개정된 것으로 Bankruptcy Code라고 부르고 각장을 종전 로마자에서 아라비아 숫자로 표기를 변경하였다.

4편 개인회생제도만이 별도로 국회법제사법위원회 대안의 형태로 개인채무자회생법(이하 법이라 한다. 2004. 3. 22. 법률 7198호로 공포됨)의 이름으로 제정되어 6개월 후인 2004. 9. 23.부터 시행되게 되었다. 정부는 2004년 17대 국회가 개원하게 되면 바로 통합도산법안을 상정할 것이라고 하는데 통합파산법을 제정한다는 당초의 취지나 다시 조문 내용을 손질해야 한다는 입법과정에서의 부담에서 본다면 굳이 별도의 의원입법은 바람직하지 않다고 생각할 수 있다. 그러나 이는 신용불량자가 400만 명에 육박하고[2] 실업과 카드빚으로 인한 개인파산의 급증과 그로 인한 사회문제를 시급하게 대처하기 위한 국회의 노력이라는 점에서 긍정적으로 평가할 수 있다. 신용불량문제를 해결하기 위하여 정부는 2002. 9. 30. 신용회복지원회를 출범시키고 이른바 개인워크아웃 신청을 2002. 11. 1.부터 접수받기 시작하였다.

채무자에게 회생의 기회를 주는 방법은 변제할 수 없는 기존의 채무를 면제하여 주는 것인데 이는 현행 파산법상의 면책제도와 신용회복지원제도를 통하여 가능하다. 그러나 경제적으로는 장래의 수입을 담보로 하여 법적으로는 담보 없이 신용을 공여하였다가 채무자가 변제하지 못하여 청산절차를 개시하고 채무자에게 면책의 효력을 부여하는 파산면책제도는 당초의 의도대로 장래의 수입을 파산재단으로 삼지 못하는 모순이 있다. 또한 파산자에 대한 사회적인 낙인과 법적인 불이익 때문에 종전보다는 신청건수가 늘었다고는 하지만 아직까지 파산신청을 통한 면책제도의 활성화가 이루어지지 않고 있는 형편이다.[3] 그리하여 현실은 파산절차가 아닌 신용회복지원제도가 빈번하게 이용되고 있다.[4] 개인회생제도는 파산선고 없

2) 2004. 5. 7.자 동아일보는 지난 4월 말 현재 개인 신용불량자는 국세, 관세, 지방세 체납자 및 법원 채무불이행자까지 포함해 3,973,541명으로 한 달 전의 3,918,507명보다 55,034명(1.4%)이 증가했다고 보도하였다.

3) 〈별지 1〉 한국 도산 사건 접수 추이 참조. 한국과 일본의 경제지표를 비교하면 일본의 인구는 2001년 기준 1억 2,628만 명으로 한국(4,767만 명)의 3배 정도이고, GDP는 4조 1,414억 불로 한국(4,222억 불)의 40배에 달하고, 1인당 GNP는 3만 3,126불로 한국(8,900불)의 4배 정도이다(金炯枓, "일본도산법의 개정방향과 주요내용," 2004년도 도산실무법관연수자료(사법연수원, 2004) 참조). 뒤에 보는 바와 같이 2002년 일본의 개인파산건수(개인재생포함)가 22만 8,494건임에 비하여 한국의 개인파산건수가 1,335건으로 일본의 약 1/170에 불과하다. 이는 인구비례와도 어긋나고 GDP, GNP를 기준으로 한 비율과도 차이가 난다. 이는 한국이 일본보다 파산자가 적다는 것이 아니라 파산자임에도 파산법의 보호를 받지 못하고 자살, 이민, 도주, 범죄 등의 방법으로 빚문제를 해결하려는 채무자가 많다는 것을 보여주고 있다. 韓·美·日 3개국의 경제지표 비교에 대하여는 〈별지 1-1〉 참조.

4) 신용회복지원신청사건수는 위원회 설립일인 2002년 11월부터 2004년 4월까지 110,939건수에 달하는데 반하여 2002년과 2003년에 접수된 전국의 개인파산사건신청건수는 각 1,335건과 3,856건에 불과하다.

이 장래 일정한 기간 동안의 수입으로 채무의 일부를 변제하고, 나머지에 채무에 대해서는 면책결정을 하는 점에서 채무자에 대하여 파산선고를 하고 파산선고 당시의 재산을 파산재단으로 삼아 채권자들에게 나누어주는 파산법상의 파산절차와 다르다. 개인채무자회생제도나 미국의 제13장 절차는 기본적으로 변제할 자산이 있음에도 불구하고 전부면책을 받는 파산면책의 남용을 억제함으로써 채권자들이 과도하게 피해를 입는 것을 막기 위한 것이다.[5] 법의 제정은 미국과 일본의 예에서 알 수 있듯이 소비자신용의 비대화와 그로 인한 과다한 빚에 허덕이는 채무자(소비자)의 구제에 대한 새로운 법률체계의 구축이라는 의미를 가진다. 이는 소비자 파산의 문제가 신용사회와 밀접한 관계에 있음을 보여준다.

2. 미국과 일본의 개인채무자재생제도

(1) 미 국

미국 파산법의 역사상 개인회생제도를 처음 인정한 것은 1898년 파산법 §12[6] 이다. 그러나 동 조항은 대부분의 채무자에게는 비용이 많이 들고 유연성이 결여되고, 법원이 계획안을 인가한 다음 당해 사건의 관할권이 없게 된다는 비판을 받았다. 1934년 개정법은 §74에서 인가 이후의 절차에 대하여 규정을 두고 그 후 절차에 대한 관할권의 문제를 해결하였다. 그러나 계획안이 인가를 얻기 위하여 채무자는 절차비용부담 외에 모든 우선채권을 변제하여야 하므로 소수의 채무자만이 절차를 이용하였다. 장래의 수입으로 기왕의 채무를 변제한다는 방식을 채택한 것은 1938년 이른바 챈들러법 제XIII장이 처음이다. 제XIII장은 각주의 법문화에 따라 이용률의 현저한 차이를 가져왔다. 1968년까지 알라바마주 북부지방에서는 모든 채무자 파산신청사건 중 76%를 차지한 반면 캘리포니아 남부지방에서는 11%에 불과하였다. 개정법의 단점으로는 봉급생활자 외에 자영업자가 배척된 점, 3년간 채무를 이행한 경우를 제외하고는 중도에 곤궁면책(hardship discharge)을 인정하지 아니한 점 및 부부공동신청제도를 인정하지 아니한 점이 지적되었다. 그리하여 구법

5) 미국의 경우는 제13장에서는 면책채권의 범위가 제 7 장보다 넓고, 신청에 대한 시기적 제한도 없으며 hardship discharge를 인정하며 채무자만이 신청할 수 있게 하고, 채무자의 제 7 장 신청이 중대한 남용에 해당하는 경우에 기각하는 등의 제한을 두는 등 제13장으로 유도하기 위한 당근 조항이 뚜렷하다. 미국과 비교한다면 개인채무자회생제도에서는 그러한 유도책이 다소 부실하다고 평가할 수 있다.

6) 그 전의 파산법은 한시법이었으나 1898년 파산법이 항구적인 파산법이 되었다. 동 조항은 화의제도를 처음 도입한 것으로 이에 의하여 급여소득자도 채무조정을 할 수 있었다.

의 제XIII장은 일부 주에서만 이용되는 절차에 불과하였다.

1978년 개정법은 제13장을 채무자들이 많이 이용할 수 있도록 적용대상자를 정기적인 수입이 있는 자로 확대하였다. 그리하여 신법이 시행된 후 소득의 원천을 둘러싼 신청권자의 자격에 관한 시비는 줄어들었다.[7] 보증인에 대하여도 변제기간 동안 자동중지의 효력을 인정하고, 비면책채권의 범위를 제 7 장보다 좁히고, 구법에서 문제가 된 중도에 곤궁사유로 인한 면책과 부부 중 일방만 신청자격이 있는 경우 부부가 공동으로 제13장을 신청하는 것을 허용하였다. 걸프전의 종료 이후 미국의 경제가 호황을 누리던 1990년 이후에도 소비자 파산신청건수는 계속하여 증가하였다. 현재 제13장은 전체 소비자 파산사건의 28.8%를 차지하고 제 7 장(한국 파산법과 같은 청산절차를 규율한다)은 71% 정도를 차지하고 있다.[8] 이처럼 파산신청이 빈발하자 미국 사회에서는 파산법의 악용을 방지하기 위하여 비면책채권의 범위를 확대하거나, 제 7 장 신청의 제한, 제 7 장과 제13장의 연계 여부 등을 둘러싸고 연구와 논의가 무성하다.[9]

(2) 일 본

일본 역시 1980년대에 소비자신용의 급격한 확대와 오일쇼크의 여파에 수반하여 소위 サラ金[10]으로 인한 범죄의 빈발 등 대규모 사회문제가 발생하고 파산신청도 약 26,000건에 달하게 되자 이에 대처하기 위하여 '貸金業の規制等に關する法律'을 1983년부터 시행하여 입법적인 규제로 대처하였다. 그러나 그 당시에도 이미 월급, 연금 등 정기적 수입을 얻는 채무자를 위한 입법의 움직임이 있었다. 1983년

7) 판례가 인정한 수입으로는 주에서 지급하는 연금, 자산의 매각대금, 장애연금, 실업수당, 이혼 후의 자녀부양료, 자영업에 기한 사업소득 등이다.

8) 파산신청건수는 1991년부터 1995년까지 80만 건에서 90만 건을 유지하다가 1996년 1백만 건을 넘기 시작하여 2003년 1,660,245건을 기록하고 있다. 자세한 내용에 대하여는 〈별지 2〉 미국 파산사건 접수 추이 참조.

9) 파산절차에 관한 여러 가지 분석이 이루어지고 있다. 제11장 제도에 대하여도 성공률, 배당률 등에 대하여 여러 학자들이 실제의 사건을 토대로 분석하고 있으며, 개인파산제도 특히 제 7 장과 제13장에 관하여 채무자의 직업, 파산원인, 각 법역별 채무자에 대한 우호의 차이, 문화적인 배경 등에 관하여 세밀한 분석을 하고 있다. 제11장 제도에 대하여는 Michelle J. White, Survey of evidence on business bankruptcy, in Bhandari and Weiss, CORPORATE BANKRUPTCY(Cambridge 1996) 참조, 개인파산절차에 대하여는 Sullivan, Warren & Westbrook, AS WE FORGIVE OUR DEBTORS: BANKRUPTCY AND CONSUMER CREDITS IN AMERICA(1989) 참조. 미국 파산법 전반에 대한 소개로는 林治龍, "미국 파산법의 현황," 인권과 정의(1998. 4), 90면 이하; 姜宣明, "美國 破産節次 實務," 법조(2004. 5), 214면 이하; 李在睦, "미국 연방파산법상의 소비자파산제도와 개혁논의의 경과," 인권과 정의(2000. 1), 86면 이하.

10) 샐러리맨을 상대로 하는 고리대금업을 말한다.

에 제출된 調停法試案[11]은 미국 파산법 제13장을 모델로 하여 대상자격을 자영업자와 급여소득자로 하되 관리인의 선임이 없는 DIP형으로 계획안에 대하여 채권자의 동의 없이 법원이 인가결정을 할 수 있는 내용이었다. 그 후 1986년에 제출된 消費者和議手続試案은 미국의 구법 제XIII장을 모델로 하여 대상 자격을 급여소득자만으로 하고 관리인을 선임하고, 계획안에 대하여는 채권자의 동의가 있어야 법원이 인가할 수 있는 내용이었다.[12] 그러나 이러한 소비자 파산에 관한 입법안은 법률로 성립되지 못하고 대신 대금업의 활동을 제한하는 내용의 행정적인 규제법률을 제정함으로써 개인파산의 문제를 해결하려고 하였다.[13]

그 후 1990년대에 들어와 이른바 버블경제가 붕괴되면서 젊은이들의 신용카드의 남용, 고령자의 파산, 기업의 구조조정 등으로 인한 파산신청이 다시 급증하였다. 전과 마찬가지로 貸金規制法, 利子制限法 등을 개정하여 소비자 파산의 문제를 해결하려 하였으나 이러한 주변영역의 입법정비로는 부족함을 깨닫고 파산법의 차원에서 개인채무자의 회생에 관한 제도를 도입하기로 하였다. 그 외에 채무자(자연인 외에 법인도 포함한다)를 구제하기 위한 특별법으로 '特定債務等の調整の促進のための特定調整に關する法律'을 별도로 입법하여 2000년 2월부터 시행하고 있다. 파산절차의 단점(채무자의 경제적 재생의 기반이 되는 재산도 청산의 대상이 되고 파산선고로 인한 법률상 사실상의 불이익, 파산재단이 선고시의 재산으로 한정되는 점 등)을 피하기 위한 새로운 소비자파산제도의 도입이 본격적으로 논의되었다. 민사재생법이 시행된 후 종전부터 논의가 되었던 개인채무자갱생절차에 관한 입법논의를 재개하여 '民事再生法等の一部を改正する法律案'을 국회에 제출하여 2000년 11월 29일 공포하고 2001. 4. 1.부터 시행하고 있다. 개정된 民事再生法은 제13장에서 소규모개인재생 및 급여소득자재생에 관한 특칙을 두고 개인재생에 관한 특별조항을 두고 있다. 소규모개인재생과 급여소득자재생사건은 모두 관재인, 조사위원, 감독위원의 선임이 없으며, 채권신고절차는 있으나 재생채권의 조사확정의 절차가 생략되어 있다. 조건미성취의 채권, 비금전채권 등에 대하여 모두 재생계획에 의한 권리변경의 대상으로 삼고, 인가결정의 확정으로 재생채권의 현재화 · 금전화가 이루어진다. 양자 모두 소위 hardship 면책을 인정하고 있다. 일본은 이미 2001년에

11) 정식명칭은 '定期的かつ安定した収入を得る見込みのある誠實な債務者の債務の調整に關する法律の試案'이다.

12) 민사재생법의 개정 경과에 대하여는 園尾隆司 · 小林秀之 · 山本和彦 編, 解說 個人再生節次, 弘文堂(2001), 129면 참조.

13) 이상의 내용은 田頭章一, "消費者倒産處理手續の現狀と課題," 河野正憲 · 中島弘雅, 倒産法大系 倒産法と市民保護の法理, 弘文堂(2001), 305면 이하 참조.

소규모개인재생사건수가 1,732건, 급여소득자재생사건이 4,478건, 2002년에 소규모 개인재생사건수가 6,054건, 급여소득자재생사건이 7,444건에 이르고 있다. 특정조정사건수 역시 급증하고 있다. 자세한 통계에 대하여는 〈별지 2〉 참조.[14]

3. 법제정의 의미

한국도 이미 신용카드의 남용, 청년실업, 고령인구의 증가, 카드빚 등으로 인한 이혼율의 증가와 재산분할제도의 정착, 결손가정의 청소년문제, 해외도주, 자살, 범죄 등의 증가가 이미 심각한 사회문제로 대두되었다.[15] 또한 공무원, 군인, 교원 등의 연금수급자 외에 국민연금제도의 전면적인 실시로 정기적 수입을 얻는 채무자집단이 형성되어 미국의 제13장과 같은 제도 도입의 필요성과 토대가 마련되었다. 법의 제정은 이러한 사회적인 문제를 기존의 파산제도나 개별적인 민사집행절차로 해결할 수 없음을 깨닫고 개인재건절차인 미국 파산법 제13장과 일본의 民事再生法상의 개인재생절차를 모델로 하여 이제껏 경험하지 못한 새로운 개인재건절차를 도입하였다는 데에 큰 의의가 있다. 법의 제정은 미국과 일본의 예에서 알 수 있듯이 소비자신용의 비대화와 그로 인한 과다한 빚에 허덕이는 채무자의 구제에 대한 새로운 법률체계의 구축이라는 의미를 가진다. 이 법의 시행으로 말미암아 한국은 앞으로 파산신청건수가 급증할 것이 예상되고 그로 인하여 면책의 본질(채무자의 권리냐 아니면 법이 주는 恩典이냐)을 둘러싼 채권자군과 채무자군의 사회적인 이해충돌이 표면화되고 그를 둘러싼 격렬한 논의가 법조 내외에 들끓게 될 것이다. 아울러 신청사건의 급증에 따른 법관 및 직원의 증원 기타 물적시설의 수요 등으로 전문법원인 파산법원의 설치여부를 심각하게 검토하여야 할 시기가 도래할 것이다.

Ⅱ. 관　　할

개인회생사건은 채무자의 보통재판적 소재지를 관할하는 지방법원본원의 관할에 속한다. 보통재판적 관할이 없는 경우에는 채무자 재산의 소재지(채권의 경우에는 재판상의 청구를 할 수 있는 곳을 그 소재지로 본다)를 관할하는 지방법원본원의

14) 〈별지 3〉 일본 도산 사건 접수 추이 참조.
15) 법 제안 이유와 개인워크아웃제도의 도입취지 역시 이 점을 들고 이를 대처하기 위하여 이 법을 제정하였다고 설명하고 있다.

관할에 전속한다. 단 서울 시내의 경우에는 서울중앙지방법원의 관할에 전속한다.[16] 주채무자와 보증인, 채무자 및 그와 함께 동일한 채무를 부담하는 자, 또는 부부의 경우에는 그 중 어느 하나에 해당하는 자에 대한 사건이 법원에 계속되어 있는 때에는 다른 자에 대한 사건도 그 법원에서 관할권을 갖는다(제3조). 법원은 손해나 현저한 지연을 피하기 위하여 필요하다고 인정하는 때에는 직권으로 다른 관할법원에 이송할 수 있다(제4조).

Ⅲ. 절차의 개시신청

1. 신청권자

개인회생절차는 채무자만 신청할 수 있고 채무자 중에서도 법인이 아닌 개인만이 신청할 수 있다. 파산의 원인인 사실이 있거나 그러한 사실이 생길 염려가 있는 개인채무자면 족하고 신용불량자인지 여부는 묻지 아니한다. 법은 파산법 제2조 단서와 같이 상호주의를 규정하지 아니하였으므로 외국인도 관할이 인정되는 이상 개인채무자회생절차를 신청할 수 있다고 해석된다. 자연인이면 누구나 소비자파산신청을 할 수 있으나 개인채무자회생신청은 자연인 중 급여소득자와 영업소득자만이 대상이다.

'급여소득자'라 함은 급여 · 연금 그 밖에 이와 유사한 정기적이고 확실한 수입을 얻을 가능성이 있는 개인을 말한다. '영업소득자'라 함은 부동산임대소득 · 사업소득 · 농업소득 · 임업소득 그 밖에 이와 유사한 수입을 장래에 계속적으로 또는 반복하여 얻을 가능성이 있는 개인을 말한다(제2조).

법률안에는 농업소득이 빠져 있었으나 법에 들어갔다. 농업의 경우는 작황이나 천재지변 등에 의하여 수입이 일정하지 아니하므로 개인회생절차의 신청자격이 있는지에 관하여 다툼이 있었다. 미국의 경우에도 농업소득자에 대하여는 파산법 제12장에서 별도의 규정을 두고 있다.[17] 농업소득자가 포함되면 어업소득자도 포함시켜 달라고 주장할 것이고 앞으로 농부 및 어부가 신청하는 회생신청사건에 대하

16) 종전 의정부지원의 파산사건은 서울지방법원본원 관할이었으나 2004. 2. 의정부지원이 본원으로 승격된 이후에는 의정부지방법원에서 파산사건을 관할하게 되었다.

17) 제12장의 명칭은 ADJUSTMENT OF DEBTS OF A FAMILY FARMER WITH REGULAR ANNUAL INCOME(매년 정기수입이 있는 농가의 부채조정)이다.

여는 변제계획의 수립 등에 있어 실무상의 애로사항이 예상된다. 급여소득자의 경우에는 재직증명서나 근로소득세원천징수영수증 등으로 쉽게 자격을 입증할 수 있으나 영업소득자의 경우는 수입을 계속적으로 얻을 가능성을 입증하는 것이 어려울 것이다. 일본의 경우는 급여소득자재생절차의 신청권자에는 위 요건 외에 '급여 또는 이와 유사한 정기적인 수입을 얻을 가망이 있는 자로서 그 액의 변동폭이 작다고 전망되는 자'라는 추가요건이 있다.[18]

한편 현재 신용회복지원제도를 이용하려는 채무자는 2곳 이상의 신용회복지원협약 가입 금융기관에 총채무액이 3억 원 이하로서 채무액 중 비가입 금융기관 또는 私債의 비율이 총채무액의 20%를 초과하지 아니하는 채무자로 한정하고 있다. 이에 반하여 개인채무자회생법은 적용대상인 채무자가 부담하는 채권의 종류와 채권자가 금융기관인지 비금융기관인지 구별하지 않는다. 무담보채무액의 한도를 5억 원으로 정한 것은 신용회복지원제도를 이용할 수 없는 채무자에게도 개인회생절차의 문호를 개방한다는 의미이고, 채권자들로서도 파산절차에서 배당받을 금액보다 적지 않은 금액을 배당받을 수 있는 이상 불리할 것은 없다.

2. 신청권자의 범위

(1) 채무액수의 제한

채무의 규모에 관하여는 담보채무액이 10억 원, 무담보채무액이 5억 원을 초과하지 않는 범위 안에서 대법원규칙으로 정하는 금액 이하의 채무를 부담하는 급여소득자 또는 영업소득자라야 한다(제48조). 위 금액은 일본의 개인회생채무자의 경우 무담보채무총액을 3천만 엔으로 정한 것과 미국의 제13장을 신청할 수 있는 채무자의 무담보채무가 290,525불(약 3억 3천만 원 정도), 담보채무가 871,550불(약 9억 9천만 원 정도)임을 고려하여 정한 것이다.[19] 채무상한액을 초과하는 채무자는 간이·신속하게 처리한다는 개인채무자회생절차에 적합하지 아니하므로 앞으로 통과될 채무자회생및파산에관한법률의 회생절차나 파산절차를 이용하도록 한 것이다. 당초 입법과정에서 채무액의 제한을 두는 채무자는 영업소득자만 한정하고 급

18) 民事再生法 제239조 제1항.

19) 1994년 개정법에 의하여 파산법 §109(e)에 의하면 무담보채무액인 25만 불 이하로, 담보채무액이 75만 불 이하로 규정되어 있다. 그 전에는 무담보채무액 10만 불과 담보채무액 35만 불이었다. 한편 §104에 의하여 1998. 4. 1.부터 매 3년마다 소비자물가를 반영하기 위하여 조정하도록 규정되어 있다. 2002년 현재 상한액은 무담보채무 290,525불과 담보채무 871,550불이다. Arnold B. Cohen, CONSUMER BANKRUPTCY MANUAL 5-15(2nd ed. 2002).

여소득자는 제한을 두지 않는 방안도 검토되었으나 民事再生法도 소규모개인재생절차나 급여소득자등재생절차를 이용하기 위하여는 무담보채무액의 한도를 3천만 엔으로 제한하고 있고, 미국 파산법 제13장도 이용대상 채무자의 부채한도를 두고 있다는 점을 고려하여 영업소득자나 급여소득자 모두 채무한도액에 제한을 두게 되었다. 만일 채무자가 급여소득과 영업소득을 동시에 얻는 경우에는 영업소득자로 보게 된다.[20]

미국의 경우는 담보권자에 대한 권리변경을 인정하게 되므로 담보채무액의 상한선을 두는 것이 의미가 있지만, 법은 담보권자에 대하여 별제권자의 지위를 부여하고 있으므로 담보권자의 상한을 두는 의미가 크지 않다. 민사재생법도 무담보채무액만 한도를 두고 있고 담보채무액의 상한을 규정하고 있지 않다. 주택에 대한 담보권이 설정된 경우에는 별도의 절차를 마련하고 있다.

(2) 채무액수의 확정

회사정리법에서는 신청원인으로서 파산에 이르게 될 염려가 있는 경우에도 신청할 수 있고 파산신청의 경우 채무초과 외에 지급불능의 사유로도 파산신청을 할 수 있어 구체적인 채무액수를 확정하여야 하는 경우는 상대적으로 적었다. 그러나 개인회생절차에서는 무담보채무액이 5억 원 이하로서 대법원규칙으로 정하는 금액의 채무로 확정되어 있으므로 채무액을 확정하는 것이 자격요건과 직결되어 있다.

채무액은 신청시를 기준으로 하며 원금만을 포함할 것인지 원리금을 포함할 것인지 논의가 있다. 후자가 옳다고 생각한다. 다만 신청 이후의 이자 및 지연손해금을 포함하지 아니한다.

비면책채무도 포함하는가? 비면책채무라고 하더라도 채권자가 변제계획에 의하여 일부라도 변제를 받고 나머지 채무는 여전히 비면책으로 둔다는 것이지, 회생절차에 의하지 아니하고 변제를 받을 수 있는 것은 아니므로 이를 포함하여 변제계획을 수립하여야 한다는 것이 저자의 생각이다.

개시신청시에는 급여소득자였으나 인가시에는 자격을 상실한 경우에는 계획안의 수행가능성이 없다는 이유로 계획안은 불인가되어야 한다(제74조 제1항).[21] 피담보채무액이 담보가치를 상회하는 경우 담보가액과 채무액의 차액은 무담보채권으로 계산된다. 이는 파산절차에서 담보권에 관한 일반적인 이론에 기한 것이다. 정리담보권

20) 2003. 2. 22.자 법제처안 제588조 참조. 이 안에서는 급여소득자는 채무상한액의 제한이 없었다.

21) David G. Epstein ET AL, BANKRUPTCY 660(1993)도 채무자가 자격이 없다는 것과 계획안의 수행가능성이 없다는 것이나 다를 바가 없다고 한다.

자도 절차개시 당시를 기준으로 담보목적물의 가액을 평가하여 부족분에 대하여는 정리채권자로 신고하여야 하는 것과 같다.

미국의 경우에는 신청권자의 채무가 금액으로 확정되어야 하고 비확정채무나(contingent) 비금전채무(unliquidate)는 제외하고 있다. 예컨대 채무자가 자동차사고로 인한 불법행위소송을 제기당한 상태에 있는 경우 그 손해배상채무는 고려되지 않는다. 이에 비하여 법은 무담보채무가 미국과 같이 확정적일 것을 요구하지 않고 있으므로 장래의 채무나 조건부채무, 비확정채무 등도 포함하게 된다. 앞으로 이를 어떻게 평가하는가 하는 것이 중요하다. 문제가 되는 것은 채무자가 주채무자를 위하여 보증채무를 부담하고 있고 주채무자가 정상적으로 채무를 변제하고 있는 경우 보증채무 전액을 평가할 것인가[22] 아니면 여러 가지 사정을 고려하여 일부만을 평가할 것인가 하는 견해가 나누어져 있다.[23] 후자가 옳다고 생각한다. 또한 채무액의 상한선은 신청시를 기준으로 하고 신청 이후 부채가 증가하였다고 하여 신청이 부적법하여지는 것은 아니다. 그러나 반대로 신청 후에 신청시의 부채규모가 상한선을 넘는 것이 밝혀진 경우에는 개시신청 기각결정의 사유가 된다(제55조 참조).

3. 부부공동신청제도의 도입문제

당초 의원입법안과 통합도산법개정안에는 부부 모두에게 개인회생절차 신청원인이 있는 경우에는 공동으로 개인회생절차의 개시를 신청할 수 있으며 법원은 부부 각자의 개인회생재단을 합산한 부부공동 개인회생재단의 구성여부를 결정할 수 있도록 하였다(의원입법안 제52조; 통합도산법개정안 제589조 제1항·제3항). 그러나 최종단계에서 미국의 경우 부부공동재산제를 채택하고 있으나 한국의 부부재산제는 부부별산제를 채택하고 있어 양자의 차이를 이유로 채택되지 아니하였다고 한다.

그러나 미국의 경우는 부부에 대하여 공동신청제를 마련하고 있고,[24] 특히 제13장 절차의 경우에는 부부 중 어느 일방에게 신청자격이 있으면 상대방도 함께 신청할 수 있는 것임에 반하여[25] 개정안은 미국과 달리 부부 모두에게 신청자격이

22) 大阪個人再生手續運用硏究會, 事例解說 個人再生, 新日本法規(2004), 209면.

23) Note, Estimating contingent liabilities to determine insolvency in bankruptcy proceedings: In re Xonics Photochemical, Inc. 1989 B.Y.U.L. Rev. 1315. 다만 이 글은 파산원인인 부채초과를 판정함에 있어서 보증채무의 확정에 관한 것이고 제13장에 관한 글이 아님을 밝혀 둔다.

24) §302.

25) §109(e), 山田文, "米國における夫婦共同手續の導入可能性," 倒産法大係 倒産法と市民保護の法理, 弘文堂(2001), 495면 참조.

있는 경우라면 공동으로 개시신청을 할 수 있도록 하고 만약 불공평한 문제가 발생하면 합산한 공공재단의 구성여부를 변경 또는 취소할 수 있는 여지를 두고 있으므로 개정안과 같이 공동신청하여 절차를 도입하여 절차를 간이하게 하는 것을 굳이 막을 이유는 없지 않을까 생각한다.[26] 미국도 1938년 챈들러법 제XIII장의 단점으로 부부공동신청제가 없다는 점이 지적되어 1978년 파산법 개정에서 이를 도입한 점과 미국에서 부부공동신청제를 도입할 당시 일반적으로 부부가 공동채무를 부담하고 있는 현실과 부부 중 일방만이 면책을 받은 것으로는 재건하기 어렵다는 현실에 터잡은 것이지 부부별산제인지 부부공동재산제인지는 고려하지 않았다는 점을 생각하면[27] 우리도 가족의 재건이라는 목적을 고려하면 부부공동신청제를 택할 필요가 있다. 앞으로 맞벌이 부부가 늘어나고 부부 모두가 파산상태에 이르러 개인회생절차를 신청하겠다고 법원의 문을 두드린다면 부부의 재산을 합하여 채무변제를 하는 것이 채권자에게 이로울 것이다. 부부가 공동의 가정생활을 하게 되고 각자의 수입으로 공동의 비용인 생계비를 부담하는 것이므로 이러한 현실을 반영하는 제도의 도입을 굳이 반대할 필요는 없는 것이다.[28]

4. 임금채권에 대한 전부명령과 개인채무자회생제도

(1) 문제의 소재

개인채무자회생제도는 채무자의 장래 수입인 임금을 총채권자를 위한 변제자원으로 삼는 것을 특징으로 한다. 그런데 월급생활자의 경우 파산신청을 하기 이전의 곤궁한 상태라면 그가 갖고 있는 유일한 담보인 임금 및 퇴직금청구권에 대하여도 이미 압류 및 전부명령이 발하여진 경우가 적지 않을 것이다. 파산법은 파산

26) 민법상 일상가사에 관한 대리제도를 부여하고 있을 뿐 아니라 실무상 배우자 일방의 채무에 대하여 타방도 책임이 있다는 보통 사람들의 법감정을 고려하면 공동신청제도를 도입하여도 무방하다고 생각한다.

27) H.R. Rep No. 595(1977), 山田文, 전게논문(주 25), 494면 주 2에서 재인용함.

28) 同旨, 田炳西, "채무자회생및파산에관한법률안의 개인채무자파산 및 면책에 관한 부분 검토," 법률신문(2003. 6. 30.자), 15면 참조. 미국의 경우 평범한 중산층으로서 자녀를 갖고 있는 맞벌이 부부가 파산신청을 하는 수가 급격하게 늘었다고 한다. 앞으로 2003년부터 2010년까지 전체 가구 중 510만의 가구(유자녀가구, 전체유자녀가구의 13.5%)가 파산신청을 할 것으로 예상된다. 미국 맞벌이 부부의 파산신청에 대한 분석으로는 Elizabeth Warren & Amelia Warren Tyagi, THE TWO INCOME TRAP—WHY MIDDLE CLASS MOTHERES & FATEHRS ARE GOING BROKE(2003) 참조. 번역서가 출간되었다. 엘리자베스 워렌, 아멜리아 워렌 티야기 저, 주익종 역, 맞벌이의 함정(2004). 이 책은 하바드법대 교수인 어머니(Warren)와 Wharton School을 졸업한 컨설턴트인 딸(Tyagi)이 2001년도에 조사한 소비자파산연구를 기초로 실제로 파산신청을 한 부부들의 경험을 분석한 것이다.

재단에 관하여 고정주의를 채택하고 있으므로 파산선고 당시의 재산만을 파산재단으로 삼고 장래의 재산인 이른바 신득재산은 파산자의 새 출발의 터전으로 보아 파산재단에서 제외하고 있다. 그런데 파산선고 전에 장래의 임금채권에 대하여 전부명령을 인정하고 있는 현재의 실무[29]를 유지한다면 채권이 이미 전부채권자에게 귀속되었으므로 이러한 장래 소득은 더 이상 파산재단을 구성하지 않고 파산자에게 귀속하는 新得財産도 되지 못한다. 그렇다면 이러한 채무자에 대하여는 개인회생절차를 개시할 수 없고 개인채무자회생제도는 그에게 그림의 떡에 불과하여 개인채무자회생제도가 사실상 사문화되는 결과가 될 것이다. 따라서 미국과 일본에서와 같이 장래의 임금채권에 대한 압류 전부명령이나 양도는 개인채무자회생절차의 개시 이후에는 실효하는 것으로 해석하여야 한다는 주장이 있다.[30]

(2) 미국과 일본의 경우

미국의 경우는 각주의 민사소송법에 의하여 임금채권에 대하여 집행기간을 1년으로 단축하거나, 임금채권의 양도에 관하여는 배우자의 동의를 요하게 하고, 연방법률[31]에 의하여 근로자의 임금채권에 대하여는 가처분소득의 1/4 이하에 한하여 채권압류를 허용함으로써 근로자를 보호하고 있다.[32] 또한 담보권은 파산절차에서도 유지되지만 연방대법원의 판례에 의하여 채무자의 장래소득에 대한 담보권(lien)은 파산절차에서 효력이 없다는 확립된 이론을 통하여 채무자를 보호하고 있다.[33]

29) 대법원 1977. 9. 28. 선고 77다1137 판결(장래의 봉급); 1975. 7. 22. 선고 74다1840 판결(퇴직금청구권)에 대하여 전부명령을 인정하고 있다.

30) 자세한 논의에 대하여는 鄭畯永, "개인파산(회생)에 있어서 장래소득에 대한 전부명령 채권양도의 효력," 한국민사소송법학회발표문(2004. 5. 29) 참조. 徐慶桓, "개인채무자회생제도," 2004년도 도산법관실무연수자료, 사법연수원(2004), 42면도 이를 지적하고 입법적인 해결을 촉구하고 있다.

31) The Consumer Credit Protection Act. 15 USCA §§1671-1677.

32) 자세한 것에 대하여는 鄭畯永, 전게논문(주 30), 11면 이하 참조.

33) Local Loan Company v. Hunt 292 U.S. 234(1934). 사안의 내용은 Hunt가 1930. 9. 17. Local Loan Company로부터 300불을 차용하고 그 담보로 장래소득의 일부를 양도한 후, 1931. 3. 3. 일리노이 파산법원에 파산신청을 하고, 1932. 10. 10. 면책결정을 받았다. 한편 Local Loan Company는 1932. 10. 18. 임금채권의 양수인으로서 시카고 구법원에 Hunt의 사용인에 대하여 파산신청 이후의 임금의 지급을 청구하였다. Hunt는 파산선고 및 면책결정을 한 파산법원에 Local Loan Company가 소송을 진행하지 못하게 하거나 임금채권의 양수인으로서 Hunt에게 가지는 권리를 행사하지 못하도록 신청을 하였다. 한편 Local Loan Company는 일리노이주 판례법에 의하면 장래소득의 양도는 유효한 우선특권이 된다고 판시하였으므로 파산법원도 이에 구속된다고 다투었다. 이에 대하여 대법원은 파산사건개시 후 노무를 제공하여 취득한 소득의 양도의 효과에 관한 일리노이 주법원의 판결은 연방법인 파산법의 목적과 정신을 파괴하는 것이라고 판시하였다. 鄭畯永, 전게논문(주 30), 18-19면에서 인용함.

일본의 민사집행법상 전부명령의 대상이 되는 피전부채권은 권면액이 있어야 하므로 권면액이 없는 채권이거나 설사 권면액이 있더라도 즉시 결제되지 않는 것은 전부할 수 없다.[34] 따라서 장래의 급료채권은 노무의 제공이라는 不代替的인 반대급부의 이행에 걸려 있으므로 집행채권과 즉시 결제될 수 없어 피전부적격이 없다고 해석한다.[35] 다만 급료채권은 이미 발생의 기초가 되는 법률관계가 존재하고 가까운 장래에 발생할 가능성이 확실하여 재산가치를 가지는 것이라는 이유로 압류는 가능하고 다만 그 한도는 한국과 달리 1/4이다. 따라서 일본의 경우는 급여소득자 재생절차에서 전부명령과의 충돌문제는 발생하지 않고 있다.

(3) 해 결 책

1) 부인권에 의한 해결

개인회생재단은 채무자의 현재의 자산뿐 아니라 미래의 수입도 포함한다. 한편 부인권은 개인회생재단을 충실히 하여 총채권자의 변제자원으로 삼는 것이고, 특정채권자가 부인가능한 시기에 편파적으로 개인회생재단인 미래의 재산으로 채권의 만족을 얻는 행위를 하는 것은 부인대상행위에 해당한다. 따라서 채권자가 전부명령에 의하여 집행채권을 소멸시키는 행위도 부인행위에 해당하므로 채무자가 부인할 수 있다고 봄이 옳다.[36]

그러나 대부분의 개인회생사건의 경우 전부명령이 부인가능한 시기 이전(개인회생절차신청 이전에)에 이루어진 것이거나 부인의 요건에 해당하지 아니하는 경우[37]이므로 부인권으로 문제를 해결하기에는 충분하지 못하다는 단점이 있다.

2) 전부명령에 대한 새로운 해석론

장래의 채권 등에 대하여도 전부명령을 인정하는 것이 대법원의 확립된 판례이고, 대법원이 '다만 장래의 채권에 대한 전부명령이 확정된 후에 그 피압류채권의 전부 또는 일부가 존재하지 아니한 것으로 밝혀졌다면 민사소송법 제564조 단

34) 일본 민사집행법 제150조 제1항.

35) 통설 · 판례이다. 中野貞一郎, 民事執行法, 青林書院(2000), 611면; 林屋札二 編, 民事執行法(改訂版), 青林書院(1996), 236면; 鈴木忠一 · 三ヶ月章 編集, 注解民事執行法(4), 第一法規(1985), 627면. 最高裁判所 1983. 2. 2. 判決(민집 27권 1호, 80면) 등.

36) 부인권이 인정되면 채권양도행위와 채권양도통지행위가 취소되며, 수익자는 제3채무자에게 채권양도계약 및 통지행위가 취소되었음을 통지할 의무가 있다(서울고등법원 2001. 6. 26. 선고 2000나52006 판결 참조).

37) 파산법 제64조 제2호는 '파산자가 지급정지 또는 파산신청이 있은 후에 한 담보의 제공, 채무소멸에 관한 행위 기타 파산채권자를 해하는 행위. 단, 이로 인하여 이익을 받은 자가 그 행위 당시에 지급정지 또는 파산신청이 있은 것을 알지 못한 때에는 예외로 한다'고 규정하고 있다.

서에 의하여 그 부분에 대한 전부명령의 실체적 효력은 소급하여 실효된다'고 판시하고 있으므로[38] 급료채권에 대한 전부명령이 있은 후에 채무자에 대하여 개인회생절차가 개시된 경우에는 피압류채권인 급료채권이 개인회생재단에 속하게 되어 부존재한 것으로 밝혀진 것으로 보아 그 부분에 대한 전부명령은 실효되고 전부채권자의 집행채권은 여전히 존속하는 것으로 해석하는 것이다.

그러나 이 해석론은 아직까지 제대로 논의된 바도 없고 대법원에서 받아들여질지도 알 수 없는 상태이므로 채무자의 채권액을 산정할 때 이를 어떻게 고려할 것인지도 불분명하여 개인회생절차의 개시와 계획안의 수립절차 등에 불안정한 요소를 수반한다는 단점이 있다.

3) 私見(입법적 해결론)

생각건대, 미국의 경우에는 파산재단에 대하여 독립된 법인격을 부여하고 관재인을 파산재단의 대표자로 파악하고, 파산선고가 되면 채무자는 종전과 법적 지위가 다른 Debtor in Possession의 지위로 바뀌는 것으로 취급하고 있다. 한국은 파산재단에 대하여 별도의 독립된 법인격을 부여하고 있지는 않지만 채무자의 재산과 파산재단은 별개로 해석하고 있다. 파산법의 요체 중의 하나는 파산자의 재산을—현재의 재산이든(파산절차), 미래의 수입을 포함하든(개인채무자회생절차)— 일단 채무자로부터 분리하여 관리처분권을 빼앗아 독립된 파산재단의 구성재산으로 파악한 후 관재인에게 파산재단의 관리처분권을 이전하고(관리처분권이전의 효력), 종전 채권자는 파산재단에 속하는 재산에 대하여 파산절차에 의하지 아니하고는 변제받을 수 없도록 하는 것이다(개별집행금지의 효력 또는 포괄집행적 효력). 따라서 개인회생절차에 있어서 미래의 수입인 급료채권은 개인회생재단에 속하는 것이므로 종전 채권자는 개인회생재단에 속하는 재산에 대하여 개인회생절차에 의하지 아니하고는 변제받을 수 없다.

그런데 전부채권자는 이미 집행을 종료하여 급료채권의 새로운 권리자가 되었으므로 더 이상 개인회생채권자가 아니고, 압류금지된 부분만이 개인회생재단을 구성하는 것이라고 반론할 수 있다. 그러나 권면액이 있는 채권을 전부명령을 받은 경우라면 전부명령이 확정되면 피압류채권은 제3채무자에게 송달된 때에 소급하여 집행채권의 범위 안에서 당연히 전부채권자에게 이전하고 동시에 집행채권 소멸의 효력이 발생하는 것이지만, 급료채권은 채무자의 계속적인 노무공급이 전제되

38) 대법원 2001. 9. 25. 선고 99다15177 판결(공 2001하, 2313).

어야 발생하는 것이므로 권면액 있는 채권과 동일하게 해석할 수 없는 것이다.[39] 이 장면에서 개인회생제도의 목적과 특정 전부채권자의 보호가 상충하게 되는데 급료채권에 대한 전부명령의 범위가 일본·미국과 달리 채무자의 소득 중 제세공과금을 제한 나머지의 1/2이고, 전부되지 않은 나머지 부분에서 생계비 등을 공제한 금액이 가용소득이 되는 것이므로(제2조 제3호) 가용소득이 하나도 남지 않게 되면 변제계획수립이 불가능하고 가용소득이 있더라도 극히 저액으로 변제계획(더구나 8년이라는 장기간 동안)의 실효성이 의문시된다. 개인채무자회생절차를 이용하고자 하는 채무자는 직장을 그만 두게 될 것이고, 그렇다면 전부채권자도 더 이상 급료채권을 받지 못하고 종전 채권이 다시 부활하게 되고 채무자는 급료수입도 잃게 되어 누구도 바라지 않는 상태가 됨은 명약관화한 것이다. 따라서 총채권자의 보호를 위한 파산제도의 이념이 특정 전부채권자의 보호보다 우위에 서게 된다. 개인채무자회생법 제60조에 민사집행법 제246조 제 1 항 제 4 호에 게기된 채권에 대하여 한 전부명령은 개인회생절차의 개시로 인하여 소급하여 중지된다는 내용을 삽입하는 것이 문제를 근본적 해결하는 것이라고 생각된다.[40] 채무자가 채권자목록을 작성할 때에도 급료채권에 대하여 전부명령을 받은 경우가 있으면 이를 작성하여 채권액에 합산하도록 실무를 운용하여야 할 것이다. 더욱 복잡한 문제를 야기하는 것은 채무자가 개시결정 전에 장래의 급료채권을 양도한 경우인데 이 경우에도 전부명령과 마찬가지로 소급하여 추심을 중지시킬 것인지에 대하여는 논의가 있다.[41] 물론 개인회생절차개시 후에는 장래 급료채권은 개인회생재단에 속하고 장차 총채권자의 채무변제에 사용하는 자원이 되므로 양도행위는 무효라고 해석된다.

---

39) 전게 대법원 99다15177 판결.

40) 개인회생절차가 개시된 이후에는 채권에 대한 압류 전부명령을 할 수 없으므로 소급의 문제는 생기지 않는다. 회사정리절차에서는 정리절차의 개시로 강제집행절차는 중단되었다가 계획안의 인가결정이 있는 때에는 강제집행은 효력을 잃고(회사정리법 제246조), 파산절차에서는 파산선고가 있으면 이미 행한 강제집행의 효력을 잃는다(파산법 제61조). 개인회생절차에서는 변제계획안에 대한 인가결정으로 강제집행의 효력이 잃는다는 점에서 회사정리법과 같은 구조를 취한다(제75조 제 3 항). 여기서 문제가 되는 것은 개인회생절차개시 전에 이미 압류 전부명령이 발하여진 경우인데 전부명령은 제 3 자에게 송달됨으로써 일단 집행절차가 종료하게 되므로 그 후에 채무자가 신청한 개인회생절차가 개시된 경우에는 일단 소급하여 중지하여 두었다가 인가결정의 유무를 기다려 인가결정이 나면 그 때 비로소 그 효력을 잃도록 하여야 할 것이다.

41) 鄭晙永, 전게논문(주 30), 21-22면은 장래소득이 회생재단에 포함되는 것은 변제계획에 따라 채권자의 변제에 제공하기 위한 것이고, 장래소득은 원래 신득재산으로서 채무자에게 귀속되는 것이므로 부인권행사여부를 논하기에 앞서 장래소득에 대한 전부나 양도는 개인채무자회생절차개시 및 면책 후에는 모두 실효하는 것으로 해석하는 것이 타당하다고 기술하고 있다.

5. 신청서의 제출

개인회생신청은 구술로 할 수 없고 반드시 서면으로 하여야 한다(제49조). 개인회생절차의 개시를 신청하는 자는 신청서에 ① 채무자의 성명 · 주민등록번호 · 주소, ② 신청의 취지 및 원인, ③ 채무자의 재산 및 채무를 기재해야 한다(제49조 제1항). 신청인은 이 신청서에 첨부하여 ① 개인회생채권자목록(채권자의 성명, 주소, 채권의 원인 및 금액이 기재된 것을 말한다), ② 재산목록, ③ 채무자의 수입 및 지출에 관한 목록, ④ 신청일 전 10년 이내에 회생사건 · 파산사건 또는 개인회생사건을 신청한 사실이 있는 때에는 그 관련서류,[42] ⑤ 급여소득자 또는 영업소득자임을 증명하는 서류, ⑥ 그 밖에 대법원규칙이 정하는 서류를 첨부해야 한다(제2항). 채무자는 개시결정시까지 채권자목록에 기재된 사항을 변경 또는 정정할 수 있다.

6. 보전처분

채무자가 개인회생절차의 개시를 신청하고 이에 대한 개시여부의 결정이 있기까지는 시간이 걸리므로 채무자의 재산이 흩어지는 것을 방지하기 위하여 법원은 개시결정 전에 이해관계인의 신청이나 직권으로 개인회생재단에 재산에 관하여 가압류, 가처분 그 밖에 필요한 보전처분을 할 수 있다. 법원은 결정을 변경하거나 취소할 수 있으며 보전처분에 대하여 즉시항고할 수 있으나 집행정지의 효력은 없다(제52조).

7. 중지명령

(1) 내　　용

보전처분으로는 이미 진행되고 있는 절차를 중지시킬 수는 없으므로 회사정리법과 같이 급박한 경우를 대비하여 별도의 중지명령제도를 도입하였다. 법원은 필요하다고 인정하는 때에는 이해관계인의 신청이나 직권으로 개인회생절차의 개시신청에 대한 결정이 있을 때까지 ① 채무자에 대한 파산절차 또는 화의절차, ② 개인회생채권에 기하여 채무자의 업무 및 재산에 대하여 한 강제집행 · 가압류 또는 가처분, ③ 채무자의 업무 및 재산에 대한 담보권의 설정 또는 담보권의 실행 등을 위한 경매, ④ 개인회생채권을 변제받거나 변제를 요구하는 일체의 행위(다

42) 회생사건이라 함은 화의사건을 잘못 표기한 것으로 보인다.

만, 소송행위를 제외한다)에 대하여 중지 또는 금지를 명할 수 있다(제53조 제 1 항). 중지명령을 받은 후에는 법원의 허가 없이는 신청을 취하할 수 없다(제54조).

(2) 임의경매의 중지여부

입법당시 논의된 것은 임의경매절차의 중지여부이다. 개인회생절차에서는 파산법상의 별제권 조항이 준용되므로(제45조) 만일 담보권자에 대하여 별제권자의 지위를 인정하는 입장을 관철하게 되면 개인회생절차에서도 임의경매절차의 중지는 허용될 수 없다. 그러나 개인회생절차의 경우에도 신청 후 일정기간 동안 절차의 중지를 인정함으로써 채무자에게 숨쉴 틈을 주어 그 기간 동안 채권자와의 협상을 통할 여지를 마련한 것이다. 民事再生法도 담보권을 별제권으로 취급하면서도 임의경매절차의 중지를 허용하고 있고(민사재생법 제31조) 더 나아가 담보물의 가액(채권액이 아님)을 법원에 납부하고 담보권의 소멸을 청구할 수 있는 규정까지 두고 있다(민사재생법 제148조). 한편 법률안에서는 개개의 중지명령을 얻어야 하는 불편을 고려하여 채무자를 위한 포괄적 중지명령제도를 도입하고 있으므로 앞으로 법률안이 통과되면 포괄적 중지명령도 개인채무자회생법에 반영되어야 할 것이다.

(3) 방문, 독촉 등 최고행위도 금지

법에서 새로 도입된 것은 경매신청, 담보권의 설정행위와 같은 법률행위 외에 미국의 자동중지제도(automatic stay)와 같이 방문, 최고, 전화와 같은 사실행위에 대하여도 중단을 인정한 것이다. 미국의 경우는 이에 위반한 경우 법정모독죄로 처벌할 수 있으므로[43] 강력한 제재수단이 있으나, 법에서는 별도의 제재규정을 두지 않고 있다. 실효성을 갖추기 위하여는 벌칙규정에서 법원의 각종 명령을 특정하여 이에 위반하는 행위를 형사처벌 또는 감치재판을 할 수 있도록 규정할 필요가 있다.

(4) 소송행위는 제외

회사정리법에서는 중지명령에 의하여 계속중인 소송도 중단시킬 수 있으나 개인회생절차에서는 화의절차와 같이 채무자에 대한 관리처분권이 여전히 채무자에게 남아 있으므로 소송중단을 인정할 여지가 없다. 따라서 보전처분이나 개인회생절차개시결정이 있더라도 민사소송은 중단되지 아니하고 진행하여 집행권원을 확보함으로써 채권확정이 신속하게 이루어질 수 있다. 다만 판결에 기한 강제집행행

43) §362(h).

위는 중단된다.

8. 신청의 취하

채무자는 개인회생절차의 개시결정이 있기 전에는 신청을 취하할 수 있는데, 보전처분이나 중지명령을 받은 후에는 법원의 허가를 받아야 취하할 수 있다(제54조).

Ⅳ. 개시신청에 대한 재판

1. 재판기한

법원은 신청일로부터 1개월 이내에 개인회생절차의 개시여부를 결정하여야 한다. 이는 회사정리법이 신청일부터 정리절차개시결정일까지 기한을 1개월로 정한 것과 같다(회사정리법 제45조의2).

2. 기각결정

법원은 개인회생절차개시의 신청은 다음과 같은 사유가 있을 때 기각할 수 있다(제55조). ① 채무자가 신청권자의 자격을 갖추지 아니한 때, ② 채무자가 신청서에 첨부해야 될 서류를 제출하지 아니하거나 허위로 작성하여 제출하거나 또는 법원이 정한 제출기한을 준수하지 아니한 때, ③ 채무자가 절차의 비용을 납부하지 아니한 때,[44] ④ 채무자가 변제계획안의 제출기한을 준수하지 아니한 때,[45] ⑤ 채무자가 신청일 전 5년 이내에 개인회생절차의 개시신청이 기각되거나 개인회생절차의 폐지결정을 받은 사실이 있는 때, ⑥ 채무자가 신청일 전 10년 이내에 면책(파산절차에 의한 면책을 포함한다)을 받은 사실이 있는 때, ⑦ 개인회생절차에 의함이 채권자 일반의 이익에 적합하지 아니한 때, ⑧ 그 밖에 신청이 성실하지 아니하

44) 현행 파산법은 비용을 납입할 수 없는 파산자의 신청에 대하여 국고가지급의 제도를 마련하고 있어 비용의 납입이 없다는 이유로 신청을 기각할 수 없도록 되어 있다. 개인회생제도에서는 국고가지급의 제도는 인정되지 않으므로 비용을 납입하지 아니하면 신청이 기각된다. 미국의 파산법은 제7장, 제11장, 제13장 모두 비용을 납입하지 아니하면 신청이 각하된다(§707(b)).

45) 채무자는 개인회생절차개시의 신청일부터 14일 이내에 변제계획안을 제출하여야 한다(제70조 제1항).

거나 상당한 이유 없이 절차를 지연시키는 때이다.

이 가운데 제 7 항의 의미는 개인회생절차개시 전에 이미 파산절차가 개시되어 있는 경우, 절차의 진행상황, 채무자의 재산상태 등을 종합적으로 판단하여 개인회생절차를 개시하는 것보다 파산절차를 진행하는 것이 채권자에게 유리한 경우 개인회생절차를 이용하지 못하도록 하는 것을 의미한다. 채권자의 이익이라 함은 개개채권자나 특정채권자군이 아니라 전체 채권자의 이익을 고려할 때, 변제율, 변제의 시기, 변제기간 등을 종합적으로 고려하여 판단하여야 한다.[46]

3. 개시인용의 결정

회사정리절차의 개시결정문과 같이 결정문에는 연·월·일·시를 기재하여야 하고 결정의 효력은 결정시부터 발생한다(제56조 제 4 항). 법원은 개인회생절차개시의 결정을 함과 동시에 개인회생채권에 대한 이의기간과 개인회생채권자집회기일을 정하여야 한다(제56조 제 2 항). 개인회생채권에 관한 이의기간은 개인회생절차의 개시결정일로부터 2주 이상 2월 이하이어야 한다.[47] 채권자집회기일은 이의기간 말일부터 2주 이상 1월 이하의 기간을 두고 정해야 한다. 법원은 특별한 사정이 있는 경우 이의기간이나 채권자집회의 기일을 늦추거나 기간을 늘일 수 있다(제56조 제 3 항).

개시여부의 재판에 대해서는 즉시항고를 할 수 있으나 집행정지의 효력은 없다(제58조). 개시신청을 기각하는 결정에 대하여 항고가 있는 경우 법원은 이미 발한 보전처분이나 중지명령을 변경 또는 취소할 수 있다. 항고법원은 즉시항고의 절차가 법률에 위반되거나 즉시항고가 이유 없다고 인정하는 때에는 결정으로 즉시항고를 각하 또는 기각하여야 하고,[48] 즉시항고가 이유 있다고 인정하는 때에는 원래의 결정을 취소하고 사건을 원심법원으로 환송하여야 한다(제58조 제 4 항 · 제 5 항).

4. 공고와 송달

법원은 개인회생절차개시의 결정을 한 때에 지체 없이 '개시결정의 주문, 이의

46) 園尾隆司 · 小林秀之 編, 條解民事再生法, 弘文堂(2003), 94면 참조.

47) 초안은 이의기간을 1주 이상 1월 이하로 정하였으나 채권자들에 대한 송달 및 이의신청서 작성, 접수에 소유되는 최소기간은 2주 정도로 보아야 하고, 개인채권자들이 대부분인 경우 등 송달불능이 예상되는 경우는 2개월 정도의 이의기간을 주어 송달에 필요한 기간을 확보하기 위하여 기간을 법안대로 연장하였다.

48) 대법원판례에 의하면 결정절차에서는 각하와 기각의 차이가 없다는 것이므로(대법원 1960. 7. 21. 선고 4293민상137 판결) 굳이 양자를 구별하여 입법할 필요가 있는가 하는 의문이 있다.

기간, 개인회생채권자가 이의기간 안에 자신 또는 다른 개인회생채권자의 채권내용에 관하여 개인회생채권조사확정재판을 신청할 수 있다는 뜻, 개인회생채권자집회기일'을 공고하여야 한다(제57조 제1항). 법원은 또 그와 같은 사항을 기재한 서면과 개인회생채권자목록 및 변제계획안을 '채무자, 알고 있는 개인회생채권자,[49] 개인회생절차가 개시된 채무자의 재산을 소지하고 있거나 그에게 채무를 부담하는 자'에게 송달하여야 한다(제57조 제2항).

V. 개시결정의 효력

개인회생절차개시의 결정이 있는 경우 발생하는 중요한 효력으로 ① 개인회생채권의 변제금지, ② 개인회생재단의 성립, ③ 다른 절차의 중지 ④ 부인권, 상계권의 행사 제한 등이 있다.

1. 개별집행금지의 효력

개인회생절차개시의 결정이 있는 경우 그 결정 전의 원인으로 생긴 재산상의 청구권은 개인회생채권이 되고(제26조), 그 중 채권자목록에 기재된 개인회생채권에 관하여는 변제계획에 의하지 아니하고는 변제하거나 변제받는 등 이를 소멸하게 하는 행위(면제를 제외한다)를 하지 못한다(제39조). 따라서 개인회생채권이라도 채무자가 일부러 목록에 기재하지 아니한 채권이나 개인회생재단채권[50]은 이러한 제약 없이 변제를 받을 수 있으며, 소송을 제기하여 강제집행할 수 있다.

2. 개인회생재단의 성립

(1) 개인회생재단의 개념

파산선고가 되면 파산재단이 성립되듯이 개인회생절차개시결정이 있으면 그 결정 당시 채무자가 가진 모든 재산과 개인회생절차의 진행중에 채무자가 취득한

49) 법원이 알고 있는 개인회생채권자를 말한다.

50) 회사정리절차에서 공익채권, 파산절차에서 재단채권과 유사한 개념이며 미국 파산법에서 Adminstration fee와 유사한 개념이다.

재산 및 소득은 개인회생재단을 구성하게 된다(제24조 제1항). 인가된 변제계획에서 달리 정한 경우를 제외하고 채무자가 개인회생재단의 관리처분권을 가진다(제24조). 채무자가 여전히 관리처분권을 갖고 있음에도 굳이 개인회생재단이라는 개념을 둔 것은 다음의 의미이다.[51]

첫째, 채무자가 제출한 변제계획안을 인가받기 위하여는 "변제계획 인가결정일을 기준으로 하여 평가한 개인회생채권에 대한 총변제액이 채무자가 파산하는 경우 배당받을 총액보다 적지 아니할 것"을 요건으로 하고 있다(제74조 제1항 제4호). 따라서 법원은 변제계획인가여부를 결정하기 위하여 개인회생재단의 범위를 알고 있을 필요가 있다.

둘째, 개인회생절차 개시결정의 효과로서 중지되는 강제집행 등 절차의 범위를 특정하기 위하여 개인회생재단의 개념이 필요하다. 즉, 개인회생절차 개시결정이 있으면 "개인회생채권에 기하여 개인회생재단에 속하는 재산에 대하여 한 강제집행, 가압류 또는 가처분"은 중지 또는 금지된다(제60조 제1항 제2호).

원래 개인회생재단의 범위는 채무자가 개인회생절차 개시결정시에 가진 재산과 채무자가 "개인회생절차 진행중"에 취득한 재산이므로, 변제계획에 따른 변제완료 후 면책결정을 받을 때까지(최장 8년간)의 장래소득이 개인회생재단에 포함된다. 그런데 변제계획인가결정이 있으면 개인회생재단에 속하는 모든 재산은 채무자에게 귀속되므로(제75조 제2항 본문), 원칙적으로 인가결정 후의 채무자의 장래소득은 개인회생재단에서 제외되어 위와 같은 개인회생채권에 기한 강제집행중지 등의 혜택을 받을 수 없게 된다. 따라서 이를 막을 필요가 있을 때에는 이러한 소득을 개인회생재단으로 계속 남을 수 있도록 그 범위를 변제계획 또는 변제계획인가결정에서 정하여 놓아야 한다(제75조 제2항 단서).

(2) 파산재단과의 차이

파산법상의 파산재단과의 차이점은 다음과 같다. 첫째, 파산재단은 장래의 수입을 제외한 파산선고 당시 채무자의 재산만이 파산재단을 구성하지만(파산법 제6조 제1항) 개인회생재단은 일정한 기간 동안의 장래의 수입 내지 취득재산도 개인회생재단을 구성한다는 점이다. 파산절차에서는 선고시의 파산재단을 환가하여 채권자에게 배당하지만, 개인회생절차에서는 채무자의 장래소득을 주요 변제재원으로 하고 있다. 둘째, 파산절차에서는 파산재단의 관리처분권이 채무자로부터 관재인으로 이전하

51) 徐慶桓, 개인회생제도, 2002년도 도산법연구회 세미나 발표문 참조.

지만 개인회생재단의 관리처분권은 인가된 변제계획에서 달리 정하지 않는 한 채무자가 관리처분권을 갖는 점이다. 따라서 개인회생절차 개시결정으로 인하여 소송절차의 중단의 문제는 생기지 아니하는 점을 유의하여야 한다.

(3) 개인회생재단에 속하지 아니하는 재산

1) 압류금지재산

압류할 수 없는 재산은 개인회생재단을 구성하지 아니한다(제25조 제1항). 다만 민사집행법 제246조(압류금지채권) 제1항 제4호[52]의 규정에 의한 채권은 민사집행법의 규정에도 불구하고 개인회생재단을 구성한다. 즉 민사집행법상 급여채권의 1/2은 압류금지채권에 해당하지만 개인회생절차에서는 급여채권 전액이 개인회생재단을 구성하는 재산이 된다. 이는 개인회생절차가 봉급생활자를 대상으로 장래수입인 봉급을 변제의 자원으로 삼는다는 점에서 기인한다(제24조 제1항 제2호). 유의할 것은 제25조 제1항 단서의 규정에 의하여 절차개시 이전에 제공한 노무에 대한 급여채권에 관한 민사집행법상 압류금지부분도 회생재단에 포함시킨다는 점이다. 미지불임금이나 개인채무자회생절차 당시의 퇴직금채권이 제25조 제1항 단서에 해당될 것이다. 다만 다른 법률에서 수급권자의 보호를 위하여 압류를 전면 금지한 채권은 여전히 개인회생재단을 구성하지 아니한다. 예컨대, 공무원연금, 국민연금 등은 가용소득으로 인정하여 변제계획안 작성함에 있어 그 기초가 되는 변제재원으로 고려할 수 있을 뿐이다.

2) 면제재산

① 면제재산제도의 도입취지

법이 민사집행법에서 인정하지 않는 새로운 면제재산을 인정할 것인가에 관하여 입법 당시에 그 범위와 면제재산의 내용을 둘러싸고 논의가 있었다. 면제재산은 재건을 꾀하는 채무자에게 적어도 최소한도의 인간다운 생활을 할 수 있는 범위의 재산을 제외하여 이를 바탕으로 생활하면서 장차의 수입으로 빚을 갚도록 하자는 것이다. 미국 파산법상의 집행면제재산(exempt property)제도를 모델로 한 것이다.

② 면제신청과 재판

채무자가 면제혜택을 받기 위하여는 신청일로부터 개시결정일 후 14일 이내에

52) 4. 급료·연금·봉급·상여금·퇴직금·퇴직연금, 그 밖에 이와 비슷한 성질을 가진 급여채권의 2분의 1에 해당하는 금액.

면제재산목록 및 소명에 필요한 자료를 첨부하여 서면으로 면제신청을 하여야 한다(제25조 제 3 항). 당초 입법 당시 개정안 제383조에서는 파산재단에 면제재산에 관한 규정을 두고 이를 개인회생절차에서 준용하도록 하였으나 독립된 법을 만들면서 따로 규정을 두게 되었다. 면제신청을 개시신청일로부터 14일 이내로 한정하는 것이 법률관계를 간명하게 한다는 주장이 제기되었으나 개시결정 후에 면제신청을 하는 채무자도 있을 수 있고 그러한 채무자에게는 면제혜택을 거부하는 것이 가혹하다는 지적이 있어 조문내용대로 규정되었다. 따라서 채무자는 개시신청과 동시에 면제신청을 할 수도 있고, 개시결정 후에 면제신청을 할 수 있다. 채무자가 개시결정 전에 면제신청을 한 경우에는 개시결정과 동시에, 개시결정 후 면제신청을 한 경우에는 신청일로부터 14일 이내에 면제여부 및 그 범위를 결정하여야 한다(제25조 제 4 항).[53] 면제신청서와 소명에 필요한 자료는 동시에 신청하여야 한다. 신청일 이후 면제결정 전에 자료를 제출한 경우 면제신청을 부적법하다고는 할 수 없을 것이다.

③ 면제대상 재산

법은 제25조 제 2 항에서 두 가지 면제재산을 인정하고 있다. 첫째는 채무자 또는 피부양자의 주거용으로 사용되고 있는 건물에 관한 임차보증금반환채권으로서 주택임대차보호법 제 8 조의 규정에 의하여 우선변제를 받을 수 있는 금액의 범위 안에서 대법원규칙이 정하는 금액을 초과하지 아니하는 부분이다. 주택임대차보호법 제 8 조는 소액임차권자의 범위를 정한 규정으로 각 지역마다 우선변제액수가 다르다.

둘째는 채무자 및 그 피부양자의 생활에 필요한 6월간의 생계비에 사용할 특정한 재산으로서 대법원규칙이 정하는 금액을 초과하지 아니하는 부분이다. 입법에서 이를 대법원규칙으로 위임한 것은 물가상승 등을 고려하여 경제변동에 탄력적으로 적용할 수 있도록 하기 위함이다. 따라서 구체적인 금액은 앞으로 제정될 대법원규칙에 의하여 결정될 것이다.

개인회생채권자는 개인회생절차가 개시된 이후에는 개인회생재단에 의하여만 변제를 받는 것이므로 면제재산에 대하여는 강제집행을 할 수 없다고 봄이 옳다. 만일 개시결정 후에도 면제재산에 대하여 강제집행을 할 수 있다고 해석하면 개인회생채권의 성격이나 개인회생재단의 목적에 반하고 면제재산을 둔 입법취지에 반

53) 동시폐지사건의 경우는 전자에 해당할 것이다. 법원은 파산원인이 있는 지와 면제여부를 동시에 심리하여 파산선고와 동시에 면제여부 및 범위를 결정하게 된다.

하기 때문이다.[54] 사견으로는 면제재산에 대한 강제집행은 면책결정이 있거나 폐지결정이 있을 때까지 중단되었다가 면책결정이 있으면 집행채권의 소멸로 인하여 종료되고, 폐지결정이 있으면 다시 속행할 수 있다.

3. 다른 절차의 중단

개시결정이 있은 때에 '채무자에 대한 파산절차 또는 화의절차, 개인회생채권에 기하여 개인회생재단에 속하는 재산에 대하여 한 강제집행·가압류 또는 가처분, 개인회생채권을 변제받거나 변제를 요구하는 일체의 행위(다만 소송행위를 제외한다)'는 중지 또는 금지된다(제60조 제1항).

(1) 채무자에 대한 파산절차 또는 화의절차

채무자가 화의절차 신청 후에 다시 회생절차를 신청하는 경우는 드물 것이다. 만일 채권자가 파산신청을 하고 채무자가 개인회생절차를 신청하는 경우가 발생하면 파산절차는 중지되었다가 변제계획인가결정이 있으면 파산절차는 효력을 잃는다(제75조 제3항).

(2) 강제집행 또는 가처분

개시결정에 의하여 종래 진행되고 있던 강제집행 등의 절차는 중지되고, 회생채권자는 새로이 강제집행절차를 신청하지도 못한다(제60조 제1항). 여기서 중지의 효력이 미치는 채권자는 채권자목록에 기재된 채권자에 한한다. 회생절차의 실무상 문제가 되는 것은 급여채권에 대한 추심명령 또는 전부명령이다. 전자의 경우는 추심명령에 의하여 채권이전의 효력이 발생하는 것이 아니므로 그 후 개시결정이 있게 되면 압류채권자는 더 이상 채권의 추심을 할 수 없게 된다(민사집행규칙 제161조). 문제는 후자의 경우인데 채무자가 부인권을 행사할 수 있다는 견해[55]도 있으나 신득재산은 부인권의 대상이 되지 않는다는 견해도 있다. 현행법의 해석으로는 전자의 견해가 옳다고 생각하나 앞에서 본 대로 입법적인 해결이 요청되는 부분이다.

---

54) 徐慶桓, 전게논문(주 30), 39면은 면제재산도 강제집행의 대상이 될 수 있는 것으로 해석하고 입법적인 해결을 구하고 있으나 저자는 해석론으로 해결이 가능하다고 생각한다.

55) 徐慶桓, 전게논문(주 30), 17면.

(3) 담보권의 설정 또는 임의경매

원칙적으로 개인회생절차에서 담보권은 별제권으로 인정되므로 담보권은 개인회생절차에 의하지 아니하고 행사할 수 있다(제45조; 파산법 제86조). 이 점에서 담보권에 대하여도 자동중지의 효력이 미치고, 계획상의 변제기간인 보통 3년(최장 5년)간 담보권의 행사를 중지시키는 미국의 제13장과는 다르고 일본의 민사재생법의 소규모개인재생제도와 유사하다. 입법 당시 이를 인정할 것인가 논의가 있었다. 그러나 다음의 이유로 긍정하기로 하였다.

첫째, 입법례를 볼 때 담보권을 별제권으로 취급하고 있는 日本 民事再生法에서도 담보권의 실행으로서의 경매절차를 중지시키는 규정을 두고 있고,[56] 더 나아가 담보물의 가액을 법원에 납부하고 담보권의 소멸을 청구할 수 있는 권리까지 규정하고 있다.[57]

둘째, 경매신청인 등 이해관계인의 이익을 부당하게 침해할 우려가 있는 경우 등에는 언제든지 그 신청에 의하여 법원이 중지의 취소·변경을 명할 수 있다(제608조 제3항).

셋째, 변제계획인가결정이 있으면 담보권설정금지는 해제되고 담보권실행 등을 위한 경매는 속행된다(제618조 제4항). 따라서 경매절차는 법원의 중지명령(또는 개시결정)으로부터 변제계획인가결정시까지 소요되는 기간(길어야 6개월 정도)만큼만 정지되는 것이다.

개인회생재단에 속하는 재산에 대한 담보권의 설정 또는 담보권의 실행 등을 위한 경매는 변제계획의 인가결정일 또는 개인회생절차 폐지결정의 확정일 중 먼저 도래하는 날까지만 중지 또는 금지된다(제60조 제2항).

---

56) 日本 民事再生法 제31조(담보권의 실행으로서의 경매절차의 중지명령) ① 법원은 재생절차개시의 신청이 있는 경우 재생채권자 일반의 이익에 적합하고 경매신청인에게 부당한 손해를 입힐 우려가 없다고 인정하는 때에는, 이해관계인의 신청에 의하여 또는 직권으로 상당한 기간을 정하여 … 재생채무자의 재산상에 존재하는 담보권의 실행으로서의 경매절차의 중지를 명할 수 있다.

57) 이는 美國 聯邦倒産法 §722의 redemption 규정을 도입한 것으로 보인다. 民事再生法 제148조(담보권소멸의 허가 등) ① 재생절차개시 당시 재생채무자의 재산상에 담보권이 존재하는 경우 당해 재산이 재생채무자의 사업의 계속에 필수적인 것인 때에는 재생채무자 등은 법원에 대하여 당해 재산의 가액에 상당하는 금전을 법원에 납부하고 당해 재산상에 존재하는 모든 담보권을 소멸시키는 것에 관한 허가를 신청할 수 있다.

4. 부인권, 상계권, 미이행쌍무계약 등

(1) 입법과정에서의 논의

파산법상 환취권, 별제권, 상계권의 제한규정은 개인회생절차에서도 준용된다(제44조, 제45조, 제47조). 개인회생절차에서도 미이행쌍무계약에 관한 규정과 부인권에 관한 규정을 준용할 것인가에 관하여 입법과정에서 논의가 있었다. 일본 民事再生法은 개인회생절차가 간이·신속하게 진행되어야 한다는 점을 중시하여 파산법의 미이행쌍무계약에 관한 조항이나 부인권에 관한 규정이 적용되지 않는다. 특히 부인권을 인정하게 되면 최종적으로 소송에서 결말을 보게 되어 절차의 간이·신속화를 목적으로 하는 제도의 취지에 반한다는 지적이 있다.[58] 이에 반하여 미국의 경우는 양자 모두 제13장에서도 인정된다.[59] 개인채무자회생법에서는 미이행쌍무계약에 관한 조항은 삭제하고 부인권에 관한 규정은 준용하기로 정하였다. 부인권은 파산절차에 있어서 채권자간의 공평을 꾀하고 파산재단을 충실히 하기 위한 것으로 필수불가결한 제도라는 점이 고려되었다. 이에 반하여 미이행쌍무계약에 관하여는 각각의 계약 중에서도 단체협약이나, 대항력을 갖춘 주택임대차계약, 도급계약에 관하여 별도의 예외규정을 두고 있으므로 소규모개인회생절차에까지 이러한 규정을 두는 것은 적당하지 않다는 점이 반영되었다.

(2) 부 인 권

파산법상의 부인권에 관한 조항은 개인회생절차에 관하여 준용한다. 파산절차에서는 관재인에게 파산재단의 관리처분권이 귀속되므로 부인권도 파산관재인만이 행사할 수 있고 채권자는 법원에 부인권의 행사를 청구할 권한을 갖는 데 그친다. 개인회생절차에서는 채무자가 여전히 개인회생재단에 대하여 관리처분권을 갖고 미국 파산법에서 말하는 점유를 계속하는 채무자의 지위와 유사하다. 미국에서는 제11장의 경우에도 점유를 계속하는 채무자(Debtor In Possession)가 부인권을 행사할 수 있도록 하고 있으며[60] 채무자가 종전에 자기가 행한 편파행위에 대하여 개시결정 후에 부인권을 행사하는 것이 금반언(estopel)의 원칙에 반한다는 주장이

58) 山本克己, "日本新會社更生法の概要等," 민사소송 제 7 권 제 2 호, 한국민사소송법학회지(2003), 137면 참조.

59) 미이행쌍무계약에 관하여는 §365, 부인권에 대하여는 §544 이하에서 규정하고 있다.

60) In re Herman Cantor Co, 15. B.R. 747(Bankr. E.D.Va. 1981)은 점유를 계속하는 채무자는 관리인과 같이 채무자의 재산에 대한 편파적인 양도행위에 대하여 부인권을 주장할 수 있다고 판시하였다.

있었으나 법원은 채무자와 점유를 계속하는 지위의 채무자는 법률상 별개의 지위라고 보아 금반언 위배의 주장을 배척하였다.[61] 입법자는 채무자를 개인회생절차에서 부인권의 행사주체로 정하였다(제43조). 입법과정에서 회생위원에게 부인권을 주자는 안도 있었으나, 개인회생절차에서는 채무자가 소송수행권을 잃지 않고 있고 회생위원은 회사정리절차의 관리인과 달리 개인회생재단에 관한 관리처분권이 없으므로 회생위원이 부인의 소를 제기하는 경우 채무자는 당사자적격을 잃게 되거나 채무자가 피고가 되어 있는 소송절차에서 당사자가 아닌 회생위원이 부인의 항변을 하는 경우 소송법상의 지위 등의 절차법상의 문제와 실무적으로 부인소송 결과 환가처분할 권한이 없는 회생위원에게 급부반환을 명할 것인지 아니면 채무자 앞으로 명할 것인지가 불분명하게 되는 등 회생위원은 소송법상 부인소송을 수행하기에 적합한 지위가 아니라는 이유로 받아들이지 아니하였다. 단 채무자가 부인권을 행사하지 아니하는 경우에는 채권자 또는 회생위원의 신청으로 법원이 채무자에게 부인권을 행사하도록 할 수 있다(제43조 제 3 항). 회생위원은 부인권의 행사에 참가할 수 있고, 채무자가 제기한 부인소송이나 부인의 항변시 소송절차에 참가할 수 있다.

Ⅵ. 개인회생채권과 개인회생재단채권

1. 개인회생채권

(1) 의 의

개인회생채권은 채무자에 대하여 개시결정 전의 원인으로 생긴 재산상의 청구권을 말한다. 이는 정리채권과 파산채권과 같은 개념이다. 개시결정 이후에 발생한 채권 중 일부를 회생채권으로, 개시신청 이후에 회생절차결정 전에 발생한 채권을

61) In re Hughes 704. F.2d 820(5th Cir. 1983)은 점유를 계속하는 채무자는 관리인과 같은 권리와 의무를 가지며 부인권의 대상이 되는 변제행위를 한 주체가 채무자라 하더라도 부인권의 행사에 의하여 채무자가 아닌 다른 채권자들이 이익을 얻는 것이고 채무자가 불공평한 이득을 얻은 것은 아니므로 점유를 계속하는 채무자에 의한 부인권행사를 허용하고 있다. 채무자와 점유를 계속하는 채무자는 별개의 법인격을 갖는다고 보는 것이 실무라고 한다(N.L.R.B. v. Bildisco and Bildisco 465 U.S. 513). 위 판결의 원심은 파산법상 DIP는 채무자가 파산신청 전에 체결한 단체협약의 효력에 구속받지 않는 새로운 법인격체(new entity)로 간주된다고 판시하였고 대법원이 상고를 기각하였다.

재단채권으로 규정한 것이나, 개시결정 이후의 이자 등의 청구권을 후순위회생채권[62] 으로 인정하는 것은 파산법과 회사정리법과 같은 입장이다. 다만 개인회생절차참가의 비용을 개인회생채권으로 한 것은 회사정리법이나 파산법에서 절차참가비용을 후순위정리채권으로 삼은 것과 다르다.[63] 민사재생법은 절차를 간이화하기 위하여 후순위재생채권의 개념을 없애고 개시결정 이후의 이자청구권이나, 개시 후의 불이행에 의한 손해배상 및 위약금청구권, 절차참가비용의 청구권도 재생채권의 개념에 포섭하되, 의결권을 부여하지 않고(제87조 제2항) 재생계획에서 다른 재생채권과 달리 정할 수 있도록 규정하였다(제155조 제1항 단서).

⑵ 장래의 채권에 관한 특례

회사정리법에서는 기한부채권, 정기금채권, 불확정기한채권, 조건부채권 및 장래의 청구권에 대하여 의결권을 현재화하기 위하여 현가계산을 하도록 되어 있다(회사정리법 제113조 이하 제120조 참조). 파산법은 기한부채권은 파산선고시에 변제기에 이른 것으로 하고, 비금전채권이나 금액이 불확정한 때나 외국의 통화로 정하여진 채권은 파산선고시의 평가액을 파산채권액으로 하며, 다만 변제기가 도래하지 않은 기한부채권에 대하여 중간이자에 상당하는 부분에 대한 부분은 후순위파산채권으로 취급한다(파산법 제37조 제5호·제6호·제7호 참조).[64]

법은 기한부개인회생채권에 대하여는 파산법의 규정을 따랐다. 즉 기한부채권에 대하여는 개시결정시에 변제기에 이른 것으로 본다(제27조). 채권의 목적이 금전이 아니거나 그 액이 불확정한 때나 외국의 통화로 정하여진 때, 정기금채권, 존속기간이 확정되지 아니한 때에는 개시결정시의 평가액을 개인회생채권으로 한다(제28조). 조건부채권과 장래채권에 대하여는 그 전액 또는 개시결정시의 평가액을 개인회생채권으로 한다(제29조). 단 절차참가비용을 후순위회생채권으로 삼지 않고 일반회생채권으로 처리한 것에 차이가 있음은 전술하였다.

전부의 이행의무를 지는 다수의 채무자에 대하여 개시결정이 있는 경우에 현존액주의를 취한 점이나 보증인이 갖는 장래의 구상권이 개인회생채권이 되는 것은 파산법이나 회사정리법과 같다.

---

62) 第38조 제1항 각호 참조.

63) 법 제36조 및 파산법 제37조 제3호, 회사정리법 제121조 제1항 제3호.

64) 그리하여 券面額에서 파산선고 뒤의 중간이자에 상당하는 부분을 후순위파산채권으로 하여 이를 공제한 잔액이 일반파산채권이 된다. 이 점을 잘 보여준 사건으로는 대법원 2002.6.11. 선고 2001다25504 판결(공 2002하, 1615) 및 원심판결 서울고등법원 2001.3.23. 선고 2000나43132 판결 참조.

2. 개인회생재단채권

(1) 개인회생재단채권의 종류

1) 회생위원의 보수 및 비용의 청구권

이는 회사정리법상의 관리인 또는 파산법상의 파산관재인의 보수 및 비용청구권에 대응하는 개념이다.

2) 개인회생채권 중 국세징수법 또는 지방세법에 의하여 징수할 수 있는 다음 각목의 청구권으로서 절차개시 당시 아직 납부기한이 도래하지 아니한 것에 한한다. 가. 원천징수하는 조세, 나. 부가가치세 · 특별소비세 · 주세 및 교통세, 다. 특별징수의무자가 징수하여 납부하여야 하는 지방세, 라. 가목 내지 다목의 규정에 의한 조세의 부과징수의 예에 따라 부과징수하는 교육세 및 농어촌특별세.

회사정리절차에서 조세채권은 정리절차개시 전에 조세채권이 성립하면 절차개시 후에 부과처분이 있더라도 정리채권이 되고 따라서 2회 관계인 집회일 전까지 신고하지 아니하면 실권되는 불이익을 입는다.[65] 이에 대하여 파산절차에서는 조세채권은 원칙적으로 재단채권으로서 파산절차개시 전에 체납처분이 있으면 파산절차와 관계 없이 체납처분에 의하여 변제를 받을 수 있으나 파산절차 개시 후에는 새로이 체납처분을 하지 못하고 다른 재단채권과 安分하여 변제받게 된다.[66] 파산법은 조세채권뿐만 아니라 의료보험료, 산업재해보험료, 국유재산의 변상금과 같이 국세징수법 또는 지방세법에 의하여 징수할 수 있는 청구권도 재단채권에 포함하였으나 법은 회사정리절차의 공익채권 중 조세채권의 범위와 같이 규정하였다. 다만 그 종류를 알기 쉽게 풀어 규정한 것이다. 즉 개인회생절차에서는 모든 조세채권을 개인회생재단채권으로 취급하지 않고 그 중 절차개시 당시 아직 납부기한이 도래하지 아니한 일부 채권만이 재단채권이 된다.[67]

---

65) 대법원 2002. 9. 4. 선고 2001두7268 판결(공 2002하, 2360) 외 다수.

66) 대법원 2003. 3. 28. 선고 2001두9486 판결(공 2003상, 1088)은 파산법 제62조의 해석상 파산선고 후에는 조세채권에 터잡아 새로운 체납처분을 하는 것이 허용되지 않는다고 판시하였다. 또한 대법원 2003. 6. 23. 선고 2002다70129 판결(공 2003하, 1582)은 파산자 소유 부동산에 대한 별제권의 실행으로 개시된 경매절차에서 과세관청이 한 교부청구에 따른 배당금은 과세관청에게 직접 교부할 것이 아니라 파산관재인에게 교부하여야 한다고 판시하였다.

67) 2004. 2. 26.자 채무자회생및파산에관한법률안 제473조는 파산절차상의 재단채권의 범위에 관한 종전 제 2 호의 범위를 감축하여 "국세징수법 또는 지방세법에 의하여 징수할 수 있는 청구권(국세징수의 예에 의하여 징수할 수 있는 청구권으로서 그 징수우선순위가 일반 파산채권보다 우선하는 것을 포함하며, 후순위파산채권을 제외한다). 다만, 파산선고 후의 원인으로 인한 청구권은 파산재단에 관하여 생긴 것에 한한다"라고 규정하였다. 그리하여 개별적 강제집행절차에서 국세

3) 채무자의 근로자의 임금 · 퇴직금 및 재해보상금

근로기준법에서는 근로자의 임금 중 퇴직 전 3개월 분에 대하여는 우선변제권을 인정하고 있으나 개인회생절차에서는 그러한 기간 제한 없이 모든 임금 · 퇴직금채권 등을 재단채권으로 취급하고 있다. 이는 현행 회사정리법이나 파산법의 입장과 같다.

4) 회생절차개시결정 전의 원인으로 생긴 채무자의 근로자의 임치금 및 신원보증금의 반환청구권,

5) 채무자가 개인회생절차개시신청 후 개시결정 전에 법원의 허가를 받아 행한 자금의 차입, 자재의 구입 그 밖에 채무자의 사업을 계속하는 데 불가결한 행위로 인하여 생긴 청구권,

6) 그 이외의 것으로 채무자를 위하여 지출하여야 하는 부득이한 비용청구권으로서 개인회생절차개시결정 이후에 발생한 것이다.

위 채권 중 5), 6)의 채권은 회사정리절차의 공익채권이나 파산절차의 재산채권 규정과 동일한 내용을 삽입한 것이다.

(2) 효　　력

개인회생재단채권은 개인회생절차에 의하지 아니하고 수시로 변제한다. 이는 파산법상의 재단채권이나 회사정리절차의 공익채권과 같은 내용이다.

Ⅶ. 개인회생절차의 기관

1. 관리위원회

관리위원회제도는 회사정리법, 화의법, 파산법에서도 인정되는 제도이므로 개인회생제도에서도 그 제도를 인정할 필요가 있다. 다만 개인회생제도에서는 별도로 회생위원이 있고 회생절차가 소규모의 간이절차이므로 관리위원회의 역할은 회생위원에 대한 법원의 감독을 보조하거나 계획안에 대한 청산가치보장의 유무에 관

징수법상 체납처분의 예에 의하여 징수할 수 있는 채권 가운데 과태료, 국유재산법상의 사용료·대부료 · 변상금채권과 같이 징수의 순위가 일반채권보다 앞서지 아니하는 채권 등은 배제되었다.

한 법원의 판단에 대한 자문을 하는 정도에 그친다.

2. 개인회생채권자집회

법원은 회생채권자집회의 기일과 변제계획의 요지를 채무자, 개인회생채권자 및 회생위원에게 통지하여야 하고, 채무자는 채권자집회에 출석하여 채권자의 요구가 있는 경우 변제계획에 관하여 필요한 설명을 하여야 하고, 개인회생채권자는 채권자집회에 출석하여 변제계획에 대하여 이의를 진술할 수 있다(제73조 제1항·제5항).

채권자집회는 법원이 지휘하는 것이 원칙이나 회생위원이 선임되어 있을 때에는 회생위원으로 하여금 채권자집회를 진행하게 할 수 있다(동조 제3항·제4항). 미국에서는 1978년 파산법 개정에 의하여 제 7 장 청산사건, 제11장 회생사건, 제13장 개인채무조정사건 등 모든 사건에 대하여 채권자집회가 열리고 제 7 장과 제13장 사건의 경우는 연방관리관이 채권자집회를 진행한다(미국 파산법 §341). 현행법이 화의법이나 회사정리법과 다른 점은 채권자집회에서 어떠한 결의, 특히 변제계획안에 대하여 표결을 하는 등의 절차가 없다는 것이다. 회생채권자집회에서는 채권자들에게 변제계획에 대하여 의견을 구하고 이의가 있는지 여부를 확인한다. 개인회생절차에서 계획안에 대하여 결의절차를 거치지 아니하는 것은 미국 파산법 제13장이나 일본의 급여소득자재생제도와 같다.[68]

3. 회생위원

(1) 회생위원의 선임

법원은 이해관계인의 신청에 의하거나 직권으로 회생위원을 선임·해임할 수 있다. 회생위원은 자기의 책임으로 회생위원 대리를 선임할 수 있다(제61조 제3항). 이는 관리인이 대리를 선임할 수 있는 것과 같다(회사정리법 제98조). 회생위원의 선임은 임의적인데 법원이 앞으로 실무의 방향을 어떻게 정할지에 따라 개인회생제도의 운영모습이 기본적으로 달라질 중요한 문제이다. 미국 파산법 제13장 절차에서는 반드시 관리인을 선임하도록 되어 있고 실제로는 상임 파산관리인(standing trustee)[69]이 채무자가 제출하는 변제계획안의 수행가능성 등에 대한 검토 및 변제계획안 인가 후

68) 소규모개인재생제도에서는 소극적 결의절차가 있음은 기술한 바와 같다.

69) 연방법무부 소속 공무원인 연방관리관(U.S. Trustee)이 파산법원 관할지역에 미리 임명한다.

채무자로부터 수입금원을 수령하여 매월 채권자들에게 분배하는 등 중요한 역할을 하고 있다. 일본에서는 회생위원의 선임은 임의적이다. 실무는 변호사를 회생위원으로 선임하는 재판실무[70]와 회생위원을 선임하지 아니하는 재판실무로 나누어져 있다. 앞으로 우리 법원의 실무가 모든 사건에 회생위원을 선임한다면 회생위원이 미국에서 파산관재인의 역할을 대신할 것으로 보인다. 회생위원의 선임시기에 대해서 법에는 명문의 규정이 없으나 미국의 파산절차에서 관재인이 변제계획의 타당성도 검토한다는 점을 고려할 때 사건이 접수된 이후이면 언제든지 가능하다고 해석해야 할 것이다.

(2) 회생위원의 자격

회생위원은 '관리위원회의 관리위원, 법원사무관 등, 그 밖에 대법원규칙이 정하는 자' 중에서 선임된다. 대법원규칙에 어떠한 사람들을 포함할지 역시 앞으로 제도의 운영방향과 관련하여 매우 중요한 역할을 할 것이다. 개인회생제도가 성공하기 위하여는 법원이 주도하는 절차의 개시와 계획안의 인가절차만큼 계획의 수행과 감독이 중요하다. 따라서 회생위원의 역할이야말로 개인회생제도의 승패를 가르는 중요한 것이다. 법원사무관 등을 회생위원으로 선임하게 되면 3년 내지 8년간 그 법원에서 당해 사건에 관여하여야 하는데 지금의 인사제도로서는 어려울 것이다. 만에 하나 임무를 제대로 수행하지 못하여 절차가 중도에 폐지되면 법원 전체가 비난을 뒤집어쓰게 되는 어려움이 있다. 그런 점에서 본다면 가급적 외부인사로서 국가에서 인정하는 자격증을 소지한 전문가집단에서 회생위원을 선출함이 옳다고 생각한다.[71] 만일 수입금의 분배과정에서 범법행위를 하게 되면 자격증의 박탈과 같은 제재가 있기 때문이다. 따라서 대법원규칙에서 변호사가 포함되어야 하는 점은 이론이 없고, 그 외에 법무사, 공인회계사 등도 가능하다고 본다.

(3) 회생위원의 역할

회생위원은 법원의 감독을 받아 다음과 같은 업무를 수행한다. 즉 채무자의 재산 및 소득에 대한 조사, 부인권 행사명령의 신청 및 그 절차 참가, 개인회생채권자집회의 진행, 그 밖에 법령 또는 법원이 정하는 업무를 수행한다. 채무자는 회생위원의 요청이 있는 경우에는 재산 및 소득, 변제계획 그 밖의 필요한 사항에 관하

70) 東京地裁破産再生實務研究會, 破産 · 民事再生の實務(下), 金融財政事情研究會(2002), 290면에 의하면 동경지방법원은 회생위원을 선임하고 있다.

71) 姜宣明, 개인채무자회생제도해설(미공간).

여 설명을 하여야 한다(제62조). 특히 회생위원은 채무자의 소득상황에 관하여 정확한 보고를 하여 채무자가 실제의 가처분소득을 줄여 채무를 면하는 일이 없도록 유의하여야 할 것이다. 미국 제13장의 관리인도 채무자를 감독하고, 재산평가, 계획안 인가, 변경에 관한 심문기일 등에 참석하고, 계획안이 이행되도록 확보하고, 계획안에 따라 채무를 변제하는 업무에 종사한다(미국 파산법 §1302).

Ⅷ. 채권의 확정 · 조사절차

1. 입법 당시의 논의

(1) 입법취지

회사정리절차와 파산절차에서는 채권을 신고하도록 하고 신고된 채권에 대하여는 관리인 또는 파산관재인, 다른 채권자들이 신고된 채권에 대하여 이의를 진술하여 이를 확정하는 채권확정절차가 있다. 또한 신고하지 아니한 채권에 대하여는 실권되거나[72] 배당에서 배제되는 등의 불이익을 받게 된다.[73] 이에 비하여 화의절차에서는 채권신고절차는 있으나 화의조건의 찬부에 관한 의결권을 행사하기 위한 것으로서 채권확정제도는 없으며 신고하지 아니하더라도 실권의 제재를 받지 않으며 단지 동종의 채권에 대한 화의인가의 효력이 미신고채권에 대하여도 미치므로 이를 감수하여야 하고, 화의절차에 참여하는 기회가 박탈되는 불이익을 입는 데에 불과하다.[74]

개인회생제도의 채권확정절차를 파산과 화의절차 중 어느 쪽을 모델로 할 것인가에 관하여 입법 당시 논의가 있었다. 개인회생제도를 간이화한다는 취지에서 채권신고제도를 두지 아니하였다. 채권신고를 받지 아니하면 채권자의 절차참가를 막는 것이 아니냐 하는 의문이 있으나 만일 채무자가 채권신고를 하지 아니한 것이 발각되면 신청의 기각, 면책불허 등의 제재를 가하는 한편, 채권자목록에 누락된 채권자는 회생절차와 관계 없이 채권을 행사할 수 있도록 하면 족하기 때문이다.

채권신고제도가 없는 점에서 다음에서 보는 일본, 미국과 다르고, 계획안에 대한 가결절차가 없다는 점에서는 미국과 일본의 급여소득자재생절차와 같다. 다만

72) 회사정리법 제241조.
73) 파산법 제233조.
74) 대법원 1989. 10. 27. 선고 88다카22671 판결(공 1989, 1775).

채권신고제도는 없으나 이의 있는 채권에 대하여는 채권확정절차를 두고 있다는 점에서는 미국과 같다.

(2) 문 제 점

회생절차에서 담보권자를 별제권자로 취급한다고 하면 파산법과 같이 별제권자가 목적물을 환가하더라도 변제받을 수 없는 부분은 회생채권으로 취급하여야 한다. 그러므로 담보채권자가 목적물의 가액과 채권액과의 차액을 회생채권으로 신고하겠다고 하는 것을 막아설 까닭이 없고, 파산, 화의, 회사정리 모두 채권신고제도를 마련하고 있으므로 개인회생절차에서도 채권신고제도를 인정하는 것이 옳다고 생각한다. 채권자의 신고절차를 마련하여 채권자들로부터 신고된 채권액과 채무자가 신고한 액을 비교하여 이를 확정한 후 자격요건에 해당여부를 결정하여야 한다. 현행법은 채무자로 하여금 정확한 신고를 유도하고 만일 신고하지 아니한 채권에 대하여는 절차와 관계 없이 강제집행을 할 수 있고 그러한 사정이 밝혀지면 회생절차를 취소 내지 불인가결정한다는 것이나, 개시단계에서 이를 거르도록 하는 것이 소송경제에 합치하기 때문이다. 그리고 담보권자와 채무자간에 피담보채무액 또는 목적물의 가액에 관하여 다툼이 있는 경우 채권자의 신고제도 없이 채권을 확정한다는 것도 절차적으로 쉽지 않을 것이다.

2. 미국과 일본의 채권확정조사제도

(1) 미 국

미국의 경우는 제13장의 경우에도 채권신고와 조사절차에 관한 총칙규정인 §501, §502가 그대로 적용된다. 따라서 채권자가 제13장 절차에 참가하기 위하여는 제1회 관계인집회기일로부터 90일 이내에 채권을 신고하여야 한다(법 §501; 규칙 §3002(c)). 이의의 유무에 따라 조사절차를 거치게 된다(§502).[75]

(2) 일 본

민사재생절차에 참가하려는 재생채권자는 채권신고기간 내에 채권의 내용, 원인 및 의결권액 등을 신고하여야 하고(민사재생법 제94조 제1항), 재생채권에 대하여 이의가 있는 경우에는 제105조 이하의 절차에 따라 재생채권사정의 절차(이의에 대한 결정과 결

75) 자세한 내용에 대하여는 이 책의 정리채권의 확정절차와 그 불복방법 부분 참조.

정에 대한 이의의 소의 방식)를 거쳐야 한다. 이에 비하여 소규모개인재생절차와 급여소득자재생절차에 참가하려는 채권자에 관하여는 신고내용 중 의결권의 액에 대한 신고의무가 면제되고(민사재생법 제225조 제1항 및 제244조), 신고채권에 대한 이의가 있는 경우에는 일반재생채권확정절차보다 간소한 재생채권평가제도를 마련하고 있다. 이에 의하면 이의를 당한 채권자가 제소책임을 지게 되고 법원은 대심적 구조를 취하지 아니하고 회생위원을 반드시 선임하여 그에게 채무자와 채권자에게 자료를 요청하여 채권의 존부와 액수에 관하여 조사하여 이를 법원에 보고하도록 하고 법원이 재생채권의 존부 등에 관하여 결정한다. 이 결정에 대하여는 불복할 수 없다. 이 재판은 권리의 실체적 확정력을 갖지 아니한다.[76]

채무자는 소규모개인재생절차와 급여소득자재생절차를 신청함에 있어서 채권자일람표를 제출하여야 한다(제221조 제3항 및 제244조). 알고 있는 채권자에 대하여는 채권자일람표를 송달하여야 한다(제222조 제4항 및 제244조). 채권자일람표에 기재된 채권의 내용에 대하여는 채권자가 이의하지 않는 한 채권자일람표의 기재내용과 같이 재생채권의 신고가 있는 것으로 간주한다(제225조, 제244조). 따라서 재생채권자는 채권자일람표에 기재된 채권의 내용에 이의가 없는 한 굳이 채권신고를 할 필요가 없다. 소규모개인재생의 경우는 계획안을 인가하기 위한 전제조건으로 재생채권자의 소극적 결의절차를 요하는 반면,[77] 급여소득자재생절차의 경우는 채권자의 의견을 청취하지만(제240조 제1항), 채권자결의 절차를 거치지 않되 다만 계획안의 내용이 법정요건을 충족하게 되면 설령 채권자의 이의가 있다고 하더라도 계획안을 인가하는 이원적인 방식을 취하고 있다.

3. 조사절차

채무자는 신청서와 함께 채권자목록을 제출하여야 한다(제49조 제2항 제1호). 채권자를 고의로 누락시키는 부정한 행위를 방지하기 위하여 법은 변제계획의 인가 후에 면책결정을 불허할 수 있고(제83조 제3항 제1호), 면책이 된 뒤에 밝혀지면 채무자가 기망 그 밖의 부정한 방법으로 면책을 받은 때에 해당하므로 면책을 취소할 수 있다(제85조). 설령

76) 이상의 설명은 園尾隆司 · 小林秀之 編, 전게서(주 46), 910-1면 참조.

77) 결의는 서면에 의하며(제230조 제3항), 법원이 정한 기간 내에 계획안에 동의하지 않는다는 뜻을 서면으로 회답한 의결권자가 총의결권자의 반수를 넘고, 또한 그 의결권액이 총의결권액의 과반수를 넘지 않으면 인가결정이 있는 것으로 간주한다. 다수 · 다액의 채권자의 이의가 없으면 가결로 하는 소극적 동의방식이다.

면책결정을 받더라도 신고하지 아니한 채권에 대하여는 비면책채권으로 취급하고 있다(제84조 제2항 제1호). 만일 누락한 채권자의 숫자가 여럿이고 고의로 누락한 사실이 발견되면 신청이 성실하지 아니하다고 판단되어 개시신청이 기각될 수 있다(제55조 제8호). 그리하여 채무자는 성실하게 자신이 아는 채권자를 목록에 기재하리라 예상된다. 채무자는 채권자목록을 작성하면서 미신고의 불이익을 예방하기 위하여 목록작성시에 채권의 범위와 존부에 대하여 이의를 기재할 수 있다.

4. 채권확정절차

일단 개인회생채권자목록에 기재된 채권자가 이의기간 내에 개인회생채권조사확정재판을 신청하지 아니하거나, 개인회생채권조사확정재판 신청이 각하된 경우에 개인회생채권은 그 목록에 기재된 대로 확정된다(제63조 제1항). 그와 같이 채권이 확정된 때 법원사무관 등은 '채권자의 성명 및 주소, 채권의 내용 및 원인'을 기재하여 작성하여야 하고 그 기재는 개인회생채권자 전원에 대하여 확정판결과 동일한 효력이 있다(동조 제2항·제3항). 자신의 채권이 채권자목록에 누락되었거나 내용에 관하여 이의가 있는 채권자는 이의기간 안에 서면으로 개인회생채권조사확정재판을 신청할 수 있고(이미 이의대상인 권리에 대하여 소송이 계속하거나 그 권리에 대해 집행권원 또는 종국판결이 있는 때에는 그러하지 아니함), 법원은 이해관계인을 심문한 후 그 재판을 하여야 한다(제65조 제1항·제4항). 채권자가 목록에 기재된 자신의 채권의 내용에 관하여 이의가 있는 경우에는 채무자를 상대방으로 하고, 다른 채권자의 채권에 관하여 이의가 있는 경우에는 채무자와 당해 채권자를 공동의 상대방으로 하여야 한다(제64조 제2항). 법원의 조사확정재판은 결정으로 하며 결정에서 이의가 있는 회생채권의 존부 및 내용을 정한다.

채권자가 개인회생채권조사확정재판에 대하여 불복을 하는 경우에 그 결정서를 송달받은 날로부터 1개월 이내에 개인회생법원에 이의의 소를 제기할 수 있고, 이의의 소는 개인회생법원의 전속관할에 속한다. 회사정리법과 파산법과 같이 소가를 회생법원이 정할 수 있도록 하였다(제69조). 이의의 소의 변론은 결정서를 송달받은 날로부터 1월을 경과한 후가 아니며 개시할 수 없으며, 동일한 채권에 관하여 여러 개의 소가 계속되어 있는 때에는 법원은 변론을 병합하여야 한다(제65조 제1항·제2항). 법원사무관 등은 채무자·회생위원 또는 개인회생채권자의 신청에 의하여 '개인회생채권조사확정재판의 결과, 개인회생채권조사확정재판에 대한 이의의 소의 결과, 그 이외의 개인회생채권의 확정에 관한 소송의 결과'를 기재한 개인회생채권자표를 작성하여야 한다(제66조). 개인회생채권의 확정에 관한 소송에 대한 판결은 개인회생채권자 전원에 대하여 그 효력이 있고, 개인회생채권조사확정재판에 대한 이의의 소가 정해진 기간 안에 제기되지 아니하거나 각하된 때에는 그 재판은 개인회생채권자 전원에 대하여 확정판결과 동일한 효력이 있다(제67조).

채권자가 채무자를 상대로 한 소송이 이미 계속중인 경우에는 소송의 중단과 수계의 문제는 없으며 화의절차의 경우와 같은 법리가 적용된다. 즉 계획안인가결정이 확정된 이후에도 회생채권에 기하여 소송을 제기할 수는 있으나 판결에 기한 집행권원을 얻더라도 계획안인가결정이 확정되면 위 집행권원에 기한 집행력은 계획안의 변제기간 동안에는 계획안의 정한 내용에 따라 변제를 받아야 하는 부담을 갖게 되어 그 기간 동안 강제집행을 할 수 없게 된다. 절차개시중에도 소송을 제기할 수 있다는 점은 화의절차나 개인채무자회생절차 모두 같다. 회생절차에서는 면책결정이 확정되어야 권리변경의 효력이 생기지만, 화의절차에서는 화의인가결정이 확정되면 그 때로부터 권리변경의 효력이 모든 화의채권자(화의절차에 참가하지 아니한 채권자도 포함한다)에게 미치고 화의인가결정 확정 후에 화의채권에 기하여 소송을 제기하면 그 청구범위는 화의조건에 따라 변경된다는 점이 다르다. 이미 계속중인 소송에 대하여 채무자가 채권자를 채권자목록에 기재하고 채권액에 대하여 이의를 제기하였다면 채권자로서는 기존의 금전이행청구의 소를 채권확정의 소로 변경하는 것이 순리이다. 채권자에게 권리미신고를 이유로 한 실권제도가 없는 회생절차에서 채권자가 기존의 이행의 소를 채권확정의 소로 변경하지 않았다는 이유로 회생절차에 참가를 거절하는 것은 가혹하므로 인용된 금액을 기초로 계획안을 작성하여야 할 것이다.

5. 채권자목록에 누락되거나, 채권확정절차에서 채권이 인정되지 아니한 채권자의 지위

채권확정절차에서 채권이 인정되지 아니한 채권자는 개인회생절차에 참가할 수 없으므로 계획안에 대하여 이의를 진술할 권한이 없고 변제계획에 의하여 변제받지 못하게 된다. 채권확정절차에서 부인된 채권은 종국적으로 면책결정에 의하여 면책되므로 그 후 새로이 청구할 수 없게 된다. 그러나 채권자의 청구권이 채권자목록에 기재되지 아니한 경우에는 그 채권은 면책되지 아니한다(제84조 제2항 제1호).

문제가 되는 것은 채권신고절차가 없으므로 채권자의 신고가 없는 경우에 자신이 채권자임을 주장할 기회를 갖지 못한 채권자를 어떻게 취급할 것인가 하는 점이다. 일본과 미국은 모두 채권신고절차를 거치고 있으므로 신고하지 아니한 채권자에 대하여 절차참가를 배척할 수 있다. 그러나 법은 신고절차를 마련하지 않고 있으므로 채무자가 자의로 채권자목록을 작성한 경우에 누락된 채권자가 뒤늦게 절차에 참가하여 개시결정의 취소를 구하거나 채권자집회에 참석하거나 면책기각 또는 면책취소결정을 구하는 경우, 어떠한 지위를 부여할 것인가가 검토되어야 할 것이다. 채권확정절차를 거친 채권자라면 당해 절차에서 채권의 존부와 범위가 결정되는 것이므로 그에 따른 지위를 부여하면 족하지만 신고할 기회도 없었고 목록에 누락된 경우 채권자로서 인정하여 절차참가기회를 부여할 것인가 아니면 비면책채권자이므로 회생절차와 관계 없이 채권을 행사하도록 허용할 것인가? 소송절차의 안정성과 경제성을 고려하면 전자로 해석함이 옳으나 절차진행중에 어떻게 취급할 것인가 실무상 의문이 있다. 개인회생절차가 직권주의적인 요소가 강하므로 채권신고를 한 채권자가 있는 경우에는 일단 심문을 거치고 채무자에게 채권자목록에 기재하도록 한 후 이의 유무에 따라 채권조사확정재판을 거치도록 하여야 할 것이다.

IX. 변제계획의 인가

1. 변제계획안의 제출

회사정리계획은 채무자 외에 채권자도 제출할 수 있지만 개인회생절차에서 변제계획안은 채무자만이 제출할 수 있고 그 시한은 개인회생절차개시 신청일부터 14일 이내이며, 다만 법원은 상당한 이유가 있는 때에 그 기간을 늘릴 수 있다. 채무자는 변제계획안이 인가되기 전에 이를 수정할 수 있으며, 법원은 이해관계인의 신청이나 직권으로 변제계획안을 수정할 것을 채무자에게 명할 수 있다(제70조).

2. 계획안의 내용

변제계획에는 필요적 기재사항과 임의적 기재사항이 있으나 실무의 운영은 양자를 모두 기재하는 방향으로 운영될 전망이다. 법안이 정한 필요적 기재사항은

① 채무변제에 제공되는 재산에 관한 사항, ② 개인회생재단채권 및 일반의 우선권 있는 개인회생채권의 전액의 변제에 관한 사항, ③ 개인회생채권자목록에 기재된 개인회생채권의 전부 또는 일부의 변제의 방법에 관한 사항이다. 임의적 기재사항은 ① 개인회생채권의 조의 분류, ② 변제계획에서 예상한 액을 넘는 재산의 용도, ③ 변제계획인가 후의 개인회생재단에 속하는 재산의 관리 및 처분권의 제한에 관한 사항, ④ 그 밖에 채무자의 채무조정을 위하여 필요한 사항이다(제71조). 글 말미에 가상적인 변제계획안을 인용하였다.

변제계획에서 채권자의 조를 분류하는 경우 같은 조로 분류된 채권을 평등하게 취급하여야 하고, 다만 불이익을 받는 개인회생채권자의 동의가 있거나 소액의 개인회생채권의 경우에는 그러하지 아니하다(동조 제 3 항). 변제계획은 변제계획인가일로부터 1월 이내에 변제를 개시하여 정기적으로 변제하는 내용을 포함하여야 한다(동조 제 4 항). 변제개시일을 법에서 정하지 아니하면 변제개시가 법원마다 달라지게 되고 1개월을 넘어 변제가 이루어지면 채권자들의 불만이 있을 것을 고려하여 미국의 제13장과 같이 개시일을 1개월로 정하게 되었다. 법원은 필요한 경우 변제계획의 이행을 위하여 인적·물적 담보를 제공할 것을 명할 수 있다(동조 제 5 항).

미국의 제13장 절차 실무를 보면 100% 매월 변제하는 것으로 변제계획을 세우고 있다.[78] 우리의 실무 역시 별다른 차이가 없을 것으로 전망된다. 가장 중요한 것은 변제계획에서 정하는 변제기간이다. 채무자가 향후 언제까지의 수입을 변제계획에 투입하는 것으로 정해야 하는지는 개개의 사건에 따라 다를 수 있는데 법은 변제개시일로부터 8년을 넘을 수 없도록 정하고 있다(동조 제 5 항). 당초 법률안에서는 5년으로 정하였으나 입법과정에서 8년으로 연장되었다. 참고로 미국의 제13장 절차에서는 원칙적으로 3년으로 정하되 정당한 이유가 있을 때 5년까지 연장할 수 있도록 규정하고 있다(미국 파산법 §1323(d)). 채무자로 하여금 8년간 채무변제를 하여야 비로소 면책을 얻을 수 있도록 하는 것은 채무자에게 가혹하고 이로 인하여 신청을 꺼릴 염려가 있다. 앞으로 실무의 운용이 주목된다.

3. 변제계획의 인가

(1) 이의가 없는 경우

법원은 개인회생채권자 또는 회생위원이 변제계획에 대하여 이의를 진술하지

78) 미국 제13장의 실무례에 대하여는 姜宣明, 전게논문(주 9), 269면 이하 참조.

아니한 경우 다음의 요건을 모두 충족하는 경우 변제계획인가의 결정을 해야 한다(제74조 제1항). 즉 ① 변제계획이 법률의 규정에 적합할 것, ② 변제계획이 공정하고 형평에 맞아야 하며, 수행가능할 것, ③ 변제계획인가 전에 납부되어야 할 비용 · 수수료 그 밖의 금액이 납부되었을 것, ④ 변제계획의 인가결정일을 기준일로 하여 평가한 개인회생채권에 대한 총변제액이 채무자가 파산하는 때에 배당받을 총액보다 적지 아니해야 할 것. 다만 채권자가 동의한 경우에는 그러하지 아니하다. 이의가 없다고 하여 청산가치보장요건이 면제되는 것은 아니므로 청산가치보장요건이 충족되지 아니하는 경우 다시 채권자의 동의를 얻어야 한다. 채권자란 채권자목록에 기재된 채권자들 모두를 의미한다고 해석된다.

(2) 이의가 있는 경우

이의가 있는 경우에도 불구하고 계획안을 가결할 수 있다는 것은 회사정리법상의 권리보호조항 또는 미국 파산법상의 cram down조항과 같은 기능을 한다. 법원은 개인회생채권자나 회생위원이 변제계획에 대하여 이의를 진술한 경우에는 제74조 제1항 각호의 위와 같은 요건 외에 ① 변제계획의 인가결정일을 기준일로 하여 평가한 이의를 진술하는 개인회생채권자가 받을 총변제액이 채무자가 파산하는 때에 배당받을 총액보다 적지 아니하고,[79] ② 채무자가 최초의 변제일부터 변제계획에서 정한 변제기간 동안 수령할 수 있는 가용소득의 전부가 변제계획에 따른 변제에 제공되면 변제계획을 인가할 수 있다(동조 제2항). 따라서 실무상 가용소득[80]의 개념이 중요한 기능을 할 것인데 법안은 '가용소득이라 함은 채무자의 소득 중 채무자 및 그 피부양자의 생활에 필요한 생계비를 제외한 나머지 소득으로서 대법원규칙이 정하는 금액에 해당하는 것을 말한다'고 규정하고 있다. 앞으로 실무상 임의적 인가결정이 활용될 가능성이 많을 것으로 예상되고, 특히 가용소득의 개념에 대하여 많은 논란이 있을 것으로 보인다.

법은 당초안을 수정하여 변제기간을 최장 8년으로 연장하고 있으므로 가용소득의 전부를 8년에 거쳐 변제하도록 하게 되면 채권자로서는 다액의 채권을 변제받을 수 있어 유리하나 채무자에게 가혹하고 따라서 실제로 수행가능성이 낮다는

79) 제74조 제1항 제4호는 전체 채권자에 대하여 청산가치가 보장되어야 한다는 것이고, 여기서는 이의를 한 당해 채권자에 대하여 청산가치가 보장되어야 한다는 뜻이다.

80) 미국 파산법 제13장 절차에서 'Disposable Income'에 대응하는 개념이다. 가용소득의 범위는 궁극적으로 대법원규칙에서 정하여지지만 일단 그 기준은 국민기초생활보장법 제6조의 규정에 따라 공표되는 최저생계비가 될 것이다.

단점이 있다. 이에 반하여 3년 정도로 하게 되면 채무자는 단기간이 지난 후에 면책의 효과를 볼 수 있으나 채권자들이 변제를 적게 받게 되므로 불만이 있다. 생각건대, 변제기간을 최장 8년으로 하게 되면 그 동안의 수입의 변동이 생기기 쉬우므로 가용소득의 산정이 어렵고 따라서 계획안 인가기준이 불명확하다는 단점이 있다. 또한 일본의 소규모개인재생사건의 경우처럼 채권자의 결의절차를 거치게 되면 계획안의 내용심사가 다소 느슨하더라도 무방하지만, 결의절차 없이 채권자들의 반대에도 불구하고 법원의 인가결정만으로 당사자들을 구속하려면 계획안이 일정기준을 넘는 변제가 이루어져야 하고, 법원이 개개의 사건마다 장기 8년간의 변제기준을 심사하야 하는데 법원의 부담이 무겁게 되고, 절차가 지연될 수 있다. 이는 당초 간이·신속한 재생절차를 마련한 제도의 취지에 어긋나고, 계획의 수행가능성이 떨어지므로 미국, 일본과 같이 3년 정도로 단축함이 옳다고 생각한다.

변제계획인가결정을 하는 경우 법원은 결정을 선고해야 하고 주문과 이유의 요지 및 변제계획의 요지를 공고하여야 한다. 단 이 경우 송달을 생략할 수 있다(제74조 제3항). 변제계획의 인가여부에 대한 결정에 대해서는 즉시항고할 수 있다(제78조 제1항).

(3) 미국의 경우

채무자만이 계획안을 제출할 수 있으며 일단 계획안이 제출되면 법원은 이를 채권자에게 통지하고 채권자가 계획안에 대하여 이의를 하면 심문을 한 후 법원이 계획안을 심사하여 인부를 결정한다. 그러나 계획안에 대하여 채권자의 가결은 요건이 아니다. 계획안이 인가되기 위하여는 아래의 요건이 충족되어야 한다.

① 계획안이 제13장 및 파산법의 규정에 위배되지 않을 것,

② 인가 전에 지급되어야 할 비용 및 수수료가 전액 지급되었을 것,

③ 계획안이 법에 의하여 금지되지 않는 방법으로 성실하게 제안되었을 것,

④ 계획안의 효력발생시점을 기준으로 일반채권자에 대하여 배당되는 재산의 총가액이 제7장 절차에서 배당받을 금액을 하회하지 않을 것(이른바 best interest test이다),

⑤ 계획안에 규정된 담보채권에 관하여 담보채권자가 계획안을 승인하거나, 계획안이 담보채권자의 담보권보유를 인정하거나, 계획안의 효력발생시점에서 배당되는 재산의 총가액이 파산절차에서 인정된 담보채권액을 하회하지 않을 것,

⑥ 계획안이 이행가능성이 있을 것.

(4) 일본의 경우

급여소득자에 대한 재생절차의 경우는 소규모재생절차와 달리 별도의 인가절차를 거치지 아니한다. 이 점에서 개인채무자회생법의 입장과 같다. 다른 점은 民事再生法은 인가기준을 명확하게 법에 규정하고 있다는 것이다. 즉 재생계획안 제출 전 2년간의 채무자의 수입 합계액으로부터 그에 대한 소득세 등을 공제한 금액을 평균한 다음 이 금액에서 별도로 政令에서 정하는 재생채무자 및 피부양자의 최저한도생활을 유지하기 위한 필요한 1년 분의 비용을 공제한 금액을 가처분금액으로 정하고, 계획변제총액이 가처분금액의 2배의 금액을 3년간(인가결정확정일로부터) 분할하여 지급하는 것이어야 인가할 수 있다(민사재생법 제241조, 제244조, 제229조 제2항). 요컨대 가처분소득의 2년 분 이상을 3년 동안 변제하는 것이 법률상 요구되고 이에 대하여 재생채권자의 다수의 동의는 요하지 않는다.

4. 인가의 효력

변제계획은 인가결정이 있은 때부터 효력이 생기며, 다만 변제계획에 의한 권리의 변경은 면책결정이 확정되기까지는 생기지 아니한다(제75조). 입법과정에서 인가결정의 효력만으로는 면책결정이 생기지 아니한다는 단서 조항을 명시할 필요가 있는가에 대하여 논의가 있었으나 정리절차에서는 인가결정에 의하여 정리계획안대로 권리변경의 효력이 생기고(회사정리법 제236조), 화의절차에서는 화의인가결정의 확정에 의하여 화의대로 권리변경의 효력이 생기지만(화의법 제58조), 개인회생절차에서는 계획에 따라 변제가 완료되어 면책결정이 확정되어야 비로소 면책의 효력이 생기는 것이므로 이를 명백히 할 필요가 있다는 의견이 채택되었다. 변제계획의 구속력은 채권자집회에서 이의를 하였는지 여부에 관계없이 모든 개인회생채권자에게 미친다.

개인회생절차개시의 결정으로 성립된 개인회생재단은 채무자가 관리하고 처분할 권한을 가지는데(제24조 제2항), 개인회생재단에 속하는 모든 재산은 변제계획 또는 인가결정에서 달리 정하지 아니하는 한 변제계획에 대한 인가결정이 있을 때 채무자에게 귀속된다(제75조 제2항).

변제계획에 대한 인가결정이 있는 때 변제계획이나 변제계획인가결정에서 달리 정하지 아니하는 한 중지된 화의절차 및 파산절차와 개인회생채권에 기한 강제집행 · 가압류 또는 가처분은 그 효력을 잃는다(제75조 제3항).

법원이 계획안에 대하여 인가결정을 하면서 그 변제계획에서 정한 변제조건과 다른 내용으로 변제할 것을 정하는 내용으로 계획안을 수정하여 인가결정을 할 수 있는가에 대하여 입법과정에서 의문이 있었다. 개인회생절차가 임의적인 변론진행하에 직권으로 증거조사하는 점을 고려하면 법문의 내용으로도 긍정적으로 해석된다고 보아 조문의 내용을 수정하지 아니하였다.

X. 변제계획의 수행과 변경

1. 계획의 수행

채무자는 인가된 변제계획에 따라 회생채권자들에게 통상 매월 변제를 해야 하는데 그 지급을 어떠한 방법으로 할지가 문제이다. 미국의 제13장 절차에서는 별도의 명령이 없는 한 계획안이 제출된 후 30일 이내에 변제에 착수하고 파산관리인이 매월 채무자로부터 금원을 수령하여 채권자들에게 분배하며 법원은 직접 관여하지 않는다. 우리의 실무도 향후 회생위원을 선임하게 되면 채무자가 변제금원을 회생위원에게 임치하고 회생위원은 변제계획에 따라 임치된 금원을 개인회생채권자들에게 지급하는 방향으로 운영될 것이다(제76조 제1항 · 제2항). 회생위원이 선임되지 않은 경우에는 변제계획이나 인가결정에서 다르게 정할 수 있는데(동조 제3항) 채무자가 직접 개인회생채권자들에게 지급하는 방법은 그 이행을 확보한다는 점에서 바람직하지 않은 것으로 보인다.

2. 계획의 변경

개인의 수입은 향후 가변적인 경우가 많다. 미국의 경우 대부분은 수입이 증가하기보다는 감소하는 경우가 많다고 한다. 이러한 경우 절차를 폐지하기보다는 변제계획을 변경하는 경우 역시 많다. 법 역시 채무자나 회생위원 또는 개인회생채권자가 변제계획에 따른 변제가 완료되기 전에 수행이 불가능하게 된 경우 변제계획에 대한 수행이 가능하도록 변제계획을 변경하는 변경안을 제출할 수 있도록 규정하였다(제77조 제1항). 변제계획의 변경절차는 최초의 변제계획 인가절차와 다르지 않다.

XI. 개인회생절차의 종료

1. 면책결정

채무자가 파산신청을 하는 가장 큰 목적은 면책을 얻기 위한 것이다. 파산법에서는 파산선고 후 별도로 면책신청을 하여야 하고 법원이 심리한 끝에 불허가 사유가 없다고 판단되면 면책결정을 하고, 면책결정에 의하여 비면책채권을 제외한 나머지 파산채권에 대하여(재단채권은 제외됨) 책임을 면하게 된다. 회사정리법에서는 계획안이 인가되면 인가의 효력에 의하여 계획안에서 정한 바에 따라 변제책임을 지고 계획안에서 별도의 정함이 없으면 면책되게 된다. 이와 달리 개인회생절차는 계획에 정하여진 변제기간 동안 변제를 마친 후 별도의 면책결정을 받아야 비로소 면책의 효과가 생긴다. 한편 별도의 계획 수행 없이 법원의 면책결정에 의하여 면책이 되는 파산절차와도 다르다.

법원은 채무자가 변제계획에 따른 변제를 완료한 때에는 당사자의 신청이나 직권으로 면책결정을 하여야 한다(제83조 제1항). 면책 여부의 결정에 대해서는 즉시항고를 할 수 있고(제86조), 면책결정이 확정된 후가 아니면 면책결정의 효력이 생기지 아니한다(제84조 제1항).

2. 중도곤궁면책(Hardship Discharge)

법원은 채무자가 변제계획에 따른 변제를 완료하지 못한 경우에도 채무자가 책임질 수 없는 사유로 인하여 변제를 완료하지 못하였고, 개인회생채권자가 면책결정일까지 변제받은 금액이 채무자가 파산절차를 신청한 경우 파산절차에서 배당받을 금액보다 적지 아니하며, 변제계획의 변경이 불가능한 경우에 이해관계인의 의견을 들어 면책의 결정을 할 수 있다(제83조). 이 규정은 미국 파산법 §1328(b)에 규정된 Hardship Discharge를 도입한 것이다.

법원은 위와 같이 필요적 또는 임의적 면책사유에 해당하더라도 '면책결정 당시 채무자가 악의로 개인회생채권자목록에 기재하지 아니한 개인회생채권이 있거나 채무자가 이 법에서 정한 채무자의 의무를 이행하지 아니한 경우' 면책을 불허하는 결정을 할 수 있다(동조 제3항).

3. 면책결정의 효력

면책결정은 확정되어야 효력이 발생하며, 면책을 받은 채무자는 변제계획에 따라 변제한 것을 제외하고 개인회생채권자에 대한 채무에 관하여 책임이 면제된다(제84조 제2항 본문). 변제계획에 의한 권리의 변경은 면책결정이 확정되어야 비로소 효력이 발생하고 사건도 종결되는 것이다(제75조 제1항 단서).

그러나 다음의 채권에 대해서는 책임이 면제되지 아니한다(제84조 제2항 단서). 즉 ① 개인회생채권자 목록에 기재되지 아니한 청구권, ② 법 제40조 제2호의 규정에 의한 조세 등의 청구권, ③ 벌금, 과료, 형사소송비용, 추징금 및 과태료, ④ 채무자가 고의로 가한 불법행위로 인한 손해배상, ⑤ 채무자가 중대한 과실로 타인의 생명 또는 신체를 침해한 불법행위로 인하여 발생한 손해배상, ⑥ 근로자의 임금, 퇴직금 및 재해보상금, ⑦ 근로자의 임치금 및 신원보증금, ⑧ 채무자가 양육자 또는 부양의무자로서 부담하여야 할 비용 등이다.

채무자에 대한 면책결정이 확정되더라도 채무자의 보증인 그 밖에 채무자와 더불어 채무를 부담하는 자에 대하여 가지는 권리와 개인회생채권자를 위하여 제공한 담보에는 영향을 미치지 아니한다(동조 제3항). 이는 파산법·회사정리법과도 마찬가지이다. 면책결정이 기망 기타 부정한 방법에 의한 것인 때에는 법원은 이해관계인의 신청이나 법원의 직권으로 면책을 취소할 수 있다. 이러한 취소신청은 면책결정일로부터 1년 이내에 제기하여야 한다(제85조).

비면책채권을 갖는 채권자가 자신을 채권자 목록에 기재하여 줄 것을 구하거나, 채권자 목록에 기재되어 계획에 의하여 일부만이 변제된 경우 나머지 채권은 여전히 비면책되는가? 일본의 民事再生法은 비면책채권에 관한 규정이 없어 불법행위에 기한 채권도 다른 재생채권과 같이 감액될 수 있다. 그러나 법은 명문으로 특정채권을 비면책채권으로 정하고 있으므로 채권자가 명시적으로 잔액채권을 포기한다는 의사표시를 하지 아니한 이상 나머지 채권에 대하여는 면책되지 아니한다고 해석된다.

4. 개인회생절차의 폐지

회생절차의 폐지는 시기에 따라 인가 전 폐지와 인가 후 폐지로, 임의적인 것인지에 따라 임의적 폐지와 필요적 폐지로 나눌 수 있다.

(1) 인가 전 폐지

채무자가 제출한 변제계획안을 인가할 수 없을 때에는 법원은 직권으로 폐지하여야 한다(제79조, 필요적 폐지). 채무자가 정당한 사유 없이 채권자집회에 출석하지 아니하거나 변제계획에 대하여 필요한 설명을 하지 아니하는 경우에 또는 허위의 설명을 한 경우에는 직권으로 개인회생절차폐지의 결정을 할 수 있다(동조 제2항, 임의적 폐지).

(2) 인가 후 폐지(필요적 폐지)

법원은 변제계획이 인가된 후라도 '면책불허가결정이 확정되거나 채무자가 인가된 변제계획을 이행할 수 없음이 명백한 때(단 Hardship Discharge를 받은 경우는 제외한다) 또는 채무자가 재산 및 소득의 은닉 그 밖의 부정한 방법으로 인가된 변제계획을 수행하지 아니하는 때'에는 법원은 신청 또는 직권으로 개인회생절차폐지의 결정을 하여야 한다(제80조 제1항, 필요적 폐지).

변제계획을 이행할 수 없음이 명백할 때란 변제계획이 인가된 후에 변경도 할 수 있다는 점을 고려한다면 그러한 변경조차도 할 수 없게 된 경우를 가리킨다고 해석된다. 한편 거래의 안전을 도모하기 위하여, 이와 같이 변제계획이 인가된 후에 개인회생절차가 폐지된 경우에는 이미 행한 변제와 이 법의 규정에 의하여 생긴 효력에는 영향을 미치지 아니한다(제80조 제2항).

개인회생절차의 폐지의 결정이 있은 때 법원은 주문과 이유의 요지를 공고하여야 한다(제81조). 이해관계인은 개인회생절차의 폐지결정에 대하여 즉시항고를 할 수 있고(제82조), 항고하는 경우 일정 금전 또는 유가증권을 공탁하여야 한다(제82조, 제78조 제3항 내지 제5항).

Ⅻ. 앞으로의 문제점

채무는 반드시 갚아야 한다는 기존의 법감정에 익숙한 일반시민과 다수의 법조인들에게 정직하지만 불운한 채무자의 새로운 출발을 위하여 채권자의 채권을 감면하여야 하고 미래의 수입으로서 과거의 채무를 변제한다는 새로운 제도의 전면적인 도입은 법적으로나 문화적으로 대충격을 가져올 것이다. 그러나 새로운 이념을 표방한 이 법은 이미 성립되어 시행을 목전에 두고 있다. 파산법의 발전역사에서 알 수 있듯이 파산법은 경기변동을 잘 반영하여야 할 뿐 아니라 파산법의 운용이 채권자나 채무자 어느 한쪽에 편파적이어서는 아니 된다. 만일 이러한 조건을 충족하지 못하게 되면 절차의 이용자로부터 버림받거나 강한 불만을 사서 한시법으로 전락하게 된다.[81] 새 법이 한시법이 되지 않고 항구적인 소비자파산입법으로 이 땅의 법문화에 뿌리를 내리기 위하여는 새 법에 대한 국민들의 공감대가 형성되어야 하고 법원의 실무운용이 국민들로부터 환영을 받아야 한다. 채무자에게 너무 우호적인 실무운용이나 거꾸로 채무자에게 문호를 좁히는 실무 모두 경계하여야 한다. 바람직한 개인회생제도를 마련하기 위하여는 개인회생제도가 실시된 지 이제 3년이 넘어 실무방식이 정립되어 가고 있는 일본에서의 실무운용을 주시할 필요가 있다.[82] 또한 일본이나 한국의 개인회생제도의 모법인 미국 파산법 제13장에 대한 실무뿐 아니라 제도의 장단점에 대한 많은 실증적인 연구에 대하여도 눈을 떼어서는 아니 된다. 앞으로 채무자회생및파산에관한법률안이 통과되면 종전의 회사정리절차와 화의절차를 통합한 회생절차가 도입될 것이므로 회생절차와 개인채무자회생절차간의 전환 및 그 관계를 정리하고, 포괄적 중지명령제도를 반영하여야 할 것이다.[83] 채권자에게 회생채권신고의 기회를 부여할 것인지, 봉급생활자의 임금채권을 압류전부명령을 받은 후에 채무자에 대하여 개인회생절차가 개시된 경우 전부명령의 효력의 유지여부, 부부공동신청제의 도입여부와 변제기간의 단축 등도 법률안 제정시 다시 논의할 필요가 있다. 법을 시행하는 동안 담보권자에 대한 권리행사를 제한하여야 할 필요성이 있다면 미국의 제13장과 같은 체제를 택할 것인지, 일본과 같이 주택에 대한 담보권자만을 규제대상으로 하는 별도의 제도를 마련할 것인지 다시 생각해 보아야 할 것이다.[84]

---

81) 林治龍, "미국파산법의 개정역사 연구," 법조 제47권 제4호(1994. 4), 101면 이하.

82) 일본 변호사회가 2002년 9월 전국법원의 파산사건을 조사한 바에 의하면 개인재생사건의 채무자가 파산신청의 채무자보다 월수입과 가옥보유율이 높고, 30대 40대의 비율이 많으며, 파산이나 민사재생이나 채권자의 숫자는 20명 미만이 90%를 차지하고 있다. 처리시한에 관하여 보면 신청부터 개시결정까지 1개월 미만이 56%이고, 개시결정부터 면책결정까지 5개월 미만이 78%(파산의 경우는 91%)이다. 신청사건 중 85%가 인가결정으로 사건이 종결되고 있다. 위에서 본 통계에 비추어 일본에서는 개인재생사건이 신속하게 처리되면서 새로운 소비자파산사건으로 자리 잡아가고 있음을 알 수 있다. 日本辯護士連合會 消費者問題對策委員會, 2002年破産事件及び個人再生事件記錄調査, 3면 이하.

83) 참고로 일본의 경우는 民事再生法 제239조에서 견련파산에 관하여 자세히 규정하고 있다.

84) 일본 민사재생법은 제10장에서 주택자금부채권에 관한 특칙하에 제196조에서 제205조까지 채무자가 거주하는 주택을 보유하면서 채무를 변제하는 방안에 대하여 규정하고 있다.

〈별지 1〉 한국 도산 사건의 접수 추이

연도	총사건수	회사정리	화의	법인파산	개인파산	소비자파산 점유율
1995	104	79	13	12		
1996	79	52	9	18		
1997	492	132	322	38		
1998	1,343	148	728	117	350	26.1%
1999	910	37	140	228	505	55.5%
2000	571	32	78	132	329	57.6%
2001	924	31	51	170	672	72.7%
2002	1,500	28	29	108	1,335	89.0%
2003	4,245	38	48	303	3,856	90.8%
2004 (2월말)	1,171	7	13	25	1,126	96.2%

〈별지 1-1〉 韓·美·日 3국의 경제지표 인구 및 소비자파산신청 건수 비교

	한 국		일 본		미 국	
GDP (2002년/100만＄)	476,690	1	3,978,782	8.3	10,416,818	21.9
인구 (2003년/만명)	4,792	1	12,773	2.7	29,100	6.1
소비자파산 건수	3.856 (2003년)	1	214,996 (2002년)	55.8	1,625,208 (2003년)	421.5

〈별지 2〉 미국 도산 사건의 접수 추이

연도	총 도산사건수	영업자 도산사건수	소비자파산사건수	소비자 파산비율
1993	875,202	62,304	812,898	92.88%
1994	832,829	52,374	780,455	93.71%
1995	926,601	51,959	874,642	94.39%
1996	1,178,555	53,549	1,125,006	95.46%
1997	1,404,145	54,027	1,350,118	96.15%
1998	1,442,549	44,367	1,398,182	96.92%
1999	1,319,465	44,367	1,281,581	97.13%
2000	1,253,444	35,472	1,217,972	97.17%
2001	1,492,129	40,099	1,452,030	97.31%
2002	1,577,651	38,540	1,539,111	97.56%
2003	1,660,245	35,037	1,625,208	97.89%

〈미국 소비자파산 사건의 유형별 점유율(2003년)〉

소비자파산	제 7 장(청산)	제11장(영업자회생)	제13장(개인회생)
1,624,677	1,155,081	954	467,908
100%	71.1%	0.1%	28.8%

〈별지 3〉 일본 도산 사건의 접수 추이

연도	총사건수	영업자도산				소비자도산			소비자 도산 점유율
		법인 등 파산	회사 갱생	화의	통상 재생	개인파산	소규모 개인재생	급여소득 자재생	
1993	46,583	2,400	44	323		43,816			94.1%
1994	43,428	2,548	17	250		40,613			93.5%
1995	46,748	2,838	36	225		43,649			93.4%
1996	60,553	3,489	18	244		56,802			93.8%
1997	76,342	4,349	31	279		71,683			93.9%
1998	111,516	5,599	88	361		105,468			94.6%
1999	128,756	4,573	37	231		123,915			96.2%
2000	146,587	6,268	25	42	662	139,590			95.2%
2001	176,178	8,070	47		1,110	160,741	1,732	4,478	94.8%
2002	239,146	9,471	88		1,093	214,996	6,054	7,444	95.5%

서식 1. 개인사업자 신청서(영업소득자용)

개인채무자회생절차신청서(영업소득자)

2004. 10. 1.

신청인 김 ◎◎ (주민등록번호)
주소: 서울 송파구 풍납동 000-00
신청인 대리인 변호사 박◎◎
주소: 서울 서초구 서초동 1700
전화번호 , FAX 번호

신청취지

신청인에 대하여 개인채무자회생절차를 개시한다.

신청원인

1. 신청요건 및 절차개시요건

신청인은 이 사건 신청서에 첨부한 채권자목록에 기재된 바와 같은 채무를 부담하고 있으나 수입 또는 주요재산은 별지수입일람표 및 주요재산일람표와 같아 파산의 원인 사실이 발생할 염려가 있습니다. 신청인은 장래에도 계속적 또는 반복하여 사업소득을 얻을 가능성이 있고 또한 개인채무자회생법 제55조 각호에 해당하는 사유에 해당하지 아니합니다.

2. 회생계획안에 대한 의견

신청인은 각 회생채권자에 대한 채무에 대하여 상당 부분을 면제받고 법률의 요건의 요건을 충족하는 금액을 분할하여 지급할 예정입니다. 현 시점에서 계획변제예정액은 월 ◎◎만 원이고 위 금원과 절차비용의 준비를 위하여 신청 후 1주일 이내의 일을 제1회로 하여 매월 20일까지에 개인재생위원의 은행구좌로 동 금액을 송금할 예정입니다.

서식 2. 절차신청서(급여소득자용)

개인채무자회생절차신청서(급여소득자)

2004. 10. 1.

신청인 김 ◎◎(주민등록번호)
주소: 서울 송파구 풍납동 000-00
신청인 대리인 변호사 박◎◎
주소: 서울 서초구 서초동 1700
전화번호 , FAX 번호

신청취지

신청인에 대하여 개인채무자회생절차를 개시한다.

신청원인

1. 신청요건 및 절차개시요건

신청인은 이 사건 신청서에 첨부한 채권자목록에 기재된 바와 같은 채무를 부담하고 있으나 수입 또는 주요재산은 별지수입일람표 및 주요재산일람표와 같아 파산의 원인 사실이 발생할 염려가 있습니다. 신청인은 급여 또는 이에 유사한 정기적이고 확실할 수입을 얻을 가능성이 있고 또한 개인채무자회생법 제55조 각호에 해당하는 사유에 해당하지 아니합니다.

2. 회생계획안에 대한 의견

신청인은 각 회생채권자에 대한 채무에 대하여 상당 부분을 면제받고 법률의 요건의 요건을 충족하는 금액을 분할하여 지급할 예정입니다. 현 시점에서 계획변제예정액은 월 ◎◎만 원이고 위 금원과 절차비용의 준비를 위하여 신청 후 1주일 이내의 일을 제 1 회로 하여 매월 20일까지에 개인재생위원의 은행구좌로 동 금액을 송금할 예정입니다.

서식 3. 변제계획안[85)]

변제계획안

1. 변제기간
   2005. 1. 1.부터 2013. 12. 31.까지

2. 수입 또는 재산의 제공[86)]
   가. 채무자는 위 변제기간 동안 ○○주식회사에서 월평균 급여로 250만원을 수령한다.
   나. 변제기간 동안 채무자 및 피부양자의 생활에 필요한 생계비는 80만원을 지출한다(생계비 명세: 별첨).
   다. 채무자의 가용소득은 월 170만원이고, 변제기간(60개월) 동안 합계 1억 200만원을 변제계획안에 따른 변제에 제공한다.

3. 개인회생채권에 대한 권리의 변경
   가. 개인회생채권액: 별첨 채권자목록
   나. 개인회생채권의 원금 중 40%를 변제하고 나머지 원금 및 이자, 지연손해금은 전액을 면제한다.

4. 개인회생채권의 변제방법
   2005. 1. 1.부터 5년간 매월 20일에 170만원을 60회에 걸쳐 변제한다.

5. 재단채권은 전액을 수시로 변제한다.[87)]

6. 채무자가 ○○주식회사로부터 받는 소득은 변제계획인가결정이 있은 후에도 위 변제기간 동안 계속하여 개인회생재단에 속하는 것으로 한다.[88)]

---

85) 徐慶桓, 전게논문(주 30)을 참조한 것이다.

86) 변제계획에는 채무변제에 제공되는 재산 및 소득에 관한 사항을 정하여야 한다(제71조 제1항 제1호).

87) 변제계획에서는 재단채권 전액의 변제에 관한 사항을 정하여야 한다(제71조 제1항 제2호).

88) 제71조 제2항 제3호, 제75조 제2항 단서의 규정에 따른 내용임.

Korean Insolvency System*

1. Overview of Korean Insolvency System

1.1 History of Bankruptcy Systems

The first western type statute on bankruptcy was promulgated on January 20, 1962, as the Bankruptcy Act(Act No. 998, the "B.A.") and the Composition Act(Act No. 997, the "C.A."). The B.A. was adopted from the Japanese Bankruptcy Act, without any urgent need which closely followed the German legal conception. The C.A. also was adopted from the similar Japanese Act, which was modeled after the Austrian Composition Act. Another relevant law, the Corporate Reorganization Act(Act No. 1214, the "C.R.A.") was promulgated on December 12, 1962, which was also adopted from the similar Act in Japan. The Japanese corporate reorganization system was modeled after chapter XI of the U. S. Bankruptcy Act of 1898 at the suggestion of the occupation authorities after World War II.[1] Over the past years, the C.A. was rarely used, but was never been challenged. But in the 1980s, the C.A. was receiving attentions by insolvency practitioners and was reaccepted as pro-debtor reorganizational legislation. Due to the fast economic development and influence of the strong "Confucian traditions," the number of filing petitions is relatively small considering the national economic scale.

Until the late 1990's, insolvency procedures were not applied frequently. The following table(Table 1) shows the number of filings until recently.

These three Acts were partially amended several times over the years prior to the 1997 Asian economic crisis in Korea.

More recently, these three Acts were amended on February 24, 1998. These new amendments were significant and extensive. Judicial scholars have evaluated

* I gratefully acknowledge the contributions of Judge Hyungdu Kim and Ms. Hyunsoo Kim for their assistance in preparing this paper.

1) Brooke Schumm, "Comparison of Japanese and American Bankruptcy Law," Michigan Year Book of International Legal Studies, 291(1988).

Year	Bankrupt Firms	Bankruptcy	Composition	Corporate Reorganization
1983	*	*	2	65
1984	*	*	2	52
1985	*	11	0	40
1986	*	26	0	26
1987	*	20	0	30
1988	*	21	2	26
1989	*	37	0	27
1990	4,107	27	0	15
1991	6,159	16	0	64
1992	16,769	14	0	89
1993	9,502	26	0	41
1994	11,255	18	0	42
1995	13,992	12	13	79
1996	11,589	18	9	52
1997	17,168	38	322	132
1998	22,828	467	728	148
1999	6,718	733	140	37
2000	6,693	461	78	32
2001	5,277	842	51	31

that the U.S. Bankruptcy Code has deeply impacted the amendment process.[2] As a result, the structure of the Korean bankruptcy system has been changed from that of Japan. Nevertheless, the main legal structures of the two countries remain similar.

1.2. The Difference between Korean and U.S. Bankruptcy Systems

There are major differences between the Korean and the US bankruptcy systems. First, the distinction made is the non-existence of the unified bankruptcy act and the Bankruptcy Court in Korea as opposed to the existence of US Bankruptcy Code and the Bankruptcy Court in the U.S.[3] Second, the status of secured interest holders differs according to the types of proceedings-whether

2) See Suguhn Oh, "The Amendment Process and the Task of Corporate Reorganization Act," Human Rights and Justice, 1998 May.

3) As discussed later, the number of filing insolvency cases are not large enough to establish to the Bankruptcy Court yet.

they are corporate reorganization, straight bankruptcy(liquidation) or composition. Although the holders of security interests in straight bankruptcy or composition case cannot be affected, they may be affected by corporate reorganization under the C.R.A. Third, only the joint stock company may file for the petition under corporate reorganization procedures. Neither an individual who may have a claim nor a partnership company qualifies for filing under the C.R.A. Fourth, there are no similar proceedings for the individuals with regular income, as in Chapter 13 of the US Bankruptcy Code, and no special chapters for a municipality, railroad company, or family farmer in Korea.

The concept of "debtor in possession" is not found in the C.R.A. in Korea. In Japan, however, the Japanese Commercial Code has a special rearrangement procedure for a joint stock company that functions much like the composition procedure. The time frame for the supervisions is different in that while the arrangement procedure is supervised until completed by the court, the composition procedure is supervised until the plan is confirmed.[4] However, no such similar provision is found in the Commercial Code of Korea.

In conclusion, the B.A. will be an equivalent version of Chapter 7 of the US Bankruptcy Code, and the C.R.A. has a lot of similarity with the old Chapter X of the US Bankruptcy Act prior to 1978. The C.A. will be an equivalent version to Chapter XI of the Bankruptcy Act, but the level of intensity for supervision by the court under the C.A. is much lower than that provided under the Bankruptcy Code, as revised in 1978. The Bankruptcy Court does not supervise after the plan has been confirmed under the C.A. Another difference between the Korean and the US system is that the security interest holders can exert their rights to foreclose whenever they want, not only in liquidation cases but also in the composition proceedings.[5]

In this paper, Korean insolvency laws refer to the three acts as B.A., C.A., and C.R.A. The term for "debtor" under the C.R.A refers to a joint stock company. The term for "order for relief" may mean a declaration of bankruptcy by the courts under the B.A., (or/and) a decision to commence composition proceed-

4) See Tasuku Matsuo, The Environment of Japanese Bankruptcy Law, 93(1970). In practice, the arrangement system turned out to be inefficient.

5) See generally Ihlpyo Hong, "A Comparative Study of American and Korean Corporate Reorganization Laws," Introduction to the Law and Legal System of Korea. (Sanghyun Song eds., 1983) 877.

ings under the C.A., or a decision to commence reorganization proceedings under the C.R.A. Rights and duties of the trustees under the three Acts are dissimilar. It is noteworthy to remember, however, that the terms will be used in reference to all three types of the cases by the author.

1.3. 1998 Amendments

New amendments were instigated due to the influence of the 1997 financial crisis.

Amendments to the three acts were all made on the same day. The main purpose of the amendments was to make all bankruptcy proceedings speedy and efficient.

The first amendment involved changing the venue of the liquidation or composition proceedings for merchant debtors. The venue was unified to the District Court while prior to the amendment the venue could be either the Branch of the District Court or the District Court. In the metropolitan Seoul area, the bankruptcy panel of Seoul District Court was created in order to handle all bankruptcy filings ranging from reorganization to consumer bankruptcy and by doing so, it functioned like the specialized bankruptcy court. Hence, this panel hears all the claims of big ailing companies in Korea.

The second amendment was the establishment of a creditor's committee under and a management committee under both the composition proceeding[6] and the corporate reorganization proceeding.[7] Both committees were modeled after the creditors committee of the U.S. Bankruptcy Code. After the U.S. Trustee system was thoroughly scrutinized, it was concluded that the introduction of it was not suitable for the Korean situation. Instead of the Trustee system, the management committee was established to manage the three proceedings fairly and speedily. Its role is to present to the court its opinion on the appointment of an interim trustee, trustee, inspection commissioner; supervise the discharge of operations by the trustee; examine the reorganization plans; oversee transmission of information to creditors; and evaluate the progress of reorganization proceedings.[8] It should be noted that there is no interim trustee in proceedings under

6) C.A. §§11-2, 49-2 to 49-4.

7) C.R.A. §§93-2 to 93-4. §173-2 to §173-4.

8) C.R.A. §93-2. Presently the management committees are established in only Seoul, Incheon, Suwon, and Daegu district courts.

the B.A.

The third amendment involved Section 19-2 of the C.A., which provides for special cases where application by a joint stock company for composition can be rejected. These cases are where it is inappropriate to go through composition proceedings in light of various considerations, such as the magnitude of the debtor's assets and liabilities or the number of interested persons, such as creditors. In light of such factors, the court may reject an application for commencement of composition by a joint stock company.

The purpose of this clause was to restrict a large joint stock company from entering into composition proceedings rather than filing for corporate reorganization. In a recent case, the Supreme Court confirmed the decision of the lower court, rejecting the filing of a petition for composition by a joint stock company whose assets were worth approximately US $50 million, with liabilities of US $100 million, on the ground that the case fell under C.A. Section 18(5). In its decision, the Court stated that the condition of composition was contrary to the general interests of composition creditors.[9]

The fourth amendment was the mandatory transfer to bankruptcy proceedings from composition proceedings. The C.A. Section 9 states that if rescission of composition has been decided and if the decision to deny or cancel the composition proceeding has become final and binding, the court should make an adjudication of bankruptcy at its own discretion.

The fifth amendment was to shorten the time limit for carrying out the plans from twenty years to ten years. The period of twenty years is to be measured from the day of confirmation of the plan.[10]

1.4. 2000 Amendments

Several amendments were introduced in 2000. The first amendment unified the treatment of such claims under B.A. and C.R.A. as wages due, retirement benefits due, workmen's compensation, and cash bonds posted by employees to ensure good behavior or to insure against embezzlement as the straight bankruptcy equivalent of priority claims in the U.S. Bankruptcy Code.

The second amendment shortened the statute of limitations period for filing

9) The Supreme Court 1998. 12. 10. 98kue34.

10) Jaesung Byun et al, "The Practice of Corporate Reorganization Cases in the Seoul District Court," Sabupnojip, Vol. 15 208, 351(1994).

an action for avoiding a preference and fraudulent transfer under both the B.A. and C.R.A. from 20 years from the date of the act to 10 years

The third amendment requires that the court must convert the reorganization case to liquidation if it appears that the case is unsuccessful or about to become hopeless after the court renders the ruling for the commencement of a reorganization proceeding.[11] Before the amendment, the court had discretionary power to decide whether to convert the case or not. This new clause seems intended to have a chilling effect upon the filing of reorganization petitions by ailing companies.

The fourth amendment lowered the voting requirement necessary to reduce security rights in a plan to seventy-five percent of security holders who must agree on the plan, from eighty percent, in order to prevent the hold-out of minor opposing security holders.[12]

The fifth amendment increased the period in which the first meeting of persons concerned is to be held to four months from the date of the order for relief.[13] Prior to the amendment, the meeting had to be held within two months from the date of the order for relief.

1.5. 2001 Amendments

Solving the financial crisis, the government set up an accord for an out-of-court workout process in June 1998 instead of forcing ailing big firms to the court supervised reorganization proceedings. However, the legal nature of the Workout Accord raised two onerous issues for the government. As the Workout Accord was a mere contract among domestic financial institutions, most foreign creditors tended to hold out. To solve holdout problems, the majority creditors can file an involuntary petition for the reorganization proceedings and make the foreign creditors be binding to the court order.

However the Workout Plan could not be enforced and new money injected in the course of the workout that has the same function of DIP financing in a reorganization proceeding could not be repaid with high priority.

In order to solve these problems, the Ministry of Finance and Economy (MOFE) tried to amend the C.R.A. by introducing a prepackaged plan in the U.

11) C.R.A §23.

12) C.R.A §205.

13) C.R.A §46.

S. Bankruptcy Code. But the actual amendments did not fully reflect from the opinion of the MOFE due to strong opposition from lawyers. The compromised amendment is as follows;

First, if no less than two-thirds unsecured and secured claimants agreed to the prepackaged plan presented by a creditor whose claim exceeds the half of entire liabilities of the debtor corporation, the court can shorten the deadline for presentation of plan.[14)]

Second, if two creditors agreed on the priority of claims, the court must reflect it on the plan without violation of interested person's rights.[15)]

2. Jurisdiction and Venue in Insolvency Proceedings

2.1. Jurisdiction

The question of which court has the jurisdiction to adjudicate the litigation that arises in bankruptcy is an important one. However, as Korea does not have a federal system of government, the bankruptcy laws are not federal laws. Every judge of Korea has the capacity to handle all bankruptcy cases. However, a special bankruptcy division consisting of two panels was established in the Seoul District Court in 1999. In other regions, all bankruptcy cases are allotted to the ordinary civil division of the District Court. The District Courts sitting in the major cities, such as Pusan, Kwangju, and Daegu, have judges of each Court of Appeals, which court has jurisdiction over the cases appealed from the District Court, designated to handle corporate reorganization cases more efficiently.

2.2. Venue

The venues of three bankruptcy proceedings is exclusive and any agreement to determine venue is invalid under the three Acts.[16)] If the debtor is a merchant, the three-judge panel of the District Court sitting in the debtor's main place of business has exclusive venue.[17)] If the debtor is not a merchant or has no place of business, the three-judge panel or single judge bench of the District

14) C.R.A. §190-2.
15) C.R.A. §228(3).
16) Byungsuh Juhn, Bankruptcy Law 69(1999).
17) C.A. §3, B.A. §96(1).

Court sitting in the location of debtor's domicile has exclusive venue.[18] All corporate reorganization cases initiated under the C.R.A., however, must be heard by the three-judge panel of the District Court, not the Branch of the District Court and not before a single judge bench.[19] In practice, only straight bankruptcy cases as well as composition cases of merchant debtors initiated under the B. A. or the C.A. belong before a three-judge panel of the District Court under the amended Acts.[20] Only consumer bankruptcy cases filed by nonbusiness individuals are to be heard by a single judge bench in the District Court.[21]

The litigation based on the trustee's avoiding power falls within the jurisdiction of the court of reorganization,[22] and the litigation based on the contested matter is subject to the exclusive jurisdiction of the court of reorganization.[23] But the venue of the court of reorganization does not coincide with the panel of the District Court, which handles the commencement of a case or administers the case. Usually these avoidance actions have separate case names and numbers and are allotted into another civil panel of the same District Court. This is because the chief judge of the District Court who has the court administrative powers allotting the case into the panel will take into consideration the burden of corporate reorganization caseloads. Filing a proof of claim and objection by interested parties belongs to the venue of court of reorganization.

Although it was well established that corporations could be sued in their place of incorporation on any claim, in a case where the place of incorporation is situated in a foreign country, the District Court where the principal place of business is located can be a proper venue in Korea.[24]

18) B.A. §96(2). C.A. §3.
19) C.R.A. §6.
20) The Court Administration Office, Practical Guide of Composition Cases(second edition, 1998). Prior to the amendment, the Branch of District Court had a venue. Practically all the composition or liquidation cases of merchant and all reorganization cases arising in the Seoul District Court belong to the venue of the Seoul District Court, not the five branches of Seoul District Court.
21) The Court Administration Office, Practical Guide for Consumer Bankruptcy Cases, 5(1998).
22) C.R.A. §82.
23) C.R.A. §148.
24) C.R.A. §4. B.A. §96.

3. Liquidation Procedure in Korea

3.1. Conditions of Bankruptcy

[A] Insolvency

Insolvency is a general cause of bankruptcy, either in voluntary or involuntary petitions, either in an individual, a legal entity or a decedent's estate.

[B] Suspension of payment

Suspension of payment is defined as a debtor's subjective manifestation or action under which the debtor generally, and not particularly, suspends the payment of the indebtedness to creditors. The B.A. provides that the suspension of payment is presumed to be due to the debtor's financial incapability.[25] Therefore, the debtor may rebut a suspension of payment to prevent an involuntary petition.

[C] Liabilities Exceeding Asset

The fact that liabilities of a legal entity exceed assets provides a cause of bankruptcy of the juristic person regardless of the subjective underlying intentions.[26]

3.2. Commencement

[A] Voluntary and Involuntary Petition

Bankruptcy proceedings are commenced when either a creditor or debtor files a petition for bankruptcy. An individual or a legal entity, including a joint stock company, partnership company, or limited partnership company, may be a debtor in bankruptcy case. A joint petition by husband and wife is not allowed. They must file separately.[27] Any private bank, credit association, insurance company, or non commercial legal entity may file a voluntary petition or an involuntary petition may be led by their creditors.[28]

In a voluntary case, the debtor must present, at the time of filing, a peti-

25) B.A. §116(2).

26) Sanghyun Song, "Bankruptcy Law in Korea,"(written in English), in Korea Law in the Global Economy 912, 914-915. 487-488(Sanghyun Song eds., 1996).

27) Kyungwhan Suh, "The Practice of Consumer Bankruptcy Cases in Seoul District Court," Human Rights and Justice 119, 124(April 1999).

28) There is a special Act about financial institution's liquidation.

tion, a document outlining the status of property, and a list of its creditors.[29)]

[B] Hearing on Petition

After the court expenses have been paid by the petitioner and the court has taken whatever actions are necessary to preserve the debtor's assets, the court conducts a hearing. If the court finds a reasonable cause for the petition, it adjudicates the debtor a bankrupt and appoints a trustee in bankruptcy. The court publicly announces its decision and effects registration of the bankruptcy to prevent transfer of the debtor's assets.

3.3. The Effect of Adjudication

A debtor becomes a bankrupt only after an adjudication by the court. All of the debtor's property before the adjudication of bankruptcy belongs to the estate, which is managed by the trustee. Whether property belongs to the estate or not is determined not substantively but formally, that is, according to the name listed in the real estate registration.[30)] The adjudication of bankruptcy automatically suspends any other related pending proceeding. A motion for levy of execution cannot be allowed; if one has been commenced, it must be dismissed.

3.4. Court Sets Dates and Deadlines

For a creditor to receive a dividend from the estate, the creditor must file a proof of claims. At the time of adjudication, the court sets dates for the first creditors' meeting[31)] and for the determination of the debts, and fixes a deadline for filing a proof of claims.

3.5. No Automatic Stay

[A] General

Filing a petition for order for relief does not invoke an automatic stay. Therefore, the creditor may file a suit against the debtor, execute the judgment to sell the property in the judgment auction, and foreclose the securities until

29) B.A. §128.

30) The Supreme Court 1963. 9. 12. 63nu84(Jip 11(2)hang 69).

31) Please note that the "creditors' meeting" is not the same as "creditors' conference" under the C.R.A. in Korea. There are always three creditors' meetings to allow all creditors to participate under the C.R.A. However, creditors' conferences are composed of not more than 10 creditors.

the declaration of bankruptcy is entered.

Under the B.A., once a petition for bankruptcy is filed, on its own motion or upon the request of the interested party, the court may impose a temporary seizure, provisional disposition, and other necessary preservative measures against the estate, even before the declaration of bankruptcy. An injunction may be issued to prohibit the debtor from paying creditors; this is a common example of the necessary preservative measures. This provision is similar under the C.R.A.

There is a special Act regarding checks drawn on insucient funds. If a debtor issued a check knowing it will be dishonored, the debtor can be punished according to the Act. However, if an injunction prohibiting the debtor from paying the creditor is in place and the check is not dishonored, then the issuance of the dishonored check does not constitute the violation of the Act.[32] It is not unusual that a debtor or the representative director of debtor corporation to file a petition for an injunction to evade punishment under the Act.

[B] Difference Between Liquidation/Composition and Reorganization

There is an important difference between liquidation and corporate reorganization proceedings. Neither auction executed by a general creditor or security interests holder, nor other foreclosure initiated by irregular security interest holders may be stayed under the B.A. or C.A., although such actions may be stayed under the C.R.A. There is some dispute whether the compulsory execution, such as judgment auction initiated by unsecured creditors may be suspended during the liquidation proceeding. Some scholars argue that it can.

Unlike in the U.S., harassing acts by creditors such as visiting the home of the debtor, sending demand letters, and telephoning the debtor cannot be prohibited under any of the three Acts.

3.6. Claim

[A] Definition

Any claim on property against the bankrupt arising by causes that occurred prior to the declaration of the bankruptcy shall be a bankruptcy claim.[33] Even though the terms used to refer to a claim against the debtor are different according to the three bankruptcy proceedings, the characteristics of the claims are

32) The Supreme Court 1990. 8. 14. 90do1317(Kong 1990, 1990).
33) B.A. §14.

very similar to claims in the U.S. Bankruptcy Code. Therefore, the right to payment includes whether or not such right has been reduced to judgment, liquidated, unliquidated, fixed, contingent, matured, unmatured, disputed, undisputed, secured, or unsecured, as in the U.S. Bankruptcy Code §101(5). Like in U.S. contingent, unmatured claims, future claims with regular intervals are subject to discounting.[34)]

A claim against the surety or guarantor, but not the bankrupt, is not a claim in bankruptcy proceedings. Since a claim against the surety or the guarantor except for the bankrupt is not a claim in bankruptcy proceedings, a creditor may file a suit and execute the judgment against those outside the bankruptcy proceedings.

A contractual right for a specific performance, such as the performance of singing a song, is not classified as a claim. Once it is converted into a compensation claim before the order for a relief rendered by the court, it automatically becomes a claim. The claim should be liquidated and fixed since it is not mandatory that the B.A. presupposes the requirement of it. Under the corporate reorganization proceeding,[35)] a golf club membership and the right to return the deposit from the corporation upon termination of a contract will be interpreted as this category of claim. However, the right to obliterate provisional registration of real estate does not become a claim.[36)]

In determining the validity of a claim, it is pertinent to note that a tax claim under the B.A. and the C.A. is not recognized as a bankruptcy claim, instead, it is an estate claim under the B.A. Therefore, a tax authority can exert the tax claim out from the bankruptcy proceedings.[37)] A tax claim is a preferred one not being affected by C.A. proceedings under the C.A.[38)]

[B] Filing Proof of Claim

When it enters an adjudication of bankruptcy, the court specifies a deadline for filing proof of claims in bankruptcy at the same time. The deadline (bar date) will not be less than two weeks and not more than four months from the

34) B.A. §18. C.R.A. §114.
35) The Supreme Court 1989. 4. 11. 89daka4113(Kong 1989. 794).
36) The Supreme Court 1994. 8. 12. 94da25155(Kong, 1994. 2301).
37) B.A. §38.
38) C.A. §43.

date of adjudication of bankruptcy.[39] The court then notifies the public of the deadline for timely filing of claims through publication in the official gazette or in a newspaper, and sends notice of the date for filing proof of claims to the known creditors and persons in possession of debtor's property.[40]

If a liquidation case is dismissed while the claim settlement process is pending the failure to file a proof of claim cannot be cured. In the claim settlement process, the creditor must determine whether the claimant has filed a proof of claim within the bar date. If the creditor failed to do so, the case must be dismissed without further proceedings.[41]

[C] Effect of Failure to File Proof of Claim

A creditor who fails to file a proof of claim within the period prescribed by the court may file a proof of claim at any time before the final distribution of dividends. However, if the trustee or other creditors object to the delayed filing, the creditor must bear the cost of a necessary fee for opening a specific procedure for filing of proofs of claims.[42] While in the U.S. the time schedule of filing a proof of claim is fixed and rigid, it is very flexible in Korea.

3.7. Priority of Claim

[A] Two Types of Priority Claims

Sorting out the priority of claims is complicated. There are two types of claims that are given priority: "priorities upon estate"("jaedan chaekwon") and "preferred claims in bankruptcy." In both of these, the dividends are paid from the general assets of the debtor's estate and not from a specific property in the estate. In this sense, both are different from the secured claim.

The "preferred claims in bankruptcy" even have a preferential position in the distribution proceedings, but are still classified as a claim, so the claimant who has preferred claims in bankruptcy has to file a proof of claim in the court like any other general claimant. "Preferred claims" are established by statute. The preferred claim is recognized in the bankruptcy proceedings based upon the public purpose of the substantive law creating the claim. For example, the recog-

39) B.A. §132.

40) B.A. §133.

41) The Supreme Court 1998. 8. 21. 98da20202(Kong 1998 Vol. 2, 2301), 1997. 8. 22. 97da17555 (Kong 1997 Vol. 2, 2803). 1995. 10. 12. 95da32402(Kong 1995, 3745).

42) B.A. §207.

nition of "priority upon estates" is based on public necessities. They are mainly administrative expenses and tax claims arising before the adjudication of bankruptcy. The B.A. enumerates the following "priority upon estate": judicial expenses, tax claims, expenses for management of estate, claims held by the counterparty in cases in which the trustee performs any obligation under an executory contract for support of the debtor and dependents, wages of employees, and deposit money to the employer as a warranty of good behavior.[43] However, "the priorities upon estate" are paid from the estate regardless of the bankruptcy proceedings.[44]

[B] Secured Claims

Secured claims are based on a security interest upon a specific property of the debtor, and are given a preference of repayment or foreclosure upon the specific property outside the bankruptcy proceedings.

3.8. Reclamation of Goods.

The B.A. Section 79 states that the order for relief shall not affect the right to repossess any property not belonging to the debtor from the bankrupt estate. This provision has been interpreted since the enactment of the law to provide for repossession of goods, and merely expresses the rule, per se, that the owner of the goods can recover owner's title from the ostensible holder of goods. Therefore, an owner of goods may reclaim the goods against the trustee either in litigation or in an out-of-court settlement.

A seller's right of resumption of goods is protected by law, but the right is subject to (i) the executory contract made between the seller and the buyer; (ii) the buyer not paying the purchase price; and/or, (iii) the buyer not receiving the goods at the designated delivery point before the adjudication of bankruptcy has been rendered. The trustee in bankruptcy, alternatively, may exercise the power to comply with the seller's request for the return of merchandise. The trustee may receive the seller's performance of the contract of sale and may fully pay the price, or the trustee may rescind the contract and may refuse to receive the

43) B.A. §38.

44) Tasuku Matsuo, The Environment of Japanese Bankruptcy Law, 139, Sanghyun Song, "The Korean Bankruptcy Law,"(written in English) in Korean Law in the Global Economy, 927 (Sanghyun Song eds., 1996).

goods.

3.9. Status of Secured Creditors

[A] General Rules Regarding Secured Creditors

A creditor who has obtained a judgment against the debtor is treated as a general creditor, that is, an unsecured creditor, not a secured creditor like in the United States. Secured creditors are treated differently in the different insolvency procedures. In liquidation or composition proceedings, the secured interest cannot be altered or reduced except by the consent of the holder.[45] However, under the corporate reorganization proceeding, it can be altered or reduced.

Because the commercial law of Korea does not recognized the concept of a judicial lien or unperfected security interest, the trustee has no strong-arm power as is vested in the United States Bankruptcy Code.[46]

[B] Right of Separation(Absonderunsrecht in German Bankruptcy law)

Secured creditors, such as those creditors holding a right of pledge or right of mortgage, may exercise their right of separation outside the liquidation or composition proceedings.[47] The secured creditor may join the bankruptcy proceedings and composition proceedings as an unsecured creditor to the extent that the claim exceeds the value of pledged or mortgaged property, or only if it waives its security interests.[48] The secured creditor has the right to retain the pledge and mortgage on any property belonging to the debtor. Foreclosure outside bankruptcy on such property is a separation power, and there is no need to file a proof of claim to the court in order to exert this right of separation. The Supreme Court held that the B.A. Section 201(2) does not explicitly authorize ground for an assertion that security interests must disappear for failing to file a proof of claim, since it is applied in where the amount exceeds the value of property.[49]

45) It is not settled whether a court auction initiated by a secured creditor can be suspended as a preservative measure. The Seoul Appellate Court in 97la194 decision rendered on April 14th, 1998, held that it could. The practice of Seoul District Court, however, is contrary. The Court Administration supra note 20, at 49.

46) Bankruptcy Code §544(a).

47) B.A. §86.

48) B.A. §87.

49) The Supreme Court 1995. 12. 10. 96da19840(Kong 1997 Vol. 1, 308).

3.10. Setoff

In general, creditors may assert their rights of setoff without going through the bankruptcy proceedings. The right of setoff, however, is limited under the following circumstances:[50)]

1. If the creditor's obligation to the estate arose after the adjudication of bankruptcy;
2. If the creditor's obligation to the debtor was incurred with knowledge that the payment had been suspended or that a petition for bankruptcy had been filed: this does not apply, however, if the obligation is based on the statute, on a cause that took place before the creditor knew that the payment had been suspended or a petition had been filed, or on a cause that took place one year before adjudication;[51)]
3. If a debtor owing bankrupt acquires another person's claim after the adjudication; and
4. If a debtor owing bankrupt acquires another person's claim knowing that the payment has been suspended or a petition for bankruptcy has been filed. However, this does not apply where acquisition is based on the statute, on the cause that took place before the debtor knew that payment had been suspended or a petition for bankruptcy had been led, or on a cause that took place one year before adjudication.

The injunction prohibiting the debtor from paying the creditors does not prevent the creditors from the right of setoff against the debtor.[52)] At the present time there is no special rule regarding termination of swap agreement as found in Japan[53)] and the U.S.[54)]

3.11. Trustee

[A] Qualication and Appointment

Trustee is appointed by the court after it hears the administrative committee's opinion,[55)] unlike Chapter 7 of the U.S. Bankruptcy Code[56)] in which credi-

50) B.A. §95.

51) This clause was amended in 1998.

52) The Supreme Court 1993. 9. 14. 92da12728(Kong 1993, 2744).

53) An Act regulating the close-out netting by the financial institution became effective on December 1, 1998.

54) Bankruptcy Code §560.

55) B.A. §147, C.A. §§20, 27 and C.R.A. §94.

56) Bankruptcy Code §702.

tors elect the trustee.

There is usually only one trustee but, if necessary, the court may appoint more than one trustee.[57] In the U.S. a corporation can be a trustee in the bankruptcy case, if such corporation's chapter of bylaws allows it to do so.[58] However, neither the B.A nor the C.A. contains any special clause about whether a corporation may serve as trustee. Practically all trustees of liquidation and composition are individual lawyers.

[B] Powers and Duty of Trustee

The bankruptcy trustee has the right to administer and dispose of the bankrupt estate.[59] Immediately after the court order, the trustee must collect, preserve, protect, and control the debtor's assets to bring them into the debtor's estate. The right of avoidance is exclusive to the trustee. One of the essential duties of the trustee in liquidation is to investigate the claims and to distribute the dividends to the creditors as an immediate distribution at any time, with the consent of the court or the inspection commissioners.[60]

The trustee must carry out these duties with the care of a good manager. If the trustee fails to exercise due care and if any loss is caused by the trustee's failure, the trustee is jointly and severally liable to the interested parties.[61]

Although the trustee under the B.A. has the capacity to sue and to be sued, the trustee must get approval from the court or inspection commissioner prior to filing of a suit and the related counterclaims to a suit or taking a nonsuit position.[62] If a trustee makes a compromise with the court absent consent of the inspection commissioner or the resolutions of creditors' meeting, then it becomes a cause of action for retrial under Section 422(1)(iii) of the Civil Procedure Code.[63]

57) B.A. §148.
58) Bankruptcy Code §321(a)(2).
59) B.A. §7.
60) B.A. §228.
61) B.A. §154.
62) B.A. §187, 188.
63) The Supreme Court 1990. 11. 13. 88daka26987(Kong 1991, 57).

[C] Status of Trustee in Civil Litigation

[1] Determining the Proper Parties

At the time that the adjudication is made by the court under the B.A., the debtor's right to manage and dispose of its business and property is turned over to the trustee.

In litigation relating to the estate of debtor under the B.A., the trustee and interim trustee is the proper party.[64] If there are several trustees, all will be indispensable parties to the action.[65] If necessary, the trustee may appoint an agent with the permission of the bankruptcy court.[66]

[2] Suspension of Litigation

An adjudication under the B.A. suspends legal proceedings relating to the estate.[67] Any litigation concerning any property belonging to the estate, pending at the time of the adjudication may be taken over by the trustee or by the other party; the debtor will no longer have standing to pursue that litigation. This rule is also applied to the litigation on the claims created by the termination of an executory contract due to the adjudication.

In a case which a creditor already obtained the garnishment when the debtor corporation is a defendant with the notice to the third party before the commencement of reorganization proceedings, the garnishment extends to the corporate debtor and the garnishee absent the filing of the motion for replacement to garnishment.[68]

3.12. Preference

[A] General

As opposed to 11 U.S.C. §544(a) that recognizes the hypothetical lien creditor concept, no where in Korean Law, specific "strong-arm" clause is found. Instead, through strong avoiding powers, the same results by the U.S. "strong-arm" clause can be achieved.

The B.A. Section 64 mentioned some acts as voidable preferences:

64) C.R.A. §§39-3, 96-98, B.A. §60(1).

65) B.A. §153(1), C.R.A. §97(2).

66) C.R.A. §98(2).

67) Civil Procedure Act §217.

68) The Supreme Court 1996. 9. 24. 96da13781(Kong 1996 Vol. 2, 3179).

1. Any act done by the debtor with the knowledge that it would prejudice creditors in bankruptcy.
2. Any act related to creating security or discharge obligations of the debtor, or any other act prejudicial to creditors in bankruptcy, done by the debtor after the suspension of payments or filing of the petition for bankruptcy unless the creditor benefiting from the act did not know at the time of the act that there had been a suspension of payment or that the petition for bankruptcy has been filed.
3. Any acts done mentioned under the preceding item, where the beneficiary creditor is a relative of the debtor or a person living with the debtor.
4. Any act related to creating security or discharging obligations of the debtor within thirty days before suspension of payment or filing the petition for bankruptcy, which does not arise pursuant to the debtor's legal obligations existing at the time of the act or which does not arise pursuant to the debtor's legal obligations existing at the time of the act with respect to its time or method.[69)]
5. Any gratuitous act, or non gratuitous act which is nevertheless deemed to be the same as a gratuitous act, done by the debtor after suspension of payment or filing the petition for bankruptcy, or within six months prior thereto.
6. Any preferential act that falls under Section 64 of the B.A. may not be avoided where the transferee does not know that the conveyance of real estate based on the sale contract is preferential.[70)]

A fraudulent transaction is not void, but voidable by the trustee's exclusive right to challenge the preference. And it is only invalid vis-avis other creditors. The trustee can exert the right of avoiding in accordance with legal proceedings by filing a suit or by raising the defense of avoidance.[71)] The right to proceed to judgment auction based on the final and binding judgment be denied as preference.[72)]

[B] Transfers that May Be Avoided as Preference

Although the commencement of the bankruptcy proceeding does not affect the right to reclaim the property not belonging to the debtor from the estate,[73)]

69) This clause is unique to only the B.A. and not in the C.R.A. since individuals cannot rely on the C.R.A.

70) The Supreme Court 1996. 9. 20. 95da49394).

71) B.A. §68, C.R.A. §82. It is noteworthy that the requesting for avoidance is recognized only under the C.R.A.

72) B.A. §67, C.R.A. §81.

73) B.A. §79, C.R.A. §62.

the act of perfecting an assignment of the ownership of the property or creating a security interest in the property may be avoided under the B.A. The trustee can avoid acts done after the suspension of the payment and within one year prior to the filing of petition[74] or after the filing of petition. The trustee may avoid the acts done: (1) within 30 days before the suspension of the payment, or the filing of the bankruptcy petition, (2) after the suspension of payment and within one year prior to the filing of the bankruptcy petition, or (3) after the filing of that petition.[75] There is no difference between the insiders and the noninsiders preference act of a corporation debtor.

The registration of real estate, delivery of movables and notice to the third party that are the elements for the assertion of a security interest may be avoided.

A transfer can be avoided if it is prejudicial.[76] The prejudice is determined by whether the rights of other creditors will be changed more detrimentally in the liquidation proceedings so as to cause inequities among the creditors. The subjective knowledge of the transferee concerning the prejudicial effect of the transfer plays an important factor in applying the avoidance rule.

[C] Time Limit of Preference Actions

The trustee must exert avoiding power within two years from the commencement of the order for relief. If a transaction is set aside, the debtor's estate must compensate the creditor concerned for any benefits the estate received under the nullified transaction and the creditor's claim ranks in priority as a "claim which has been given priority" in relation to other unsecured creditors within the limits of such benefits.

The scope of transfers that may be avoided is limited by treatment of secured creditors.[77]

[D] Avoidance of Guarantees by Related Debtors

Whether guarantee or surety between parent company and subsidiary company can be avoidable as preference is a perennial problem in Korea as it is in

74) B.A. §76. C.R.A. §91.

75) B.A. §64.

76) B.A. §64(ii).

77) For example, a payment to the secured creditor cannot be avoided under B.A.; however, it can be avoided under C.R.A.

other jurisdictions. Where a parent company guarantees a loan made by a lender to its subsidiary, the benefit will often be the improvement in the value of the shares held by the parent company in its subsidiary by virtue of additional finance put to profitable ends. But corresponding return will often be more difficult to prove where one subsidiary guarantees a sister-subsidiary or guarantees its own parent unless the guaranteeing company receives a market rate of commission for the guarantee or other corporate benefit, such as on lending of loan proceedings or a tangible enhancement of its trading position by virtue of the financing of the group as a whole.[78)]

Regarding the reorganization cases where a subsidiary company guarantees its parent company, it is held that only the enhancement of a subsidiary company's trading or credit position by virtue of the financing of the group as a whole without receiving direct benefits cannot constitute a reasonable equivalent value for the guarantee. It is avoidable by the trustee.[79)]

3.13. Discharge

[A] Procedure for Obtaining Discharge

The individual debtor must file a separate petition for discharge in addition to filing a petition for declaration of bankruptcy.[80)] Discharge in bankruptcy is a court order stating that the debtor does not have to pay its dischargeable debt. A debt that is discharged in bankruptcy does not have to be paid. A discharge relieves the debtor from any further personal liability for the debts covered by the discharge in liquidation proceedings as well as composition proceedings.

[B] Notice of Discharge Hearing

The court serves the notice of hearing date on the public prosecutor, trustee, and creditors subject to the discharge,[81)] and they may object to the petition for discharge and they may appeal the decision of discharge.[82)]

[C] Discretionary Discharge

Although there may be cause for nondischargeablity, the court may dis-

---

78) Philip R. Wood, Principle of International Insolvency, 88(1995).
79) The Supreme Court 1999. 3. 26. 97da20755(Kong 1999 Vol. 1, 760).
80) B.A. §339(1).
81) B.A. §341.
82) B.A. §357.

charge the debtor if the cause is slight. In practice, the Seoul District Court sometimes suggests the debtor pay some debts, and if the debtor has followed the suggestions of the court, the court may grant a discharge even though there is cause for denying discharge. This is called a discretionary discharge.

[D] Denial of Discharge

Under some circumstances, the debtor's discharge may be denied. A denial means that none of the debtor's debts are discharged, which is different from the concept of nondischargeable debts. If the debtor commits certain acts including hindering or damaging the property belonging to the debtor, disposing of it unfavorably to the creditors, or making any false entry in any commercial book, the discharge may be denied.[83] Also, discharge may be denied if the debtor acquires any property within one year prior to the adjudication and defrauds a creditor by concealing this fact.[84] Denial of the existence of assets is cause for denial of discharge provided in B.A. Section 346(3).[85] A debtor may not obtain a discharge within ten years of a prior discharge.

[E] Nondischargeable Debts

The debtor who has obtained the discharge is relieved of all the liabilities to its creditors, except those are not discharged in bankruptcy proceedings.[86] The primary types of such nondischargeable debts are taxes, fines, penalties, compensation for damages in bad faith tort actions,[87] wages of employees for the last six months, deposit money and pledge for good conduct of employees and debts unscheduled in bad faith, unless the creditors knew about the bankruptcy proceedings.

If the debtor merely omitted a certain creditor, the debt itself may not be discharged. If, however, the debtor concealed a creditor's name or listed a false creditor in the creditors' list in bad faith, this can be a cause of denial of dis-

83) B.A. §346(1).

84) B.A §346(2).

85) B.A. Section 346(3). "Where the debtor presents a false list of creditors, or make a false statement on the status of property before the court." the Supreme Court 1990. 1. 5. 89ma992 (Kong 1990, 450).

86) B.A. §349.

87) Bad faith includes simple intent as well as malice. It also includes some negligence, such as wanton and reckless driving. Byungsuh Juhn, Bankruptcy Law(1999), 451.

charge.[88] Unlike in the United States,[89] debts for alimony, maintenance, and child support are dischargeable in Korea.

[F] The Deprivation of Rights

The debtor who has been declared a bankrupt is disqualified from holding a directorship in a business corporation, unless the debtor is granted recovery of legal status. Being declared bankrupt is grounds to terminate a partnership[90] and limited partnership.[91]

In addition, a bankrupt cannot hold any kind of public office, such as police ocer, or fire-fighter, and cannot be a teacher, attorney, notary public, certied public account, or tax agent.

This explains why bankruptcy cases in Korea are less common than in the U.S., and also why bankruptcy proceedings in Korea had, up until now, self-employed businessmen and housewives as the main claimants. The legal status of a debtor is interpreted much differently. The U.S. Bankruptcy Code prohibits the government and employers from discriminating against the debtor based upon a person's bankrupt status.

[G] Effect of Liquidation Proceeding on Co-debtor

The bankruptcy proceedings do not affect the creditor's right against the co-debtors, so if the debtor is discharged, the discharge does not affect any right against the guarantor or surety of the debtor and any security provided for the creditors.[92] Disallowance of a claim against a bankruptcy debtor will not prevent the creditor from pursing the codebtor. If a guarantor becomes bankrupt, the creditors may exercise their rights as bankruptcy creditors with respect to the whole amount of the claim that existed when the bankruptcy is declared.[93]

Even if the creditor did not file a proof of claim or did not file a suit for settlement of claim, the creditor's right against the co-debtor is not be affected, although the creditor may not vote at the creditors' meeting and may not receive any dividend from the proceeds of the estate. The creditor will lose only its right to participate in the bankruptcy proceedings, not its substantive right to

88) Byungsuh Juhn, Bankruptcy Law(1999), 347.
89) Bankruptcy Code §523(a)(5).
90) Commercial Code §218(3).
91) Commercial Code §269.
92) B.A. §350. C.A. §61, C.R.A. §240(2).
93) B.A. §20.

the claim.[94]

The creditor can freely file a suit against co-debtors and execute against their assets in a judicial auction. In cases where several persons are severally liable for the whole amount of the obligation, and all or any of them are declared bankrupt, any person holding the right to reimbursement, which might be exercised against the bankrupt in the future, may exercise its right as bankruptcy creditor against each bankrupt estate with respect to the whole amount of the claim of reimbursement. This does not apply if the creditor has already exercised its right as bankruptcy creditor with respect to the whole amount of the claim. The guarantor must report the right of reimbursement against the debtor in the future during the bankruptcy proceedings, otherwise it can be discharged.

[H] Exemptions

The scope of exempt property is much more limited than in the U.S. bankruptcy system. It is enumerated in Section 522 of the Civil Procedure Act. Clothes, bedding, and other necessities for living; foodstuffs and other necessities for living for two months; one month of living expenses; farm machines, fishing implements and similar items indispensable for agriculture or fishery; and uniforms, decorations, etc. Broadly speaking, these have little monetary value. Unlike in the U.S.,[95] the homestead exemption, wildcard exemption, and motor vehicle exemption are not recognized in Korea. Naturally, there is no distinction between the federal exemptions and the state exemptions either.

[I] Discontinuance of Proceedings/Termination of Proceedings

If the court deems that it is insufficient to pay the expenses of the bankruptcy proceedings with the estate, it shall decide the discontinuation of the bankruptcy while adjudicating the bankrupt.[96] If discontinuation of bankruptcy occurs simultaneously with adjudication of the bankrupt, then the request for discharge must be made within one month after the adjudication becomes final.[97] If the request for discharge is filed after one month from the adjudication of bankrupt, the petition can be dismissed. Therefore, the debtor should observe the time limit.

94) The Supreme Court 1989. 4. 11. 89daka4113(Kong, 1989, 794).
95) Bankruptcy Code §522(d).
96) B.A. §135.
97) B.A. §339(1).

3.14. Special Act on Restructuring of Financial Institutions

[A] Purpose of Act

After Korea's economy entered into the severe depression in 1997 stirred by the incompetence of banks and other financial institutions, new legislation was enacted to contribute to the balanced development of the financial industry by supporting the structural improvement, such as the merger, conversion or reorganization of financial institutions. The Act on the Structural Improvement of the Financial Industry was promulgated in January 1997.

[B] The Financial Institutions Subject to the Act

Under the Act, the term "financial institutions" means the following items: financial institutions established under the Banking Act, the Long-term Credit Bank, securities companies, management companies under the Securities Investment Trust Business Act, mutual savings and finance companies, trust companies, merchant banks, and other institutions that carry out the financial business under other Acts, as prescribed by the Presidential Decree.[98]

The term "insolvent financial institutions" means:

- financial institutions whose liabilities exceed their assets, or whose management is apparently difficult as their liabilities exceed their assets due to occurrence of any massive financial scandal or accrual of claims;
- financial institutions, which are under suspension of payment of claims such as deposits;
- financial institutions, which appeared to have difficulty in paying out claims or redeeming borrowed money without fund support from outside or separate borrowing. Whether it is difficult for financial institutions to pay or not is decided by the Financial Supervisory Commission(F.S.C.).[99]

[C] Supporting Methods to Structural Improvement

The Act provides for merger, reorganization of insolvent financial institutions, transfer of business or transfer of contracts, and investment by the Government of the Korea Deposit Insurance Corporation.[100] The F.S.C. may order any insolvent financial institutions to amortize for value or without consideration

98) Section 2 of the Act.
99) Section 2 of the Act.
100) Section 11(1) of the Act.

of all or part of stocks owned by shareholders who are responsible for the financial institution's insolvency or reduce capital stock by consolidating stocks owned by specified shareholders at a certain rate.

Where any insolvent financial institution is ordered to reduce capital, the board of directors of the insolvent financial institution may, notwithstanding the provision of Sections 438 through 441 of the Commercial Code,[101] resolve to reduce capital or determine matters on the methods and procedures for capital reduction and procedures for consolidating stocks.[102] Where any financial institution violates or fails to fulfill any request or order referred to above, the Minister of Finance and Economy may cancel the authorization or permission of business, and then the financial institution will be dissolved.[103]

[D] Bankruptcy of Financial Institutions

Where any financial institution becomes dissolved or bankrupt, the F.S.C. may recommend to the Court the appointments of the trustee in bankruptcy with the advice of the Korean Deposit Insurance Company, whose role is almost similar to Federal Deposit Insurance Company in the U.S.. The Court shall appoint the trustee in bankruptcy case as recommended by the F.S.C. unless there exists special causes.[104]

In addition to the creditors and debtor, the F.S.C. also may file a petition for bankruptcy where it becomes acquainted with the fact constituting the causes for bankruptcy referred to in Section 117 of the B.A.[105] The court shall serve the agency intervening in bankruptcy with a written instrument specifying the matters as provided for in Section 133(1) of the B.A. at the time of adjudication.[106] The court shall, in determining the deadline for filing proof of claims and the fixed date of examining claims pursuant to Section 132 of the B. A., hear the opinion of the agency intervening in bankruptcy in advance.

The agency intervening in bankruptcy may present or state its opinion to

101) According to §438 of the Commercial Code, the reducing of capital shall be decided in the shareholders meeting.
102) Section 12 of the Act.
103) Section 14 of the Act.
104) Section 15 of the Act. The Constitutional Court upheld the constitutionality of this clause (2001. 3. 15. 01hunga 1, 2, 3).
105) Section 16(2) of the Act.
106) Section 17 of the Act.

the court in the course of bankruptcy proceedings for any financial institutions.[107] The depositors of financial institutions are protected more safely than any other creditors concerning the duty of filing a proof of claim. Upon receiving the written instrument, the agency will without delay draw up a list of depositors specifying the names, addresses, amount, and cause of claim provided in Section 202 (1) of the B.A. for the deposit claims with which it is acquainted. And it will give a public notice of the purport and place of filing a proof of claim, and ensure that the depositors will inspect it until the date of filing the claim set by the court. It will present the list of depositors to the court and the list of depositors presented to the court will be deemed to have been filed within the deadline for filing the claim.[108] It goes without saying that the depositor may file a proof of claim independently in this case, and the court shall notify the fact to the agency intervening in bankruptcy.[109]

4. The Business Reorganization Proceeding in Korea

4.1. Composition Proceedings

[1] Purpose

As discussed later, the composition proceeding, which is not empowered to control secured creditors and tax claims is widely used as another reorganization proceeding in Korea during late 1990s Asian economic crisis. It is similar to the Arrangement under Chapter XI of the Bankruptcy Act prior to 1978. The purpose of the C.A. is to avoid bankruptcy. One of the most important advantages for the debtor is that debtor's right to manage and dispose of its business and property shall not be affected under the composition proceedings. This is the main reason why the number of filings for composition began to outnumber that of corporate reorganizations since 1997. The composition proceeding is widely used for business reorganization in Korea these days even though the security interests may not be affected by the composition proceedings and only the unsecured creditors are affected. It is not a practical method for modifying the corporate structure. Since the debtors under the C.A. cannot become viable companies,

107) Sections 18, 19 of the Act.
108) Section 21 of the Act.
109) Section 23 of the Act.

neither the Court nor creditors can supervise the debtors effciently. Hence, it will be repealed in the new unied bankruptcy draft of 2003.

[2] Commencement

Only a debtor, either individual or corporation, not a creditor may file petition for order for relief with the plan of composition with the court. The court will appoint a liquidation commissioner after hearing the opinions from the management committee, and let the commissioner make a necessary inspection of the debtor's assets, books and the condition of composition for a fixed period of time. The commissioner's written opinion of whether or not the composition should be commenced will then be presented.[110]

The management committee, if it is established, will conduct the operations as listed by the C.A. Such operations include presenting its opinions on the appointment of the interim trustee; supervising and evaluating the discharge of operations by the interim trustee, liquidation commissioner and trustee; providing information to creditors and adjusting their opinions; and accomplishing other work under the composition procedures.[111]

Because debtor's right to manage and dispose of its business and property shall not be affected under the composition proceedings, only the debtor can sue and be sued.[112] Therefore the litigation by debtor or the creditor is not suspended.

[3] Filing of Claim

An entry into the schedules of creditors(including secured and unsecured claims) will have the same effect as a final and binding judgment to all the bankruptcy creditors as well as the corporate debtor under the C.A.[113] There is not the same claim settlement proceedings as in the liquidation and corporate reorganization. The creditor may file a proof of claim such as amount, the payment date, and interest rate in order to participate in the composition proceedings. When the court confirms the plan in composition proceedings, the amount and the terms of payment of every creditor will be changed generally and abstractly according to the terms of the plan, as if there were an agreement,

110) C.A. §21.
111) CB.A. §11-2.
112) The Court Administration Oce, supra note 20, at 96.
113) C.R.A. §245, B.A §215.

which had the same contents of the plan entered into by the creditors, debtor and other participants.[114]

[4] Confirmation

After reviewing the report submitted by the liquidation commissioner, and if the court finds a good prospect on the plan, the court may order proceedings of composition to be commenced. If the plan is consented to by the majority of creditors at the creditors' meeting, the court will confirm the plan. By doing this, a debtor can avoid the bankruptcy proceedings and can keep possession to manage the debtor's business under the plan.

[5] Effect of Confirmation

Unlike straight bankruptcy and corporate reorganization proceeding, there is no claim settlement proceeding under the C.A. If creditors do not report their claims to the court, the creditors cannot participate in the composition proceeding. However, the contents of the claim cannot be extinguished but only affected by the binding effect of the conditions of the plan.

The Supreme Court held: even though the composition proceedings began against the debtor, the claimants in composition proceeding did not necessarily exercise their rights only by participating in the proceeding. Even though the composition plan was confirmed and became final, the plan did not give them res judicata effect, so the creditors still could file a suit against the debtor to get a final and binding judgment the for res judicata. Since the purpose and the contents of the composition proceeding are different from those of corporate reorganization, the claim settlement clause of the C.R.A. cannot be applied by analogy.[115] The due will be deferred or amount of the claim will be reduced according to the binding effects of composition between the debtor and other creditors.

4.2. The Corporate Reorganization

[1] The Purpose and Eligibility

The purpose of the C.R.A. is to coordinate the interests of creditors, shareholders and other interested persons, and to strive for the reorganization and re-

114) The Supreme Court 1999. 3. 26. 98da59644(Kong 1999 Vol. 1, 778).
115) The Supreme Court, Oct. 27, 1989, 88daka22671(Kong 1989, 1775).

covery of the business, in respect of any joint stock company,[116] which faces imminent failure due to financial difficulties but is worth economic recovery.[117]

[2] Commencement

[A] Who May File a Petition

A debtor corporation, or a creditor having claims against a debtor corporation equivalent to not less than one-tenth of its capital, or a shareholder holding shares representing not less than one-tenth of the total number of the issued shares may file a petition for the commencement of reorganization proceedings.[118] The petition for reorganization may be filed in cases where a joint stock corporation is unable to pay its debts as they mature without markedly impeding continuation of business, or if there are facts falling under one of the causes of bankruptcy.[119] For a joint stock corporation, cause of bankruptcy means insolvency and an excess of indebtedness over the amount of assets. The corporation may file in both cases, but a creditor or shareholder can file only in the latter case.[120]

[B] Court Action After Filing Petition

When a petition for reorganization has been filed, the court must examine the representative of the debtor corporation.[121] Prior to 2000 the court may appoint one or several inspection commissioners[122] and charge them with the task of investigating the existence of causes for reorganization, and have them submit written opinions as to the propriety of commencement of reorganization proceedings. Under the new amendment the court appoints an inspection committee on the day of commencement in order to expedite the proceedings.

116) In the U.S., even a debtor who has no business operations can file for Chapter 11. See Toibb v. Radlo, 501 U.S. 157, 111 S. Ct. 2197, 115 L. Ed. 2d 145, 21 Bankr. Ct. Dec. (CRR) 1296, 24 Collier Bankr. Cas. 2d(MB) 1179, Bankr. L. Rep. (CCH) ¶ 73994(1991).

117) C.R.A. §1.

118) Please note that in the U.S., a shareholder is not empowered to petition for reorganization.

119) C.R.A. §30. Regarding a joint stock corporation, "cause of bankruptcy" means insolvency and an excess of indebtedness over the amount of assets. B.A. §§116-117.

120) The fact that an adjudication of bankruptcy is rendered abroad constitutes prima facie evidence of a cause of bankruptcy.

121) C.R.A. §36.

122) They are usually certied public accounts, accounting firms, institutions engaged in the business of evaluation of credit, or attorneys. Regulation on Corporate Reorganization Cases issued by the Supreme Court 1998.

[C] Grounds for Rejecting Petition

The court must reject the petition for the commencement of proceedings if any of the following situation exists:[123]

1. The expenses of the reorganization proceedings have not been paid in advance.
2. A creditor or shareholder has acquired the claim or stocks in order to file a motion for commencement of proceedings.
3. The petition is filed primarily for the purpose of evading bankruptcy or financial obligations.
4. Bankruptcy proceedings and composition proceedings are pending before the court, and the general interests of the creditors are served by continuing those proceedings.
5. It is obvious that the value in liquidation of a corporation is greater than its going concern value.
6. The petition is filed primarily with the intention of evading performance for a tax obligation or obtaining some benefit from the fulfillment of a tax obligation.

The first two are very rare and item number 5 causes the most controversy as to New Regulation No. 92-5 established by the Supreme Court on Handling Corporate Reorganization Cases provides the method for calculating both the value in liquidation and going concern value. In practice the opinion of large creditor usually bank that has been dealing with the debtor corporation is often decisive.[124]

[3] Effect of Commencement

[A] Court Sets Deadlines

If the court deems the petition for reorganization reasonable, it will approve the petition together with the appointment of a trustee and fix the period for filing claims, the date of the first creditors' meeting and the date by which all claims must be investigated. The time for filing proof of claim, security interests, and stocks must be between two weeks and two months from the date of the order for relief.[125]

---

123) C.R.A. §38.

124) See also the Supreme Court 1992. 11. 2. 92ma468(Kong 1993, 65).

125) Prior to the amendment, the period was from two weeks to four months.

[B] Appointment of Trustee(No Debtor In Possession)

After receiving the opinion of the creditor's conference and the management committee, the court appoints a trustee.[126] The ruling of appointment cannot be appeal. Under the corporate reorganization only a bank, a trust company or a merchant bank may be a trustee.[127] Prior to the Amendment of December 12, 1996, the trustee of reorganization had to be a disinterested party. Under the amendment, however, any individual or bank with some connections to the corporation or shareholders of the debtor may serve as trustee. It is not necessary for any trustee to post a bond with the court. The trustee has the power to sue and be sued. This includes the power to bring actions to avoid preferential transfers.

Once the court approves the petition, the authority to operate the business and to manage its property belongs exclusively to the trustee. The concept of debtor in possession is not recognized under the C.R.A.

The trustee must obtain permission from the court to carry out such acts as disposing of property, acquiring any property by purchase, and the institution of legal proceedings. From the commencement to termination of the proceedings, reduction of capital, issuance of new shares or debentures, mergers or consolidation, distributions of profits may not be carried out by the directors except the specifications under the plan.

[4] Preservative Measures in Reorganization Proceeding

Under reorganization proceedings, the court has greater power regarding injunctions than in liquidation proceedings. Where an application has been made for the commencement of reorganization proceedings, the court may, if it deems necessary, upon the motion of an interested party, or sua sponte, order the suspension of any liquidation proceedings, composition proceedings, any judgment auction, injunction,[128] any foreclosure or any proceeding in respect of the property related to the debtor corporation pending before an administrative agency,[129] un-

126) C.R.A. §94.

127) C.R.A. §95.

128) The Supreme Court 1983. 1. 14. 82ma830(Kong 1983, 573) held: The injunction suspending the auction initiated by the security interest holder must be ordered before the court confirms the successful bidding.

129) Such as patent or tax case pending in administrative agency. Taegu District Court, The Practical Guide for Corporate Reorganization Proceedings 74(1998).

less it might inflict an unreasonable loss on the creditors until a decision is rendered.[130] Even the tax claim can be suspended after hearing the opinion of the authority of tax collection.[131] But the decision to suspend referred to above tax claim shall be ineffective upon the expiration of five months from the day the decision on suspension is made.[132]

In order to prevent creditors from getting paid by using provisional attachment to the property of the debtor in bad faith, the new amendments of 1998 were added in §37(6) of the C.R.A. It stated that where it was deemed necessary to reorganize a corporation after preservative measures had been taken, the court may upon the motion of an interim trustee, or of its own motion, order the cancellation of provisional seizure or injunction for the corporation property taken after an motion for commencement of reorganization proceedings. In this case the court may order the offer of security.

Where the property is essential to the reorganization of the debtor corporation, the debtor corporation needs to file a petition for suspension of judgment auction or foreclosure before the order for relief has been rendered.

[5] Filing a Claim

The rationale for filing a claim under the B.A. proceedings can be applied to the proceedings of the corporate reorganization. The court shall, upon the commencement of reorganization proceedings, issue public notice of the bar date for filing a proof of claim and document stating that the commencement of proceedings, and the date of the first creditors' meeting with an opinion of the inspection commissioner, shall be served to the trustee, corporation debtor, and known creditors and shareholders.[133] The creditors failing to file a proof of claim within the period set by the court, due to reasons for which they were not responsible, may file a proof of claim within one month after such reasons disappear.[134] However, they may not file after the second creditors' meeting for the purpose of discussing the plans.[135] If creditors file after the second credi-

130) C.R.A. §37.
131) C.R.A. §37(2).
132) C.R.A. §37(3). Prior to the amendment of 1998, the time limit was two months.
133) C.R.A. §47.
134) C.R.A. §127(1).
135) C.R.A. §127(3).

tors' meeting, the filing will be rejected.[136)]

However, there are some unique matters arising from the reorganization proceedings. Even if a reorganization case can be dismissed/discontinued either prior to or after the confirmation of the plan, failure to file a proof of a claim cannot be cured. Therefore, in litigating settlement of the claims, the Court must scrutinize sua sponte that the claimant filed a proof of claim within the time limit. If the claimant failed to do so, then the case must be dismissed without the further proceedings. Therefore, the creditor cannot assert his claim any more against the debtor corporate.[137)] It also applies to the right of the surety's reimbursement. In case a surety fails to file the right of reimbursement or indemnity and neither did a creditor to the principal debtor, the surety's right to the principal debtor would be superseded.

[6] Function of Creditors' Committee

Once a petition for commencement of a reorganization is filed, if a management committee is not established, the court must form a creditors' committee composed of major creditors of the debtor corporation unless the debtor is a medium and small enterprise.[138)] The creditors' committee must be composed of not more than ten persons, a majority of whom must be creditors and not security holders. A committee may present its opinions on reorganization proceedings to the court. The court must provide documents, copies of decision, audit reports and other important data to the conference. The committee may request access to the corporation's books or other data as necessary to make a decision relating to reorganization proceedings.

[7] Proposal and Confirmation of the Plan

[A] Presentation of Plan

After the expiration of the period for the filing claims, the trustee must prepare and present the plan of reorganization to the court within a period set by the court. For a large business, the period cannot exceed four months from the date of filing claims; the period may be extended for not more than two

136) Jaesung Byun et al, "The Practice of Corporate Reorganization Cases in the Seoul District Court," Sabupnojip, Vol. 15(1994), at 317.

137) The Supreme Court 1998. 8. 21. 98da20202(Kong 1998ha, 2301).

138) It was newly established by the amendment in 1998, C.R.A. §§173-2 173-4.

months. For small and medium sized businesses, the set period may not exceed one month.[139] The debtor, creditors or security holders who filed their claims and securities with the court may prepare and present the plan.[140] The court must serve in advance copies or summaries of the plan to the trustee, the debtor, creditors who have filed proofs of claim, shareholders, the Department of Justice F.S.C. and administrative agency supervising the affairs of the corporation.[141] The Department of Justice and F.S.C. or administrative agency supervising the affairs of the corporation may comment on the plan, as may the labor union.[142]

Upon submission of the plan, the Court will convene the creditors' meeting to examine the plan.[143] Then the plan shall take effect upon the time the Court confirms the plan.[144] Any interested parties except those who failed to file a proof of claim may appeal against the decision for the confirmation or rejection of the plan.[145]

[B] Dismissal a Case Prior to Confirmation of Plan

The court must dismiss a case sua sponte in the following instances:

1. If no plan proposal is presented within a specific deadline by the court, or if all the plans proposed within such period are unsuitable to refer to the creditors' meeting;[146]
2. If the plan is rejected, or is not adopted within two months from the first fixed date for the creditors' meeting, or within any extension of that period.[147]
3. If the plan is not adopted within one year or one and a half years from the order for relief; or[148]
4. If it is obvious that there is no likelihood of reorganization, the court may also dismiss a case sua sponte, or upon the motion of the trustee, even if this be-

139) C.R.A. §189. This clause was amended in 1998 in order to make the reorganization proceedings speedy.
140) C.R.A. §190.
141) C.R.A. §200(2).
142) C.R.A. §§232(2), 165.
143) C.R.A. §192.
144) C.R.A. §236.
145) C.R.A. §237(1).
146) C.R.A. §272(1). The fact that the plan is "unsuitable" means the plan is not fair, not equitable, not feasible, or not likely to be approved by the creditors. The Supreme Court 1982. 9. 30. 82ma585(Kong 1982, 1075).
147) C.R.A. §272(1).
148) C.R.A. §272(1). This was amended in 1998 in order to make the proceedings speedy.

comes apparent before a decision on the confirmation of the plan is made.[149])

5. The court may dismiss a case before the confirmation of the plan, upon the motion of the trustee, debtor, creditors who filed proofs of claim or securities, if it becomes obvious that the corporation debtor can not perform in full all of the obligations to creditors and security holders who filed proofs of claims.[150])

Above instances except item 5 involve situation in which there is no likelihood of implementing the plan.

The Supreme Court held that the trustee has no duty to pay for "claims which have been given priority upon estate" from its own property even though C.R.A. Section 281 states that if a court decision to dismiss the reorganization proceedings becomes final, the trustee shall satisfy the "claims which have been given priority upon estate," and make a deposit in respect of claims subject to objection, in the interests of the creditors thereof.[151])

[C] Confirmation of Plan

The provisions of the C.R.A. governing the plans are quite elaborate.[152]) For the plan to be confirmed by the court the plan must conform with the provisions of the Act,[153]) and be fair, equitable and feasible.[154]) In determining whether the plan is fair and equitable, the court may consider the absolute priority rule, especially if one class of creditors oppose the plan. In practice, however, the rule is not strictly followed.

The resolution of confirmation held in the third creditor's meeting must be done sincerely and fairly.[155]) The plan must treat all the claims fairly and equally according to the priorities of the claims. The order of priority is:

(a) the security interests, (b) claims with general priority, (c) claims other than those with general priority, (d) junior claims, (e) the preferred shareholder's right,

149) C.R.A. §272(2).
150) C.R.A. §273(1).
151) 1974. 11. 26. 73da898(Kong 1974, 8168).
152) C.R.A. §§189-271-2.
153) C.R.A. §233.
154) C.R.A. §233.
155) C.R.A. §233. Even though the appellant did not receive the plan and the notice of meeting and could not participate the meeting, that does not violate the section 233(1)(ii) if a high majority of voting classes have confirmed the plan, even without calculating the claims of appellant. The Supreme Court 1992. 6. 15. 92gue10(Kong 1992, 2219).

and (f) shareholder's right other than those with preference.[156)]

The principal of equality means that the plan must treat equally those who hold rights of the same nature.[157)] Nowadays creditors question the equal treatment of their claims than ever before. So for example, if the plan provides higher interest rates for the Korean Industry Bank than any other interest holders and early payments by disposing of a pledge secured for the bank, this constitutes a violation of the principle of fair, equitable and feasible. Therefore the plan will not be confirmed.[158)]

The plan is then voted on by the classes of creditors. Secured creditors form a separate voting class for the purpose of approval of the reorganization plan. High majorities are required: 75 percent to postpone the due date and to reduce security rights, and 100 percent for liquidation of the debtor.[159)] Where total liabilities of a corporation exceed its total assets at the commencement of reorganization proceedings, the shareholders will not have any voting rights. This shall not apply when the total liabilities at the time of presenting a modied plan exceeds its total assets.[160)]

If the required consents to a plan are not obtained, the court can nevertheless approve a plan with the modication prescribed by Section 234 of the C.R.A. That section permits the court to modify the plan to give "fair and equitable protections" to the creditors. This is a type of "cram down" power. The time limit of the plan will not exceed ten years, which was twenty years prior to the amendment in 1998.[161)]

Where the decision of confirmation or non-confirmation is rendered and publicly announced, the interested party may lodge an appeal against the decision within two weeks inclusive from the date of public notice is issued.[162)]

[D] Effect of Confirmed Plan

Once a plan is confirmed the debtor corporation is relieved of all liability with respect to claims and securities relating to the corporation property and the

156) C.R.A §228.
157) C.R.A §229.
158) The Supreme Court 1998. 8. 28. 98gue11(Kong 1998, 2493).
159) C.R.A §205.
160) C.R.A §129(3).
161) C.R.A §213.
162) C.R.A §11.

right of shareholders shall be extinguished except to the extent recognized by provisions of the C.R.A. or the plan.[163] If the shareholders' right are recognized in the plan, however, the same right must be recognized even for shareholders who did not file a proof of equity interest with to the court.[164]

Under the U.S. Bankruptcy Code, discharge means freeing from all personal liabilities and the liens are still valid. Meanwhile, the securities and rights of shareholders can disappear under the C.R.A. It can be the major difference on the effects of the confirmed plan between Korea and the U.S.

The confirmed plan is effective for and against the corporation, all creditors, security holders, shareholders, and those who bear obligations or offer securities for reorganization and new companies that may result from the reorganization.[165] The rights of the creditors, security holders and shareholders are altered in accordance with the provisions of the plan.[166] If a plan has been confirmed by the court, any liquidation proceedings, compulsory execution, provisional seizure, injunctions, and auction proceedings for the exercise of security interest, which were suspended by the preservative measures pursuant to Section 67(1), are invalidated.

With respect to rights recognized pursuant to the provisions of the plan, a confirmed plan that is final and binding has the same effect as a final and binding judgment in respect of the debtor corporation, the reorganized corporation(excluding new companies established by merger), creditors, security holders and shareholders of the debtor corporation and those who are obliged to offer a security for the reorganization.[167] Any person whose name was listed in the table of claimants as holding a claim for the payment may enforce judgment auction against those bearing an obligation for debtor corporation after reorganization proceedings are completed.[168] A creditor may receive the payment only according to the confirmed plan and cannot file a suit for payment even though the corporate debtor has failed to pay.[169] If the debtor fails to pay, there may be

163) C.R.A §24.
164) C.R.A §244. Please note that under the C.R.A., the shareholders must file a proof of equity (stock) to the court. §130.
165) C.R.A §240.
166) C.R.A §242.
167) C.R.A §245(1).
168) C.R.A §245(2).
169) The Supreme Court 1991. 4. 9. 91da63(Kong 1991, 1359).

cause to dismiss/discontinue a case after confirmation provided under Section 276 of the C.R.A.

[8] Postconfirmation Actions

[A] Execution and Modication of Plan

The trustee has a duty to execute the plan without delay. The court may issue any order necessary for the execution of the reorganization plan to the trustee and the persons who bear obligations or offer securities for reorganization.[170)]

If the need for modication of the plan arises due to unavoidable circumstances after confirmation of the plan, the court may modify the plan upon the motion of the trustee, debtor corporation, any creditors who filed proof of claims or securities, or shareholders, made prior to the completion of reorganization proceedings.[171)]

[B] Conclusion of Reorganization Process

If the court determines that there are no obstacles to carrying out the reorganization plan, the court will, upon the motion of the trustee or creditors[172)] who filed proof of claims or securities, or sua sponte, conclude the reorganization proceedings, and issue an official notice containing the text of its decision and a summary of underlying reasons.[173)] Thereafter, the debtor corporation may resume its normal business and financial affairs. The court will no longer supervise the debtor corporation.

[C] Dismissal after Confirmation

If it becomes obvious after the confirmation of the plan that the trustee will not able to effectuate the plan, the court will decide to dismiss/discontinue a case sua sponte or upon the motion of the trustee, or creditors who filed proofs of claim or securities. The court shall convert the reorganization case into a straight bankruptcy proceedings. This dismissal, however, does not affect the ex-

---

170) C.R.A. §248(1).

171) C.R.A §270(1).

172) The creditors and security holder were not allowed to file a petition prior to the amendment of 1998.

173) C.R.A §271(1).

ecution of the reorganization plan and the effect of the plan under the C.R.A.[174] The creditors or security holders may carry out foreclosure the debtor corporation assets if their claims are stipulated in the plan.

The court's decision, however, to dismiss a motion for commencement of reorganization proceedings or to refuse the confirmation of the plan, becomes final, the court, sua sponte, may convert the case into the liquidation proceedings,[175] or composition proceedings if it deems it appropriate.[176]

[9] Liabilities of Directors and Shareholders

If at the time of commencement of the reorganization proceedings the total liabilities of a corporation exceed its total assets, the reduction of capital will be determined in such a manner that writes off not less than one-half of the corporation's issued stocks.[177] This was intended to allow new investors to achieve corporate governance under the reorganization proceedings.

If a cause for commencement of reorganization proceedings occurs due to any major act by a director or equivalent person or manager, the reduction of capital will be determined in such a manner that writes off two-thirds of stocks held by the shareholders, who participated in such conduct, their relatives and other shareholders in a special relation with a director as determined according to the Supreme Court Regulations.[178]

[10] Effect of Reorganization Proceeding on Co-debtor

Plan provisions concerning the debt do not affect the right against the co-debtor.[179] The court held that either Section 240(2) or Section 241 of the C.R.A. does not discriminate against the guarantor unreasonably and does not violate the Constitution, which guarantees the property right of citizens.[180]

[11] Effect of Reorganization Proceedings on Statute of Limitations

There are some problems to resolve in applying the statue of limitation, such as determining when the statute begins to run again if the plan is con-

174) C.R.A §§276-278.
175) C.R.A §23.
176) C.R.A §27.
177) C.R.A §221(3).
178) C.R.A §221(4).
179) The Supreme Court 1990. 6. 26. 88daka4499(Kong 1990, 1550).
180) Regarding §240(2), see the Supreme Court 1993. 11. 9. 93kagi80(Kong 1994, 158), and regarding §241, see the Supreme Court 1995. 10. 13. 94da57800(Kong 1995, 3771).

firmed or the court dismisses the proceedings after the plan has been confirmed.

Section 5 of the C.R.A. provides that reorganization proceedings suspends the statute of limitations. According to section 169 of the Civil Code of Korea, suspending the statute of limitations affects only the parties and their successors, but section 440 of the Civil Code states that the effect of suspending the statute of limitations against the principal debtor also applies to the guarantor.

Since there are no special reorganization proceedings for the individuals as in Chapter 13 of the U.S. Bankruptcy Code, co-debtor cannot rely on the automatic stay to hold the assets from the litigation. Also, security interests of the home mortgage are not specially protected as in Chapter 13 of the U.S. Bankruptcy Code.

Difficulties arise if the court entered an order for relief against the debtor corporation, but later revoked the order before a plan was confirmed, or after a plan that reduced the amount of the debt or prolonged the payment date was confirmed. When will the statute of limitations begin to run again against the guarantor?

The participation by creditors in the reorganization proceedings usually means that it must report its claim to the court dealing with the case. The Supreme Court held that the effect of suspending the statute of limitations extends to the guarantor.[181)] The suspension continues as long as the proceeding is pending. When a case is dismissed after the confirmation of the plan,[182)] the statute of limitations commences to run again against the guarantor from the time the decision becomes final and binding.[183)]

[12] Empirical Analysis of Recent Reorganization Proceedings

The ratio for the permission/dismissal for the last 15 years is 67.7 percent, which was calculated by using the numbers of permitted cases and dismissed cases. It took less than one week for the Court to issue a preservative injunction in Seoul District Court under the current practice which became expedited than the times before 2001. It takes only one month after filing for the court to ren-

181) The Supreme Court 1988. 2. 23. 87daka2055(Kong 1988, 588).

182) See §277 of C.R.A. that states that if it becomes obvious after the confirmation of the plan that there is no likelihood of execution of the plan, the court will decide to abolish the plan sua sponte or upon the motion of the trustee.

183) See The Supreme Court 1988. 2. 23. 87daka2055(Kong 1988, 588); the Supreme Court 1994. 3. 8. 93da49567(Kong 967, 1166).

der the order for relief.

The new amendment drafted in 2000 set the deadline providing that the Court must enter into a decision whether it would issue an order for the relief or dismiss the petition within one month from filing a petition. After an amendment in 2000, the court has tried to shorten the length of plan by encouraging M&A for the ailing corporate debtors. The probability that the reorganization plans are accomplished is 15 percent of the number of petitions for the order for relief and 24 percent of the total cases that were granted orders for the relief.

5. Cross Border Insolvency

5.1. Status of Foreigners in Bankruptcy or Reorganization

The B.A. recognizes an alien and foreign corporation as having the same status as a Korean corporation but only if a Korean national or a Korean corporation in that foreign country would enjoy the same status as the national or domestic corporation of the foreign country.[184] Therefore, an alien may file an involuntary petition in Korea and file a proof of claim in the court just as a Korean national would, based on reciprocity and equality under international comity. Some scholarly opinion contends that even if an alien's local bankruptcy law is only applicable to a merchant, commercial or business corporation, a Korean creditor should be permitted to file an involuntary petition against an alien in the Korean court. Otherwise, the Korean creditor will bear a disadvantage under the Korean law.[185]

The corporate reorganization proceedings, however, do not depend on the principle of reciprocity. The C.R.A. states that any alien or foreign corporation shall hold an equivalent status to that of a national or juristic person of Korea.[186]

5.2. Participation by Foreign Creditors

If an alien files a voluntary petition or an involuntary petition with a Kore-

184) B.A. §2.

185) Byungsuh Juhn, Bankruptcy Law 69(1999), at 402. Sanghuyn Song, "Bankruptcy Law in Korea" 912, 932(written in English), in Introduction to the Law and Legal System of Korea. (Sanghyun Song eds., 1983).

186) C.R.A. §3.

an court, or takes part in a pending proceeding by filing a proof of claim in a bankruptcy proceeding, the court will require the alien to prove its citizenship and to prove to the court its legal rights under its local law to determine whether its provisions are the same as the Korean law.[187] If either a foreign creditor or a local creditor has a claim valued in foreign currency, the claim must be converted into local currency at the time of commencement of the action.[188]

In *Edgar F. Kaiser, Jr. case*[189] the appellant foreign creditor, who appealed against the confirmation order of the bankruptcy Court asserted that its claim was based on the compensatory damages for breach of contract to build a yacht. The appellant objected because its claims were to be paid from the sixth to ninth year according to the plan, whereas other local trade claims were to be paid from the first to second year of the plan. It was interpreted unfair since the claims arising under the lease agreements were to be paid in the first year according to the plan. The Supreme Court held that the plan was not on the notion of fairness since the nature of appellant's claim was the compensatory damages and other claims were trade claims. Furthermore, the local claims exceeding the amount of appellant's claims were also to be paid by the second year.

5.3. Liquidation of Foreign Branch of Bank or Security Company

There are special provisions regarding the liquidation of a foreign branch of bank or security company. If any branch or agent of a foreign financial institution is liquidated or bankrupt, its assets, capital stock, reserves, and other surplus will be preferentially appropriated for local nationals and aliens who have domicile or residence in Korea.[190] If a domestic branch office or other business office of a foreign securities company goes into liquidation or becomes bankrupt, its domestic assets will be appropriated preferentially for the performance of obligations to persons who are party to a securities transaction with the company and whose domicile or residence is in Korea at the time of the transaction. In such a case, the scope of its domestic holdings and assets will be determined by

187) Sanghuyn Song, "Bankruptcy Law in Korea" 912(written in English), in Introduction to the Law and Legal System of Korea(Sanghyun Song eds., 1983), at 933.

188) B.A. §17. C.R.A. §117.

189) The Supreme Court 1992. 6. 15. 92gue10(Kong 1992, 2219).

190) Banking Act §62(2).

the relevant Presidential Decree.[191]

5.4. Recognition of Foreign Bankruptcy Proceedings

[1] Principle of Territorialism Applies

A liquidation proceeding, as well as a reorganization proceeding commenced outside Korea, is not effective with respect to the properties of the debtor located in Korea. Such proceedings commenced in the territory of Korea are not effective with respect to property located outside Korea.[192] The Korean bankruptcy laws do not provide any mechanism for recognizing foreign bankruptcy proceedings. So there is no concept of ancillary administration as under the U.S. Bankruptcy Code's Section 304.

However, if an adjudication of bankruptcy is rendered by a foreign court before a petition is filed by or against the debtor in Korea, the petitioner is not required to present evidence of a cause of bankruptcy.[193] The burden of proof as to the cause of bankruptcy is shifted by the foreign court's adjudication.[194]

[2] Rights of Trustee of Foreign Bankruptcy Proceeding

One lower court has tried to relax this strict territorialism. The Seoul District Court held that the B.A. Section 3(2) does not negate the authority of a trustee appointed by a foreign court to manage and dispose of the properties of debtor. The nature and the scope of power of the foreign trustee must be examined in accordance with the laws of the foreign country and the foreign trustee may exert the authority in accordance with the laws of Korea with respect to property in Korea. Hence, the claim against foreign trustee was lawful but not against the foreign debtor.[195]

In a contrary ruling, the Seoul District Court held that an adjudication of bankrupt against the plaintiff rendered by a Japanese District Court did not affect the legal status of the plaintiff in Korea. So the lawsuit filed in the Seoul

191) Securities and Exchange Act. §28-2(4).
192) C.R.A. §4.
193) B.A. §127.
194) Note that where there is a danger of bankruptcy with respect to a corporation, this will be considered just cause for the commencement of reorganization proceedings.
195) 1996. 6. 28. 96gahap27402(hajip 1996 Vol. 1, 329). Paulo Gucci, a well known Italian designer and businessman, led a Ch. 7 petition and a trustee was appointed by the Southern District of New York Bankruptcy Court. The trustee of the estate was sued in the Korean court by a Korean plainti due to the dispute arising under his patent right registered in Korea.

District Court by the representative liquidator of the company and not the trustee of the company was lawful.[196] Practitioner opinion preferred the earlier decision of the Seoul District Court on the ground of comity.[197] In 2002 the same court followed the former precedent again.[198] Finally on 25th April, 2003 the Supreme Court held that a foreign trustee appointed by a U.S. bankruptcy court had a power to sold the patent right registered in Korea(2000da64359).

5.5. No Requirement of Equalization

Because venue for Korean bankruptcy law is based sole on strictly geographical consideration, there is no requirement of equalization. That is, there is no requirement that a creditor who would obtain more rights abroad than it would obtain locally to return the excess to the local bankruptcy case nor is a creditor enjoined from forum shopping abroad.

5.6. Effect of Foreign Discharges

Korean bankruptcy laws do not recognize foreign bankruptcy proceedings, and the legal status of a bankrupt is much different in Korea than in some other countries such as the United States. Thus it might well be expected that the court of Korea may not recognize the discharge allowed in the U.S. Bankruptcy Court.

Since the object of the corporate reorganization proceedings is limited only to the joint stock company, the plan in regards to the discharge effect under Chapter 13, or the plan in regards to a partnership under Chapter 11, U.S. Bankruptcy Code may not be recognized in Korea.[199]

5.7. Situs of Intangible Assets

B.A. Section 3(3) as well as C.R.A. Section 4(2) state that any claim pursued through a judgment under the Civil Procedure Act, will be regarded as existing only within Korea. For a creditor to pursue a claim through a judgment, the Korean court must have power to exert personal jurisdiction over the defen-

196) The Seoul District Court 1998. 6. 11. 96gahap91175.

197) See Jun Park, "Some Problems on International Insolvencies" 589, 603, in The Study on the Civil Precedents, Vol. 16(1994).

198) The Seoul District Court 2002. 9. 4. 2001gahap79063.

199) Chaehong Rim, Changhoon Paik, Corporate Reorganization Law Vol. 1. 130(1998).

dant and subject matter jurisdiction over the claim. It is not necessary for the creditor to have a domicile or business place in Korea.200)

6. Prospects for the Future

As discussed supra, three insolvency laws in Korea have different historical backgrounds and purposes. Dire need of unifying these Acts into one statute has been expressed many times. After the Ministry of Justice launched a project to draft a unified insolvency act with the IBRD in 1998, it finally proposed a unified draft in the year 2002. The UNCITRAL Model law abolishing the strict territoriality was introduced by the new draft while the draft adopted the universality principle including hotchpot rule on the cross-border insolvency and provided new individual rehabilitation proceedings modeled Chapter 13 of the U.S. Bankruptcy Code for regular incomers. The draft also unifies the reorganization proceedings in regards to joint stock company and other legal entities based upon the old C.R.A. proceedings.

I am sure that there will be another time to explain the new unified act after the legislature is passed it within this year as the government initially hoped.

Appendix

Major Features of Bankruptcy, Composition and Corporate Reorganization Proceedings

	Bankruptcy	Composition	Corporate Reorganization
Eligibility for Proceedings	Individuals, corporations and other legal	Individuals, corporations and other legal entities(* certain large-size joint stock company may not be eligible)	Joint stock company
Applicant	Debtor, creditor	Debtor	Debtor, qualified creditor(s); qualified shareholder(s)

200) Chaehong Rim, Changhoon Paik, Corporate Reorganization Law Vol. 1(1998), at 129.

Business Operation and Disposal of Assets	Trustee(no interim trustee is recognized)	Debtor(under the supervision of interim trustee and trustee)	Interim trustee, Trustee
Qualification of Trustee	Individual	Individual	Individual or financial institute
Foreclosure of Mortgages and Other Security Interest on Debtor's Assets	Foreclosure is not stayed	Foreclosure may not be stayed	Foreclosure is stayed once the proceeding is commenced
Execution of Judgment Auction	Stayed	Stayed	Stayed
Compulsory Redemption of Shares without Compensation	Not applicable	Redemption of shares is not required	Redemption of all or part of outstanding shares without compensation is mandatory in certain cases
Filing of Proof of Claims	Mandatory	Not mandatory(if not led, the creditor loses only voting rights)	Mandatory
Suspension of Litigation	Suspended	Not Suspended(Diversity of Opinion in Practice)	Suspended
Submission of Plan	Not applicable	Composition Plan should be submitted at the time of petition for commencement of proceedings(but the plan may be changed)	Plan is submitted after commencement of proceedings
Repayment Period	Not applicable	No restriction(usually, 4-8years)	Up to 10 years from the confirmation of the Plan
Court's Involvement	Until the completion of distribution	Until the approval of the Plan	Until successful Implementation or dismissal of the case

(Annual Survey of Bankruptcy Law(2003 Edition), 609면 이하 소재)

[후기]

이 글은 당초 Collier International Business Insolvency Guide Volume(Mathew Bender 2000) 중 한국의 파산법제에 관하여 저자가 쓴 글을 2003년을 기준으로 보완하여 Annual Survey of Bankruptcy Law라는 책에 실은 것이다. 전자의 글은 손경한 박사(변호사)님의, 이 글은 캐나다의 E. Bruce Leonard 변호사의 권유로 작성한 것이다. 두 분께 이 자리를 빌어 감사드린다.

제 2 편 미국파산법

미국 파산법의 개정역사
미국 파산법의 주요내용

미국 파산법의 개정역사*

Ⅰ. 머 리 말

근자 우리 경제가 불황의 국면에 빠지자 신문마다 연일 대기업이 부도를 내고 도산하였다는 소식을 다루고 있다.[1] 대기업이 도산할 때마다 신문에서는 법정관리에 들어갔다는 기사를 내는데, 법정관리란 다름 아닌 회사정리법에 의한 절차가 진행되었다는 것이다. 주지하다시피 우리 나라의 회사정리법은 일본의 회사갱생법을 수계한 것이고 일본의 회사갱생법은 패전 후 맥아더의 군정하에서 수입된 미국법제도 가운데 하나이다. 일본의 학자들은 회사갱생법이 미국법 가운데 일본이라는 토양에서 고사하지 않고 살아남아 깊게 뿌리를 내린 제도로 평가하고 있다.[2]

회사정리법은 1962. 12. 12. 제정되어 4차에 걸쳐 부분적인 개정[3]이 있었으나 회사정리법의 근본구조를 바꾸는 개정은 아직까지 없었다. 독일의 비면책주의를 채택한 파산법에다 미국 면책주의를 접목한 일본의 파산법을 계수한 것이 우리의 파산법이다.[4] 파산법이 청산(liquidation)을 전제로 한 제도임에 반하여 회사정리법은 파탄에 직면한 주식회사를 재건하여 사회 경제적인 손실을 최소화하는 재건(reha-

* 이 글을 쓰는데 있어 신속하게 자료를 보내주고 질문에 상세하게 답변하여 준 듀크대학의 Jennifer Maher교수에게 감사를 드린다.

1) 대표적으로 우성건설, 유원건설, 한보그룹, 진로그룹 및 기아그룹 등이 도산하였다.

2) 三ケ月章, 會社更生法研究, “會社更生法改正の實踐的評價,” 有斐閣(1969), 335-336면; 小林秀之, アメリカ民事訴訟法, 弘文堂(1985), 150면.

3) 최근의 개정으로는 법률 제5182호로 1996. 12. 12. 개정되어 1997. 1. 1.부터 시행되고 있다.

4) 田炳西, “파산자의 면책에 대한 고찰,” 법조(1998. 1), 129면.

bilitation)을 목표로 하는 것으로 별개의 독립한 법으로 편제되어 있다.

1997년 5월에 우리 나라에서도 처음으로 소비자 파산 신청이 있은 후 파산법에 대한 일반의 관심이 점차로 높아지고 있다.[5] 대기업의 잇따른 도산으로 기업의 구조조정을 함에 있어 도산 기업의 퇴출을 원활히 한다는 차원에서 파산법, 화의법, 회사정리법[6] 전반의 개정 움직임도 있다.[7] 그러나 아직도 많은 사람은 대기업에 대한 회사정리절차가 개시될 때마다 회사정리제도가 일반채권자 및 국민의 희생하에 대기업에게만 특혜를 주는 잘못된 제도로 인식하는 경향이 있다.[8]

미국의 파산법은 당초 영국의 파산법을 본따 만들었다가 폐지·개정되는 등 수회에 걸친 개정 끝에 1978년도에 전면적으로 개정(revision)되었다. 회사정리제도를 이해함에 있어서 미국의 파산법의 개정연혁을 살펴보는데는 다음과 같은 이유가 있다.

첫째, 미국의 파산법은 우리의 모법인 일본 회사갱생법이 계수한 법이다. 둘째, 다른 법과 달리 선진산업국이 주도적인 입법을 하고 이를 다른 나라들이 본받고 있기 때문이다.[9] 미국 시장이 갖는 규모와 국제사회에 미치는 영향에 기인하여 미국의 파산법은 일본뿐 아니라 세계 각국에 많은 영향을 미치고 있다. 셋째, 파산법은 입법 당시의 경제구조, 경기변동의 변화에 따라 수시로 개정되어 입법자는 경제발전 단계 중 각국에 해당하는 단계에 적합한 파산법을 모색하여 왔는바, 미국의 파산법은 자본주의의 초기단계부터 현대 산업사회에 이르는 각 단계에 적합한 파산법의 개정이라는 실험을 이미 거쳤기 때문이다. 그리하여 미국의 파산법의 개정연혁과 그 공과를 살펴보는 것은 파산법의 시대적 발전방향과 관련하여 우리 도산법의 현재 위치와 앞으로 도산제도가 나아가야 할 방향(파산자에 대한 제재의 성격과 파산자에 대하여 면책을 인정하고 새로운 출발(fresh start)의 성격 중 어느 쪽에 중점을 둘 것인지 여부)에 대하여 많은 시사를 줄 것이다.

5) 매일경제신문, 1997년 5월 31일자 소비자 파산에 관한 기사 참조.

6) 이하 도산법이라 하면 이 3가지 법을 총칭하여 표시한다.

7) 중앙일보 1998. 1. 18. 사설 '화의제도 개선 시급하다.'

8) 회사정리법의 제문제(좌담회), 인권과 정의(1992. 4), 실제로 회사정리와 밀접한 관련이 있는 은행 쪽에서도 회사정리절차가 이루어지는 것 자체를 특혜로 인식하고 있다고 한다(한국산업은행 조사부장의 발언, 위 글 35면 참조).

9) 영국이 세계 최강국이었던 19세기 동안은 영국의 파산법이 세계의 파산법을 주도하였다. 뒤에 보는 바와 같이 미국의 최초의 파산법은 영국의 파산법을 계수한 것이다. 그러나 양차 세계대전을 거치면서 미국이 세계 최강국으로 등장하면서 미국의 파산법이 영국의 파산법이 누리던 지위를 대신하게 되었다. 그리하여 미국의 파산법은 1984, 1985년 프랑스의 파산관계법이나 1985, 1986년의 영국의 파산관계법, 독일의 파산법 개정안에 영향을 미치고 있다. 吳守根, "회사정리법의 역사적 발전과정에 관한 소고," 민사판례연구(XVI), 박영사(1994), 453면.

이러한 이유로 이하에서 미국의 파산법 개정연혁에 대하여 살펴보기로 한다.[10] 이 부분은 크게 영국의 초기파산제도, 1898년 제정된 구 파산법 이전과 1898년 파산법의 내용과 그 이후의 개정(1934년 개정된 제77B조, The Chandler Act in 1938), 1978년에 개정된 신 파산법(Code)의 내용과 그 후의 개정내용으로 나누어 각 파산법의 특징과 개정연혁에 대하여 살펴본다.[11]

Ⅱ. 미국 파산법의 개정연혁

파산법의 내용은 각 나라마다 다르고 동일한 국가의 파산법이라 하더라도 시대에 따라 그 대상범위를 달리하여 일의적으로 파산제도를 설명하기는 어렵다.[12] 그러나 적어도 다음의 두 가지는 공통의 목적[13]이라 할 수 있다. 첫째, 지급불능에 빠진 채무자가 채권자의 이익에 반하는 행위를 방지함과 동시에 채무자의 재산으로 채권자들 사이에서 공평한 분배를 확보하는 것이다. 둘째, 정직하나 불운한 채무자로 하여금 면책이라는 법률효과를 발생시킴으로써 채권자들로부터 보호하여 새로운 출발의 기회를 주는 것이다.[14] 그러나 양자 중 후자는 미국 파산법의 근본적인 특징의 하나라 할 수 있으나 면책을 인정하지 않았던 독일의 구 파산법[15]은 이에 관한 고려가 없었다.

10) 다만 우리의 회사정리법을 염두에 두고 글을 쓰고 있는 만큼 주로 미국파산법 제11장의 Reorganization(뒤에 살펴보는 바와 같이 개정의 제11장은 회사뿐 아니라 개인에 대하여도 적용이 있고 정리라는 단어가 다소 청산적인 성격을 갖고 있으므로 재건이라고 번역하기로 한다)을 중심으로 하여 설명하고 필요한 경우 제 7 장, 제13장에 대하여도 언급하기로 한다.

11) 통상 1898년에 제정된 Bankruptcy Act를 구 파산법으로, 1978. 11. 6. 제정되어 1979. 10. 1.부터 시행되는 Bankruptcy Code를 신 파산법으로 표시한다. 신 파산법은 1984, 1986, 1988, 1990, 1994에 각 개정되었다. 이 글에서는 Act를 구법으로 Code를 신법으로 표기하기로 한다.

12) 우리 나라의 파산법은 청산형 파산만을 규정하고 있고 재건형 파산에 대하여는 주식회사만을 대상으로 회사정리법이 규정하고 있으며 그 양자의 중간영역을 규제하는 것으로 화의법이 각각 독립된 법률로 존재하고 있어 파산의 의미를 좁게 보고 있으나 미국의 경우는 위 3가지를 파산법(Bankruptcy Law, U.S.C.A. Title 11)이 규율하고 있어 파산이라는 의미를 넓은 의미로 규율하고 있다.

13) 미국 파산법의 목적과 역할에 대한 최근의 논의에 대하여는 吳守根, "미국의 파산법이론에 관한 소고," 현대상법의 과제와 전개, 양승규교수화갑기념논문집, 삼지원(1994) 참조.

14) L. Levinthal, The Early History of Bankruptcy Law, 66, U. of Pa.L.Rev. 223, 224-225, Robert L. Jordan, William D. Warren, BANKRUPTCY(4th ed. 1995)에서 재인용.

15) 파산법, 화의법을 포함하는 도산법의 개정을 위하여 1978년 도산법위원회가 설치되어 1994년 신 도산법(Insolvenzordnung vom 5. 10. 1994)이 개정되었다. 동법은 1999. 1. 1.부터 시행되는 데 신법의 가장 중요한 개혁은 잔존 채무를 면책하는 내용이다. 자세한 것에 대하여는 이상영, "독일 일반집행법상 새로 채택된 파산계획에 관하여," 대전대학교 사회과학논문집 제16권 1호(1997), 12면 참조.

1. 영국의 초기 파산제도

역사가들은 파산법의 기원을 기원전 118년의 로마법에서 찾고 있다.[16] 파산에 관한 로마법은 그 후 14세기 이탈리아의 중소 도시국가로 전수되었다. 영국의 파산법은 이러한 중세 이탈리아 도시국가의 법과 다른 대륙법 국가의 법을 계수한 것이라고 한다.[17]

파산이란 뜻을 가진 bankruptcy는 원래 부서진 작업대(broken bench)라는 단어를 의미하였다고 한다. 영국 보통법상 상인이나 공예업자가 빚을 갚지 못하면 그의 작업대를 부수는 당시의 관습에서 유래하였다고 한다.[18]

영국의 초기 파산법 중 가장 중요한 것은 1570년 엘리자베스 여왕시의 Statute of Bankrupts, 13 Elizabeth, c.7이다. 동법은 사기의 채무자를 규율하기 위한 것으로 형사적인 성질의 법이었다. 동법은 상인에게만 적용되고, 상인인 채무자가 채권자를 기망하거나 채권집행을 방해하기 위하여 채무자가 주소지로부터 이탈하거나, 채권자를 피해 채무자의 집으로 들어가 나오지 않거나, 성역으로 도망하는 등의 행위를 파산행위의 하나로 규정하고, 이러한 파산행위를 한 자를 파산자로 규정하였다. 소장이 제출되면 형평법원은 현명하고 정직하며 사려 깊은 사람을 집행관(commission)으로 지명할 수 있으며 동인은 파산자의 재산을 압류하여 이를 매각하여 채권액에 안분 비례하여 지급할 권한이 있다. 파산자는 잔존 채무에 대하여 변제할 책임이 있으며, 집행관에 의하여 구금되거나 길거리에 나와 칼(pillory)을 쓰거나 한 쪽 귀가 잘릴 수도 있었다.[19]

1584년 형평법원은, 채무자가 파산행위를 함으로써 파산자가 된 후에 집행관이 선임되었음에도 다른 채권자의 채무를 변제하기 위하여 재산을 양도하고, 그 후 원고는 집행관으로부터 목적물을 양수받았다면서 다른 채권자를 상대로 점유회복의 소를 제기한 사안에서, 채무자가 파산자가 되면 채권자들 사이에 안분 비례에 의한 배당이 있어야 하는데 파산자가 다른 채권자들을 해하면서 특정 채권자에게 편파적으로 유리하게 하는 변제행위는 불공평 · 비양심적인 행위라는 이유로 원고 승소의 판결을 내렸다.[20] 동 판결에 의하여 파산이 개시되면 파산자의 재산이 관

16) Epstein, Nickles & White, BANKRUPTCY 1(1993).
17) Jordan & Warren, *supra* note 14, at 19.
18) Jeff A. Schnepper, THE NEW BANKRUPTCY LAW 1(1981).
19) Jordan & Warren, *supra* note 14, at 20.
20) 2 Coke 25a, 76 Eng. Rep. 331(1584). Jordan & Warren, *supra* note 14, at 20-21에서 재인용.

리인에게 이전된다는 이론이 확립되었으며 이는 근대 파산법상의 관리인(trustee) 제도의 효시라고 평가되고 있다.

영국에서 파산자에게 파산 당시 부담하는 채무에 대하여 면책을 처음으로 인정한 것은 앤여왕 시대의 법률이라고 한다.[21] 동법의 제정은 그 동안 채무자를 구금하더라도 채권자에게 빚을 갚는 것으로 연결되지 않고 정직한 채무자에게 너무 가혹하였다는 점에 대한 반성에서 비롯된 것이라고 한다.[22] 영국에서 시행되던 위와 같은 내용의 파산법이 독립 전 신대륙에 그대로 적용되었다.

2. 1800년 파산법(Bankruptcy Act of 1800)

미국의 연방헌법 제 8 조는 제헌당시부터 연방의회에 연방법률인 파산법의 제정권한을 부여하였다.[23] 당초 헌법의 기초자들은 파산법의 규제 대상에 대하여 깊은 주의를 기울이지 않았다고 한다.[24] 연방차원의 파산법이 필요하다는 생각은 헌법상의 중요 조항인 州際通商의 문제에서 연유하는 것으로만 파악하였다. 즉 만일 연방법률이 없다면 어느 주의 채권자가 다른 주의 채무자에 대한 채권을 추심함에 있어 채무자가 소재하는 그 주의 채권자보다 불리하게 됨으로써 州際通商을 저해하여 국가 전체에 해가 된다는 점을 염려하여 규정되었다. 따라서 당시 경제적으로 궁핍에 빠진 채무자에게 새로운 출발로서 면책의 혜택을 부여한다는 생각은 헌법의 기초자들에게 아직 생소한 개념이었다. 독립 후 1792년과 1797년의 심각한 경제공황에도 불구하고 의회는 1790년대에 헌법상의 파산입법의 권한을 행사하지 아니하였다. 그러나 이 기간 동안 채무자에게 아무런 구제수단이 없었다는 것은 아니다. 독립 이전부터 몇몇의 식민지가 채무자구제법을 갖고 있었으며 독립 후에도 각 주는 이러한 구법과 유사한 채무자구제법을 제정하기도 하였다. 그러나 이러한 몇몇 주의 노력만으로 1790년대의 경제공황을 해결할 수 없다고 판단하자 1800년 영국의 1723년 파산법(English Statute of 5 George 2)을 모방하여[25] 5년의 한시법

21) Statutes of 4 Anne, c. 17(1705), and 10 Anne, c. 15(1711).

22) L. Levinthal, The Early History of Bankruptcy Law, 66 U. of Pa.L.Rev. 223, 224-225, Jordan & Warren, *supra* note 14, at 20-21에서 재인용.

23) The Congress shall have power … To establish … a uniforms Laws on the subject of Bankruptcies throughout the United States:

24) Frank R. Kennedy, Bankruptcy and the Constitution, 33 U. MICH. L. QUAD. 40(Spring 1989). Charles J. Tabb, THE HISTORICAL EVOLUTION OF THE BANKRUPTCY DISCHARGE, American Bankruptcy Law Journal May, 1991, at 346에서 재인용 *Id.* at 345.

25) *Id.* at 345.

(실제로는 3년 후인 1803년에 폐지되었다)으로 연방차원의 최초의 파산법을 제정하였다.[26] 동법은 영국의 파산법과 마찬가지로 채권자보호를 위한 입법으로서 파산법의 면책의 관점에서는 원시적인 입법이었다.[27] 다만, 동법의 역사적인 의미는 연방차원에서 최초로 파산법을 제정하여 파산 문제에 간섭하였다는 정도에 불과하다.[28]

동법의 특징[29]은 첫째, 상인인 채무자에게만 적용되며, 채권자가 신청하는 파산 이른바 비자발적 파산신청(involuntary petition)만이 가능하였다. 채권자에 협조적인 채무자에 대하여 파산결정 이전의 채무뿐 아니라 채무자의 인신구속을 면하게 하는 규정을 두었다. 채권자가 변제받는 비율에 따라 채무자는 파산재단[30] 가운데 일정비율을 생활에 필요한 수당으로 받을 수 있다. 사기파산자에 대하여는 12개월부터 10년 이하의 징역에 처할 수 있도록 하였다(영국의 법이 사형에 처한 것에 비하면 관대한 규정이라 할 수 있다).

채무자가 면책의 혜택을 받기 위하여는 파산에 수반하는 당연한 권리로 인정되는 것이 아니라 파산심리관(bankruptcy commissioners)과 채권자들의 동의를 얻어야 가능하였다. 파산자가 면책을 얻기 위하여 면책증서(certificate of discharge)를 얻어야 하는데 이 면책증서를 얻어야만 종전 채무와 채무자구금으로부터 해방될 수 있었다. 구체적인 절차는 다음과 같다. 다수의 파산심리관들이 연방법원 판사에게 파산자가 자신의 부동산과 동산에 대하여 재산을 모두 공개하며 파산자가 동법이 정하는 규정을 다 지켰다는 확인을 하여야 한다. 연방법원 판사는 재량권이 있어 파산심리관이 합리적인 이유 없이 파산신청을 부인하였다고 판단되면 면책증서의 발급을 인가할 수 있다. 그러나 채무자가 허위의 채권을 신고하거나, 파산절차 개시 전에 일정금액을 도박 등으로 잃은 경우 및 채무자가 처음 파산절차에서 채무액의 70% 이상을 갚지 못하는 경우에는 그 후의 파산절차는 아무리 시간이 경과하더라도 허용되지 아니하였다.[31] 채무자의 면책은 지방법원에 등록되어야 하며, 파산에 의한 면책의 효과는 이를 주장하는 채무자에게 주장·입증책임이 있었

26) 2. Stat. 19.
27) Brain A. Blum, BANKRUPTCY AND DEBTOR/CREDITOR 131(1993).
28) Tabb, *supra* note 24, at 345.
29) *Id.* at 346-347.
30) 우리 나라의 파산법은 파산신청 후 파산자의 재산을 파산재단이라는 용어를 사용하고 있으나 미국 파산법은 제 7 장 단순파산이나 제11장 기업재건, 제13장 개인재건신청에서 모두 estate라는 표현을 사용하고 있다.
31) Tabb, *supra* note 24, at 347.

다. 비록 채무자가 면책증서를 얻어도 채권자가 만일 채무자가 기망 또는 불공평하게 면책을 얻었음을 입증하는 경우 면책의 효과는 소멸된다.

그 후 1812년 전쟁과 미국 상품의 경쟁력 상실 등으로 미국 상인의 파산이 늘어나자 연방파산법의 입법 요구가 늘어났으나 연방의회가 입법을 미루고 있는 동안 몇몇 주가 파산법을 제정하였다. 그러나 연방대법원은 Sturges v. Crowninshield[32] 판결에서 州는 헌법상 파산신청 이전의 채무를 면책시키는 법을 제정할 수 없다고 판시하였으며, Ogden v. Saunders[33] 판결에서 州는 그 주의 채무자가 다른 州의 채권자에게 부담하는 채무를 면책시킬 수 없다고 판시하였다.

3. 1841년 파산법(Bankruptcy Act of 1841)

1820년대에 상인이나 비상인 모두에 대하여 자발적인 파산신청(voluntary petition)을 허용하려는 시도가 있었으나 이러한 시도는 연방차원의 파산법의 제정을 반대하는 남부와 자발적인 파산이 위헌이라는 사람들에 의하여 번번이 좌절되었다. 그러다가 1837년의 경제공황과 1840년 선거의 영향으로 다시 파산법의 제정이 가능하였다.[34] 1800년의 파산법이 영국파산법의 단순한 모방임에 반하여 이 법은 처음으로 자발적인 파산을 인정한 것과 상인뿐 아니라 비상인에게도 자발적인 파산신청을 할 수 있도록 한 점에 있어서 파산법 역사에 있어서 분수령이 되었다.[35] 그러나 회사는 파산신청의 자격에서 배제되었다. 단 비자발적 파산은 상인을 상대로 하여서만 가능하였다.[36] 또한 미국 파산법의 역사상 처음으로 파산자가 면책의 혜택을 보다 쉽게 누릴 수 있게 되었다.[37] 동법은 스토리 대법관이 기초하였으며 1838년 매사추세츠주의 insolvency law를 본따서 제정하였다고 전해진다. 파산사건의 관할은 형평법의 절차에 따라 지방법원의 관할로 하였다. 파산심리관(commissioner)의 자리를 수탁자(Assignee)가 대신하여 동인이 청산과 배당절차를 주재하였다.

면책과 관련하여 살펴보면, 파산자로서 자기의 집행면제재산을 제외한 전 재산

32) 17 U.S.(4 Wheat) 122(1819).
33) 25. U.S.(12 Wheat) 213(1827).
34) Charles J. Tabb, THE HISTORY OF THE BANKRUPTCY LAWS IN UNITED STATES, 3-1 Am bankr. Inst. L. Rev. 5. at, 16.
35) Blum, *supra* note 27, at 132.
36) Bankruptcy Act of 1841. ch. 9, §1, 5 Stat. 441-442.
37) Tabb, *supra* note 34, at 17.

을 포기함과 동시에 파산법을 준수하였거나 앞으로도 준수할 선의의 파산자에 대하여만 면책의 효과가 인정되었다. 인원수 및 파산채권액의 과반수에 해당하는 채권자들은 서면에 의하여만 면책에 반대할 수 있었다. 종전 심리관이 법원에 면책을 증명하는 관행은 폐지되었다. 1800년도의 법과 달리 면책을 부인할 수 있는 파산자의 행위를 넓게 인정하였다. 대표적인 것이 편파행위(preferences)이다. 그러나 면책의 효과는 여전히 피고의 항변사유로서 피고가 소송에서 이를 주장하지 않는 한 면책의 효과는 인정되지 않았다. 이러한 절차는 1970년까지 그대로 계속되었다.

채무자는 기본적인 집행면제재산이 인정되었다. 그러나 채무자가 파산법 외에 집행면제에 관한 州法의 적용을 주장하는 것은 허용되지 아니하였다. 채권자의 입장에서는 동법의 시행으로 수천명의 채무자가 면책됨에 반하여 파산비용이 많이 들어 채권자에게는 명목상의 금액이 배당되는 등 부정하게 적용되는 운영상 문제가 있어 채권자측의 반발을 사게되어 18개월 만인 1843년 초에 폐지되었다. 그러나 동법은 자발적 파산이 인정되었다는 점에서 최초의 근대적인 파산법이라 불린다.[38]

4. 1867년 파산법

다시 한번 연방파산법이 없는 기간이 도래하였다. 같은 기간 대서양 건너의 영국의 파산법도 개정되어 1842년 면책을 위한 요건으로 채권자의 동의가 폐지되었고 1844년 자발적인 파산이 허용되었으며 1861년 비상인에 대하여도 파산신청자격이 주어졌다.[39] 미국의 파산법이 모법인 영국의 파산법을 앞서 나가기 시작하였다.

그러나 1857년 공황과 남북전쟁에 이은 경제적인 불황은 의회로 하여금 새로운 파산법의 제정을 재촉하였다. 북부의 채권자들은 새로운 파산법이 자신들의 남부 채무자들에 대한 채권을 회수하는 데 있어 필수적이라는 생각으로 새로운 입법을 요구하였다. 그리하여 1867년에 세 번째로 파산법이 제정되었다.[40] 회사가 처음으로 파산법의 규율 대상이 되었다. 또한 비자발적인 파산은 비상인에게까지 확대되었다.[41] 또한 비자발적 파산의 근거가 되는 파산행위(acts of bankruptcy)의 범위가 확대되어[42] 이제 누구도(any person) 비자발적 파산에 의하여 언제든지 파

38) Tabb, *supra* note 34, at 19.
39) Tabb, *supra* note 34, at 18.
40) Lawrence M. Friedman, 안경환역, 미국법역사(1985), 685면.
41) Blum, *supra* note 27, at 132.
42) Ch. 176, §39, 14 Stat. at 536.

산자라는 낙인이 찍힐지도 모른다는 불안감에 떨게 되었다. 동법은 채무자에게 집행면제재산을 주장함에 있어 파산법뿐 아니라 그에 관한 주법을 원용하는 것을 허용함으로써 채무자에게 유리하게 개정되었다(이 점은 현행 파산법과 동일하다).

동법은 1874년 개정되면서 처음으로 화의계약(composition agreement)[43]에 관한 규정을 두었다. 화의제도의 도입으로 인하여 처음으로 갱생 또는 재건이라는 개념이 파산법에 등장하였다. 화의제도는 합헌으로 판시되었고 연방대법원에서 화의계약의 조항이 파산절차의 일부를 구성하므로 파산법의 다른 규정이 적용된다고 판시하였다.[44]

파산사건은 연방지방법원의 관할에 속하게 되었다. 그러나 연방지방법원은 판사를 돕기 위해 1-2명의 서기(register)를 두도록 되었다. 이 서기는 20세기 파산법상의 referee와 파산법관의 전임자라 할 수 있다. 그러나 동 개정법은 일부 조항이 서투르게 기초된 것으로 판명되었고 채권자로서는 낮은 배당률, 높은 비용, 절차의 지연에 불만이 있었고, 채무자로서는 광범위하게 면책을 부정하여 신청 채무자 중 1/3만이 면책의 혜택을 받아 양측 모두의 불만을 사는 바람에 1878년 폐기되었다. 그리하여 다시 전국차원에서 파산법의 부재현상이 발생했다. 그러나 이것이 마지막이 되었고 그 후 영구적인 파산법이 등장하게 되었다.

5. 형평법상의 수탁관리인제도(Equity Receivership)

1878년 파산법이 폐지된 후 철도회사의 재건을 다루기 위한 새로운 법이론이 필요하게 되었다. 당시 철도산업은 경제적으로 매우 중요한 산업이었음에도 불구하고 철도회사가 파산한 경우 이를 다룰 수 있는 연방차원의 파산법이 존재하지 않았기 때문이다. 모든 철도는 자연히 다른 주를 통과하도록 되어 있었으므로 주법에 의한 해결은 부적당하였다.[45] 그리하여 형평법원의 판례법에 의하여 발전된 수탁관리인제도가 법원에 의하여 다시 이용되었다.[46]

43) composition agreement라 함은 지급불능에 빠진 채무자와 채권자들 사이에 각 채권액에 비례하여 변제받고 나머지 채무에 대하여는 면책을 받는 것을 내용으로 하는 계약으로서 채무자와 채권자들간의 관계뿐 아니라 채권자들간의 관계에도 구속을 미친다는 점에서 채무자와 다른 채권자 1인과의 계약인 accord(경개계약)와 다르다.

44) Wilmot v. Mudge, 103 U.S. 217(1881). 이 판결에서 법원은 기망을 당한 채권자가 동의하지 않는 한 기망행위로 인한 채무는 화의계약에 의하여 면책되지 않는다고 판시하였다.

45) Tabb, *supra* note 34, at 21.

46) 영국에서는 1867년에 철도회사에 대하여, 1870년에 기타 회사에 대하여 회사의 재건 내지 갱생에 관한 성문법이 제정되었으나 미국에서는 연방의회가 아직 회사재건에 대한 제정법을 제정하고

이 제도에 의하면 수탁관리인(receiver)은 법원에 의하여 임명되는데 동인이 파산자의 재산을 채무로부터 분리하여 이를 신 회사에 매각할 때까지 철도회사를 운영하였다. 신 회사의 주식은 신 회사의 경영에 참가하는데 동의한 채권자나 종전 주주 등에게 배당된다. 이에 반대하는 채권자들에게는 현금으로 채무를 변제하였다.[47] 회사는 기업계속가치(going concern value)로 매각되므로[48] 보다 비싼 값에 팔릴 수 있으며, 종업원도 승계되는 장점이 있었다. 이러한 형평법상의 관리인제도는 아래와 같은 비판을 받았다.

① 이 절차는 판결을 취득한 채권자(judgment creditor)만이 신청할 수 있었다. 그리하여 채권자가 판결을 얻기까지 시간이 소요되어 회사재건의 적기를 놓치게 되고 회사의 입장에서도 자발적 파산신청이 인정되지 아니하여 이 절차에 의하여 재건의 목적을 달성하기 위하여는 판결을 얻은 채권자와 통모하여 신청하는 경우가 많았다.

② 법원에 의하여 임명된 수탁관리인의 권한이 당해 법원의 재판권에 기한 것이라는 이유로 그 관할을 벗어난 곳에서는 권한을 행사할 수 없는 제약이 있었다. 그리하여 회사의 재산이 다른 주에 소재하고 있는 경우에는 별도로 보조관리인(ancillary receiver)을 선임하지 않으면 안 되었다. 그러나 회사의 규모가 점차로 확대됨에 따라 수탁관리인의 권한 제한은 절차를 번거롭게 하였다.

③ 이 절차에서는 채권자는 회사재건의 목적을 위하여 조직된 재건위원회(reorganiation committee)에 자기의 전권을 위임하여 위원회가 회사의 재산을 매수한 후 신 회사에 현물출자의 형식으로 투자하는 방법을 취하게 되는데, 위원회는 보통 내부자들이 지배할 뿐 아니라 이에 대한 법원의 규제가 없어 회사의 경영진에 대한 보수가 부당하게 과다하고 기관채권자들(institutional creditors)이 다른 채권자들의 희생하에 회사를 불공평하게 지배하였다.

있지 않았기 때문에 연방법원이 판례를 통하여 회사갱생에 필요한 절차를 형성하였다. Finletter, Principles of Corporate Reorganization(1937) at 1. 미국에서 1898년에 개정된 당시의 파산법에 화의절차가 삽입되었으나 화의절차는 이는 1878년에 폐지되었던 것을 다시 규정한 것으로 파산법상에 화의절차가 없었던 20년간(1878-1898)은 판례법이 발전하게 되어 그 후에도 파산법상의 화의제도는 잘 이용되지 않고 판례법상의 수탁관리인제도가 널리 사용되게 되었다. 한편, 吳守根, 전게논문(주 9), 457-58면에서는 수탁관리인제도(receivership)가 파산회사의 재산을 맡아 환가하고 분배하는 역할을 하였다면서 1898년 파산법에 규정되었다고 기술하고 있으나 수탁관리인제도는 판례법에 의하여 형평법상의 제도로서 발전된 것으로 회사정리제도가 처음으로 파산법에 규정된 것은 위 §77(B)이다.

47) Jordan & Warren, *supra* note 14, at 726.

48) *Id.* at 22.

④ 이 절차는 회사의 재건에 반대하는 채권자들을 구속할 수 없게 되어 소수의 채권자가 쉽게 회사재건의 목적을 방해할 수 있는 것이 가장 큰 비난이 되었다.

⑤ 회사의 매각은 형식상은 채무자의 재산을 매각하여 그 대금으로 채권자들에게 배당하지만, 실제로는 구 경영진이 계속하여 회사를 장악하고 매각조건을 결정하는 경우가 많았다.

이러한 내부자 및 구 경영진의 영향력을 억제하기 위하여 등장한 이론이 이른바 절대적 우선원칙이다. 이에 의하면 모든 채권자들에 의한 변제가 끝날 때까지 주주에 대하여는 배당할 수 없도록 하는 것이다.[49] 이러한 비판에 의하여 회사재건절차가 갖는 공익적인 성격을 갖는 새로운 입법의 필요성이 증대하게 되었다.

6. 1898년 파산법(Bankruptcy Act of 1898)

1898년에 다시 파산법이 제정되었다. 동법은 1978년까지 80년간 효력을 지속하였다. 그 동안 간헐적인 파산법의 제정이 있었으나 동법의 제정으로 영구적인 파산법의 시대가 도래하였다. 동법은 수회에 걸쳐 개정되었으나 1938년 개정법인 Chandler Act가 가장 중요한 개정이다. Chandler Act가 일본의 회사갱생법과 우리의 회사정리법의 제정에 많은 영향을 미쳤다. 1898년의 파산법은 1884년과 1893년의 경제불황에 따른 광범위한 파탄을 다루기 위한 개정이었다. 회사를 제외한 누구도 자발적인 파산신청을 할 수 있게 되었다. 회사를 자발적인 파산신청에서 제외한 것은 주주는 주식의 범위 내에서만 책임진다는 주식회사의 기본 원칙에 입각하여 회사의 설립이 증가함에 따라 별도로 자발적인 신청을 허용할 필요가 없다는 판단에 기한 것이다. 동법은 이제까지의 파산법과 달리 채무자에게 가장 우호적인 법이었다. 먼저 면책을 부정할 수 있는 조항을 대폭 삭제하였고 면책되지 않는 채무의 범위(조세, 사기에 의한 채무, 고의 또는 악의에 의한 상해로 인한 채무, 충실의무위반으로 인한 채무 등)를 축소하였으며 면책을 얻기 위하여 채권자들의 동의가 없어도 무방하도록 규정하였다.[50] 면책과 관련하여 영국의 1883년 파산법이 판사로 하여금 채권자에 대한 변제비율에 따라 면책을 인정하거나 일정기간 지급의 유예를 인정하는 등 판사의 재량권을 인정한 것에 비하여 1898년 파산법은 면책의 인정여부에 관한 권한을 판사나 채권자로부터 의회에게 넘겨주었다. 의회의 보고서는 면책

49) Northern Pacific Ry. Co. v. Boyd, 228 U.S. 482, 501-508(1913).

50) Tabb, *supra* note 24, at 363.

을 인정하느냐의 여부는 파산자의 재산의 多寡에 결정되는 것이 아니라, 그의 정직성에 의하여 결정되는 것이라고 기술하고 있다.[51] 이로써 미국의 파산법이 영국의 파산법의 영향으로부터 독립하기 시작하였다. 면책을 광범위하게 인정하는 근거에 대하여 의회는 빚이 과중한 채무자를 그 부담으로부터 해방시켜 그로 하여금 사회의 생산적인 구성원으로 다시 재기하도록 하는 것이 사회전체적으로 이익이 될 뿐 아니라 인도적이라고 보았다.[52] 개정법의 내용은 아래와 같다.

① 책임면제재산에 대하여 채무자는 주소지의 州法만을 원용할 수 있고, 연방파산법을 적용할 수 없도록 하였다.[53] 州法을 원용하는 제 6 조가 연방파산법의 통일성에 관한 헌법 제 8 조에 위배된다는 주장이 있었으나 연방대법원은, 비록 동법이 폐지된 후에 선고되었지만, 1902년에 합헌이라고 판시하였다.[54]

② 종전 파산법이 파산재신청을 제한하는 기준으로 채권자에 대한 배당비율이나 재신청에 대한 채권자들의 동의에서 구하였으나 1903년 구법을 개정하여 일률적으로 6년의 기간으로 단일화하였다[55]

③ 1910년 개정법에서 회사에게도 자발적 파산신청의 자격이 주어졌다.[56] 이 법은 파산심판관(bankruptcy referee)에 대하여 규정하였다. 원래 파산심판관의 사법적 역할은 미미한 것이었다. 파산심판관은 법관이 아닌 파산사건의 감독 및 관리자였다. 파산심판관의 보수는 월급이 아닌 사건에 대한 수임료로 지급되었다. 파산심판관이라는 명칭은 1973년의 파산규칙에 의하여 파산법관(bankruptcy judge)으로 바뀌었다. 1878년의 파산법은 파산법원(courts of bankruptcy)이라는 표현을 사용하였는데 이 용어는 연방법원판사(federal judge)가 소속되어 있는 법원을 가리키기도 하고, 파산판사가 소속되어 있는 법원을 지칭하기도 하였다. 개정법에 의하여 채권자들은 관리인(trustee)의 선임절차와 채권자위원회를 통하여 파산절차를 지배할 수 있게 되었다.

51) H.R. REP. NO. 65, 55th Cong., 2d Sess. 43(1897) Tabb, *supra* note 24, at 364. n 318.
52) *Id.* at 365.
53) ch. 541, §6, 30 Stat. 548.
54) Hanover Nat'l Bank v. Moyese, 186 U.S. 182(1902). 법원은 절대적인 통일을 요구하는 것은 아니며 통일은 사람에 관한 것이 아니라 지역적인 통일이면 족하다고 하였다.
55) *Id.* at 367.
56) Ch. 412, §3, 36 Stat. at 839(1910). 지방자치단체, 철도회사, 은행, 보험회사를 제외한 누구도 동법에 의한 자발적 파산신청을 할 수 있다.

7. 1934년에 개정된 구법(1898년도)의 §77B[57)]

파산법의 역사상 회사재건에 대한 최초의 성문규정은 1934년 개정된 §77B (Bankrupt Act Section 77B)였다. 위 규정 이전에는 재건절차는 판례에 의하여 확립된 수탁관리인제도에 의하여 규율되었다. 청산방식이 아닌 재건방식에 의해 파산회사의 채무를 정리하게 되는 회사재건절차의 법리는 19세기 중반 철도회사의 파산에 대한 법원이 내린 일련의 판례에서 형성되었다.[58)]

제 1 차 세계대전을 계기로 하여 미국의 회사기업은 비약적으로 발전하였다. 전쟁중 국채를 모집함으로써 일반 국민으로 하여금 증권에 대한 지식을 널리 알리게 된 것도 그 이유 중의 하나이다. 이러한 증권의 대중화는 이 시기에 현저하게 발전을 하였는데 회사법상 여러 종류의 주식, 담보부 사채제도가 고안된 것도 이 시기이다.

그리하여 회사인 기업은 일반대중에 널리 뿌리내리게 되어 기업을 둘러싼 이해관계가 복잡하게 되었다. 이러한 경제적 사정하에서 1929년 월가의 주가가 폭락하면서 이른바 공황이 엄습하였다. 수많은 기업이 도산하였다. 일반투자자도 회사의 도산으로 엄청난 경제적인 위기에 봉착하였다. 그리하여 경제적인 측면뿐 아니라 사회적으로도 도산한 기업을 재건 · 정비할 필요성이 급증하였다. 종전의 수탁관리인제도가 갖는 앞에서 본 단점을 보완하기 위하여 보다 강력하고 간이한 재건절차가 필요하게 되었다. 다만 연방헌법상의 계약보호조항(contract clause) 때문에 각주가 주법을 통하여 회사재건에 관한 법률을 제정하는 것이 헌법상의 문제가 있다고 지적되어 연방의회가 새로운 입법을 하기로 하였다. 다만 단행법을 제정할 것인지, 기존의 연방파산법을 개정할 것인지에 대하여 논의가 있었으나 후자의 입장이 채택되었다. 이러한 사정하에서 1934년에 채무자구제법(Debtors Relief Act)이라는 이름 아래 파산법 제 8 장(법전에는 Provisions of the Relief of Debtor라고 제목을 달았다)을 부가하여 1934년에 §77B로서 회사재건에 관한 상세한 규정을 신설하게 되었다. 이 법의 입법목적은 종래 판례법상의 수탁관리인제도의 결함을 파산법상의 화의절차로 보완하는 것이었다.

위 개정법의 내용은 아래와 같다.

① 파산신청은 자발적 파산신청과 비자발신청으로도 가능하였다.

57) 이하 §77B에 대한 설명은 주로 三ケ月章, 전게서(주 2) 중 "アメリカにおける會社更生節次の形成" 부분을 주로 참고하였다.

58) 철도회사가 갖는 특성(자산이 전국에 걸쳐 있는 점, 운송수단의 공공성 등)이 미국의 회사정리의 형성과정에 미친 영향에 대하여는 吳守根, 전게논문(주 9), 462-467면 참조.

② receiver라고 하는 명칭을 파산법상의 trustee(우리 나라는 파산법상에서는 파산관재인으로, 회사정리법에서는 관리인으로 규정하고 있음에 반하여 미국 파산법에서는 모두 trustee라고 한다)로 통일하고[59] 관리인의 권한도 종전보다 강화하였다. 그러나 종전에는 receiver의 임명이 필요적이었으나 개정법에서는 필요한 경우가 아닌 한 반드시 관리인을 둘 필요는 없고 채무자로 하여금 재산을 계속 점유하도록 하되 법원이 필요한 범위 내에서 감독을 함으로써 불필요한 비용을 절약하여 중소기업도 쉽게 정리절차를 이용하도록 배려하였다. 채무자로 하여금 재산을 계속 점유하도록 한 것은 파산법상의 화의제도에 연원하는 것이다.

③ 관리인의 권한은 당해 법원의 관할구역뿐 아니라 연방법원이 갖는 파산권한(bankruptcy power)의 효과에 기하여 국내에 소재한 전 재산에 미치게 함으로써 종전에 말썽이 된 보조관리인제도를 폐지하였다.

④ 채무자가 채권자의 동의를 얻기 위하여 정리계획안을 제출하고, 무담보채권자, 주주 등 이해관계를 달리하는 조를 나누어 각 조별로 취급하는 것은 이미 수탁관리인제도하에서도 있었다. 그러나 개정법은 각 조별로 법정다수의 동의를 받지 못하는 경우에는 정리절차를 달성할 수 없도록 명시하였다. 계획안은 위 계획안에 영향을 받는 각 채권자조의 채권액의 2/3 이상에 의하여 가결되었다. 담보채권자, 반대하는 채권자는 정리계획안에 구속되고 현금으로 채권을 변제받지 못하였다.

⑤ 소수자를 다수결에 구속하게 하기 위하여는 정당성이 필요하게 되었는바, 그 정당성은 정리계획안의 인가에서 구하였다. 정리계획안은 법원의 인가를 받아야 하며 법원이 정리계획안을 심사함에 있어서는 계획안이 공정하고 형평에 맞아야 하며 실행가능한지의 여부를 고려하여야 한다. 종전 수탁관리인제도에서는 법원은 소극적으로 불공정한 정리절차가 이루어지는지 여부만을 감시하는데 그쳤으나 신법에서는 법원이 각 채권자조 내의 동일 순위간의 채권자들 사이에 있어서도 소수자의 이익의 보호 등 정리계획을 적극적으로 심사하는 등 후견적 기능이 강화되었다.

⑥ 수탁관리인제도에서 회사재산을 채권자가 매각하는 형식을 취하여 생기는 불합리(불황인 때에 염가로 매각하여 후순위채권자들에게 손해를 가하였다)를 없애고 정리계획의 인가효과로 대체하였다.

⑦ 수탁관리인제도는 파산법상의 파산절차가 아니기 때문에 후에 파산절차가 개시되면 연방헌법에서 유래하는 연방 파산법이 갖는 권한이 우선하게 되어 종전

59) 관리인은 원래 채권자들이 선정하고 법원이 승인하는 데 그침에 반하여 §77B가 규율하는 관리인은 법원이 임명하되 그 권한은 청산절차에서의 관리인과 receiver의 권한을 겸유하였다.

의 수탁관리인제도하에서 진행된 노력이 수포로 돌아가게 되었다. 그러나 신법에서는 회사재건절차를 파산법에 편제시키고 일단 재건절차가 신청되면 이후 파산신청을 할 수 없도록 규정하여 종전 제도가 갖는 불안을 제거하였다.

8. The Chandler Act in 1938

1929년 대공황이 닥쳐오자 연방의회는 많은 채무자를 보호하기 위하여 채무자에 우호적인 방향으로 파산법의 개정을 시도하였다. 채권자들의 추심을, 심지어 담보권의 행사마저도 제한하였다. 의회와 법원간의 대립이 시작되었다. 법원은 동 법률이 위헌이라고 판시하였으며 의회는 다시 개정안을 마련하여 법원의 사법심사를 가까스로 통과하였다. 본격적인 의회의 입법공격은 1933년부터 개시되었다. 화의계약을 보다 쉽고도 광범위하게 이용할 수 있도록 하였다.[60] 농가에 대한 화의계약[61]과 철도회사에 대한 회사재건절차의 허용[62] 등이다. 1934년 §77B(CORPORATE REGORGANIZATION)를 개정하여 회사재건절차를 대대적으로 개정하였다. 재건절차의 대상을 철도회사로부터 모든 형태의 회사로 확대하였다.[63] 1934년 증권거래법에 기하여 회사정리절차에 대하여 조사권한을 갖게 된 증권거래위원회(Securities and Exchange Commission)가 회사정리에 대한 실정을 조사하게 되었다. 이와 별도로 전국파산회의(National Bankruptcy Conference)가 조직되어 §77B에 대한 전면적인 비판을 하게 되어 양자가 파산법의 개정을 도모하게 되어 1938년 파산법은 다시 개정되었다(이 법은 제안자인 Walter Chandler의 이름을 따서 The Chandler Act라고 부른다).

Act는 당시 증권거래위원회의 위원장으로서 후에 대법관이 된 William O. Douglas가 주도하여 개정되었다. 우리가 회사정리절차의 원형이 미국 파산법 제10장에서 유래되었다고 말하는 것은 The Chandler Act를 말한다. 개정법의 특징은

60) Act of Mar. 3, 1933. CH. 204, 47 Stat. 1467(creating §74 of Bankruptcy Act of 1898).

61) *Id.* 47 Stat. 1470-1474(creating 75 of 1898 Act).

62) *Id.* 47 Stat. 1474-1482(creating 77 of 1898 Act). §77의 제목은 주제통상에 종사하는 철도의 재건(REORGANIZATION OF RAILROADS ENGAGED IN INTERSTATE COMMERCE)이다. §77은 (a)항부터 (s)까지 총 19개항으로 구성된 매우 긴 내용을 담고 있다. 연방대법원은 철도회사에 대하여 회사재건을 허용하는 개정법의 §77B가 합헌이라고 판시하였다. Continental Illinois National Bank & Trust Co. v. Chicago, Rock Island & Pacific Railway Co, 294 U.S. 648 (1935).

63) §77B 역시 (a)부터 (p)까지 총 16개항으로 구성된 긴 내용을 담고 있고, 회사재건절차에 관한 관할, 신청권자, 계획안의 내용, 인가 절차 등을 자세히 규정하고 있다.

아래와 같다.

① 파산법의 체계와 관련하여 종전 Debtors' Relief Act를 개정하여 제10장 Corporate Reorganization이라는 표제하에 125개조에 달하는 조항을 규정하여 독립된 장으로 편제하였다. 개정법을 일관하는 개정목표는 일반투자대중의 이익을 보호하고 정리절차를 보다 공정하게 하는 것이다.

② 동법은 종전 §77B하에서 무능하고 부패한 경영진이 계속하여 회사를 운영하는 것에 대한 비판을 수용하여 법원은 채무가 $250,000 이상인 모든 사건에 있어서 공평한 관리인을 선임하도록 규정하였다.[64] §77B에서도 관리인은 공평한 자가운데서 선임하도록 하였으나 실제로는 종전 회사의 이사, 채권자 등 회사와 조금이라도 관련이 있는 사람으로부터 선임되는 경우가 많았다. 그 이유는 복잡한 기업경영의 내부에 들어가 회사재건을 추진하고 나아가 경영까지 맡게 되는 경우에 회사와 아무 관련이 없는 제 3 자를 관리인으로 선임하는 것보다는 회사와 관련이 있는 사람이 관리인이 되는 편법을 법원이 묵인하였던 것이다. 그러나 SEC가 회사재건절차의 실정을 조사한 결과 이러한 관행을 타파하지 않는 한 재건절차의 공평·적절한 수행을 기대하기 어렵다는 결론에 도달하였다. 만일 이러한 입장을 철저히 하게 되면 모든 회사재건절차에 있어서 이해관계인이 관리인이 되는 것을 금지하고 채무자가 점유를 계속하는 것을 폐지하여야 할 것이다. 그러나 이러한 이상론에 대하여는 그와 같이 하게 되면 절차의 진행에 지장을 가져온다는 반대론도 있었다. 그리하여 타협안이 위에서 본 일정 규모의 회사에 대하여는 SEC의 의견에 따라 관리인선임에 제한을 두게 된 것이다. 그리하여 일정규모 이하의 회사에 대하여는 종전과 같이 채무자가 점유를 계속하는 것이 가능하게 하였다. 또한 관리인을 두고 있는 경우에도 영업부문만을 담당하는 보조관리인(additional trustee)의 제도를 신설하여 회사의 대표이사·이사 등 종전임원을 보조관리인으로 임명할 수 있도록 하였다.[65]

③ 관리인에게 광범한 조사권을 부여하였다.[66] 관리인은 종전의 경영진을 사업경영에서 배제하기 위하여 비행 등에 관한 광범한 조사권을 행사할 수 있고, 초창기에는 오직 관리인만이 정리계획안을 제출할 수 있었다. 관리인이 선임되지 않고 채무자가 계속 점유하는 경우에도 이해관계 없는 자 중에서 검사인(examiner)

64) Jordan & Warren, *supra* note 14, at 727.
65) Act §156.
66) Act §167.

을 선임할 수 있도록 하고 검사인으로 하여금 법원의 명에 의하여 관리인이 갖는 권한 또는 그 중 일부 권한(조사보고, 정리절차계획안의 작성)을 부여하였다.[67]

④ 일반투자대중의 이익을 위한 보호장치를 마련하였다. 채권자 또는 주주에 대하여 직접 절차에 참여할 권한을 확대하고 그 편의를 꾀하는 것이다. 즉 한편으로는 종래의 대리위원회 방식에 대하여 감독규제를 강화하여 위원회 독선의 폐해를 방지하는 반면 직접 개개의 채권자, 주주에 대하여 그 절차참여권을 확대하고 그에 필요한 정보를 제공하였다.[68]

⑤ 이러한 투자대중의 보호에 만전을 기함과 상응하여 법원의 후견적 지위 또한 강화되었다. 즉 정리계획안이 인가되기 위하여는 주주 또는 채권자들의 동의를 얻기 이전이라도 법원으로부터 승인을 받도록 하였다.[69] 정리계획안은 그 내용이 공평하고 형평에 맞고 실행 가능한 것이어야 한다. 이러한 기준에 어긋나는 계획안은 채권자들의 동의를 얻기 위한 관계인집회에 상정할 수 없게 되었다. 법원이 정리계획안을 심사하는 기준을 마련하였는데 그 기준은 이른바 절대적 우선원칙으로서 선순위채권자가 완전히 변제받은 후에 비로소 후순위채권자가 배당받을 수 있다는 것이다.

⑥ 회사재건절차에 있어서 SEC의 권한이 확대되었다. 투자자를 보호한다는 이유로 SEC의 전문적 원조를 기대하여 그에 의한 공정한 회사정리절차의 달성을 기도하려고 한 것이다. 중요한 것으로는 채무가 3,000,000불 이상인 경우에는 정리계획안의 송부를 받고 이를 심사하여 법원에 보고하는 권한이다. 법원은 보고가 있거나 소정 기간이 경과한 후가 아니면 정리계획안을 승인할 수 없었다. 또한 회사정리절차의 어느 단계에서든지 이해관계인으로서 참가할 권리를 인정하였다 그리하여 Chandler Act에서는 SEC의 역할이 중요하게 되었고 실제로 회사정리사건의 1/6에 대하여 어떠한 형태로든 참가하였다고 한다.[70]

---

67) Act §168.

68) 예컨대, 채권자, 주주는 관리인에게 정리회사의 재산, 책임재산상태, 그 사업의 운영계속의 가부 등에 대한 조사요약서를 교부할 권리를 인정하고(§167(5)), 필요한 서류의 열람권을 인정하였다(§166). 또한 정리계획안이 법원의 승인을 얻은 후에도(아직 인가되지는 않은 것임) 법원으로부터 계획안과 함께 법관의 의견 또는 SEC의 의견의 요약서 및 법관이 판단하기에 채권자 등에게 알리는 것이 바람직스럽다고 보는 다른 서류의 송부를 받을 수 있도록 하였다. 그리하여 채권자·주주는 정리계획안의 심의에 앞서 동의를 할 것인지 여부에 대한 기초판단자료를 송부받을 수 있었다(§175). 이러한 송부가 없는 이상 정리계획안은 무효라는 규정을 명시함으로써(§176) 대리위원회가 백지위임을 받는 것을 봉쇄하였다.

69) Act §174.

70) Billyou, A decade of corporate reorganization under Chapter X, 49 Columbia Law Review 495(1949). 三ケ月章, 전게서(주 2), 33면에서 재인용.

미국의 회사재건제도는 1938년 The Chandler Act에 의하여 완성을 보았다고 평가할 수 있다. 당초 미국 파산법의 모법인 영국의 파산법이 파산자에 대한 징벌적 색채를 강하게 갖고 있는 것에 비하여 미국법은 파산법이 갖는 다른 특성인 면책의 성격으로부터 구제적 성격을 돋보이게 하여 From punitive law to relief law, From liquidation to rehabilitation라고 하는 표어가 보여주는 근대적 파산법의 진면목을 보여준 입법이었다. 동법은 1978년도에 개정되기까지 40년간 미국의 파산법으로 굳건히 자리잡았으며 2차 세계대전 후 세계 초강국이 된 미국의 국제사회에서의 역할과 함께 세계 각국의 파산법에 영향을 미쳤다. 특히 일본의 패망과 함께 일본에 수입되어 회사갱생법의 모법이 되었다. 우리 나라의 현재 회사정리법의 기본 구조 역시 위 The Chandler Act에 터잡은 것은 두말할 나위도 없다.

9. 1978년도 전면개정(Bankruptcy Reform Act of 1978, Bankruptcy Code)

1978년의 개정은 파산법 역사상 처음으로 경제적인 공황에 대응하지 않고 개정되었다. 개정작업은 1968년 상원법사위원회가 파산법을 검토하기 위하여 위원회를 설치할 것인지의 여부를 논의하는 데에서 시작하여 1970년에 현재의 기술, 재정 및 상업활동의 요구를 적절하게 반영할 수 있도록 구법인 1898년 파산법을 연구, 분석, 평가하고 개정안을 제출할 것을 목적으로 하는 위원회를 설치하였다. 위원회는 1973년 7월 보고서(제 1 부는 보고 및 제안을 제 2 부는 개정안의 초안으로 구성되어 있다)를 제출하였다. 보고서는 파산법관의 관할권을 확대하고, 파산사건의 관리문제(administrative matters)를 다루기 위한 파산관리청(a Bankruptcy Administration)의 설치, 모든 기업재건절차를 하나의 장으로 통합할 것, 소비자인 채무자의 권리를 보호하기 위한 근거 등을 내용으로 하고 있다. 이와 별도로 전국파산법관회의가 초안한 입법안이 있었는데 양 입법안에 관하여 1973년부터 1978년까지 하원과 상원에서 격렬한 토론을 벌였다. 이를 토대로 상원과 하원은 각각 별개의 개정법안을 통과시켰으나 이러한 논의는 1978. 11. 6. 카터 대통령이 상하원의 법률안을 절충한 개정법안에 서명함으로써 종결되었다. 의회는 구법에서 발전된 이론을 법으로 규정하는 동시에 선례가 없는 새로운 조항을 규정하기도 하였다. 아래에서 신법의 중요한 개정내용을 살펴본다.

(1) 파산법원의 관할 및 파산법관의 역할

개정법의 논의에 있어서 가장 논란이 많았던 부분은 파산법원의 관할과 파산법관의 지위에 관한 문제였다. 이 점에 관한 구법의 약점은 양분된 관할구조였다. 파산심판관(referee)은 핵심적인(core) 파산사건만을 심리할 수 있었으나 개정법의 파산법관은 파산과 관련되거나 파산으로 인한 사실상 모든 사건을 심리할 수 있도록 하였다. 이 점에 대하여는 모두가 동의하였다. 그러나 문제가 된 것은 파산법관의 지위에 관한 것이었다. 하원의 법안은 헌법상의 신분보장이 되는 연방법원의 법관(Article Ⅲ judge)이어야 한다는 것임에 반하여 상원의 법안은 연방법원의 법관을 보조하는 역할에 그치는 제한된 권한을 갖는 법관이어야 한다는 것이었다. 전자의 견해에 좇으면 파산법원의 법관이 사실상 모든 사건을 심리함에 있어 사법권에 관한 헌법 제 3 장을 위배하느냐의 문제는 생기지 않으며 파산법원의 지위가 격상된다. 그러나 버거 대법원장은 헌법상의 신분보장이 있는 연방법관의 창설에 반대하여 결국에는 상원의 안이 우세하여 헌법상의 신분보장이 없는 파산법관이 파산으로부터 또는 파산과 관련되는 모든 사건을 심리할 수 있도록 하였다. 그러나 이러한 절충은 선견지명이 없는 것으로 판명되었다. 즉 후일 연방대법원에 의하여 사법권의 권한을 침해하는 것이라는 이유로 위헌의 판단을 받게 되었다.[71]

1978년 개정법은 파산법의 실체법에 관하여는 미합중국 법률 제11장(U.S. Code Title 11)에서 규율하면서도 파산법원의 파산법관에 대한 것은 동 법률 제28장(U.S. Code Title 28)에 규정함으로서 양자를 나누어 취급하고 있다. 제28장에서는 더 이상 bankruptcy referee라는 표현을 찾아볼 수 없게 되었다. 제28장 §152에 의하면 파산법관은 연방항소법원에 의하여 임명되고 그 임기는 14년이다. 파산법관은 연방지방법원(District Court)에 소속된 파산법원의 한 단위(unit)를 구성한다. 1984년 개정에 의하여 제28장 아래에서 파산법원은 연방지방법원과 독립한 별개의 법원이 아니라 연방법원의 한 단위(unit)가 되었다. 따라서 파산사건에 관한 법원의 토지관할은 연방지방법원과 동일하고 연방법관은 파산사건을 §157에 의하여 파산법관에게 넘긴다. 파산법관은 §151에 의하여 연방지방법원의 구성원이 된다. 그리하여 지방법원이 파산사건에 대하여 관할권을 갖는다고 하는 것은 파산법관이 파산소송을 담당하는 것을 배제하는 것은 아니다. §157는 파산소송에서 파산법관이 담당하는 역할에 대하여 자세히 규정하고 있다.

71) 뒤의 Northern Pipeline Constitution v. Marathon Pipe Line Co. 사건 참조.

다음으로 파산사건의 관리를 개선하는 점이었다. 구법에서는 연방지방법원의 판사가 파산사건의 일반적 감독하에 파산심판관이 파산사건의 심리를 하여 파산사건을 둘러싼 쟁송에 관하여 사실인정과 법률적용의 결과 등을 보고하여 연방법원판사가 종국적으로 재판하도록 되어 있었다. 그러나 1938년의 개정을 비롯하여 계속된 개정에 따라 파산심판관의 권한이 확대되어 1973년부터는 파산법관으로 명칭이 변경되었다. 그리하여 연방지방법원의 파산사건에 관한 재판권은 자동적으로 파산법관에게 위탁(refer)하여 파산사건에 대하여 사실상 제 1 심으로서 재판권을 행사하게 되었다. 그러나 한편으로는 파산사건의 관리·감독의 역할을 부담하면서 다른 한편으로는 파산사건으로부터 파생하는 분쟁의 심판자라는 이중의 역할을 하게 되었다. 즉 관리인을 선임하고 관리인의 업무를 감독하고 관리인으로부터 정기적으로 보고를 받는 파산법관이, 관리인이 제기하거나, 이해관계인이 관리인을 상대로 하는 대립당사자 소송에서 이를 심리 판단하는 것이 모순된다는 지적이 있었다. 개정법은 파산법관의 이러한 모순된 입장을 해결하여 재판업무의 공정성을 높이고 파산법관으로 하여금 보다 재판업무에 몰두하도록 하고 파산사건의 행정감독의 업무는 별개의 기관에서 관장하는 방안을 강구하였다. 파산법위원회는 파산사건의 관리감독자로서 파산관리인(a Bankruptcy Administrator)이라는 제도를 추천하였으나, 개정법은 대신 일부의 주에 대하여 시험적인 제도로서 합중국관리관(United States Trustees)을 시행하기 시작하였다. 그러나 이를 전국적으로 시행하지 않고 단수 또는 복수의 연방지방법원관할을 단위로 10의 지구를 설정하여 연방관리관을 두어 5년간에 걸쳐 시험적으로 실시하여 결과가 좋으면 전국적으로 실시하고 나쁘면 5년 후에 폐지하기로 하였다.[72] 그리하여 신법에서 파산법관은 채권자집회를 주재할 수 없게 되었고,[73] 연방관리관이 주재하고 채무자를 심문하도록 되었다. 연방관리관은 파산사건의 진행을 감독하고 그 부당한 지연을 방지하도록 필요한 조치를 취하는 것, 파산법에 의하여 선임된 채권자위원회를 감독하는 것, 관리인의 선임 및 해임의 신청, 제11장 사건을 제 7 장으로 이행하도록 신청하는 등의 업무를 맡게 되었다.[74]

72) 동 제도는 1986년 개정에 의하여 노스캐롤라이나와 앨라배마 주를 제외하고 전국적으로 확대되었다.

73) 11. U.S.C. §341(c)(1988)(이하 미국 파산법을 표시함에 있어서 11. U.S.C. 부분은 생략하고 §341 식으로 표시한다).

74) 高木新二郎, アメリカ連邦倒産法, 商事法務研究會(1996), 297면 이하 참조.

(2) 제11장 재건절차의 통합

다른 중요한 부분은 제11장 재건절차이다. 그 특징은 첫째, 4종류의 재건형 절차를 하나로 통합하였다. 신법은 구법의 회사재건(Corporation Reorganization, 구법 제X장. 구법에서는 로마자로 표기하였다), 화의(Arrangement, 구법 제XI장), 철도회사재건(Railroad Reorganization, 구법 제IX장), 회사 이외의 채무자를 위한 부동산화의(Real Property Arrangement, 구법 제XII장)를 묶어 재건(Reorganization)절차로 통합하고 정기수입 있는 개인채무자를 위한 정리(Adjustment of Debts of an individual with Regular Income, 신법 제13장, 구법 제XIII장을 받아들인 것임)절차를 확대·정비하였다. 또한 파산사건을 전담하는 파산법원의 절차를 규정한 파산규칙(Bankruptcy Rules)이 1983. 4. 25. 연방대법원에 의하여 공포되어 1983. 8. 1.부터 시행되고 있다.[75)]

구법하에 있어서 회사재건절차와 화의절차의 기능분담이 확연히 구분되어 있지 아니하여 양자의 조정 내지 통합이 문제가 되었다. 구법하에서는 제XI장의 화의절차가 매우 인기가 있어 원래 제X장의 회사재건절차로 가야할 대기업까지 화의를 선택하였다.[76)] 그 이유는 화의절차에서는 경영권이 채무자 또는 지배주주에게 남아 지급불능의 상태에 있음에도 채무자에게 이익을 보유할 수 있음에 반하여 회사재건절차에서는 절대적 우선원칙에 의하여 주주는 통상 매우 적은 이익을 얻을 수 밖에 없고, 경영권이 관리인에게 넘어가 구 경영주나 지배주주가 경영에서 배제되었기 때문이었다. 재건절차의 유일한 利點은 담보채권자의 담보권의 실행을 정지하여 회사재건절차로 끌어들일 수 있다는 것이었으나 판례가 화의절차에 있어서도 담보권의 자동적 중지를 인정하였기 때문에 그나마 매력이 감소하고 말았다.[77)] 그리하여 채무자가 선택한 절차가 적절한 것인가를 둘러싼 소송이 제기되고 채권자나 SEC가 화의절차를 재건절차로 전환하여 달라는 신청이 제기되어 채무자가 화의절차에서 이미 채권자로부터 화의계획의 동의까지 받았음에도 재건절차로 전환되는 경우조차 발생하였다. 양자의 차이는 구 경영진의 배제와 절대적 우선원칙의 유무에 있다. 채권자는 구 경영진이 계속하여 회사를 운영하는 것까지는 인정하지

75) 연방민사소송규칙(Federal Rules of Civil Procedure)과 별도로 파산법원에서의 절차에 대하여는 파산규칙이 적용된다. Fed. R. Bankr. P. 1001.

76) 1976. 6. 30.부터 1977. 6. 30.까지 전 미국에서 제X장 회사재건절차의 신청은 86건임에 반하여 제XI장의 화의절차의 신청은 총 3,046건이었다(1977 Annual Reports, Director, Administrative Office of United States Courts).

77) 小林秀之, 전게서(주 2), 353면.

만 절대적 우선원칙은 고수하려고 하는 경우처럼 양자의 선택에 탄력성이 떨어지게 되는 문제점 등이 노출되었다. 그리하여 양자를 엄격하게 준별함으로써 회사재건절차로 가야 할 회사가 화의절차를 이용하는 것을 허용할 수 없기 때문에 양자의 선택을 둘러싼 무익한 소송이 제기되고, 복잡한 대기업의 재건에는 적합하지 않음에도 화의절차를 이용하려는 폐단이 있었다.

(3) 경영을 계속하는 채무자와 관리인의 권한

제11장 사건의 경우 관리인의 임명을 임의적으로 규정함으로써 구 경영자 또는 대주주가 계속하여 기업을 경영하는 것이 가능하게 되었다.[78] 또한 일정한 기간 동안 채무자에게만 계획안의 작성권한을 부여하였다. 관리인은 채권자를 대표한다.[79] 관리인은 연방정부의 공무원이 아니라 사인이다. 제 7 장, 제12장, 제13장에서는 반드시 관리인이 선임되어야 하나 제11장에서는 관리인이 선임되지 않는 경우도 있다. 관리인의 권한의 범위는 각 장마다 다르다. 통상 관리인은 연방관리관(United States trustees)에 의하여 임명된다. 연방관리관제도는 1978년 개정법에 의하여 창설된 것으로서 연방공무원으로 관리인의 임명과 기타 행정업무를 처리한다. 그러나 사법공무원이 아니므로 동인은 파산재단에 관한 분쟁을 해결할 수 없으며 작위와 부작위에 대하여는 사법심사가 가능하다.[80] 연방관리관은 제 7 장 清算사건에서 각 사건마다 보전관리인을 선임한다. 만일 사인이 관리인이 되기를 거부하는 경우에는 연방관리관이 청산사건의 관리인의 직무를 수행하게 되며 제11장 재건절차에서는 법원이 명하는 경우에 한하여 사인인 관리인을 임명한다. 제11장 재건절차에서는 연방관리관이나 그 구성원은 관리인이 될 수 없다. 제11장 재건절차에서만 채권자들의 대표자들로 구성된 채권자위원회(creditor's committee)가 설치된다. 점유를 계속하는 채무자(Debtor In Possession)란 제11장과 제12장의 파산한 채무자를 말한다. 그리하여 제11장 재건절차에서는 채무자는 DIP의 자격으로서 기업과 재산에 대한 지배권을 갖는 경우와 관리인이 선임되어 관리인이 지배권을 갖는 경

78) §1101(1). In this chapter- (1) "debtor in possession" means debtor except when a person that has qualified under section 322 of this title is serving as trustee in the case. 이 장에서 debtor in possession"이라 함은 이 장 제322조에서 관리인이 선임된 경우를 제외하고는 채무자를 의미한다. 그러나 이러한 자격에 터 잡아 채무자는 채권자의 이익을 보호하기 위하여 파산재산을 보호해야할 수탁자로서의 충실의무(fiduciary duty)를 부담하게 된다(Commodity Futures Trading Comn. v. Weintraub, 471 U.S. 343(1985).

79) Epstein, Nickles & White, *supra* note 16, at 7.

80) 파산규칙 §2020 참조.

우로 나누어지게 된다.

(4) 절대적 우선원칙의 완화

또한 재건절차에 있어서 당사자간의 자율적인 교섭의 여지를 널리 인정하였다 구법에서는 정리계획의 작성 및 인가에 있어서 절대적 우선원칙이 적용되었다.[81] 이 원칙은 형평법상의 수탁관리인제도에 있어서의 판례이론을 연방대법원이 회사재건절차에 적용한 것으로 상위의 권리자에게 권리의 전액을 보상할 때까지 후순위의 권리자에게는 어떠한 대가도 정리계획에서 부여할 수 없다는 것이다. 정리회사의 경영을 장악하고 있던 내부자가 회사재건절차로부터 부당한 이익을 얻을 것을 방지하여 대중투자가의 보호를 꾀하기 위하여 명확한 기준을 제공하기 위한 것이다. SEC는 공적인 대중투자가의 보호기관으로서 계획안이 절대적 우선원칙에 부합하는지 여부를 심사하는 것을 주요한 임무로 삼게 되었다.[82] 이는 정리계획을 인가함에 있어서 공정·형평하여야 한다는 조항의 이념이기도 하였다. 그러나 개정법에서는 어느 조의 다수가 동의하는 한 절대적 우선 원칙을 적용하지 않고 당사자의 자치에 맡겨 최선의 이익이라는 기준만으로 제한을 과하고 절대적 우선원칙(absolute priority rule)을 완화하여 채권자조가 반대하는 경우에만 적용되도록 하였다.

파산절차를 신청하면 파산자에 대하여 계속중인 소송이나 권리의 행사를 자동으로 중지함으로써 입게 되는 채권자의 손해를 고려하여 적절한 보호(adequate protection)규정을 신설하고, 정리계획에 찬성하지 않는 채권자조를 위한 이른바 '강요조항'(cram-down clause)을 신설하였다.

(5) 제13장의 강화

신법 개정의 가장 큰 이유 중의 하나는 파산사건의 급증과 그에 따른 비사업자(Non business Case)의 비율이 높게 된 점이었다.[83] 개정법은 소비자 파산의 급

81) §174. "…the judge shall enter an order approving the plan or plans which in his opinion comply with the provisions of section 216 of this Act, and which are fair and equitable, and feasible, and shall fix a time within which the creditors and stockholders affected thereby may accept the same."(밑줄 저자).

82) 小林秀之, 전게서(주 2), 171면.

83) 1948년 전체 파산신청 사건수는 18,510건이었으나 1969년은 184,930건이 되었으며, 1969년의 경우 전체사건 중 비사업자파산이 169,500건(91.7%)이고, 사업자파산이 15,430건(8.3%)을 차지하여 비사업자파산에 대한 대책 마련이 시급하였다. 霜島甲一, "アメリカ合衆國連邦破産法改正の背景と草案について," 判例タイムズ No. 306(1978). 44면.

증에 대응하기 위하여 제13장의 이용을 장려하도록 한 것이었다. 구법의 제XIII장은 임금생활자채무정리계획이라 하여 그 대상자를 임금생활자로 한정하였으나 신법 제13장은 임금생활자 외에 자영업자도 포함하여 정기수입이 있는 모든 자연인에게 확대하여 채무자뿐 아니라 보증인 등에 대한 개별적 권리행사도 금지하여 채권자의 채무자에 대한 간접적 압력으로부터 보호하도록 하는 등 소비자 파산을 다루기 위하여 제13장을 대폭 개정하였다.[84] 자세한 내용에 대하여는 다른 글에서 살펴보기로 한다.

(6) SEC의 권한 축소

다음으로 구법에서는 SEC의 권한이 강하여 파산법원의 결정에 대하여 상소하고, 화의절차를 회사재건절차로 전환할 것을 신청하는 등 파산절차의 지연을 초래한 점에 대하여도 반성을 하게 되었다. 회사재건절차에 있어서 SEC의 지위를 격하시켜 절차에 대한 감독권한을 대폭으로 삭제한 점 등을 신법의 특징으로 들 수 있다. 철도회사에게도 협의의 파산에서의 이행을 인정하고, 철도회사의 재건절차에서 주제통상위원회(Interstate Commerce Commission)의 간섭을 대폭으로 배제하였다.

10. 신법의 개정

(1) 1984년의 개정

1978년도 개정이 있은 후 1982년 파산법원의 관할권과 파산법관의 지위에 관하여 연방대법원의 판결이 선고되었다.[85] 판결이 갖는 중요성에 비하면 사안의 내용은 간단한 것이다. 마라톤 파이프라인 회사는 신법에 의한 제11장 재건절차를 신청하였다. 노던파이프라인 건설회사는 마라톤 회사를 상대로 파산법원에 하자담보책임에 기한 손해배상소송을 제기하였다. 마라톤 회사는 파산법관은 헌법에 의하여 지위가 보장되는 연방법관(이른바 Article Ⅲ Judge)이 아니어서 이 사건을 심리할 수 없다는 이유로 각하해 줄 것을 신청하였다. 파산법원은 이 신청을 각하하였고, 그 항소심인 미네소타주 연방지방법원은 피고의 신청을 받아들였다. 이에 대하여 상대방이 상고허가신청을 하자 연방대법원은 1982. 6. 28. 지방법원의 결정을 지지하고 상고를 기각하였다. 연방대법원은 신법하에서 파산법관은 임기가 종신이

84) 高木新二郎, 전게서(주 74), 10면.
85) Northern Pipeline Construction Co. v. Marathon Pipe Line Co., 458. U.S. 50(1982).

아니고 무능 등의 사유가 있을 때에는 연방항소법원의 법관회의에서 해임될 수 있고, 그 보수도 제정법에 의하여 변경될 수 있기 때문에 이는 헌법 제 3 장에서 말하는 법관이 아니므로 광범한 재판권을 행사할 수 없다고 선언하였다.

이 판결이 미치는 영향이 深大하여 대법원은 2회에 걸쳐 판결의 효력을 정지하고 연방의회로 하여금 입법조치를 기다렸으나 최종기한인 1982. 12. 24.까지[86] 해결될 조짐이 없자, 동년 12. 3. 긴급규칙을 제정하여 시행하였다. 이 규칙은 연방지방법원의 소송규칙으로 채택되었으며 이에 의하면 파산사건의 핵심문제(core bankruptcy matters)는 연방지방법원의 위탁에 의하여 파산법관이 심리하고 나머지 문제는 연방지방법원 법관이 심리하는 이중적인 구조를 취하였다. 1984년 개정법은 위 규칙의 적지 않은 부분을 수용하였다. 1984년 연방대법원의 판결[87]은 의회로 하여금 파산법 개정에 나서지 않을 수 없게 하였다. 법원은 제11장 재건사건에서 점유를 계속하는 채무자(DIP)는 단체협약을 거절할 수 있으며 이는 일방적으로 노동계약을 변경함으로써 부당노동행위를 범한 것이라 할 수 없다고 판시하였다. 동 판결은 격렬한 반대를 불러왔고 소비자신용회사와 다른 이익집단들도 이 기회를 이용하여 의회로 하여금 파산법의 개정을 촉구하였다. 의회는 다시 1970년대 장기간에 걸친 파산법원의 관할 문제에 대한 논쟁을 재연하였다. 즉 파산법원의 법관을 헌법 제 3 장의 연방법관으로 할 것인지 아니면 연방법관이지만 그와 같은 헌법상의 지위를 갖지 않는 법관으로 할 것인지에 관한 것이다. 마라톤 판결은 의회로 하여금 파산법원의 법관에게 헌법상의 연방법관의 지위를 부여함이 없이는 파산법원의 관할권을 광범위하게 확대할 수 없도록 제동을 가한 것이었다. 하원은 헌법 제 3 장에 규정된 연방법관의 지위를 부여하자는 쪽이었고, 상원은 그와 같은 지위가 아닌 법관을 지지하는 쪽이었다. 결국 상원의 안이 채택되었다. 그리하여 파산법원의 관할과 법원구조는 연방지방법원의 한 구성단위에 속하게 되었고 파산법원의 법관은 연방지방법원 법관의 위탁(reference)에 의하여 파산사건을 심리할 수 있도록 하였다. 동법은 또한 핵심 파산사건(core bankruptcy matters)과 비핵심 파산사건(non-core bankruptcy matters)으로 구별하여 전자에 대하여는 파산법원이 최종적인 판결을 할 수 있고, 후자에 대하여는 지방법원이 새로이 속심(de novo)에 의하여 검토할 수 있게 되었다.

---

86) Northern Pipeline Constr. Co. v. Marathon Pipe Line Co., 459 U.S. 813(1982). 이 판결에 의하여 당초 판결의 효력이 1982. 12. 24.까지 정지되었다.

87) NLBR. v. Bildisco & Bildisco 465 U.S. 513(1984).

또한 제1113조를 삽입하여 종전의 Bildisco 판결을 폐기하고 점유를 계속하는 채무자나 관리인이 단체협약을 거절하기 위하여 파산신청 후 거절신청 사이에 종업원의 대표자에게 종업원이 받는 급부와 보호에 필요한 제안을 하여야 하고 법원의 승인을 요하도록 규제하였다.

파산신청 서식 1을 개정하여 채무자로 하여금 제 7 장과 제13장의 구제절차에 대하여 이해하였고 그럼에도 제 7 장을 신청한다는 것을 선언하도록 하였고, 만일 채무자에게 대리인이 선임된 경우에는 변호사로 하여금 각 절차의 구제내용에 대하여 의뢰인에게 설명하여 주었음을 선언하도록 하였다. 이는 제 7 장보다 제13장을 신청하도록 유도하기 위한 방편의 하나이다.[88]

(2) 1986년부터 1994년까지의 개정

1986년 농가의 부채를 해결하기 위하여 파산법이 개정되었으며 농가를 위하여 제12장의 화의제도가 새로이 마련되었다. 제12장의 목적은 농가로 하여금 농장을 지키고 채권자에게 채무를 분할하여 변제할 수 있도록 한 것이다. 당초 이 개정법은 7년의 한시법의 형태였으나 1998. 10.까지 연장되었다. 그 후 2002년도에도 파산법 제12장(농가에 대한 채무조정절차편)에 대한 시행기간을 연장하는 개정안이 통과되어 2004년 현재에도 시행중이다. 1984년과 1986년 두 차례에 걸쳐 소비자파산신청을 허용하는 것이 파산절차를 중대하게 남용한다고 판단되는 경우에는 직권 또는 연방파산관리관의 신청에 의하여 파산신청을 각하할 수 있도록 §707(b)를 신설하였다. 이 조항의 개정 목적은 채무자로 하여금 제13장 신청을 유도하기 위한 것이다. 채권자에게는 신청권한이 없다는 점을 유의할 필요가 있다.[89]

다른 중요한 개정내용은 미합중국 관리관제도를 전국적(앨라배마와 노스캐롤라이나주는 제외함)으로 확대 실시하는 것이었다.[90] 당초 이 제도는 파산법관으로 하여금 종전 1898년 구법에서보다 집중적으로 재판업무에 종사하게 하고 기타 행정적인 일을 보조하기 위하여 제정된 것이었다. 1993년 연방의회는 미합중국 관리관 프로그램에 대하여 9,900만 불의 재정지원을 함으로써 이 제도의 확립을 재확인하였다.

1986년 6월 LTV라는 보험회사가 파산하여 퇴직자들에게 의료 및 노후연금을 지급하지 못하는 사태가 발생하였다. 의회는 1988년 가을 파산법을 개정하여 퇴직

88) Jordan & Warren, *supra* note 14, at 672.

89) Arnold B. Chohen, Mitchel W. Miller, Consumer Bankruptcy Manual 4-698(2nd ed. 2002).

90) 당초 이 제도가 도입된 1978년 신법에는 몇몇 주에서만 시험적으로 실시하였다.

자의 연금을 보호하였다. 파산법에 퇴직자에 대한 연금의 지급을 규율하는 새로운 규정을 삽입추가하고[91] 정리계획안은 퇴직자에 대하여 계속하여 연금을 지급하는 조항이 없이는 인가될 수 없도록 개정하였다.[92]

1985년 제 4 순회지구 항소법원은 채무자인 기술제공자가 기술도입계약을 거절하여 기술도입자의 기술사용권을 상실시킬 수 있다고 하는 판결을 선고하였다.[93] 의회는 채무자인 기술제공자의 기술도입계약의 거절에도 불구하고 기술도입자가 계속하여 지적소유권을 사용할 수 있도록 하는 내용의 조항을 신설하여 동 판결을 폐기하였다.[94] 1990년과 1992년에는 다른 법의 개정에 의하여 면책에서 제외되는 채권의 범위를 일부 확대하였다[95]

(3) 1994년의 개정[96]

1978년도에 전면적인 개정이 있은 후 위에서 본 바와 같이 몇 차례에 걸친 개정이 있었으나 신법의 개정 후 1994년도의 개정이 가장 광범위한 것이다. 이는 파산신청의 급증[97]에 따른 파산사건의 신속한 처리와 그 동안의 개별적인 문제점을 해결하기 위한 것이다. 동 개정법은 두 가지 점에서 중요한 데 첫째는 관할, 파산사건에 대한 법원의 관리, 관리인의 부인권, 주권면제 등 전 분야에 걸친 것이다. 둘째로 중요한 것은 의회는, 1978년 개정법의 그 동안의 공과를 평가하고 앞으로의 개정방향을 연구하기 위한 전국파산검토위원회(National Bankruptcy Review Commission)를 설치하여 위원회로 하여금 1997년까지 보고서의 제출을 하도록 명하였다. 위원회가 설립된 것은 1978년 개정법을 만들기 위하여 1970년에 처음으로 설립된 후로 2번째이다. 보고서의 내용을 보면 1978년 개정법의 그 동안의 실제 운용에 대한 평가와 나아가야 할 방향에 대해서 알 수 있다. 이 위원회의 보고내용에 따라 다시 개정이 있게 될 것이라고 예상해 본다.

개정내용을 살펴보면, 첫째, 제11장에 소기업을 위한 특칙을 두었다. 담보가

---

91) §1114.

92) §1129(a)13.

93) Lubrizol Enters. Inc. v. Richmond Metal Finishers, Inc. 756 F.2d 1043(4th Cir. 1985) cert denied, 475 U.S. 1057(1986).

94) §365(n).

95) §1328(a). 채무자의 형사상의 범죄로 인하여 취득한 이익의 반환채무는 면책되지 아니한다.

96) 자세한 것에 대하여는 Ned W. Waxman, The Bankruptcy Reform Act of 1994, Bankruptcy Development Journal of Emory Law School(July, 1995) 참조.

97) 1993년도의 총 파산신청 사건은 875,000건을 초과하였는데 이는 1985년의 2배를 넘는 것이다. 140 CONG REC. H10772(daily ed. Oct 4. 1994)(statement of Rep. Fish).

있는지 유무에 관계없이 무조건, 확정채무의 총액이 2백만 불 이하의 사업, 기타 영업활동을 하는 기업을 소기업(small business)이라고 하여 소기업에 대하여는 이해관계인의 신청에 의하여 법원은 상당한 이유가 있을 때에는 채권자위원회를 선임하지 않는다는 결정을 할 수 있고 채무자가 소기업으로서 취급을 받겠다고 선택한 경우에는 채무자에게만 독점적으로 계획안을 제출할 수 있고 정리계획안 제출기한은 일반의 경우가 120일에 반하여 20일을 단축하고 통상의 제11장은 우선 개시설명서에 대하여 법원의 승인을 얻은 후에 개시설명서와 계획안을 배부하여 그 허락의 투표권유를 행하고 있으나 소기업에 대하여는 개시설명승인을 위한 심문기일은 계획안인가를 위한 심문기일과 병합할 수 있고 투표는 조건부로 승인된 개시설명서에 기하여 권유할 수가 있도록 하는 등 소기업에 대하여는 적은 비용으로 조기에 결말을 볼 수 있도록 특칙을 두었다.

둘째, 관리인의 부인권에 관한 것이다. 파산사건 개시 전 90일 동안에는 채무자는 채무초과에 있었던 것으로 추정되므로 그 기간 동안 기존채무의 변제를 위한 재화의 이전행위는 이른바 편파행위(preference)로서 부인의 대상이 된다. 또한 이전의 상대방인 채권자가 내부자(insider, 예컨대, 이사와 같은 임원)인 경우에는 90일이 1년으로 연장된다. 그런데 보통 보증인은 채무자인 회사의 대표이사인 경우가 많고 장래의 구상권이라는 파산채권을 갖게 된다. 대표이사가 장차 지게 되는 보증채무를 면하게 하기 위하여 대표이사 등의 내부자의 이익을 위하여 금융기관의 채무를 위 90일 이후 1년 이내에 변제하는 경우가 흔히 있고 문리해석을 하게 되면 이 경우 편파행위의 상대방인 은행은 내부자가 아니기 때문에 통상의 부인행위 기간이 넘게 된다. 그러나 제 7 항소지구 법원은 비록 통상적인 부인행위의 기간이 종료된 후라도 외부자가 내부자의 이익을 위하여 변제를 수령한 경우에는 관리인이 부인권의 대상이 될 수 있다고 판시하였다.[98] 금융기관은 이러한 판결이 현실을 무시한 악명 높은 판결이라 반대하였음에도 다른 판결이 이를 따르자, 의회는 1994년 신법을 개정하면서 파산사건 개시일 전 90일부터 1년 동안에 이루어진 양도행위에 대하여 내부자의 이익을 위한 편파행위라는 것을 이유로 부인하는 경우 내부자가 아닌 상대방에 대하여는 그 이전된 재화의 반환을 구할 수 없다고 규정하여 위 판결을 폐기하였다.[99]

98) Levit v. Ingersoll-Rand Fin. Corp.(In re V.N. DePrizio Constr. Co.), 874 F.2d 1186(7th Cir. 1989).

99) §550(c).

셋째, 비록 파산법 자체의 개정은 아니지만 사법(司法)에 관한 제28장 제157조(28 U.S.C. § 157(e))를 개정하여 파산법관도 지방법원의 지정 또는 모든 당사자들의 명시적인 동의가 있는 경우에는 배심에 의한 재판을 진행할 수 있도록 개정하였다.[100]

넷째, 석면의 분말로 인한 이른바 에스베스토스증에 감염된 환자들이 제기한 집단적인 손해배상소송에 대응하여 석면제조회사인 Johns-Manville 회사가 제11장 신청을 하고 그 계획안을 정함에 있어 장래의 피해자가 제기할 손해배상채무를 변제하기 위하여 특별기금을 설치한 것을 인가함과 동시에 법원이 금지명령으로 석면피해자가 이 기금에 대하여 청구하는 것 외에 권리행사를 금지할 것을 명하였다.[101] 개정법은 제524조에 (g), (h)항을 추가하면서 석면피해사건에 의한 손해배상채무를 지불할 것을 내용으로 하는 정리계획안과 제소금지의 금지명령을 일정한 요건하에서 추인하였다.

Ⅲ. 결 론

이상 미국의 파산법의 개정작업을 통해서 파산법이 경제상황에 가장 민감하게 대처하도록 개정되어 왔다는 것을 알게 되었다. 파산법을 개정하도록 하는 세력은 크게 채권자측(은행, 카드신용회사)과 채무자(봉급생활자, 농가, 기업)측이다. 양자는 각자의 입장을 대표하는 의원을 통하여 자기들의 이익을 반영하는 파산법의 개정을 추진한 것이다. 또한 경제규모가 커짐에 따라 국가경제 및 국민생활 전반에 파산법이 차지하는 영향이 점차 커지고 있다.[102] 20세기에 들어와서는 종전과 달리 소비자 파산이 급증하고 있으며 이를 대처하기 위한 파산법 개정노력이 따르고 있다. 또한 경제강국의 파산법이 세계의 다른 나라의 파산법 개정의 모델이 되고 있다는 점을 알 수 있다. 영국의 파산법을 그대로 모방한 미국의 파산법이 이제는 영국뿐 아니라 독일 등 대륙법의 파산법 개정작업에 커다란 영향을 미치고 있다. 지금 국내의 도산법 개정작업은 다분히 미국의 1978년 개정법을 염두에 두고 있는 것처럼 보인다. 파산법원 및 파산관리위원회의 설치 등에 관한 논의가 그 예이다.

100) 이 개정은 연방대법원이 파산법관이 배심재판을 주재할 수 있는가에 관하여 그 기준을 제시한 Granfinanciera S.A. v. Nordberg, 492 U.S. 33(1989)이 선고된 후에 이를 입법적으로 해결한 것이다.

101) Kane v. Johns-Manville Corp., 68 B.R. 407. 843 F.2d 636(2d Cir. 1988) 참조.

102) 석면으로 인하여 피해를 보았다는 소비자들이 단체소송의 형태로 제조물책임소송을 제기하여 석면제조회사가 거액의 배상금을 물어주게 되자 결국 파산신청을 한 것이 좋은 예이다.

1978년 개정작업은 1938년부터 1978년까지 40년간 종전 파산법의 운용 경험과 전국파산법개정위원회를 설치한 후 그간의 운용실태에 대한 충분한 연구에 터 잡은 것이다. 특히 동법의 핵심은 파산사건의 행정적인 관리를 법원이 떠맡지 않고 미합중국 관리관제도를 창설하여 위 관리관에게 많은 권한과 역할을 위임한 것이고, 파산법원의 관할권을 확대한 것 등이라 함은 위에서 본 바와 같다.

우리는 미국 파산법의 개정내용뿐 아니라 그 개정과정 특히 어떠한 연유로 그와 같은 방향으로 개정이 있었는지에 대하여 깊은 연구를 한 후 우리의 현실에 맞도록 파산법을 개정하여야 할 것이다. 우리가 보기에 잘 운용된다고 하여 이를 맹목적으로 채택하여 졸속으로 시행하는 오류를 범하여서는 아니 된다. 미국의 파산법도 초기에 자국의 사정을 고려하지 않고 영국의 법을 모방하여 파산법을 시행하려고 하다가 시행한 지 3년도 되지 못하여 번번이 폐지된 점을 상기할 필요가 있다.

(법조지 제47권 4호(499호)(1998), 101면 이하 소재)

[후기]

발표 후 미국 파산법 중 국제파산편을 UNCITRAL 모델법에 따라 제15장에 편입하려는 개정안이 의회에 제출되었으나 아직까지 개정되지 아니하였다. 당초 7년 동안 시행하기로 한 한시적인 제12장을 연장하는 개정안이 통과되었고 이 글에 반영하였다. 그 외 발표 당시 일부 누락된 개정사항을 보완하였다. 이 글에는 반영하지 못하였으나 미국 파산법의 역사에 관한 최근의 책으로는 David A. Skeel, Jr. DEBT'S DOMINION(Princeton University Press 2001)이 매우 유익하다.

미국 파산법의 주요내용

Ⅰ. 머 리 말

우리의 법률체계가 대륙법계에 속함에도 근자 논의되는 파산법, 화의법, 회사정리법[1] 개정의 움직임은 독일의 파산법이 아닌 미국의 신 파산법(이하 신법이라 한다)의 내용을 참고로 하고 있는 것으로 보인다. 파산법 개정의 역사에서 보듯이 파산법 개정 당시의 경제대국의 파산법이 모델이 되어 왔다는 점에서 이는 타당한 접근방법이라고 생각한다. 이하에서는 개정 논의에 앞서서 현행 미국의 신법의 주요 내용과 그 평가를 간략하게나마 살펴보고자 한다.[2] 신법은 1978년에 개정된 것으로 제 1 장 총칙, 제 3 장 사건관리, 제 5 장 채권자, 채무자 및 파산재단, 제 7 장 청산, 제 9 장 지방자치단체의 채무를 위한 화의, 제11장 재건, 제12장 정기수입이 있는 농가의 채무를 위한 화의, 제13장 정기수입이 있는 개인을 위한 화의 등으로 구성되어 있다. 제 1, 3, 5 장은 다른 특별한 규정이 있는 경우를 제외하고 제 7, 9, 11, 13 장에도 적용이 있다.

1) 이하 위 3가지 법을 합하여 도산법이라 칭하기로 한다.
2) 이하의 개관은 주로 아래의 책을 참고하여 정리한 것이다. Robert L. Jordan, William D. Warren, BANKRUPTCY(4th 1995) ; Epstein, Nickles & White, BANKRUPTCY(1993) ; David G. Epstein, BANKRUPTCY AND OTHER DEBTOR-CREDITIOR IN A NUTSHELL(1995).

Ⅱ. 제 7 장 파산절차

1. 목 적

제 7 장의 파산절차는 청산(liquidation)을 목적으로 하는 것이다. 이는 다음의 두 가지 점에서 중요하다. 첫째, 전체 개인파산사건으로 신청되는 것 중 제 7 장이 약 70%를 차지하고 있으며,[3] 둘째, 제11장과 제13장에 속하는 사건의 경우에도 법원이 정리계획을 인가함에 있어 정리계획에 동의하지 아니하는 정리채권자가 제 7 장의 절차에서 받을 수 있는 금액보다는 적지 않아야 한다는 기준이 되고 있기 때문이다.[4]

신법은 채권자를 직접 규율하는 대신 채권자가 갖는 청구권(claim)에 대하여 규율하는 형식을 취하고 있다.[5] 채권자는 하나 이상의 청구권을 가질 수 있으며 다른 종류의 청구권은 달리 취급될 수 있다. 즉 미확정이거나 청산되지 아니하거나, 장래의 청구권도 파산법상의 청구권이 될 수 있다(후술하는 바와 같이 제13장의 경우에는 제한이 있다). 파산절차가 개시되면 채무자는 파산재단에 속할 수 있는 재산을 관리인에게 양도하지 않으면 안 된다. 관리인은 당해 자산을 포기 또는 환가할 수 있다. 당해 자산이 시장가치를 갖지 못하는 경우는 포기하게 된다. 자산의 환가금을 파산법이 규정하고 있는 우선순위에 따라 채권자에게 배당한다. 제 7 장의 파산사건은 거의가 자산이 없는 사건(no-asset) — 우리 나라의 동시폐지 사건 — 이다.

2. 신 청

제 7 장의 파산신청은 제11장과 같이 자발적 · 비자발적 파산신청이 허용된다. 파산법원은 적격이 있는 채무자가 신청한 자발적 파산신청이 제 요건을 구비한 경

---

3) 1996년 제 7 장 사건은 731,363건, 제13장은 325,885건이다. Administrative Office of the United States Courts, Judicial Business of the United States Courts: 1996 Annual Reports Table F-2 at 264.

4) 11. U.S.C §1129(a)(7), §1325(a)(4)(이하 11. U.S.C. 부분은 생략하고 §이하만 표시하기로 한다). 이를 청산가치보장의 원칙 또는 best interest of creditors test라고 한다.

5) 이는 우리의 회사정리법이 정리채권, 정리담보권, 화의법이 회의채권을 규율하고 있는 것과 동일하다.

우에도 이를 기각하거나 정지할 수 있다. 법원은 만일 채무자가 개인이거나 주로 소비자채무로서 파산절차를 개시하는 것이 제 7 장을 실질적으로 남용하는 경우에는 직권으로 각하할 수 있다.[6] 각하재판에 대하여는 불복할 수 없다.[7] 비자발적 신청의 요건은 뒤에서 설명하는 제11장과 같다.

3. 자동중지(automatic stay)

자발적 파산신청의 경우 관리인이 채무자의 재산을 모아 채권자들에게 안분비례로 배당하기에는 시간이 소요되고 비자발적 파산신청의 경우 채무자가 이를 공격할 시간이 필요하게 된다. 그리하여 파산신청이 있는 경우 자동적으로 채권자들이 채무자에 대하여 또는 채무자의 재산에 대하여 채권을 추심하거나 우선특권을 실행하는 것이 정지하게 된다. 이 자동정지는 신청한 때로부터 기산되는 것이지 채권자가 파산신청의 통지를 받거나 알았던 때가 아니다. 그러므로 채무자의 파산신청이 있은 후 채권자가 선의로 채무자를 상대로 소송을 제기하여 의제자백의 판결을 받았더라도 동 판결은 효력이 없다(invalid). 중지되는 채권자의 행위는 파산 이전에 제기한 소송을 계속 수행하거나 이전에 선고된 판결의 집행 및 담보채권자의 경우 담보권의 실행도 포함한다. 또한 전화를 걸어 변제를 독촉하거나 최고서를 보내는 사적인 독촉행위도 중지된다.

4. 면책(discharge)

채무자가 제 7 장을 신청하는 이유는 파산신청 전의 채무에 대하여 면책을 받을 수 있기 때문이다. 면책을 받을 수 있는지의 여부는 채권자에게 배당할 수 있는 자산의 유무 및 다과에 의하는 것이 아니다. 면책이 된다고 하는 것은 채무자의 장래의 수입을 파산신청 전의 채권자들의 집행으로부터 지킬 수 있다는 것이다.

그러나 州法에 따라 압류금지의 재산의 범위가 각양각색이고 채무자는 압류금지에 관한 주법을 원용할 수 있다는 것이 신법의 문제점으로 지적되고 있다. 즉 텍사스주나 플로리다주의 경우는 채무자의 개인주택(personal residence), 퇴직적립예금(retirement saving) 등이 파산재단에서 제외되고 있으나 채권자에게 호의적인 일

6) §707(b).

7) Epstein, *supra* note 2, at 153.

리노이주의 경우처럼 파산재단에서 제외되는 재산의 범위를 극히 한정하고 있어 파산사건에서 준거법이 어느 주법이냐에 따라 채권자의 이해관계가 달려 있다. 파산신청 이전에 주소를 옮기는 사례도 적지 않다. 일단 면책의 효과를 받으면 6년간은 다시 면책을 받을 수 없다. 또한 채무자가 재산 또는 회계장부 등을 은닉, 양도 손괴하는 등 채권자를 해하는 행위를 하는 경우에도 면책을 받을 수 없다.[8)]

그 외에 면책을 제한하는 것으로는 다음의 3가지가 있다. 첫째, 파산재단에 속하든 아니든 간에 유효한 우선특권(lien)을 무효로 할 수 없다. 그리하여 채무자는 우선특권이 설정된 재산을 계속하여 보유하고자 할 경우에는 피담보채무를 모두 변제한 후 재산을 반환(redeem)받거나,[9)] 또는 담보권자의 동의를 얻어야 한다. 동의의 내용은 장래의 소득으로 파산절차 개시 전의 채권자의 채권을 갚겠으니 재산을 계속 사용하는 것을 승낙하는 것이다. 목적물이 가옥이나 자동차와 같은 생활에 중요한 물건의 경우에는 동의를 얻는 경우가 많다. 따라서 이러한 경우 면책에 의한 재출발이라 하는 것은 본래의 의미와 달리 장래의 소득으로 종전 채무를 자발적으로 변제를 하는 것으로 시작된다. 둘째, 면책되지 아니하는 채권의 종류가 많다는 것이다. 이혼시 부양료채권(alimony) 및 자녀의 양육비(child support), 조세, 정부로부터 또는 정부가 보증한 학자금융자 등은 면책되지 아니한다.[10)] 詐欺에 의한 채무도 면책되지 아니한다. 셋째, 채무자는 법원의 인가를 받아 채무재확인합의(reaffirmation agreement)에 의하여 자발적으로 면책의 효과를 포기할 수 있다.[11)] 채무재확인합의는 보통 면책대상인 피담보채무를 변제하여 담보물의 소유를 계속하기 위한 경우나, 비면책채무의 여부를 둘러싼 다툼을 해결하기 위하거나, 보증인 등의 부담을 경감하기 위한 목적 등으로 사용된다.[12)] 채무재확인합의가 유효하기 위하여는 면책결정 인가 전에 서면에 의하여 체결되어 법원에 제출되어야 하고 일정기간 내에 채무자의 취소가 없어야 하는 등 법정요건을 갖추어야 한다.[13)]

이상에서 본 바와 같이 제 7 장이 채무자에게 새로운 출발의 효과를 인정하고 있으나 실제의 운영은 채무재확인 등에 의하여 여전히 구 채무를 부담하는 것으로 운영되는 경우가 많다.

---

8) §727.
9) §722.
10) §523(a).
11) §524(c).
12) 高木新二郎, アメリカ連邦倒産法, 商事法務研究會(1996), 245면.
13) §524(c).

Ⅲ. 제11장 파산절차

1. 목 적

제11장은 청산을 목적으로 하는 제 7 장과 달리 재건을 목적으로 기업의 활동을 유지시키면서 기업의 구조 등을 재조정하여 그 수익으로 채권자의 채무를 변제할 것을 그 내용으로 하고 있다. 연방대법원은 제11장의 회사갱생의 제도의 목적을 다음과 같이 기술하고 있다.

> "파탄에 직면한 회사는 파산법의 회사재건의 규정에 의하여 미래에 성공적으로 사업을 수행할 수 있도록 재편될 수 있다. 기업이 갱생되기까지 관리인이나 점유를 계속하는 채무자(DIP)는 기업의 경영을 계속하기 위하여 기업재산을 운영할 수 있도록 수권받는다. 갱생을 허용함으로써 연방의회는 그 기업이 계속하여 일자리를 주고 채권자의 채권을 만족시키고 기업의 소유자에게 이익을 반환할 수 있으리라고 예상하였다. 채무자의 재산은 재건하는 기업에서 사용하는 것이 채권자들이 아귀다툼에 의하여 매각되는 것보다 더 가치가 있다."[14]

2. 대 상

구법의 제Ⅹ장(회사재건절차)은 공개회사를 대상으로 한 것이고, 제Ⅺ장(화의절차)은 폐쇄적인 소규모회사를 대상으로 한 것이었다. 그러나 신법에서는 제 7 장의 청산신청을 할 수 있는 사람은 누구든지 제11장의 재건절차를 신청할 수 있도록 하였다 그리하여 개인,[15] 조합, 회사법인도 신청할 수 있게 되었다. 철도회사는 제 7 장을 신청할 수 없으나 제11장은 신청할 수 있다. 반대로 주식중개인과 상품중개인은 제 7 장의 파산신청을 할 수 있으나 제11장의 신청은 할 수 없다.

구법 제Ⅺ장은 자발적인 신청만 가능하였으나 신법 제11장은 자발적인 신청뿐 아니라 비자발적인 신청도 가능하다. 비자발적인 신청의 경우는 총 채권액이 10,000불[16] 이상인 3명 이상의 채권자들이 채무자가 채무를 변제할 능력이 없음을 주장하여야 한다. 그러나 한발, 홍수 등으로 인한 일시적인 지급불능의 상태를 고

14) United States v. Whitting Pools, Inc., 462 U.S. 198, 203(1983).
15) 사업을 경영하지 않는 개인에게도 적용이 있다. Toibb v. Radloff, 501, U.S. 157(1997).
16) 11 U.S.C. §303(b).

려하여 농가나 목축업자에 대하여는 비자발적인 신청을 할 수 없다. 채무자가 지급불능에 빠졌다고 하는 것은 자발적 신청을 위한 절차 개시의 요건이 아니다.

채무자가 신청(자발적인 신청)하는 경우에는 우리 나라의 회사정리법과 같이 법원이 개시결정을 할 필요 없이 즉 법원의 재판 없이 바로 절차가 개시된다.[17] 채권자가 신청(비자발적인 신청)하는 경우에는 제 7 장의 경우와 동일하게 적어도 10,000불을 초과하는 3인 이상의 일반채권자들이 공동으로 신청하여야 하고(일반채무자가 12인 이하의 경우에는 10,000불을 넘는 채권자는 단독으로 신청할 수 있다), 채무자는 이에 대하여 답변을 할 수 있으며 법원은 ① 채무자가 변제기에 있는 채무를 갚지 못하거나(equitable insolvency), ② 신청일로부터 120일 이내에 수탁자(general receiver), 양수인(assignee), 보관인(custodian)이 실질적으로(substantially) 채무자의 전 재산을 점유한 적이 있는지를 심리하여 개시결정(order for relief)의 허부를 결정한다.[18] 제11장을 신청한 경우에도 제 7 장과 같이 채권자의 채무자에 대한 추심의 행위 등은 자동적으로 중지된다. 자동중지가 해제되는지 여부는 채권자가 '적절한 보호'(adequately protected)를 받았는가에 의하여 결정된다. 그리하여 담보채권자가 자동중지를 해제하기 위한 신청을 제기하여 채권자가 적절한 보호를 받았는지의 여부를 둘러싼 소송이 제11장 사건에서 가장 흔한 것이라고 한다.[19]

3. 기업의 경영관리

구법에서는 구법 제Ⅹ장과 제Ⅺ장의 차이는 제Ⅹ장에서는 관리인이 반드시 있어야 하고, 제Ⅺ장에서는 관리인이 없다는 점이었고, 이 점이 바로 구법에서 채무자들이 제Ⅺ장을 선호하였던 주된 이유였다. 신법에서는 관리인의 선임요청이 있는 경우를 제외하고는 원칙적으로 채무자가 계속하여 사업을 경영할 수 있게 되었다. 그리하여 법원은 언제라도 이해관계인들의 신청에 의하여 통지와 심문을 거친 후 이유가 있다고 인정되면 관리인을 선임할 수 있게 되었다. 관리인을 선임할 수 있는 사유로는 첫째, 채무자의 사기, 불성실, 무능력, 총체적인 부실경영이 있거나 이와 유사한 사유가 있는 경우이거나 둘째, 관리인의 임명이 채권자, 회사의 사원(equity security holders, 예컨대, 주주 등) 또는 파산재단에 이익이 되는 경우 등이다.

---

17) §301.

18) §303.

19) Harry Rajak, INSOLVENCY LAW Theory & Practice; Jay Lawrence Westbrook, CHAPTER 11 REORGANIZATION IN THE UNITED STATES, at 354(1993).

신법에서 관리인은 선출되지 아니하고 임명된다. 관리인의 임명을 요청할 수 있는 이해관계 있는 자 중에는 채무자, 채권자위원회, 담보채권자위원회를 포함한다. 개인은 이해관계 없는 자[20] 가운데 관리인의 의무를 수행할 능력이 있다고 판단되면 관리인이 될 수 있으며, 회사는 회사의 정관에 관리인이 될 수 있다고 하는 경우에만 가능하다. 관리인은 관리인으로 임명된 후 5일 이내에 법원에 보증보험 증권을 제출하여야 한다.

관리인의 권한과 책임은 다음과 같다. ① 양수한 재산에 대하여 모든 책임을 진다. ② 신고한 정리채권을 조사하여 이의할 수 있다. ③ 이해관계인의 요청이 있는 경우 파산재단 및 그 운영에 관한 정보를 제공한다. ④ 기업을 계속하여 경영하는 경우 법원과 세무관청에 정기적인 보고와 사업의 운영에 대한 요약보고를 하여야 한다. ⑤ 채권자의 목록, 채무자의 자산, 책임, 재정상태에 대한 진술서 등을 제출하여야 한다. ⑥ 채무자 및 채무자가 경영하는 기업의 행위, 자산, 책임, 재정상태에 대하여 조사하고 그 보고서를 제출하여야 한다. ⑦ 정리계획안을 제출하거나 만일 제출하지 않는 경우 그 이유를 보고하여야 하고, 제11장 사건을 제 7 장 또는 제13장으로 변환하거나 제11장의 신청을 기각할 것을 권고하여야 한다. ⑧ 정리계획안이 인가된 후 필요하거나 법원의 명령이 있는 경우 인가 후의 보고서를 제출하여야 한다. 이러한 권한 외에 관리인은 제 3 장과 제 5 장에 규정한 권한을 행사할 수 있는데 관리인의 직무를 수행함에 있어 보조하거나 관리인을 대리할 변호사, 변리사 등의 전문직을 고용할 수 있으며, 채권자에게 우선권(priority)을 주거나 우선특권(lien)을 부여함으로써 자금을 조달할 수 있고, 미이행계약이나 리스계약의 인수 또는 거절할 수 있다. 그 외 편파행위에 대한 부인권이 있다.

관리인이 선임되지 않는 경우라도 법원은 검사인(examiner)의 선임이 채권자 및 담보채권자, 파산재단의 이익에 부합하거나(무담보채무가 5백만 불을 초과하는 경우에), 채무자의 활동을 조사하기 위하여 검사인의 선임을 명할 수 있다. 그러나 검사인은 말 그대로 채무자의 활동을 검사하는 것이고 관리인과 달리 기업을 경영하거나, 제11장 사건을 맡아 진행하는 것은 아니다.[21] 또한 채권자위원회는 관리

20) 이는 개정 전 우리 나라의 회사정리법의 규정과 동일하나 미국의 경우는 원칙적으로 채무자가 회사의 경영을 맡고 있으며 채무자의 경영이 부적합하다고 판단되는 경우에 비로소 관리인을 선임하는 것이므로 회사정리법과는 기본 입장이 다르다. 이해관계가 없는 자에는 채권자, 담보채권자, 내부자, 개시결정 신청일로부터 일정기한 내에(3년 또는 2년), 채무자의 담보물에 투자했던 은행 및 변호사, 채무자의 이사 및 피용인 등은 관리인이 될 수 있다. Jeff A. Schnepper, THE NEW BANKRUPTCY LAW 88(1981).

21) Epstein, *supra* note 2, at 337.

인이나 점유를 계속하는 채무자와 정리계획의 수행에 관하여 의논하고 관리인을 감독한다. 채권자위원회의 구체적인 권한과 의무는 다음과 같다. ① 위원의 과반수가 참석한 회의에서 법원의 승인을 얻은 후 위원회의 업무를 대리할 변호사, 회계사를 선임할 수 있다. ② 관리인과 점유를 계속하는 채무자와 사건의 관리에 대하여 의논한다. ③ 채무자 및 채무자가 경영하는 기업의 행위와 자산, 책임 및 재정적 상황, 기업의 계속경영이 바람직한지에 대하여 조사한다. ④ 정리계획안의 입안에 관여하고 자신을 대표하는 채권자들에게 정리계획안에 대하여 조언을 한다. ⑤ 관리인 또는 검사인이 선임되지 않은 경우 선임을 요청할 수 있다. ⑥ 기타 채권자들의 이익을 위한 기타 행위를 수행할 수 있다.

4. 계 획 안

관리인이 임명되지 않은 경우에는 120일 동안은 채무자만이 계획안을 제출할 수 있다. 만일 그 기간 내에 계획안이 제출되면 계획안의 승인을 얻기 위한 60일의 기간이 추가된다. 위 양자는 법원의 명령에 의하여 연장 또는 감축될 수 있다. 관리인이 임명되면 자동적으로 계획안제출권이 채무자로부터 관리인에게 넘어간다. 또한 채무자가 절차 개시 후 120일 내에 계획안을 제출하지 않거나, 제출하더라도 180일 이내에 승인 받지 못한 경우에는 관리인, 채권자들을 비롯한 이해관계인들이 계획안을 제출할 수 있다.

계획안은 채권자별로 組를 지정하여야 하고, 계획안에 의하여 손해를 보는 조와 그렇지 아니한 조로 나누어 후자에 대하여는 어떠한 취급을 할 것인지에 대하여 규정하여야 한다. 채무자가 작성한 채권자명세표에 기재된 채권은 명세표 내에 다툼이 있다고(disputed) 기재되지 않는 한 정리채권으로 인정된다.[22] 정리채권은 아직 비금전화되거나, 미확정이거나, 장래채권이든, 다툼이 있거나, 보통법상의 것이든 형평법상의 것이든, 담보채권이든 일반채권이든 모두 포함한다.

제출된 정리계획안은 표결을 거쳐 인가절차로 들어가게 된다. 구법과 달리 법원은 계획안을 인가하기 하기 전에 이를 검토하지 않는다. 대신에 법원은 정리계획안이 인가되기 전에 채권자와 주주 등이 정리계획안에 대한 충분한 정보를 얻어 계획안의 인가여부를 결정할 수 있는지에 대하여 판단한다.[23] 채권자와 주주 등에

22) 회사정리법의 경우 정리채권 및 정리담보권자는 신고하지 않으면 실권되는 점과 다르다. 대법원 1987. 10. 28. 선고 87다카1391 판결(집 35(3) 민 208) 외 다수.

23) Epstein, *supra* note 2, at 349.

게 계획안의 사본 또는 요약본이 제공되어야 하고, 법원이 통지와 심문 후에 적절한 정보(adequate information)를 갖추고 있다고 인정하는 서면공개서(a written disclosure)가 제공되어야 한다.[24]

§502에 의하여 채권 및 주주권이 인정된[25] 채권자와 주주가 계획안에 대하여 표결을 한다. 계획안에 따르면 아무것도 배당받지 못하는 조는 반대한 것으로 간주되고, 계획안에 의하더라도 아무런 손해를 보지 않는 조는 찬성한 것으로 간주되어 표결절차에서 제외된다.[26] 인가된 정리계획안은 채무자뿐 아니라 계획안에 동의를 하지 않은 채권자 및 주주에게도 효력이 미친다.[27] 채무자에게는 면책의 효력이 인정된다. 제 7 장의 파산사건에서 회사 법인에게는 면책이 인정되지 아니하였으나 제11장의 경우에는 면책이 인정된다. 단 회사 법인이 재산의 대부분을 매각하고 정리계획을 수행한 후 더 이상 기업의 경영을 계속하지 않는 경우에는 면책되지 않을 수 있다.[28]

Ⅳ. 제13장 파산절차

1. 대　　상

임금생활자를 위한 채무조정에 관한 규정을 둔 것은 1898년 당시 미국 파산법 §12가 최초이다. 그러나 동 조항은 대부분의 채무자에게는 비용이 많이 들고 유연성이 결여되었으며 법원이 계획안을 인가한 후에는 관할권을 잃게 되는 약점이 있어 비판을 받았다. 1933년 개정법은 §74에서 인가 이후의 절차에 대하여 규정을 두고 그 후 절차에 대한 관할권의 문제를 해결하였다. 그러나 계획안이 인가를 얻기 위하여 채무자는 절차비용과 모든 우선채권을 변제하여야 하므로 여전히 소수의 채무자만이 절차를 이용하였다. 장래의 수입으로 기왕의 채무를 변제한다는 방식을 채택한 것은 1938년 이른바 챈들러법 제XIII장이 처음이다. 제XIII장은 각주의 법문화에 따라 이용률의 현저한 차이를 가져왔다. 1968년까지 알라바마주 북부지

24) §1125.
25) §1111, 채권자명세표에 기재되거나 이해관계인이 반대하지 않는 채권자 및 주주를 말한다.
26) §1126.
27) §1141.
28) §1141(d)(3).

방에서는 모든 채무자 파산신청 사건 중 76%를 차지한 반면 캘리포니아 남부지방에서는 11%에 불과하였다. 개정법의 단점으로는 봉급생활자 외에 자영업자가 배척된 점과 3년간 채무를 이행한 경우를 제외하고는 중도에 곤궁면책(hardship discharge)을 인정하지 아니한 점과 부부공동신청제도를 인정하지 아니한 점이다. 제 XIII장은 임금, 봉급, 수수료(wages, salary, or commissions)로부터 주된 수입을 얻는 개인에게만 한정되었다. 그러나 이러한 제한은 소기업을 하는 개인사업자를 배제하게 되어 신법은 이러한 제한을 없애버렸다. 신법은 무담보채권액이 10만 불, 담보채권액이 35만 불 이하로서 정기적인 수입이 있는 미국에 거주하거나 주소지(domicile)를 가진 개인에 대하여만 적용이 있다(액수는 3년마다 소비자물가에 따라 변동된다). 따라서 회사법인이나 조합은 그 적용이 없다(단, 조합의 조합원에게는 적용이 있다).[29] 또한 개인이라도 증권중개인이나 상품중개인(commodity broker)은 배제된다.

제 7 장에서 채무자가 부담하는 채무는 미확정이거나, 금전화되어 있지 아니한 경우도 포함하고 있으나 제13장에서는 이러한 채무는 포함되지 아니한다. 따라서 위에서 본 채무액의 제한에 속하지 않는 개인채무자인 이상 설령 제13장 사건을 신청하기 이전에 10만 불을 넘는 금액의 배상을 구하는 의료과오를 원인으로 한 손해배상소송이 제기된 경우 등에는 제13장에서 배제되지 아니한다.

제13장 사건은 회사가 아닌 개인 채무자만이 신청할 수 있고, 제 7 장, 제11장과 달리 채권자는 신청할 수 없다. 그 이유는 채권자가 신청을 하여 채무자로 하여금 몇 년에 걸쳐 빚을 강제적으로 갚게 하는 것은 수정헌법 제13조의 강제노동의 금지에 위배될 뿐 아니라 강제적인 채무의 변제강요는 그 실효성도 없다는 정책적인 판단에 기한 것이다.[30] 채무자는 어느 때이든지 제13장 사건을 제 7 장, 제11장의 기업재건사건으로 변경할 것을 신청할 수 있으며 법원 역시 이러한 변환을 명하거나 제13장의 신청을 기각할 수 있다. 제 7 장 또는 제11장 사건의 채무자가 제13장의 채무자의 적격이 있는 경우 채무자는 제 7 장 및 제11장을 제13장으로 변환을 신청할 수 있으며 이는 오직 채무자에게만 신청권이 있으며 강제적인 변환은 인정되지 아니한다. 반대로 채무자가 면책을 얻은 후에는 제11장 사건을 제13장 사건으로 변환할 수 없다. 그러나 제 7 장 사건의 경우 당초 제11장 또는 제13장으로 신청되었으나 중도에 제 7 장으로 전환된 경우를 제외하고 처음부터 제 7 장으로

---

29) Schnepper, *supra* note 20, at 103.
30) *Id.* at 104.

신청된 사건은 언제든지 제13장으로 변환될 수 있다. 다만, 전환은 통지와 심문을 거쳐야 한다.

제13장의 신청을 하면 제 7 장, 제11장의 경우처럼 채무자에 대한 추심절차나 소송은 정지된다. 제13장의 특색은 더 나아가 공동채무자(예컨대, 약속어음의 공동발행인)에 대한 추심절차 및 소송 역시 중단된다. 공동채무자에 대한 추심금지의 취지는 채권자가 공동채무자에 대한 추심을 함으로써 채무자에 대한 간접적인 압력으로부터 단절하려는데 있다. 그 이유는 대부분의 개인채무의 보증은 친척, 친구, 직장동료 등에 의한 것이므로 보통 그들은 아무런 대가(consideration) 없이 보증을 한 것이므로 이들에 대한 채권을 추심함으로써 채무자에게 압박을 가하는 것은 보증인이 없는 다른 채권자들에 비하여 유리함을 주게되기 때문이다.

2. 기업의 경영

제 7 장이 청산절차임에 반하여 제13장은 재건을 목적으로 하기 때문에 제13장에서 채무자는 기업을 계속하여 운영할 수 있으며 계획기간중에 파산재단을 증가시킬 수 있다. 부담이 되는 미이행계약은 현금을 채권자의 채권을 변제하는데 사용될 수 있도록 거절할 수 있다. 일단 제13장 사건이 신청되면 채무자의 모든 재산(장래의 수입을 포함하여)이 법원의 통제에 속하게 된다. 그러나 개별적인 변제계획의 관리는 관리인이 한다. 미합중국 관리관제도가 실시되는 주에서는 합중국관리관이 임시관리인을 선임하고 관리관제도가 실시되지 않고 있는 노스캐롤라이나 등에서는 법원이 관리인을 선임한다. 관리인의 임무는 채무자가 변제계획에 따라 채무를 상환하는 것을 지원하고 법률문제 등에 대하여 상담하며, 채권자의 이익을 위하여 모든 수탁재산에 대하여 충실의무의 책임(fiduciary responsibilities)을 지고,[31] 채무자의 재정문제를 조사하고, 신고된 채권의 조사와 부적당한 채권에 대한 이의, 채무자의 면책에 대하여 반대의견의 표시, 법원에 채무자의 재산관리 및 회계에 대한 보고 등이다.

31) William, Burnham, INTRODUCTION TO THE LAW AND LEGAL SYSTEM OF THE UNITED STATES, 536(1995).

3. 계 획 안

계획안은 보통 채권전액을 지불하되 그 변제기를 늦추는 것과, 채권액의 일부 삭감을 내용으로 한다. 계획안은 3년으로 되어 있으나 이유가 있다고 인정되는 경우에 한하여 5년까지 연장될 수 있다. 제13장의 핵심은 법원의 감독하에 장래의 수입으로 채무를 변제할 수 있도록 허용하는데 있다. 정리계획은 각 채권자에 대하여 적어도 각 채권자가 제 7 장의 청산절차에 참가한다면 채무자의 파산재단으로부터 변제받을 수 있었던 금액 이상을 변제하는 것을 내용으로 하지 않으면 안 된다. 또한 담보채권자에 관하여는 정리계획안에 기하여 그 담보채권에 대하여 배당되는 물건의 정리계획인가일 현재의 가치가 그 담보채권액 이상이 되어야 하므로[32] 정리계획안이 담보채권자의 채무를 장래에 변제하는 것을 내용으로 하는 경우에는 충분한 이자를 붙이지 않으면 안 된다.[33] 변제개시일은 변제계획안 제출일로부터 30일 이내로 정하여야 한다. 이는 채무자가 신청당시에도 계속하여 소득이 발생하고 있는 점을 고려하여 채권자들의 불신을 해소하려는 것이다(§1326 (a)(1)).

4. 면 책

제13장이 장래의 소득으로 채권을 변제한다는 점에서, 제 7 장보다 채권자에게 유리한 것이지만 실제로는 일반채권자에게 조금 유리할지 모르나 담보채권자에게는 크게 유리할 것이 없다. 즉 첫째는 가처분소득(disposable income)의 범위가 한정되어 있고 법원의 실무가 채무자가 제13장의 파산신청을 하였다 하여 중산층 이상의 윤택한 삶을 누리는 것이 아닌 대부분의 채무자에게 종전의 생활방식(life style)을 바꾸도록 할 수 없다는 입장[34]을 보이고 있어 채무자의 허리띠를 졸라 가처분소득을 늘리도록 강요할 수 없기 때문이다. 둘째, 제 7 장의 절차에서 배당받을 수 있는 금액 이상을 정리계획에서 규정하여야 하나 실제로 많은 채권자들은 거의 배당을 하지 못하는 것이 현실이다. 셋째, 주택양도저당을 제외한 담보채권에 대하여는 그 실질가치를 담보목적물의 가액으로 감축(strip down)할 권능이 부여되어 있으며, 이른바 제13장은 제 7 장에서 면책되지 아니하는 채무에 대하여도 면책이

32) §1325(5)(B).

33) Daniel J. Bussel, 三木浩一 譯, アメリカ倒産法における近時の展開(上), 國際商事法務 Vol. 25, No. 9(1997), 930면.

34) Id. n20. Collier on Bankruptcy ¶ 1325.08 [4][b][ii] at 1325-1353(15th rev.ed. 1997).

가능한 초면책(super-discharge)의 규정이 있기 때문이다. 즉 이혼부양료, 자녀의 양육비, 형사판결 중의 배상명령, 교육비대부 및 음주운전으로 인한 사고로 인한 손해배상채무 등에 대하여만 면책이 부정될 뿐 나머지 채무애 대하여는 모두 면책이 된다.[35)]

5. 제13장의 장점

제13장이 다른 장의 파산절차보다 유리한 점은 다음과 같다. 즉 첫째, 채무자만이 계획안을 제출할 수 있다. 둘째, 비록 관리인으로 대체되는 경우가 불가능한 것은 아니지만 점유를 계속하는 채무자(Debtor In Possession)가 경영권을 관리인에게 빼앗기는 경우가 거의 없다. 셋째, 채권자위원회의 설치가 필요 없고 그에 관련된 비용의 부담도 없다. 넷째, 만일 채무자가 일반채권을 100% 변제하거나 또는 선의로 제안한 정리계획 가운데 최선의 노력을 경주하여 일반채권의 70%를 변제하거나, 절차 개시 후 채무자가 문서에 의한 면책포기를 법원이 인정한 경우 등에는 제 7 장의 사건과 달리 6년의 기간 내에 다시 재신청을 하지 못하는 제한이 없다. 즉, 제13장의 반복을 제한하는 규정은 없다. 또한 hardship discharge라고 하여 채무자가 정리계획에 따라 상당 정도의 변제를 하였으나 채무자의 귀책사유 없는 사정에 의하여 변제를 완료할 수 없는 경우에도 면책이 인정된다.[36)] 다섯째, 정리계획이 최장 5년까지 갈 수 있다. 담보채권자로서도 제11장에서와 같은 담보물을 대신하거나 담보물과 다름없는 대체물(indubitable equivalents)을 받음이 없이 담보물을 계속 유지할 수 있으며, 절차개시부터 정리계획안 인가까지의 소요 기간이 단축되며, 이로 인하여 계획안이 성공적으로 수행될 가능성이 있는 장점이 있다. 여섯째, 비면책채권의 범위가 제 7 장보다 좁다. 끝으로 제13장의 신청에 의하여 제 7 장의 경우와 같이 채권자가 담보목적물을 환가처분하여 채무자의 반환을 상실시킬 수 있는 절차 등을 포함하여 채무의 추심 등의 절차가 자동적으로 정지된다.[37)] 그러나 일반채권자는 정리계획안의 인가절차에 커다란 영향력을 발휘할 수 없으며, 담보채권자는 정리계획기간 동안 담보물의 가치가 증가하는 경우에도 그 이익을 향수할 수 없다. 즉 담보권은 정리계획인가일을 기준으로 담보물의 가액 만큼만 인

35) § 1325(a).
36) § 1328(b).
37) § 362(a).

정되고 담보가액을 초과하는 담보권은 인정되지 않기 때문이다.

V. 신법에 대한 전반적인 평가

이 점에 대하여는 별도의 논제로 연구할 만큼 방대한 성질의 것이지만 1994년 개정에 의하여 전국파산조사위원회가 1997년 의회와 연방대법원장에게 보고서를 발표하였으므로[38] 이 보고서를 토대로 전체적인 평가를 간략하나마 살펴보기로 한다.

제 7 장 사건에서 문제가 되는 점은, 각주마다 각양각색의 집행면제재산을 인정하는 것이다. 그리하여 논란이 많았던 주거(residence)에 대하여도 주법에 따라 20,000불 이상 100,000불 이하의 값에 해당하는 것에 대하여는 집행을 면제하도록 하여 집행면제재산을 통일하려고 개정작업중이다. 또한 채무자의 무지를 이용하여 채무재확인합의가 채권자에게 유리하게 이용되는 것을 방지하기 위하여 채무재확인의 대상을 담보채권액을 초과하지 않는 액수에 대하여만 법원의 승인을 얻도록 하는 등 채무재확인합의의 요건 및 절차를 엄격하게 하려고 하고 있다.[39]

신법이 시행된 후 15년간의 경험에 의하면, 제11장이 기업들에게 인기가 있으나 지급불능의 기업을 다루는데 있어서는 성공하지 못하였음을 보여주고 있다. 1992. 6. 30.까지 총 24,000개의 기업이 제11장의 회사정리신청을 하였는데 이는 전년도에 비하여 38%가 증가한 것이다. 연방법원행정처의 파산사건분석에 의하면 대부분의 기업이 갱생의 가능성이 적은 소규모의 기업이었다고 한다. 1992. 11. 4일자 월스트리트저널지는 1979년부터 1990년까지 제11장의 신청을 한 기업을 조사하였다. 이에 의하면 정리계획안의 인가를 받은 기업의 평균자산은 2.1억 불이고, 제 7 장 청산절차를 밟은 기업의 평균자산은 4,600만 불이었다. 또한 제11장의 신청을 낸 대기업 가운데 90%는 신청 후에도 제대로 가동하는 기업이었으나, 소규모 기업은 20%도 되지 않았다.[40] 파산사건 전체에 있어서 제11장의 신청을 하는 비율도 높지 않았다. 1989년에 발표된 미국 연방법원행정처의 제11장에 관한 통계분석에 의하면, 제11장의 재건신청사건 중 17%만이 정리계획안이 인가되고 나머지는

38) Recommendation from the National Bankruptcy Review Commissions Final Report 자세한 내용에 대하여는 http://www.nbrc.gov/report 참조.

39) Recommendations from the National Bankruptcy Review Commission Final Report http://www.abiworld.org/legis/review/agendas/AGENDA.html. 참조.

40) Jordan & Warren, *supra* note 2, at 729.

제 7 장 단순파산사건으로 전환되어 청산절차를 마치게 된다고 한다.[41] 그리하여 제11장 사건의 대다수는 재건에 실패한다고 한다.[42] 제11장의 사건 중 성공률이 높은 유형은 대규모회사, 경영을 잘하고 있으나 일시적인 자금경색 등과 같은 어느 한 가지 문제가 발생한 기업, 건설회사로서 홍수나 계약상의 분쟁으로 일의 진척에 따라 받을 공사대금(progressive payment)을 제때에 받지 못하는 경우, 또는 대부분의 채권자들과는 변제조건에 합의를 보았으나 일부 완강한 채권자들의 반대에 부딪힌 경우, 또는 법률적인 분쟁을 제11장을 통하여 해결하려는 경우 예컨대, 대규모 제조물책임소송 또는 환경소송의 피고가 된 경우 장래의 미확정의 손해배상채권을 정리계획에 인정하고 나머지는 면책을 받고 새로운 경영계획을 수립할 수 있는 장점이 있다고 한다.[43] 특히 마지막과 관련하여 제11장은 최근에 이르러 앞에서 본 바와 같이 석면피해자들이 제기한 제조물책임을 원인으로 한 방대한 단체소송에서, 피고 회사가 제11장 재건신청을 하여 장래의 피해자를 위한 적립금을 마련하는 내용을 두고 이것이 인가된 경우 장래의 피해자들에게 파산법원에서만 소송을 제기하도록 하여 민사소송법상의 관할권에 대한 특칙이 되었다. 그리하여 기업으로서는 한 법정에서만 응소하는 소송상의 편리성까지 갖게 되었다.

또한 1991년의 경우 총 파산신청 사건수는 943,989건인데 그 중 제 7 장 사건은 69%, 제13장 사건은 28%, 제11장 사건은 3%에 불과하였다. 제13장은 소비자뿐 아니라 기업을 경영하는 개인에게도 적용이 있으나 실제로는 대부분 이른바 소비자 파산을 규율하고 있다.[44]

종래 제11장을 포함한 파산사건은 양극에 있는 채권자와 채무자의 이익을 어떻게 조화시키느냐 하는 데에 초점을 맞추었으나 근자에 이르러는 이해관계를 달리하는 다양한 입장의 채권자들 사이의 이익을 어떻게 하면 균형 있게 하는가에 관심을 두고 있다. 즉 일반채권자라도 대여금채권자, 물품대금채권자(대여금채권자는 채무자와 계속적인 거래관계를 맺지 않고 있으므로 채권의 회수에만 관심이 있으나 물품대금채권자는 앞으로도 계속적인 거래관계를 갖고 싶어하므로 재건절차에 보다 깊은 관심을 갖는다), 종업원, 조세권자, 임대인, 임차인, 불법행위의 피해자 등 각자의 이해관계가 다르기 때문에 이들을 어떻게 분류하여 대우를 할 것인가가 점

41) Edward M. Flynn, "Statistical Analysis of Chapter 11," Administrative Office of U.S. Courts, Statistical Analysis and Reports Division 10(October 1989), Burnham, *supra* note 31, at 537에서 재인용. 그나마 이것도 1982년도의 13%에서 증가한 것이다.

42) Westbrook, *supra* note 19, at 364.

43) *Id.* at 366.

44) Burnham, *supra* note 31, at 535.

차 중요하게 되었다.[45)]

또한 절차의 신속을 도모하기 위하여 제11장 신청 이전에 법원 외에서 조정 등을 통하여 어느 정도 채권자들과 채무자 사이에서 변제조건에 대하여 합의를 하였으나 일부 채권자들이 반대하는 경우 일단 합의된 내용을 그대로 제11장에서도 인정하여 그 부분에 대하여는 불필요한 절차를 생략하고 나머지 절차에 대하여만 파산절차를 인정하는 이른바 pre-packaged plan에 대하여 채권자집회를 생략하는 등 보다 간이하고 신속한 배려를 하자는 것이다.[46)]

소비자 파산과 관련하여 거액의 일반채무 및 담보채무를 부담하는 채무자 가운데는 제 7 장과 제13장을 비교하여 유리한 면만을 이용하려고 한다. 즉 우선 제 7 장의 파산신청을 하여 무담보채무에 대하여 면책을 얻을 수 있다. 그 후 제13장의 파산신청을 하여 담보채권자나 일정의 비면책채권자에 대처할 수 있다. 이러한 방식을 흔히 제20장 파산(제 7 장+제13장)사건으로 부르는데 법원은 이를 인정하고 있다.[47)] 일반적으로 다액의 일반채무와 소액의 담보채무를 부담하고, 재산이 거의 없는 채무자는 압도적으로 제 7 장을 선택하고, 반대로 재산과 담보채무가 많은 채무자는 제13장을 선호할 것이라는 추측을 할 수 있다. 그러나 1981년부터 1985년 사이의 소비자 파산을 종합적으로 연구한 바에 의하면 그와 같은 행동양식을 발견할 수는 없었다고 한다.[48)] 위 연구의 결론은 오히려 재산의 액수보다는 채무자의 주소지의 법문화에 더 영향을 받는 것으로 나타났다.[49)] 즉 남부에서는 제13장 파산절차를 선호하는 것으로 나타났는데 이는 채무자가 장래 소득으로 빚을 갚겠다고 약속한다면 이를 믿는 그 지역사회의 통념에 기한 것이기 때문이라고 한다. 또한 몇몇 지방에서는 채무자가 제13장의 정리계획으로 충분한 소득을 갖고 있다고 생각되는 경우에는 법원이 제 7 장 파산신청을 기각하여 강제적으로 제13장의

45) GENERAL ISSUES IN CHAPTER 11 http://www.nbrc.gov/report/12chapt1.html 참조.

46) *Id.*

47) Johnson v. Home State Bank, 501 U.S. 78(1991).

48) Bussel, *supra* note 33, at 932. n31. Sullivan, Warren & Westbrook, AS WE FORGIVE OUR DEBTORS 236-238(1989).

49) 제 5 및 제11순회 항소지구(텍사스, 루이지애나, 미시시피, 알라바마, 플로리다, 조지아)에서는 미국 전체 13장 파산사건 중 50%를 차지하고 있음에 비하여 제 2 및 7 순회 항소지구(뉴욕, 코네티컷, 버몬트, 일리노이, 위스콘신, 인디애나)에서는 약 20%에 불과하다고 한다. Administrative Office of the United States Courts: 1996 Annual Reports Table F-2 AT 264-65. 이는 개정 전 구법하에서도 마찬가지였다. 즉 비사업자인 개인이 신청한 파산사건 중 구법 제Ⅶ장과 제XIII장 사건수의 대비를 보면 북알라바마의 경우 24 : 76임에 반하여 북일리노이의 경우 96 : 4로 현격한 차이를 보이고 있다. 霜島甲一, "アメリカ合衆國連邦破産法改正の背景と草案について," 判例タイムズ No. 306(1978), 56면. 파산법관의 파산제도에 대한 태도의 차이를 가장 큰 이유로 들고 있다.

파산신청을 유도하는 경우도 있고 이에 반하여 다른 법원에서는 판사가 제13장에 대하여 관심이 없거나 적대적이기 때문에 제 7 장을 신청하는 것이 압도적인 경우도 있다고 한다.[50]

그러나 제13장의 정리계획 역시 불이행으로 끝나는 경우가 많아[51] 제 7 장의 절차로 이행되는 경우가 일반적이다. 소비자 파산의 중심이 되고 있는 제13장 파산절차에 대하여는 현재 많은 개혁논의가 있다.[52] 소비자 파산이 남용되고 있음을 지적하여 전국파산법개정위원회는 1997년 최종보고서에서 파산신청서에 사회보장번호(우리 나라의 주민등록번호와 유사하다)를 기재하게 하여 합중국관리관 사무국이 정한 준칙에 따라 파산신청을 한 채무자를 무작위로 추출하여 진정한 재산상태 및 동인이 제출한 재산명세서, 진술서 등이 어느 정도 사실을 반영하는지를 조사하자는 의견을 제출하였다.[53] 또한 제 7 장 파산사건과 같이 6년의 기간 동안에는 재신청을 제한하자는 주장도 있다.[54] 또한 제 7 장의 비면책채무의 종류와 제13장의 비면책채무의 종류가 서로 다른 것 때문에 이른바 제20장 파산사건의 신청이 생기고 있으므로 비면책채무의 종류를 일원화하자는 주장도 있다. 제13장을 제정할 당시 입법자는 일반채권자들은 제 7 장에 비하여 보다 많은 채권회수가 있을 것이라고 예상하였다. 제13장에서는 파산절차개시 전의 채무에 대하여 장래의 수입으로 변제할 수 있기 때문이었다. 그러나 실제에 있어서는 일반채권자에게 변제하여야 하는 것이 요건이 아니기 때문에 실제로 채무자에게 파산재단의 재산이 전무하고 앞으로의 가처분소득도 예측할 수 없는 경우에는 제13장의 경우에도 일반채권자에게 무변제(no-payment) 정리계획이 인가되는 사례도 있다.[55] 그 외에 파산법전의 기초자 중의 1인인 Kenneth N. Klee의 교수가 주장하는 것으로 제 7 장과 제13장을 통합하여 강제적 개인채무재건(compulsory individual debt restructuring)이라는 새로운 장을 창설하자는 의견도 있다.

그러나 소비자 파산에 대한 여러 가지 비판의 목소리에도 불구하고 미국의 경제가 간편하게 소비자신용을 이용하면서 발전해왔으며 소비자 금융의 증가는 필연

50) Bussel, *supra* note 33, at 932.
51) Id. at 931. n 27. Sullivan, Warren & Westbrook, *supra* note 48, at 236-238.
52) Bussel, 三木浩一 譯, アメリカ倒産法における近時の展開(下), 國際商事法務 Vol. 25, No. 10 (1997), 1073면 이하 참조.
53) Recommendation from the National Bankruptcy Review Commission Final Report, http://www.abiworld.org/legis/review/agendas/AGENDA.html 참조.
54) CHAPTER 1: CONSUMER BANKRUPTCY, http://www.nbrc.gov/reoprt/05acons. html 참조.
55) Bussel, *supra* note 52, at 1078.

적으로 소비자 파산을 수반할 수밖에 없으며 소비자 파산으로 인하여 국가경제에 손해를 주었다고는 말할 수 없다는 점에서 소비자 파산에 대한 제도의 개혁은 보다 실증적인 연구 검토가 있은 후에 이루어져야 한다는 반론[56]도 만만치 않은 것이 현재의 실정이다.

Ⅵ. 결　　론

이상 미국의 파산법의 개정작업을 통해서 파산법이 경제상황에 가장 민감하게 대처하도록 개정되어 왔다는 것이다. 파산법을 개정하도록 하는 세력은 크게 채권자측(은행, 카드신용회사)과 채무자(봉급생활자, 농가, 기업)측이다. 양자는 각자의 입장을 대표하는 의원을 통하여 자기의 이익을 반영하는 파산법의 개정을 추진한 것이다. 또한 경제규모가 커짐에 따라 국가경제 및 국민생활 전반에 파산법이 차지하는 영향이 점차 커지고 있다.[57] 20세기에 들어와서는 종전과 달리 소비자 파산이 급증하고 있으며 이를 대처하기 위한 파산법 개정노력이 따르고 있다. 또한 경제강국의 파산법이 세계의 다른 나라의 파산법 개정의 모델이 되고 있다는 점을 알 수 있다. 영국의 파산법을 그대로 모방한 미국의 파산법이 이제는 영국뿐 아니라 독일 등 대륙법의 파산법 개정작업에 커다란 영향을 미치고 있다. 이 점에서 우리는 미국 파산법의 개정내용뿐 아니라 그 개정과정 특히 어떠한 연유로 그와 같은 방향으로 개정이 있었는지에 대하여 깊은 연구를 하여야 한다. 외국의 어느 제도가 우리가 보기에 잘 운용된다고 하여 이를 맹목적으로 채택하여 졸속으로 시행하는 오류를 범하여서는 아니 된다. 미국의 초기 파산법(1800년 파산법, 1841년 파산법, 1867년 파산법)도 자국의 사정을 고려하지 않고 막바로 영국의 법을 모방하여 파산법을 시행하려고 하다가 시행한 지 몇 년도 되지 못하여 수회 폐지된 점을 상기할 필요가 있다.

(인권과 정의 제260호(1998. 4), 101면 이하 소재)

56) *Id.* at 1079.

57) 석면으로 인하여 피해를 보았다는 소비자들이 단체소송의 형태로 제조물책임소송을 제기하여 석면제조회사가 거액의 배상금을 물어주게 되자 결국 파산신청을 한 것이 좋은 예이다. Kane v. Johns-Manville Corp., 68 B.R. 407. 843 F.2d 636(2d Cir. 1988) 참조.

[후기]

발표문 중 제13장 부분을 손질한 외에는 원문과 같다. 이 글이 발표된 이후에 미국 파산법에 관한 글들이 발표되었다. 발표된 책으로는『尹榮信, 美國의 倒產法, 한국법제연구원(1998)』이 있다. 최근의 글로는『李在睦, "미국 연방파산법상의 소비자파산제도와 개혁논의의 경과," 인권과 정의(2000. 1)』가 있다.『姜宣明, "미국 파산절차 실무," 법조(2004. 5)』는 서울지방법원 파산부 소속 판사의 입장에서 연수기간중 미국 파산법원의 실무를 참관하면서 느낀 생생한 경험을 소개하고 있다.『김종석, "미국 파산법 제364조에 의한 채무자 구제금융에 관한 소고," 인권과 정의(2002. 9)』는 미국 변호사의 입장에서 미국 파산법의 구조와 DIP financing에 대하여 설명하고 있다. 발표 후에 뒤늦게 책을 구하는 바람에 본문에 소개하지 못한 일본책『渡辺光誠, アメリカ倒產法の實務, 商事法硏究會(1996)』도 실무를 잘 소개하고 있다.

제 3 편 회사정리법

정리채권의 확정절차와 그 불복방법

회사정리절차와 쌍무계약

정리회사와 보증인의 법률관계

정리계획안의 공정 · 형평 · 수행가능성에 관한 연구

한국 · 미국 · 일본의 회사재건제도의 현황

정리채권의 확정절차와 그 불복방법*

대법원 1999. 7. 26.자 99마2081 결정: 공 1999하, 1930

[결정요지]

[1] 회사정리법 제8조는 "정리절차에 관하여는 본법에 따로 규정이 없는 때에는 민사소송법을 준용한다"고 규정하고, 같은 법 제11조는 "정리절차에 관한 재판에 대하여는 본법에 따로 규정이 있는 경우에 한하여 그 재판에 이해관계를 가진 자는 즉시항고를 할 수 있다"고 규정하고 있는데, 같은 법 제127조 제1항에 의한 추완신고에 대한 법원의 재판에 대하여 즉시항고를 할 수 있다는 규정을 찾아볼 수 없으므로, 이러한 재판에 대하여는 즉시항고를 할 수는 없고, 결국 민사소송법 제420조의 특별항고만 허용될 뿐이라고 해석된다. 특별항고만이 허용되는 재판에 대한 불복으로서 당사자가 특히 특별항고라는 표시와 항고법원을 대법원으로 표시하지 아니하였다고 하더라도 그 항고장을 접수한 법원으로서는 이를 특별항고로 보아 소송기록을 대법원에 송부함이 마땅하다.

[2] 회사정리법 제127조와 제138조의 규정 내용을 종합하면, 첫째로, 정리채권자가 그 책임을 질 수 없는 사유로 인하여 법원이 정한 기간 내에 정리채권의

* 이 글은 저자가 수원지방법원에 근무하던 1991년에 수원지방변호사회지에 발표한 논문 '정리채권, 정리담보권의 申告 및 確定節次에 관하여' 수원지방변호사회지 제3호(1991)를 이 사건 판례해설을 겸하여 보완하는 것이다. 아래에서 인용하는 Norton Bankruptcy Law and Practice 2d (1999 Supplement) 중 관련 자료를 보내주신 金性龍 변호사께 이 자리를 빌어 감사를 드린다.

신고를 하지 못한 경우에는 그 사유가 끝난 후, 둘째로, 신고기간 경과 후에 생긴 정리채권에 관하여는 그 권리가 발생한 후 각 1개월 내에 신고를 추완할 수 있으며, 그와 같이 추완신고된 정리채권에 대하여는 관리인 · 정리채권자 · 주주 등의 이의가 없는 때에는 일반조사기일에서 조사할 수 있고, 이의가 있는 경우에는 특별조사기일을 열어 추완신고의 요건을 심리한 다음 적법 여부에 따라 각하결정을 하거나 정리채권으로서 조사절차를 거치게 되어 있으므로, 정리채권으로 추완신고된 후 개최된 일반조사기일에서 관리인 및 이해관계인이 채권신고기간 마감 후 조사기일 이전에 신고된 정리채권 및 정리담보권을 조사기일에서 조사함에 대하여 별다른 이의를 하지 아니하였다면 추완신고의 하자는 치유되어 그 정리채권은 특별한 사정이 없는 한 그 기일에서 조사되어야 할 것이고, 만약 위 일반조사기일에서 관리인 등이 추완신고된 정리채권을 조사하는 것에 대하여 이의를 한 경우에도 회사정리절차에서는 개별적인 송달 외에 공고 등으로써 송달을 갈음하고 있어 이해관계인이 직접 결정문을 송달받지 못하는 경우가 적지 아니한 반면, 정리채권자가 신고를 해태하는 경우 채권이 실권되는 등 그 불이익이 큰 점 등을 고려하여 정리절차에 중대한 지장을 초래하지 않는 한 실권시키는 것이 가혹하다고 인정되는 경우에는 가급적 회사정리법 제127조 제 1 항 소정의 '책임질 수 없는 사유'를 넓게 해석하여 같은 법 제138조에 의하여 조사를 하기 위한 특별기일을 정하여야 한다.

[참조조문]

[1] 회사정리법 제 8 조, 제11조, 제127조, 민사소송법 제420조

[2] 회사정리법 제127조, 제138조

[사안의 개요]

1998. 4. 10. 정리회사가 아파트 510세대를 특별항고인들에게 분양함.

1998. 8. 17. 정리회사에 대하여 회사정리개시결정이 선고됨.

1998. 8. 19. 위 날짜 전북도민일보에 정리채권 등의 신고기한을 1998. 9. 15. 까지로, 제 1 회 관계인집회 및 정리채권 등의 조사기일을 병합하여 1998. 10. 15. 15:00로 정하여 공고함.

1998. 10. 15. 정리법원이 조사기일을 1998. 11. 19.로 연기하고 제 1 회 관계인집회만을 열음.

1998. 11. 17. 특별항고인 등 선정자 468명이 손해배상채권을 정리채권으로 신고함.

1998. 11. 19. 정리법원이 채권조사기일을 열어 특별항고인의 추완신고를 각하 결정을 함.

[제 1 심 및 원심결정의 요지]

제 1 심의 결정에 대하여 특별항고인들은 각하결정을 송달받은 후 1주일 내에 항고장을 원심법원인 광주고등법원에 제출하였고,[1] 원심법원은 추완신고 각하 결정에 대하여는 회사정리법상 불복방법이 없으나 형평의 원칙상 일반항고로 본다고 한 다음, 특별항고인들의 추완신고는 책임질 수 없는 사유로 늦게 신고한 것으로 볼 수 없다는 이유로 항고를 기각하는 결정을 하였다.

[특별항고이유의 요지]

특별항고인들은 영세한 임대아파트를 분양받았다가 정리회사측의 사정으로 억지로 일반분양을 받았던 것이고, 면적의 차이가 난 것을 늦게 알게 된 것인데 채권신고조차 받아주지 않는 것은 가혹하다.

[연 구]

I. 머 리 말

회사정리절차가 개시되면 회사 사업의 경영과 재산의 관리 및 처분권은 관리인에게 귀속되며(회사정리법 제53조. 이하 법조문은 회사정리법을 표시한다.),[2] 회사를 상대로 하는 강제집행, 임의경매절차는 중지하고,[3] 가압류, 가처분은 할 수 없으며 화의절차는 그 효력을 잃으며(제67조),

1) 기록에 의하면 특별항고인들 외에 14인에 대하여 추완신고가 있었고 그 중 특별항고인, 김제비사벌아파트입주자대표회의, 쌍용양회공업(주), 홍성엽에 대하여는 각하결정문이 기록에 편철되어 있으나 나머지 추완신고인들에 대하여도 별도의 결정을 하였는지 불분명하나, 다른 경로를 통하여 나머지도 각하한 것으로 확인되었다.

2) 대법원 1991. 2. 8. 선고 90다카23387판결(공 1991, 962). 그리고 원고가 개시결정 이전에 발생한 손해배상채권을 가지고 있다 하더라도 개시결정 이후에 회사를 상대로 한 소는 당사자적격이 없어 각하되어야 한다{대법원 1985. 5. 28. 선고 84다카2285 판결(공 1985, 911)}.

3) 단 제37조의 규정에 의한 임의경매절차의 중지결정이 경매법원의 경락허가결정이 있은 뒤에 이루어진 것이면 그로 인한 항고심절차의 진행이 중지되는 것은 아니다{대법원 1983. 1. 14.자 82마830 결정(공 702, 573)}.

이미 계속중인 회사의 재산관계 소송은 중단되며(제68조), 개시결정이 있기 전의 원인으로 생긴 회사에 대한 재산상의 청구권[4]은 정리채권, 정리담보권(이하 정리채권 등이라고 한다)으로 분류되어 이는 정리절차에 의하지 아니하고는 변제하거나 변제받을 수 없고(제112조),[5] 정리계획인가의 결정이 확정되었음에도 정리회사가 정리채권을 정리계획에 따라 변제하지 않고 있는 경우라도 그 채권의 이행 및 확인을 구하는 소송을 제기할 수 없다.[6] 정리절차에 참가하기 위하여는 법원이 정한 채권신고기간 내에 정리채권 등을 신고하여야 하고(제46조 제1호), 법원이 정한 정리채권조사기일에 이해관계인들이 출석하여 정리채권 등의 조사절차에 참가한다. 만일 신고기한 내에 신고하지 아니하여 정리계획조항에 기재되지 아니한 정리채권 등에 대하여는 회사는 그 책임을 면하도록 되어 있으므로(제241조)[7] 정리채권자, 정리담보권자(이하 정리채권자 등이라 한다)는 회사정리절차 개시결정이 있으면 그 절차에 참가하여 자신의 정리채권 등이 정리계획안에 반영될 수 있도록 하는 방안을 강구하지 않으면 아니 된다. 그러므로 정리채권자가 정리회사의 직원의 권유로 정리절차 외에서 하는 변제약속을 믿고 정리채권신고를 하지 않았다고 하더라도 이는 자초한 손해로서 실권됨은 물론 정리회사가 정리채권자에 대하여 불법행위책임도 지지 아니한다.[8]

---

4) 비금전채권: 대법원 1989. 4. 11. 선고 89다카4113 판결(공 1989, 794)은 정리채권에서는 이른바 금전화·현재화의 원칙을 취하지 않고 있기 때문에 재산상의 청구원인인 이상 금전채권에 한하지 않고, 계약상의 급여청구권과 같은 비금전채권도 그 대상이 된다는 이유로 골프회원권도 정리채권에 속한다고 한다.

정지조건부채권: 대법원 1999. 5. 28. 선고 99다10448 판결(미공간)은 정리채권자가 정지조건부채권을 피전부채권으로 하여 정리회사를 제 3 채무자로 하여 전부명령을 받은 사안에서 조건부채권이라 하더라도 전부명령이 확정되면 조건부인 상태로 원고인 정리채권자에게 이전되는 것이므로 정리채권확정의 소에 해당한다고 판시하였다.

전환사채: 서울지방법원 1999. 2. 4. 선고 98가합69295 판결(법률신문 게재, 확정됨)은 전환사채 발행 계약이 정리절차개시 전에 있었고 전환권의 포기가 정리절차개시 후에 이루어진 경우 일반사채와 동일한 성격의 사채로 확정되므로 위 사채에 기한 이자채권은 후순위정리채권이 된다고 판시하였다.

조건부채권: 대법원 2002. 12. 10. 선고 2002다57102 판결(2003상, 374)은 가집행선고의 실효를 조건으로 하는 가지급물의 원상회복 및 손해배상채권은 그 채권 발생의 원인인 가지급물의 지급이 정리절차개시 전에 이루어진 것이라면 조건부채권으로서 정리채권에 해당한다고 판시하였다.

5) 대법원 1988. 8. 9. 선고 86다카1858 판결(공 1988, 1207)은 정리채권자가 제162조, 제163조에 의하여 정리채권의 상계를 주장하는 경우에도 그 상계권의 행사는 관리인에게 하여야 하며, 관리인측에서의 상계 역시 제112조의 규정에 따라 원칙적으로 허용되지 아니하고 다만 법원의 허가가 있는 경우에만 가능하다고 판시하고 있다.

6) 대법원 1991. 4. 9. 선고 91다63 판결(공 1991, 1359).

7) 회사가 면책이 되는 경우의 법률적 효과에 관하여는 채무소멸설과 자연채무설이 대립하지만 판례는 자연채무설이다(헌법재판소 2002. 10. 31. 선고 2001헌바59 결정(헌공 제74호); 대법원 2001. 7. 24. 선고 2001다3122 판결(공 2001하, 1919).

8) 대법원 1987. 10. 28. 선고 87다카1391 판결(공 1987, 1792).

本稿에서는 정리채권자 등의 정리절차의 참가와 정리채권의 확정이 갖는 의미와 효력 특히 제145조에서 말하는 '확정판결과 동일한 효력'[9]의 의미에 대하여 살펴보기로 한다.

Ⅱ. 정리채권의 신고

1. 신고의 취지 및 의의

신고제도를 두는 필요성은 회사정리절차가 개시되면 우선 회사의 채권규모를 파악하는 작업이 선행되어야 하고, 만약 회사에 대한 채권의 정확한 규모와 그 내용을 알지 못한다면 정리계획안을 작성하는 것이 불가능하다는 데에 있다. 따라서, 법은 회사의 채권자들로 하여금 일정한 기간 동안 자기의 채권을 법원에 신고하도록 함과 아울러 만약 채권의 신고가 이루어지지 않아 정리계획에서 그 변제방법이 반영되지 않을 경우에는 이를 실권시킴으로써 사실상 그 신고를 강제하고 있는 것이다.[10]

정리절차에서는 개별적 권리행사가 금지되고(제37조, 제67조), 정리절차에 의하지 아니하고는 정리채권 및 정리담보권의 변제를 받을 수 없다(제112조, 제123조 제 2 항). 따라서 정리채권자 등은 개시결정과 동시에 소정기간 내에 성명, 주소, 채권의 내용 및 원인 등 제125조, 제126조에 정한 소정의 사항을 신고하고 증거서류 등을 제출하여야만 정리절차에 참가할 수 있다. 정리담보권에 특유한 것으로는 이러한 사항 외에 정리담보권의 목적과 목적물의 가액, 회사가 물상보증인인 경우에는 채무자의 성명 · 주소를 기재하여야 한다. 특히 채무자가 누구이며 피담보채권이 무엇인지를 신고서에 특정하여야 하고 채권증서 등을 첨부하여 실권당하는 일이 없도록 조심하여야 한다.[11] 담보목적물은 특정하여야 하고 특정하지 아니한 경우 담보권은 소멸하는 것

9) 회사정리법에서는 정리채권자표, 정리담보권자표기재의 효력을 확정판결과 동일한 효력으로 규정하고 있는 부분이 여러 곳에 있다. 즉 위 제145조 외에도 정리계획인가결정이 확정한 때에 정리채권자표, 정리담보권자표에 관하여 확정판결과 동일한 효력을 인정하고 있다(제245조). 정리계획인가전에 정리절차가 폐지된 경우(제273조, 제274조), 정리채권자표, 정리담보권자표 기재의 효력은 회사가 조사절차에서 이의를 하지 않은 경우에 한하여 확정판결과 동일한 효력이 있다고 규정하고 있다.

10) 전게 헌법재판소 2001헌바59 결정(주 7).

11) 서울고등법원 1999. 6. 18. 선고 99나405 판결은 정리담보권자가 정리담보권을 신고하면서 제출한 신고서 및 증빙서류의 내용에 비추어 볼 때 정리회사가 채무자인 정리담보권만을 신고한 것으

으로 취급한다.[12] 회사정리법 제125조에 의하여 정리채권을 신고하는 경우 채권의 내용 및 원인에 대하여는 다른 채권과 식별하여 그 채권을 특정할 수 있을 정도로 기재하면 되는 것이고 이 때 신고의 기재 내용뿐만 아니라 신고시에 제출하는 증거서류 등에 의하여 특정될 수 있으면 족하다.[13] 신고는 반드시 유권리자가 하지 아니하여도 나중에 유권리자가 밝혀지면 무권리자가 한 신고도 당해 채권에 대한 신고로서의 효력이 인정된다. 즉 정리채권의 귀속을 둘러싸고 사전 또는 사후에라도 분쟁이 있고, 그 분쟁당사자 중 어느 일방이 이를 정리채권으로 신고하였으나, 나중에 신고를 하지 아니한 당사자가 진정한 채권자임이 판명된 경우에는 정리회사의 관리인으로서는 정리절차의 진행과 관련하여 일단 정리채권자로 취급하여 절차를 진행하다가 나중에 진정한 채권자가 따로 있는 것이 밝혀지면 그 때부터 종전 신고자를 배제한 채 진정한 채권자를 정리채권자로 취급하여야 하고, 이와 같은 의미에서 무권리자가 한 정리채권의 신고도 유권리자에 대한 관계에서 그 효력이 인정된다.[14]

정리채권자 등은 위 신고에 의하여서만이 비로소 정리계획에 정한 바에 따라 자기의 권리에 대하여 만족받을 수 있으며(대부분은 이자의 면제와 변제기의 분할이라는 제약하에), 채권조사기일에 출석하여 이의할 수 있으며(제136조, 서면에 의한 이의는 인정되지 아니하며 대리인을 출석시켜 이의할 수는 있다), 제 1, 2, 3 회 각 관계인집회에 출석할 수 있으며(제164조), 다른 이해관계인의 의결권에 대하여 이의를 진술할 수 있고(제169조) 이해관계인의 분류 등에 관하여 의견을 진술할 수 있다(제159조). 따라서 신고한 정리채권자만이 이러한 권리를 통하여 직접, 간접으로 정리계획안의 작성과정에 관여함으로써 자신의 권리를 옹호할 수 있는 지위를 취득할 수 있게 된다.

로 보고 정리회사 이외의 제 3 자에 대한 채무를 담보하기 위한 거액의 정리담보권이 실권되었다고 판시하였다. 이 사건은 상고되어 대법원에서 2000. 2. 11. 선고 99다43516 판결(미공간)에서 肯認되어 상고기각되었다.

12) 高木新二郎 외 2人 編, "更生擔保權の申告," 倒產法實務事典(1999), 886면 이하.

13) 대법원 2001. 6. 29. 선고 2000다70217 판결(공 2001하, 1734). 정리채권자가 채권신고를 하면서 위약금채권을 명시한 바 없으나 원고가 도급계약해제로 인한 손해배상청구권을 신고한 바 있고 위약금채권은 손해배상액의 예정으로 보아야 하므로 신고가 있었다고 본 원심판결을 확정시켰다.

14) 대법원 2003. 9. 26. 선고 2002다62715 판결(공 2003하, 2072). 통설이다. 金龍德, "정리채권자표·담보권자표 기재의 효력," 상사판례연구(V), 박영사(2000), 252면; 朴洪佑, "整理債權 등의 신고·調査·確定에 있어서의 問題點," 회사정리법·화의법의 문제점, 법원도서관(2000); 林采洪·白昌勳, 회사정리법(상), 사법행정학회(2002), 588면.

2. 신고하지 아니한 경우의 효력

신고를 하지 아니한 경우에는 정리채권자라도 정리절차에 참가할 수 없다. 따라서 정리계획에 그 권리의 취급이 없게 되므로 그 권리는 정리계획인가에 의하여 실권한다[15](제241조).[16] 위 효과는 법원으로부터 정리절차개시결정의 주문, 정리채권의 신고기간 등을 기재한 서면의 송달을 받지 아니한 자, 정리절차개시 전에 정리회사에 대하여 갖는 채권에 기하여 소송을 제기한 자,[17] 정리회사의 재산에 대하여 강제집행을 하고 있는 자 및 그 외에 회사에 대하여 채무명의를 갖고 있는 채권자에 대하여도 그 효력이 미친다. 정리절차가 정리계획인가 후에 폐지된 경우(제276조) 및 정리절차가 종결된 경우(제271조)[18]에도 마찬가지이다.

---

15) 전게 대법원 87다카1391 판결(주 8)은 정리회사의 총무이사가 정리채권자에게 대여금 채권을 정리채권으로 신고하지 않으면 그 즉시 변제할 것을 약속하여 이를 믿고 정리채권으로 신고하지 아니한 채 정리계획안 인가결정이 확정되자 정리회사를 상대로 피용자인 총무이사의 직무집행상의 불법행위로 인하여 원고가 정리채권자로서의 권리를 잃었다면서 손해배상을 구한 사안에서 원고가 정리채권인 위 대여금채권을 신고하지 아니하여 그 채권을 상실하게 되는 것은 당연한 것으로 이는 오로지 원고가 자초한 손해로 보아야 한다며 원고 일부승소의 판결을 파기하였다.

16) 위 제241조가 첫째, 다른 채권자의 일방적 희생하에 정리회사를 보호하는 것은 사인의 재산권을 침해하는 것으로 헌법상의 재산권보장에 위배되고, 둘째, 이러한 실권효에 대하여 아무런 불복방법이 없으므로 헌법상의 재판받을 권리를 침해하며, 셋째, 정리절차에 있어서 정리채권자와 정리담보권자에 대하여는 신고하지 아니하면 실권함에 대하여 주주에 대하여는 제244조에 의하여 신고하지 아니하여도 실권하지 않도록 되어 있는바 이는 헌법상의 평등원칙에 반한다는 상고이유에 대하여 위 조항이 헌법에 위배되지 아니한다는 日本 最高裁判所 판례가 있다. 最高裁判所 1970. 12. 16. 判決 이유 참조. 위 판결에 대한 평석으로는 小島武司, "倒産手続と憲法的保障," 新倒産判例百選, 有斐閣(1990), 10면 이하 참조.

대법원 1993. 11. 9.자 93카기80 결정(공 1994, 158)은 회사정리법 제241조의 실권제도는 공공의 복지를 위하여 헌법상 허용된 필요하고도 합리적인 재산권의 제한을 정한 것이므로 위헌규정이라고 할 수 없다고 하여 위헌제청신청을 기각하였다. 위 헌법재판소 1996. 1. 25. 선고 93헌바5·58 결정(헌공 제14호)은 대법원 결정에 대한 헌법소원사건으로서 위 조항을 합헌으로 보았으며 그 중 제241조가 당사자에게 책임 없는 사유로 신고하지 못한 경우에는 구제가 가능한 점을 합헌의 이유의 한 가지로 들고 있다.

그러나 위에서 본 바와 같이 제 2 회 관계인집회가 끝난 이후에는 어떠한 추완신고도 받아주지 아니하는 점과 실무상으로 개별적인 송달 없이 공고만으로 정리채권조사절차가 이루어지고 있는 점을 간과한 것이다. 자세한 논의는 후주 117 참조.

17) 서울고등법원 1988. 2. 24. 선고 87나543 판결(하판집 1988년 제 1 권, 129면)은 회사정리절차개시결정 이전에 발생한 교통사고로 인하여 원고들이 정리절차 개시되기 전의 소외 회사를 상대로 손해배상청구소송을 제기하여 원심소송이 계속중 회사정리절차 개시결정이 이루어져 원고들의 손해배상채권이 정리채권으로 되었음에도 정리절차에 따라 신고하지 아니한 채 정리계획 인가결정이 있었다면서 원고들의 이 사건 채권은 이제 상실되었다고 하여 청구를 기각하였다.

18) 인천지방법원 1984. 10. 18. 선고 84가합369 판결(하판집 1984년 제 4 권, 348면)은 정리절차개시결정이 있은 후 정리절차가 진행되다가 정리절차가 종결된 경우, 정리채권으로서 소정기간 내에 신고하지 아니한 정리채권으로서 인가된 정리계획에 포함되지 않은 것은 회사가 면책되므로 그 후 정리절차가 종결된 경우에도 위 채권이 다시 살아나지 아니한다는 이유로 원고의 회사에 대한 청구를 기각하였다.

정리담보권도 정리채권과 마찬가지로 실권한다. 민법상 담보물권은 피담보채권이 변제되어야 소멸하지만 정리절차에서는 신고하지 아니하면 실권하게 되어 정리회사로부터 변제받지 못하게 된다. 분양형 토지(개발)신탁의 위탁자에 대하여 정리절차가 개시된 경우 정리절차 개시 전에 회사가 제 3 자를 수익자로 지정한 이상, 비록 그 제 3 자에 대한 채권담보의 목적으로 그렇게 지정하였다 할지라도 그 수익권은 신탁계약에 의하여 원시적으로 그 제 3 자에게 귀속한다 할 것이지, 정리회사에게 귀속되어야 할 재산권을 제 3 자에게 담보 목적으로 이전하였다고 볼 수는 없는 것이어서, 수익권은 정리절차개시 당시 회사 재산이라고 볼 수 없다 할 것이고, 따라서 그 제 3 자가 정리절차에서 그 수익권에 대한 권리를 정리담보권으로 신고하지 아니하였다고 하여 실권되는 것은 아니다.[19]

정리회사에 대한 조세채권이 회사정리 개시결정 전에 성립되어 있으면 그 부과처분이 정리절차 개시 후에 있는 경우라도 그 조세채권은 정리채권이 되고 제157조에 따라 지체없이 신고하지 아니하면 실권소멸한다.[20] 그러나 회사정리계획안에 대한 인가결정 전에 정리절차가 폐지된 경우에는 실권되지 아니하며 계속중인 정리채권확정의 소를 통상의 소로 변경하여야 한다.[21]

다만 정리채권의 신고를 하지 아니하여도 정리채권자가 회사의 보증인 기타 회사와 함께 채무를 부담하는 자에 대하여 갖는 권리 및 회사 이외의 자가 정리채권자를 위하여 제공한 담보를 실행할 수 있는 권리를 잃는 것은 아니다(제240조 제 2 항).[22]

---

19) 대법원 2002. 12. 26. 선고 2002다49484 판결(공 2003상, 480), 이 판결에 대한 해설로는 李桂玄, "신탁법상의 신탁계약을 체결하면서 담보목적으로 채권자를 수익권자로 지정한 경우 그 수익권이 정리계획에 의하여 소멸되는 정리담보권인지 여부," 대법원판례해설 제42권(2003), 584면 이하.

20) 대법원 1994. 3. 25. 선고 93누14417 판결(공 1994, 1366); 1982. 5. 11. 선고 82누56 판결(공 1982, 580); 1981. 7. 28. 선고 80누231 판결(공 1980, 13296); 1980. 9. 9. 선고 80누232 판결(공 1981, 14268) 등 참조.

21) 대법원 1998. 8. 21. 선고 98다20202 판결(공 1998하, 2301).

22) 대법원은 1995. 10. 13. 선고 94다57800 판결(공 1995, 3771)에서 위 규정에 의하여 보증채무의 부종성의 원칙이 수정되어 정리회사의 보증인에게 불리한 결과가 된다 하더라도 위 규정은 이 재정적 궁핍으로 파탄에 직면하였으나 갱생의 가망이 있는 주식회사에 관하여 채권자, 주주 기타의 이해관계인의 이해를 조정하며 그 사업의 정리 · 재건을 도모하려는 회사정리법의 목적에 부합하는 합리적인 규정으로서 평등의 원칙 등 헌법에 위배되지 아니한다고 판시하였다. 헌법재판소 1992. 6. 26. 선고 91헌가8·9 결정(헌판집 제 4 권) 역시 제240조 제 2 항이 합헌이라고 판단하였다.
같은 내용으로 日本 最高裁判所 1970. 6. 10. 判決이 있다. 위 판결의 사안은 정리회사의 채무를 중첩적 인수를 한 피고가 원고 2명 중 1명은 정리절차 내에서 정리채권의 신고를 하지 아니하여 실권되었으므로 그 원고에 대한 청구에 응할 수 없다고 주장한 것에 대하여 1, 2심 모두 위 조문에 기하여 원고의 청구를 인용하자 피고가 위 조문이 정리회사를 면책시켜 주는 대신 위 중첩적 채무인수자에게 책임을 지우게 하는 것은 양자를 차별대우하는 것이라며 헌법상의 평등원칙에 반

따라서 회사의 보증인·물상보증인 등은 정리채권자가 정리채권의 신고를 하지 아니한 경우에는 회사에 대한 구상권을 확보하기 위하여 미리 신고기간 내에 장래의 구상권의 신고를 하여 두지 않으면 구상권을 행사할 수 없게 된다(제110조 참조). 그러나 정리절차 개시 전의 벌금, 형사소송비용, 추징금, 과료의 청구권 등은 신고하지 아니하여도 실권하지 아니한다(제241조 단서, 제121조 제1항 제5호 참조).

3. 신고기간

정리채권의 신고기간은 정리절차 개시결정과 동시에 개시결정의 일로부터 2주일 이상 2월 이하의 범위에서 정하여진다(제46조 제1호).[23] 이것은 개시결정의 주문과 함께 공고되고 또한 회사가 알고 있는 정리채권자 등에게는 이러한 사항이 기재된 서면을 송달하여야 하나(제47조), 그 이외의 자에 대하여는 통지하지 아니하고 제15조에 의하여 모든 이해관계인이 현실로 채권의 신고기간을 알고 있는지 여부에 관계없이 위 공고에 의하여 모든 이해관계인에 대한 관계에 있어서는 위 공고로써 송달의 효력이 생긴 것으로 간주한다.

4. 신고기간 경과 후의 신고

정리채권자 등이 신고기간 내에 신고를 하는 것이 곤란한 경우나 신고를 하는 것 자체가 불가능한 경우 등을 대비하여 법은 신고기간 경과 후의 신고를 허용하는 예외를 인정하고 있다. 그러나 이러한 추완신고도 일정한 시간적 제약이 있다. 즉 정리계획안심리를 위한 관계인집회(제2회관계인집회, 제192조) 이전까지 추완신고를 할 수 있으며 그 후에는 어떠한 이유라도 정리채권의 신고는 인정되지 아니한다.[24]

실무상 문제가 되는 것은 정리회사가 정리절차 개시 전에 특정 정리채권자 등에게 편파적으로 채무를 변제하였다가 정리절차가 개시되어 제2회 관계인집회 후

한다고 주장한 것이었다. 이에 대하여 법원은 보증채무의 취지와 정리절차의 목적 등에 비추어 볼 때 합리적인 차별로서 헌법에 위배되지 아니한다고 판시하였다. 판결에 대한 평석으로서는 大村雅彦, "整理計劃における免責と保證人の地位" 新倒產判例百選, 有斐閣(1990), 210면 이하 참조.

한편 신고를 하였으나 관리인이 이의를 진술하였음에도 출소기간 내에 정리채권확정의 소를 제기하지 아니한 경우에 정리절차참가자격이 부정될 뿐 그 실체법상의 권리가 소멸하지 아니함을 명시한 판결로는 전게 대법원 89다카4113 판결(주 4)이 있다.

23) 1998. 2. 24. 개정 전에는 2주간 이상 4개월 이하였으나 기간이 단축되었다.

24) 제127조 제3항. 헌법재판소는 이 조항이 재판권을 침해하거나, 추완신고를 한 채권자와 차별하는 등 헌법에 위배되지 아니한다고 판시하였다{헌법재판소 2001헌바59 결정(주 7)}.

에 관리인이 부인의 소를 제기하여 부인의 소가 인용된 경우이다. 이 경우 부활하는 채권은 정리채권 또는 정리담보권이 될 터인데,[25] 추완신고기간이 도과되었으므로 정리채권을 신고할 수 없게 되는 것이 아닌가 하는 의문이 있다. 이 경우에도 日本의 경우 부인권의 행사를 제한하는 견해도 있었으나,[26] 會社更生法 제127조 제 4 항(한국법과 동일하다)을 확장하여 추완신고를 인정하자는 견해가 있다.[27] 법률관계를 안정시킨다면 전자가 옳고 권리구제의 측면에서는 후자가 옳다. 따라서 정리채권자는 정리계획에서 권리가 인정된 동종의 다른 채권자들과 같은 내용의 권리를 갖게 된다. 그러나 대법원 판례는 부인권의 행사도 인정할 뿐 아니라 회복된 채권을 정리절차 개시 이후에 발생한 부당이득으로서 회사정리법 제208조 제 6 호 소정의 공익채권으로 취급한다고 판시하였다.[28]

(1) 일반기일에서의 조사

1) 정리채권 등의 신고

정리채권자 등이 그 책임질 수 없는 사유에 의하여 신고기간 내에 신고할 수 없었으나 그 사유가 끝난 후 1개월 내에 추완을 한 경우(제127조 제 1 항)에는 신고인이 주장하는 사유가 정당하고 그에 대한 소명이 있는 경우에는 그 신고한 채권은 일반조사기일에서 조사할 수 있다. 일반적으로 민사소송법 제160조 소정의 '책임질 수 없는 사유'라 함은 천재지변 기타 불가항력보다 넓은 개념으로서 당사자가 그 소송행위를 하기 위하여 일반적으로 하여야 할 주의를 다하였음에도 불구하고 그 기간을 준수할 수 없었던 사유를 가리키고, 그 당사자에는 당사자 본인뿐만 아니라 그 소송대리인 및 대리인의 보조인도 포함된다.[29] 대표적인 예로는 지진, 화재, 홍수 등의 불의의 재난, 질병, 사고 등을 지칭한다. 그러나 회사정리절차에서는 민사소송절차처럼 개시결정의 주문이나 위 신고기한이 기재된 결정문 등을 직접 송달받지 못하는 경우가 있고 신고하지 아니한 경우에는 실권하는 효과 등을 고려하여 실무상으로는 위 요건을 완화하여 처리하고 있다.

---

25) 美國의 경우도 一般破産債權(a general unsecured claim)으로 취급된다. Bankruptcy Code §502(h), Michael J. Herbert, UNDERSTANDING BANKRUPTCY 271(1995).

26) 兼子一＝三ケ月章, 條解會社更生法(舊版)(中), 220면.

27) 兼子一＝三ケ月章, 條解會社更生法(新版)(中), 弘文堂(1974) 194, 195면.

28) 대법원 2003. 2. 28. 선고 2000다50275 판결(공 2003상, 909); 2003. 1. 10. 선고 2002다36235 판결(공 2003상, 619). 이 판결에 대한 비판으로는 吳泳俊, "管理人의 否認權 行使와 未申告된 整理擔保權, 整理債權의 復活을 둘러싼 法律關係"(미공간).

29) 대법원 1999. 6. 11. 선고 99다9622 판결(공 1999하, 1391); 1998. 10. 2. 선고 97다50152 판결(공 1998하, 2574) 등 다수.

추완이 허용되는 기간은 책임질 수 없는 사유가 끝난 후 1개월 내이고 위 기간은 불변기간에 대한 부가기간의 성질을 갖고 있으므로 다시 기간을 늘리는 것은 인정되지 아니한다(제127조 제1항). 또한 위와 같은 사유의 소명이 없는 경우에도 정리채권자 등의 신고가 일반조사기일 종료 전에 신고된 경우에는 다른 이해관계인이나 관리인 등의 이의가 없으면 일반조사기일에서 조사할 수 있다.

한편 정리채권 등의 발생시기가 신고기간 경과 후인 경우에는 신고기간 내에 정리채권 등을 신고하는 것 자체가 불가능하고 만일 이러한 권리에 대하여도 신고기간 내에 신고하지 아니하였다는 이유로 실권시킨다는 것은 悖理일 수밖에 없으므로 법은 그러한 권리에 대하여는 그 권리가 발생한 후 1월의 불변기간 내에 신고하여야 한다고 규정하고 있다(제127조 제2항). 신고기간 경과 후에 생긴 정리채권으로서는 회사의 행위가 부인되어 상대방이 자기가 받은 이행을 반환하거나 그 가액을 상환함으로써 상대방의 채권이 원상으로 회복되는 경우(제89조), 관리인이 쌍무계약을 해제한 경우에 상대방이 취득하는 손해배상청구권[30] 등이 그 대표적 예라 할 것이다. 위 1개월의 기간은 불변기간이고 민사소송법의 준용에 의하여(제8조) 법원은 부가기간을 정할 수 있고 2주일 내에 한하여 추완을 인정할 수도 있다(제159조 제2항, 제160조). 그러나 위 채권의 신고도 제2회 관계인집회 이후에는 할 수 없으므로 실권을 예방하기 위하여는 채권이 구체적으로 발생하지 않았다 하더라도 조건부채권 또는 장래의 채권으로 미리 신고하여 둘 필요가 있다.

2) 신고의 변경

신고한 정리채권 등에 대하여 변경이 생긴 경우에는 신고기간 내라면 그것이 다른 정리채권자 등의 이익을 해하는 경우이거나 아니거나를 불문하고 자유로이 신고의 변경이 인정된다. 그러나 신고기간 경과 후의 경우에는 그 변경이 다른 정리채권자 등의 이익을 해하지 아니하는 경우 예컨대, 정리채권액의 전부 또는 일부가 변제된 결과 또는 면제·포기한 결과, 신고한 정리채권이 소멸하거나 그 액이

30) 이 점을 명시한 판결로는 서울고등법원 1990. 7. 18. 선고 90나9980 판결(하판집 1990년 제2권, 63면). 다만 대법원 1982. 10. 26. 선고 81다108 판결(공 1983, 52)은 정리절차 개시 전에 매매계약을 체결하고 그 소유권이전등기청구권 보전의 가등기까지 경료하였으나 아직 쌍방의 이행이 완료되지 아니한 사안(잔금과 소유권이전등기서류를 상환하여 지급하기로 한 잔금기일 이전에 정리절차개시결정이 난 경우임)에서 가등기권자는 정리회사의 관리인에 대하여 본등기청구를 할 수 있고 관리인은 제103조에 의하여 위 쌍무계약을 해제할 수 없다고 판시하고 있다. 위 판결의 평석으로는 姜秉燮, "會社整理節次에 있어서 管理人의 雙務契約解除權," 대한변호사협회지 제116호(1986. 4), 86면 이하 및 林俊浩, "所有權移轉請求權保全의 假登記가 있는 경우 雙方未履行의 雙務契約에 대한 管理人의 解除權의 制限 與否," 민사판례연구(XIV), 박영사(1992), 376면. 전자는 판지에 찬동하고, 후자는 반대한다.

감소한 경우 등은 자유로이 신고의 변경이 인정된다(日本은 1967년 會社更生法을 개정하면서 제125조 제 4 항을 신설하여 다른 이해관계인의 이익을 해하지 아니하는 이러한 변경이 있는 경우에도 지체없이 이를 신고하도록 의무지우고 있다). 그러나 다른 정리채권자 등의 이익을 해하는 변경, 예컨대 신고한 정리채권 등의 증액 또는 정리담보권으로의 변경, 담보권의 목적물의 가액이 증가하는 경우 등에는 신고채권자가 그 책임질 수 없는 사유로 인하여 변경을 가하는 것에 한하여 그 신고의 변경이 인정된다(제127조 제 4 항·제 1 항·제 3 항). 변경의 대상이 되는 채권은 신고기간 내에 신고된 것에 한하지 아니하고 신고기간 경과 후에 신고된 것도 포함한다. 위 변경의 신고기간도 변경사유에 생긴 때로부터 1월 내에 한하며 다시 기간을 늘리는 것은 허용되지 아니한다. 정리절차 내에서 신고를 추완하는 방법 대신 별도의 정리담보권확정의 소로 그 추완을 구할 수도 없다.[31]

⑵ 특별기일에서의 조사

신고기간 경과 후에 신고되거나 또는 그 변경의 신고가 있었으나 그 각각에 대하여 제127조 제 1 항 · 제 2 항 · 제 4 항의 요건을 갖추지 아니한 경우에도 법원은 그 신고를 각하하여서는 아니 되고 먼저 출석한 관리인, 정리채권자, 정리담보권자 등에게 일반조사기일에서 조사하는 것 자체에 대하여 또는 조사대상으로 삼는 것에 대하여 이의가 있는지 여부를 확인한 후 이의가 없다면 일반조사기일에서 조사를 한다. 만일 이의가 있으면 법원은 당해 채권을 조사하기 위한 특별조사기일(제138조 제 2 항, 제139조)을 열 것인가 아닌가를 결정해야 하고 위 결정을 함에 있어서는 먼저 위 신고가 제127조 제 1 항 · 제 2 항 · 제 4 항의 요건을 만족하는가 여부를 소명에 기하여 검토하고, 만일 요건을 갖추고 있다는 소명이 있으면 특별조사기일을 정하고 그렇지 아니하면 기일을 열 것 없이 신고를 각하하여야 할 것이다.

그러나 신고가 없으면 실권되어 정리절차에 참가할 수 없다는 불이익을 고려할 때 법원의 실무상으로는 위의 요건을 완화하여 대부분 신고를 받아주고 있으며,[32] 만일 관리인이나 다른 이해관계인들이 위 채권에 대하여 이의가 있는 경우에는 조사절차에 들어가 후에 보는 바와 같이 제136조 제 2 항의 이의를 제기함으로써 신고채권의 성립 등을 다툴 수 있다. 실무상으로는 신고기간 경과 후 일반조사기

31) 전게 대법원 99다43516(주 11) 판결.

32) 日本의 東京이나 大阪의 會社更生事件에서도 추완신고를 하는 사례가 적지 않으며 법원에서도 요건을 관대하게 취급하고 있다고 한다. 東西倒產實務會 編, 會社更生 · 會社整理, 社團法人商事法研究會(1989), 139면.

일 이전에 신고한 정리채권 등에 관하여는 대부분 일반조사기일에서 조사되고 있다.

따라서 실무상 특별조사기일을 여는 것은 주로 일반조사기일 경과 후 제2회 관계인집회 전에 정리채권 등을 신고하는 경우이다. 법에 의하면 이 경우에도 추완신고가 제127조의 요건을 갖추었는지를 심사하여야 하나 관리인이 제출한 정리계획안[33]에 의하면 조사기일경과 후에 신고한 정리채권에 대하여도 이를 정리계획안에 기재하는 경우가 대부분이고,[34] 다른 정리채권자 등도 이미 송달받은 정리계획안에 대하여 그 점에 관하여 별다른 이의가 없으므로 특별조사기일을 열어 조사절차를 마치고 있다. 특별조사기일을 정하는 경우에는 신고한 정리채권자 등의 비용으로 하고(제138조 제2항) 그 결정은 관리인, 회사와 신고한 정리채권자, 정리담보권자 및 주주에게 송달한다.

5. 미국의 경우

파산채권자 및 주주 등 지분권을 갖는 자들은 채권 및 지분권을 신고할 수 있다.[35] 정확히는 채권 등의 증빙서류를 제출하는 것이다. 아래에서는 회사정리절차에 대응하는 회사재건절차 제11장에 대하여 살펴보기로 한다.[36] 미국 파산법에서 채권확정절차의 특색은 파산법보다는 파산규칙에서 자세히 규율하고 있는 점이다. 점유를 계속하는 채무자(Debtor In Possession) 또는 관리인[37]이 법원에 제출한 채권자명부 또는 주주명부에 기재된 경우에는 그것이 계쟁중이거나 조건부 또는 미확정의 경우를 제외하고 신고한 것으로 간주되어 별도의 신고를 할 필요가 없다.[38]

---

33) 저자가 수원지방법원에서 2년간(1989-1991) 회사정리실무를 담당한 경험에 의하면 모두 관리인이 정리계획안을 작성하였으며 서울민사지방법원에서는 정리담보권자 중의 하나인 주거래은행이 정리계획안을 작성한 예가 있다고 들었다.

34) 회사정리절차 개시 전부터 공장 등의 건축공사를 하고 있는 정리회사로서 위 공사가 완공되어야 제품을 대량생산할 수 있는 입장에 있는 경우에는 오히려 정리회사의 관리인이 위 수급인인 정리채권자에게 소정기간 내에 정리채권을 신고하도록 하는 촉구하는 사례도 있다고 한다. 東西倒産實務會 編, 전게서(주 32), 141면.

35) Bankruptcy Code §501. 美國의 경우 회사재건제도는 주식회사뿐 아니라 조합, 심지어 영업을 하는 개인에게도 문호가 개방되어 있고 우리 나라의 주주에 해당하는 자는 an equity holder로서 지분권자로 번역하였다.

36) 美國 破産法의 개관에 대하여는 林治龍, "美國 破産法의 주요내용," 인권과 정의(1998. 4) 및 "도산법제에 있어서 파산절차의 특색," 파산법의 제문제(하), 법원도서관(1999) 참조.

37) 美國의 경우 회사재건절차가 개시된 경우 원칙적으로 채무자가 여전히 회사재산을 점유하면서 회사의 경영권을 잃지 않고 일정한 경우 관리인이 선임된다. 이러한 채무자를 Debtor In Possession이라 한다. 우리 나라의 경우 대표이사가 회사재산의 관리처분권을 상실하는 것과 다르다.

38) Bankruptcy Code §1111(a). 高木新二郎, アメリカ連邦倒産法, 商事法務硏究會(1996)), 187, 188면.

따라서 주주 중 주주명부에 등재되지 아니한 주주만이 신고하여야 한다.[39] 신고기한은 법원이 정하고 연장될 수 있다.[40] 신고기한이 경과된 후에 신고된 파산채권은 정리절차에서 인정되지(allow) 아니한다.[41] 다만 실무상으로는 채무자가 어떠한 내용으로 신고하였는지 확인할 필요가 있고 또한 제11장 사건이 협의의 파산절차인 제 7 장으로 전환되는 경우에는 다시 신고하지 않으면 안 되므로[42] 채권자로서는 신고하여 두는 것이 무난하다. 따라서 채권이 채권자명부에 등재되지 아니하였거나 잘못 기재되거나, 다툼이 있거나, 조건부, 미확정인 경우에 재건절차에 참가하기 위해서는 신고기한 내에 신고하여야 한다. 제11장 사건이 제 7 장으로 전환되는 경우에는 공익채권(administrative expenses)도 신고하여야 배당에 참가할 수 있다.[43] 신고된 채권의 내용과 채권자명부에 등재된 채권의 내용이 다른 경우에는 전자가 우선한다.[44] 이의는 서면에 의하여 법원에 하여야 하며, 채무자가 이의한 경우 채권의 존재 및 액수에 대한 입증책임은 채권자가 부담한다.[45] 늦게 신고된 채권의 경우 연방대법원은 가급적 정당한 사유를 넓게 인정하여 변호사의 잘못으로 신고기한을 도과한 경우 정당한 사유로 인정한 바 있다.[46]

신고는 파산법원이 정한 10호 서식을 사용하여 서면으로 채권자 또는 대리인이 제출하며 근거서류를 첨부하여야 하고 만일 근거서류가 분실된 경우에는 그 사유를 기재하면 족하다.[47] 파산법원이 정한 서식을 사용하지 아니하고 편지와 장부 등을 관리인에게 제출하고 신고기한이 도과한 후 변호사가 이를 정정한 경우 비공식적(informal)인 채권의 신고로서 받아주기도 한다.[48] 만일 채무자가 채권의 존재를 알면서 고의로 채권자 명부에 기재하지 아니하였고 채권자도 절차 개시의 사실을 알지 못하였던 경우에는 신고하지 아니한 채권이라도 비면책채권으로 취급된

39) Bankruptcy Rule §1019(3).

40) Norton Bankruptcy Law and Practice 2d(1999 Supplement) §41:4. 아래에서 인용하는 미국 하급심판결들은 모두 위 책에서 인용한 것이다.

41) Bankruptcy Code §502(b)(9).

42) Bankruptcy Rule §1019(3).

43) Bankruptcy Rule §1019(7).

44) Bankruptcy Rule §3003(c)(4).

45) In re Lampert, 61 B.R. 785(Bankr. W.D. Wis. 1986).

46) Pioneer Investment Services Co. v. Brunswick Associates, L.P. 507 U.S. 380(1993).

47) Bankruptcy Rule §3001(c). 조세채권의 경우는 법률에 의하여 조세채권이 성립하는 것이므로 증빙서류를 제출할 필요가 없다. State Bd. of Equalization v. Los Angeles Int'l Airport Hotel Assocs. 106 F.3d 1479(9th Cir. 1997).

48) In re Haugen Constr. Services, Inc., 876 F.2d 681. 자동집행정지(automatic stay)에 대한 구제신청이 비공식적인 채권신고로 볼 수 있다는 사례로는 In re Hall, 218 B.R. 275(Bankr. D.R.I 1998) 등 다수.

다.[49] 일단 적법하게 신고된 파산채권은 그 후 채권이 양도되어 양수인이 신고하지 아니하여도 먼저 한 신고의 효력이 유지된다.[50] 담보권자도 채권신고를 하는 것이 보통이지만 신고하지 아니하였다고 하여 담보권 및 담보가치에 의하여 담보되는 범위 내에서의 피담보채권이 당연히 소멸하는 것은 아니다.[51]

이상에서 우리의 모법인 미국의 파산법에서도 파산채권의 신고절차는 채권자의 권리를 부당히 제한하지 않는 방향으로 실무가 운영되고 이루어지고 있음을 알 수 있다.

Ⅲ. 정리채권 및 정리담보권의 확정

1. 채권확정제도의 취지

파산절차에 있어서는 파산채권의 변제(배당)는 파산관재인이 파산재단의 환가에 의하여 얻은 금전을 신고채권의 순위 및 액수에 따라 분배하는 방법에 의하여 이루어지고 있으므로 그 전제로서 신고채권의 순위 및 액을 확정하여 두지 않으면 아니 된다. 따라서 채권확정절차는 불가결한 것이다.

이에 대하여 화의절차와 같이 각 채권자와의 합의를 기초로 하여 권리변경, 변제방법 등을 정하는 도산절차에 있어서는 각 채권의 존부 및 수액 등에 대하여 미리 확정하여 둘 필요는 없다. 즉 화의절차에서는 신고채권의 조사·확정의 절차는 없고 의결권의 존부, 수액에 대하여만 조사하고 이의 있는 경우에는 법원의 간략한 결정에 의하여 이를 결정한다(화의법 제51조, 제52조 제2항).[52] 그 후 채권자집회에 있어서 각 채권의

49) Bankruptcy Code §523(a)(3)(A).

50) In re Heritage Village Church & Missionary Felloweship, Inc., 87 B.R. 17, 18 Collier Bankr. Cas. 2d(MB) 1330(Bankr D.S.C. 1988).

51) Bankruptcy Code §506(d)(2). Collier on Bankruptcy 15th edition §506.06 Avoidance and Survival of Liens, [4][a], 위 조문은 1984년에 개정된 것으로 담보권자가 채권을 신고하지 아니한 경우에도 담보권자(lien holder)가 담보권을 실행할 수 있음을 분명히 한 것이라고 한다. 같은 견해로 尹榮信, 美國의 倒産法, 한국법제연구원(1998), 66면, 高木新二郎, 전게서(주 38), 189면. 그러나 파산절차에서 담보권자의 지위에 대하여는 제7장, 제11장, 제13장마다 상이하여 복잡한 문제를 야기하고 있다. 대표적인 사례로는 Dewsnup v. Timm 112 S. Ct. 773(1992)로서 담보권이 파산절차를 거치면서 어떻게 변경될 수 있는가에 대한 문제를 다루고 있다. 위 사건은 제7장에 관한 사건이지만 제11장 및 제13장에도 적용될 것인지에 대하여는 논란이 있다. 사례에 대한 쉬운 설명으로는 Brian A. Blum, BANKRUPTCY AND DEBTOR/CREDITOR 427(1993).

52) 동조 제2항에 의하면 파산법 제166조 제2항 내지 제4항의 규정은 신고가 있은 채권에 관하여 화의법 제50조 제1항에 규정하는 자, 관재인, 또는 정리위원의 이의가 있는 경우에 준용한다

내용을 물음이 없이 화의조건을 가결하고 법원의 인가를 얻은 때에 그 조건에 의한 새로운 권리관계가 확정하는 것이 된다(화의법 제53조, 제61조; 파산법 제298조 제 1 항).

회사정리절차에 있어서도 관계인집회에서 다수결에 의한 정리계획안을 결의하고 법원의 인가를 얻어 채권자 등의 권리변경, 변제방법 등을 정하는 것으로 화의절차와 같이 채권자와의 합의에 기초하는 것이기 때문에 채권확정절차는 반드시 필수적이라고는 하기 어렵다. 그러나 회사정리절차와 같이 이해관계인의 종류나 수가 많고 절차도 복잡 多岐하여 각 절차과정을 단계적으로 밟아 나가지 않으면 아니 되는 도산절차에 있어서는 절차의 합리화와 신속화를 꾀하기 위하여 일정한 시기 이후에는 채권의 존부, 수액에 대한 이의권을 상실토록 할 필요가 있다.[53]

그리하여 다수의 채권자에 대하여 미리 일괄하여 채권을 확정하여 두는 것은 장래의 절차의 핵심적 단계인 정리계획안의 심의와 결의의 기초를 공고히 하는 것이 되고 절차 자체를 안정시키는 것 또한 법원의 부담을 경감하여 주므로 이와 같은 이유로 회사정리절차에서도 화의절차와 다른 채권확정의 절차가 규정되어 있다.

2. 권리확정의 대상

채권조사를 거쳐 확정되는 것은 채권조사기일에 있어서의 조사사항 즉 정리채권, 정리담보권의 권리의 귀속, 내용, 의결권의 액, 정리채권의 우선성 또는 열후성의 유무 등이다. 아래에서 자세히 살펴보기로 한다.

(1) 권리의 귀속의 확정

정리채권 등의 신고인이 그 권리의 귀속주체라는 사항도 확정의 대상이 된다. 이의가 없으며 이후 그 점에 대하여 다툴 수 없게 된다. 따라서 1개의 채권에 대하여 복수의 채권자로부터의 신고가 있었음에도 불구하고 이의가 없으면 회사정리절차상으로는 이후 복수의 채권자를 정리채권자 또는 정리담보권자로서 취급하지 않으면 아니 된다.

라고 규정되어 있고 파산법 제166조 제 2 항에 의하면 미확정채권, 정지조건부채권, 장래의 청구권, 또는 별제권의 행사에 의하여 변제를 받을 수 없는 채권액에 관하여 파산관재인 또는 파산채권자의 이의가 있는 때에는 법원은 결의권을 행사하게 할 것인가의 여부 및 어떤 금액에 관하여 이를 행사하게 할 것인가를 정한다라고 규정하고 있다. 회사정리절차와 화의절차의 비교에 대하여는, 金龍德, “會社整理節次와 和議節次의 比較를 통하여 본 會社倒産法制의 現況과 問題點,” 법조 (1998. 11·12) 참조.

53) 전게 헌법재판소 2001헌바59 결정(주 7) 참조.

(2) 권리의 내용의 확정

채권의 존재, 급부의 내용(금전채권, 종류채권 등), 채권의 기한, 채무명의의 유무[54]도 확정의 대상이다. 정리담보권에 대하여는 그 외에 당해 채권이 회사정리절차 개시 당시에 있어서 회사의 재산상에 존재하는 담보물권에 의하여 담보되고 있다는 것이 확정의 대상이 된다. 신고한 피담보채권의 채권액 그대로가 정리담보권이 되는 것은 아니고 그 중 개시 당시에 있어서 담보물권의 목적물의 평가액에 의하여 현실로 담보되는 채권액의 한도에서 정리담보권으로 확정된다. 따라서 담보물권의 목적물의 평가액이 피담보채무액을 하회하는 경우 담보된 부분은 정리담보권이 되고 이를 넘는 부분은 비록 이 부분만을 따로 정리채권으로 신고하지 않았더라도 정리채권이 된다.[55] 조세채권도 실권을 면하기 위하여는 신고하여야 함은 앞에서 본 바와 같다. 그러나 조세채권은 조사절차의 대상이 되지 않고 제158조에 의하여 관리인만이 회사가 할 수 있는 방법으로 불복할 수 있을 따름이고 만일 그 불복방법에 의하여 변경이 되면 그 결과를 정리채권자표에 기재하면 족하므로(제158조 제2항, 제154조) 별도로 정리채권 확정의 소를 구할 소의 이익이 없다.[56]

(3) 의결권의 액

의결권의 액은 정리계획안에 관한 결의의 귀추에도 영향을 주는 중요한 것이다. 의결권은 원칙으로 채권액에 상응하여 정하여지나, 무이자의 기한부채권, 정기금채권, 불확정기한부채권, 금전을 목적으로 하지 않는 채권, 조건부채권에 대하여는 제113조 제2항, 제114조 내지 제118조에 그 의결권의 산정에 관하여 규정되어 있다.

(4) 우선권이 있는 것과 열후적인 것

이 구별의 실익은 정리계획안의 심리를 함에 있어 조를 분류하거나 정리계획을 짜는 데 있어서도 그 변제방법, 또는 권리의 변경이 형평에 맞아야 하므로 양자를 구별하지 않으면 안 된다. 정리채권 중 우선권이 있는 것(제159조 제1항 제2호), 소위 일반의 정리채권(제3호), 또는 열후적인 것(제4호, 제121조 제1호 내지 제5호까지 게기된 것)의 구분의 대상도 확정의 대상이 된다. 우선적인 채권 또는 열후적인 것은 그 부분을 따로 신고하여야 한다(제125조 제2항).

---

54) 채무명의 있는 정리채권자가 그 뜻을 명시하지 않고 신고한 경우 관리인이 이의한 경우 정리채권자가 관리인을 상대로 정리채권확정의 소를 제기하여야 한다(日本 最高裁判所 1966. 4. 14. 判決).

55) 이 점은 美國의 破産法에서도 마찬가지로서 이를 bifurcation이라 한다. Bankruptcy Code §506(a).

56) 대법원 1967. 12. 5. 선고 67다2189 판결(집 15(3) 민 352).

만일 이 방식에 따르지 아니한 채 신고하였다가 이의 없이 확정되는 경우에는 일반 정리채권으로 확정된다.[57]

(5) 권리의 성질의 확정

권리의 성질, 특히 정리채권과 정리담보권, 정리채권과 공익채권, 정리담보권과 환취권(제62조) 중 어느 것에 해당하느냐 하는 것도 확정의 대상이 된다. 위 3가지의 구별 중 회사정리절차에 있어서는 후자는 전자보다 더욱 강한 보호를 받는다. 공익채권과 환취권은 모두 회사정리절차 외에서도 보호를 받기 때문에 채권자가 신고를 하지 않은 경우 그 권리가 정리채권 또는 정리담보권에 해당한다고 판단되면 회사정리절차상 권리실현의 방법이 없게 되는 사태가 발생하므로 이를 피하기 위하여는 공익채권 또는 환취권[58]이라고 인정되지 않을 것을 대비하여 예비적으로 정리채권, 정리담보권의 신고를 하여야 할 것이다.[59]

3. 권리확정의 요건

정리채권 또는 정리담보권은 채권조사기일에 있어서 조사의 대상사항에 대하여 이의권자의 이의가 없을 때에 확정된다. '이의가 없을 때'라고 하는 것은 조사기일에 이의의 진술이 없거나 진술된 이의가 실효한 경우를 포함한다.

---

57) 兼子一＝三ヶ月章, 條解會社更生法(新版)(中), 684면.

58) 1998. 2. 24. 제124조를 개정하여 양도담보권도 정리담보권에 속하도록 하여 입법적으로 해결하였다. 개정 전에는 종전의 신탁적양도설에 의하면 양도담보권자는 대외적으로 자신의 소유권을 주장할 수 있는 제62조 소정의 환취권자로서 언제든지 정리절차에 의하지 아니하고 당해 담보물건을 환가처분할 수 있으므로 권리신고를 할 필요가 없다. 그러나 만일 양도담보권자를 日本 最高裁判所 1966. 4. 28. 昭和 39(オ) 제4440 判決처럼 정리담보권자로 보게 되면 신고하지 아니한 양도담보권자는 정리절차상의 권리를 실권하게 된다. 법 개정이전에도 대법원은 양도담보권을 정리절차에서 정리담보권으로 해석하였으며 개정법은 이러한 판례의 입장을 반영한 것에 불과하다. 대법원 1992. 10. 27. 선고 91다42678 판결(공 1992, 3249). 양도담보권과 회사정리절차에 관한 상세한 논의는 張太圭, "會社整理節次에 있어서 讓渡擔保權者의 地位," 수원변호사회지 제 2 호(1990), 87면 이하 참조.

59) 日本에서도 예비적인 신고를 하는 사례가 늘어나고 있으며 우리 나라의 경우처럼 정리채권 등의 신고를 함에 있어 전문가인 변호사가 대리하여 신고하는 경우가 거의 없으므로, 다액의 정리담보권을 정리채권으로, 공익채권을 정리채권으로 신고하는 예가 적지 않다고 한다. 東西倒産實務會編, 전게서(주 32), 140면. 이하 참조. 따라서 회사정리절차가 아직까지 일반인에게 잘 알려지지 아니한 현재의 실정에서는 정리채권 미신고의 효과를 고려할 때 정리채권자로서는 향후 자신의 채권의 향방 관하여 미리 변호사 등의 도움을 받아 자신의 권리가 실권되는 일이 없도록 하여야 할 것이다. 전게 대법원 87다카1391 판결(주 8) 참조.

(1) 채권조사기일에 있어서 이의가 없었던 때

채권조사기일은 1회만으로 종료하여야 하는 것은 아니고 채권자의 수가 많다거나 회사의 재산평가에 오랜 시일이 걸려 정리담보권의 범위를 정할 수 없는 경우는 수회에 걸쳐 실시될 수 있다. 소위 일반기일 외에 특별기일(제141조 참조)이 실시되는 경우가 있다.[60] 또한 이의의 유무는 특정의 정리채권 또는 정리담보권이 조사된 기일에 있어서 이의가 있었느냐 여부에 의하여 결정되고 후일 실시된 기일에서 이미 조사가 끝난 채권에 대하여 이의를 진술할 수는 없다 할 것이다.[61]

(2) 이의권자

정리담보권 또는 정리채권의 확정을 저지할 수 있는 이의권자는 관리인, 신고한 정리채권자, 정리담보권자, 주주이다. 회사도 대표이사 또는 그 대리인을 통하여 의견 즉 이의를 진술할 수 있으나(제136조 제1항), 회사의 이의는 확정을 저지하는 효력은 없다(제143조). 만일 회사가 이의를 제기하지 않고 그 후 회사정리절차가 정리계획인가 전에 폐지되는 경우(제272조), 정리계획불인가결정이 확정되어(제238조) 회사정리절차가 폐지되는 경우에는 확정된 정리채권 등에 관하여는 정리채권자표 또는 정리담보권자표의 기재는 회사에 대하여 확정판결과 동일한 효력[62]이 있고, 만일 회사가 조사기일에 이의를 한 경우에는 그러하지 아니하므로 회사의 이의가 갖는 의미가 없는 것은 아니다. 따라서 회사와의 소송 계속중에 정리절차가 개시되어 신고한 계쟁 중의 채권에 관하여 다른 정리채권자, 정리담보권자, 관리인 등이 이의를 제기한 경우에는 제149조, 제151조에 의하여 소송절차를 수계하여야 하고,[63] 만일 수

---

60) 저자가 경험한 바로는 채권조사기일과 제1회 관계인집회를 병합하여 동시에 개최하는 것이 보통이고 채권조사기일을 수회에 걸쳐 실시한 적은 없고 오히려 앞에서 본 바와 같이 채권조사기일(보통은 제1회 관계인집회와 병합됨) 후 제2회 관계인집회(통상은 제3회 관계인집회와 병합하여 개최한다) 사이에 정리채권을 신고하여 이를 위한 특별조사기일을 여는 경우가 간혹 있다.

61) 富山地裁 高岡支部 1961. 12. 26. 判決.

62) 여기서 말하는 확정판결과 동일한 效力의 내용 즉 기판력인가 집행력에 불과한가, 또는 본고에서 살펴보는 조사절차에서 확정된 정리채권자표 또는 정리담보권자표의 효력이 확정판결과 동일한 효력이 있다는 제145조의 효력과의 관계에 관하여는 宮脇行彦 외, 注解會社更生法, 青林書院(1986), 1014면 참조.

63) 제68조, 제69조의 문언상으로는 중단한 소송절차중 정리채권 또는 정리담보권과 관계있는 것은 수계의 주체가 누구인지 분명하지 않다. 실제로 이의 있는 정리채권에 관한 소송수계신청은 관리인들을 상대로 할 수 있을 뿐 관리인은 할 수 없다고 판시한 하급심판결이 있었다(서울고등법원 1987. 3. 17. 선고 83나3118 판결. 법률신문 1987. 4. 20.자 제1679호, 10면). 그러나 그 후 대법원은 정리채권에 관한 수계신청은 정리채권자뿐 아니라 상대방도 할 수 있음을 명시하였다{대법원 1997. 8. 22. 선고 97다17155 판결(공 1997하, 2803)}.

계하지 아니하고 별소로 정리채권확정의 소를 제기하면 권리보호의 이익이 없는 것으로 각하된다.[64] 회사만이 이의를 진술한 경우에는 중단한 당해 소송을 수계하여 진행할 필요는 없다.

(3) 이의와 소송절차의 중단

실무상 문제가 되는 것은 ① 정리회사를 상대로 소송을 제기하여 계속중에 보전관리인이 선임된 경우 소송의 중단 여부, ② 정리절차가 개시되고 그 후 조사절차에서 이의를 하였음에도 정리채권자가 소송을 수계하지 않은 채 정리계획안이 인가된 경우나, ③ 조사절차에서 채권에 대한 이의가 없는 경우 계속중인 소송에 대한 수계의 가부 등이다.[65]

먼저 ①의 경우를 보면 보전관리인이 선임된 경우라도 장차 채무명의 있는 채권으로 신고할 필요가 있다는 이유로 개시결정 전에 판결을 선고한 예가 있다고 들었으며, 보전관리인이 선임된 경우 명문의 규정과 달리 제68조 및 제69조의 규정이 적용되지 아니한다는 견해도 있다.[66] 그러나 이에 의하면 종국판결 후에 다시 별도의 조사절차를 거치게 되고 만일 관리인이 이의를 하게 되면(보전관리인의 이의가 배척되었음에도 다시 관리인의 이의를 인정하는 것도 이치에 맞지 아니한다) 다시 관리인이 정리채권자를 상대로 정리채권확정의 소를 제기하면 족하다고 하나, 소송경제상으로도 반할 뿐 아니라 보전관리인이 선임된 경우 정리회사를 상대로 하는 소송은 중단된다고 명문으로 규정한 제39조의3(제68조, 제69조를 준용함)의 규정에 반한다고 생각한다. 그러므로 일단 소송은 중단된 것으로 보고 정리절차의 개시 여부 및 만일 정리절차가 개시된 경우에는 정리채권조사기일까지 기다린 후 이의 여부를 두고 본 후에 소송의 수계 여부를 결정하여야 한다고 생각한다.[67]

다음으로 ②의 경우를 보면 서울고등법원 판결은 수계신청을 각하하고 소송종료선언을 하였고, 다른 하급심판결은 "…원고들의 이 사건 손해배상채권이 정리채권이 되었는데도 원고들이 위 채권을 그 정리절차에 따라 신고하지 아니한 채 정

한편 헌법재판소는 수계신청의 기간을 출소기간과 동일하게 취급하는 제149조가 합헌이라고 판시하였다{헌법재판소 1996.8.29. 선고 95헌가15 결정(헌공 제17호)}.

64) 대법원 1991.12.24. 선고 91다22698·22704 판결(공 1992, 673).

65) 兼子一=三ヶ月章, 條解會社更生法(新版)(상), 603면은 민사소송법 제218조가 파산절차의 해지로 인한 소송의 중단과 수계에 대한 조문이 있음에도 회사정리법에 관하여 별도의 규정이 없는 것을 입법의 과오라고 한다.

66) 林采洪 · 白昌勳, 회사정리법(상), 한국사법행정학회(1998), 207-210면 참조.

67) 대법원 2000.2.11. 선고 99다52312 판결(공 2000, 679); 林采洪 · 白昌勳, 전게서(신판)(주14), 243면은 보전관리인이 선임된 경우 보전관리인이 수계할 수 있다고 설명하고 있다.

리계획인가결정이 있은 사실은 당사자 사이에 다툼이 없으므로 원고들의 이 사건 손해배상채권은 상실되었다…"고 하여 원고의 관리인에 대한 손해배상청구를 기각하였다.[68] 이에 대하여 일본의 하급심판결은 정리계획에 의하여 인정되지 아니한 채권은 會社更生法 제241조(우리 법과 같다)에 의하여 책임을 면하는데 이는 권리 자체가 소멸하는 것이 아니라 정리회사에 대한 관계에서 책임을 추궁할 수 없다는 것으로 해석하여 이러한 정리채권에 관한 소송은 그 규정에 따라 당연히 종료하지 않고 제69조 제 1 항을 유추적용하여 관리인 또는 상대방이 이를 수계할 수 있다며 나아가 본안에 관하여 판단한 다음 관리인을 상대로 한 원고 청구를 기각하였다.[69]

私見으로는 관리인이 나서서 수계할 필요는 없는 것이고 회사를 상대로 한 소송으로 유지하는 경우 회사가 항변으로 면책을 주장할 것인가,[70] 아니면 별도의 항변이 없더라도 회사에 대한 청구를 기각하여야 하는가[71]로 귀착된다고 본다. 만일 원고가 수계를 신청하여 정리채권확정의 소로 변경하면 이미 제소기간이 도과된 것이므로 부적법 각하하여야 한다.[72]

끝으로 ③의 경우를 보면, 만일 정리채권 등에 관하여 조사절차에서 이의가 없으면 확정판결과 동일한 효력을 가지는 것으로 확정되어(제143조, 제145조) 수계의 문제는 생기지 아니하고 당연히 종료하게 된다.[73] 예컨대 정리계획안이 인가된 후에 당사자가 수계신청을 하여 소송을 진행하려는 경우에는 소송종료선언을 하여야 한다.[74] 만일 개시결정이 기각된 경우에는 제69조 제 2 항을 준용하여 회사가 수계한다.[75]

---

68) 서울고등법원 1988. 5. 24. 선고 87나543 판결(하집 1988-1, 129).

69) 名古屋高裁 1984. 5. 30. 金融法務事情 제1068호(1984), 34면.

70) 파산 및 화의 등의 면책에 대한 일본의 학설이다. 薺藤秀夫 · 麻上正信 編, 注解破産法, 青林書院新社(1992), 1210면.

71) 현행 미국의 파산법상 면책의 효과에 관한 입법태도이다. 자세한 것은 林治龍, 전게논문(주 36), 429, 472면 이하.

72) 대법원 1997. 8. 22. 선고 97다17155 판결(공 1997하, 2803).

73) 宮脇幸彦 외, 전게서(주 62), 235면; 兼子一＝三ケ月章, 條解會社更生法(新版)(上), 603면. 반대설인 林采洪 · 白昌勳, 전게서(신판)(주 14), 421면은 관리인으로 수계토록 한 후 소의 이익이 없는 것으로 각하하여야 한다고 설명한다.

74) 주 63의 서울고등법원 83나3118 판결. 위 판결의 주문은 수계신청을 기각하고, 제 1 심판결을 취소하며, 이 사건 소송은 1983. 8. 20. 춘천지방법원 83파4 회사정지절차개시결정과 1984. 12. 3. 정리계획의 인가로 인하여 종료되었다고 하였다. 그러나 저자는 정리채권이 이의 없이 정리채권자표에 기재된 날짜에 종료되었다고 함이 정확하다고 생각한다.

75) 兼子一＝三ケ月章, 條解會社更生法(新版)(中), 603면.

(4) 이의권과 대위행사

관리인의 이의권을 회사의 채권자가 대위행사할 수 있는가? 이 점에 관한 日本의 하급심판례는 이를 부정하고 있다.[76] 위 판결은 그 후 항소심판결(大阪高判 1978. 1. 31. 高民集 31권 1호, 14면)에서도 일반적으로 회사정리법상의 관리인의 권한은 대위행사가 허용되지 않는다는 이유로 원고의 항소가 기각되었다.

생각건대, 먼저 관리인의 이의권이 채권자대위권의 대상이 된다고 한다면 대위소송의 판결의 효력은 관리인에게도 미치고 민법 제405조 제 2 항에 의하여 관리인의 정리회사에 대한 관리처분권이 제한되고 오히려 대위자에게 장악되고 관리인이 대위소송에 참가하기 위하여는 보조참가나 공동소송적 보조참가 또는 민사소송법 제72조 제 1 항 후단의 詐害防止參加에 의할 수밖에 없다. 따라서 채권자대위를 인정하면 제59조에서 규정하는 관리인의 재산관리처분권을 침탈할 염려가 있다. 둘째로 회사정리절차의 실무를 통하여 보면 관리인과 이해관계인은 서로 긴밀한 관계를 맺고 있으며 정리계획안의 심의 및 인가 그 이후의 수행을 위하여 많은 협조를 얻어야 할 입장에 있는 관리인으로서는 고도의 경영전략상의 견지에서 비록 신고한 채권의 내용이 다른 경우에도 이의를 진술하지 않는 경우가 있다. 즉 신고한 채권액수 그대로 채권자가 변제를 받는 것이 아니고 그 후 정리계획안에서 원금만을 분할하여 수회에 걸쳐 상환하는 것이 통례인 만큼 이의를 진술함으로써 이해관

76) 大阪地裁 1977. 7. 15. 판결 사안의 개요: 乙 회사는 甲 회사의 자회사로서 甲 회사는 乙 회사의 정리담보권자이기도 하다. 甲, 乙 회사 두 회사에 대하여 회사정리절차가 개시된 후 乙 회사의 채권조사기일에 乙 회사의 채권자 Y_1이 정리담보권을 신고하였고 乙 회사의 관리인 Y_2는 일부는 정리담보권으로 나머지는 정리채권으로 인정하였다. 위 조사기일에 甲 회사의 관리인은 출석하였으나 이의하지 아니하였다. 그런데 甲 회사의 채권자인 X가 자기의 甲 회사에 대한 채권을 보전하기 위하여 甲 회사의 관리인이 행사할 수 있는 甲 회사의 乙 회사에 대한 정리담보권자로서의 이의권을 채권자대위권에 기하여 행사한다면서 Y_1의 乙 회사에 대한 정리담보권 및 정리채권 부존재확인소송을 Y_1, Y_2를 상대로 제기하였다.

판결요지: 회사정리법 제53조는 정리회사의 사업경영 및 재산의 관리처분권은 관리인에게 전속한다고 규정하고 있으며 채권자의 평등배당을 목적으로 하는 파산법과는 달리 정리회사의 재건을 목적으로 하는 회사정리법에서는 관리인에게 부여된 전권의 행사는 극히 광범한 재량권이 수반되어 있으므로 그 판단은 존중되어야 한다. 따라서 부인원인이 있다 하더라도 부인권을 행사하는가 아닌가는 관리인의 재량에 맡겨져 있다. 이와 같은 지위에 있는 관리인의 이의권에 대하여 채권자대위권을 인정하게 되면 관리인과 이해관계인에게만 고유의 이의권을 인정하고 있는 회사정리법의 원칙이 무너지게 되어 원고와 같은 간접적인 이해관계인이 채권자대위권을 빙자하여 스스로는 직접 참가자격이 없는 회사정리절차에 참가하는 것을 가능케 하는 결과가 된다. 그 결과 이해관계인의 범위가 무한정으로 넓게 되어 정리계획의 신속한 수립이라고 하는 회사정리법 제정의 취지가 몰각될 염려가 있다. X의 이익은 甲 회사의 정리절차 내에서 고유의 이의권이라는 형태로 보호받을 수 있고 그 이상 채권자대위권의 방법으로 乙 회사의 정리절차에 참가시킬 필요 없다.

계인과 불편한 관계를 맺고 싶지 않은 경우가 있기 때문이다. 또한 관리인이 제소하는 경우는 제54조 제 5 호에 의하여 정리법원의 허가를 요하도록 되어 있음에도 관리인의 그러한 권한을 대위하는 경우에는 불필요하다고 해석하는 것에도 문제가 있다.

따라서 관리인의 이의권은 대위행사할 수 없다고 해석함이 상당하다. 그러나 관리인이 아닌 일반 정리채권자 등을 대위하여 이의를 제기하는 것은 가능하다. 즉 위 사례에서 乙 회사의 정리채권자가 乙 회사에 대하여 갖는 이의권에 대하여 그 정리채권자의 일반채권자가 대위행사할 수 있다 할 것이다.

파산법과 관련하여 日本의 판례는 일관하여 파산법상의 파산관재인의 이의권은 대위행사할 수 없다고 해석하고 있다.[77] 그러나 다수설은 이의권의 대위행사를 인정하면 그 결과 채무자의 재산이 증가하여 채권보전에 도움이 되고 대위한 채권자가 직접 개별적 만족을 받을 염려가 없다는 점과 파산절차에 있어서 관재인의 역할인 채무자재산의 확보와 그 평등분배라는 임무에도 저촉할 염려가 없다고 하여 판례에 반대한다.[78]

(5) 이의의 대상

제143조에서 말하는 이의라 함은 제135조, 제132조 소정의 조사대상에 관한 것, 즉 실체적 사유에 한하고 신고기간 경과 후에 신고된 채권, 즉 제127조에 의하여 신고된 정리채권 또는 정리담보권을 일반기일에 조사하는 데에 대한 의견을 가리키는 것은 아니다. 만일 조사기일에 조사하는 것에 대하여 이의가 있는 경우에는 제138조 제 2 항에 의하여 늦게 신고한 정리채권자, 정리담보권자의 비용으로 특별기일을 열어 채권조사를 함에 그치는 것이고 별도로 채권확정소송을 제기하여야 하는 것은 아니다. 이의는 조사대상사항의 전부에 대하여 또는 그 일부에 대하여 진술하여도 무방하고 만일 일부에 대하여만 이의가 있는 경우에는 그 부분에 대하여는 정리채권 등이 확정되지 아니하나 나머지 이의가 없는 부분은 확정된다. 예를 들면 신고된 정리담보권의 담보권의 존재에 대하여만 이의가 있는 경우에는 채권전액이 정리채권으로 된다는 범위에서, 채권액의 일부에 대하여만 이의가 있는 경우는 그 잔액의 채권액에 대하여, 신고된 정리채권의 우선권에 대하여만 이의가 있

77) 東京地裁 1974. 9. 30; 名古屋地裁 1954. 4. 1.

78) 자세한 논의에 대하여는 加波眞一, "管財人の異義權の代位行使," 新倒産判例百選(1990), 149면 이하 참조.

는 경우는 일반의 정리채권으로 된다는 범위에서, 의결권의 액에 대하여만 이의가 있는 경우는 그 나머지 점에 관하여 각각 확정된다.[79)]

⑹ 이의의 실효

채권조사기일에 진술된 이의가 후에 실효된 경우에는 당초부터 이의가 없었던 것과 똑같이 취급되므로 이의의 실효에 의하여 정리채권, 정리담보권은 확정된다. 이의가 실효하는 경우는 아래와 같다.

1) 이의의 철회

이의권자는 이의를 후에 철회할 수 있다. 이의가 철회되면 이의는 효력을 잃게 되어 결과적으로 신고한 채권에 대하여 이의가 없었던 것으로 되어 채권은 확정된다. 이의의 철회는 채권의 일부에 대하여도 할 수 있다.[80)]

관리인이 이의를 하면 채무명의가 있는 정리채권, 정리담보권의 경우를 제외하고는(제152조) 권리자가 그 조사가 있은 날로부터 1개월 내에 관리인을 상대로 정리채권확정의 소를 제기하여야 하고 만일 그 출소기간을 도과하는 경우는 이후 회사정리절차에 참여할 수 없게 된다. 문제는 이의가 있은 후 1개월 내에 정리채권확정의 소를 제기하지 아니하여 정리절차의 참가자격을 잃게 되었으나 그 후 이의가 철회된 경우 정리채권자의 지위는 다시 부활하는가 하는 점이다. 즉 이의의 철회는 언제까지 가능한 것인가 하는 문제이다. 제151조 제 1 항 및 제152조의 경우처럼 이의자가 제소책임을 부담하는 경우에는 1개월의 출소기한이 도과함에 따라 이의가 없었던 것이 되므로 이의의 철회라는 문제는 발생할 여지가 없다. 문제가 되는 것은 제147조 제 1 항에 의한 경우, 예를 들면 관리인이 이의를 제기한 경우이다. 출소기간의 도과에 의하여 정리절차에서 권리를 주장할 수 없다는 점이 불가쟁의 상태에 놓여지므로 권리의 회복이라는 것은 있을 수 없다는 견해[81)]가 있으나 日本의 하급심판례[82)]는 출소기간 경과 후 관리인이 이의를 철회한 것이 유효한 것임을 전제로 하는 정리계획인가결정을 한 것도 있다.

제153조에 의하면 정리채권확정소송이 제기되면 그 결과를 정리담보권자표에 기재하도록 되어 있는바 수원지방법원의 실무는 정리채권확정의 소를 제기하지 않

79) 정리채권자표의 실제 기재례에 대하여는 이 글 말미에 편철된 정리채권자표 참조.
80) 林采洪 · 白昌勳, 전게서(신판)(주 14), 613면.
81) 林采洪 · 白昌勳, 전게서(구판)(주 66) 492면; 山内八郎, 實務會社更生法(제 3 판), 一粒社(1971) 172면; 兼子一＝三ケ月章, 條解會社更生法(新版)(中), 648면.
82) 福岡地裁 1966. 11. 19.

은 경우에도 그 후 관리인의 이의철회를 인정하는 것으로 보인다.[83]

생각건대 출소기간의 도과로 인하여 정리채권이 실체법상으로도 소멸되는 것은 아니고 다만 정리절차에 참가하는 자격만이 부정되고 정리회사의 보증인이나 연대채무자에 대한 실체법상의 청구는 가능하다고 해석되는 점[84]과 이의가 철회되면 소급하여 이의가 없었던 것으로 취급되므로 제소의 책임도 소급하여 소멸된다고 해석할 수밖에 없으므로 정리채권자는 다시 정리절차에 참가할 수 있다고 해석함이 옳지 않을까 생각한다. 다만 관리인과 다른 정리채권자 등이 이의를 제기한 경우에 관리인이 이의를 철회하면 다른 정리채권자는 제151조에 의하여 이의를 주장하지 않으면 아니 되는데 그 때는 이미 출소기간이 도과하는 경우가 생길 수 있으므로 관리인이 이의를 철회하기 위하여는 함께 이의를 제기한 정리채권자의 동의를 요하도록 해석함이 상당하다. 이의가 철회된 경우에는 정리채권자표에 그 확정의 사유와 년월일을 기재하여야 한다.

2) 출소기간의 도과

신고한 정리채권, 정리담보권에 대하여 이의가 있는 경우 소정의 기간 내에 채권자가 이의자를 상대로 소를 제기하거나[85] 계속중의 소를 수계하여 채권확정을 꾀하지 않으면 당해 채권자는 회사정리절차로부터 배제되는 것이 원칙이다(제147조, 제149조). 그러나 관리인은 이의를 하지 않고 다른 정리채권자, 정리담보권자 또는 주주만이 이의를 제기한 때에는 이의를 제기한 자가 소송을 제기하거나 수계하지 않으면 확정을 저지할 수 없다(제151조). 또한 집행력 있는 채무명의[86] 또는 종국판결[87]이 있는 정리채권에 대하여는 관리인이 이의를 한 경우에도 거꾸로 관리인이 소송(또는 항소)을 제기하거나 수계하지 않으면 안 된다. 이와 같이 이의를 제기한 자가 제소 또는 수계를 하여야 함에도 이를 해태한 경우에는 이의는 효력을 잃게 되어 신고채권은 확정된다. 정리채권자가 출소기간 내에 정리채권 확정의 소가 아니라 권리에 관한 이행의 소를 제기하였다가 그 후 정리채권 확정의 소로 청구취지를 변경

83) 글 말미에 편철된 정리채권자표 참조.

84) 전게 대법원 89다카4113 판결(주 4) 및 日本 最高裁判所 1970. 12. 16. 判決 참조.

85) 만일 이의자가 관리인이 아닌 경우에는 당해 이의자를 상대로 하여야 한다{대법원 1979. 9. 11. 선고 79다1280 판결(공 1979, 12253)}.

86) 이의 당시까지 집행문이 부여되지 아니한 약속어음공정증서는 이에 해당하지 아니한다{대법원 1990. 2. 27. 선고 89다카14554 판결(공 1990, 940)}.

87) 확정판결을 의미하는 것이 아니므로 제 1 심의 종국판결이 선고된 후에 정리절차 개시결정이 있은 경우에도 이의자가 소송절차의 수계신청을 하여야 한다{대법원 1995. 10. 12. 선고 95다32402 판결(공 1995, 3745)}.

하였다면 원래 심판의 대상의 범위 내에 포함되어 있던 것을 정리채권 확정의 소에 적합하게 수정한 것으로서 당초 이행의 소를 제기함으로써 그 출소기간을 준수하였다고 봄이 상당하다.[88)]

3) 이의권의 상실

이의를 한 자가 후에 회사정리절차에 참가하는 자격이 상실되는 경우 그 자가 진술한 이의는 효력을 상실한다. 예컨대, 첫째, 이의한 정리채권자가 그 채권신고를 취하한 때, 둘째, 그 채권에 대하여 다른 채권자, 관리인이 이의를 진술하였음에도 그들을 상대로 정리채권 확정의 소를 제기하지 않거나 소송절차를 수계하지 아니한 때, 셋째, 이의를 제기한 자의 채권이 정리채권 확정소송에서 부정된 때, 넷째, 그 채권이 특별기일에 조사되어야 하는 것임에도 소정의 시기까지 신고의 추완이 없거나 기일을 위한 비용을 예납하지 아니하여 실권한 때에 이의권이 상실된다(제127조, 제138조 제2항). 이의를 제기한 자가 후에 자기의 권리를 타에 양도하거나 상속 등에 의하여 권리자의 지위가 승계된 경우에는 이의를 진술한 지위도 승계되고 이의의 효력이 상실되는 것은 아니다.

Ⅳ. 정리채권, 정리담보권 확정의 효력

1. 논의의 초점

확정된 정리채권, 정리담보권에 대한 정리채권자표, 정리담보권자표의 기재는 정리채권자, 정리담보권자 및 주주 전원에 대하여 확정판결과 동일한 효력이 있다(제145조). 이는 일단 확정한 정리채권, 정리담보권이 후에 다시 다투어지는 것에 의하여 정리절차의 진행이 저지되는 것을 방지하기 위한 것이다. 그런데 여기서 말하는 확정판결의 효력의 내용이 어떠한 의미를 갖는가에 대하여는 견해가 나누어져 있다.

우선 논의의 실익을 먼저 살펴보는 것이 문제를 파악하는 데 도움이 될 것이다. 예컨대, 정리채권 신고시에 정리담보권으로 신고되어 확정되었는데 정리계획인가절차에서 자신을 정리담보권자조에 편성한 것이 잘못되었다면서 정리계획인가결

88) 대법원 1994. 6. 24. 선고 94다9429 판결(공 1994, 2071).

정에 대하여 불복을 할 수 있는가[89] 또는 정리절차가 인가결정 전에 폐지되어 파산절차로 이행하거나 개별집행의 단계에 들어갔을 때 확정된 정리채권의 내용이나 그 수액 등 조사대상으로 확정된 부분을 위 절차에서 다툴 수 있는가 하는 점이 그 좋은 예라 할 것이다. 파산절차로 이행된 후 정리회사가 배당절차에서 배당에 참가한 정리채권자에 대하여 정리절차개시 전에 이미 위 채권을 변제하였다고 주장하면서 정리채권의 존재 자체를 부정하여 배당이의를 할 수 있는지, 배당이 종료한 후에도 부당이득반환청구소송을 할 수 있는지에 대한 해답은 위 조사절차를 거친 정리채권 등의 확정의 효력을 어떻게 이해하느냐에 달린 것이다.

2. 일본의 학설 및 판례의 내용

(1) 학 설

1) 기판력긍정설

일본 파산법 제242조(서자주: 한국 파산법 제259조와 같다)에 관한 종래의 통설적 견해에 상응하여 확정판결과 동일한 효력은 바로 기판력이라는 주장이다.[90] 현재는 소수설이다.

2) 기판력부정설(또는 특별구속력설)

회사정리에 있어서 정리채권 또는 정리담보권의 조사에 의한 확정은 정리계획안 확정에 이르기까지의 정리절차의 진행과정에 있어서 그 권리행사의 기준이 됨에 불과하고 그것이 정리계획에 있어서 그 권리에 대한 몫의 직접적인 기준이 되는 것은 아니다. 이 점에서 정리계획안인가 결정확정의 경우에 있어서 정리채권자표 또는 정리담보권자표의 기재의 효력(제245조)과 다르고 파산절차에 있어서 직접배당의 기초가 되는 파산채권의 확정 및 그 채권자표의 기재의 효력(파산법 제242조)과도 다르다. 따라서 본조에 의한 정리채권자표, 정리담보권자표의 기재에는 소위 기판력은 아니고 단지 확인적 의미를 갖는 데 불과하고, 다만 일단 확정된 정리채권 또는 정리담보권이 후에 다투어지는 것에 의하여 정리절차의 진행이 저해되는 것을 방지하기 위한 것이고 그러한 목적의 범위 내에서 불가쟁의 효력을 인정한 것이라 해

---

89) 서울고등법원 1998. 5. 16.자 98라77 결정은 항고인이 정리회사가 제 3 채무자에 대하여 갖는 공사대금채권을 대물변제로 양수받아 피담보채권이 소멸하였음에도 자신을 정리담보권자로 편성한 정리계획안이 부당하다고 다툰 사안에서 채권조사절차에서 항고인이 스스로 정리담보권으로 신고하여 채권조사절차가 확정된 이상 더 이상 다툴 수 없다고 하여 항고를 기각하였다.

90) 兼子一＝三ケ月章, 條解會社更生法(舊版)(中), 307면.

석한다.[91]

3) 정리절차내기판력설

조사절차에 의한 정리채권의 확정의 취지를 보아 본조는 확정된 정리채권 등의 정리채권자표 및 정리담보권자표의 기재에 정리절차 내에 있어서 그 불가쟁의 효력을 인정하는 것이고(그러한 범위에서는 기판력부정설과 같다) 이 불가쟁의 효력을 기판력으로 본다는 것이다. 본조의 취지는 일단 조사절차에서 확정된 정리채권 등이 후에 다투어지는 것을 방지하기 위한 것이고 한편 정리채권자표는 각 채권자가 수령할 수 있는 변제액을 정하는 직접의 기준이 되는 것은 아니며 어떤 채권자가 정리계획상 어떠한 권리를 부여받는가는 다른 채권자의 권리가 조사절차에서 확정되었는가의 여부에 의하여 직접 영향을 받는 것은 아니기 때문에 기판력은 정리절차 외에서는 미치지 않는다고 해석한다. 기판력이라고 하는 것은 그 타당영역은 어떤 법적 판단에 기판력을 인정하는 취지, 목적에 의하여 정하여지는 것으로 그것이 제한될 수 있다고 한다.[92]

4) 제한적기판력설

조사기일에서 정리채권 등의 확정은 법원의 지휘하에 관계인이 서로의 권리관계를 일종의 양보에 의하여 확정한다고 하는 자치적 해결의 면을 갖는다는 점에 중점을 두어 이는 공권적 판단 그 자체보다도 오히려 집단적인 재판상 화해와 같다고 하여 이에 관한 日本의 다수설 판례인 제한적기판력설에 따른다고 한다. 이 견해도 채권확정제도의 기능과 조사기일에 있어서 관계인의 의사를 전제로 하여 정리절차 내 또는 그 관계범위 내에만 미치고 정리절차 외에는 미치지 아니한다고 한다.[93]

(2) 판 례

사안은 정리절차가 개시된 후 정리절차가 폐지되어 다시 파산선고를 받은 회사에 대하여 대여금 채권을 갖는 원고가 관리인을 상대로 하여 회사재산을 부당하게 염가로 매각하였다는 것을 이유로 손해배상을 구한 것이었다. 그러나 위 채권에 대하여 정리절차 당시 원고는 정리담보권으로 신고하였으나 집행문이 부기된 공정증서정본이 첨부되지 않았다는 이유로 조사기일에서 관리인이 위 채권에 대하여

91) 松田二郎, 新版 會社更生法, 有斐閣(1976), 267면; 山內八郎, 전게서(주 81), 171면.
92) 兼子一＝三ヶ月章, 條解會社更生法(新版)(中), 701-703면.
93) 加藤和夫, "債權確定に關する若干の問題," 新實務民事訴訟講座⑬, 日本評論社(1981), 188면.

이의를 진술하였음에도 원고가 확정소송을 제기하지 아니하여 정리법원이 정리담보권자표의 원고의 채권확정란에 [0]으로 기재하였다. 그 후 약 2년 10개월이 지나 원고가 신고한 금액대로 기재를 정정한 사안이었다. 이에 最高裁判所는 "정리담보권자표에 기재된 전기 [0]이라는 기재는 확정판결과 동일한 효력이 있고 위 기재를 정정하기 위하여는 위 기재에 명백한 오류가 존재하는 경우에는 會社更生法 제 8 조(저자주: 회사정리법 제 8 조와 같다)에 의하여 민사소송법 제194조(저자주: 한국 민사소송법 제197조와 같다)를 준용하여 경정결정을 얻은 후 그에 기하여 정정을 하거나 전기 정리담보권자표에 무효의 기재 사유가 존재하는 경우는 위 무효를 소로써 주장하여 그 뜻의 확인판결을 얻어 이에 기하여 정정을 할 수 있다고 해석함이 상당하다"고 판시하여 본건 정정은 위와 같은 적법한 것이 아니라는 이유로 원고의 청구를 배척한 원심의 판단을 시인하였다.[94)]

그 후 위 판결에 대한 그 후 많은 평석이 발표되었으며[95)] 적어도 기판력긍정설이 아님은 명백하다. 하급심판결(東京地判 1965. 7. 31.)은 파산자에 대한 파산채권자의 채무명의 있는 채권에 대하여 다른 신고한 파산채권자 등 파산법 제248조(저자주: 한국 파산법 제221조와 같다)에 기한 청구이의의 소에 대하여 정리담보권자표 작성의 목적과 그 확정수단의 성격 등을 검토하면 그 기재는 기판력을 갖지 아니한다고 해석함이 상당하다고 판시하여 파산회사가 그 후 동표 기재의 채권에 대하여 그 작성 전의 사유를 가지고 그 부존재를 주장할 수 있다고 판시하고 있다.

다음으로 橫浜地判 1980. 7. 30.(判例タイムズ 제425호, 174면)은 정리회사의 부동산상에 설정된 저당권의 피담보채권 중 위 부동산의 가액을 넘는 부분을 일반의 정리채권으로 처리한 정리계획안이 인가되었다가 정리절차가 폐지되어 파산절차로 이행하여 위 부동산이 경락된 사안에서 "…정리절차 개시 전에 담보권의 피담보채권이었던 채권으로서 위 개시 당시 담보물건의 가액을 초과하여 정리채권으로 된 것은 이 사건 정리계획에 의하여 존속하는 것으로 된 담보권에 의하여 담보되지 않는 것으로 변경되었으므로 그 효력은 본건 정리절차가 폐지되더라도 효력을 잃지 않고 정리계획에 의한 변경 전의 상태로 복귀하는 것이 아니다"라고 판시하였다.[96)]

---

94) 日本 最高裁判所 1966. 4. 14. 判決.

95) 霜島甲一, 商事判例硏究 44 제404호, 135면 이하; 靑山善充, 最高裁判所民事判例硏究 31, 法學協會雜誌 제84권 제 3 호, 408면 이하.

96) 加藤和夫 판사는 이 판결이 기판력긍정설의 입장에 선 것이라고 한다. 加藤和夫, 전게논문(주 93), 196면 이하.

3. 국내의 논의

(1) 판 례

이 점에 관하여 대법원은 "회사정리법 제145조가 확정된 정리채권과 정리담보권에 관한 정리채권자표와 정리담보권자표의 기재는 정리채권자, 정리담보권자와 주주 전원에 대하여 확정판결과 동일한 효력이 있다고 규정한 취지는, 정리채권자표와 정리담보권자표에 기재된 정리채권과 정리담보권의 금액은 정리계획안의 작성과 인가에 이르기까지의 정리절차의 진행과정에 있어서 이해관계인의 권리행사의 기준이 되고 관계인집회에 있어서 의결권 행사의 기준으로 된다는 의미를 가지는 것으로서, 위 법조에서 말하는 확정판결과 동일한 효력이라 함은 기판력이 아닌 확인적 효력을 가지고 정리절차 내부에 있어 불가쟁의 효력이 있다는 의미에 지나지 않는다. 따라서 이미 소멸된 채권이 이의 없이 확정되어 정리채권자표에 기재되어 있더라도 이로 인하여 채권이 있는 것으로 확정되는 것이 아니므로 이것이 명백한 오류인 경우에는 정리법원의 경정결정에 의하여 이를 바로잡을 수 있으며, 그렇지 아니한 경우에는 무효확인의 판결을 얻어 이를 바로잡을 수 있다"[97]고 판시하여 기판력부정설인 제 2 설을 취하였다. 판례는 제245조 제 1 항에 대하여도 동조항의 취지는 정리계획인가결정이 확정된 경우 정리채권자표 또는 정리담보권자표에 기재된 정리채권 또는 정리담보권 중 정리계획의 규정에 의하여 인정된 권리를 기준으로 정리계획을 수행하도록 하여 신속하고도 안정적인 정리계획의 수행을 보장하려는 데에 있고, 이와 같은 의미에서 위 법조에서 말하는 '확정판결과 동일한 효력'이라 함은 기판력이 아닌 정리절차 내부에서의 불가쟁의 효력으로 보아 제145조와 같은 입장에 있다.[98]

---

97) 대법원 2003. 5. 30. 선고 2003다18685 판결(공 2003하, 1452); 1991. 12. 10. 선고 91다4096 판결(공 1992, 469).

98) 대법원 2003. 9. 26. 선고 2002다62715 판결(공 2003하, 2072). 사안의 내용은 아래와 같다. (주)동신은 한라중공업(주)에 대한 물품대금 채권 145,298,362원 중 피고 Y_1에게 1억 원을 소외 A에게 142,355,422원을 이중으로 양도하였다. A가 채권을 원고 X에게 다시 양도하였다. 피고 Y_1이 A보다 먼저 대항요건을 갖추었다. 한편 피고 Y_2가 A의 채권양도통지 전에 채권가압류를 하여 원고의 채권양수는 가압류 후에 이루어졌으므로 무효가 되었다. 그런데 한라중공업에 대하여 정리절차가 개시되어 원고와 피고 Y_1이 정리채권을 신고하였으며 관리인이 이의를 제기하지 아니하여 양자의 채권이 모두 정리채권자표에 기재되었다. 삼호중공업(주)가 정리회사의 자산과 부채를 양수하고 이 사건 채권금액을 공탁하였다. 법원은 배당기일을 열어 피고 Y_1에게 1억 원을 나머지 금액을 피고 Y_2 이하 가압류채권자에게 안분배당하였다. 이에 원고 X가 배당이의의 소를 제기한 것이다. X는 정리채권자표의 기재는 확정판결과 동일한 효력이 있고, 정리채권자표에 기한 정리계획안에도 X의 채권을 변제하도록 되어 있으므로 원고와 Y_2는 동 순위의 채권이므로 안분비례

(2) 학 설

일부 학설은 기판력부정설을 취하는 판례에 찬동하고 있다.[99] 이에 대하여 반대설은 1999. 12. 31. 개정된 회사정리법 제24조 제 2 항이 정리계획인가 전에 폐지되는 경우 필요적 파산선고를 하도록 하고 회사정리절차에 의한 채권확정은 파산절차에서 확정되는 것으로 본다고 규정하고 있으므로 실체상의 확정력까지 인정하는 것은 무리이지만 적어도 절차상의 확정력은 보장하는 것이 옳다고 주장한다.[100]

(3) 검 토

생각건대, 정리계획인가 전의 정리채권자표는 관리인의 권리행사의 기준이 되고 또 장래 정리계획에 있어서 권리변경의 전제가 되는 것으로서 작성되는 것에 불과하고, 또한 조사기일에 있어서 인부를 하는 관계인의 의사 또한 마찬가지이다. 확정절차에 있어서도 회사정리의 경우에는 이의권의 남용을 방지하기 위한 입법정책에 기하여 파산법에 비하여 이의를 진술하기 어려운 구조로 되어 있고(제147조 제 2 항, 제151조 제 1 항·제 2 항 참조), 관계인도 파산절차나 개별집행에 있어서 배당절차만큼 엄격한 인부를 하지 않고 있으며(실무상은 대부분 관리인만이 이의를 제기하고 있다) 만일 그 인부가 정리절차 외에서도 효력을 갖는다고 한다면 불이익을 대비하여 이의가 남발되어 정리절차의 신속성을 해할 염려가 있다.[101] 또한 정리절차 외에서도 그 효력이 미친다고 한다면 정리담보권의 확정과 관련하여 다음과 같은 어려운 문제가 발생한다.

즉 정리담보권의 확정에 있어서는 단순히 채권의 존부, 급부내용에 그치지 아니하고 당해 채권이 회사재산상의 담보물권으로 담보되어 있는가의 여부에 대하여도 그 효력이 미침은 이미 본 바와 같은바, 담보물건 가액의 평가에 있어서 그 기

하여 배당하여야 한다고 주장하였다. 한편 피고 Y_2 이하 가압류채권자는 채권신고를 하지 아니하였다. 원심은 채권양도의 우열은 확정일자 있는 양도통지의 도달 선후에 의하여 결정되는 것이고 회사정리법 제245조 제 1 항의 의미는 기판력이 아니라 정리절차 내부의 불가쟁의 효력이 있다는 것에 불과하다고 하여 원고의 청구를 기각하였다. 원고가 상고하였으나 상고가 기각되었다.

99) 韓宗遠, "회사정리법상 확정된 정리채권자표와 정리담보권자표의 기재의 효력," 대법원판례해설(제16호)(1992), 303면; 林采洪 · 白昌勳, 전게서(신판)(주 14), 621면; 서울지방법원 회사정리실무(개정판), 246면은 적어도 확정판결의 기판력과 동일한 내용의 효력을 갖는 것으로는 인정하지 아니하고, 그 효력을 정리절차 내 또는 그와 관계 있는 범위 내에서 불가쟁의 효력으로 이해한다고 기술하고 있다. 鄭大根, "整理債權者表와 整理擔保權者表의 確定力의 의미," 상사판례연구 제 5 집(1992. 11), 261-262면 참조.

100) 金龍德, 전게논문(주 14), 이 글은 전게 대법원 91다4096 판결(주 97)에 대한 해설이다. 정리절차내 기판력설로 이해된다. 한국산업은행, 회사정리법해설(1982), 362면도 같은 견해이다.

101) 兼子一＝三ヶ月章, 條解會社更生法(新版)(中), 701면.

준과 방법에 관하여는 견해가 나누어져 있고,[102] 우리 나라에서도 日本의 경우처럼 평가의 기준을 회사가 계속하는 것으로서 절차개시 당시의 가액으로 하고 있으므로[103] (日本 會社更生法은 1967년 개정에 의하여 제124조의2로 이를 명문으로 규정하고 있다) 위 평가액은 이른바 계속적 기업가치(going concern value)로서 이는 기업의 수익력을 감안하여 평가하는 것으로 청산가액(처분가액)과는 다를 뿐 아니라 평가시점이 정리절차 개시 당시로 고정되어 있다.[104]

따라서 정리절차에서 파산절차나 개별집행으로 이행하는 경우에는 담보물의 평가방법이나 평가시점이 이행 전과 다르게 되고, 결국 이는 다른 절차에 있어서 담보권의 범위에 대한 취급을 구속하게 되는 불합리한 결과가 된다.

그러므로 제145조에서 말하는 확정판결의 효력을 가리켜 기판력이라고 하여 다른 절차에도 미친다고 하는 견해에는 찬성할 수 없으며 무릇 기판력이라고 하는 것은 법원의 공권적 판단에 기하여 발생하는 것으로 불가쟁력 또는 집행력이 있을 뿐 아니라 원칙적으로 소송당사자 사이에서만 발생하는 것임에 반하여 본조에서는 조사절차에 참가하였는지의 여부, 참가해서 이의를 진술하였는지 여부에 관계없이 모든 정리채권자, 정리담보권자와 주주 전원에 대하여 효력이 생긴다고 규정하고 있으므로 기판력이라는 개념의 명확성, 조사절차가 당사자간의 자치적인 분쟁해결이라는 성격을 갖는다는 점에서 정리절차내기판력설도 찬동하기 어렵고 결국 본조에서 말하는 확정판결과 동일한 효력이라고 하는 것은 일단 확정된 정리채권 등이

102) 자세한 논의에 대하여는 田村諄之輔, "更生擔保權の目的物の評價," 新倒產判例百選, 124면 이하.

103) 법원행정처, 회사정리실무(구판), 294면은 日本의 입법과 같은 입장에서 담보물의 평가를 함에 있어서 정리절차개시의 시를 기준으로 하고 회사사업의 계속을 전제로 하여야 할 것이다라고 기술하고 있다.

104) 이 점을 명시한 최근의 대법원판례로는 대법원 1991. 5. 28.자 90마954 결정(공 1991, 1728)이 있다. 위 결정은 먼저 회사재산의 평가기준시점에 대하여는 다음과 같은 논거로 정리절차 개시 당시를 기준으로 한다고 판시하고 있다. 첫째, 제177조, 제178조에서 관리인에게 정리절차 개시 후 지체없이 회사재산의 가액을 평가하고 이에 기하여 절차개시시의 재산목록과 대차대조표를 작성하도록 요구하고 있는 점. 둘째, 제164조 제 2 항 및 제169조의 규정에 의하여 정리계획안이 작성되기 전에도 의결권을 행사할 수 없는 주주는 관계인집회에 소환되지 아니하고 그 의결권의 유무는 이의의 대상이 되도록 되어 있는 점. 셋째, 제123조 및 제124조 제 2 항의 규정에 의하여 정리담보권은 정리절차 개시 당시 회사재산에 존재하는 담보물권으로 담보된 범위의 것에 한하고, 담보권의 목적의 가액을 초과하는 채권은 정리채권으로 보게 되어 있고 정리담보권의 범위는 정리절차개시시에 확정하도록 되어있는 점. 넷째, 회사정리절차는 정리절차개시를 계기로 한 관념적인 청산절차의 성격도 가지고 있는 점을 논거로 하고 있다. 다음으로 회사재산의 평가의 객관적인 기준에 관하여는 회사의 유지·갱생 즉 기업의 계속을 전제로 평가한 가액인 이른바 계속적 기업가치이어야 하고 회사의 해산과 청산 즉 기업의 해체, 처분을 전제로 한 청산가치여서는 아니 된다는 것을 명시하고 그 방법으로는 그 기업의 수익성에 의하여 좌우되는 것이므로 수익환원법에 의한 수익가치의 평가방식이 표준적이라는 것을 명시하였다. 이 판결은 그 동안 정리회사의 재산평가를 둘러싼 논의에 종지부를 찍는 판결로서 실무상 매우 중요한 의의를 가진다. 이 판결에 대한 평석으로는 成樂松, "會社整理法上 株主의 議決權," 민사판례연구(XV), 박영사(1993), 242면.

정리절차의 신속성과 안정성을 고려하여 후일 정리절차 및 이와 관계되는 범위 내에서 다투어지는 것을 방지하기 위한 불가쟁의 효력이라고 해석하는 기판력부정설이 타당하다.

4. 정리채권자표, 정리담보권자표 기재에 대한 불복방법

(1) 경정결정

정리채권자표, 정리담보권자표의 기재에 명백한 오류가 있는 경우(예컨대, 권리신고서 또는 그에 첨부된 증거서류로 보아 명백한 오류가 있는 경우)에는 민사소송법 제197조를 준용하여(회사정리법 제8조 참조) 신청 또는 직권에 의하여 경정결정을 통하여 정정할 수 있다고 하는 점에 대하여 통설, 판례 모두 일치하고 있다.[105]

(2) 재심의 소

정리채권 등의 확정과정에 있어서 재심사유에 해당하는 하자가 있어 이 때문에 이의를 진술할 수 없게 된 관리인 등은 그 기재의 취소를 구하기 위하여 민사소송법 제422조에 의하여 기재가 취소되어야 할 정리채권자 등을 상대로 정리법원에 재심의 소를 제기할 수 있다. 예를 들면 기피에 의하여 직무집행이 배제된 법관이 조사기일을 지휘하는 경우,[106] 위조된 증거서류를 제출하여 확정된 경우 등이다.

(3) 청구이의의 소

정리채권자표, 정리담보권자표에 확정되었다는 취지의 기재가 있는 정리채권 등이 그 확정 후 보증인 등에 의한 변제, 법원의 허가에 의한 변제 등에 의하여 소멸, 변경하여 그 기재가 실체와 어긋나게 된 경우 이의권자인 관리인, 다른 정리채권자 등은 당해 정리채권자 등을 상대방으로 하여 그 기재에 대하여 청구이의의

105) 전게 대법원 91다4096 판결(주 97) 및 日本 最高裁判所 1965. 4. 14. 判決; 서울지방법원, 회사정리실무(2002), 459면.

106) 회사정리절차에서도 재판장에 대한 忌避申請이 가능한가에 관하여는 회사정리절차의 본질을 비송사건인가, 소송사건인가에 의하여 견해가 나누어질 수 있으나 日本의 東京高裁 1954. 6. 14. 決定은 정리절차의 본질을 비송사건으로 본다 하더라도 정리절차의 공정성을 확보한다는 의미에서 기피신청이 가능하다고 판시하고 있다. 한편 주식회사의 特別清算에 관하여는 이를 비송사건으로 보고 비송사건절차법에는 기피에 관한 민사소송법의 규정을 준용한다는 규정이 없으므로 비송사건에서는 기피신청을 할 수 없다는 판례로는 東京高裁 1953. 5. 16. 決定, 위 결정에 대한 평석으로는 飯塚重男, "倒産手続節次における裁判官の忌避," 新倒産判例百選(1990), 14-15면.

소를 제기하여 그 권리에 기한 정리절차에의 참가를 배제할 수 있다고 한다.[107] 그러나 기판력부정설을 일관한다면 기판력의 시적 범위의 문제는 생기지 아니하므로 뒤에서 보는 바와 함께 무효의 소만 인정하면 족하지 않을까 생각된다.[108]

(4) 무효의 소

위 (1), (2)의 불복방법 외에 이의 없이 확정되었으나 그 내용에 실체적 하자가 있는 경우 무효의 소로써 그 기재의 효과를 제거할 수 있다. 실무상으로는 정리채권자표기재무효확인의 소가 자주 이용된다. 예컨대, 이의가 있었음에도 이의가 없다고 기재되거나 이의가 없음에도 이의가 있는 것으로 기재된 경우 또는 이미 조사기일 전에 소멸한 권리 등을 정리채권으로 신고하여 이의 없이 확정된 경우[109]에는 그와 같은 기재는 무효로써 그 잘못이 명백하여 경정결정에 의할 수 있는 경우를 제외하고 일반의 무효확인의 소로써 무효를 주장하여 그 확정판결에 의하여 이를 시정할 수 있다.[110] 정리채권확정의 소의 소송물은 관리인이 정리담보권과 정리채권으로 시인한 금액을 초과하는 정리채권의 존재 여부이고, 정리채권자표기재무효확인의 소의 소송물은 관리인이 시인한 정리채권 중 일부의 존재 여부로서 그 소송물이 서로 다르므로, 이미 확정된 정리채권확정소송의 기판력이 무효확인의 소에 미칠 수 없다.[111]

---

107) 兼子一＝三ケ月章, 條解會社更生法(新版)(中), 718면; 林采洪 · 白昌勳, 전게서(신판)(주 14), 621면.

108) 宮脇行彦 외, 전게서(주 62), 524면은 기판력부정설을 취하면서도 청구이의의 소를 인정하고 있으며 청구이의의 소를 인정하는 것이 통설이라고 기술하고 있다.

109) 전게 대법원 91다4096 판결(주 97)의 사안이다.

110) 松田二郎, 전게서(주 91), 267면; 加藤和夫, 전게논문(주 93), 198면 이하; 宮脇行彦 외, 전게서(주 62), 524-525면 등.

111) 대법원 2003. 2. 11. 선고 2002다62586 판결(공 2003상, 798). 이 판결의 사안은 아래와 같다.
피고가 정리회사에 대하여 정리채권과 정리담보권을 신고하여 관리인이 일부 부인하자 피고가 제기한 정리채권 확정의 소에서 법원이 판결이유 중에 관리인이 시인한 액수보다 적은 금액이 정리채권액임을 설시하고 위 판결이 확정되었다. 그러자 원고(관리인)는 당초 정리절차에서 시인한 피고의 채권액이 착오로 초과 시인되었으므로, 위 정리채권 확정의 소에서 인정된 채권액을 초과하는 부분에 대하여는 정리채권자표의 기재가 무효라고 주장하면서 정리채권자표기재무효확인의 소를 제기한 것이다. 이에 대하여 원심은 정리채권 확정의 소의 기판력에 구속되는 것은 아니며 새로이 사실인정하여 피고의 정리채권이 원고가 시인한 금액보다 적다고 볼 수 없다는 이유로 원고의 청구를 기각하였다(즉 정리채권 확정의 소에 대한 확정판결의 사실인정과 달리 판단할 수 있음을 전제로 한 것이다).

Ⅴ. 이 사건 특별항고 이유에 대한 검토

1. 추완신고 불허결정에 대한 불복방법(재항고인가 특별항고인가)

제 8 조는 정리절차에 관하여는 본법에 따로 규정이 없는 때에는 민사소송법을 준용한다고 규정하고, 제11조는 정리절차에 관한 재판에 대하여 본법에 따로 규정이 있는 경우에 한하여 그 재판에 이행관계를 가진 자는 즉시항고를 할 수 있다고 규정하고 있어 별도의 규정이 없는 한 즉시항고를 할 수 없고, 특별항고만이 가능하다. 1996. 12. 12. 개정되기 전의 구법 제39조에 의하면 보전처분기각결정에 대하여 불복방법을 두지 아니하여 이에 대하여는 항고를 할 수 없었으나,[112] 개정법 제39조 제 4 항에서는 이에 대하여도 즉시항고를 할 수 있도록 개정하였다.

제127조 제 1 항에 의한 추완신고에 대하여 법원으로서는 그 요건에 해당하지 않다고 판단되는 경우에는 추완신고에 대한 각하결정을 할 수도 있고, 별도의 결정 없이 특별조사기일을 열지 않을 수도 있다. 이러한 법원의 결정에 대하여는 불복할 수 없다.[113] 따라서 이에 대하여는 항고를 할 수 없으므로 특별항고로 보아 원심으로서는 이를 대법원에 송부하였어야 하고 따라서 원심이 이를 항고로 보아 판단한 것은 권한 없는 법원이 한 결정으로서 그 효력이 없다.[114] 원심도 불복할 수 없으나 이는 가혹하다는 이유로 형평의 원칙을 근거로 항고로 보아 판단하였다. 그러나 회사정리절차가 즉시항고를 제한하는 이유는 법이 제 1 심 중심주의를 채택함으로써 다수의 이해관계인이 관여하는 절차로서 복잡한 절차를 신속하게 하기 위한 것이므로 이러한 입법 목적을 존중하여야 하고 특별항고로서의 구제도 인정되는 것이므로 원심과 같이 법률에 근거하지 않은 채 형평의 원칙을 들어 항고를 인정하는 것은 명문의 규정이나 입법취지에도 반하는 것이다. 그 외 회사정리계획 인부의 결정에 대한 항고심 결정에 대하여도 특별항고만 허용된다.[115]

112) 서울고등법원 1988. 5. 24.자 87라136 결정. 보전처분신청을 기각한 것에 대한 항고를 각하하였다.
113) 東京高裁 1968. 7. 18. 下級民集 19권 7·8호, 410면 및 이에 대한 평석, 柴田博, ジュリスト(제499호), 1972. 2. 15, 133면 이하.
114) 대법원 1997. 6. 20.자 97마250 결정(공 1997하, 2256).
115) 대법원 1989. 7. 25.자 88마266 결정(공 1997상, 285).

2. 특별항고의 사유의 존부에 대하여

회사정리절차가 개시되면 정리채권자 등은 채권조사기일에 채권을 신고하여야 함은 위에서 본 바와 같다. 미국의 경우에는 파산신청시에 채권자목록을 기재하도록 하고 일부러 채권자를 알면서도 그 목록에 누락시킨 채권자에 대한 채권은 비면책채권으로 하거나 일단 목록에 기재된 채권은 신고된 것으로 간주함으로써 채권자에 대한 적법절차를 보장하고 정리회사가 부당하게 면책의 이득을 보지 않도록 규정하고 있다. 그러나 회사정리법에는 이러한 규정이 없고 공고로써 송달을 갈음하고 있어 조사기한을 모르게 되는 경우가 흔히 있고,[116] 따라서 제127조 제1항에서는 민사소송법과 동일한 표현인 '책임질 수 없는 사유'라는 용어를 사용하고 있지만 민사소송과 달리 절차의 중대한 지장을 초래하지 않는 한 실권시키는 것이 가혹한 경우에는 이를 구제하기 위하여 그 사유를 널리 해석하고 있는 것이 韓·美·日 3국의 실무례임은 위에서 본 바와 같다(대리인 또는 보조자의 과실로 인한 경우에도 구제를 하여 준다). 입법론으로 실권조항에 대한 비판도 있다.[117]

116) 실무상으로 제16조에 의하여 송달에 갈음하여 공고결정을 하고 별도로 법원이 송달을 하는 예가 거의 없다. 다만 관리인으로 하여금 알고 있는 채권자나 또는 주주 등에게 전화 등으로 연락을 취하도록 하고 있다(대구지방법원, 회사정리실무(1998), 145면). 그러나 제16조에 의거한 공고는 송달을 할 장소를 알 수 없는 경우에 취할 수 있는 것에 불과하므로 신고기간을 몰라서 누락되는 일이 없도록 주의하여야 한다(朴洪佑, 전게논문(주 14), 225면). 문제는 송달을 받지 못하거나 공고의 내용을 알지 못하여 제2회 관계인 집회 후에 신고하는 정리채권자, 정리채권자가 있다면 어떠한 구제를 할 것인가에 있다.

117) 三ケ月章, "會社更生法の司法政策的意義," 會社更生法研究, 有斐閣(1970), 271면 참조. 모법인 미국의 절차와 비교하면서, 화의절차에서는 채권조사절차가 필요 없고, 파산법에서는 신속히 배당을 하기 위하여 엄격한 조사절차가 필요하지만 재건절차인 회사갱생절차에서도 파산절차와 같이 엄격한 조사절차를 요구하는 것에 대하여 비판을 하고 있다.

저자가 생각하기에도 아래와 같은 이유에서 이를 개정하여야 한다고 생각한다. 첫째, 파산법에서는 제349조 제6호에서 파산자가 면책을 얻은 경우라도 파산자가 고의로 채권자명부에 채권자를 등재하지 않고 채권자 역시 파산사실을 알지 못한 경우에 비면책채권으로 하여 채권자를 구제하고 있다(田炳西, 破產法(1999), 352면). 회사정리절차의 경우에도 정리회사로 하여금 신청시에 제32조 제6호에 의하여 회사의 자산 부채 기타의 재산상태를 서면으로 제출하도록 하고 있으면서 정리채권, 정리담보권을 신고하지 아니하였다는 이유만으로 정리절차에서 실권하도록 하는 제241조는 파산법과도 균형에 어긋난다. 둘째, 주주의 경우는 신고하지 아니하여도 정리계획의 규정에 의하여 권리가 인정되는 경우에는 신고하지 아니한 주주에게도 권리가 인정됨에도 불구하고(제244조) 정리채권, 정리담보권자만 실권하도록 하는 것 역시 비합리적이다. 셋째, 특히 정리담보권의 경우는 부동산등기 등에 의하여 그 존재가 증명되고 있음에도 불구하고 신고되지 아니하였다는 것만으로 실권하도록 하는 것은 정리회사에게 望外의 이득을 주고 정리담보권자에게는 재산권을 상실케 하는 것으로 재산권을 침해하는 소지가 있다고 본다(적어도 제2회 관계인집회가 끝난 이후에는 추완신고도 불가능하다). 앞서 본 바와 같이 모법인 미국의 파산법도 적어도 채권자명부에 기재된 채권은 실권시키지 않고 있으며 담보권은 신고하지 아니하여도 실권되지 아니함에 유의할 필요가 있다. 실무상 정리절차 개시결정을 정리채권자들에게 송달도 하지 아니하고 공고로써 갈음하고 있으므로 외국 소재 채권자들의 경우 실권을 당하는 예가 있을 수 있고, 이를 실

추완신고는 두 가지로서 첫째는 신고기한 후 일반조사기일 전에 신고한 경우와, 일반조사기일 후 제 2 회 관계인집회 전까지 신고된 경우이다.

첫째 일반조사기일 전에 신고된 경우에는 바로 귀책사유의 유무에 대하여 판단할 것이 아니라 관리인 등이 이의하지 아니하면 하자는 치유되므로 일반조사기일에서 조사할 수 있다.[118] 따라서 법원은 이를 바로 각하하여서는 아니 되고 관리인 등의 이의가 있는지 여부를 기다린다. 만일 이의가 있는 경우나, 일반조사기일 이후에 신고된 경우에는 추완사유가 있는지 유무에 대하여 판단을 하여 추완사유가 있다고 판단되면 일반조사기일이나, 특별조사기일을 열어 신고된 것으로 처리하고 추완사유가 없다면 부적법 각하결정을 하여야 한다.[119]

이 사건 기록에 의하면, 1998. 11. 19. 제 1 회 정리채권과 정리담보권에 대한 조사기일을 개최하면서 재판장이 관리인과 출석한 이해관계인들에 대하여 채권신고기간 마감 후 본 조사기일 이전에 신고된 정리채권 및 정리담보권을 조사기일에서 함께 조사함에 관하여 이의가 있는지 여부를 물은즉 관리인 및 이해관계인들이 이의를 제기하지 아니하여 채권신고기간 마감 후 신고된 정리채권 및 정리담보권도 조사기일에서 함께 조사한다고 선언하였음을 알 수 있다. 그런데도 제 1 심 재판장은 특별항고인을 비롯한 일부 채권자들의 추완신고가 소명자료가 없다는 이유로 각하결정을 하였다. 이는 앞에서 본 제138조 제 1 항의 규정에 반하는 것으로서 법률위반이므로 특별항고 사유가 된다.

기록에 의하면, 관리인은 조사기일에서 1998. 11. 18.자 접수된 조사보고서에 의하여 시부인내역을 진술한다고 되어 있으나 본안사건 기록이 아니라 일부만을 복사한 것이어서 구체적으로 그 내용을 알 수가 없으나 다만 기록 727면의 정리채권신고 시부인표기재와 같이 부인을 한 것으로 본다고 하더라도 재판장이 추완신고를 일반채권과 함께 조사함에 있어 관리인이 이의를 제기하지 않은 이상 이러한 진술은 채권의 내용을 부인하는 것으로 보아야 하고 이를 가리켜 추완신고된 채권에 대한 조사에 대하여 이의를 제기한 것으로 보기 어렵다. 이 점에 있어서 원심의 조서가 불명하다고 볼 수 있다.

설사 이를 추완신고된 채권조사에 대한 이의로 본다고 하더라도 앞에서 본 바와 같이 회사정리절차에서 추완신고를 널리 인정하여 주고 있고, 특별항고인들이

권하도록 한다면 저자로서는 헌법상의 적법절차조항에 위배된다고 본다. 그러나 헌법재판소는 합헌으로 결정하였음은 앞에서 본 바와 같다{전게 헌법재판소 2001헌바59 결정(주 7)}.

118) 제138조 제 1 항 참조.

119) 대구지방법원, 전게서(주 116), 145면.

늦게 신고를 하게 된 것이 1998. 10. 20.경에야 비로소 실제의 분양면적과 계약상의 면적보다 적다는 것을 알게 되었다는 것이고, 특별항고인들의 숫자가 많은 점을 고려하면 신고를 받아주지 않음으로써 실권시키는 것은 가혹하므로 추완신고를 받아주어야 함이 옳다. 제127조 제 2 항에서도 채권의 발생시기가 신고기간 경과 후의 경우에도 추완신고를 받아주는 점을 고려하면 비록 특별항고인들의 채권이 정리절차 개시 전에 입주하였으므로 그 즉시 면적의 상위점을 발견할 수 있다 하더라도 뒤늦게 발견하여 그 즉시 신고하였다면 비록 하자의 주장이 입주 후로부터 6개월이 지난 후라 하여 이를 탓할 수는 없다.

만일 관리인이 특별항고인들의 채권의 존부를 다투어 조사절차에서 이를 부인하는 경우에는 특별항고인들이 정리채권확정의 소를 제기하여 소송절차에서 이를 다툴 수 있도록 하고 관리인이 그 단계에서 부인하면 되는 것이지 신고조차 받아주지 않겠다고 하는 것은 가혹하다.

Ⅵ. 이 사건 결정의 의미

이 사건 결정은 첫째 이론의 면에서 정리채권의 신고절차에 있어서 추완신고 불허결정에 대한 불복방법이 특별항고임을 처음으로 명시한 데에 큰 의의가 있다. 다음으로 실무상으로는 회사정리절차가 증가하는 현재 추세에 있어서 정리채권자 등이 정리절차에서 부당하게 희생당하지 아니하도록 정리채권의 추완신고의 요건을 넓게 인정하여 권리구제의 길을 넓힌 데에도 큰 의의가 있다.

이 사건 결정이 있은 후에 대법원 1999. 11. 17.자 99그53 결정(공 2000상, 129)은 정리채권자가 정리회사를 상대로 채무명의를 얻어 채권압류 및 추심명령을 받아 배당절차에 참가하고 있던 중 정리절차개시를 이유로 채권압류 및 추심명령이 취소된 것을 알고 비로소 제 2 회 관계인집회 전에 추완신고를 한 사안(특별항고인이 책임질 수 없는 사유에 대한 소명을 제대로 하지 못하였다)에서 이 사건 결정을 선례로 인용하면서 특별항고인의 정리채권을 실권시키는 것이 가혹하다는 이유로 특별항고를 인용함으로써 정리절차에서 정리채권자 등의 추완신고의 요건을 전보다 확대하는 방향의 실무운용 지침을 제시하고 있다.

(대법원판례해설 통권 제33호(1999년 하반기)(2000), 299면 이하 소재)

[후기]

이 글이 발표된 뒤에 신탁계약상의 수익권이 정리담보권에 해당하는지 여부 및 정리채권자표무효확인의 소에 관한 대법원 판례들이 나왔으므로 이를 본문에 반영하고 이해의 편의를 돕기 위하여 이 글 뒤에 정리채권의 신고 및 이의, 이의철회에 관한 실제의 정리채권자표를 붙였다. 판례해설의 글이므로 적용 당시의 구 민사소송법을 표기하였다.

정 리 채 권 자 표

<table>
<tr><td colspan="2">사건 89마 340 회사정리</td><td colspan="2">정리회사 주식회사 대주화학</td></tr>
<tr><td>신 고 번 호</td><td>1</td><td rowspan="2">채권자
주 소
성 명</td><td rowspan="2"><s>서울시 서대문구 연희1가동 3 -1</s>
인천 직할시 서구 가좌동 30-48. 역전기업
대표 김 ○ ○</td></tr>
<tr><td>신 고 일 자</td><td>1989. 8. 10</td></tr>
<tr><td>정리채권의
내용 및 원인</td><td colspan="3">채권총액 <s>₩331,2[illegible]000원</s> ₩331,250,000원
채권원인 1. 당좌수표. 약속어음금 <s>₩[illegible]</s>
2. 채무인수대금 <s>₩368,000,000원</s>
3. 변 보 관 증 <s>₩215,120,000원</s></td></tr>
<tr><td>우선권있는
채권, 또는
후순위채권</td><td colspan="3"></td></tr>
<tr><td>의결권 액</td><td colspan="3">금. 331,250,000 원정</td></tr>
<tr><td>조 사
결 과</td><td colspan="3">제1회 채권 조사기일 1989. 9. 18 10:00
관리인 정지명은 채권신고액 중 583,120,000원에 대하여 이의.
법원사무관 김 준 규</td></tr>
<tr><td>소 송 결 과</td><td colspan="3">확정액</td></tr>
<tr><td>정리계획조항</td><td colspan="3">별첨(권리변경 및 변제계획표)과 같음</td></tr>
<tr><td>비 고</td><td colspan="3">89. 10. 19자 채권인이 제출한 명의변경신고서에 의하여 상기채권자 주소를 변경하였음.
89. 10. 19 관리인이 제출한 정리채권변경신고서에 의하여 상기채권액을 변경하였고, 동신고서에 의하여 관리인은 변경된 채권액을 인정하였음.</td></tr>
</table>

정 리 채 권 자 표

<table>
<tr><td colspan="2">사건88파348 회사정리</td><td>정리회사</td><td>주식회사 대주화학</td></tr>
<tr><td>신고번호</td><td>27</td><td rowspan="2">채권자
주 소
성 명</td><td>성남시 야탑동 산 8-1 (솔마건재)</td></tr>
<tr><td>신고일자</td><td></td><td>차 ○ ○</td></tr>
<tr><td>정리채권의
내용및원인</td><td colspan="3">채권액 : ₩15,000,000원
원인 : 약속어음</td></tr>
<tr><td>우선권있는
채권 또는
후순위채권</td><td colspan="3"></td></tr>
<tr><td>의결권액</td><td colspan="3">0</td></tr>
<tr><td>조 사
결 과</td><td colspan="3">제1회 채권조사기일 1989. 9. 1 8 10:00 관리인 정지명은 채권신고액 전액에 대하여 이의
법원사무관 김 춘 규 (인)</td></tr>
<tr><td>소송결과</td><td></td><td>확정액</td><td></td></tr>
<tr><td>정리계획
조 항</td><td colspan="3"></td></tr>
<tr><td>비 고</td><td colspan="3"></td></tr>
</table>

정 리 채 권 자 표

사건 89파 340 회사정리		정리회사 주식회사 대주화학	
신 고 번 호	36	채권자 주 소 성 명	경기도 성남시 상대원동 517-4 경기5지구 의료보험조합 대표 〇〇
신 고 일 자	1989. 2 8		
정리채권의 내용 및 원인	채권신고액 금 7.657.730원 원 인 : 의료보험료.		
우선권있는 채권 또는 후순위채권			
의결권 액	금. 7.284.720 원정		
조 사 결 과	제1회 채권조사기일 89. 9. 18 10:00 관리인 정지명은 채권신고액 중 373.010원에 대하여 이의 법원사무관 김 준 규 (인)		
소 송 결 과	확정액		
정리계획조항	정)파급		
비 고			

정 리 채 권 자 표

사건88파348 회사정리		정리회사	주식회사 대주화학
신고번호	67	채권자 주 소	서울 강남구 역삼동 805-33 롯데산업(주)
신고일자	1989. 8. 31	성 명	대표이사 박 ○ ○
정리채권의 내용및원인	채권액 : 金2.201.080원 채권원인: 물품대금 및 지연손해금		
우선권있는 채권 또는 후순위채권			
의결권액	金2.201.080원		
조 사 결 과	제1회 채권조사기일 1989. 9. 18 10:00 관리인 전지명은 채권신고액 중 497.800원에 대하여 이의 법원사무관 김 윤 규 (인)		
소송결과		화 해 액	
정리계획 조 항	별첨 [illegible] 리채권변제계획표[illegible]과 같음		
비 고	1989.9.18 채권조사기일에 관리인이 제기한 이의는 89. 10. 19자 동 관리인이 철회하였음 (기록1책 837 페이지) (인)		

정 리 채 권 자 표

<table>
<tr><td colspan="2">사건88파348 회사정리</td><td>정리회사</td><td>주식회사 대주화학</td></tr>
<tr><td>신고번호</td><td>69</td><td rowspan="2">채권자
주 소
성 명</td><td>서울시 영등포구 여의도동 20 럭키금성상사(주)</td></tr>
<tr><td>신고일자</td><td>1989. 8. 31</td><td>대표이사 변 ○ ○</td></tr>
<tr><td>정리채권의
내용및원인</td><td colspan="3">채권액 : ₩178.446.856원
채권원인 : 재고자산 및 외상매출금</td></tr>
<tr><td>우선권있는
채권 또는
후순위채권</td><td colspan="3"></td></tr>
<tr><td>의결권액</td><td colspan="3">금, 166.139.613원</td></tr>
<tr><td>조 사
결 과</td><td colspan="3">제1회 채권조사기일 1989. 9. 18 10:00
관리인 정지명은 채권신고액중 12.307.243원에 대하여 이의
법원사무관 김 준 규 (인)</td></tr>
<tr><td>소송결과</td><td></td><td>확정액</td><td></td></tr>
<tr><td>정리계획
조 항</td><td colspan="3">원계획(정리채권변제계획표)과같음</td></tr>
<tr><td>비 고</td><td colspan="3"></td></tr>
</table>

정 리 채 권 자 표

<table>
<tr><td colspan="2">사건 88마 348 회사정리</td><td colspan="2">정리회사 주식회사 대주화학</td></tr>
<tr><td>신 고 번 호</td><td>81</td><td rowspan="2">채권자
주 소</td><td>서울특별시 성북구 삼선동 3가 35</td></tr>
<tr><td>신 고 일 자</td><td>1989. [illegible] 16</td><td>김 ○ ○</td></tr>
<tr><td>정리채권의
내용 및 원인</td><td colspan="3">1. 채권신고액 : ₩7,680,000원
2. 원인 : 약속어음금</td></tr>
<tr><td>우선권 있는
채 권 또 는
후순위 채권</td><td colspan="3"></td></tr>
<tr><td>의 결 권 액</td><td colspan="3">金 7,680,000 원정</td></tr>
<tr><td>조 사
결 과</td><td colspan="3">특별조사기일 1990. 4. 28. 09:00
관리인 정지명은 채권신고액 전액 인정
법원사무관 윤 상 호 (인)</td></tr>
<tr><td>소 송 결 과</td><td></td><td colspan="2">확정액</td></tr>
<tr><td>정리계획조항</td><td colspan="3">별지(정리채권변제계획표)과 같음</td></tr>
<tr><td>비 고</td><td colspan="3"></td></tr>
</table>

회사정리절차와 쌍무계약

Ⅰ. 문제의 소재

광의의 파산법[1]은 파산절차의 개시에서 파산절차의 종료에 이르기까지의 파산절차에 관하여 규율하는 파산절차법과 실체법(비파산법)에서 발생하는 권리관계를 파산절차에서 다루는 파산실체법으로 양분할 수 있다. 파산절차의 개시 요건, 파산절차의 참가를 위한 채권확정제도, 부인제도, 파산재단의 범위, 보전, 관리, 배당(또는 재건절차), 관리인의 선임, 권한, 파산절차의 종료에 관한 문제는 파산절차법에서 규율한다. 이와 달리 별제권, 정리담보권의 범위, 조세채권의 파산절차상의 지위, 미이행쌍무계약의 파산절차에서의 처리, 상계, 정리계획에 의한 회사의 합병, 주식인수, 주식병합 등의 문제는 파산실체법에서 규율한다.

파산실체법은 실체법의 규정과 이론에 바탕을 두면서도 파산법 독자의 목적에 의하여 실체법에 기한 권리관계를 변경하고 있다. 예컨대 현행 파산법에서는 담보물권을 별제권으로 취급하여 신고하지 않더라도 실권되지 않으나, 회사정리절차에서는 담보물권이라고 하더라도 신고하지 아니하면 실권되어 정리회사로부터 아무런 변제도 받지 못하는 것으로 규율하고 있고, 쌍무계약의 해제에 관한 요건과 효과에 대하여도 실체법과 다른 내용을 규율하고 있다. 실무상 파산절차가 개시된 경

1) 이 글에서 광의의 파산법이라 함은 청산 및 재건절차를 포함하는 것이고 협의의 파산법은 그 중 청산절차만을 의미한다.

우 파산자의 채권자가 가장 많은 관심을 갖고 있는 부분이 채권확정절차와 쌍무계약에 관한 파산절차에서의 취급이다. 이 글에서는 파산절차만 따로 설명할 필요가 있는 경우를 제외하고 실무상 자주 문제가 되는 회사정리절차가 개시된 경우로 한정하여 쌍무계약의 법률관계에 관하여 국내의 판례와 실무를 중심으로 논의한다.[2] 통합도산법 개정과 관련한 쟁점에 한하여 일본[3]과 미국 파산법상의 미이행쌍무계약 제도에 대하여도 간단히 논의하기로 한다.

Ⅱ. 미이행쌍무계약에 관한 규정

1. 회사정리법과 파산법의 규정

미이행쌍무계약에 관한 회사정리법과 파산법은 쌍방미이행의 쌍무계약의 일방 당사자에 대하여 회사정리절차가 개시되거나 파산선고가 있는 때에 당해 계약을 어떻게 처리할 것인가에 관하여 계약의 유형을 묻지 아니하고 일반적인 원칙을 정하고 있다. 이는 파산제도의 목적과 특성을 고려한 것이다. 즉 정리절차 개시시에 계약당사자 쌍방에게 의무의 전부 또는 일부가 남아 있는 경우에는 관리인에게 정리회사 의무를 이행하여 상대방에게 의무의 이행을 청구할 수 있고 또는 계약을 해제할 수 있는 선택권을 부여하고 있다.[4] 따라서 관리인이 이행을 선택한 때에는 관리인의 청구권은 정리회사 또는 파산재단에 속하는 재산이 되고 동시에 상대방의 청구권은 공익채권(재단채권)이 된다(회사정리법 제208조 제 7 호; 파산법 제38조 제 7 호).[5] 반대로 관리인이 해제를 선택하면 상대방의 손해배상청구권은 정리채권(파산채권)이 되고(제104조 제 1 항; 파산법 제51조 제 1 항) 이 경우 상대방이 의무의 일부만을 이행한 경우에는 목적물이 현존하고 있으면 그

2) 파산법상의 파산절차의 경우에도 파산법 제50조에서 같은 내용의 규정이 있다. 파산절차에서 미이행쌍무계약에 대한 취급에 관하여는 이미 林鍾憲, "破產節次가 未履行契約關係에 미치는 影響," 인권과 정의 제241호(1996. 9); 朴炳大, "파산절차와 쌍무계약," 파산법의 제문제(상), 법원도서관(1999)의 글이 있다. 회사정리절차에 관하여는, 徐慶桓, "會社整理節次가 契約關係에 미치는 영향," 회사정리법 · 화의법상의 제문제, 법원도서관(2000) 참조.

3) 일본은 일련의 파산법 개정작업을 통하여 2000. 4. 1.부터 화의법을 폐지하고 민사재생법을 시행하고 있고, 2001. 4. 1.부터 '外國倒產處理手続の承認援助に關する法律'과 국내도산절차 중 국제도산관련규정을 정비하는 법률을 개정, 시행하고 있으며, 2003. 4. 1.부터 새로운 회사갱생법을 시행하고 있고, 현재 파산법개정작업에 박차를 가하고 있다. 일본 파산법 개정작업의 특징은 민사재생법을 도산절차의 기본법으로 삼아 이를 회사갱생법과 파산법에 공통으로 규정하는 데에 있다.

4) 파산법 제50조 제 1 항, 회사정리법 제103조 제 1 항. 이하 법이라 함은 회사정리법을 가리킨다.

5) 이하에서 원칙적으로 회사정리법을 기준으로 설명하고 파산절차에 특유한 것은 따로 설명한다.

반환을 청구할 수 있고, 현존하지 않으면 그 가액에 대하여 공익채권자(재단채권자)로서 권리를 행사할 수 있다(제2항). 관리인이 이행 또는 해제를 선택하지 않고 있는 불안정한 상태를 해소하기 위하여 상대방에게 상당한 기간 내에 양자 중 택일할 것을 최고할 권리를 부여하고 만일 관리인이 확답을 하지 아니하면, 관리인이 해제권 또는 해지권을 포기하여 계약이 존속한 것으로 본다(제103조 제2항). 반대로 달리 파산법에서는 계약이 해제된 것으로 간주한다(파산법 제50조 제2항).

한편 관리인이 해제권을 행사하기 위하여는 법원의 허가를 얻어야 한다(제54조 제4호). 반대해석상 이행을 선택하는 경우에는 법원의 허가를 받을 필요가 없다.[6] 해제권 행사 전에 허가를 받아야 하지만 해제 후에 법원의 허가를 받을 수도 있다. 파산절차의 경우는 반대로 이행의 청구를 하는 경우에 감사위원의 동의를 얻어야 하는 것으로 규정되어 있다(파산법 제187조 제9호).

2. 제103조의 취지

쌍무계약에서 당사자 쌍방의 채무는 대가관계에 있고 서로 보증의 관계에 있으나 만일 일방 당사자에게 정리절차가 개시되면 관리인은 상대방이 정리회사에 대하여 갖는 채권에 대하여 회사정리절차에 따라 변제하게 되지만 상대방은 자기의 채무에 대하여 완전한 이행을 하지 않으면 아니 된다. 즉 상대방의 이익과 정리회사의 갱생목적을 조화시키기 위한 것이다.[7] 판례 역시 동조의 취지로 "쌍방 미이행의 쌍무계약에서 당사자 일방인 회사에 대하여 정리절차가 개시된 경우, 관리인에게 계약을 해제할 것인가 또는 상대방 채무의 이행을 청구할 것인가의 선택권을 부여함으로써 정리절차의 원활한 진행을 도모함과 아울러, 관리인이 상대방의 채무이행을 선택한 경우 이에 상응한 회사의 채무도 이행하도록 함으로써 양 당사자 사이에 형평을 유지하고자 한 것"이라고 판시하였다.[8] 파산법 제50조의 취지도 이와 같다. 결국 파산법과 회사정리법은 한편에서는 파산적 청산의 수행 편의를 위하여, 다른 한편에서는 계약 상대방의 이익을 고려하여 이행을 미완료한 쌍무계약에 관하여 적절한 실체적 변경을 가하는 규정을 마련하고 있다.

---

6) 林采洪 · 白昌勳, 회사정리법(상), 사법행정학회(2002), 346면.
7) 林采洪 · 白昌勳, 전게서(주 6), 351면.
8) 제103조 제 1 항에 관한 판례로 대법원 2000. 4. 11. 선고 99다60559 판결(공 2000상, 1180); 1998. 6. 26. 선고 98다3603 판결(공 1998하, 1985) 참조.

3. 적용요건

(1) 회사정리절차 개시 당시에 쌍무계약이 성립할 것

1) 정리절차의 개시

쌍무계약의 이행과 회사정리절차 개시의 선후는 다음의 4가지이고 그 중 제103조가 적용되는 경우는 ④의 경우에 한한다.

① 정리절차가 개시되었을 때 이미 쌍방이 채무의 이행을 완료한 경우에는 양 당사자의 지위는 어떠한 변경도 발생하지 아니한다. 다만 그 이행이 다른 채권자에 대한 편파행위가 되는 경우라면 부인권의 행사에 의하여 부인될 수 있을 뿐이다. ② 정리회사는 이행을 완료하였으나 상대방이 미이행한 경우에는 관리인은 정리회사의 재산을 구성하는 상대방에 대한 채권을 행사하여 상대방에게 이행을 청구하거나 채권을 양도하는 등 환가처분할 수 있다. 이때에는 관리인의 환가행위와 그에 따른 배당의 문제가 발생할 수 있다. ③ 상대방이 이행을 완료하였으나 정리회사가 미이행인 경우에는 상대방의 채권은 정리채권 또는 정리담보권으로서 정리절차에 의하여 변제를 받을 수 있다. 따라서 제103조가 적용되는 경우는 ④ 정리회사와 상대방 모두가 미이행한 때이다.

회사정리절차의 신청이 있고 법원이 보전관리인을 선임한 경우에도 제103조와 같은 권한을 보전관리인에게 부여하는 것이 타당한가에 대하여는 입법론상 논의가 있을 수 있다.[9] 그러나 현행법의 해석론으로서는 부정적으로 해석함이 옳다. 따라서 보전관리인이 선임된 경우로서 아직 개시결정이 선고되기 이전에는 보전관리인이 미이행쌍무계약을 인수 또는 해제할 수 없다.

2) 쌍무계약

제103조나 파산법 제50조는 모두 쌍무계약에 대하여 적용된다. 제103조 소정의 쌍무계약이라 함은 쌍방 당사자가 상호 대등한 대가관계에 있는 채무를 부담하는 계약으로서, 쌍방의 채무 사이에는 성립 · 이행 · 존속상 법률적 · 경제적으로 견련성을 갖고 있어서 서로 담보로서 기능하는 것을 가리키는 것이라고 봄이 상당하다.[10] 민법이 정한 13종의 전형계약 가운데 증여, 무이자소비대차, 조합계약을 제

9) 일본의 경우 보전관리인에게도 제103조와 같은 권한을 부여함이 옳다는 견해로는 高木新二郎, 新倒産法制の課題と將來, 商事法務(2002), 29면. 그러나 2003. 4. 1. 시행되는 新 會社更生法은 종전 규정과 같이 관재인에게만 인정하고 있다.

10) 대법원 2002. 5. 28. 선고 2001다68068 판결(공 2002하, 1511).

외하고 대부분의 계약이 쌍무계약이다. 쌍무계약은 2개의 서로 대응하는 채권채무가 대가적 관계에 서기 때문에 견련관계가 인정된다. 성립상의 견련관계, 이행상의 견련관계, 존속상의 견련관계 3가지 견련관계이다. 그 중 이행상의 견련관계에서 동시이행의 항변권이 발생한다. 따라서 동시이행의 항변권이 인정되는 결과 쌍무계약의 당사자는 상대방이 그 채무의 이행제공을 할 때까지 자기의 채무이행을 거절할 수가 있다. 동시이행관계의 인정근거로는 양 당사자간의 공평, 채권채무관계의 신속한 처리, 양 당사자의 채권에 대한 실질적 담보기능 등을 들고 있다.[11] 또한 일방이 선이행의무를 부담하는 경우라도 상대방의 이행을 기대할 수 없는 사정이 있으면 민법상 불안의 항변권이 인정되어 동시이행의 항변권을 인정한다(민법 제536조 제 2 항). 쌍무계약의 일방당사자는 동시이행의 항변권이 인정되므로 이를 파산절차에 반영하기 위한 것이 제103조의 규정이다.

쌍무계약에 기한 채권채무관계라고 하더라도 당사자간에 대가적 관계가 없는 경우에는 제103조가 적용되지 아니한다. 예컨대 자동차를 매매하면서 잔금지급을 위하여 매도인의 연대보증하에 매수인이 금융기관으로부터 대출을 받아 그 돈으로 잔금을 지불하되 매도인과 매수인간의 특약으로 매도인의 구상금채권이 변제될 때 비로소 소유권이전등록 서류를 이전하여 주기로 하였다고 하더라도 매수인이 구상금채무를 변제할 의무와 매도인의 소유권이전채무는 제103조에서 정한 대가관계에 서는 채무라고 할 수 없다.[12]

⑵ 당사자간의 합의 배제

한편 제103조는 민법이 규정하는 본래적 쌍무계약에만 적용되므로 계약의 성질상 대가성을 갖고 있지 아니함에도 불구하고 매매당사자간에 특정채무를 대가관계에 서는 것으로 합의한 경우에는 적용되지 아니한다.[13] 그러나 미이행쌍무계약에 관한 관리인의 해제권이 모든 쌍무계약에서 인정되는 것은 아니다. 계약의 특성상 민법, 회사정리법 또는 파산법 자체에서 그 적용을 배제하고 있는 경우나 해석론으로 배제한 경우에도 제103조는 적용되지 아니한다.

---

11) 郭潤直 편, 民法注解(XIII), 박영사(2001), 20면(柳元奎 집필부분).

12) 日本 最高裁判所 1981. 12. 22. 金融商事判例 제640호, 17면 및 原審인 東京高裁 1981. 5. 14. 昭55(ネ) 제2599호 판결의 사안 참조.

13) 전게 日本 最高裁判所 판결(주 12).

(3) 쌍무계약이 유효하게 성립하고 있을 것

1) 계약의 성립과정

계약의 성립을 위하여 청약만 있고 아직 승낙의 의사표시가 이루어지기 이전이라면 적용될 여지가 없다. 상대방의 청약이 있고 관리인의 승낙이 있기 이전에 파산선고가 되었다면 관리인이 판단을 하여 승낙을 할 것인지 여부를 결정하면 족하다. 승낙을 하지 아니하면 계약은 성립하지 않는 것이고 반대로 승낙을 하면 계약은 성립하게 되어 관리인은 계약에 따른 채무를 이행하여야 하므로 제103조의 문제는 발생하지 아니한다.

반대로 회사의 청약이 있고 상대방이 승낙을 하기 전에 정리절차가 개시되었다면 관리인은 승낙이 있기 전에 유효하게 청약을 철회하여 계약의 성립을 방지할 수 있다. 만일 관리인이 철회하지 않고 있는 동안에 상대방이 승낙한 경우라면 그 시점에서 계약은 성립한다.

그러나 이 경우처럼 정리절차 개시 당시 아직 계약이 성립하지 않고 있다가 개시 후에 상대방의 승낙으로 계약이 성립한 경우에도 제103조가 적용되는지에 대하여 의문이 있다. 그러나 제103조의 취지가 개시 당시 미해결의 법률관계를 해결하려는 것이고 계약성립 후에 쌍방이 전혀 이행을 하지 아니한 경우이므로 이 때에도 제103조가 적용된다고 보는 견해가 유력하다.[14]

2) 가등기에 기한 본등기와 제103조의 적용여부

정리절차 개시 전에 매매계약을 체결하고 개시 후에 매매계약에 기한 소유권이전등기청구권보전의 가등기[15] 또는 본등기를 경료하는 것은 제58조 제 1 항에 의하여 정리절차와의 관계에서 그 효력을 주장할 수 없다. 문제가 되는 것은 정리절차 개시 전에 이미 가등기가 경료되고 개시 후에 가등기에 기한 본등기를 청구하

14) 三ヶ月章 編, 條解會社更生法(中), 有斐閣(1999), 294면; 宗田親彦, "雙務契約と會社更生手續," 破産法硏究, 慶應通信(1995), 278면.

15) 일본 부동산등기법 제 2 조는 가등기를 두 종류로 나누어 제 1 호에서는 본등기청구를 위한 실체상의 요건은 모두 갖추고 있으나 다만 관청의 허가 등 등기신청에 필요한 절차상 요건이 갖추어지지 않았을 때 하는 가등기(통상 1호 가등기라 한다)를 정하고, 제 2 호에서는 권리의 설정 · 이전 · 변경 · 소멸의 청구권보전을 위한 가등기(이를 통상 2호 가등기라 한다)를 정하고 있다. 그 중 우리 나라의 가등기에 해당하는 것은 2호 가등기이지 1호 가등기는 아니다. 일본은 의사주의를 취하고 있기 때문에 계약이 성립함으로써 권리변동이 발생하고, 따라서 본등기신청에 필요한 실체적 요건을 갖추었으나, 다만 부동산등기법에서 정하는 등기신청에 관한 절차상의 요건을 구비하지 못하였기 때문에 본등기를 할 수 없는 경우 가등기를 하여 두었다가 후일 본등기를 함으로써 가등기시를 기준으로 제 3 자에게 대항하기 위한 것이다.

는 것에 대하여 관리인이 제103조에 의하여 매매계약을 해제할 수 있는가 하는 점이다. 판례는 관리인은 제103조를 주장할 수 없다고 한다. 그러나 다수설은 판례에 반대한다.[16]

판례는 "제58조 제 1 항에는 '부동산 또는 선박에 관하여 정리절차개시 전에 생긴 등기원인으로 정리절차개시 후에 한 등기 또는 부동산등기법 제 3 조에 의한 가등기는 정리절차의 관계에 있어서는 그 효력을 주장하지 못한다. 그러나 등기권자가 정리절차개시의 사실을 알지 못하고 한 등기 또는 가등기는 그러하지 아니하다'고 규정하고 있기 때문에 위 제58조 제 1 항 본문의 반대해석으로서 정리절차개시 전의 등기원인으로 정리절차개시 전에 부동산등기법 제 3 조에 의하여 한 가등기는 정리절차의 관계에 있어서 그 효력을 주장할 수 있다고 할 것이고 따라서 위와 같은 가등기권자는 정리회사의 관리인에 대하여 본등기청구를 할 수 있다고 보아야 하므로 이러한 유효한 가등기가 경료된 부동산에 관한 쌍무계약에 대하여는 제103조의 적용이 배제된다"라고 판시하고 있다.[17] 제103조와 같은 내용의 조문이 파산법 제46조 제 1 항에 있으므로 회사정리절차에 관한 대법원판례는 파산절차에도 적용될 수 있을 것이다.

그러나 일본에서의 해석론을 살펴보면 위에서 본 1호 가등기에 대하여는 그 권리자에게 갱생절차에서의 본등기청구를 보장하고 2호 가등기에 대하여는 상대방이 본등기청구권을 주장할 수 없다고 해석하는 것이 다수설이다.[18] 형식주의를 채택하는 우리 나라 부동산등기법에는 일본과 같은 1호 가등기의 개념이 없으므로 판례의 입장은 다른 정리채권자에 비하여 가등기권자를 지나치게 보호하는 것이 아닌가 생각된다.

3) 미이행쌍무계약의 채무의 의미

쌍무계약에서 당사자가 부담하는 채무는 서로 대가적인 의미를 갖는 것이어야 하고 단순히 부수적인 채무에 불과한 경우에는 그 불이행이 있다고 하더라도 제103조에서 정한 미이행이라 할 수 없다. 아래에서는 판례에 나타난 미이행쌍무계

16) 林采洪 · 白昌勳, 전게서(주 6), 355면; 林俊浩, "所有權移轉請求權 保全의 가등기와 쌍방미이행의 쌍무계약의 解除權," 상사판례연구(V), 박영사(2000), 215-231면; 朴炳大, 전게논문(주 2), 486-490면 참조. 徐慶桓, 전게논문(주 2), 650면은 경료되어 있는 가등기의 성격, 가등기권리자와 정리회사의 관계 등을 고려하여 개별적으로 판단할 문제라고 해석한다. 판례와 같은 견해로는 韓國産業銀行, 會社整理法解說(1982), 315면.

17) 대법원 1982. 10. 26. 선고 81다108 판결(공 1983, 52).

18) 三ヶ月章 編, 전게서(주 14), 303면; 宗田親彦, 전게서(주 14), 279면. 반대설: 霜島, 判批 ジュリスト, 제506호 152면; 三ヶ月章 編, 전게서(주 14)에서 재인용.

약의 구체적인 사례를 보기로 한다.

① 공유수면매립허가의 양도와 공사협조 약정

〈사안의 개요〉

갑이 정리절차 개시 전의 회사에 공유수면매립허가와 관련된 권리를 양도하고, 아울러 이에 필요한 도면 등을 교부하며, 정리회사의 공유수면 매립공사에 적극 협조하기로 하고, 정리회사가 그 대가로 금원 및 준공 후 일부 토지를 양도하기로 하여, 갑이 신청인에게 서류를 교부한 후 위 장차의 매립지에 대한 권리를 양도하고 그 통지를 하였다. 신청인이 회사에 대한 소유권이전등기청구권을 보전하기 위하여 정리절차 개시 후에 피신청인(정리회사)을 상대로 매립된 토지에 대하여 처분금지가처분을 하였다. 이에 피신청인은 신청인이 양수한 소유권이전등기청구권은 정리채권으로서 개시결정 후에는 가처분을 할 수 없다고 다투었고, 신청인은 공유수면에 적극 협조하기로 하는 채무가 아직 이행되지 아니한 상태로서 관리인이 이행을 하는 경우에 해당하므로 공익채권에 해당한다고 다투었다.

〈판결요지〉

회사와 상대방의 채무는 쌍무계약상 상호 대등한 대가관계에 있는 채무를 의미한다 할 것이고 계약상의 채무와 관련이 있다 하여도 신청인이 주장하는 막연한 협력의무는 특정조차 되지 아니하여 가사 미이행의 경우에도 이를 소구할 수 있는 것도 아니어서 이러한 부수적인 채무는 이에 해당하지 아니한다.[19]

② 공동도급현장 경리약정

〈사안의 개요〉

원고(포스코개발)와 정리절차 개시 전의 유원건설 등 4개 건설회사가 공동수급업체를 구성하여 부산시가 발주한 광안대로 제3공구 공사를 도급받아 그 공사를 시행함에 즈음하여, 공사자금의 조달·집행과 각자의 지분비율에 따른 공사비 분담 등의 경리업무를 효과적으로 수행하기 위하여 공동도급현장 경리약정을 체결하였다. 이 경리약정에 의하면, 원고는 대표사로서 공사자금을 조달·집행하고 매월 말 이를 정산하여 다음달 25일까지 회원사에 분담금을 청구하고, 회원사는 그 다음달 21일까지 분담금을 현금으로 지급하며, 지체시에는 지연이자를 가산하고, 도급인이 지급하는 공사대금도 원고가 이를 수령하여 그로부터 5일 내에 회원사에 지급하기로 하였다. 이에 따라 원고는 공사자금을 지출한 다음, 유원건설 등의 회원사에 대하여 1997년 1월분부터 5월분까지의 분담금을 청구하였다. 한편 유원건설은 1997. 3. 21. 회사

19) 대법원 1994. 1. 11. 선고 92다56865 판결(공 1994, 678). 이 판결은 회사정리법의 규정을 완화하여 해석하여 관리인의 해제, 이행선택제도의 취지를 올바르게 이해함으로써 미국의 기존 이론 즉 일방의 불이행이 중요한 계약불이행이 되어야 한다는 Countryman 교수의 견해와도 맥락을 같이 하는 것으로서 선례적 가치가 크다.

정리절차 개시신청을 하여 같은 달 27일 보전관리인에 의한 관리명령이, 1997. 8. 18. 회사정리절차 개시결정이 각 내려졌는데, 그 과정에서 1997년 1월분 분담금의 원금은 1997. 6. 30, 나머지 분담금의 원금은 1997. 9. 30. 각 지급되었다.

원고는 분담금의 지체에 따른 지연손해금 채권이 제208조 제 7 호 소정의 공익채권에 해당한다는 이유로 정리회사 유원건설의 관리인을 상대로 그 지급을 구하는 소를 제기하였고 원심은 공익채권에 해당하지 않는다는 이유로 원고의 청구를 기각하였다.

〈판결요지〉

이 사건 경리약정에 따라 원고가 공사자금을 먼저 지출할 의무와 유원건설 등 회원사가 그 분담금을 원고에게 상환할 의무는 서로 대가적인 의미를 갖는 채무라고 보기 어려워 이 사건 경리약정을 회사정리법 제103조 소정의 쌍무계약이라고 볼 수 없다.[20]

③ 수출대행계약에 따른 업무제휴계약

〈사안의 개요〉

원고는 해외수출업 및 대행업을 하는 종합상사이고 피고는 가발제조 판매 등을 하는 회사로서 1977. 1. 13. 원고가 피고의 수출업무를 대행하되 피고가 연차적으로 제품을 원고에게 공급하면 원고는 금원을 대여해 주고 조흥은행으로 하여금 피고의 뉴욕지사를 위한 보증신용장을 개설하게 하여 주어 피고가 이를 근거로 외환은행 뉴욕지점으로부터 신용장을 개설하고 외환은행으로부터 대출을 받았다. 1977. 5. 27. 피고에 대하여 정리절차가 개시되었음에도 피고는 보증신용장의 유효기간 연장신청을 하여 원고가 6차에 걸쳐 최종기간을 1980. 8. 31.자로 연장하였고 피고가 대출원리금을 변제하지 아니하여 1978. 12. 29.부터 4회에 걸쳐 외환은행에 대한 피고의 채무 원리금을 변제하였다. 원고가 구상채권은 공익채권이라며 그 지급을 구하는 소를 제기하였으나 피고는 정리채권에 해당하고 신고하지 아니하였으므로 실권되었다고 다투었다.

〈판결요지〉

원·피고간의 1977. 1. 13.자 업무제휴에 관한 약정은 주로 원고는 피고에게 수출상품생산 등을 원활하게 하기 위한 경영자금의 지원과 아울러 피고 상품을 지속적으로 수출케 하는 채무를 부담하고, 이에 대하여 피고는 원고로 하여금 계약기간 동안 그 생산품을 지속적으로 수출할 수 있도록 원고에게 매년 일정량의 상품을 생산, 공급키로 하는 채무를 부담하는 것을 골자로 함으로써 위 양 채무는 그 성립과 존속에 관하여 견련성이 인정되는 쌍무계약이라고 볼 것이고, 원·피고간의 위 계약상의 채무는 피고의 정리절차 개시 당시에 상호 그 이행이 완료되지 아니한 상태에 있었다

---

20) 대법원 2000. 4. 11. 선고 99다60559 판결(공 2000상, 1180). 이 판결은 그 이유에 대하여 자세히 설시하고 있지는 않으나 원고가 부담하는 채무는 먼저 하도급업자들에게 공사대금을 지급하고, 유원건설은 다음 달에 원고에게 분담금을 지급하는 등 원고의 채무와 유원건설의 채무가 동시이행관계에 있지 않다는 점에 근거를 둔 것으로 이해할 수 있다.

고 할 것인데 정리절차 개시 후 피고 관리인이 위 계약을 해제 또는 해지함이 없이 오히려 그 이후에도 원·피고는 상호 그 의무이행을 지속시켜 왔음이 명백한 이상 원고의 이 사건 채권은 공익채권에 해당한다.[21]

④ 아파트 공급계약

아파트 수분양자가 중도금과 잔금 납부를 지연할 때에는 소정의 가산금을 납부하고 분양자가 입주예정기일에 입주를 시키지 못할 때에는 소정의 지체상금을 지급하기로 하는 내용의 아파트 분양계약은 제103조 소정의 쌍무계약에 해당한다.[22]

⑤ 금융리스계약

회사정리법 제103조 소정의 '쌍방 미이행의 쌍무계약'은 회사가 정리절차개시 전에 쌍무계약을 체결하였으나 정리절차개시 당시에 회사와 상대방이 모두 아직 그 이행을 완료하지 아니한 경우를 말하는바(같은 조 제1항 참조), 리스계약은 리스이용자가 선정한 물건 또는 시설을 리스회사가 공급자로부터 구입하여 리스이용자에게 대여하고 그 대여기간중 지급받는 리스료에 의하여 리스물건에 대한 취득자금과 그 이자, 기타 비용을 회수하는 이른바 금융리스계약이므로, 그 리스료의 산정 및 지급방법의 결정과정에 비추어 볼 때 각기(各期)에 지불하여야 할 리스료는 그 기간 동안의 리스 물건의 사용의 대가라고 하기보다는 전(全)리스기간의 사용과 전(全)리스료가 대가관계에 있다고 할 것이고(각기의 리스료 지급의무는 리스회사가 리스이용자로 하여금 그 리스료 총액을 일정기간 동안 분할지급할 수 있도록 함으로써 발생하는 의무에 불과하다), 이러한 리스이용자의 리스료 지급의무에 대응하는 리스회사의 의무는 단순히 리스물건의 사용수익을 수인할 의무에 그칠 뿐 적극적으로 무엇을 이행하여야 하는 것은 아니기 때문에, 위 양 의무 사이에는 상호 대등한 '대가관계'가 있다고 볼 수 없다.[23]

4) 이행을 완료하지 아니할 것

회사정리절차 개시 당시 쌍무계약의 양 당사자가 모두 채무의 이행을 완료하지 아니하고 있어야 한다. 이행을 완료하지 아니한 때라 함은 채무의 일부 미이행도 포함되고 그 이행을 완료하지 아니한 사유는 묻지 아니한다.[24] 이행지체, 불완전이행 등의 경우에도 쌍방의 이행이 완료되지 아니한 경우에 해당한다.[25]

21) 서울지방법원 남부지원 1983. 12. 6. 선고 82가합26522 판결(법률신문 1984. 1. 2.자).
22) 대법원 2002. 5. 28. 선고 2001다68068 판결(공 2002하, 1511).
23) 서울고등법원 2000. 6. 27. 선고 2000나14622 판결(미상고 확정).
24) 대법원 1998. 6. 26. 선고 98다3603 판결(공 1998하, 1985).
25) 林采洪 · 白昌勳, 전게서(주 6), 354면; 中村清, "雙務契約の履行請求および解除權行使の實際," 判例ダイムズ No. 866(1995), 195면.

4. 상대방의 보호

(1) 관리인의 선택권

원래 관리인이 이행을 선택하게 되더라도 상대방의 채권은 정리절차 개시 전에 체결된 계약에 기한 청구권이므로 정리채권이 되고 정리절차에 의해서만 배당을 받게 되므로 배당금액 수령과 동시이행의 항변을 인정한다고 하더라도 계약에서 정한 금액보다 적은 금액만을 받게 될 것이다. 반면 자기의 채무는 완전한 이행을 하도록 강요당하게 되는바 이는 동시이행관계의 담보적 기능을 무시하게 되어 공평에 반하게 된다. 따라서 관리인에게 이행 또는 해제의 선택권을 부여함과 함께 공평의 견지에서 이행을 선택한 경우에는 상대방의 청구권을 재단채권으로 격상하였다. 이 경우에도 관리인이 이행을 선택하였다고 하여 동시이행의 부담을 갖는 종전 당사자의 지위보다 유리하게 될 수는 없으므로 상대방은 관리인에 대하여도 동시이행의 항변권을 주장할 수 있다.[26] 또한 마찬가지로 해제권을 선택한 경우에는 상대방이 일부이행을 한 때에는 현물이 있으면 그 반환권을 인정하고, 현물이 현존하지 아니하면 그 가액에 대한 반환청구권을 공익채권으로 보호하는 것이다. 그러나 입법론상 상대방의 급부에 의하여 회사의 재산에 귀속한 것을 완전히 회복하도록 인정하는 것은 이미 이행을 완료한 다른 채권자와 비교하면 불공평하다는 점에서 의문이 있다.

(2) 상대방의 최고권

상대방의 최고는 그 대상인 계약을 특정하여 명시적으로 하여야 한다. 대법원은 주식인수계약과 주식옵션계약이 체결된 후 상대방이 주식옵션계약에 따라 풋옵션을 행사하여 체결된 주식매매계약에 대하여 관리인이 쌍방미이행계약임을 이유로 해제권을 행사하여 주식매매계약의 해제여부가 다투어진 사안에서 상대방인 원고가 풋옵션의 실행통지나, 주식매수대금에 관한 정리채권의 신고, 정리채권확정의 소를 제기한 것만으로는 제103조 제 2 항이 규정하는 확답의 최고에 해당하지 아니한다고 판시하였다.[27]

26) 同旨, 徐慶桓, 전게논문(주 2), 653면 참조. 동시이행의 항변권이 부인되는 경우로는 제103조 제 4 항에서 정한 계속적 공급계약에 한한다.

27) 대법원 2003. 5. 16. 선고 2000다54659 판결 참조. 사안의 내용은 다음과 같다. 외국회사인 갑회사는 1997. 4. 9. 대농중공업(주)과 (주)대농간에 대농중공업의 주식을 인수하기로 하는 주식인수계약을 체결하는 한편, 대농과 (주)미도파간에는 갑에게 풋옵션을 부여하는 내용의 주식옵션계약을 체결하였다. 주식옵션계약에 의하면 풋옵션은 2000. 4. 10. 자동행사하는 것으로 간주하되 대

회사정리절차에서는 관리인이 확답을 하지 아니하는 경우 해제권 또는 해지권을 포기한 것으로 본다고 하고 있으나 파산절차에서는 계약이 해제된 것으로 간주한다. 이처럼 양자의 규정 내용을 달리하는 것은 파산절차에서는 파산절차의 원활하고 신속한 진행의 관점에서 조기에 관계를 청산할 필요가 있다는 점이 고려된 것이고 회사정리절차에서는 기업의 유지 재건이라는 점이 고려된 것이다. 통합도산법의 개정작업에서도 통일적인 규정을 둘지 여부를 논의하였으나 현행법을 유지하기로 하였다.

(3) 해제권행사의 효과

1) 해제권불가분의 원칙과 제104조

민법 제547조에 의하면 해제권의 행사는 수인에 대하여 또는 수인에 의하여 이루어져야 한다. 관리인이 제103조에 의하여 해제권을 행사하는 경우에도 그러한 제한을 받는지 여부가 문제된다. 대법원은 성질상 민법 제547조의 제한을 받지 않는다고 판시하였다.[28]

2) 손해배상청구권의 성질

제104조에 의하여 관리인이 계약을 해제 또는 해지한 경우에 상대방은 손해배상에 관하여 정리채권자로서 그 권리를 행사할 수 있다. 상대방이 갖는 채권이 정리채권이므로 상대방은 제127조 제 2 항에 기하여 해제일부터 1개월 내에 정리채권을 신고하여야 하고 적어도 제 2 회 관계인집회 기일이 도과한 후에는 실권하게 된다. 상대방으로서는 제103조 제 2 항에 의한 해제권 행사 여부에 대하여 관리인에게 최고권을 행사하여 관리인으로부터 계약의 이행 여부를 확답받아야 하고 만일

농중공업, 대농 또는 미도파에 대하여 회사정리절차 등이 개시되면 그 전 날에 행사된 것으로 간주되고 대농과 미도파가 연대하여 주식을 매입하도록 되어 있었다. 그 후 갑 회사가 채권을 순차로 양도하여 원고가 양수인이 되었다. 대농에 대하여 1997. 12. 30. 회사정리절차가 개시되자 원고가 풋옵션의 자동행사사실을 통지하고 주식매수대금채권을 정리채권으로 신고하였고, 관리인이 채권조사기일에 부인하자 정리채권확정의 소를 제기하였다. 대농의 관리인은 정리채권확정의 소송이 1심에 계속중인 1999. 2. 24.자 준비서면의 진술로서 주식매매계약이 미이행쌍무계약이라는 이유로 해제권을 행사하여 원고가 주장하는 주식대금채권의 성립을 부정한 것이다. 이 사건의 쟁점은 ① 주식인수계약, 주식옵션계약 및 옵션의 행사에 의하여 체결되는 주식매매계약이 별개 독립의 계약인가 불가분한 하나의 계약으로 볼 것인가, ② 주식매매계약이 미이행쌍무계약에 해당하는가, ③ 상대방이 행한 풋옵션의 실행통지나 주식매수대금에 관한 정리채권의 신고가 제103조 제 2 항이 규정하는 확답의 최고에 해당하는가 ④ 관리인이 계약을 해제하는 경우 해제권 행사의 불가분성에 관한 민법 제547조가 적용되는가 등이다. 이 판결에 대한 평석으로는 石光現, "國際的인 신디케이티드 론 去來와 어느 貸主銀行의 破產," 國際私法과 國際訴訟 제 3 권, 박영사(2004) 참조.

28) 대법원 전게 2000다54659 판결(주 27).

확답을 하지 아니하면 계약이 존속한 것으로 보아 그의 채권은 공익채권으로 취급 받을 수 있다(제104조 제 2 항).

3) 손해배상청구권의 신고 여부

관리인의 해제로 인하여 상대방이 입은 손해배상청구권은 정리채권이므로 신고하여야 한다. 즉 상대방은 정리절차 개시 후에 비로소 관리인이 계약을 해제함으로 인하여 정리회사에 대하여 손해배상채권을 갖게 되었더라도 그 손해배상에 관하여 정리채권자로서 그 권리를 행사할 수 있도록 되어 있으므로 만일 상대방이 정리채권의 신고를 해태하면 실권하여 권리를 행사하거나 상계 주장 등을 할 수 없게 되는바, 정리회사의 관리인의 계약해제로 상대방만이 원상회복의무를 부담하게 되는 결과가 되었다고 하더라도, 관리인의 청구가 권리남용이며 신의칙에 반한다고 단정할 수는 없다.[29]

4) 손해배상청구권의 범위

상대방이 갖는 손해배상청구권의 범위는 이행이익인가 아니면 신뢰이익에 한하는가. 이 점은 회사정리법에 특유한 문제는 아니고 일반적으로 계약이 해제된 경우에 해제와 함께 구하는 손해배상청구권의 배상범위에 관한 문제로 귀착된다. 채무불이행을 이유로 계약해제와 아울러 손해배상을 청구하는 경우에 계약이행으로 인하여 채권자가 얻을 이익 즉 이행이익의 배상을 구하는 것이 원칙이지만, 그에 갈음하여 그 계약이 이행되리라고 믿고 채권자가 지출한 비용 즉 신뢰이익의 배상을 구할 수도 있고 그 신뢰이익 중 계약의 체결과 이행을 위하여 통상적으로 지출되는 비용은 통상의 손해로서 상대방이 알았거나 알 수 있었는지의 여부와는 관계없이 그 배상을 구할 수 있으며, 이를 초과하여 지출되는 비용은 특별한 사정으로 인한 손해배상으로서 상대방이 이를 알았거나 알 수 있었던 경우에 한하여 그 배상을 구할 수 있으나 다만 그 신뢰이익의 배상은 과잉배상금지의 원칙에 비추어 이행이익의 범위를 초과할 수 없다.[30] 회사정리사건과 직접 관련된 하급심의 판결 역시 이행이익의 배상을 인정하고 있다.

이 판결은 甲 회사가 소외 乙 회사와의 사이에 2차례에 걸쳐 1차 금 151,800,000

29) 대법원 1998. 6. 26. 선고 98다3603 판결(공 1998하, 1985).

30) 대법원 2002. 6. 11. 선고 2002다2539 판결(공 2002하, 1617). 피고(주택재개발조합)로부터 아파트를 구입한 원고들이 피고의 채무불이행을 이유로 계약해제와 함께 손해배상을 구하면서 아파트를 분양받기 위하여 국민주택채권을 매입하였다가 액면금액의 34%에 매각함으로써 액면가액의 66%에 상당하는 손해를 구한 사안에서 이는 신뢰이익으로서의 통상의 손해에 속한다고 판시하였다.

원, 2차 금 73,981,600원 상당의 주방설비 납품계약을 체결하면서 그 납품대금의 3할 및 2할 상당액을 계약금으로 약정하고 1차 계약의 일부이행으로 금 46,558,600원 상당액의 주방설비를 납품하였는데 그 후 乙 회사에 대하여 회사정리절차 개시결정이 있어 그 절차가 진행되던 중 관리인이 제103조 제1항에 따라 위 1차 계약 중 이미 이행된 부분을 제외한 나머지 부분과 제2차 계약 전부를 해제한 사안에서, "위 각 계약은 회사정리법의 규정에 의하여 적법하게 해제되었다 할 것이고, 이러한 경우 그 상대방인 원고는 계약해제로 인한 손해배상에 관하여 일반의 정리채권을 가진다는 것을 근거로 하여 이행이익의 배상을 인정하였고, 나아가 위 계약을 체결함에 있어서의 계약금약정은 특별한 사정이 없는 한 이행이익의 상실로 인한 손해배상액의 예정이라고 본 후, 위 계약의 내용, 이행의 정도, 해제의 경위 등 여러 사정에 비추어 볼 때에 손해배상예정액으로서는 부당하게 과다하여, 각 납품대금 전액의 1할 5푼에 해당하는 금액으로 감액함이 상당하다고 판단하였다.[31]

5) 이행청구권의 행사

관리인이 채무의 이행을 청구한 경우에 상대방이 가지는 청구권은 공익채권으로 보호받으므로 상대방은 정리절차에 의하지 아니하고 수시로 변제를 받을 수 있다(제208조 제7호).

(4) 관리인의 해제권, 이행선택권의 제한

1) 시간적 제한

우리 나라나 일본에서의 학설 및 판례는 관리인의 권한에 관한 시간적인 제한은 상대방의 최고가 있는 경우에만 그로부터 30일 이내에 확답하여야 하고 최고가 없는 경우에는 별도의 시간적 제한이 없으므로 정리절차중에는 언제든지 선택권을 행사할 수 있고[32] 그로 인한 상대방의 불안정한 지위를 해소하기 위한 것이 상대방의 최고권이라 설명한다.

한편 2003. 2. 22. 정부가 국회에 제출한 채무자회생및파산에관한법률안(이하 법률안이라 한다)도 관리인의 뒤늦은 행사권의 부작용을 방지하기 위하여 제120조 제3항에서 "회생계획안심리를 위한 관계인집회가 끝난 후 또는 제239조의 규정에

---

31) 서울고법 1990. 7. 18. 선고 90나9980 판결(확정)(하집 1990-2, 63).

32) 이 점을 분명히 한 글로는 韓國產業銀行, 전게서(주 16), 316면; 徐慶桓, 전게논문(주 2), 652면; 林俊浩, 전게논문(주 16), 226면; 三ヶ月章 編, 전게서(주 14), 304면 참조. 판례로는 대법원 2003. 5. 16. 선고 2000다54659 판결(공 2003상, 1297) 참조.

의한 서면결의 부의 결정이 있은 후에 제 1 항의 규정에 의한 해제 또는 해지가 있을 때에는 제153조 제 3 항의 규정에도 불구하고 상대방은 제153조 제 1 항의 규정에 의하여 신고의 추완을 할 수 있다"라고 규정하고 있다.

생각건대, 이러한 입법방식보다는 관리인의 해제권의 행사기한을 정리채권의 추완신고기한까지로 제한하는 것이 법체계상 정합성이 뛰어나다고 할 것이다. 즉 관리인이 해제를 선택한 경우 상대방이 갖는 손해배상채권은 정리채권으로 본다고 규정하고 있고 상대방도 미신고로 실권될 수 있으므로[33] 관리인의 선택권에 내재적 시한을 상대방이 정리채권의 신고를 할 수 있는 기한까지로 봄이 타당하기 때문이다. 종전에도 이러한 해석이 가능할 수도 있지만 그 점을 분명하기 위하여 시간적 제한을 두는 조항을 두는 방식이 낫다. 실무상 관리인이 정리절차 개시 후 상당기간이 경과한 후에 해제권을 행사하여 정리채권의 신고를 하지 못한 상대방이 관리인의 해제권 행사에 대하여 신의칙위반이라고 주장하는 것을 보더라도 시간적 제한이 있어야 한다.[34]

한편 법률안 제112조에 의하더라도 부인권의 행사기한이 개시일로부터 2년으로 제한되어 있음에 반하여 관리인의 해제권 선택이 아무런 제한이 없다는 것은 균형이 맞지 않는다. 상대방 당사자가 입는 불측의 손해를 피하고, 신속한 계획의 수립 등을 위하여도 뒤에 보는 미국의 입법과 같이 시간적 제한을 둠이 옳고 그 방법은 상대방의 정리채권 추완신고기한과 같게 하는 것이 형평에 맞다고 생각된다.

2) 계약의 성질, 신의칙에 의한 제한

해석이나 입법에 의하여 특정의 쌍무계약을 제103조의 적용 외에 두는 방법이다. 대표적인 예가 단체협약, 미국과 일본에서 입법으로 해결을 본 일괄정산계약(Netting),[35] 또는 신의칙이나 권리남용 등 일반조항을 사용하여 관리인의 해제권 행사를 부정하는 접근방법이다.

이 점과 관련하여 최근 일본의 최고재판소 판결은 골프회원인 A회사가 입회보증금을 예탁하고 골프장을 경영하는 피고 회사와 연회비의 정함이 있는 예탁금회원제 골프회원계약을 체결한 후 파산하여 파산관재인이 골프회사를 상대로 일본

33) 위 대법원 98다3603 판결(주 29) 참조.

34) 대법원 전게 2000다54659 판결(주 27) 참조.

35) 일본의 경우에는 1998년 "金融機關等が行なう特定金融取引の一括清算に關する法律"이 입법되어 있고 미국의 경우 1990년 개정에서 파산법 제560조에 명문의 규정을 두었다. 이 점에 관한 국내의 글로는 石光現, "파생금융상품거래에 있어서의 일괄청산의 문제점과 도산법의 개정," 국제거래법연구(8), 국제거래법학회(1999); 鄭順燮, "派生商品의 金融規制法上 問題點," 心堂宋相現先生華甲紀念論文集, 박영사(2002), 613면 이하 참조.

파산법 제59조에 기하여 회원계약을 해제하고 예탁금의 반환을 구하는 소송을 제기한 사안에서 다음과 같은 이유로 관재인의 청구를 기각하였다.

> 관재인에게 해제권을 부여하는 취지는 계약당사자 쌍방의 공평을 도모하면서 파산절차의 신속한 종결을 꾀하기 위한 것이므로 파산선고 당시 쌍무계약의 당사자 쌍방에게 미이행의 채무가 존재하고 있어도 계약이 해제되면 상대방에게 현저히 불공평한 상황이 생기는 경우 관재인은 해제권을 행사할 수 없다. 상대방에게 불공평한 상황이 생기는가를 결정함에 있어 고려하여야 할 사항으로는 해제에 의하여 계약당사자 쌍방이 부담하는 원상회복의 급부내용상 균형성, 상대방이 입는 불이익의 회복정도, 파산자측의 미이행채무가 쌍무계약에서 본질적, 중핵적인 것인가 아니면 부수적인 것인가의 여부 등이다.[36]

그러나 관리인의 해제권행사를 권리남용에 해당한다고 접근하는 방법은 좀더 검토할 필요가 있다. 관리인이 해제권을 행사하기 위하여는 법원의 허가를 얻어야 하는 것이므로(제54조 제4호) 허가를 얻어 한 해제가 신의칙에 반한다고 하기는 어려울 것이기 때문이다.[37] 따라서 미이행채무 즉 매년 지급해야 하는 연회비의 지급채무가 쌍무계약에서 본질적, 중핵적인 것인가 아니면 부수적인 것인가를 고려하여 부수적인 것에 불과하다면 전게 대법원 92다56865 판결(주 19)의 논리대로 그러한 채무는 미이행쌍무계약에서 정한 채무에 해당하지 않는다고 판시하는 것이 보다 법적 안정성을 고려한 방식으로 생각된다.

36) 日本最高裁判所 2000. 12. 20. 判決. 그러나 위 판결을 계기로 최근 파산법 개정과정에서 파산관재인이 상대방의 최고를 받고도 확답하지 아니하는 경우 계약이 해제된 것으로 볼 것이 아니라 관재인이 이행을 거절한 것으로 보자는 주장, 해제된 경우 상대방이 갖는 원상회복청구권을 파산채권으로 보자는 주장, 해제의 대상이 되는 것을 쌍방미이행의 쌍무계약에 한정할 필요는 없다는 주장 등이 논의되고 있다. 최근의 논의는 水元宏田, 倒産法における一般實體法の規制原理, 有斐閣(2002) 참조. 이 글은 저자의 박사학위논문을 출간한 것이다. 그 외에 田頭章一, “倒産處理法における雙方未履行雙務契約の處理,” 青山善充外編 新堂幸司先生古稀祝賀論文集(下), 有斐閣(2002), 595면 이하. 中島弘雅, “各種契約 取扱,” ジュリスト 2002. 12. 15, 36면 이하. 사견으로는 이 판결의 결론의 바탕에는 근자 버블경제의 불황에서 도산에 직면한 골프장의 연쇄도산을 보호하기 위한 것이 아닌가 추측해 본다.

37) 中村清, 전게논문(주 25), 197면.

Ⅲ. 미국에서의 논의

1. 문제의 논의

미국 연방파산법[38] §365는 쌍무계약이라는 표현 대신 미이행 계약(executory contract)이라는 용어를 사용하고 있고 우리 나라가 이를 계수하면서 쌍무계약으로 번역한 것이다. 미국에서는 미이행계약과 기간이 만료되지 아니한 임대차를 하나의 장에서 설명하고 있다. 파산법에도 'executory contract'에 대하여 구체적인 정의 규정은 없고 다만 학자들간에는 비파산법(nonbankruptcy law) 즉 실체법상의 계약의 효력이 파산법에서 어떻게 변형되는가와 그 근거를 중심으로 논하여지고 있다. 즉 계약이 미이행된 경우 파산절차에서 이를 해제된 것으로, 또는 존속하는 것으로 다룰 것인지, 그 선택권은 관리인과 상대방 중 누구에게 있는지, 관리인의 선택권은 무제한인지 어느 정도 존중되는 것인지, 계약조항에 미리 당사자 일방이 파산신청을 하는 경우 계약은 자동해제된 것으로 본다는 이른바 Ipso Facto 조항이 있는 경우 그 효력을 인정할 것인지, 미이행계약에 관한 조항이 적용되지 아니하는 계약은 무엇인지 등을 논하고 있다. 한편 미국의 파산법에서는 채무자의 신청 자체로 개시결정의 효과가(order for relief)가 생기므로 신청 후 개시결정 전이라는 법률관계는 발생하지 않는다.

2. 취 지

관리인이나 DIP(Debtor In Possession, 점유를 계속하는 채무자, 이하 채무자라 표시한다)가 미이행계약 또는 기간완료 전의 임대차계약을 인수하거나 거절함으로써 그 이익을 제 3 자인 다른 파산채권자에게 부여하는 권한을 인정한 이유로 이행을 이미 완료한 채권자와 아직 이행을 완료하지 아니한 채권자간의 형평을 조정하기 위한 것임을 들고 있다.[39] 그 외에 계약당사자가 계약체결 후 이해득실을 고려하여 이행을 거절하는 대신 상대방의 손해를 배상하는 것 역시 계약법에서 흔한

38) 미국의 파산법은 연방법이고 파산사건을 다루는 파산법관이 따로 있다. 미국 파산법에 대해서는 林治龍, "미국 파산법의 현황," 인권과 정의(1998. 4), 90면 이하 참조.
39) Michael J. Herbert, UNDERSTANDING BANKRUPTCY 142(1995).

것이라는 점도 근거로 삼는다.

3. 의 의

최근까지 법원에 의하여 널리 승인된 정의규정은 1973년 Vern Countryman 교수의 유명한 논문에서 유래된 것이다. 그는 executory contract라 함은 파산자와 상대방의 계약상의 의무가 모두 미이행(executory)되어 당사자 중 어느 일방의 불이행이 상대방의 이행을 면하게 하고 중요한 계약위반이 될 정도로 불이행된(material unperformed duties) 경우를 말한다고 정의하고 있다.[40] 그의 정의 규정에 따라 당사자 쌍방의 의무가 불이행된 것을 요구하게 되었다. 따라서 채권자가 그의 채무를 이행한 경우에는 관리인(또는 파산자)이 이미 계약의 혜택을 누린 것이므로 굳이 관리인으로 하여금 채무이행을 거절하도록 하는 것이 아무런 이익이 되지 아니하고 반대로 인수를 함으로써 채권자의 채권을 공익채권으로 하는 것 역시 파산재단에 도움이 되지 아니한다고 주장한다.[41]

근자에는 이러한 입장에서 더 발전하여 executory contract라 함은 당사자 중 일방이 금전 지급채무 이외에 다른 중요한 채무를 이행할 것을 약정한 계약이라고까지 정의하고 있다.[42] 관재인이나 채무자는 미이행계약에 대하여 인수, 거절, 또는 제 3 자에게 양도할 수 있다. 한국과 다른 점은 회사정리절차는 해제를 하는 경우에만 법원의 허가를 얻도록 되어 있으나 미국의 경우는 인수, 거절, 또는 제 3 자 양도 모두 법원의 승인을 요하고 있다는 것이다.[43]

4. 거절(Rejection)

만일 채무자가 계약의 이행을 거절하면 파산재단이 계약불이행으로 인한 손해에 대하여 배상할 책임이 있다. 비록 이행거절이 파산신청 후에 이루어졌더라도 파

40) An executory contract is one in which obligations of the debtor and the nondebtor party are both so fat unperformed that the failure of either to perform would constitute a material breach excusing performance of the nondebtor party. See, e.g., In re Select-A-Seat Corp., 625 F.2d 290, 292(9th Cir. 1980).

41) Robert L. Jordan & William D. Warren, BANKRUPTCY 345-346(1994).

42) *Id.* at 348의 Judge Goldhaber의 견해.

43) Elizabeth Warren, BUSINESS BANKRUPTCY 78(Federal Judicial Center 1983). §365(a) "…the trustee, subject to the court's approval, may assume or reject any executory contracts or unexpired lease of the debtor."

산신청 전에 계약의 불이행이 있었던 채권자와 동등하게 취급하기 위하여 마치 파신신청 전에 불이행이 있었던 것으로 취급한다.[44] 미국의 계약법에서는 계약에 기한 채무불이행에 대하여 구제조치가 다양하다. 즉 보통법하에서는 금전배상의, 형평법하에서는 특정채무의 이행 또는 집행명령(injuction)의 구제조치가 인정된다. 그러나 파산절차에서는 심지어 형평법상의 구제조치도 금전배상으로 변경된다. 설령 채무자의 상대방이 특정물건의 이행이나 경업금지를 목적으로 하더라도 파산개시에 의하여 금전배상으로만 전환된다. 이는 파산절차에 참가를 강요당함으로써 안분비례의 원칙에 따라 일부 만족에 그치는 다른 금전채권자들과 형평을 꾀하기 위한 것이다.[45] 이행을 거절함으로써 상대방이 갖는 청구권은 일반의 비우선적 파산채권이 된다.

5. 인수(Assumption)

채무자가 하는 인수는 계약의 전부에 대하여 하여야 한다. 따라서 설령 상대방 당사자가 계약을 변경하기로 동의하였다고 하더라도 계약 중 일부만을 인수하고 채무자에게 불리한 조항을 거절하는 것은 허용되지 아니한다.[46] 또는 당사자간에 미이행쌍무계약에 관한 파산법의 법리를 배제하기로 하는 특약은 무효이다.

채무자가 인수를 하면 파산재단이 계약조건에 따라 이행할 의무를 부담한다. 파산절차 중의 계약의 불이행은 파산재단의 불이행으로 보아 그에 대한 배상은 administrative expenses(관리비용, 회사정리법상의 공익채권과 같다)가 되어 우선적으로 변제받게 된다. 또한 채무자가 인수하기 위하여는 인수 이전의 이행지체의 상태를 해소하기 위하여 종전 불이행으로 인한 손해를 배상하거나 조속한 배상을 보장하여야 한다. 장래의 이행에 대하여도 이행을 담보하여야 한다.[47] 반대로 상대방 당사자가 불이행하는 경우 파산재단이 그에 대한 전액배상을 구할 수 있다. 파산법은 채무자의 인수권을 보장하기 위하여 당사자간에 채무자의 신용상태가 악화된 경우(예컨대, 채무자의 파산신청, 관리인의 임명 등)에 계약이 자동종료되거나 상대방에게 해제권을 부여하는 조항(이른바 Ipso Facto)의 효력을 무효로 한다는 명문

44) §502(g). A claim arising from the rejection, …of an executory contract or unexpired lease of the debtor that has not been assumed shall be determined and shall be allowed …the same as if such claim had arisen before the date of the filing of the petition.

45) Warren, *supra* note 43, at 80.

46) Herbert, *supra* note 39, at 144.

47) §365(b)(1). 채무자는 이행지체에 대하여 배상하고 장래의 이행을 담보하여야 한다.

의 규정을 두고 있다.[48]

6. 양도(Assignment)

일단 채무자가 인수를 하면 계약상의 지위를 제 3 자에게 양도할 수 있다. 양도를 가능하도록 함으로써 계약의 경제적 가치를 현실화시킬 수 있기 때문이다. 양도하기 위하여는 인수하기 위한 요건을 갖추어야 하고 상대방에게 제 3 자에 의한 이행을 담보하여야 한다. 양도의 장점은 설령 상대방과 양도금지의 특약이 있더라도 일단 파산절차가 개시되면 특약에 관계 없이 제365조에 의한 인수와 양도를 할 수 있다는 점이다.[49] 그러나 실무상으로는 법원이 계약의 특성(비대체적인 역무, 연방법률에 의한 특정계약의 이전 금지 등)을 고려하여 허가 여부를 결정하고 있다.

7. 제　　한

연방파산법 제11장(기업재건절차), 제13장(정기수입 있는 개인의 재건절차) 사건의 경우는 채무자는 계획안 인가일까지 인수, 거절, 양도를 결정하여야 한다.[50] 상대방의 신청이 있으면 채무자는 법원이 정하는 특정기한까지 결정하여야 한다. 다만 비거주용임대차의 경우에는 채무자는 신청일로부터 60일 이내에 인수를 하여야 하고, 그렇지 않으면 계약은 거절된 것으로 간주되어 채무자는 목적물을 임대인에게 명도하여야 한다.[51]

채무자가 계약을 인수하거나 거절하기까지의 유동적인 상황에서 대부분의 법원은 상대방이 계약을 이행할 의무가 있다는 입장을 취하고 있다.[52] 만일 상대방이 채무를 불이행하면 채무자가 계약을 인수한 경우 채무불이행책임을 면할 수 없다. 신청 후에 이루어진 급부에 대하여는 관리비용채권으로 보아 변제의 우선권을 주므로 상대방으로서는 일단 이행을 하는 편이 낫다.

48) §363(1), 365(e), (f), 541(c).
49) §365(f)(1).
50) §365(d)(2).
51) §365(d)(4).
52) Warren, *supra* note 43, at 83.

8. 개별계약[53)]

(1) 대출계약

채무자에게 돈을 대여하거나 다른 신용을 공여하거나 기타 재정을 공여하는 계약(financial accommodation)은 채무자가 인수할 수 없다.[54)] 즉 상대방으로부터 대출을 받기로 하였으나 아직 대출을 받기 전에 채무자가 파산한 경우 파산자는 계약을 인수하여 돈을 빌릴 수 없게 된다. 대출채권자가 앞으로 채무자에게 대출을 하기로 하는 내용의 사전계획안(prepackaged plan)을 제출하였다고 하더라도 채권자는 채무자의 파산신청 후 언제든지 대출계약을 종료시킬 수 있다.[55)]

(2) 단체협약(collective bargaining)

1984년 미국연방대법원은 채무자는 일정한 조건하에 노동조합과 단체협약을 거절할 수 있다고 판시하였다.[56)] (1) 단체협약의 변경을 위한 단체교섭에 관하여 합리적인 노력이 실패하였고, (2) 그로 인하여 재건절차에 장애의 위협이 되며, (3) 단체협약이 파산재단에 부담이 되고, (4) 형평의 원칙상 단체협약을 거절하는 것이 타당한 경우이다. 그러나 대법원 판결은 대중의 비판을 받았으며 연방의회는 곧바로 거절요건을 강화하기 위하여 파산법을 개정하여 채무자는 파산신청 후 법원에 대한 거절승인신청까지 채무자의 재건에 필요하고 채권자 기타 이해관계인을 공정·형평하게 대우하는 내용을 담은 단체협약의 필수적인 변경사항을 담은 제안을 노조의 대표자에게 완벽하고 믿을 만한 정보와 함께 제공하여야 하고 법원은 채무자가 이러한 조건에 충족한 제안을 하였다는 점과 노조대표자가 정당한 이유 없이 그러한 제안을 거절하였고 단체협약을 거절하는 것이 형평에 맞다고 인정하는 경우에는 단체협약을 거절할 수 있다.[57)]

---

53) 이에 관하여는 徐慶桓, 전게논문(주 2), 673면 참조. 이하에서는 도산법 개정작업과 관련된 부분에 대하여만 간단히 언급하기로 한다.

54) §365(c)(2).

55) Warren, *supra* note 43, at 84.

56) NLBR. v. Bildisco & Bildisco 465 U.S. 513(1984).

57) §1113(b). 그러나 실무상으로는 DIP Financing의 조건으로 금융기관에서 종업원의 해고 또는 임금삭감 등을 내세우고 있으므로 단체협약이 거절되는 경우가 많다고 한다(Arnold Quittner 변호사의 설명).

(3) 임 대 차

비거주용 임대차계약이 파산신청 이전에 이미 종료한 경우 임차인인 채무자는 계약을 인수할 수 없다.[58] 임대차기간이 종료하기 이전에 차임지체 등의 채무불이행이 있는 경우 채무자는 밀린 차임 등을 지불하기 전에는 임대인에게 계약의 인수를 요구할 수 없다. 그 외 쇼핑센터의 임차인에 대한 별도의 조항이 있다.

(4) 기　　타

그 외 부동산매도계약, 지적소유권에 대한 라이센스계약에 관하여도 개별적인 조항이 있다.

Ⅳ. 개별 쌍무계약에 관한 회사정리절차와 파산절차의 차이

1. 파산법과 회사정리법

파산법과 민법에는 임대차계약, 도급계약, 위임계약, 상호계산에 관하여 임차인이 파산선고를 받은 경우, 수급인이 파산선고를 받은 경우, 위임자가 파산선고를 받은 경우, 거래소의 시세 있는 상품의 정기매매에서 파산선고를 받은 경우에 관하여 특칙을 두고 있다. 회사정리법에는 그 중 임대인인 회사에 대하여 정리절차가 개시된 경우(제106조), 상호계산(제107조), 계속적 공급계약(제103조 제4항), 단체협약(제103조 제5항)에 대하여 별도의 규정을 두고 있고 도급계약, 위임계약에 대하여는 파산법과 같은 조항이 없다. 임대차의 경우에도 파산법에는 임차인이 파산선고를 받은 경우에 대하여 규정을 두고 있으나 회사정리법은 임대인인 정리회사에 대하여 회사정리절차가 개시된 경우에 관하여 규정을 두고 있는 등 양자의 차이가 있다. 따라서 회사정리절차에서는 회사정리법에 별도의 규정을 둔 경우 외에는 미이행쌍무계약에 대하여 모두 제103조의 원칙에 따라 규율된다.

이하에서는 실무에서 자주 문제가 되는 계속적 공급계약, 소유권유보부매매, 임대차, 도급계약 등을 중심으로 간단히 살펴보기로 한다.

---

58) §365(c)(1)(B)(3).

2. 계속적 공급계약

계속적 공급계약이란 매도인이 일정한 기간 또는 불확정한 기간 동안 수도, 가스, 전기 등 일정한 재화 또는 용역을 계속적 · 회귀적으로 공급하고 매수인은 각 급부마다 일정한 기간 단위로 정기적으로 일괄하여 그 대금을 지급하는 계약을 말한다.[59] 이러한 계속적 공급계약은 계약의 기초가 되는 신뢰관계가 중요하므로 공급자는 이미 이행기가 지난 전기 등의 대금을 지급받을 때까지 다음 기간의 채무의 이행을 거절할 수 있다.[60] 그런데 재건절차인 회사정리절차에서 신청 전의 공급으로 발생한 정리채권을 변제받지 못하였다고 하여 신청 후 공급을 중단하게 되면 재건에 지장을 가져오게 되므로 1981. 개정시에 제103조 제 4 항을 신설하였다.

일본 회사갱생법 제104조의2 제 1 항은 상대방은 개시 후의 의무이행을 거절할 수 없다고 규정하고 있어 그 반대해석상 신청 후 개시 전까지의 공급은 거절할 수 있는 것인지 다툼이 있다. 그러나 회사정리법은 신청 후에도 공급자는 공급을 거절할 수 없다고 하여 입법적으로 해결하였다. 한편 상대방의 청구권 중 신청 후 개시 전까지의 공급으로 생긴 청구권은 공익채권으로 보호받게 된다.

3. 소유권유보부 매매

매도인이 매도대금채권의 이행을 확보하기 위하여 매수인에게 매매목적물의 점유를 이전하지만 매수인이 매매대금을 완제하였을 때에 비로소 그 소유권을 인정할 것을 내용으로 하는 매매를 소유권유보부 매매라 한다.[61] 소유권유보부 매매에 있어서 당사자간에는 매수인이 대금을 완불할 때까지는 소유권이 매도인에게 유보된다는 약정하에 매매계약을 체결하는 것이다. 이 때 매수인이 대금도 지불하지 않고 목적물도 명도받지 아니한 경우에 매수인에게 회사정리절차가 개시되면 제103조가 적용됨은 이론이 없다. 그런데 목적물이 매수인에게 인도되었으나 아직 대금만이 미지급된 경우 부동산과 같이 등기, 등록이 필요한 경우에는 아직 등기서류가 교부되지 아니하여 매도인은 매수인뿐 아니라 제 3 자에게도 유보된 목적물의 소유권을 주장할 수 있고[62] 아직 소유권이전이 완료되지 아니하여 제103조가 적용

59) 郭潤直, 채권각론, 박영사(2000), 194면.
60) 대법원 2001. 9. 18. 선고 2001다9304 판결(공 2001하, 2237).
61) 대법원 1999. 9. 7. 선고 99다30534 판결(공 1999, 2088).
62) 위 99다30504 판결 참조.

된다.[63]

그러나 동산매매의 경우에는 관념상의 소유권이 미처 이전되지 아니하였을 뿐 매도인의 다른 의무는 이행을 모두 마친 것이고 동산소유권유보부 매매는 그 실질이 담보를 위한 것으로 매도인은 변칙담보권자로 파악하는 것이 실체와 일치하는 것이므로 회사정리절차에서는 적어도 제103조를 적용할 것이 아니라 정리담보권으로 처리하는 것이 다른 담보권자와 균형이 맞다.[64]

이처럼 소유권유보부 매매를 동산과 등기, 등록을 요하는 물건으로 나누어 전자에 대하여는 제103조의 적용을 부정하고, 후자에 대하여는 적용을 긍정하는 견해를 적용구분설이라고도 하는바 국내의 다수설이다.[65]

4. 임대차계약

(1) 임차인에 대한 회사정리절차의 개시 또는 파산

민법 제637조는 임차인이 파산한 경우 임대차기간의 약정이 있는 때에도 임대인 또는 파산관재인이 계약해지를 할 수 있다고 규정하고 있다. 통고 이후 일정한 기간(동산은 5일, 부동산은 1개월)이 지나면 해지의 효력이 생기지만 각 당사자는 상대방에 대하여 계약해지로 인한 손해의 배상을 청구하지 못한다. 임대인에게 해지권을 인정한 것은 임차인의 경제적 능력의 상실로 인한 임료확보의 불안으로부터 벗어날 수 있도록 하려는 것이다. 문제는 제637조와 파산법 제50조의 상호관계이다. 파산법 제50조에 의하면 관재인만이 해지할 권한이 있고 해지 후 바로 효력이 발생하지만 민법 제637조에 의하면 임대인에게도 해지의 권한이 있고 해지 후 일정기간이 지나야 효력이 발생하기 때문이다. 다수설은 민법 제637조의 규정이 우선한다고 본다.[66] 입법론으로는 임차인이 파산한 경우 임대인도 계약을 해지할

63) 同旨, 林采洪 · 白昌勳, 전게서(주 6), 366면.

64) 파산절차의 경우 서울지방법원의 실무는 동산소유권유보부매매의 경우 제50조의 적용을 배제하고, 등기 또는 등록을 요하는 물건의 소유권유보부매매의 경우 제50조를 적용하고 있다.

65) 高元錫, "할부계약에 있어서 매수인의 도산과 매도인의 권리," 리스와 신용거래에 관한 제문제(하), 법원행정처(1994), 379면도 적용구분설을 지지한다.

66) 林鍾憲, 전게논문(주 2), 33면; 朴炳大, 전게논문(주 2), 469면도 같은 입장으로 보인다. 한편 일본에서는 과거 미이행쌍무계약 일반에 대하여는 파산법 제50조에 의하여 규율하지만, 임차인이 파산한 경우에는 법률관계를 조속히 해소시킨다는 이유로 민법 제637조를 특별규정으로 해석하였다. 다만 제637조를 적용함에 있어서는 일정한 제한을 부가하여 해석하고 있다. 자세한 설명에 대하여는 田炳西, 破産法, 사법행정학회(1999), 140면. 그러나 근자에 와서는 민법 제637조를 배제하고 파산법 제50조만으로 법률관계를 규율하여야 한다는 주장도 있다. 伊藤眞, 破産法(新版), 有斐閣(1998), 194면.

수 있다고 한 민법 제621조는 파산법의 쌍무계약에 관한 조항 즉 파산관재인에게 해제권이 있고 해제시 상대방이 갖는 채권을 파산채권으로 한다고 정한 파산법 제50조와 배치되므로 삭제함이 옳다.[67)]

한편 민법에는 임차인에 대하여 정리절차가 개시된 경우 관리인뿐 아니라 상대방에게도 해지권이 있다는 특별규정이 없다. 따라서 임차인에 대하여 정리절차가 개시된 경우에는 제103조의 일반조항에 따라 규율되고 임대인에게 해제권은 인정되지 아니한다. 따라서 관리인은 동산이든 부동산이든 임대차기간의 정함이 없더라도 해지기간을 둘 필요 없이 해지할 수 있다.

⑵ 임대인에 대한 회사정리절차의 개시 또는 파산

임대인이 파산한 경우는 임차인이 파산한 경우와 달리 해지에 관한 규정이 없다. 그리하여 원칙으로 돌아와 파산관재인이 파산법 제50조에 따라 임대차계약을 해지할 수 있는가에 대하여는 다툼이 있다. 현재 서울지방법원의 실무는 원칙적으로 파산법 제50조에 따라 계약관계를 처리하되 대항력 있는 임대차의 경우에 한하여 그 적용을 부정하고 있다.[68)] 학설은 파산법 제50조의 적용 여부에 대하여 견해가 나누어져 있다. 이하의 설명은 임대인에 대하여 회사정리절차가 개시된 경우에도 마찬가지이다.

1) 적용부정설

민법이 임차인 파산의 경우에 특별한 규정을 두면서 임대인 파산의 경우에는 아무런 정함이 없는 것 자체가 쌍방의 해지권이 배제되는 것으로 해석한다. 파산관재인이 파산법 제50조에 의하여 해지를 할 수 있다고 하면 파산재단의 환가가 지연되어 파산절차의 신속성을 해치고 목적물상에 임차권이 존재하는 것 자체로 매매가액이 저하되어 파산채권자에게 불이익하게 된다는 점을 논거로 한다.[69)]

2) 절 충 설

부동산 임차인이 임차권의 등기 등을 통하여 대항요건을 구비한 경우의 부동산 임대차에 대하여서는 임차인의 지위보호를 위하여 파산법 제50조의 적용을 부정하고, 그 밖의 부동산 임대차 및 동산 임대차에 대해서는 적용을 인정하자는 견

67) 松下淳一, "契約關係の處理," 別冊NBL 倒産實體法(2002), 57면.
68) 서울지방법원, 파산사건실무(개정판)(2001), 85면.
69) 郭潤直 편, 民法注解(XV), 박영사(1992), 136면(閔日榮 집필부분). 일본의 다수설이다.

해이다.[70] 일본 파산법개정 중간시안도 이 견해를 따르고 있다. 이 경우 임차인의 부동산 사용수익채권은 파산자 임대인에 대한 재단채권으로서 목적물을 사용수익함으로써 수시변제의 구체적 내용이 된다고 한다.[71]

3) 실무 및 법률안

서울지방법원의 실무도 임대인이 파산한 경우 임차인 중 대항요건을 갖춘 임대차에 한하여 쌍무계약에 관한 관재인의 해제권을 부정하여 임차인의 주거권을 보호하고 있다. 이에 의하면 관재인은 임차권이 딸린 상태로 당해 주택을 환가할 수밖에 없다.[72] 이러한 법리는 전세보증금을 전액 납부한 임차인의 경우나 보증금 외에 월세를 매달 납부하고 있는 임차인이거나 구별할 이유는 없다고 본다. 단 임차인이 대항요건을 갖추기 이전에 이미 1순위 저당권이 설정된 경우, 즉 이른바 중간의 용익권에 해당하는 경우에는 대항력을 구비하였다고 할 수 없으므로 관재인이 해제권을 행사할 수 있다고 해석된다.

법률안 제123조는 이러한 실무례를 반영하여 제123조 제 4 항에서 주택임대차보호법 제 3 조 제 1 항의 규정에 의한 대항요건과 확정일자 및 상가건물임대차보호법 제 3 조의 규정에 의한 대항요건과 확정일자를 갖춘 임차인에 대하여는 미이행 쌍무계약에 관한 관리인의 해제권을 인정한 조항의 적용을 배제하는 것으로 규정하였다. 파산절차의 경우에도 법률안 제339조에서 같은 내용을 규정하고 있다. 다만 임차인이 대항요건만 갖추면 충분하고 별도로 확정일자까지 요구한 것은 옳지 않다고 생각한다.[73]

(3) 임대차보증금반환청구권과 준별제권

대법원 2001. 11. 9. 선고 2001다55963 판결(공보불게재)은 임차인이 대항력을 갖추었다는 이유만으로 임대차보증금반환청구권이 파산법상의 별제권에 속한다고 할 수 없다고 판시하였다. 법률안 제414조가 주택임차인에 대하여 대항력 외에 확정일자를 갖추어야 별제권을 인정한다고 하는 것은 대법원 판례에 따른 것으로 타당하다.

법률안 제414조는 임차인이 준별제권자의 지위를 갖추기 위하여는 파산등기가

70) 田炳西, 전게서(주 66), 142면.
71) 中島弘雅, 전게논문(주 36), 37-38면.
72) 李亨夏, "서울지방법원 화의 파산사건 실무"(미공간).
73) 확정일자까지 요구하는 것은 임차인의 보증금반환청구권에 대하여 준별제권을 인정할 경우에 필요한 것이기 때문이다. 준별제권에 관한 법률안 제414조는 확정일자를 요구하고 있다.

있기까지 대항력을 갖출 것을 요구하고 있다. 그러나 주택임대차보호법은 대항력의 구비종기를 경매신청의 등기 전까지로 정하고 있다. 경매절차는 경매신청 후 바로 법원의 등기가 기입되지만 파산신청이 있는 경우에는 채무자신문을 하고 채권자의 견청취를 하여야 하는 등 시간이 걸린다. 따라서 신청 후 파산선고 전까지 채무자와 임차권자가 통모하여 대항력을 갖추어 별제권자를 양산할 우려가 있다. 따라서 대항력의 구비종기를 앞당길 필요가 있다.[74]

관리인이 해지를 선택하면 임차인의 보증금반환청구권은 동시이행의 항변권이 부착되어 있으므로 정리채권이지만 사실상 공익채권과 같은 위력을 발휘하게 된다.[75]

5. 도급계약

(1) 도급계약의 성질

도급계약이라 함은 당사자 일방이 어떤 일을 완성할 것을 약속하고 상대방이 그 일의 완성에 대하여 보수를 지급할 것을 약속함으로써 효력이 발생하는 낙성, 유상의 쌍무계약이다. 고용, 위임과 같이 타인의 노무를 이용하는 계약이지만 채무자자신이 노무에 복속하는 것이 반드시 요구되지 않고 일의 완성이 목적이라는 점에서 고용과 다르고, 법률행위 내지 사무의 위탁이 아니라 역시 일의 완성이 목적이라는 점에서 위임과도 다르다. 그러나 일의 완성은 계약의 규모에 따라 시일이 오래 걸릴 수 있고 그 와중에 도급인 또는 수급인이 파산하는 경우가 흔히 있다. 근자 대규모 건설회사(대표적으로 동아건설)가 파산하는 경우 수급인 및 그 하수급인의 법률상의 지위에 관하여 많은 논의가 있다.

(2) 도급인에 대한 회사정리절차의 개시 또는 파산

민법 제674조 도급계약의 도급인이 파산한 경우에 대하여 파산관재인뿐 아니라 수급인에게도 계약해제권을 인정한다. 계약이 해제되는 경우 수급인은 이미 일의 완성된 부분에 대한 보수에 대하여는 파산채권자로 파산재단의 배당에 가입할 수 있는데(제674조 제1항 후단), 반면에 이미 행하여진 일의 결과는 파산재단에 속하게 된다. 학자들은 동조의 입법취지를 다음과 같이 설명한다. 도급계약에서 수급인은 적극적

74) 同旨, 李亨夏, 전게논문(주 72).

75) 徐慶桓, 전게논문(주 2), 659면. 입법론상 임차인의 동시이행항변권을 제한하자고 주장하지만 의문이다.

으로 역무를 제공하여 일을 완성시킬 의무를 부담하고, 수급인의 일의 완성이 선이행으로 되어 있으므로 파산재단에 속하는 재산이 충분하지 않고 파산선고 후 수급인이 갖는 보수 및 비용청구권에 대하여 파산재단으로부터 완전한 변제를 받는 것이 곤란한 경우에도 수급인이 적극적인 역무를 제공하도록 강요하는 것은 수급인에게 부당한 불이익을 부과하게 되어 당사자간의 형평을 해하는 것이 된다.[76] 일반적으로 선이행의무를 부담하는 계약당사자는 불안의 항변권에 의하여 상대방의 신용불안이 해소될 때까지 자신의 이행을 거절할 수 있고 해소되지 않는 경우에는 상대방 채무의 당초 이행기가 도래한 후 동시이행관계로 전환되어 상대방의 채무이행과 상환으로 자신의 채무를 이행할 수 있게 된다. 만일 상대방이 이행하지 아니하는 경우 계약을 해제할 수 있다고 해석하고 있으므로 이러한 점을 반영한 것이라고 한다.

그러나 동조가 수급인에게 계약해제권을 인정하고 있는 것에 대하여는 민법이 임대인에게 해제권을 인정하는 것과 마찬가지로 비판하는 견해가 있다. 즉 파산관재인이 도급계약의 이행을 선택한 때에는 수급인이 갖는 청구권은 재단채권으로 보호되고 또한 이행 선택 후에도 불안의 항변권 등이 일률적으로 배제되고 있는 것은 아니므로 다른 미이행쌍무계약의 상대방 이상으로 수급인을 보호해야 할 합리적인 이유가 없다는 것이다.[77]

그러나 도급인에 대하여 회사정리절차가 개시된 경우에는 민법과 같은 특별한 조항이 없으므로 제103조에 따라 관리인만이 도급계약을 해제할 수 있다.[78] 회사정리절차에서 주로 문제가 되는 것은 기성고채권을 정리채권으로 볼 것인가 공익채권으로 볼 것인가 하는 점이다. 이에 대하여는 아래에서 살펴본다.

1) 기성고대금채권과 공익채권

도급계약은 보통 일정 기간 동안 일의 완성을 목표로 하는 것이므로 계약체결 후 일의 완성까지 시일이 소요되고 그 사이에 도급인에 대하여 회사정리절차가 개시되는 경우가 적지 않다. 실무상 문제가 되는 것은 수급인이 일의 일부를 완성한 상태에서 그에 상응하는 부분에 대한 공사대금을 받지 못하고 있는 동안 도급인에 대하여 회사정리절차가 개시된 경우에 수급인의 공사대금채권을 회사정리절차에서 어떻게 취급할 것인가이다. 만일 정리채권으로 취급하게 되면 회사정리절차에 의하

76) 郭潤直 편, 民法注解(XV), 박영사(1992), 475면(金龍潭 집필부분).
77) 田炳西, 전게서(주 66), 147면.
78) 同旨, 林采洪 · 白昌勳, 전게서(주 6), 377-378면.

지 아니하면 변제받을 수 없게 되고 그 액수도 감하여지는 것이 보통이므로 수급인은 더 이상 공사를 하지 않으려 한다. 관리인은 이행을 선택하여 앞으로의 공사가 계속되기를 원하고 있는데 법에서 개시 후의 공사에 대하여는 그 공사대금채권을 공익채권으로 보아 정리절차에 의하지 아니하고 지급할 수 있지만 개시결정 이전에 완성한 일에 대한 보수금채권을 정리채권으로 처리하여야 한다면 수급인이 공사를 속행하는 것은 기대하기 어렵다. 최근 이 점에 관하여 판시한 대법원판례를 중심으로 살펴본다.

〈사안의 개요〉

원심은 기성고에 대한 공사대금청구권에 관하여 관리인이 채무의 이행을 선택하는 경우 상대방이 갖는 청구권으로서 회사정리법 제208조 제 7 호 소정의 공익채권으로 보아 원고승소판결을 선고하였다. 이에 대하여 피고가 상고이유로서 도급계약이 매월 1회 중간공정마다 기성고를 확정하고 그에 대한 공사대금을 지급하는 형태로 되어 있어 공사대금청구권과 대가관계에 있는 공사이행청구권 역시 분할되는 급부이므로 정리개시결정 이후 완성되는 공사 부분에 한하여 공익채권이 되는 것이고 이미 완성되어 있는 부분의 채권은 정리채권에 불과하다고 주장하였다.

〈판결요지〉

일반적으로 도급계약에 있어서 수급인이 완성하여야 하는 일은 불가분이므로 그 대금채권이 회사정리절차개시 전의 원인으로 발생한 것과 그러하지 아니한 것으로 분리될 수 없는 것이 원칙이다. 이 사건의 경우에도 공사대금의 지급방법에 관하여 매월 1회씩 그 기성고에 따라 지급하기로 한 것일 뿐이어서 증가공정마다 기성고를 확정하고 그에 대한 공사대금을 지급하기로 한 것과는 다르다. 관리인이 단순히 원고에 대하여 도급계약에 따른 채무이행의 청구를 한 것을 넘어서 1999. 3. 15.(저자주: 개시결정일 후임) 원고와 사이에 당초의 도급계약의 내용을 변경하기로 하는 새로운 계약을 체결하기까지 한 이상 정리개시결정 이전에 완성된 공사부분에 관한 대금채권이라는 이유로 이 사건 채권이 공익채권이 아니라 일반 정리채권에 불과한 것으로 취급될 수 없다.[79]

생각건대, 개시결정 전에 체결된 도급계약에 기하여 공사를 하고 공사가 완성된 경우 그 대금은 모두 회사정리채권이 된다는 점에 대하여 이론이 없을 것이다. 그러나 일부만을 공사하고 그에 대한 기성고 대금을 받지 못한 상태에서 회사정리절차가 개시되었다면 관리인이 이행 선택, 해제권을 행사할 수 있고 만일 이행을 선택하였다면 기성고 대금은 공익채권으로 봄이 옳다. 왜냐하면 관리인이 계약 중

79) 대법원 2003. 2. 11. 선고 2002다65691 판결(공 2003상, 792).

일부만의 이행을 선택하는 것은 허용되지 아니하므로 관리인이 이행을 선택하였다는 것은 계약에 기한 모든 권리의무관계의 이행을 선택하였다는 것이므로 당해 도급계약에 기한 수급인의 보수청구권 즉 장래의 공사대금뿐 아니라 기성고에 대한 보수청구권 전체가 법 제208조 제7호 소정의 공익채권이 되는 것이다.[80] 실무상으로도 이를 공익채권으로 보지 않는다면 수급인의 비협조로 인하여 계약의 이행을 선택한 관리인의 의사는 실현되지 않을 것이다.[81]

한편 파산절차의 경우에도 같은 문제가 발생하는데 실무상은 이를 재단채권으로 보되 그 일부만을 변제하기로 합의하여 법원의 허가를 받아 지급하고 있다.[82]

2) 지체상금과 공익채권

한편 정리회사가 개시결정 전에 아파트를 분양하였고 그 공사를 지체하다가 개시결정을 받고 나서 미이행의 쌍무계약의 이행을 선택하여 그 준공을 하였으나 준공을 지체한 경우에도 아파트 수분양자가 정리회사에 대하여 갖는 개시결정 후의 지체기간에 따른 지체상금에 대하여는 제121조 제1항 제2호 소정의 정리절차개시 후의 불이행으로 인한 손해배상과 위약금에 해당하는 후순위정리채권이라고 볼 수 있지 않을까 하는 의문이 있다. 이에 관하여 대법원은 제208조 제7호가 규정하는 공익채권에 해당한다고 판시하였다.[83]

3) 하도급거래공정화에관한법률 제14조의 위헌성 여부

하도급거래공정화에관한법률 제14조(하도급대금의 직접지급) 제1항에 의하면, 발주자는 원사업자의 파산·부도 등의 이유로 원사업자가 하도급대금을 지급할 수 없는 명백한 사유가 있는 경우 등 대통령령에서 정하는 사유가 발생한 때에는 수급사업자가 제조·수리 또는 시공한 부분에 상당하는 하도급대금을 해당 수급사업자에게 직접 지급하여야 하고, 제2항에 의하면, 제1항의 규정에 의한 사유가 발생한 경우 발주자의 원사업자에 대한 대금지급채무와 원사업자의 수급사업자에 대한 하도급대금 지급채무는 그 범위 안에서 소멸한 것으로 본다. 이에 의하면 수급사업자(하수급인)는 다른 파산채권자와의 관계에서 또 원사업자(수급인)가 발주자

80) 同旨, 林采洪·白昌勳, 전게서(주 6), 378면.

81) 이 점에서 서울지방법원, 파산사건실무(개정판), 82면이 계속적 공급계약의 피공급자가 파산하고 파산관재인이 이행을 선택한 경우 파산선고 전의 미지급 대금채권은 재단채권이 아니고 파산채권이라는 것이 다수설이라는 서술은 납득하기 어렵다.

82) 서울지방법원, 파산사건실무(개정판)(2001), 82면.

83) 대법원 전게 2002다65691 판결(주 79). '제103조 제1항의 규정에 의하여 관리인이 채무의 이행을 하는 경우에 상대방이 가진 청구권'을 말한다. 한편, 이러한 법리는 파산절차에도 그대로 적용될 수 있다.

(도급인)로부터 수급사업자가 제조·수리 또는 시공한 부분에 상당하는 도급대금을 이미 수령하였느냐 여부에 따라서 다른 취급을 받게 되어 평등의 원칙에 반하는 것이 아닌가 하는 의심이 있다. 이에 대하여 헌법재판소는 하도급대금 직접지급제를 규정한 동 조항의 입법취지가 원사업자가 하도급대금을 지급할 수 없는 사유가 발생한 경우 영세한 수급사업자로 하여금 하도급대금을 지급받을 수 있도록 함으로써 중소기업인 수급사업자를 보호하여 국민경제의 균형 있는 발전을 도모하려는 데 있다는 점과 일반채권자와 달리 수급사업자의 원사업자에 대한 하도급대금 채권과 발주자의 원사업자에 대한 도급채무가 밀접한 관련이 있다는 점에서 수급사업자를 보호하는 것이 평등의 원칙에 반하지 않는다는 이유로 제14조 제 1 항·제 2 항이 합헌이라고 판시하였다.[84]

(3) 수급인에 대한 회사정리절차의 개시 또는 파산

일의 완성 전에 수급인이 파산한 경우에는 민법에 아무런 규정이 없다. 단 파산법 제55조 제 1 항이 "파산자가 도급계약에 의하여 일을 할 의무가 있는 때에는 파산관재인은 필요한 재료를 제공하게 하여 파산자로 하여금 그 일을 하게 할 수 있다. 그 일이 파산자 자신이 함을 필요로 하지 아니한 때에는 제 3 자로 하여금 이를 하게 할 수 있다"고 규정하고 있다. 최근의 유력설은 이 경우 수급인이 개인이냐 법인이냐를 구별하여 개인의 경우에는 관재인이 제50조를 적용할 수 없어 해제할 수 없으나, 법인의 경우에는 제50조를 적용하여 해제할 수 있다고 한다.[85]

회사정리법에는 수급인에 대하여 회사정리절차가 개시된 경우 파산법과 같은 조항이 없으므로 제103조에 의하여 결정된다.[86] 따라서 관리인이 해지를 선택하면 상대방의 선급금반환청구권은 공익채권으로 그 밖의 손해배상청구권은 정리채권이 된다.

6. 단체협약과 회사정리

정리회사와 노동조합간에 단체협약이 체결되어 있는 경우가 많다. 단체협약은 노동조합이 사용자 또는 사용자단체와 근로조건 기타 노사관계에서 발생하는 사항

84) 헌법재판소 2003. 5. 15. 선고 2001헌바98 결정(헌공 제81호).
85) 田炳西, 전게서(주 66), 148면.
86) 同旨, 林采洪·白昌勳, 전게서(주 6), 378면. 반대설: 松田二郎, 會社更生法(新版), 有斐閣(1983), 92면은 관리인은 항상 채무를 이행하여야 한다고 한다.

에 관하여 체결하는 협정이다. 회사정리개시결정이 있는 경우 제53조 제 1 항에 따라 회사사업의 경영과 재산의 관리 및 처분을 하는 권한이 관리인에게 전속되므로 정리회사의 대표이사가 아니라 관리인이 근로관계상 사용자의 지위에 있게 되고 따라서 단체협약의 사용자측 체결권자는 대표이사가 아니라 관리인이므로 정리절차 개시 후에 노동조합과 정리회사의 대표이사 사이에 이루어진 약정은 단체협약에 해당하지 아니한다.[87)]

관리인과 노동조합간에 체결된 단체협약은 쌍무계약으로서 쌍방의 당사자에게 채무의 미이행부분이 있으면 이론상으로는 법 제103조, 파산법 제50조가 적용되어야 한다. 그러나 재건절차인 회사정리절차의 경우에는 사정이 다르다. 회사정리법은 제103조 제 4 항에서 명문으로 단체협약의 경우에는 관리인이 해제권을 행사할 수 없음을 규정하고 있다. 왜냐하면 회사정리는 재건절차로서 근로자의 적극적인 생산활동이 없이는 재건이 어렵기 때문이다. 따라서 관리인은 단체협약의 효력을 유지하고 단체협약에 정한 노동조건에 구속되어야 한다. 단체협약기간중 협약의 개정을 신청할 수 있을 뿐, 단체협약을 해지할 수 없다. 다만 기간이 만료된 후에는 새로운 내용의 단체협약을 체결할 권한을 갖는다.

한편 파산의 경우에는 사업주체인 사용자가 상실되어 협약하는 상태가 없게 되는 것이기 때문에 기간의 정함이 있는 단체협약이라도 해제할 여지가 있다. 즉 당사자가 예상할 수 없었던 사유가 발생하여 노동협약을 유지하는 것이 사회통념상 현저하게 부당하여 그 목적을 달성할 수 없다고 인정되는 경우에는 단체협약을 해제할 수 있다고 해석함이 옳다. 따라서 파산의 경우에는 파산법 제50조에 의하여 관재인에게 해제권이 인정된다.

실무상으로는 회사가 도산하기 직전에 종전 대표이사가 종업원을 무마하기 위하여 회사의 재건에 부적절한 단체협약을 체결하는 경우가 적지 않다. 이로 인하여 회사정리절차 개시 후에 새로 선임된 관리인이 이에 구속되어 회사재건에 어려움이 있다는 호소가 있어 단체협약의 경우에도 제103조를 적용하도록 하자는 의견이 있었다.[88)] 그러나 근로자의 권리를 보장하고 외국의 입법례를 고려하여 현행과 같이 두기로 하였다. 그 외 회사정리절차중의 해고 절차 및 요건, 부당노동행위 등에 대하여 논의가 있으나 이 글에서는 생략하기로 한다.[89)] 최근 대법원은 파산절차의

87) 대법원 2001. 9. 25. 선고 2001다41667 판결(공보불게재).

88) 전게 대법원 2001다41667 판결도 정리절차 개시 후에 대표이사와 노조간에 체결한 노사합의의 효력이 다투어진 사안이다.

89) 이 점에 관하여는 林鍾憲, "會社整理와 勞動關係," 공인회계사 통권 제93호(2001), 45면 이하.

파산관재인이 근로자들을 해고한 사안에서, 기업이 파산선고를 받아 사업의 폐지를 위하여 그 청산과정에서 근로자를 해고하는 것은 위장폐업이 아닌 한 기업경영의 자유에 속하는 것으로서 파산관재인이 파산선고로 인하여 파산자 회사가 해산한 후에 사업의 폐지를 위하여 행하는 해고는 정리해고가 아니라 통상해고에 해당하는 것이어서 정리해고에 관한 근로기준법 규정이 적용될 여지가 없고, 또한 파산관재인의 근로계약 해지는 해고만을 목적으로 한 위장파산이나 노동조합의 단결권 등을 방해하기 위한 위장폐업이 아닌 한 원칙적으로 부당노동행위에 해당하지 아니한다고 판시하였다.[90]

V. 결 론

글을 마무리 하면서 앞으로의 실무운용 또는 장래의 파산법 개정작업에 고려하여야 할 점을 지적하여 둔다.

첫째, 회사정리법이나 파산법에서 규정하고 있는 쌍무계약에 대하여는 민법상의 개념과 마찬가지로 각 당사자가 서로 대가적인 의의를 가지는 채무를 부담하는 계약으로 해석한다. 그러나 민법상의 쌍무계약이라 하여 모두 제103조가 적용되는 것은 아니고 계약의 성질에 따라 또는 당사자 중 어느 쪽에 대하여 회사정리절차가 개시되었는가에 따라 제103조의 적용이 배제되기도 한다. 따라서 어느 계약(예컨대 이자부 소비대차계약)이 민법상의 쌍무계약에 해당한다 하여 일률적으로 회사정리절차나 파산절차에 적용할 것은 아니고 각 절차에 내재한 목적과 제103조의 취지 등을 고려하여 탄력적으로 해석할 필요가 있다. 미국 파산법이 정의규정을 두지 않은 점은 시사하는 바가 크다. 미국의 경우는 각 임대차계약, 일괄청산, 금전소비대차계약, 단체협약, 라이센스계약 등 각종 계약의 유형에 따라 미이행계약의 해당여부를 논하고 있다.

둘째, 회사정리절차와 파산절차는 재건과 청산이라는 목적, 그 대상인 법인격 등에 차이가 있으므로 이러한 양 절차의 특성을 반영하여 인수 또는 해제에 대한 상대방의 최고에 관한 효과, 단체협약에 대한 차이를 두는 것이 옳다. 그러나 통합도산법을 마련하고 있는 마당이라면 가급적 쌍무계약에 관한 조항을 통일할 필요

90) 대법원 2004. 2. 27. 선고 2003두902 판결(공보불게재); 2003. 4. 25. 선고 2003다7005 판결(공 2003상, 1267) 참조.

가 있다. 편제를 총칙조항에 두고 단서에 파산절차의 특성을 고려하는 조항을 두면 어떨까 생각한다. 또한 민법은 임차인이 파산한 경우나 도급인이 파산한 경우에 별도의 규정을 두고 있고 이에 맞추어 파산법도 그에 관한 규정을 두고 있다. 한편 임차인에 대하여 회사정리절차가 개시된 경우에 민법에는 위에서 본 바와 같은 조항이 없다. 그러나 2002년 국회에서 심의중인 통합도산법안은 개인도 회생절차를 신청할 수 있으므로 개인이 회생절차를 신청한 경우와 파산절차를 신청한 경우 쌍무계약 중 임대차와 도급계약에서 달리 취급할 필요가 있는지 의문이다. 법률안 이전에도 임차인이 파산한 경우 임대인에게 해제권을 부여하는 민법 조항의 타당성에 대하여 비판이 있었다. 회생절차, 파산절차에 관한 쌍무계약에 대하여 일반적인 규정을 총칙에서 둘 필요가 있다. 또한 민법상의 도급계약, 임대차계약에 관한 파산조항을 회사정리개시결정시와 통일적인 규정을 두어야 한다.

셋째, 미국의 파산법과 같이 관리인의 해제권에 대한 시한을 명시하여 뒤늦게 관리인이 해제를 선택함으로써 이미 인가된 정리계획에 이를 제대로 반영하지 못해 재건절차에 걸림돌이 되는 일이 없도록 할 필요가 있다.

넷째, 앞으로 실무경험을 축적한 후 단체협약에 대하여도 미국과 같이 일정한 요건을 갖추는 경우 관리인이 해제 또는 선택권을 갖는 방향으로 개정을 검토할 필요가 있다.

다섯째, 이 글에서는 다루지 못하였으나 금융기관간의 일괄청산(netting)에 관하여 세계적인 흐름에 맞는 입법을 검토하여야 한다.

끝으로 관리인이 해제한 경우 미국의 경우에는 상대방의 채권을 무담보파산채권으로 취급하고 있으나 회사정리법은 해제의 경우 원상회복청구권에 대하여 공익채권으로, 손해배상청구권은 정리채권으로 취급하고 있는바 이행을 완료한 다른 정리채권자와의 균형을 고려하여 재검토할 필요가 있다.

(사법논집 제36집(2004), 287면 이하 소재)

[후기]

이 글이 발표된 당시에는 아직 채무자회생및파산에관한법률안이 확정되기 이전이었으므로 그 당시의 법률안을 토대로 글을 작성하였다. 2004. 2. 26.자 채무자회생및파산에관한법률안(최종안)이 발표되었으므로 본문에서 관련부분을 설명하였다. 최종안은 개인채무자회생절차에서 미이행쌍무계약에 관한 조항을 삭제하였다. 또한 동아건설의 파산관재인이 종전 종업원을 해고한 것이 부당노동행위에 해당하는지에 여부에 관한 대법원 판결이 선고되었으므로 이를 본문에 반영하였다. 최종안은 관리인의 미이행쌍무계약에 관한 해제권의 행사기한을 관리인은 회생계획안 심리를 위한 관계인집회가 끝난 후 또는 제240조의 규정에 의한 서면결의에 부치는 결정이 있은 후에는 계약을 해제 또는 해지할 수 없도록 제한을 두었다(제120조 제1항 단서). 또한 제121조에서 일괄정산에 관한 조항을 삽입하였다.[91] 동조는 파생금융상품거래를 정의하고, 그러한 거래의 경우에는 부인권, 미이행쌍무계약에 관한 관리인의 해제권, 상계금지 조항을 배제하였다. 그 외 준별제권자의 대항력 구비시기를 파산등기시에서 파산신청시로 앞당겼다(제415조 제2항). 임대인이 파산한 경우 해제권을 제한하는 경우로서 임차인이 대항요건만 갖추면 족하고 확정일자 구비요건은 삭제하였다(제125조 제4항, 제340조 제4항).

91) 제121조(파생금융상품거래의 일괄정산) ① 다음 각호의 거래(이 조에서 "파생금융상품거래"라 한다)에 관한 기본적 사항을 정한 계약(이 조에서 "기본계약"이라 한다)에 근거하여 파생금융상품거래를 행하는 당사자 일방에 대하여 회생절차가 개시된 경우 이행이 완료되지 않은 거래에 관한 개별계약의 종료에 관하여는 당사자간에 정한 바에 따른다.

1. 외국환거래법시행령 제 8 조의 파생금융거래
2. 증권거래법시행령 제36조의2 제 1 항 제 1 호의2의 장외파생금융상품거래
3. 유가증권의 대차
4. 유가증권의 환매조건부거래
5. 현물환거래
6. 금리, 통화, 출자지분, 상품, 에너지, 전기, 날씨, 운임, 주파수, 환경, 귀금속 등 또는 이에 관한 지수와 관련한 제 1 호 내지 제 5 호와 유사한 거래로서 대법원규칙이 정하는 거래
7. 제 1 호 내지 제 6 호의 거래가 혼합된 거래
8. 제 1 호 내지 제 7 호의 거래에 수반되는 담보 및 담보 목적의 소유권 이전 거래

② 제 1 항의 규정에 따라 파생금융상품거래에 관한 개별계약이 종료된 경우 그 파생금융상품거래에 관한 당사자간의 채권 또는 채무는 기본계약 및 개별계약에 따라 공정하고 객관적으로 산출한 평가액을 차감계산한 잔액에 대한 단일한 채권 또는 채무가 된다. 다만, 이에 관하여 당사자간에 다른 정함이 있는 경우에는 그에 따른다.

③ 제 1 항 및 제 2 항의 경우 제101조, 제120조, 제122조, 제145조의 규정은 적용하지 아니한다.

정리회사와 보증인의 법률관계

Ⅰ. 머 리 말

통상 파탄에 직면한 주식회사에 대하여 회사정리절차가 개시된 경우에는 필연적으로 그 정리회사의 채무에 대하여 보증(인적 또는 물상보증)을 서는 기업이나 개인도 정리회사에 대하여 벌어지는 회사정리법상의 여러 절차에 직접·간접으로 관여하게 마련이다. 또한 소위 재벌그룹의 계열회사에 속하지 아니한다 하더라도 적어도 상장기업이나 장외거래등록법인에 해당하는 기업의 경우에는 기업의 소유가 소수에게 집중되어 계열화 현상이 일어나 주력기업과 다른 기업 사이에 별도의 회사조직을 구성하여 상호보증을 서는 경우가 흔히 있고,[1] 이때 주력기업에 대하여 회사정리절차가 개시되면 연쇄적으로 계열회사의 다른 기업에 대하여도 회사정리절차 또는 파산절차가 개시되는 경우가 종종 있다.

본고에서는 주채무자에 대하여 정리절차가 개시되고 보증인에 대하여는 정리절차가 개시되지 아니한 경우(대표적으로는 회사의 임직원이 회사의 대여금채무에 관하여 연대보증인 또는 회사를 위하여 물적책임을 지는 물상보증인이 되는 경우이

1) 가장 대표적인 사례로는 대법원 1999. 3. 26. 선고 97다20755 판결(공 1999상, 760). 이 판결은 보증행위와 부인권에 관한 최초의 선례로서 큰 가치가 있다. 이 판결에 대한 평석으로는 閔中基, "整理會社의 系列會社에 대한 連帶保證이 否認의 대상인 無償行爲에 해당하는지 여부," 대법원판례해설 1999년 상반기(통권 32권), 320면; 崔周永, "타인의 채무의 보증과 회사정리법 제78조 제1항 제4호의 무상부인," 상사판례연구(Ⅴ), 博英社(2000), 195면 이하 참조.

다), 또는 주력기업에 대하여 정리절차가 개시되고 동시에 또는 후발적으로 보증을 선 다른 기업에 대하여도 정리절차 또는 파산절차가 개시된 경우를 상정하여 회사정리절차상의 채무자와 보증인의 법적 지위와 상호의 권리관계에 대하여 살펴보기로 한다. 이해를 돕기 위하여 우선 구체적인 의문점부터 생각하여 보기로 한다.[2)]

일반적으로 회사정리절차에 있어서 정리채권자, 정리담보권자(이하 정리채권자 등이라고 한다)는 법원이 정한 정리채권 신고기한 내에 신고를 하지 않으면 채권은 실권되고 따라서 정리회사는 채권에 대한 지급의무를 지지 않는다[3)](통설 및 판례). 그런데 이 경우 (1) 신고기한 내에 신고하지 아니하여 실권된 정리회사의 채권자가 보증인 또는 물상보증인에게 청구하는 것은 가능한가 또는 정리절차개시로 인한 정리회사에 대한 시효중단의 효력은 보증인 등에게도 미치는가 즉 민법상의 보증채무의 부종성이나 연대채무의 연대성 등은 회사정리절차에 있어서 어떠한 영향을 받는가? (2) 회사에 대하여 정리절차 개시결정이 내려진 경우 보증인이 장차 정리회사에 대하여 갖는 구상권은 정리절차 내에서 어떠한 성질을 갖는가, 즉 정리채권이 되는가 정리담보권이 되는가? 채권신고를 하지 않으면 마찬가지로 실권되는가? (3) 구상권을 정리채권으로 보아 정리절차에 참가하여야 한다면 정리절차의 진행중 어떠한 시기에 어떠한 방법으로 참가하여야 하는가? (4) 정리채권자가 정리절차 개시 후에 보증인으로부터 일부 변제를 받은 경우 또는 정리계획에 의하여 일부 변제를 받은 경우 이러한 채무의 일부 소멸은 정리회사 또는 보증인에게 어떠한 영향을 미치는가? (5) 정리계획의 효력은 정리채권자 또는 정리담보권자가 회사의 보증인 기타 회사와 함께 채무를 부담하는 자에 대하여 가진 권리에 영향을 미치지 않는다는 회사정리법(이하 법이라 한다) 제240조 제 2 항의 규정은 헌법상의 평

---

2) 당초 저자는 사법논집 제22집(1991), 359면 이하에 같은 주제로 발표한 바 있었다. 그러나 최근에 이르러 위 주제에 관한 많은 글과 판례 등이 발표되어 이를 반영하고 그 동안 미진한 부분을 보충하기 위하여 다시 쓴 것이다. 저자가 이 글을 도산법연구회에서 발표할 때에 좋은 지적을 하여주신 吳守根 교수님, 金炯科, 姜宣明 판사님께 이 자리를 빌어 감사드린다.

3) 申告하지 아니한 정리채권에 대하여는 회사가 면책된다고 하는 점에 대하여는 입법론상의 비판이 있다(三ヶ月章, "會社更生法の司法政策的意義," 會社更生法研究, 有斐閣(1979), 270면 이하). 日本의 會社更生法의 모법이라 할 수 있는 미국의 파산법에서도 비록 申告하지 아니한 채권자라 하더라도 관리인이 작성하는 채권자명부에 기재된 자는 절차상의 발언권만 부정될 뿐 정리계획상에는 그 권리를 인정받을 수 있다(구 파산법인 Bankruptcy Act §224(4)b 참조). 현행 파산법상의 신고절차와 실권에 관하여는 Ⅵ항 참조. 그리하여 정리채권자에 대하여도 회사정리법 제244조(이하 조문은 회사정리법을 가리킨다)의 주주와 같이 의결권의 문제와 정리계획상의 실권의 문제는 따로 나누어 고찰하여야 한다고 주장한다. 주주와 관련하여 헌법상의 평등원칙에 반한다는 상고이유에 대하여 합헌이라는 日本의 最高裁判所 1970. 12. 16. 判決이 있으며 이 점에 대하여는 뒤에서 살펴보기로 한다.

등원칙에 위배되는 것은 아닌가?[4] (6) 주채무에 대하여 수회로 나누어 분할변제하도록 하는 내용의 정리계획이 확정된 경우 보증채무에 대한 소멸시효는 언제부터 기산되는가? 등의 문제가 있다. 이하에서는 위와 같은 문제점을 염두에 두면서 채권자의 채권이 정리채권, 정리담보권인 경우에 한정하여 살펴보기로 한다. 왜냐하면 공익채권이나 환취권(제62조)의 경우에는 정리절차에 의하지 아니하고 강제집행 등의 방법으로 수시로 변제받을 수 있으므로 정리절차에 의하지 아니하고는 변제받지 못하는 제한이 없기 때문이다. 또한 미국의 파산법 특히 회사정리법의 모법인 파산법 제11장의 경우와 정기수입 있는 자를 위한 재건절차인 제13장의 경우에 있어서 보증인의 지위에 대하여 비교법적인 관점에서 검토하기로 한다.

Ⅱ. 전부의무자와 정리회사의 법률관계

1. 제108조의 취지

(1) 입 법 례

원래 수인의 전부의무자 전원 또는 그 일부에 대하여 도산절차가 개시된 경우 채권자의 권리행사의 취급에 대하여 입법례는 나누어져 있다. 프랑스법은 파산절차에서의 배당과 임의변제를 구별하여 절차개시 전에 다른 연대채무자가 임의변제를 한 경우에는 그 변제액을 공제하여 나머지액을 현존채권으로 하고, 절차에서 배당에 의한 변제가 이루어진 경우에는 그 배당액을 공제하지 않고 전액을 채권액으로 보아 배당에 참가할 수 있도록 한다. 또한 스위스법은 공동채무자의 1인 또는 수인이 파산선고 전에 일부를 변제한 경우라도 당초의 채권액은 감축되지 아니하고 성립 당시의 채권전액을 갖고 각 파산재단에 참가할 수 있다고 한다.[5] 우리 나라의 회사정리법은 일본의 會社更生法[6]을 통하여 독일법의 원칙을 승계하여 파산법 제19조와 같이 현존액주의라는 원칙을 채용하였다.

---

4) 예컨대 정리회사의 채무를 重疊的으로 引受한 자의 입장에서는 정리회사에 대한 채권자의 채권은 감축되었음에도 자기에 대하여는 전액을 청구할 수 있다면 이는 平等의 原則에 반한다고 주장할 수 있다.

5) 齊藤秀夫 · 麻上正信 編, 注解破產法 第三版(上), 青林書院(1999), 145면 참조.

6) 일본의 會社更生制度는 미국의 1978년 개정 전의 구 파산법 제X장의 Corporate Reorganization의 제도를 도입하여 여기에 독일법적인 일본 파산법상의 법기술을 이용하고 아울러 일본의 상법상의 주식회사에 관한 규정과 조화시켜 만든 것으로서 극히 특이한 제도라고 평가되고 있다.

(2) 규정의 의미

회사정리절차에 있어서 주채무자와 보증인간의 문제는 채무자에 대하여 회사정리절차가 개시된 경우와 보증인에 대하여 정리절차가 개시된 경우의 두 가지가 있으나 회사정리법은 파산법과 같이 양자를 한데 묶어 규정하고 있다. 회사정리절차가 개시된 경우 정리회사와 각자 전부의무를 부담하는 다수의 채무자(예컨대 보증인, 연대보증인 등)와의 법률관계는 민법과 다른 면이 있음에 주의하여야 한다. 즉 회사정리법은 각자 전부의무를 부담하는 수명의 채무자의 수인 또는 전원에 대하여 회사정리절차가 개시된 경우에 채권자의 정리회사에 대한 관계와 다른 채무자의 채권자 및 정리회사에 대한 관계에 관하여 제108조, 제109조, 제110조, 제111조 및 제123조 제 2 항을 마련하고 있다.[7]

제108조는 수인이 각각 전부의 이행을 할 의무를 지는 경우에는 그 전원 또는 그 중 수인에 관하여 정리절차가 개시된 때에는 채권자는 정리절차 개시 당시의 채권 전액에 관하여 각 정리절차에 있어서 정리채권자로서 그 권리를 행사할 수 있다고 규정하고 있다. 또한 제123조 제 2 항에서 정리담보권자의 경우에도 이를 준용하고 있다.

(3) 적용범위

제108조에서 말하는 "수인이 각각 전부의 의무를 부담하는 자"라고 함은 전부의무자 상호간에 내부관계가 있는지 여부에 관계없는 것이다. 예를 들면 불가분채무, 연대채무, 부진정연대채무, 연대보증채무, 어음·수표상의 합동채무, 보증채무, 물상보증, 중첩적 채무인수[8] 등을 말한다. 또한 1인 또는 수인의 보증인이 일부에 대하여만 보증을 한 경우도 그 부담 부분에 있어서는 각자 전부의무를 부담하고 있으므로 그 한도에서는 정리절차상의 특별한 취급을 받는다(제111조). 주채무자인 회사에 대하여 정리절차가 개시된 경우 보증인 등이 있는 경우 채권자는 정리절차 개시 당시에 갖는 채권전액에 관하여 정리절차에 참가할 수 있고 동시에 보증인에 대하여 정리절차와 관계없이 채권의 전액을 청구할 수 있다. 또한 만일 보증인에 대하여 정리절차 또는 파산절차가 동시에 또는 순차적으로 개시된 경우에도 마찬

7) 파산법 제19조, 제20조, 제21조도 같은 법리를 규정하고 있다.

8) 林采洪·白昌勳, 회사정리법(상), 한국사법행정학회(1999), 408면; 田炳西, 파산법, 한국사법행정학회(1999), 97면; 齊藤秀夫 編, 전게서(주 5) 146면. 중첩적 채무인수에 대하여는 最高裁判所 1970. 6. 10. 判決.

가지이다. 다만 당해 보증인에 대한 정리절차 또는 파산절차 내에서 제약을 받을 수 있을 뿐이지 채권전액을 정리채권 또는 파산채권으로 절차에 참가할 수 있다. 이는 실체법상 수인이 각자 전부의 이행을 하는 의무를 부담한다는 취지를 각 채무자 개인의 책임재산의 不足을 보완한다는 점에서 회사정리절차에서까지 관철하려는 것이다. 그리하여 수인이 각자 전부의무를 부담하는 경우에 그 전원 또는 1인[9] 또는 수인에 대하여 정리절차가 개시된 경우에는 채권자는 정리절차 개시 당시의 채권 전액에 대하여 각 정리절차에 있어서 정리채권자, 정리담보권자 등으로 권리를 행사할 수 있다. 이 경우 정리절차가 개시된 채무자가 주채무자인가 보증인인가는 묻지 아니한다. 다만 보증인에 대하여만 정리절차가 개시된 경우에 관하여는 따로 항을 나누어 후술한다. 본고에서는 이해의 편의를 위하여 전부의 의무를 부담하는 자로 보증인(연대보증인, 물상보증인 포함)을 예로 들면서 살펴보기로 한다.

2. 현존액주의의 내용

채권자는 정리절차 개시를 시점으로 하여 채권 전액을 가지고 각 정리절차에서 권리를 행사할 수 있다. 원칙으로 채권자의 권리행사는 정리절차개시 전의 채권액의 변동에는 영향을 받으나 개시 후의 채권액의 변동에는 영향을 받지 아니한다. 이 점은 파산법의 경우에도 마찬가지이다. 즉 파산선고시를 기준으로 그 이후의 다른 전부의무자가 하는 일부 변제는 파산절차에 있어서 참가하는 파산채권액에 영향을 주지 아니한다.

(1) 정리절차개시 전의 채권액의 변동

정리절차 개시 전에 정리회사가 일부 변제를 하거나 정리회사에 기타 채무소멸사유가 발생한 경우에는 채권자는 이에 의하여 소멸한 부분을 뺀 나머지 채권만으로 권리를 행사함에 그친다. 주채무자에 대한 회사정리절차가 개시되기 이전에 이미 다른 전부의무자인 보증인에 대하여 정리절차가 개시되어 법원의 허가에 의하여 또는 정리계획에 좇아 현실로 변제를 받은 경우도(단지 변제를 하도록 하는

9) 제108조는 문리상 수명의 전부의무자의 2인 이상의 자에 대하여 정리절차가 개시된 경우에만 적용이 있는 것처럼 보이나 1인에 대하여 절차가 개시된 경우에도 당연히 적용된다(異說 없음. 三ヶ月章, 條解會社更生法(中), 弘文堂(1999), 352-353면; 宮脇行彦 외, 注解會社更生法, 青林書院(1986), 376면; 山内八郎, "會社更生手続における多數當事者の債權" 會社更生計劃の諸問題, 一粒社(1979), 264면). 파산법에 대하여도 같다. 齊藤秀夫 編, 전게서(주 5), 147면.

내용의 정리계획안이 확정된 것으로는 부족하다) 마찬가지로 그 금액을 공제하고 나머지 금액에 한하여 권리를 행사한다.[10] 그러나 수인의 전부의무자에 대하여 동시 또는 순차로 회사정리절차가 개시된 경우 전부의무자의 1인에 대하여 정리계획상 채무의 면제, 기타 권리변경이 있어도 그것은 다른 전부의무자가 부담하는 채무의 내용에 영향을 미치지 아니하므로(제240조 제 2 항) 채권자는 다른 전부의무자에 대한 정리절차에서는 당초의 채권액을 기준으로 권리행사할 수 있다.

(2) 정리절차개시 후의 채권액의 변동

1) 원 칙

민법 제416조 이하에서는 연대채무자간에 절대적 효력이 미치는 사유를 규정하고 있으나, 회사정리절차에서는 정리계획에서 주채무의 일부 면제를 정하는 경우라도 절대적 효력을 인정한 민법 제419조는 적용되지 아니하고 회사정리법 제240조 제 2 항에 의하여 보증인에게 영향을 미치지 아니한다. 그러므로 주채무자에 대한 정리절차 개시 후에 보증인 등에 의한 변제 기타 채무소멸의 사유가 생겨도 그에 의하여 채권자가 채권 전액에 대하여 만족을 얻은 것이 아닌 한 당해 정리절차에 있어서 채권자의 권리행사는 영향을 받지 아니한다. 채무명의 성립 후에 보증인인 또는 주채무자로부터 일부 변제를 받은 경우에는 보통 청구이의의 사유가 되지만 회사정리 또는 파산절차에서 채권자표의 기재가 확정된 후에 보증인으로부터 채권을 일부 변제받았다고 하더라도 그 집행력을 배제하기 위한 청구이의의 사유가 되지 아니한다.

2) 예 외

채무의 변제 중 정리회사로부터의 변제는 절대적인 채권소멸사유가 된다. 주채무자에 대한 정리절차에 있어서 채권자가 법원의 허가에 의하여 변제를 받은 때에는 채권이 절대적으로 소멸하므로 당해 절차에 있어서 채권자의 권리행사는 영향을 받는다.[11] 또한 전부의무를 부담하지 아니하는 제 3 자로부터 변제를 받은 경우는 그 변제가 회사정리절차 개시 후(또는 파산선고 개시 후)에 이루어진 경우라도

---

10) 三ヶ月章, 전게서(주 9), 353면; 宮脇行彦, 전게서(주 9), 377면.

11) 同旨, 金龍德, "회사정리절차와 채권자의 지위," 충북법률연구(1998) 447면; 三ヶ月章, 전게서(주 9), 354면; 宮脇行彦, 전게서(주 9), 377면; 山內八郎, 전게논문(주 9), 266면. 또한 대법원 1997. 4. 8. 선고 96다6943 판결(공 1997상, 1375)은 주채무자인 정리회사의 구상채무를 보증한 피고들로서는 정리회사의 보증인인 원고가 대위변제한 경우에 주채무자가 정리계획에 따라 지급한 금액의 공제를 주장할 수 있음을 인정하고 있다.

그 액수만큼 정리채권액이 감축된다.[12] 왜냐하면 본조는 전부의무자의 회사정리절차 개시에 있어서 그 전부의무의 완전한 만족을 관철하기 위한 것이므로 이와 무관한 자의 변제는 그 한도에서 전부의무를 감소시키기 때문이다. 그리고 전부의무자가 채권자에 대한 반대채권으로 상계한 경우에는 비록 상계의 의사표시를 절차 개시 후에 한 경우라도 상계적상이 절차 개시 전에 발생하면 채무소멸의 효과는 그 시점으로 소급하므로 그 한도에서 채권자의 권리행사에 영향을 미친다.

요약하면 정리계획이 인가되어 변제계획에 따라 정리채권자가 정리회사로부터 변제를 받은 경우나 전부의무자 아닌 제 3 자로부터 일부 변제를 받은 경우 또는 상계의 경우에는 그 액수만큼 채권이 소멸하므로 잔액에 대하여만 보증인 등에게 청구할 수 있다.

(3) 정리절차에 있어서 채권자의 권리행사

현존액주의하에서 정리절차에 있어서 권리행사는 다음과 같다. 첫째, 채권자는 채권 전액을 채권의 내용 및 의결권의 액(제125조 제 1 항)으로서 권리를 신고할 수 있고 그 후 채권액의 변동이 있더라도 신고의 변경(동조 제 4 항)을 요하지 아니한다. 둘째 정리절차개시 후의 채권액의 변동은 채권조사기일 및 정리채권 확정소송에서 이의사유가 되지 아니한다. 끝으로 정리계획에 있어서 권리변경도 위 채권 전액을 기준으로 하여 결정된다. 그러나 전액변제가 있는 경우에는 정리채권은 소멸하게 된다. 또한 채권신고 후 확정되어 정리계획안이 인가되기 이전에 전부의무를 부담하지 아니하는 제 3 자로부터의 일부의 대위변제가 있는 경우에는 확정된 정리채권자표에 대하여 청구이의의 소를 제기하여 정리채권자표의 내용을 변경할 수 있다. 다만 보통은 대위변제하는 제 3 자가 구상권을 신고하는 경우가 대부분일 것이므로 이러한 경우는 뒤에서 보는 바와 같이 구상권의 대위문제로 귀착될 것이다.

3. 제108조와 다른 도산절차

(1) 주채무자와 보증인에 대하여 정리절차 등이 개시된 경우

제108조는 주채무자인 회사에 대하여 정리절차가 개시되고 보증인에 대하여 그 후에 파산절차, 화의절차가 개시된 경우에도 유추적용된다.[13] 즉 채권자는 각

12) 三ヶ月章, 전게서(주 9), 354면, 파산의 경우도 같다. 齊藤秀夫 編, 전게서(주 5), 148면.

13) 제108조와 파산법 제19조는 모두 전부의무자의 1인 또는 수인에 대하여 회사정리절차 또는 파

절차의 개시 당시에 있어서의 채권 전액을 갖고 각 절차에 참가할 수 있고 그 후 한 쪽의 절차에서 얻은 만족은 그것이 채권 전액의 만족을 가져오지 않는 한 다른 절차에서 고려하여야 할 채권액에 영향을 미치지 아니한다.[14] 즉 회사정리절차에서의 일부 변제가 있다 하더라도 그 변제가 보증인에 대한 파산선고 이후라면 채권자가 파산절차에서 갖는 보증인에 대한 파산채권에는 아무런 영향이 없다는 것이다. 구체적인 사례는 서울지방법원 2001. 2. 12. 선고 2000가합72119 판결(항소심 서울고등법원 2001. 7. 24. 선고 2001나16472 판결, 확정)이 좋은 예이다. 대법원 2002. 1. 11. 선고 2001다64035 판결(공보불게재)은 당사자만 달리하고 사안도 같고 판결이유도 동일하다.

〈사안의 개요〉

주채무자 통일중공업(주)에 대하여 1999. 4. 23. 회사정리절차가 개시되고 그 후인 1999. 10. 20. 보증인인 원고(장은증권)에 대하여 파산선고가 이루어졌으며 파산선고 이후인 2000. 2. 1. 정리계획이 인가되었는데 그 정리계획에 의하면 정리채권 중 50%에 대하여 출자전환이 되어 신주를 발행함으로써 당해 채권을 변제하는 내용이 포함되어 있다. 위 계획안에 따라 정리채권자인 피고(서울은행)가 2000. 6. 5. 출자전환에 동의하여 통일중공업의 관리인이 신주를 발행하였다. 원고는 통일중공업의 피고에 대한 주채무 중 50%가 출자전환되어 대물변제됨에 따라 파산자인 피고에 대한 이 사건 지급보증채무도 위 금액 내에서 소멸되었고, 이에 따라 피고의 파산채권도 금액 내에서 소멸되었다고 주장하면서 지급보증채무 중 출자전환된 부분의 채무부존재확인소송을 제기하였다. 법원은 아래의 이유로 원고의 청구를 기각하였다.

〈판결요지〉

회사정리법 제240조 제 2 항, 파산법 제19조, 제20조에 의하면 파산선고 후에 다른 채무자로부터 일부 변제를 받더라도 파산채권자의 파산채권액에 감소를 가져오는 것은 아니므로 통일중공업에 대한 회사정리절차에서 정리계획안에 따라 피고의 이 사건 회사채 원금 중 절반이 출자전환되었다고 하더라도, 이 사건 회사채의 지급보증채무자인 파산자의 피고에 대한 책임범위에는 아무런 영향이 없는 것이고, 피고는 파산자의 파산선고 당시 그에 대하여 가지는 이 사건 채권전액에 대하여 파산채권자로서 그 권리를 행사할 수 있다.

산절차 등 같은 절차가 개시된 경우의 규정이고 다른 절차가 개시된 경우에 관한 규정은 아니다.

14) 上村多平, 多數當事者の債權關係, "企業の整理 · 再建と清算" 青林書院新社(1980), 330면; 山內八郞, 전게논문(주 9), 270면; 三ヶ月章, 전게서(주 9), 356면.

(2) 출자전환과 보증인의 면책유무 및 범위

1) 출자전환의 의의

기업에 대출을 한 채권자가 당해 채권을 회사의 지분으로 전환하는 것을 출자전환이라 한다.[15] 출자전환에 대하여는 당해 회사에 대한 채권을 주식대금납입에 대신하여 상계하는 것이 상법 제334조에 반하고, 대차대조표상의 자산의 증가를 가져오는 것이 아니라는 이유로 반대하는 견해도 있으나 회사정리법 제222조 제1항이 회사가 정리채권자, 정리담보권자 또는 주주에 대하여 새로 납입 또는 현물출자를 하게 하지 아니하고 신주를 발행하는 것을 허용하고 있으므로 현재의 실무[16]와 다수설은 이를 긍정하고 있다.

2) 출자전환의 필요성

출자전환을 하는 동기는 첫째는, 정리회사가 다액의 채무를 면제받게 되면 채무면제이익에 대하여 법인세법상 익금으로 처리되어 과다한 법인세를 납부하여야 하지만 정리계획에 의하여 출자전환이 이루어지는 경우 면세혜택을 얻어 계획의 수행가능성을 높일 수 있기 때문이다.[17] 둘째는, 정리채권자가 지배주주가 됨으로

---

15) 출자전환에 대한 글로는 金承範, "貸出債權의 出資轉換에 관한 法的硏究," 성균관대학교 박사학위논문(2002), 자세한 내용에 대하여는 李濟垣, "出資轉換의 法的 性質," 증권법연구 제1권 제1호(2000); 일본의 최근논문으로는 大彬謙一, いわゆる不良債権問題とデット・エクイティ・スワップ(債務の株式化), ジュリスト(2003. 3. 1), 23면 이하; 松田安正, "株式による代物辨濟條項およびその利害得失," 判例タイムズ 제866호(1995), 324면 참조.

16) 기업구조조정을 위하여 금융기관이 당해 기업에 대한 대출금을 출자전환하여 신주를 발행하고 그에 따른 변경등기를 신청하는 경우, 비송사건절차법 제205조 제5호에 규정된 '주금을 납입한 은행 기타 금융기관의 납입금보관에 관한 증명서'에 갈음하여 (1) 회사가 주식인수인(금융기관)에 대하여 채무를 부담하고 있다는 사실을 증명하는 서면, (2) 그 채무에 대하여 회사로부터 상계의 의사표시가 있음을 증명하는 서면 또는 주식인수인의 상계의사표시에 대하여 회사가 이를 승인하였음을 증명하는 서면, (3) 위와 같은 출자전환이 있었음을 증명하는 금융감독원장의 확인서(은행법 제37조 제2항에 해당하는 경우에는 금융감독위원회의 승인서)를 제출할 수 있다(1999. 1. 25. 등기예규 제960호 참조). 또한 등기 실무에 있어서도 정리계획에 의한 출자전환의 경우에 회사정리법상 검사인의 검사를 배제하는 규정이 없음에도 불구하고 검사인의 검사를 받지 아니하고 있다.

17) 이러한 출자전환은 2003. 12. 31. 이전에 주로 행하여졌다. 당시에는 재경부의 예규가 정리회사 등이 출자전환을 하는 경우 그 차액을 주식발행초과금으로 처리하여 익금으로 처리되지 않았기 때문이다(법인세법 제17조: 다음 각호의 수익은 내국법인의 각 사업연도의 소득금액계산에 있어서 이를 익금으로 산입하지 아니한다. 1호 주식발행액초과금). 그 후 재무부예규가 2003. 3. 5.자로 변경되어 "법정관리법인이 법정관리계획에 따라 채무를 출자전환하는 경우 주식의 발행가액 중 시가를 초과하는 금액은 채무면제이익에 해당하고, 주식의 액면가액과 시가와의 차액은 주식발행액면초과액(또는 주식할인발행차금)에 해당함"이라고 적용함에 따라 출자전환에 따른 주가차액을 모두 익금으로 처리하게 되었다. 그에 따라 부실에 빠진 정리기업이 출자전환을 통하여 채무재조정을 하고도 이것이 모두 당기순이익으로 처리됨으로써 약 30%에 이르는 법인세를 부담할 위험에 처하게 되었다. 위 예규의 시행으로 말미암아 M & A를 통한 회생 자체가 불가능하게 되었다.

써 기업구조조정을 통한 M & A를 용이하게 한다는 점이다.

3) 출자전환과 채무소멸의 효과

출자전환으로 인하여 채무소멸의 효과를 인정하는지에 관하여는 긍정설[18]과 부정설[19]로 나뉜다. 전자는 채권의 출자전환은 현물출자의 한 방법이고, 채권자가 출자전환으로 인하여 주식을 취득함으로써 채권의 만족을 얻음과 동시에 채권자의 지위를 잃고 주주가 된다고 보아야 한다고 주장한다. 후자는 출자전환 자체로 채권소멸의 효과를 인정할 수 없고 주식양도, 주식배당 등에 의하여 채권자가 현실적으로 만족을 얻을 때에 비로소 그 한도 내에서 채권소멸의 효과가 발생한다고 주장한다.

서울지방법원의 실무는 1주당 일정가액으로 평가한 이상 주식의 평가가 적정한지 여부는 별론으로 하고 변제금액은 그 금액을 기준으로 하되 다만 채무의 소멸의 효과가 발생하는 시점은 정리계획에서 정한대로 신주발행의 효력발생일로 본다. 다시 말하면 신주발행으로 소멸하는 채무의 범위는 출자전환하기로 한 금액으로 계산하되 변제의 효력은 그 후에 정한 신주발행의 효력발생일에 생긴다. 대법원 판례는 출자전환으로 채권소멸의 효과를 인정하나 채무소멸의 범위는 신주발행의 효력발생일 당시를 기준으로 하여 채권자가 인수한 신주의 시가를 평가하여 그 평가액을 공제한 잔액이 채권액이 되는 것이고 신주의 액면가액을 공제한 잔액이 채권액이 된다고 볼 수 없다고 하여 학설과 다른 산정방법으로 변제의 효과가 발생한다고 판시하고 있다.[20] 즉 신주발행의 효력발생일에 변제의 효력과 아울러 변제

이러한 불만에 봉착하자 강봉균 외 11인의 국회의원이 2003. 11. 7. 채무면제이익의 일부를 과세이연하는 것을 주된 내용으로 한 조세특례제한법중개정법률안을 발의하였다. 즉 제44조 제 2 항에서 2005. 12. 31.까지 출자전환된 경우에 출자전환채무면제이익을 익금에 산입하지 아니할 수 있고, 당해 사업연도 및 그 이후의 사업연도에 결손금이 발생하는 경우 그 결손금의 보전에 충당하여야 한다고 규정하고 있다. 이 조항은 한시법이라는 점과 익금산입여부에 대하여 과세관청의 재량을 준 점에서 근본적인 해결책이 되지 못한다.

18) 서울지방법원, 회사정리실무(개정판, 2001), 454면; 金龍德, "회사정리절차와 다수당사자의 채권관계," 서울대학교 석사학위논문(1989), 91-92면.

19) 三ヶ月章, 條解會社更生法(下), 弘文堂(1999), 716-718면 참조. 한편 申弼鐘, "整理債權의 出資轉換과 保證債務의 消滅," 民事裁判의 諸問題⑾(2002. 12), 303면은 출자전환과 관계 없이 보증채무 전액에 대하여 보증인에 대하여 그 이행을 구할 수 있다고 주장한다.

20) 최근 확립된 판례와 법원의 실무는 채권소멸로 보아 보증채무의 이행을 구할 수 없다는 것으로 귀착되었다. 대법원 2003. 8. 22. 선고 2001다64073 판결(공 2003하, 19050); 2003. 3. 14. 선고 2002다20964 판결(공 2003상, 974); 2003. 2. 26. 선고 2001다62114 판결(공 2003상, 901); 2003. 1. 10. 선고 2002다12703·12710 판결(공 2003상, 612); 2002. 1. 11. 선고 2001다64035 판결(공보불게재); 서울지방법원, 회사정리실무(개정판, 2001), 454면. 반대설로는 山內八郎, 전게논문(주 9), 268면의 주 10. 이 견해에 의하면 채권의 전액 변제가 아닌 한 다른 절차의 정리채권액에는 영향을 미치지 아니한다고 한다. 대법원 2001다64035 판결은 출자전환으로 변제에 갈음하기로 규정하기로 한 경우에는 신주발행의 효력발생일 당시를 기준으로 하여 채권자가 인수한 신주

의 범위도 정하여진다는 것이 된다.

생각건대, 첫째로 회사정리법 제254조 제 1 항에서 정리채권자, 정리담보권자가 정리계획인가결정일 또는 정리계획에서 정한 때에 주주가 된다고 명백히 규정하고 있는 이상 채권자는 정리채권 잔액에 대하여는 정리채권자가 되고 동시에 일정수의 주식에 대하여 주주가 된다고 보아야 한다. 그런데 출자전환이 되었음에도 실제로 주식을 처분할 때 비로소 채권이 소멸한다고 하면 동일한 채권액에 관하여 채권소멸시까지 주주와 채권자의 지위를 겸유하게 되어 법리상 어긋난다. 둘째로, 출자전환은 채권자가 동의하거나 적어도 법이 정한 가결요건에 의하여 이루어진 것이므로 그에 따른 불이익과 이익형량은 이미 고려된 것이므로 정리계획안인가결정 후의 어느 시점에서 우연히 처분된 가격을 기준으로 채권이 소멸한다고 하는 것은 법적 안정성에 위배된다. 따라서 그러한 점에서 대법원이 출자전환으로 채무소멸의 효과를 인정한 것은 찬동하고 실제로 주식을 처분할 때 변제의 효과가 발생한다는 부정설에 반대한다. 그러나 대법원이 출자전환의 산정기준시점과 출자전환의 효력발생일을 같이 본 점은 반대한다. 그 이유는 아래와 같다. 대법원 판결은 출자전환에 관한 법률관계를 간명히 하려는 당사자들의 의사에 합치하지 아니한다. 실무를 보면 원금 중 일정 비율을 출자전환하면서 그에 맞추어 1주당 일정 금액의 비율로 계산한 신주를 발행하도록 정리계획에서 규정하고 있다. 예컨대, 서울고등법원 2002라119 결정에 의하면, 정리채권자는 액면 5천 원의 기명식 보통주식에 대하여 1주당 1만 원에 출자전환하고, 정리담보권자는 액면가 5천 원의 기명식 보통주식 1주를 배정받는 방식으로 출자전환하고 있다. 당사자의 의사는 계획안에서 정하여진 비율에 따라 주식을 배정받으면 그 비율에 따른 채무액이 소멸하는 것으로 기대하고 있다. 대법원 판결과 같이 효력발생일 당시의 주식시가를 따르게 되면 정리계획인가시에 소멸시키려는 채무의 액수를 미리 확정하는 것이 불가능하게 되는데 과연 당사자의 의사가 그러한 것인지 의문이다. 둘째 판례에 따르게 되면 출자전환약정시의 기준으로 한 발행가액의 의미가 무색하여진다. 정리채권자에 대하여는 1주당 가격을 1만 원으로 정하고, 정리담보권자에 대하여는 5천 원으로 정한 의미를 살리지 못하게 된다. 미국의 경우에도 주식의 평가를 어떻게 할 것인지가 논의될 뿐 주식과 채권의 비율에 따라 변제된 것으로 처리하고 있다고 한다.[21]

의 시가를 평가하여 그 평가액을 공제한 잔액이 파산채권액이 될 것이고, 신주의 액면가액을 공제한 잔액이 된다고 할 수 없다고 판시하고, 2001다62114 판결도 같은 방식으로 산정한 원심의 조치를 긍인하고 있다.

21) 미국 파산법 전문변호사인 Arnold Quittner 변호사의 답변임.

(3) 위 판결에 대한 寸評

이 사건에서처럼 보증인에 대하여 파산선고가 있은 후에(밑줄: 저자) 주채무자에 대한 정리계획안이 인가되어 인가된 계획안에 따라 출자전환이 이루어지고 그에 따라 주식의 효력발생일에 변제의 효과를 갖는다고 하더라도 파산채권의 현존액주의를 정한 파산법 제19조에 의하면 파산채권자는 이에 관계 없이 채권액 전액을 파산채권으로 주장할 수 있는 것이다.[22] 따라서 이 판결의 결론은 옳다. 이러한 점에서 주채무의 내용에 변경이 생기거나 소멸하는 경우 보증채무 역시 이에 따른다는 이른바 보증채무의 부종성은 지켜지지 않게 된다.

그러나 만일 보증인에 대하여 파산절차가 개시되지 아니하였다거나, 보증인에 대하여 파산절차가 개시된 경우라도 파산절차 개시 전에(밑줄: 저자) 주채무자에 대한 정리계획안이 인가되어 출자전환 또는 일부 변제가 이루어졌다면 보증인은 보증책임의 부종성에 따라 그 액수만큼 보증책임의 감경을 주장할 수 있을 것이다. 위 사건의 원고는 보증인에 대한 파산절차와 주채무자에 대한 회사정리절차의 개시 시기의 선후를 구별하지 않고 양자가 같은 법률관계로 오해하여 청구한 것으로 원고의 주장은 이유 없다. 다만 정리채권자로서는 이미 채권액 중 절반에 대하여는 출자전환으로 소멸한 것이므로 보증인에 대한 파산절차에서 채권액 전액(출자전환된 부분을 고려하지 않고)을 파산채권으로 인정받더라도 실제로 파산절차의 배당을 실시함에 있어서 당초의 채권전액을 초과하여 배당받을 수는 없는 것이다. 즉 회사정리 절차 개시 당시의 채권액이 한도가 되는 것은 당연한 이치이다.

Ⅲ. 보증인의 구상권과 정리회사

민법의 일반원칙에 의하면, 보증인이 변제 등 자기의 출연에 의하여 주된 채무를 소멸시키는 행위를 한 때에는 주채무자에 대하여 구상권을 취득한다. 또한 대위변제의 효과로서 채권자가 주채무자에 대하여 갖고 있는 채권 및 그 담보권은 법률상 당연히 보증인에게 이전하고, 보증인은 그 구상권의 범위 내에서 채권자의 위 채권 및 그 담보권을 행사할 수 있다. 주채무자에 대하여 정리절차개시결정이 있는 경우에 그 보증인의 구상권은 정리절차 개시 당시에 이미 발생하고 있는 것은 물

22) 同旨, 위 서울지방법원 2000가합72119 판결.

론 장래의 구상권도 정리채권[23]이 되므로 신고가 없으면 실권된다. 보증인의 사전구상금채권이 원금의 성격을 가지는지 아니면 이자의 성격을 가지는 것인지는 주채권자의 권리를 기준으로 판단할 것이므로 주채권자의 권리가 이자인 이상 보증인의 사전구상금채권 역시 이자로 취급하는 것이 상당하다. 예컨대 보증인이 기한의 이익 상실시점에서 사전구상권채권을 취득하였다고는 하더라도 기한의 이익 상실 이후 발생할 이자에 관한 사전구상금채권 모두가 그 시점에서 일거에 발생하였다고는 볼 수 없는 것이니, 정리절차 개시 이후에 발생하는 이자는 여전히 후순위 정리채권에 해당한다.[24] 또한 구상권자도 채권자와 같이 제241조에서 말하는 정리회사의 면책효에 구속되므로 구상권의 범위는 정리회사가 정리계획에 의하여 지급해야 할 범위 내로 한정된다.[25] 이 점에 관하여는 다음에서 자세히 살펴보기로 한다.

23) 정리채권이라 함은 정리절차 개시 전의 원인으로 하여 생긴 회사의 재산상의 청구권을 말한다. 대법원 1989. 4. 11. 선고 89다카4113 판결(공 1989, 794)은 정리채권에서는 이른바 금전화, 현재화의 원칙을 취하지 않고 있기 때문에 재산상의 청구원인인 이상 금전채권에 한하지 않고, 계약상의 급여청구권과 같은 비금전채권도 그 대상이 된다는 이유로 골프회원권도 정리채권에 속한다고 한다.

24) 대법원 2002. 5. 10. 선고 2001다65519 판결(공 2002하, 1365). 파산법에 관한 同旨의 판례로는 대법원 2002. 6. 11. 선고 2001다25504 판결(공 2002하, 1615). 특히 후자의 판결에서 쟁점이 된 것은 원고(보증인)가 아직 변제기가 도래하지 아니한 주채무(회사채)에 대한 이자에 대한 구상금채권을 파산채권으로 신고하자 관재인이 파산선고일 이후 변제기가 도래하는 회사채 이자에 대한 구상금채권은 그 실질이 장래 발생할 회사채의 이자채권에 불과하므로 파산법 제37조 제1호에 의하여 그 전부가 일반파산채권에 해당할 수 없고 후순위파산채권에 해당할 뿐이라고 주장하였으나 1심은 구상채권관계는 주채무자와 보증인 사이의 내부관계에 터잡은 것으로 그 법적 성질 역시 그 내부관계가 어떠한 형태를 취하고 있느냐에 따라 영향을 받는 것이지, 주채무의 내용이 어떠한 것이냐에 따라 영향을 받는 것은 아니라는 이유로 관재인의 주장을 배척하였다. 항소심인 서울고등법원 2000나43132 판결은 파산선고일 이후 변제기가 도래하는 회사채 이자에 대한 사전구상금채권을 후순위파산채권으로 보아 원고가 실질적으로 구상받지 못한다면, 원고로서는 파산선고 후 변제기가 도래하는 회사채 이자를 사채권자에게 지급해야 되는 손실을 입게 되는 점은 있으나, 파산절차의 특성과 위 조항의 취지에 비추어 민법상 인정되는 구상권자의 권리가 다소 제한되고 그로 인한 손실을 보증인이 감수하는 것은 불가피하고 원채권에 따라야 하므로 후순위파산채권이라고 판시하였다. 대법원은 수탁보증인의 구상금채권은 채권자가 채권신고를 하여 파산절차에서 인정받을 수 있는 파산채권의 범위를 초과하여 인정받을 수는 없다고 함이 상당하다는 이유로 상고를 기각하였다. 다만 대법원의 결론은 옳으나 원채권은 무담보채권이지만, 수탁보증인의 구상금채권이 담보부채권일 수도 있으므로 판결이유를 일반화하여서는 아니 된다.

25) 大村雅彦, "整理計劃免責と保證人の地位," 新倒產判例百選, 有斐閣(1990), 211면.

1. 정리절차개시 전에 구상권이 발생하는 경우

(1) 구상채권과 원채권

회사의 보증인이 정리절차 개시 전에 대위변제함으로써 정리절차 개시 전에 이미 발생한 회사에 대한 구상권은 정리채권이기 때문에(제102조) 정리절차에 의하지 아니하고는 변제받을 수 없고(제112조),[26] 따라서 신고하여야 하며(제125조) 이를 해태하면 정리계획인가결정에 의하여 실권한다(제241조).[27] 정리절차 개시 전에 이미 보증인의 구상권이 발생하는 경우는 위에서 본 민법의 일반원칙에 따라 보증인은 구상권과 채권자의 정리회사에 대한 원래의 채권 중 어느 쪽이 유리한가를 고려하여 그 중 일방을 선택하여 정리절차에 참가하여야 한다. 예를 들면 채권자의 정리회사에 대한 대여금채권은 일반채권이나 보증인이 신용보증기금이나 대한보증보험의 경우처럼 보증인의 정리회사에 대한 구상권에 대하여는 담보가 설정된 경우에는 구상권을 선택하여야 하고 채권자의 정리회사에 대한 채권이 담보권부채권이고 구상권이 무담보채권인 경우에는 원래의 채권을 선택하여야 한다. 만일 양 채권이 모두 담보권부채권일 경우에는 담보물의 가액, 담보권의 순위 등을 고려하여 유리한 쪽을 선택하여 정리절차에 참가하여야 한다.[28]

(2) 일부대위

한편 보증인이 일부 변제한 경우에는 일부대위와 관련하여 약간의 문제가 있다. 민법의 변제자대위이론에 의하면 일부대위자는 비록 대위한 권리가 가분이더라도 그것을 단독으로 행사하지 못하며 채권자가 그 권리를 행사하는 경우에 그 채

---

26) 대법원 1988. 8. 9. 선고 86다카1858 판결(공 1988, 1207)은 정리채권자가 제162조, 제163조에 의하여 정리채권의 상계를 주장하는 경우에도 그 상계권의 행사는 관리인에게 하여야 하며, 관리인측에서의 상계 역시 제112조의 규정에 따라 원칙적으로 허용되지 아니하고 다만 법원의 허가가 있는 경우에만 가능하다고 판시하고 있다.

27) 대법원 1987. 10. 28. 선고 87다카1391 판결(공 1987, 1792)은 정리회사의 총무이사가 정리채권자에게 대여금채권을 정리채권으로 신고하지 않으면 그 즉시 변제할 것을 약속하여 이를 믿고 정리채권으로 신고하지 아니한 채 정리계획안인가결정이 확정되자 정리회사를 상대로 피용자인 총무이사의 직무집행상의 不法行爲로 인하여 원고가 정리채권자로서의 권리를 잃었다면서 손해배상을 구한 사안에서 원고가 정리채권인 위 대여금채권을 신고하지 아니하여 그 채권을 상실하게 되는 것은 당연한 것으로 이는 오로지 원고가 自招한 손해로 보아야 한다며 원고 일부승소의 판결을 파기하였다.

28) 海保寛, "保證人の求償權," 裁判實務大系 會社訴訟と會社更生法, 青林書院(1985), 451면. 미국의 경우도 채권자의 채무자에 대한 채권이 담보부이고, 구상채권이 무담보인 경우에는 공동채무자는 채권자의 채무자에 대한 권리에 대한 대위권을 선택할 수 있다고 한다. Norton Bankruptcy Law and Practice 2D §41:28 P. 41-65.

권자와 함께 그의 권리를 행사할 수 있을 뿐이며 또한 이 경우에 변제에 관하여는 채권자가 우선하는 것으로 해석하는 것이 다수설과 판례이다.[29] 그러나 현실적 집행행위와 달리 관념적 청산에 불과한 정리절차에서는 독립한 권리행사를 인정하여도 하등 채권자에게 불이익을 주지 않으므로 절차 개시 전에 구상권이 발생한 경우는 마치 채권자의 원채권이 대위권이 발생한 부분(구상권)과 아닌 부분으로 가분된 것과 같게 된다. 따라서 민법의 일부 변제에 의한 대위이론 중 대위자와 채권자 중 채권자가 우선한다는 다수설은 회사정리절차 중 구상권이 정리절차 개시 전에 발생한 경우에는 적용되지 아니한다. 다만 피담보채권의 일부를 변제한 경우에는 두 가지 문제가 생긴다. 첫째 정리담보권자로서 독립하여 절차에 참가할 수 있는가. 둘째, 참가할 수 있다면 어떠한 범위에서 정리담보권이 되는가. 첫째 점에 관하여는 일반 채권의 일부 변제와 같은 이유 즉 정리절차가 현실적 청산인 경매와 다르다는 점과 이를 인정하여도 채권자에게 불측의 손해를 주는 것이 아니라는 점에서 피담보채권 전액에 대하여 변제한 경우는 물론 일부 변제의 경우에도 정리담보권자로서 독립하여 절차에 참가할 수 있다고 해석한다.[30] 둘째 점에 관하여는 피담보채권이 담보목적물의 가액에 못 미치는 경우에는 변제액의 비율에 따라 구상권자가 정리담보권을 행사하여도 불합리하지 않으나 피담보채권액이 담보목적물의 가액을 넘는 경우에는 채권자로서는 대위변제 전에 담보권을 실행한 경우에 비하여 극히 불리하게 되므로 이 경우에는 담보목적물의 가액이 나머지 채권을 상회하는 경우 그 상회하는 가격의 한도 내에서만 정리담보권으로 되는데 불과하다고 해석함이 옳다.[31]

예컨대, 담보목적물의 가액이 50만 원이고 피담보채권액이 1백만 원인 경우 보증인이 70만 원을 변제하였다면 보증인은 회사에 대하여 70만 원에 대하여 정리절차에 가입할 수 있으나 담보목적물의 가격 50만 원으로부터 나머지 채권 30만 원을 공제한 20만 원이 정리담보권이 되고 나머지 50만 원은 일반의 정리채권이 됨에 불과한 것이다. 이 경우 채권자의 나머지 채권 30만 원은 전액 정리담보권이 된다.

29) 郭潤直, 채권총론, 박영사(1999), 355면; 金容漢, 채권총론, 박영사(1988), 547면 등. 제한적 평등설로는 이은영, 채권총론, 박영사(1999), 723면 참조. 판례로는 대법원 2002. 7. 26. 선고 2001다53929 판결(공 2002하, 2040); 1988. 9. 27. 선고 88다카1797 판결(공 1988, 1333) 등.

30) 山內八郎, 전게논문(주 9), 274면 이하.

31) 山內八郎, 전게논문(주 9), 275면 이하.

2. 정리절차개시 후에 구상권이 발생하는 경우

정리절차개시 후 보증인(또는 물상보증인)이 주채무자인 정리회사의 채무를 자기의 출연에 의하여 소멸시키는 행위를 한 때에는 정리회사에 대하여 구상권을 취득하므로 보증인은 그 장래의 구상권을 정리채권으로 신고하여 정리절차에 참가할 수 있다(제110조 제 1 항 본문 · 제 3 항, 제123조 제 1 항). 이는 보증인이 현실로 변제 등의 출연행위를 함으로써 구상권을 취득한 시점에서는 이미 정리절차가 종결되거나, 정리계획의 인가에 의한 면책의 효과(제241조)가 생겨 정리절차상 구상권을 행사할 수 없게 되는 위험을 피하기 위하여 파산법 제21조와 같이 사전구상에 관한 민법의 원칙(민법 제441조 제 1 항, 제442조)을 수정하고 이를 명확히 한 것이다.[32] 따라서 정리회사의 연대보증인과 같이 정리회사에 대하여 장래의 구상권을 가지는 자는 제110조 제 1 항에 의하여 구상채권 전액에 관하여 정리절차에 참가하여 정리채권자로서의 권리를 행사할 수 있으므로 만일 그가 구상금채권을 가지고 정리절차에 참가한 바 없다면 그 후에 연대보증인이 정리회사의 채권자에 대하여 변제한 금액 중 채권자가 정리채권으로 신고하여 확정된 부분을 초과하는 부분에 대한 연대보증인의 구상권을 상실한다.[33] 구상권과 채권자의 원래의 채권 중 담보권의 유무, 순위 등을 고려하여 유리한 쪽을 선택하여야 함은 앞에서와 같다. 신고된 구상권은 장래의 청구권의 성질을 가지므로 제118조에 의하여 정리절차 개시 때의 평가액에 의하여 의결권이 인정된다.[34]

또한 보증인인 회사에 대하여도 정리절차가 개시된 경우에는 그 관리인이 구상권의 신고 및 의결권을 행사한다. 보증인인 회사가 복수인 경우(예컨대 계열기업의 2개 이상이 연대보증인인 경우) 각 보증회사에 대하여 정리절차가 개시되어 서로 구상권을 갖는 경우에는 각각의 관리인이 다른 정리절차에 있어서 구상권을 행사하게 된다.

(1) 채권자의 권리행사와의 관계

주채무자에 대하여 정리절차가 개시된 때에는 보증인은 장래의 구상권을 신고

---

32) 林采洪 · 白昌勳, 전게서(주 8), 411면; 宮脇行彦, 전게서(주 9), 230면.

33) 대법원 1995. 11. 10. 선고 94다50397 판결(공 1995, 3905).

34) 三ヶ月章, 전게서(주 9), 426-428면 참조. 회사정리법은 장래의 청구권 전액에 대하여 정리절차에 참가할 수 있으나 의결권은 제118조 제 2 항에 의하여 개시 당시를 기준으로 한 평가액이 된다. 이에 대하여 파산법은 장래의 청구권 전액을 파산채권으로 취급하되 그 중 중간이자 등의 평가한 부분을 후순위파산채권으로 나머지 부분을 일반파산채권으로 취급함에 차이가 있다(파산법 제18조, 제37조 참조).

함으로써 정리절차에 참가할 수 있음은 위에서 본 바와 같다. 그러나 채권자 또한 정리절차개시결정시에 주채무자에 대하여 갖는 채권 전액에 관하여 정리채권자로서 권리를 행사할 수 있으므로(제110조 제1항 본문) 양자의 권리행사를 모두 인정하면 이중의 권리행사가 인정되기 때문에 채권자의 권리행사를 우선시키려는 취지에서 법은 제110조 제1항 단서에서 채권자가 그 채권의 전액에 관하여 정리채권자로서 그 권리를 행사한 때에는 구상권자의 정리절차참가를 인정하지 않고 있다.[35] 따라서 채권자의 권리신고와 보증인의 구상권이 각각 경합한 때에는 관리인 및 다른 이해관계인은 후자에 대한 조사기일에서 이의를 진술하거나(제136조 제2항), 정리채권확정소송에서(제147조, 제149조, 제151조 등) 항변 등으로 채권자의 권리행사가 있었다는 사실을 주장할 수 있다. 다만 장래의 구상권자는 채권자가 권리신고를 취하하는 경우에 대비하여 취하를 정지조건으로 하는 예비적 신고를 하여 두는 편이 옳다.[36] 간혹 정리채권자가 정리채권으로 채권 전액을 신고하지 않고 그 일부만 신고하여 그대로 정리채권이 확정되고 정리계획까지 인가된 후에 보증인에게 청구를 하는 경우가 있다. 이 경우 보증인은 채권 전액을 변제할 수밖에 없으나 보증인이 구상권을 신고한 바 없는 경우에는 채권 전액을 변제하고도 정리회사에 대하여는 신고한 정리채권만으로 주장할 수밖에 없는 불이익을 입을 수 있으므로 채권 전액을 장래의 구상권으로 신고하여 둘 필요가 있다.[37]

채권자가 채권의 일부에 대하여만 권리를 행사한 때에는 장래의 구상권자는 그 잔액의 범위 내에서 권리를 행사할 수 있다. 예를 들면 채권자 甲에 대하여 乙, 丙, 丁 3인이 금 3백만 원의 연대채무를 부담하고 그 부담부분이 각자 1백만 원인

35) 서울고등법원 2003. 1. 18. 선고 2002나19089 판결(상고포기로 확정됨)은 원고(수탁보증인)가 사후구상권에 기하여 피고(주채무자, 정리회사 기아자동차)를 상대로 구상금을 구한데 대하여 채권자인 삼성생명이 채권 전액에 대하여 채권신고를 하였으므로 장래의 구상권자인 원고는 피고에 대하여 정리채권자로서의 권리행사를 할 수 없다는 이유로 원고의 구상금 청구를 배척하였다.

36) 간혹 법원실무가 정리채권자가 신고하였음을 이유로 보증인의 장래 구상권 신고에 대하여 관리인이 부인하는 것을 받아 주는 경우가 있으나 이는 적절하지 않고 오히려 예비적인 신고로 수리함이 옳다. 일본에서도 예비적인 신고를 하는 사례가 늘어나고 있으며 우리 나라의 경우처럼 정리채권 등의 신고를 함에 있어 전문가인 변호사가 대리하여 신고하는 경우가 거의 없으므로, 다액의 정리담보권을 정리채권으로, 공익채권을 정리채권으로 신고하는 예가 적지 않다고 한다. 대법원 2000. 2. 11. 선고 99다43516 판결(미공간)의 경우에도 정리담보권자가 정리회사가 물상보증인이 되어 소외 회사의 원고에 대한 채권을 신고하지 아니하여 거액의 정리담보권이 상실된 사례에 관한 것이다. 東西倒産實務會 編, 會社更生 · 會社整理, 社團法人商事法硏究會(1989), 140면 이하 참조. 따라서 회사정리절차가 아직까지 일반인에게 잘 알려지지 아니한 현재의 실정에서는 정리채권 미신고의 효과 등을 고려할 때 정리채권자로서는 향후 자신의 채권의 향방에 관하여 미리 변호사 등의 도움을 받아 자신의 권리가 실권되는 일이 없도록 주의하여야 한다.

37) 대표적인 예로서는 위 94다50397 판결(전게 주 33) 참조.

경우를 상정한다. 乙에 대하여 정리절차가 개시된 경우 甲이 금 3백만 원 전액을 정리채권으로 신고하였다면, 丙, 丁은 정리절차상 권리를 행사할 수 없으나 만일 甲이 1백만 원에 대하여만 정리채권으로 신고하였다면 丙, 丁은 잔액 2백만 원의 한도 내에서 乙에 대한 장래의 구상권 1백만 원(乙의 부담부분이 1백만 원이므로)에 대하여 권리를 행사할 수 있다.

(2) 전부변제와 대위

채권자가 채권 전액에 대하여 정리절차에 가입하여 장래의 구상권이 배제되는 경우에도 채권 전액의 변제를 받은 경우에는(그것이 강제집행, 임의경매절차에 의한 것인가, 임의변제에 의한 것인가, 또는 1인에 의한 것인가 수인에 의한 것인가를 묻지 아니하고, 정리계획에 기한 변제가 있으면 이것도 합산한다) 구상권의 액의 비율에 따라 채권자의 권리를 취득한다.[38)]

대위한 시기가 채권자의 채권신고 전이라면 제125조 내지 제127조에 좇아 정리채권의 신고를 할 수 있고, 채권자가 신고를 한 후라도 정리계획인가결정 전이라면 신고명의의 변경을 받아 절차상 권리를 행사할 수 있다(제128조). 정리계획안인가결정 후에는 신고명의의 변경이 인정되지 아니하므로[39)] 정리절차에 참가할 수는 없으나 관리인에게 권리이전사유(합병 · 상속 등)를 입증하여 직접 정리계획상의 변제를 받을 수 있다.

(3) 일부대위와 변제

신고채권의 일부에 대하여 보증인 등이 변제한 경우 변제자는 채권자에 대위하는가? 민법은 일부대위를 인정하고 있으며 제110조 제 2 항이 "그 변제의 비율에 따라 채권자의 권리를 취득한다"고 규정하고 있어 과거에는 이를 긍정하는데 아무

38) 구체적인 예를 들어 설명한다. 1백만 원의 채권이 정리계획에 의하여 40만 원으로 감축된 경우 정리계획의 이행으로서 20만 원이 변제되고 그 후 정리회사의 보증인 甲이 20만 원을 보증인 乙이 60만 원을 각각 변제하였다고 가정하면, 보증인 등은 실체법상 정리회사에 대하여 각각 변제액과 같은 액수의 구상권을 취득하나 채권자가 그 시점에서 정리회사에 대하여 갖는 정리채권은 20만 원밖에 되지 아니하므로 변제에 비율에 의하여 甲은 5만 원, 乙은 15만 원에 대하여 채권자의 권리를 취득하게 된다. 즉 제110조 제 1 항 단서에 의하여 신고하지 아니한 회사에 대한 구상권은 정리계획인가결정에 의하여 면책되기 때문에(제241조) 이러한 경우 구상권자인 甲, 乙은 제110조 제 2 항에 의하여 채권자가 현재 갖는 정리계획상의 권리를 취득하게 된다. 따라서 정리계획상 면제된 부분에 상당하는 범위 내의 변제에 대하여는 회사에 대하여 구상권을 행사할 여지가 없고 면제된 부분을 넘어 변제한 경우에 그 넘는 부분에 대하여만 채권자의 정리채권을 취득하게 됨에 불과하다.

39) 三ヶ月章, 전게서(주 9), 599면.

런 주저함이 없었다.[40] 그러나 최근의 학설들은 이를 긍정하면, 채권자는 채권의 완전한 만족을 얻기까지는 개시결정 당시에 갖는 채권 전액에 대하여 권리행사할 수 있고 그 후 일부변제에 의하여 영향을 받지 아니한다는 제108조의 현존액주의에 저촉한다 하여 이를 부정하는 것이 유력해졌다.[41]

생각건대, 회사정리법이나 파산법하에서 채권자의 개별집행을 부정하고 회사정리, 파산의 절차에서 변제를 받도록 하고 그 절차 내에서 채권자에게 가능한 한 채권의 회수를 실현시키기 위한 현존액주의의 원칙과 민법의 일부대위이론에서 본 바와 같은 원칙(채권자우위의 원칙) 등을 종합하여 고찰하면 보증인은 변제액의 비율에 상응하여 대위를 할 수 없다고 해석함이 타당하나, 만일 이를 인정하게 되면 채권자는 보증인에 대한 나머지 보증채권을 갖고 있으므로 보증인이 정리절차에 있어서 대위에 의하여 받는 정리채권에 대하여 다시 채권집행의 절차를 취하지 않으면 아니 되는데 이는 매우 우회적인 방법으로 채권자의 만족을 꾀하는 것으로서 비합리적이기 때문이다. 따라서 일부 변제에 의한 대위를 부정하고 위 제110조 제2항에서 말하는 "변제의 비율"이라 함은 2인 이상의 구상권자가 있는 경우에 또 그 구상권자가 전액 변제한 경우 각 구상권자 사이에 있어서 "辨濟額의 比率"에 의하여 대위를 인정하는 것으로 해석함이 타당하다. 판례의 입장도 같다.[42]

예를 들면 甲이 채권자, 乙이 주채무자, 丙, 丁이 연대보증인인 경우에 (a) 甲이 乙에 대한 정리절차에서 금 3백만 원 전액에 대하여 정리채권자로서 권리를 신고한 경우, 정리계획인가 전에 丙, 丁이 대위할 수 있는 것은 丙 및 丁의 변제합계액이 금 3백만 원에 달한 때이다. 따라서 丙이 180만 원, 丁이 120만 원을 변제하였다면 그 구상권의 비율에 의하여(이 경우는 변제액의 비율과 같다) 丙이 180만 원, 丁이 120만 원으로 각각 甲을 대위하게 된다.

(b) 丙이 2백만 원, 丁이 50만원을 변제하였던바 정리계획에서 甲의 정리채권

40) 林采洪, "정리회사의 보증인의 地位," 大韓辯護士協會誌(1989. 1), 35면; 松田二郎, 會社更生法, 有斐閣(1976), 189면; 兼子一, 條解會社更生法, 弘文堂(1953), 255면.

41) 대구지방법원, 회사정리사건처리실무(1998), 127면; 梁亨宇, "破產節次上의 連帶債務와 保證債務," 법조 제566호(2003. 11), 118면; 三ヶ月章, 전게서(주 9), 363면; 海保寬, 전게논문(주 28), 455면; 山內八郎, 전게논문(주 9), 285면. 미국의 경우는 파산법 §509(b)에 의하여 공동채무자의 구상권은 채권자의 권리가 변제될 때까지 열후된다고 입법적으로 해결하고 있다.

42) 대법원 2001. 6. 29. 선고 2001다24928 판결(공 2001하, 1742), 특히 전게 서울고등법원 2002나19089 판결(주 35)은 정리채권이 전액 변제될 때까지 구상권의 행사가 제한되는 것은, 정리채권이 구상채권에 의하여 중복청구되는 일이 없도록 채무자인 회사를 보호함으로써 회사정리절차를 실효성 있게 유지하려는 회사정리법의 입법취지에 따른 것으로서 신의칙에 반한다고 할 수 없다고 판시하였다.

이 1백만 원으로 감축된 경우라면, 丙, 丁이 대위할 수 있는 것은 丙, 丁의 변제합계액과 甲이 정리절차에서 금 50만 원을 변제받아 채권 전액의 변제가 있는 때이고, 丙, 丁이 甲을 대위하는 권리는 정리계획상 甲에게 지불해야 할 남은 정리채권 50만 원을 구상권액의 비율에 따른 丙은 40만 원, 丁은 10만 원이 된다. 한편 정리계획인가의 효력은 구상권자한테도 미치므로 구상권자인 丙, 丁이 乙의 면책부분(즉 2백만 원)을 변제하여도 그 부분에 대하여는 구상권을 행사할 수 없고(위 사례에서 丙의 160만 원과 丁의 40만 원 부분) 따라서 구상권자는 정리절차의 폐지에 의한 파산절차로 이행한 경우 구상권자는 변제액에 상응한 파산채권을 신고하여 배당에 참가할 수도 없다.[43] 주채무자인 정리회사에 대한 정리절차가 종결되었다고 하더라도 정리회사에 대한 정리계획안이 인가된 이상 구상권자의 구상권의 행사제한은 계속되므로 여전히 구상권을 주장할 수 없다.[44]

Ⅳ. 보증인과 정리채권자의 법률관계

1. 보전처분과 보증인

회사가 법원에 회사정리절차개시신청을 내는 경우 제39조에 의하여 보전처분 신청도 함께 내는 것이 통례이다. 정리법원의 실무도 개시결정을 하기에 앞서 보전처분을 발할 것인가에 관하여 먼저 심사한다. 보전처분은 '회사는 고용관계로부터 생긴 채무를 제외하고 19○○년 ○○월 ○○일 이전에 부담한 채무를 변제하여서는 아니된다'라는 형태의 변제금지의 보전처분이 대부분이다.[45] 이러한 보전처분의

43) 일본 大審院 1930. 12. 24. 판결; 東京地裁 1970. 8. 18. 判決 등 참조

44) 전게 서울고등법원 2002나19089 판결(주 35)은 "원고는, 피고에 대한 정리절차는 2000. 2. 16. 종결되어 피고는 더 이상 정리회사가 아니므로 피고는 원고에게 위 구상금을 지급할 의무가 있다고 주장하나, 비록 정리절차가 종결되었다 하더라도 정리계획인가결정의 효력은 유지되고 정리회사는 정리계획안을 계속 수행해야 할 의무가 있어 회사정리절차에 따른 위와 같은 구상권 행사의 제한은 계속된다 할 것이므로 원고의 위 주장은 이유 없다"고 판시하였다.

45) 회사정리법상의 보전처분의 유형 및 그 效力에 관하여는 徐石虎, "정리회사에 대한 변제금지보전처분" 제14기 사법연수생논문집, 사법연수원(1984), 125면 이하; 洪日杓, "회사정리법상의 변제금지의 보전처분과 이행지체," 회사법상의 제문제(下), 법원행정처(1987), 611면 이하 참조. 한편 1998년 개정 이전에는 보전처분기각결정에 대하여는 불복방법이 없으므로 기각결정에 대한 항고를 부적법하다 하여 각하한 결정으로는 서울고등법원 1988. 5. 24.자 87라136 결정(미공간)이 있으나 제 8 조에 의하면 본법에 따른 규정이 없는 경우, 민사소송법을 준용하도록 되어 있으므로 민사소송법 제420조에 의하여 특별항고로 보아 기록을 대법원에 송부하는 것이 옳은 게 아닌가

효력이 보증인에게 미치는가? 원래 변제금지의 보전처분은 정리절차 신청회사에 대하여 부작위를 명하는 처분이고 채권자에 대한 금지명령은 아니다. 따라서 회사로서는 단지 제37조에 의하여 강제집행, 임의경매 등의 중지명령에 의하여 대처할 수밖에 없고,[46] 동조는 회사의 재산에 대한 절차에 대하여만 적용이 있으므로 보증인으로서는 동조에 의한 중지명령을 신청할 수 없다. 따라서 변제금지의 보전처분이 있더라도 회사채무의 보증인들에 대한 권리행사는 제한되지 아니한다.[47] 마찬가지로 납세의무자에 대한 정리절차가 개시되어도 제 2 차 납세의무자에 대한 체납처분은 방해되지 않는다.[48]

또한 회사에 대하여 정리절차가 개시되면 제67조에 의하여 정리채권 등에 의한 회사재산에 대한 강제집행, 가압류 등을 할 수 없으며 이미 행한 경매절차는 중지된다. 그러나 경매목적물이 정리회사의 소유가 아니라 물상보증인 소유인 경우에는 제67조가 적용되지 아니하므로 회사정리절차의 개시가 있었다 하더라도 물상보증인의 소유재산에 대한 경매절차에 아무런 영향을 미치지 아니한다.[49]

2. 보증인에 대하여 정리절차가 개시된 경우

주채무자에 대하여는 정리절차가 개시되지 않고 보증인에 대하여만 정리절차가 개시된 경우에도 제108조에 따라 채권자는 보증인에 대한 정리절차에 있어서 개시 당시의 채권 전액에 대하여 정리절차에 참가할 수 있다. 왜냐하면 보증채무는 제108조에서 말하는 각각 전부의 의무를 부담하는 자이기 때문이다. 이 경우 보증인은 최고 · 검색의 항변권을 잃는가? 이 점에 대하여 제109조는 "보증인인 회사에 관하여 정리절차가 개시된 때에는 채권자는 정리절차 개시 당시 가진 채권의 전액에 관하여 정리채권자로서 그 권리를 행사할 수 있다"라고 규정하고 있으며 동조는 정리담보권에 준용된다(제123조 제 2 항). 따라서 동조에 의하여 보증인에 대하여 정리절차가 개시된 때에는 주채무자에 대하여도 정리절차가 개시되었는지에 관계 없이 보

하는 의문이 있다. 1998년 개정에 의하여 제39조 제 5 항에서 보전처분신청기각결정에 대하여 즉시항고를 할 수 있게 되었다.

46) 대법원 1983. 1. 14.자 82마830 결정(공 1983, 573)은 제37조에 의한 中止命令이 경매법원의 경락허가결정이 있은 후에 이루어진 경우에는 그로 인하여 항고심절차의 진행이 중지되지 아니한다고 판시하였다.

47) 徐石虎, 전게논문(주 45), 145면; 洪日杓, 전게논문(주 45), 632면; 林采洪, 전게논문(주 40), 32면. 판례로는 日本 最高裁判所 1958. 6. 19. 判決.

48) 林采洪 · 白昌勳, 전게서(주 8), 324면.

49) 대법원 1984. 11. 15.자 84그75 결정(공 1985, 346).

증채무의 보충성이나 최고·검색의 항변권은 잃게 되어 채권자는 곧바로 정리절차 개시 당시의 채권 전액에 대하여 무조건 절차에 참가할 수 있다.[50] 단 이 경우에도 보증채무의 부종성은 적용되므로 주채무에 대하여 이행기가 도래한 경우에 한한다. 보증채권은 보증인인 정리회사에 대하여 권리를 행사함에 있어서는 기한부채권으로서 정리절차에 참가하게 되고 그 의결권은 제114조에 의하여 정리절차 개시로부터 그 기한까지의 채권에 대한 법정이자를 공제한 잔액에 관한 것이 된다.[51] 또한 보증인에 대한 정리절차 개시 후 주채무의 일부가 소멸한 경우에도 채권자의 보증인에 대한 권리행사는 영향을 받지 않는다는 점에서 보증채무의 부종성에 대한 예외이다.[52] 보증인뿐 아니라 주채무자에 대하여도 정리절차가 개시된 경우에는 주채무자의 정리절차에 제108조가 적용되어 쌍방의 절차에 대하여 현존액주의에 의한 채권자의 권리행사가 허용된다. 주채무자에 대하여만 정리절차가 개시된 경우에도 민법의 일반이론에 따라 보증인은 최고 및 검색의 항변권을 잃는다.[53] 주채무자와 보증인 모두에 대하여 회사정리절차가 개시된 경우에는 제108조 이하의 일반규정에 따른다.

3. 정리계획인가결정과 보증인

(1) 정리계획인가결정의 확정에 따른 면책과 보증인

정리절차가 개시된 후에는 정리채권자 등은 법원이 정한 신고기한 내에 정리채권 등을 신고하여야 하고(제125조) 신고된 정리채권 등은 조사절차를 거쳐 확정된다(제135조-제156조). 확정된 정리채권 등에 대하여만 정리계획안에 기재될 수 있고 관리인 및 정리채권자 등이 작성한 정리계획안에 대하여(제189조, 제190조) 제 2, 3 회 관계인집회를 열어(제192조, 제200조) 조를 분류하여 법정의 가결요건을 거쳐야(제205조) 정리계획안이 가결된다. 정리계획안에는 임원의 선임, 정관변경절차, 사채 및 신주의 발행 등이 규정되어 있

50) 林采洪·白昌勳, 전게서(주 8), 411면; 邊在承 외, "서울민사지방법원의 회사정리사건 처리실무," 사법논집 제25집(1994), 302면; 三ヶ月章, 전게서(주 9), 356면. 그 이유로는 보증인이 파산하였음에도 불구하고 파산절차에 참가하지 못하는 동안 주채무자의 상태 악화로 인하여 추심이 곤란하게 될 우려가 있고, 파산절차가 개시되면 절차를 통하여 신속하게 채권·채무관계를 청산한다는 파산제도의 목적을 달성하기 어렵게 되기 때문이다.

51) 上村多平, 전게논문(주 14), 329면.

52) 林采洪·白昌勳, 전게서(주 8), 411면; 宮脇幸彦, 전게서(주 9), 378면; 三ヶ月章, 전게서(주 9), 358면.

53) 日本 最高裁判所 1957. 4. 11. 判決(裁判集 제26호, 119면); 宮脇幸彦, 전게서(주 9), 378면; 三ヶ月章, 전게서(주 9), 357면; 上村多平, 전게논문(주 14), 329면.

으나 그 중 가장 핵심적인 조항은 정리채권 및 정리담보권의 변경조항이다.

저자의 실무 경험으로는 보통 정리담보권자인 주거래은행에 대하여는 원금 및 이자 등을 계상하되 수회에 걸쳐 변제하며, 정리채권에 대하여는 이자 및 지연손해금은 잘라 버리고 원금에 대하여만 분할변제하는 것이 통례였다. 그리하여 위와 같은 조항이 기재된 정리계획안이 인가확정되면 그 계획에 정하여진 바에 따라 권리변경의 효과가 생기며, 계획에 인정되지 아니한 정리채권 등에 관하여는 회사는 그 책임을 면하며(제241조), 위 정리계획의 효력은 회사와 모든 정리채권자, 정리담보권자와 주주 및 정리를 위하여 채무를 부담하거나 담보를 제공하는 자와 신회사에 효력이 있다(제240조 제1항).

한편 민법의 일반원칙에 따르면 보증채무는 부종성이 있어(민법 제430조) 주채무가 감축되는 경우 보증채무도 감축되는 것이 원칙이다. 회사정리절차에서도 이러한 附從性의 원칙이 관철되는가? 이에 관하여 법은 제240조 제2항이란 특칙을 마련하였다. 즉 동조는 "계획은 정리채권자 또는 정리담보권자가 회사의 보증인 기타 회사와 함께 채무를 부담하는 자에 대하여 가진 권리와 회사 이외의 자가 정리채권자 또는 정리담보권자를 위하여 제공한 담보에 영향을 미치지 아니한다"라고 규정하고 있다. 따라서 위 조항에 의하여 주채무자인 정리회사의 채무가 감축되거나 변제기가 연기되는 경우에도 보증채무는 그와 관계 없이 변경되기 전의 주채무와 같은 형태로 남게 된다. 정리채권자는 보증인에 대하여 정리계획에 관계 없이 본래의 채권 전액을 청구하고 집행할 수 있다.[54] 제240조 제2항이 헌법상의 평등원칙에 반하지 않는가 하는 의문이 있을 수 있다. 헌법재판소와 대법원은 이에 대하여 주채무자인 정리회사에 대한 정리채권자의 권리가 정리계획에 의하여 변경되는 경우에도 정리회사의 보증인의 보증채무는 아무런 영향을 받지 아니하게 됨으로써 보증채무의 부종성의 원칙이 수정되어 정리회사의 보증인에게 불리한 결과가 된다 하더라도, 위 규정은 재정적 궁핍으로 파탄에 직면하였으나 갱생의 가망이 있는 주식회사에 관하여 채권자, 주주 기타의 이해관계인의 이해를 조정하며 그 사업의 정리재건을 도모하려는 회사정리법의 목적에 부합하는 합리적인 규정으로서 평등원칙이나 재산권보장 또는 일반적 법률유보에 관한 헌법조항에 위반되는 것이 아니라고 판시하였다.[55] 이 점에 관하여는 일본의 最高裁判所도 같은

---

54) 대법원 2002. 1. 11. 선고 2001다64035 판결(공보불게재); 1998. 2. 23. 선고 87다카2055 판결(공 1988, 588); 1993. 8. 24. 선고 93다25363 판결(공 1993하, 2612); 1990. 6. 26. 선고 88다카4499 판결(공 1990하, 1550).

55) 헌법재판소 1992. 6. 26. 선고 91헌가8·9 결정(헌판집 제4권); 대법원 1995. 10. 13. 선고 94다

견해이다.[56] 이 판결에 대하여는 학자들도 찬성하고 있다.[57]

(2) 면책적 채무인수와 보증인의 동의

채권자와 제 3 자간의 계약으로 면책적 채무인수를 할 수 있으며 이로써 종전 채무자는 채무를 면한다(민법제453조). 종전 채무자의 채무에 대한 보증은 채무인수로 인하여 소멸한다(민법제459조). 정리계획에서 정리회사의 채무를 제 3 자가 인수하기로 정한 경우 보증인의 보증책임은 민법의 원칙에 의하여 소멸하는가 아니면 회사정리법 제240조 제 2 항에 의하여 여전히 존속하는가?

생각건대 제242조는 정리채권자의 권리는 정리계획의 규정에 따라 변경된다고 규정하고 있고 여기서 권리변경에는 채무면제, 대물변제, 경개, 채무인수 등을 포함한다. 그런데 실체법상 경개의 효과는 종전 채무가 소멸하고 신채무가 발생하고 구 채무에 대한 근보증계약은 경개와 동시에 소멸하는 것임에도[58] 240조 제 2 항에 의하여 여전히 정리회사에 대한 보증인의 책임이 잔존한다고 해석된다. 또한, 원칙적으로 구 채무에 대하여 회사가 제공한 물적 담보가 신 채무를 위하여 존속하는가는 계획안에 정하지만 제 3 자가 제공한 물적 담보나 보증은 영향을 받지 않으므로[59] 이러한 점에 비추어 보면 면책적 채무인수가 있더라고 보증인의 책임은 여전히 존속한다고 새김이 옳다.[60)]

57800 판결(공 1995, 3771).

56) 最高裁判所 1970. 6. 10. 判決. "會社更生法은 파탄에 직면하였으나 재건의 가능성이 있는 주식회사에 대하여 채권자, 주주, 기타 이해관계인의 이해를 조정하면서 그 사업의 유지갱생을 도모함을 목적으로 하는 절차로서, 이를 위해 법원의 감독하에 법정의 엄격한 절차에 따라 작성된 공정·형평한 정리계획에 의하여 회사에 대한 채권은 어쩔 수 없이 필요한 한도에서 변경되고 나아가 그 한도에서 회사는 법정의 면책을 얻는 제도이다. 다른 한편 회사의 보증인 기타 회사와 함께 채무를 부담하는 자 및 물상보증인이 부담하는 채무 및 책임은 회사채권자의 채권을 인적 또는 물적으로 담보하여 채권자가 회사로부터 완전한 만족을 얻을 수 없는 경우에 대비함을 그 주요 목적으로 하는 것이고 회사가 파탄에 직면한 경우에 비로소 그 담보로서의 효용을 발하는 것이다. 따라서 제240조 제 2 항은 위와 같은 면책제도의 목적 및 성질에 비추어 볼 때 회사채권자의 희생과 보증인 등이 부담하는 채무 및 책임의 성질을 실질적·합리적으로 교량하여 보증채무나 담보권의 부종성 및 연대채무의 연대성에 관한 민법의 일반원칙의 예외로서 정리계획의 효력에 대하여 회사와 보증인 등과의 사이에 차이를 두어 정리계획이 보증인 등에 대하여 영향을 미치지 않음을 정한 것으로 해석해야 한다. 따라서 이는 事物의 性質에 即應한 合理的 差別이라 할 것이어서 동법은 憲法 제14조 제 1 항(저자주: 일본 憲法)에 위반하지 않는다."

57) 後藤靜思, 위 판례해설, 最高裁判所判例解說民事篇 1970년도(上), 法曹會, 175면 이하.

58) 대법원 1972. 4. 25. 선고 71다2105 판결(집 20(1) 민 223); 주석민법, 채권총칙(하)(1984), 719면.

59) 三ヶ月章, 條解會社更生法(下), 弘文堂(1999), 749면.

60) 이 점을 명시한 대법원 판결로는 2005. 10. 28. 선고 2005다28273 판결(공 2005, 1860).

(3) 보증인의 책임을 감면하는 정리계획안과 보증인의 책임

간혹 주채무자인 정리회사의 정리계획안에 비출자임원의 보증책임을 면제하는 규정을 두는 경우가 있다.[61] 그 정리계획안에 관하여 출석한 모든 정리채권자들이 동의를 하고 관계인집회에서 가결되었음에도 불구하고 정리채권자가 보증인에 대하여 연대보증계약에 따른 채무의 이행을 구하는 경우 보증인의 책임은 어떻게 되는가? 실무상 정리회사를 M&A의 방식으로 양도하면서 정리계획안에 보증인인 종전 사주와 임원의 보증책임을 면제하는 조항을 삽입하는 경우가 있고 이를 둘러싸고 분쟁이 발생한다. 미국의 경우에도 보증인이 보증책임을 면제받는 대신 정리계획의 수행을 위하여 중요한 자금조달을 약속하거나 회사의 중요임원이 계속 근무하는 것이 계획수행에 필수적인 경우 보증인의 책임을 감면하여 줄 필요가 있다고 한다. 이를 통하여 뒤에서 보는 바와 같이 대규모의 제조물책임 소송에서 이사 및 보험회사에 대한 쟁송을 피하는 소송경제의 이로움도 있다.[62]

이 문제에 관하여 대구지방법원의 88가단30647 판결과 90가합11084 판결은 원고의 정리계획안에 대한 동의로써 적법히 면제되었다고 하여 원고의 청구를 기각한 바 있다.[63] 학설로는 제240조 제 2 항이 강행규정이 아니고 임의규정이므로[64] 정리계획안에서 위 법규정과 다른 내용의 규정을 하더라도 유효하다고 하는 견해가 있다.[65]

생각건대, 대법원은 "…공익채권은 정리절차에 의하지 아니하고 수시로 변제하도록 되어 있으며(제209조), 정리계획에서 공익채권에 관하여 장래에 변제할 금액에 관한 합리적인 규정을 정하도록 되어 있다(제216조)고 하여도 그 변제기의 유예 또는 채권의 감면 등 권리에 영향을 미치는 규정을 정할 수 없는 것이 원칙이나, 다만 채권자와의 합의하에 변제기를 연장하는 등 권리변동에 관한 사항을 정하고 그 취지를 정리계획에 기재한 때에는 채권자도 이에 구속된다고 보아야 할 것이다"라고

61) 대구지법 84파3683호 월성건설주식회사 사건에서는 "정리계획의 인가와 동시에 이 정리회사의 비출자임원이 임원의 지위로 인하여 그 개인자격으로 정리회사의 채무에 대한 보증 또는 연대보증계약은 정리채권자의 동의하에 해제한다"라고 규정하였다. 南斗熙, "회사정리계획에 의한 정리채권자의 보증인에 대한 권리의 변경," 판례와 이론(1995), 221면.

62) 미국파산법의 개정검토위원회의 검토의견 중 General issues in Chapter 11의 2. 4. 13. Release of Claims Against Nondebtor Parties. http://www.nbrc.gov/report/12chapt1.html 참조.

63) 南斗熙, 전게논문(주 61)에 의하면, 양 사건 모두 원고가 관계인집회에 참석하여 계획안에 동의한 것으로 보인다.

64) 林采洪 · 白昌勳, 회사정리법(하), 한국사법행정학회(1999), 311면.

65) 南斗熙, 전게논문(주 61), 223면.

판시한 바 있다.[66] 따라서 보증인의 책임을 면제한다는 취지의 조항은 이른바 무익적 기재사항으로 서울지방법원의 실무는 후일 불필요한 분쟁을 방지하기 위하여 이러한 조항을 기재하지 않도록 조치하고 있다.[67] 그러나 위의 대구지방법원의 사례 외에도 실무상 종종 그러한 계획안이 가결된다는 소식도 들린다. 이와 같이 일단 정리계획에 위와 같은 조항이 있는 경우 정리채권자가 관계인집회에 참석하여 계획안에 동의한 경우라면 ― 동의의 법적 성질을 어떻게 파악하느냐에 대하여는 별론으로 하고[68] ― 일단 동의한 이상 보증채무는 소멸한다고 해석함이 옳다.[69] 문제는 정리계획안이 적법한 절차에 따라 가결되었으나 즉 정리채권자조는 의결정족수를 갖추어 찬성하였지만 그 조에 속한 채권자가 반대한 경우이다. 이러한 경우 아무리 회사정리절차가 집단적 화해의 의사표시라고 하지만 당해 채권자가 동의하지 아니한 이상 보증채무를 면제하는 정리계획안은 제240조 제 2 항에 위배되는 것으로서 그 결의는 반대 채권자를 구속하는 효력이 없다고 해석함이 옳다.[70] 다만 위의 경우처럼 채권자가 그 계획안에 찬성한 것만으로는 제 3 자에 대한 채무를 면제한 것은 아니라고 다투는 경우가 실제로 생길 수 있으므로 미국의 개정의견[71]과 같이 당해 채권자와 보증인 간에 별도의 계약서를 작성하도록 하는 것이 혼란을 피하는 좋은 실무라고 생각한다. 간혹 저자가 듣는 바와 같이 법원에 제출한 계획안에는 보증채무 면제조항이 있으나 채권자들에게는 그러한 조항을 뺀 다른 계획안을 송부하였다면 정리계획안 인가 후라도 제233조 제 1 항 제 3 호의 사유(결의를

66) 대법원 1991. 3. 12. 선고 90누2833 판결(공 895, 1195).

67) 邊在承 외, 전게논문(주 50), 352면.

68) 뒤에서 보는 바와 같이 미국의 경우에도 그 근거를 기판력으로 볼 것인지 화해계약으로 볼 것인지에 대하여 다툼이 있다. 제 6 장 2. 면책과 보증인의 면책 다. 제13장 사건 부분 설명 참조.

69) 다음의 주에서 보는 미국의 실무 역시 당해 채권자가 책임면제에 동의한 경우에는 그 효력을 인정하고 있다. 전게 주 62 참조.

70) 미국의 경우 일부 법원의 실무는 서울지방법원과 같이 보증인의 책임을 면제하는 내용의 계획안 자체에 대하여 인가결정을 허락하지 않고 있다. In re Forty-Eight Insulations, Inc., 149 B.R. 860(N.D. Ill. 1992)(disallowing nonconsensual release of claims against insurer because contract rights of claimant to sue insurer were not property of bankruptcy estate); In re Arrowmill Dev. Corp., 211 B.R. 497 (Bankr. D.N.J. July 24, 1997)(no authority or policy justification to force dissenting creditors to release claims against nondebtor parties, but consensual releases can be enforced like any other settlement).

반대로 일부법원은 그러한 내용의 계획안을 인가하고 다수결에 의하여 인가되었다는 이유로 소수의 반대자에 대하여도 그 구속력을 인정하고 있다. Shearson Lehman Bros., Inc. v. Munford, Inc., 97 F.3d 449, 454(11th Cir. 1996)(using section 105(a) and FED. R. CIV. P. 16(c)(9) to enjoin actions by nonsettling defendants against nondebtor consulting firm); MacArthur Co. v. Johns-Manville Corp., 837 F.2d 89(2d Cir.)(because insurance policies and rights under policies were part of debtor's estate, section 105(a) empowered court to channel and release claims against insurer in exchange for contributions over objections of co-insured party that wanted to retain its rights against insurer), *cert. denied,* 488 U.S. 868(1988).

71) 전게 주 62 참조.

성실 공정한 방법으로 하였을 것)에 위배됨을 이유로 인가결정에 대한 항고로써 불복할 수 있다고 생각한다.

최근 대법원은 채권자가 정리계획안에 동의하였는지에 대한 구분을 하지 아니하고 보증인의 책임을 면제하는 것과 같은 내용은 정리계획으로 정할 수 있는 성질의 것이 아니고, 설사 그와 같은 내용을 정리계획에 규정했다고 하더라도 그 부분은 정리계획으로서의 효력이 없다고 판시하였다. 즉 "회사정리절차는 공익상의 필요에서 재정적 궁핍으로 파탄에 직면한 회사의 정리재건의 목적을 이루기 위하여 회사가 부담하고 있는 채무 또는 책임을 감소시켜 되도록 부담이 가벼워진 상태에서 회사가 영업을 계속하여 수익을 올릴 수 있는 여건을 만들어 주자는 것이므로, 회사가 정리채권자에 대하여 부담하는 채무에 관해서는 면책 등 광범위한 변경을 가하여 그 이해의 조정을 하게 되지만, 보증인 등 회사가 아닌 제 3 자가 정리채권자에 대하여 부담하는 채무를 경감시키는 것은 회사정리절차가 달성하고자 하는 본래의 목적과는 전혀 무관한 것이다. 만약 정리계획에 의하여 정리채권자가 회사에 대하여 갖는 권리가 소멸 또는 감축되는 이외에 보증인 등에 대하여 갖는 권리까지도 마찬가지로 소멸 또는 감축되게 된다면, 이는 회사의 정리재건에 직접 필요한 범위를 넘어 정리채권자에게 일방적인 희생을 강요하게 되는 셈이 되어 오히려 회사의 정리재건을 저해하는 요인이 될 수 있다 할 것이며, 회사정리법 제240조 제 2 항에서 정리계획은 보증인 등의 책임범위에 아무런 영향이 없다고 규정하고 있는 것도 이러한 취지에서 비롯된 것이다(헌법재판소 1992. 6. 26. 선고 91헌가8, 9 결정 참조)."[71-1]

저자가 확인한바, 원심판결의 이유에 의하면 원고가 정리계획에 대하여 동의하였으며 피고가 이 점을 들어 원고와 정리회사 사이에 피고(보증인)를 위한 제 3 자를 위한 계약이 체결되고 피고가 수익의 의사표시를 하였으므로 보증채무가 면제되었다고 주장하였다. 원심은 계획안에 동의하였다는 사정만으로는 개별적인 보증채무 면제의 의사표시가 있다고 볼 수 없다는 이유로 피고의 주장을 배척하였다. 따라서 판례는 채권자의 동의 여부에 관계 없이 보증책임 면제조항의 효력을 부정한 것으로 해석되어야 한다.

(4) 실권한 정리채권 등과 보증인

1) 정리채권자가 그 권리를 기간 내에 신고하지 아니하거나, 신고는 하였으나 관리인으로부터 이의를 받았음에도 출소기간 내에 권리확정소송을 제기하지 아니

71-1) 대법원 2005. 11. 10. 선고 2005다48482 판결(공 2005, 1967).

한 경우 정리채권자가 보증인에 대하여 갖는 권리도 상실하는가? 정리채권자 등은 보증인에 대한 권리도 잃는다고 하는 견해도 있었으나[72] 현재의 통설과 판례는 제240조 제 2 항의 취지는 주된 채권관계의 변동은 보증채무에 영향을 미치지 아니한다는 "부종성의 예외"를 인정하자는 것이고 본래 보증인 등은 주된 채무자가 지급능력을 잃게 되는 경우에 전액지급할 의무가 있고 더구나 보증인은 장래의 구상권을 신고함으로써 그 권리의 보호를 꾀할 수도 있으므로 위의 경우에 소수설에 따르면 정리절차의 목적을 넘어 채권자에게 희생을 강요하는 것이 된다는 점을 들어 보증인에 대한 권리까지 상실하지 않는다고 해석한다.[73]

2) 권리확정소송에서 그 채권이 불성립 또는 이미 소멸하였다는 이유 등으로 패소하여 그 판결이 확정된 경우에 관하여도 제240조 제 2 항의 적용이 있는가? 만일 이 경우에도 동조의 적용을 긍정하면 보증인에 대한 권리에 영향을 미치지 않는다는 입장에 설 것이고 동조의 적용을 부정하면 보증인에 대한 권리도 소멸한다는 입장에 귀착된다.

먼저 적용긍정설에 의하면 원래 권리확정소송의 소송물은 실체적인 권리의 존부를 전제로 하는 것이지만 그 자체는 아니고, 정리절차 참가의 허부, 참가의 경우 권리의 종류와 수액의 확정이라고 하는 정리절차상의 권리의 존부이므로 그 기판력도 정리절차상의 권리의 존부에 한하므로 정리절차와 직접 관계없는 회사의 보증인에 대한 실체적 권리에는 하등 영향이 없음을 논리로 한다. 이에 반하여 적용부정설은 권리확정소송은 실체법상의 권리확인소송이고 신고채권자 패소판결의 기판력은, 이의자가 관리인인 경우에는 당연히 회사에도 미치고, 이의자가 다른 정리채권자인 경우에는 그가 회사의 재산에 대한 관리 · 처분권을 갖고 있지 아니하므로 회사가 그 패소판결의 효력을 수인할 이유는 없다. 하지만 이의자 승소의 경우에는 실체법상 무효행위 추인으로써 사후적으로 재산관리권을 보충함으로써 본래는 무권리자가 한 행위를 후에 재산주체에 유리한 것의 효과를 향수할 수 있음을 유추하여 판결의 효력은 항상 회사에 유리하므로 법률상 당연히 소송담당자격이 추완되는 것으

72) 松田二郎, 會社更生法(舊版), 有斐閣(1960), 114면 및 新版인 전게서(주 40), 253면도 같은 견해이다.

73) 대법원 1989. 4. 11. 선고 89다카4113 판결(공 1989, 794)은 신고는 하였으나 관리인이 이의를 진술하였음에도 출소기간 내에 정리채권확정의 소를 제기하지 아니한 경우에 정리절차참가자격이 부정될 뿐 그 실체법상의 권리가 소멸하지 아니함을 명시하였고 일본의 판결로는 전게 주 56의 最高裁判所 1970. 6. 10. 判決 참조. 학설로는 林采洪 · 白昌勳, 전게서(주 64), 311면; 三ヶ月章, 전게서(주 54), 714면; 山內八郎, 전게논문(주 9), 415면; 宮脇幸彦, 전게서(주 9), 886면; 志水義文, "認可更生計劃の效力" 會社と訴訟(下) 松田判事在職四十年記念. 有斐閣(1984), 815면.

로 보아 회사에 기판력이 미치는 것으로 해석한다.[74] 따라서 채권자의 보증인에 대한 권리의 消長은 제240조 제 2 항과는 별개로 채권자의 주채무자, 연대채무자에 대한 패소확정판결이 보증인 등에 대하여 어떠한 효력을 미치는가 하는 일반문제로 해석해야 하고 본 조항의 적용은 없다고 한다.[75] 이론상으로는 前說이 옳다.

4. 소멸시효와 보증인

(1) 보증채무와 소멸시효의 일반론

민법 제169조는 "시효의 중단은 당사자 및 그 승계인 간에만 효력이 있다"고 규정하여 시효중단의 효력의 인적범위를 당사자와 그 승계인으로 한정하고 보증인은 제외시키고 있다. 그러나 민법 제440조는 "주채무자에 대한 시효의 중단은 보증인에 대하여 그 효력이 있다"고 규정하여 민법총칙의 원칙을 수정하였다. 즉 민법 제440조는 보증채무의 부종성으로부터 당연히 생기는 효과가 아니고 이는 단지 주채무자에 대한 시효의 중단이 있어도 보증인에게 미치지 않는다고 한다면 보증채무만 별도로 시효소멸하는 결과를 가져오게 되어 보증제도의 본래의 목적이 상실될 염려가 있어 채권의 담보를 확보하려는 견지에서 둔 정책적 규정이다.[76] 채권자가 주채무자를 상대로 그 채무이행의 소송을 제기하여 민법상 시효중단사유의 하나인 청구(민법 제168조 제 1 호)에 해당하는 권리행사를 하였다면 비록 채권자가 소송 외에서 주채무자와는 별도로 그 (연대)보증인에게 권리행사를 할 수 있다 하더라도 주채무자에 대한 시효중단의 효력은 (연대)보증인에 대하여 미치고, 보증채무에 대하여 주채무와 별도로 시효가 진행된다고 볼 수는 없다. 따라서 이러한 민법상의 법리는 달리 이를 배제할 만한 특별한 사유가 없는 한 회사정리절차에도 적용된다.

(2) 정리채권의 소멸시효

1) 시효의 중단

정리채권자 등의 정리절차참가는 시효중단의 효력이 있다(제5조). 원래 정리절차는 총채권을 위한 총집행의 성질을 갖는 재판절차이므로 절차의 참가는 이러한 재판상의 권리행사로 볼 수 있기 때문이다. 정리절차참가라고 하는 것은 정리채권 등의 신고를 가리킨다.[77] 채권자가 신청하는 정리절차 개시 역시 파산의 신청과 마

74) 三ヶ月章, 전게서(주 59), 716면; 宮脇幸彦, 전게서(주 9), 886면.
75) 山內八郎, 전게논문(주 9), 416면.
76) 대법원 1986. 11. 25. 선고 86다카1569 판결(공 1987, 101).
77) 따라서 신고를 취하하거나 그 신고가 각하된 경우에는 시효중단의 효력이 없음은 당연하다. 회

찬가지로 시효중단의 효력이 있음은 물론이다.[78] 채권신고의 취하, 각하 및 개시신청의 기각 등의 경우에도 최고로서의 효력이 인정되어 6개월부터 다시 시효가 진행한다.[79] 또한 인가된 정리계획안에 의하여 인정되는 권리 또는 확정된 정리채권 등에 대하여 새로이 진행되는 시효의 기간은 제245조 제 1 항 또는 제282조 제 1 항에 의하여 정리채권자표의 기재가 확정판결과 동일한 효력이 생기므로 민법 제165조 제 2 항에 의하여 그 시효기간은 10년이 된다.[80]

2) 시효의 재진행

신고에 의한 중단의 효과는 정리절차가 종료할 때까지 존속한다. 재판상의 청구의 경우는 재판이 확정된 때로부터 시효가 진행하지만 정리절차의 참가의 경우에는 조사절차에서 이의 없이 확정되거나 정리채권확정소송에서 승소판결이 확정된 때에 시효가 재진행하는 것이 아니다.[81] 구체적으로 언제 정리절차가 종료하는가? 정리절차가 개시되었다가 정리계획 인가 전에 종료하는 경우와 인가 후에 종료하는 경우로 나누어 보기로 한다.

① 정리계획인가 전에 절차가 종료하는 경우

정리계획인가 전에 절차가 종료하는 경우로는 제51조에 의한 정리절차개시결정취소의 결정, 제232조에 의한 정리계획안 불인가결정, 제272조에 의한 정리절차 인가 전의 폐지결정이 내려지는 경우인바 이러한 결정이 확정한 경우에는 그 시점부터 시효가 재진행한다.[82]

② 정리계획인가 후에 절차가 종료하는 경우

정리계획인가 후에 절차가 종료하는 경우는 제271조에 의한 종결결정을 하는 경우, 제276조에 의한 정리계획인가 후의 정리절차폐지결정을 하는 경우인바, 이러한 경우 시효의 재진행시기에 관하여는 정리계획 소정의 변제기와 정리절차종료시를 기준으로 다음과 같이 나누어 살펴보기로 한다.

사정리법 제 5 조 단서 참조.

78) 통설임. 高翔龍, 민법총칙(전정판), 법문사(2001), 693면; 宮脇幸彦, 전게서(주 9), 34면; 長谷部茂吉, "更生手続と時效の中斷," 金融商事判例增刊(No. 554), 141면.

79) 취하의 경우 최고로서의 중단효를 인정하는 것에 대한 의문으로는 松久三四彦, "會社更生手続と時效," 判例タイムズ 제866호(1995), 28면 참조.

80) 확정된 정리채권자표는 확정판결과 동일한 효력이 있다는 점과 민법 제165조 제 2 항이 파산절차에 의하여 확정된 채권도 그 소멸시효를 10년으로 본다고 규정하고 있으므로 회사정리법 소정 절차에 의하여 확정된 채권도 같이 해석함이 옳다. 金載亨, "회사정리절차가 보증채무의 소멸시효에 미치는 영향," 상사판례연구(Ⅰ), 박영사(1996), 719면도 같은 견해이다.

81) 異說 없음.

82) 宮協行彦, 전게서(주 9), 33면.

㉠ 정리계획소정의 변제기가 정리절차종료 후에 도래하는 경우

정리계획인가결정이 확정된 후 정리절차가 폐지되는 경우에는 정리계획의 수행과 회사정리법의 규정에 의하여 생긴 효력에 아무런 영향을 미치지 아니하므로 이 경우는 두말할 것 없이 정리계획에 의하여 정해진 변제기부터 소멸시효가 진행한다. 그리고 제272조에 의한 종결결정의 경우 역시 그 때까지 정리계획에 정하여진 변제기가 도래한 정리채권은 대부분 변제되었을 터이고 아직 변제기가 도래하지 아니한 경우는 종결결정 후 변제기가 도래한 때부터 소멸시효가 재진행한다.

㉡ 정리계획소정의 변제기가 정리절차종료 전에 도래하는 경우

정리채권 등에 관하여는 정리절차에 의하지 아니하고는 변제받을 수 없으므로 비록 정리계획에 기재된 대로 정리회사가 정리채권을 변제하지 아니하는 경우 정리절차가 존속하는 한 정리채권자표에 확정판결과 동일한 효력이 있더라도 정리회사의 재산에 대하여 강제집행을 할 수 없다고 해석함이 다수설 및 판례이다.[83] 따라서 이러한 견해에 의하면 소멸시효가 재진행하는 시점은 정리계획상의 변제기가 아니라 정리절차폐지결정의 확정시이다. 정리회사가 정리계획안에 따라 정리채권의 변제를 지체하게 되면 정리채권자로서는 제276조에 의한 정리계획인가 후의 폐지결정을 하도록 법원이 직권발동을 促求할 수 있을 뿐이다.

결국 이를 요약하면 정리계획인가 후의 폐지결정이나 종결결정의 경우는 변제기와 폐지결정의 확정시 중 보다 늦은 시점부터 시효가 재진행한다.[84]

(3) 보증채무의 소멸시효

1) 정리절차의 특색

민법상 보증채무의 부종성을 완화하기 위한 규정인 회사정리법 제240조 제2항은 민법 제440조와는 그 취지를 달리하는 별개의 것이므로 제240조 제2항을 근거로 정리회사의 채무에 대한 시효중단의 효력이 보증인에게 미치지 아니한다고

83) 대법원 1991. 4. 9. 선고 91다63 판결(공 1991, 1369)은 회사정리절차가 진행중인 동안에는 정리채권자는 정리계획에 정하여진 바에 따라 정리채권을 변제받을 수 있을 뿐 강제집행을 할 수 없음은 물론 그 이행이나 확인을 구하는 소송도 제기할 수 없다고 명백히 판시하고 있다. 일본의 소수설은 정리절차 계속중에도 집행이 가능한 것임을 전제로 정리계획에서 정한 변제기부터 시효가 진행한다고 한다. 長谷部茂吉, 전게논문(주 78), 141면.

84) 林采洪, 전게논문(주 40), 59면; 三ヶ月章, 條解會社更生法(上), 弘文堂(1999), 164면; 山內八郎, 實務會社更生法(제3판), 一粒社(1971), 220면; 宮脇幸彦, 전게서(주 9), 886면. 반대설 長谷部茂吉, 전게논문(주 78), 141-142면. 반대설은 정리계획에 정한 대로 변제를 하지 못한 경우 정리절차의 폐지 없이도 바로 강제집행이 가능하다는 것을 전제로 변제기 다음날부터 시효가 진행한다고 주장한다. 그러나 정리계획대로 변제가 이루어지지 않는 경우에는 정리절차 폐지의 사유가 될 뿐 정리채권을 강제집행할 수 없다고 보는 현재의 실무에서는 받아들이기 어렵다.

해석할 수 없다.[85] 즉 주채무자에 대한 정리절차참가로 인하여 제 5 조가 인정하는 시효중단의 효력은 보증인에게도 미치는 것이다. 제240조 제 2 항이 회사정리계획의 효력범위에 관하여 보증채무의 부종성을 배제하고 있다 하더라도 민법 제440조의 규정을 배제하는 것은 아니기 때문이다.[86]

① 주채무자인 정리회사의 정리절차에 참가함으로써 생긴 시효중단의 효력은 보증인에게도 미치는가?

어느 하급심판결은 정리절차개시결정의 효력은 보증인에게 미치지 아니하고 따라서 채권자는 즉시 보증인에 대하여 개별적인 권리행사를 할 수 있다는 점을 들어 보증인에 대하여 시효중단을 시키려면 민법이 정하는 바에 따라 보증인에 대하여 청구 등의 권리행사를 하여야 한다고 한 것이 있다.[87] 그러나 위 판결은 옳지 않다. 회사정리절차에의 참가는 정리채권자 또는 정리담보권자의 권리행사로서의 실질을 가지는 것으로서 회사정리법 제 5 조에 의하여 시효중단의 효력이 있는 것인바, 정리절차참가로 인정되는 시효중단의 효력은 민법 제440조에 의하여 정리회사의 채무를 주채무로 하는 보증채무에도 미치는 것이고, 그 효력은 참가라는 권리행사가 계속되는 한 그대로 유지된다.[88] 위에서 본 대법원판결(위 93다49567 판결(주 85) 참조)이나 모든 학설도 보증채무에 대하여도 시효가 중단됨을 당연한 것으로 받아들이고 다만 중단된 보증채무의 소멸시효가 언제부터 재진행하는가를 논하고 있다.[89]

② 보증채무에 대한 시효는 언제부터 다시 진행하는가?

㉠ 정리계획인가 전에 정리절차가 종료하는 경우

정리계획인가 전에 정리절차가 종료하는 경우는 주채무와 같이 위와 같은 절차의 종료가 확정된 때로부터 보증채무에 대하여 중단된 소멸시효가 재진행한다. 인가 전에 절차가 종료하는 경우는 위에서 설명한 바와 같다.

㉡ 정리계획인가 후에 절차가 종료하는 경우

문제가 되는 것은 정리계획인가결정이 확정된 후 정리절차가 폐지 또는 종결

85) 대법원 1994. 3. 8. 선고 93다49567 판결(공 1994, 1166); 1986. 11. 25. 선고 86다카1569 판결(공 1987, 101); 註釋 債權總則(下)(1984), 189면.

86) 대법원 1998. 11. 10. 선고 98다42141 판결(공 1998하, 2848); 1994. 1. 14. 선고 93다47431 판결(공 1994, 719).

87) 서울민사지방법원 1986. 11. 12. 선고 86가합2589 판결(林采洪 전게논문(주 40)에서 재인용).

88) 전게 93다49567 판결(주 85) 참조.

89) 이를 명시한 글로서는 林采洪, 전게논문(주 40), 34면; 權南赫, "회사정리절차와 보증채무의 소멸시효", 대법원판례해설 1988年년 상반기, 법원행정처(1989), 153면; 山內八郎, 전게논문(주 9), 418면.

로 종료하는 경우이다. 이에 관하여는 인가결정이 난 때, 인가결정이 확정된 때,[90] 정리절차가 폐지된 때,[91] 인가된 정리계획에 의하여 연장된 변제기부터 진행한다는 견해[92]가 있을 수 있다.

(a) 판례의 입장 정리절차의 폐지와 관련하여 이 점을 명시한 대법원 판결[93]이 있다. 판결 이유가 정리계획안 인가결정의 효력과 보증인의 지위 및 소멸시효에 관한 최초의 판결이므로 자세히 살펴보고자 한다.

〈사안의 개요〉

원고가 1976. 4. 23. 피고들의 연대보증하에 소외 회사에게 변제기를 1977. 4. 22.로 정하여 돈을 대여하였다. 소외 회사에 대하여 1976. 6. 14. 회사정리절차개시결정이 되고 원고는 원리금 채권을 정리채권으로 신고하여 정리절차에 참가하였다. 그 후 인가된 정리계획에 의하면 대여금 중 원금은 1981년부터 1990년까지 10년간 분할상환하고 이자는 1990년부터 변제하기로 하였으나 결국 정리계획수행의 가망이 없다고 판단하여 정리법원은 1982. 8. 16. 정리절차폐지결정을 하고 그 무렵 위 결정이 확정되었다. 원고는 1986. 5. 22. 피고들을 상대로 보증채무금청구의 소를 제기하였고 피고들은 위 보증채무에 대한 소멸시효가 완성되었다고 다투었다. 대법원은 다음의 이유로 파기환송하였다.

〈원심의 판결요지〉

제278조에 의하면 정리계획인가 후의 폐지결정에 의하여 절차가 이미 종료된 경우에는 이미 인가된 정리계획의 효력은 소멸되지 아니하는 것인즉 정리계획에 의하여 채권의 변제기가 변경되었으면 정리절차 폐지 후에도 위 변경된 변제기가 도래하지 않는 한 소멸시효는 진행되지 않는 것이므로 위 정리절차폐지결정확정시인 1982. 8. 16. 이전의 일자를 변제기로 한 부분은 위 결정확정시부터, 그 이후에 변제기가 도래하는 부분은 그 변제기의 도래시부터 소멸시효가 진행되고 이 건 소가 1986. 5. 22. 제기되었으므로 위 원리금에 대하여 시효기간이 경과하지 아니하였다고 하여 원고의 청구를 인용하였다.

〈대법원 판결요지〉

제 5 조의 규정에 의하여 정리절차참가행위에 인정되는 시효중단의 효력은 정리회사의 채무를 주채무로 하는 보증채무에도 미치는 것이고 그 효력은 위 참가라는

90) 일본 最高裁判所 1978. 11. 20. 判決(민집 32권 8호, 1551면); 福岡高裁 1977. 3. 4. 判決(金融商事判例 제525호, 32면).

91) 다음의 대법원 87다카2055 판결의 입장이다.

92) 아래 대법원 판결의 원심의 입장이다.

93) 대법원 1988. 2. 23. 선고 87다카2055 판결(공 1988, 588). 위 판결에 대한 해설로는 權南赫, 전게논문(주 89).

> 권리행사가 계속되는 한 그대로 유지된다. 그러므로 정리계획이 인가되었다가 결국 그 계획수행의 가망이 없음이 명백하여 정리절차폐지결정이 내려진 경우에는 그 폐지결정확정시에 채권자의 정리절차에 있어서의 권리행사가 종료되는 것으로 보여지고 따라서 중단되었던 보증채무의 소멸시효는 그 때부터 다시 진행을 개시한다. 한편 제240조 제 2 항에 의하면 정리계획은 정리채권자 등이 정리회사의 보증인 등에 대하여 가진 권리에 영향을 미치지 아니한다라고 규정되어 있어 정리채권자는 정리계획과 관계없이 보증인에 대하여는 언제든지 본래의 채권을 청구하고 집행을 할 수 있는 것이고 정리계획에 의하여 정리채권의 수액이나 변제기가 변경되었다 하더라도 그것은 보증인의 보증책임에 아무런 효력을 미치지 아니한다 할 것이므로 (이 점에서 민법상의 보증채무의 부종성이 완화되었다고 할 수 있다) 보증채무에 관하여 앞서 본 바와 같이 중단되었던 소멸시효는 위 정리절차폐지결정 확정시로부터 독립적으로 다시 진행을 개시한다고 볼 것이다. 그렇다면 만일 피고들의 주장과 같이 이 사건 이자 및 지연손해금 채권이 3년의 단기소멸시효에 걸리는 채권이라면(밑줄 저자) 그 일부가 시효의 완성으로 소멸하였다고 볼 여지가 있다 할 것임에도 전부에 관하여 시효기간이 경과하지 아니하였다고 판시한 원심은 시효중단 내지 회사정리법상 정리절차폐지의 효력에 관한 오해의 위법이 있다.

위 87다카2055 판결의 원심이 제278조에 의하여 변제기 연장의 효력과 민법 440조에 초점을 둔 것에 비하여 상고심인 대법원은 제240조 제 2 항의 효력에 초점을 둔 것이다. 그 후 선고된 대법원 1995. 5. 26. 선고 94다13893 판결(공 995, 2248)은 위 87다카2055 판결을 인용한 다음 "주채무에 관하여 채무를 면제하는 내용의 정리계획인가결정이 있는 경우에는 그 인가결정의 확정에 의하여 면제의 효과가 확정됨으로써 그 주채무가 확정적으로 소멸하고, 그 시점에서 채권자의 정리절차에서의 권리행사는 종료하는 것이라고 할 것이므로 이를 주채무로 하는 위 중단된 보증채무의 소멸시효는 그 인가결정 확정시부터 다시 진행한다"고 판시하였다. 또한 대법원 1995. 11. 21. 선고 94다55941 판결[94] 역시 정리회사의 주채무 중 지연손해금에 관한 연체이율을 감경하는 정리계획인가결정이 확정되면 감경된 부분에 관한 보증인의 보증채무에 대한 소멸시효는 그 인가결정 확정시부터 다시 진행한다고 하면서 위 94다13893 판결을 인용한 다음, 지연손해금은 원금에 대한 변제가 지체된 기간의 경과에 따라 발생하는 것이므로 아직 지체기간이 경과하지도 아니한 장

94) 공 1996, 45. 이 판결의 쟁점은 정리계획에서 감경 면제된 채무인 지연손해금 채무에 대한 보증인의 보증책무의 시효소멸 기산점과 관련하여, 정리계획인가결정 확정시에 장래 발생할 지연손해금채무 일체에 대하여 곧바로 소멸시효가 진행되는 것인지, 또는 지체된 기간이 경과하여 지연손해금이 발생함에 따라 순차로 소멸시효가 진행되는 것인지에 관한 것이다. 판결은 후자의 입장을 지지하였다.

래의 지연손해금 채무 일체에 대하여 그 인가결정 확정시부터 곧바로 소멸시효가 진행한다고 볼 수 없다고 판시하였다.

(b) 학설 및 일본의 판례

(i) 일본의 경우　　주채무가 일부 면제된 경우에 보증채무에 대한 소멸시효는 정리계획인가결정 확정시라는 판례로는 일본 最高裁判所 1978. 11. 20. 판결(昭52(オ)611호)이 있다. 그 이유로 "정리절차참가는 정리채권자 또는 정리담보권자의 권리행사로서의 실질을 갖고 제 5 조에 의하여 인정되는 시효중단의 효력은 정리회사의 보증채무에도 미치는 것으로 권리행사가 계속되는 한 유지되는 것이다. 따라서 정리계획에 의하여 채무의 면제가 정하여진 경우에는 채무는 정리계획인가결정의 때로부터 소멸하는 것이나 그 법적 효과가 확정되는 것은 그 결정 확정시이므로 그 시점에서 보증채무에 대한 채권자의 정리절차에 있어서 권리행사는 종료하는 것이고 따라서 보증채무는 그 때까지는 아직 재진행하는 것이 아니다." 위 판결의 사안은 정리채권 중 일부 면제되고 면제되지 아니한 부분은 정리회사로부터 변제를 받고 면제된 부분을 정리회사의 보증인에게 구한 것이다.

보증채무의 소멸시효가 다시 진행하는 시기에 대하여도 주채무와 보증채무 모두 같게 해석하는 것이 다수설이다.[95] 반대설은 보증채무의 소멸시효는 정리계획인가결정의 확정시에 시효가 진행한다고 해석한다.[96] 그러나 最高裁判所 판결의 사안과 같이 주채무에 대하여 채무의 전부 또는 일부가 면제된 경우에 보증채무는 인가결정 확정시부터 진행한다고 하는 점에 대하여는 이설이 없다.[97]

(ii) 우리 나라의 경우　　정리계획인가 전에 정리절차가 종료된 경우에는 절차 종료 확정시에 주채무와 보증채무의 시효가 진행한다는 점에 대하여는 이론이

95) 宮協行彦, 전게서(주 9), 886면; 大西良孝, "更生計劃の效力と遂行," 金融商事判例 제719호, 223면.

96) 長谷部茂吉, 전게논문(주 78), 30면; 鵜澤晋, "更生計劃による主債務變更と保證債務の時效中斷," 金融法務事情 제689호, 177면. 근거로는 보증채무에 대하여는 언제든지 권리행사가 가능하고, 정리계획에 의하여 채무액이나 변제기가 달라지므로 시효에 관한 한 보증채무는 정리계획인가에 의하여 부종성을 탈피하게 되는 것을 든다.

97) 자세한 학설의 소개에 대하여는 玉城 勳, "更生手続參加により中斷した時效の進行開始時期," 新倒産判例百選(1990), 제106호, 159면 이하, 위 판결에 대한 평석으로는 山口和男, "主債務を免除する整理計劃認可と保證債務の消滅時效の進行," 判例 タイムズ 제411호, 306면 이하; 稲葉威雄, 判例批評, 民商法雜誌 제81권 제 4 호 제70면; 宮協行彦, 전게서(주 9), 886면; 大西良孝, "更生計劃の效力と遂行," 金融商事判例 제719호, 223면; 長谷部, 전게논문(주 78), 143면. 후자는 그 논거로 주채무가 정리계획의 인가에 의하여 면제되더라도 보증채무가 독립한 채무가 되는 시점은 정리계획인가결정이 확정한 때라는 이유로 이 때부터 시효중단사유가 소멸한다는 견해를 표시하고 있다.

없다.[98] 인가 후의 폐지결정에 의하여 종료된 경우에는 견해가 나뉘는바, 주채무에 대하여는 인가된 정리계획에 따르되 보증채무는 폐지결정 확정시부터 시효가 진행하되 채무를 면제하는 경우에는 인가결정 확정시부터 시효가 진행한다고 한다는 견해와[99] 인가 후에 절차가 폐지된 경우에는 정리계획에서 면제되지 않은 부분에 관하여는 폐지결정 확정시에 주채무와 보증채무가 다시 진행하고, 정리절차 종결 후에 변제기가 도래하는 부분은 주채무 및 보증채무 모두 그 변제기부터 진행한다고 하는 견해가 있다.[100]

(iii) 검 토 생각건대 제 5 조에 의하면 정리회사에 대한 채권의 소멸시효는 절차의 참가로 인하여 중단되었다가 그 절차가 종료될 때 다시 시작되는 것이고, 또한 민법 제440조에 따라 주채무자에 대한 시효의 중단은 보증인에 대하여도 그 효력이 있으므로 보증채무의 시효중단효력도 주채무와 일치하므로 보증인에 대한 시효중단의 효력 역시 주채무와 마찬가지로 정리절차 폐지결정 또는 종결결정이 확정된 때에 보증인에 대한 시효가 진행한다고 봄이 옳다. 제240조 제 2 항의 취지는 정리계획에 따른 주채무의 변경의 효력이 보증인에게 미치지 아니하므로 당초의 채권 액수와 변제기에 따라 보증인에 대하여 청구할 수 있다는 것을 나타낼 뿐 그로 인하여 이미 절차의 참가로 중단된 보증채무의 소멸시효가 위 효력에 의하여 어떠한 영향을 받는 것은 아니다. 보증채무는 회사정리절차에서는 부종성이 완화되어 언제든지 정리절차와 관계 없이 청구할 수 있는 것이므로 민법총칙에서 정한 시효의 원칙에 의하면 주채무의 변제기부터 권리를 행사할 수 있으므로 그 때부터 시효가 진행한다고 볼 수 있는 것이다. 그럼에도 불구하고 제 5 조와 민법 제440조에 의하여 주채무자에 대한 정리절차참가라는 행위로 인하여 주채무자뿐 아니라 보증인에 대하여도 소멸시효가 중단되는 것이다. 따라서 제240조 제 2 항을 근거로 시효의 중단 여부를 논하는 전게 대법원 87다카2055 판결(주 93)의 입장은 옳지 않다.

요약하면 보증인에 대하여 중단되었던 시효는 주채무자의 그것과 일치시킴이 원칙이다.[101] 주채무의 변제기가 연장된 경우에는 앞서 본 민법 제440조의 원칙으

98) 姜永虎, "회사정리절차에 있어서 주채무에 관하여 채무를 면제하는 내용의 정리계획인가의 결정이 있는 경우에 시효중단되어 있던 보증채무의 소멸시효 재진행시기," 대법원판례해설 통권 제23호(1995), 329면; 金載亨, 전게논문(주 80), 721면.

99) 林采洪, 전게논문(주 40), 34면; 權南赫, 전게논문(주 89), 155면; 林采洪 · 白昌勳, 전게서(주 8), 123면; 李鍵浩, "회사정리계획에서 감면된 채권의 소멸시효," 판례연구 제 9 집(1996), 271면 역시 인가결정시가 아니라 인가결정 확정시임을 강조하고 있다.

100) 金載亨, 전게논문(주 80), 721면. 이 견해도 면제된 부분에 관하여는 정리계획안 인가결정 확정시부터 보증인에 대한 소멸시효가 진행한다는 판례에 찬동하는 것으로 보인다.

101) 同旨, 金載亨, 전게논문(주 80), 716면 이하.

로 돌아가 보증채무의 소멸시효도 중단되었다가 주채무의 변제기가 도래한 때로부터 진행한다고 해석할 수밖에 없다. 다음으로 주채무자의 정리계획에 의하여 주채무가 전부 또는 일부 면제된 경우인데 당해 채권자의 입장에서는 주채무를 일부 또는 전부 면제하기로 한 정리계획 인가결정이 확정된 때에 면제된 채권에 관하여는 실질적으로 정리절차가 종료된 것과 다를 바가 없으므로 이때부터 보증인에 대한 시효도 재진행한다고 본다.[102] 다만 실무상으로는 정리계획안에서 정리절차를 폐지하게 되는 경우 정리채권의 변제기한의 이익을 상실시키고 바로 폐지결정이 확정된 때에 변제기가 도래한 것으로 보는 조항이 있는 경우가 대부분이므로[103] 이러한 경우에는 위 조항에 의하여 주채무 및 보증채무 모두 정리절차 폐지결정이 확정된 때로부터 소멸시효가 재진행한다고 봄이 타당하다. 끝으로 종결결정의 경우에는 실제로 정리계획보다 변제를 앞당겨서 하는 경우이므로 큰 문제는 없으나 아직 변제기가 도래하지 않은 부분에 대하여는 기한이익 상실조항이 없는 이상 폐지결정과 마찬가지로 주채무 및 보증채무 모두 연장된 주채무의 변제기로부터 시효가 재진행한다고 해석한다.

따라서 저자는 대법원의 판결 중 주채무의 변제기가 연장된 사안에 관한 위 87다카2055 판결에는 반대하고 채무가 면제된 사안에 관한 94다13893 판결과 채무가 일부 감면된 사안에 관한 위 94다55941 판결에는 찬성한다. 후자의 2 판결에 의하여 처음 판례가 사실상 변경된 게 아닌가 하는 의문이 든다.

(c) 정리채권자표에 의한 확정과 보증채무의 시효기간 지연손해금의 소멸시효를 3년으로 본 전게 대법원 87다카2055 판결(주 93)에 의할 경우 정리채권자표기재의 효력과 관련하여 설명을 요한다. 즉 주채무자의 정리채권 중 이자채권은 원래 3년의 단기소멸시효에 걸리는 것이지만 제245조 제1항에 따른 정리채권자표에 기재되었으므로 確定判決과 同一한 효력이 있어[104] 그 시효기간이 10년으로 연장될 것이다.[105] 이때 주채무가 단기소멸시효에 걸리는 것이었으나 민법 제165조

102) 山口和男, 전게논문(주 97), 307면은 이때부터 보증채무가 독립하게 된다는 표현을 사용하고 있으나, 보증채무는 정리절차와 관계 없이 언제든지 청구할 수 있는 것이고, 주채무와 어느 정도의 관련성을 갖고 있는 것이므로 독립한다는 표현은 오해의 소지가 있다.

103) 서울지방법원 97파7447호 주식회사 대농에 대한 정리계획안 중 제3장 정리담보권 및 정리채권에 대한 권리변경과 변제방법 제1절 제8조 "회사정리절차가 폐지되는 경우에는 정리담보권 및 정리채권에 관하여 본 정리계획안에서 정한 변제기일에도 불구하고 그 기일이 도래하는 것으로 본다"고 규정하고 있다.

104) 회사정리법에서는 정리채권자표, 정리담보권자표 기재의 효력을 확정판결과 동일한 효력으로 규정하고 있는 부분이 여러 곳에 있다. 확정판결과 동일한 효력에 관한 해석에 관하여는 주 118 논문 참조.

105) 林采洪 · 白昌勳, 전게서(주 64), 317면.

에 의하여 소멸시효가 10년으로 연장된 경우 연대보증인의 채무의 시효기간도 연장되느냐 아니냐에 대하여 견해가 나뉠 수 있고 만일 일본의 판례처럼 연대보증인의 채무의 시효기간도 연장된다고 본다면[106] 위 사건에서도 주채무 중 이자채권의 시효가 10년으로 연장된 경우 보증채무는 무슨 이유로 이에 영향을 받지 않는가에 대한 설명이 필요하다.[107] 그러나 위와 같은 사안에 대하여 대법원의 입장은 채권자의 원채권의 소멸시효가 10년으로 연장된다 하더라도 채권자의 연대보증인에 대한 연대보증채권의 소멸시효기간은 여전히 종전의 소멸시효기간에 따른다고 해석하고 있으므로,[108] 대법원판례에 의하는 한 위와 같은 의문은 해소된다. 그리고 정리절차가 종결된 경우에도 보증인에 대한 소멸시효는 비록 정리채권의 변제기가 종결결정 이후에 도래하는 경우에도 종결결정이 확정된 때부터 재진행한다.[109]

2) 요 약

요컨대 정리계획에 정한 변제기가 종결 또는 폐지결정 이후에 도래하는 경우에도 주채무자의 경우와 달리 그 결정이 확정된 때로부터 시효가 진행된다고 보아야 한다. 변제기가 이전에 도래하는 경우에도 마찬가지이다. 왜냐하면 정리절차참가가 보증인에게도 시효중단의 효력을 미치게 하는 이유는 주채무자에게 권리행사를 하고 있는 동안은 보증인에게도 시효중단의 효력을 미치게 하여야 한다는 것인바, 그 권리행사를 하고 있는 기간은 정리절차참가의 때부터 종결 또는 폐지결정의 때까지이므로 그 뒤에는 권리행사를 따로 하지 않는 한, 시효는 새로이 진행하여야 한다고 보는 것이 타당하기 때문이다. 다만 정리계획에서 주채무를 면제하는 경우에는 인가결정의 확정에 의하여 당해 채권자에 대한 절차는 종료되는 것이므로 그

---

106) 일본 最高裁判所 1968. 10. 17. 判決(判例時報 제540호, 34면), 1971. 7. 23. 判決(判例時報 제641호 62면) 참조 전자는 조정, 후자는 확정판결에 의하여 주채무의 시효가 10년으로 연장된 것이다.

107) 일본의 경우에는 이를 다룬 판례는 발견할 수 없었으며 학설은 견해가 나뉜다. 부정설을 취하는 山內八郎, 전게논문(주 9), 418면은, 정리절차에 있어서 여러 결정 등이 보증인에게 미치지 아니함을(예컨대 개시결정, 보전처분, 정리계획 인가결정의 효력 등) 논거로 하여 정리회사의 변제기가 위 정리채권자표에 의하여 연장된다 하더라도 위 정리채권자표는 보증인에게 영향을 미치지 아니한다는 이유를 들어 보증인에 대한 채무도 종전의 단기소멸시효가 적용된다고 한다. 긍정설로는 黑田直行, "更生會社の保證債務の消滅時效," 手形研究 제232호, 27면이 있다.

108) 대법원 1986. 11. 25. 선고 86다카1569 판결(공 1987, 101). 이 판결에 찬성하는 견해로는 朴仁鎬, "주채무자에 대한 판결 등이 확정된 경우 보증채무의 소멸시효기간," 대법원판례해설 통권 제6호(1987), 34면, 민법주해(Ⅲ), 459면이 있고, 반대하는 견해로는 梁彰洙, "주채무자에 대한 판결의 확정과 보증채무의 소멸시효기간," 민법연구 제 2 권, 박영사(1991), 158면; 李恭炫, "확정판결에 의한 주채무의 소멸시효기간의 연장과 보증채무의 시효기간," 민사판례연구(X), 박영사(1989), 37면이 있다.

109) 대법원 1998. 11. 10. 선고 98다42141 판결(공 1998하, 2848)은 보증채권의 소멸시효는 주채무자에 대한 정리절차참가로 중단되고 그 후 정리절차가 종결됨으로써 다시 진행된다고 판시하고 있다.

때로부터 시효가 진행한다.

(4) 공익채권과 보증인

공익채권은 정리절차에 의하지 아니하고 수시변제할 수 있다(제209조). 다만 정리계획에 특별한 변제조항이 있는 경우(제211조 제1항)에는 그에 의한다. 공익채권은 특별한 정함이 없는 한 그것은 기한의 정함이 없는 채권으로 채권자는 언제든지 청구할 수 있고, 원래 정리절차참가라고 하는 개념이 없으므로 그 발생시 또는 약정이 있는 때는 그 기한 후부터 시효가 진행하는 것이고 절차참가로 인한 시효중단의 문제는 발생하지 않는다.[110] 따라서 공익채권의 보증인에 대한 시효의 문제는 위에서 본 민법의 일반법리에 따라 해결하면 충분하다.

V. 보증행위와 부인권

1. 부인의 종류

부인권이라 함은 감소된 회사 재산과 수익력을 회복하고 채권자간의 평등을 회복하는 것을 목적으로 하는 것으로 제78조는 회사정리절차상 관리인이 회사의 행위를 부인할 수 있는 경우를 규정하고 있다.[111] 부인의 종류는 크게 惡意否認,[112] 危機否認,[113] 無償否認[114]의 3가지가 있다. 악의부인(또는 고의부인)은 회사가 정리채권자 등을 해할 것을 알고 즉 사해의사를 갖고 한 행위를 부인하는 것을 말한다. 수익자가 선의임을 입증하면 부인을 면할 수 있다. 위기부인이라 함은 지급정지 또는 정리절차 개시 신청 전후와 같이 회사가 위기시기에 빠진 때에 담보의 제공이나 채무의 변제와 같은 일정한 행위를 한 경우에 회사의 사해의사 유무와 관계 없이 그 행위를 부인하는 것을 말한다. 이 경우도 수익자가 선의이면 부인을 면할 수 있다. 무상부인이라 함은 회사가 지급정지 등이 있은 후 또는 그 전 6개월

---

110) 長谷部茂吉, 전게논문(주 78), 142면.

111) 부인제도 전반에 관하여는, 朴性哲, "파산법상의 부인권," 파산법의 제문제, 사법연수원(1998), 224면 이하가 자세하다. 보증행위와 부인에 관하여는 林鍾憲, "他人의 債務保證과 無償否認," 법조(2000. 9. 10) 참조.

112) 제78조 제1항 제1호. 정리회사가 수표가 부도가 날 것을 알면서도 그 수표를 받고 정리회사 소유의 상가를 분양하는 경우. 대구고등법원 1989. 1. 19. 선고 87나1384 판결(하판집(1989), 360면).

113) 제78조 제1항 제2호·제3호. 부도 이후의 채무 변제, 담보의 제공.

114) 제78조 제1항 제4호. 지급 정지 전후의 무상행위.

내에 한 무상행위 또는 이와 동일시 할 수 있는 유상행위를 대상으로 회사 및 수익자의 사해의사를 고려함이 없이 부인하는 행위이다.

2. 보증행위와 부인

타인의 채무를 아무런 대가를 받지 않고 보증하는 행위는 위에서 본 무상부인의 문제에 속한다. 문제는 이러한 보증행위가 무상부인에 해당하는가에 있다. 정리회사가 의무 없이 타인을 위하여 한 보증 또는 담보의 제공은, 그것이 채권자의 주채무자에 대한 출연의 직접적인 원인이 되는 경우에도, 정리회사가 그 대가로서 경제적 이익을 받지 아니하는 한, 제78조 제 1 항 제 4 호 소정의 무상행위에 해당하고, 주채무자가 소위 계열회사 내지 가족회사라고 하여 달리 볼 것은 아니다. 그리고 무상부인은, 그 대상인 정리회사의 행위가 대가를 수반하지 않는 것으로서 기업의 수익력과 채권자 일반의 이익을 해할 위험이 특히 현저하기 때문에 정리회사 및 수익자의 주관을 고려하지 아니하고, 오로지 행위의 내용 및 시기에 착안하여 특수한 부인 유형으로서 인정되는 것이므로, 그 무상성은 정리회사에 대한 관계에서 이를 판단하면 족하고, 수익자인 채권자의 입장에서 무상인지 여부를 고려할 것은 아니다. 주채무자가 계열회사라는 사정만으로는 주채무자의 경제적 이익이, 곧 보증인인 정리회사의 경제적 이익이라고 단정할 수 없고, 따라서 정리회사가 보증의 대가로서 직접적이고도 현실적인 경제적 이익을 받지 아니하는 한, 그 행위의 무상성을 부정할 수는 없다.[115] 또한 무상행위를 부인하면 정리회사와 수익자 사이에 이루어진 행위는 그 행위시에 소급하여 효력을 상실하게 되어 보증이 없던 것이 되는 것이고 그로 인하여 채권자가 손해를 입었다 하더라도 이는 관리인의 고유권한의 행사이므로 보증인이 불법행위의 책임을 지는 것도 아니다.[116]

그 외에 보증인이 주채무자인 정리회사가 자금사정이 악화되어 종전 발행 회사채의 만기에 상환할 수 없는 상태에 있었음을 알면서 회사채발행에 대하여 상호연대보증을 하는 경우에는 정리회사나 보증인 모두 정리회사의 채권자를 해하게 됨을 알고 있었으므로 보증인이 장래의 구상금채권을 신고한 경우 관리인은 제78조 제 1 항에 의하여 보증행위를 부인하고 정리채권에 대하여 적법하게 이의할 수도 있다.[117]

---

115) 대법원 1999. 3. 26. 선고 97다20755 판결(공 1999상, 760).
116) 대법원 1999. 10. 10. 선고 99다46041 판결(공보불게재).
117) 대법원 2001. 2. 9. 선고 2000다63523 판결(공보불게재).

VI. 미국의 경우

1. 미신고와 실권여부

미국 파산법상의 채권신고절차에 의하면,[118] 만일 채무자가 채권의 존재를 알면서 고의로 채권자 명부에 기재하지 아니하였고 채권자도 절차 개시의 사실을 알지 못하였던 경우에는 신고하지 아니한 채권이라도 非免責債權으로 취급된다.[119] 담보권자도 채권신고를 하는 것이 보통이지만 신고하지 아니하였다고 하여 담보권 및 담보가치에 의하여 담보되는 범위 내의 피담보채권이 당연히 소멸되는 것은 아니다.[120] 따라서 정리채권자가 신고하지 아니하였다고 하더라도 실권되는 것이 아니므로 보증인에 대한 채권 역시 소멸하는 것이 아니다. 담보권(lien) 역시 미신고로 소멸하는 것이 아니므로 담보물에 대하여는 환가처분할 수 있다.[121]

2. 면책과 보증인의 책임

(1) 파산법상 면책의 의미

면책의 효과는 채무자[122]의 인적책임을 면제하는 것으로서 면책된 채무에 대하여 인적책임을 구하는 청구, 강제집행, 상계 등에 대한 금지명령의 효과를 갖는다. 따라서 담보권은 여전히 존속하는 것이고 담보가액이 채권액에 모자라는 경우

118) 자세한 것에 대하여는 林治龍, "정리채권의 확정절차와 그 불복방법," 대법원판례해설 통권 제33호(1999), 311면 이하 참조.

119) Bankruptcy Code §523(a)(3)(A).

120) Bankruptcy Code §506(d)(2). Collier on Bankruptcy 15th edition §506.06 Avoidance and Survival of Liens, [4][a], 위 조문은 1984년에 개정된 것으로 담보권자가 채권을 신고하지 아니한 경우에도 담보권자(lien holder)가 담보권을 실행할 수 있음을 분명히 한 것이라고 한다. 같은 견해로 尹榮信, 美國의 倒産法, 한국법제연구원(1998), 66면; 高木新二郎, アメリカ連邦破產法, 商事法務研究會(1996), 189면. 그러나 파산절차에서 담보권자의 지위에 대하여는 제7장, 제11장, 제13장마다 상이하여 복잡한 문제를 야기하고 있다. 대표적인 사례로는 Dewsnup v. Timm 112 S. Ct. 773(1992)로서 담보권이 파산절차를 거치면서 어떻게 변경될 수 있는가에 대한 문제를 다루고 있다. 위 사건은 제7장에 관한 사건이지만 제11장 및 제13장에도 적용될 것인지에 대하여는 논란이 있다. 사례에 대한 쉬운 설명으로는 Brian A. Blum, BANKRUPTCY AND DEBTOR/CREDITOR 427(1993).

121) Michael, J. Herbert, UNDERSTANDING BANKRUPTCY 231(1995).

122) 구법에서는 우리와 같이 파산자(bankrupt)라는 표현을 사용하였으나 신법은 채무자(debtor)라는 표현을 사용한다.

그 부족액에 대하여 면책될 뿐이다. 미국 연방파산법 §524(e)도 면책의 효과는 채무자에게만 있음을 규정하고, 공동채무자나 보증인에 대하여 미치지 아니한다고 규정하고 있다.[123] 위 조문은 총칙규정으로서 제 7 장, 제11장, 제13장 모두에 대하여 그 적용이 있다.[124] 따라서 개인이 파산신청을 하여 면책된 경우나, 기업이나 정기수입 있는 개인이 이 재건절차를 신청하여 계획안에 따라 채무가 면책되는 경우에는 채무자의 보증인, 약속어음의 공동발행인 등은 여전히 채무를 지게 된다.[125] 따라서 이 점에 관하여는 우리와 같다.

(2) 제11장 사건

피임기구를 제조한 회사가 제조물책임으로 인한 피해를 감당하지 못하여 제11장 파산신청을 제기한 경우 만일 원고가 피임기구를 창안한 발명가와 회사의 이사,[126] 제조물책임보험회사를 상대로 소송을 제기하는 것은 가능한가? 미국 파산법 제362조의 자동중지는 채무자에 대한 권리행사의 중지에 대한 규정이고 채무자 이외의 제 3 자에 대한 권리행사를 중지할 권한을 부여하고 있지 않다. 그러나 파산법 제105조는 파산법원에게 파산절차의 목적을 수행하기에 필요하거나 적합한 경우 채무자 이외의 제 3 자에게 소송의 제기 및 중단을 명할 권한을 부여하고 있다. 그리하여 위 사례의 경우 제 3 자에 대한 소송의 제기와 추심은 채무자가 보험금청구권이라는 재산을 잠식하는 것일 뿐 아니라 소송을 제기하지 아니한 피해자들과 차별하는 것으로 재건계획의 목적을 달성할 수 없는 불이익이 원고들이 소송중단으로부터 입는 불이익보다 크다는 이유로 소송의 제기를 금지하는 금지명령을 발한 예가 있다.[127] 대체로 제 5, 9, 10 연방항소지구는 제524조를 엄격하게 해석하여 제 3 자에 대한 채무의 면제를 절대적으로 인정하지 않고 있음에 반하여,[128] 제

123) "discharge of a debt of the debtor does not affect the liability of any other entity on … such debt." 11 U.S.C. §524(e). Copelin v. Spirco, Inc., 182 F.3d 174, 182(3d Cir. 1999); First Fidelity Bank v. McAteer, 985 F.2d 114, 118(3d Cir. 1993).

124) 제 7 장은 협의의 청산절차를, 제11장은 주로 기업의 재건절차를, 제13장은 정기적인 수입이 있는 개인사업자의 재건절차를 규정하고 있다. 자세한 것에 대하여는 林治龍, "미국파산법의 현황," 인권과 정의(1998. 4), 90면 이하 참조.

125) Herbert, *supra* note 121, at 207.

126) 발명가와 이사들은 보통 제조물책임보험의 다른 피보험자이기도 하다.

127) A.H. Robins Co. v Piccinin 788 F.2d 994.; In re Johns-Manville Corp., 40 B.R. 219(S.D.N.Y.1984).

128) In re Lowenschuss, 67 F.3d 1394, 1401(9th Cir. 1995), *cert. denied,* 517 U.S. 1243, 116 S. Ct. 2497, 135 L. Ed. 2d 189(1996); In re Zale Corp., 62 F.3d 746, 760(5th Cir. 1995); In re Western Real Estate Fund, Inc., 922 F.2d 592, 600(10th Cir. 1990), modified by, Abel v. West, 932 F.2d 898(10th Cir. 1991).

2, 4 항소지구는 주로 제조물책임소송 등에서 제 3 자에 대한 채무면제와 대가(consideration)가 있는 경우 또는 채권자의 동의가 있는 경우에 한하여 제 3 채무자의 책임을 면제하고 있다.[129)]

(3) 제13장 사건[130)]

개인이 채무자인 경우 대부분은 보증인이 있는 경우이므로 설사 채무자가 면책의 효력을 받더라도 친척이나 직장 동료가 보증을 서는 경우가 대부분이므로 보증인에게 청구를 하는 것이 파산자에 대한 간접적인 압력으로 작용하는 수가 있다. 제13장 사건의 경우에는 채무가 소비자채무로서 공동채무자가 여신거래를 영업으로 하지 않는 것에 한하여 파산신청에 의한 자동중지의 효과가 채무자와 공동으로 채무를 지는 공동채무자, 보증인 등에게도 그 효력이 미친다고 하여 채무자를 보호하고 있다.[131)] 그러나 면책의 효력이 채무자에게만 미치고 공동보증인에게 미치지 아니하는 점은 제 7 장과 마찬가지이다. 그렇지만 제13장 사건의 경우 자동중지의 효과는 자동중지에 대한 채권자의 구제신청이 인용되는 경우를 제외하고는 정리계획이 종결될 때까지이므로 최장 5년간은 그 혜택을 누릴 수 있고 그 동안 주채무가 변제되는 경우 그 만큼 보증채무액도 줄어들게 되므로 보증인에게도 이익이 된다.[132)]

---

129) In re Drexel Burnham Lambert Group, Inc., 960 F.2d 285, 293(2d Cir. 1992), *cert. dismissed,* 506 U.S. 1088, 113 S. Ct. 1070, 122 L. Ed. 2d 497(1993)("[A] court may enjoin a creditor from suing a third party, provided the injunction plays an important part in the debtor's reorganization"); In re A.H. Robins Co., 880 F.2d 694, 702(4th Cir.), *cert. denied,* 493 U. S. 959, 110 S. Ct. 376, 107 L. Ed. 2d 362(1989): In re Specialty Equip. Cos., 3 F.3d 1043, 1047(7th Cir. 1993).

130) 구 파산법 제13장은 채무자가 임금, 봉급, 수수료 등으로부터 주된 수입을 얻는 개인으로 한정하였으나 신 파산법은 정기적인 수입이 있는 한 개인사업자도 포함하였다. 2004년 현재 채무의 규모가 무담보채권액은 290,525불, 담보채권액은 871,550불(1994년 개정 전에는 각 10만 불 및 35만 불, 물가변동에 따라 계속 조정된다) 이하라는 제한이 있고, 자발적인 파산신청만 가능하다. 즉 채권자는 신청하지 못한다.

131) §1301(a).

132) 공동보증인이 보증을 함에 있어서 대가(consideration)를 받거나, 계획안에서 채권자에 대하여 변제하지 않는다고 규정된 경우에는 자동중지에 대한 구제신청이 받아들여진다(§1301(c)).

Ⅶ. 결 론

이상에서 채권자, 정리회사와 보증인 3자의 법률관계에 대하여 주요 논점별로 대략 살펴보았다. 이외에도 一人 또는 數人의 보증인이 주채무자의 채무 중 일부만을 보증한 경우, 정리절차 개시 당시 회사의 채무상태를 정의할 때 정리회사가 타인을 위하여 한 보증채무는 그 액수를 어떻게 결정하는가,[133] 그 외에 실제의 정리계획안을 토대로 위에서 언급한 것이 과연 어떻게 반영되는지에 대하여도 연구를 하였어야 함이 마땅하나[134] 지면사정 및 저자의 懶怠함으로 인하여 여기서 그치고자 한다. 1997년 구제금융을 받은 이래 파산절차를 둘러싼 많은 새로운 쟁점들이 부각되고 있고, 거시적으로는 파산 3 법의 통일, 효율적이고 바람직한 회사정리제도의 수립 등에 관한 논의가 있다. 이 분야에 관심을 갖고 계신 많은 분들이 비교법적인 검토와 아울러 도산법 전반에 대한 깊은 연구가 있기를 바라면서 글을 마친다.

(저스티스 제34권 제 6 호(2001. 12), 52면 이하 소재)

[후기]

발표 후 출자전환에 관한 중요한 대법원 판례와 논문이 발표되었고, 기타 발표 후에 선고된 관련 판례와 논문을 본문에 반영하였다.

---

133) 이 점은 파산법 제117조에 의한 법인의 파산원인인 채무초과를 어떻게 파악하는가와도 관련이 있다. 미국의 경우는 미확정채무의 평가의 문제로 논의되고 있다. Note, Estimating Contingent Liabilities to Determine Insolvency in Bankruptcy Proceedings, 1989 B.Y.U.L. REV. 1315. 연방 제 7 항소지구는 In re Xonics Photochemical, Inc., 841 F.2d 18-98(7th Cir. 1988)에서 보증채무 전액을 다 인정하지 않고 그 일부만을 인정하고 있다.

134) 정리계획에서 주채권과 보증채권의 차별, 구상채권과 원채권의 차별의 합리성 등에 대하여는 이 책 중 "정리계획안의 공정 · 형평 · 수행가능성에 관한 연구" 부분 참조.

정리계획안의 공정 · 형평 · 수행 가능성에 관한 연구*

Ⅰ. 머 리 말

1997년 국가경제가 위기에 처하여 국제통화기금으로부터 구제금융을 받은 이후 법원에 많은 수의 도산사건이 접수되었다.[1] 회사정리사건에 한정하더라도 정리절차의 개시여부[2], 否認의 소와 가집행의 허부[3], 정리채권의 신고절차[4], 미이행 쌍무계약[5], 정리계획안의 인가요건[6] 등 회사정리법상의 주요 쟁점에 관하여 대법원

---

* 이 글을 쓰는데 있어서 귀중한 자료를 보내 준 Duke 대학의 Maher, Schwarcz 교수, 김성룡 변호사와, 발표 전에 논평을 하여 준 임채웅 판사께 감사드린다.

1) 회사정리의 경우에만 국한하면 1991년 64건, 1992년 89건, 1993년 45건, 1994년 68건, 1995년 79건, 1996년 52건, 1997년 132건, 1998년 148건으로 증가추세에 있다. 그러나 1999년 회사정리법이 개정된 후 2000년 5월 현재 서울지법에는 1건의 회사정리사건도 접수되지 않고 있다고 한다(법률신문 2000. 5. 8.자). 경기의 호황인지 법개정 때문인지 그 이유는 앞으로 검토되어야 할 것이다.

2) 대법원 2004. 5. 12.자 2003마1656 결정(공 2004, 1137).

3) 대법원 2000. 3. 13.자 99그90 결정(공 2000상, 1130).

4) 대법원 1999. 11. 17.자 99그53 결정(공 2000, 129); 1999. 7. 26.자 99마2081 결정(공 1999, 1930) 등.

5) 대법원 2000. 4. 11. 선고 99다60559 판결(공 2000상, 1180); 1998. 6. 26. 선고 98다3603 판결(공 1998하, 1985) 등.

6) 대법원 2000. 1. 5.자 99그35 결정(공 2000상, 539); 1999. 11. 24.자 99그66 결정(공 2000상, 134); 1998. 8. 28.자 98그11 결정(공 1998하, 2493) 등.

의 중요 판례들이 계속하여 선고되고 있다. 아래에서는 위에서 본 쟁점 중 정리계획안에 대한 항고사건에서 자주 등장하는 공정·형평 및 수행가능성에 대하여 한정하여 논의하고자 한다.

정리계획안 인가절차는 회사정리절차의 꽃으로서 정리계획은 기업의 재편의 수법(분할, 합병, 양도, 해산, 감자, 증자 등)을 구사하여 그 기본구조를 정하여 다수의 이해관계인들에 대하여 기업의 현재가치 또는 장래가치를 분배 또는 유도하기 위한 기본약관이다.[7] 법원의 인가결정에 의하여 채무의 면책뿐 아니라 기업의 지배구조가 변경되는 강력한 권리변경의 효력이 인정되므로 관리인, 채권자 등 모든 이해관계인들이 각자 최대의 몫을 구하기 위하여 치열한 협상을 하게 되고, 정리법원 역시 정리계획안 심사 및 인가에 많은 노력을 경주하고 있다. 회사정리법 제233조와 제234조(이하 조문만 표시한다)는 모든 조가 동의한 경우나 일부 조가 부동의하여 권리보호조항을 두는 경우에도 정리계획안의 인가기준으로 계획안이 공정·형평할 것을 요구하고 있다.

이 글에서는 먼저 회사정리절차에 있어서 계획안인가절차와 불복절차, 화의인가와의 차이점을 살펴보고, 비교법적인 관점에서 모법인 미국 파산법상에서의 공정·형평 및 수행가능성의 개념의 발전과정과, 일본에서의 논의, 우리 나라의 학설, 판례를 검토하고 끝으로 저자의 소견을 제시하고자 한다.

Ⅱ. 계획안 인가절차와 불복절차

1. 화의 및 회사정리절차와의 비교

화의절차에서도 화의안이 채권자집회의 결의에서 법정 다수액의 동의에 의하여 가결되고 법원의 인가를 얻어 효력이 발생한다는 점에서는 회사정리절차와 다를 바가 없다. 그러나 법원의 권한 및 인가요건에서 다른 점이 있다.[8]

첫째, 인가과정에 관여하는 법원의 권한이 회사정리절차의 경우가 화의보다 더 강하다. 즉 정리절차의 경우에는 법원은 제출된 계획안에 대한 내용을 심사할 수 있고, 부적당하다면 제출자에 대하여 수정명령을 발하고(제197조), 관계인 집회의 결의

7) 竹內康二, "更生計劃における公正衡平(1)," 新倒產判例百選 別册 ジュリスト(1990), 204면.

8) 青山善充, "會社更生の性格と構造(四)," 法學協會雜誌 제86권 제 4 호(1969), 444면 이하 참조.

에 회부할 것인지 여부를 결정할 권한이 있다(제192조). 또한 계획안이 모든 조에 가결을 얻은 경우뿐 아니라 일부 조가 부동의한 경우에도 권리보호조항을 정하여 인가할 수 있다(제234조). 화의의 경우에는 권리보호조항이 없으며 이 점은 화의가 본질적으로 당사자간의 화해로서 사적자치의 원칙이 지배하는 것임에 반하여 회사정리절차는 기업의 해체방지라고 하는 공익적 요청에 부응하기 위한 것이기 때문이다.

둘째, 화의불인가 사유 중 화의신청인의 소재불명 또는 사기파산죄에 해당하는 행위가 있는 경우, 화의의 결의가 채권자의 일반의 이익에 반할 때(파산법 제282조; 화의법 제55조)는 화의제도에만 특유한 것인데, 이 점은 화의제도가 채무자의 개인의 인적 성실성이 중시되는 것에 유래한다. 이에 반하여 회사정리제도는 채무자의 인적 성실성과 관계없이 공익적 요청을 고려한 것이기 때문에 그러한 규정이 없다. 이것은 화의 또는 회사정리제도의 대상인 기업의 규모에서도 그 차이점을 쉽게 알 수 있다.

셋째, 화의제도가 당사자의 양보 실제로는 주로 일반채권자의 일방적 희생하에(주주에 대한 권리변경은 없고 담보권자는 별제권을 행사할 수 있다) 성립하는 것이므로 법원은 화의안의 내용에 대한 실질적인 심사보다는 법정다수의 가결이라고 하는 절차의 준수 여부에 진력한다. 따라서 화의안이 공정 · 형평 및 수행가능한 것인지에 대한 심사가 필수적인 것은 아니다. 다만 화의안이 채권자간의 실질적 평등에 반하는 경우에는 화의법 제55조 제 1 항에 의하여 결의가 법률규정에 위반한 경우에 해당할 수 있을 뿐이다.[9] 그리하여 일본의 실무는 화의불인가결정이 선고되는 경우는 극히 적다고 한다.[10] 그러나 회사정리절차는 일반채권자뿐 아니라, 담보권자와 주주의 이해관계가 걸려 있으므로 법원은 공정 · 형평 및 수행가능성에 대한 심사를 하여야 한다. 이 점은 다음 제Ⅲ장에서 보는 바와 같이 화의(Arrangement) 제도가 파산법상 별도의 장(Ⅺ)에서 인정된 미국의 구 파산법의 경우에도 같았다.

넷째, 화의절차에서는 화의안의 인가는 오직 채권자(담보권자 중 담보권을 포기하여 일반채권자가 된 자도 포함)들 사이에서 가결되면 족하므로 조를 나눌 필요가 없으나, 회사정리절차는 정리담보권자조, 정리채권자조, 주주조 또는 더 세분하여 각 조마다 권리감축의 내용에 따라 가결요건을 달리하여 규정하고 있다.

다섯째, 화의절차에서는 화의안을 제출하는 자는 채무자로 한정되어 있지만(화의법 제12조 제 1 항), 회사정리절차에서는 관리인뿐 아니라 다른 이해관계인도 제출할 수 있으므로 수개의 계획안이 제출된 경우 어떠한 절차를 통하여 1개의 계획안을 채택하여

9) 법원행정처, 개정판 화의사건실무(1998), 150면 참조.
10) 법원행정처, 전게서(주 9), 154면.

야 하는가 하는 점이 문제가 된다.[11)]

2. 정리계획안 인가결정에 대한 불복절차

정리계획안이 제출되면 법원이 제233조의 요건을 심사하여 가결절차에 위법이 없고, 계획안이 공정 · 형평하고 수행가능성이 있다고 판단되면 인가결정을 하고, 그러하지 아니하면 불인가결정을 한다. 그러나 정리절차가 법률의 규정에 위반하는 경우에도 그 위반의 정도, 회사의 현황 기타 모든 사정을 고려하여 계획을 인가하지 아니하는 것이 부적당하다고 인정하는 때에는 법원은 계획인가의 결정을 할 수 있다(제233조 제 2 항). 또한 설령 일부 조가 반대하더라도 회사의 재건이라는 목적을 수행하기 위하여 반대하는 조에 대하여 권리보호조항을 두고 인가결정을 할 수도 있다(제234조). 정리계획에 대한 인가결정은 인가의 결정이 있을 때부터 효력을 발생하고 확정을 기다리지 아니한다(제236조). 정리계획인가결정에 대하여는 신고하지 아니한 정리채권자, 정리담보권자 또는 주주는 항고할 수 없다. 정리채권을 신고하였으나 조사기일에 이의가 있고 정리채권 확정소송의 제소기간의 도과로 정리절차에의 참가자격을 확정적으로 상실한 자는 항고권이 없으나 추완신고를 하여 정리법원이 추완신고를 받아들인 이상 정리계획인가결정에 대하여 적법하게 항고할 수 있다.[12)]

조의 분류에 관한 결정이나 채권자가 제출한 정리계획안을 배제한 결정, 관리인이 제출한 정리계획안만을 관계인집회의 결의에 부친 결정 등은 독립하여 불복할 수 없다.[13)]

민사소송법에서 항고심에서 항고이유가 있다고 인정되는 경우 필요적 환송은 법에 의하여 인정되지만(민사소송법 제413조, 제388조), 임의적 환송이 인정되는지에 대하여는 현행법은 의용민사소송법과 달리 명문의 규정은 없고 학설도 견해가 나뉘어 있다. 회사정리절차에서 정리계획안인가결정에 대한 항고심에서 항고가 이유 있다고 판단하는 경우 원심법원으로 환송할 것인가 아니면 파기자판할 것인가가 의문이 있다. 정리절차개시신청기각결정에 대한 항고심사건의 경우에는 제50조 제 4 항에서 원심결정을 취소하고 다시 원심으로 환송하도록 규정하고 있으므로 실무도 사건을 원심

11) 미국의 경우에 대하여는 青山善充, "會社更生の性格と構造(三)," 法學協會雜誌 제84권 제 5 호 (1967), 606면 이하 참조. 대부분은 관리인이 제출하지만 채권자가 신청한 계획안을 채택하고 관리인이 제출한 계획안을 배제한 드문 예도 있다(서울고등법원 2002. 1. 8.자 2001라406 결정).

12) 대전고등법원 2000. 6. 21.자 2000라156 결정.

13) 서울고등법원 2001. 10. 29.자 2000라73 결정(한국티타늄 사건).

으로 환송하고 있다.[14] 정리계획안인가결정에 대하여도 환송하여야 한다는 견해는 정리절차가 원칙적으로 제 1 심 중심으로 진행되는 것을 근거로 한다.[15] 그러나 실제상의 필요에서 본다면 인가된 정리계획안이 항고심에서 취소되었다는 사실이 거래계에 알려지면 정리법원에서 다시 정리계획안을 인가하기까지의 기간 동안 회사의 경영이 마비되어 재건에 실패할 수도 있으므로 항고인에 대한 정리계획을 수정할 수 있다면 인가결정을 원심으로 환송함이 없이 항소심에서 파기자판하는 것이 필요할 수 있다. 후자의 경우에 항고심이 항고인을 위하여 제234조를 유추하여 권리보호조항을 둘 수 있는지에 의문이 있으나 실무는 이를 긍정한다.[16] 원래 권리보호조항은 부동의의 조가 있는 경우에 법원이 그 조의 권리자 전원(반대자만이 아님)에 대하여 제234조 제 1 항 각호의 규정에 따른 조항을 두는 것이다.[17] 그런데 각조마다 가결요건이 갖추어져 있음에도 항고인만이 불복하였고 항고가 이유 있다고 인정되는 경우에는 권리보호조항의 요건에 해당하지 않는다고 한다면 항고법원은 항상 원심법원으로 사건을 환송하여야 된다. 그러나 대다수의 이해관계인이 동의하였을 뿐 아니라 이미 그 계획이 수행되고 있는 점, 사회 경제적으로 미치는 영향이 작지 않은 점 등을 고려하면 항고인에 대하여 권리보호조항을 정하여 정리계획을 인가할 필요가 있다.[18] 최근의 항고심의 실무는 사안에 따라 항고인에 대하여 권리보호조항을 두고 계획안을 수정인가하고 있다.[19]

---

14) 第50조(항고) ① 정리절차개시의 신청에 관한 재판에 대하여는 즉시항고를 할 수 있다.
② 생략
③ 생략
④ 항고법원은 항고가 이유 있다고 인정하는 때에는 원결정을 취소하고 사건을 원심법원에 환송하여야 한다. 〈신설 1981. 3. 5〉
예컨대 서울고등법원 1988. 5. 24.자 87라135 결정은 회사정리절차개시신청 기각결정에 대한 항고를 받아들여 원결정을 취소하고 원심법원으로 환송하였다.

15) 뒤에 보는 서울고등법원 96라50 결정(파란들 사건)과 84라41 결정은 원결정을 취소하고 사건을 원심으로 환송하였다. 뒤에 보는 대법원 1992. 6. 15.자 92그10 결정 사건의 환송 후 항고심인 부산고등법원 1992. 8. 27.자 92라26 결정의 이유 참조.

16) 뒤에 보는 서울고등법원 96라142 결정(근화제약 사건)은 원심결정을 취소한 후 항고인들 일부에 대하여 권리보호조항을 정하여 정리계획을 인가하였다.

17) 林采洪 · 白昌勳, 회사정리법(하)(개정판)(2002), 327면. 주문의 예도 '정리담보권자들을 위하여 별지 권리보호조항과 같이 그 권리를 보호하는 조항을 정하고 별지 정리계획을 인가한다'라고 기재한다(인천지방법원 2003. 3. 25.자 2001회7 결정, 법률신문 2003. 4. 7.자)

18) 대법원 전게 99그35 결정 이유 중 방론 부분 참조. 학설도 같다. 林采洪 · 白昌勳, 전게서(주 17), 341면; 三ヶ月章, 條解會社更生法(下), 弘文堂(1999), 656면.

19) 서울고등법원 2002. 8. 28.자 2002라24 결정 참조. 이 결정은 뒤에 보는 서울지방법원 2001회3 결정에 대하여 주식회사 코레트신탁이 정리채권자로서 항고한 사건에 대한 항고심재판이다(권리보호조항에 대한 다툼이 아니라 정리계획안 중 항고인의 정리채권에 관한 조항의 공정 · 형평성에 관한 것이다). 이에 반하여 서울고등법원 2002. 5. 31.자 2001라390 결정(신화특수강 사건)은 인가

정리계획안인가결정은 제235조 제 1 항에 의하여 공고만 요하고 송달을 하지 아니하고 정리계획변경계획안에 대한 인가도 정리계획안인가절차가 준용되므로 송달을 하지 아니한다.[20] 정리계획안인부결정에 대한 항고심의 결정에 대하여는 통상항고할 수 없고 민사소송법 제449조의 특별항고만 허용된다.[21]

Ⅲ. 미국 파산법에 있어서 공정 · 형평 및 수행가능성

1. 개념의 역사[22]

미국 파산법상 공정 · 형평[23] 및 수행가능성이 계획인가요건으로 처음 규정된 것은 1934년에 개정된 파산법 §77B(f)(1)이었고, 그 후 1938년에 개정된 구 파산법(Bankruptcy Act)의 제Ⅹ장(회사재건) §221(2)[24]과 현행 파산법(Bankruptcy Code)의 제11장에 그대로 승계되었다. 단 현행 파산법에 cram down을 하는 경우에 공정 · 형평의 내용으로서 절대적 우선원칙이 적용되도록 명시적으로 규정하고 있다. 구 파산법의 조항들은 회사재건제도가 성문법으로 규정되기 이전에 철도회사의 재건사건을 둘러싸고 판례에 의하여 인정된 형평법상의 수탁관리인제도(receivership)에서 발전된 개념을 일반조항화한 것이다.[25]

계획안의 공정 · 형평의 개념을 어떻게 파악하느냐에 관하여 미국에서는 절대

결정에 대하여 항고한 채권자뿐 아니라 그와 동일한 성격을 갖는 채권자들에 대하여도 권리보호조항을 두고 정리계획안을 변경하였다는 점에서 특색이 있다.

20) 대법원 1991. 12. 13. 선고 91다1677 판결(공 1992, 500).

21) 대법원 1989. 7. 25.자 88마266 결정(공 1997상, 285).

22) 파산법은 연방헌법 제 8 조에 기하여 연방의회가 제정한 연방법이다. 미국 파산법의 개정역사에 관하여는 吳守根, "會社整理法의 歷史的 發展過程에 관한 小考," 민사판례연구(XVI), 박영사(1994), 453면; 林治龍, "美國 破產法의 改正歷史 硏究," 법조(1998. 4), 101면 이하 참조,

23) 형평이라는 용어 자체는 영미법상의 equity의 번역으로서 파산법원이 형평법원(Court of Equity)으로서의 기능을 담당하기 위한 것에서 유래된 것처럼 각각의 사안에 따라 경직되지 않은 채 유연한 처리를 통하여 가능한 한 정의를 실현하기 위한 일반개념인 것이다. Local Loan Co. v. Hunt, 292 U.S. 234, 240(1934).

24) 구법의 재건절차에 관한 자세한 설명에 대하여는 青山善充, "會社更生の性格と構造(一)," 法學協會雜誌, 제83권 제 2 호(1966), 147면 이하 참조. 한편 동 조항에서 "the plan is fair and equitable, and feasible"라는 표현을 사용하고 있다.

25) Douglas G. Baird, THE ELEMENTS OF BANKRUPTCY 65 n.5(Revised ed. 1993), 이 점은 증권법의 발전에 관한 Wall Street law firm들의 역할과 마찬가지의 평가를 받고 있다. 자세한 것에 대하여는 Robert T. Swaine, The Cravath Firm and Its Predecessors(1948) 참조. 위 책에서 재인용.

우선설과 상대우선설이 대립되어 있다. 먼저 절대우선설(absolute priority theory)에 의하면 우선순위가 다른 각 권리자가 있는 경우에는 우선순위에 따라 우선하는 권리자가 열후적인 권리자에 앞서서 완전한 보상(full and complete compensation)을 받도록 정리계획에서 인정되어야 한다. 각 권리자에게 주어지는 권리의 범위는 회사의 자산에 상응하는 것이어야 하므로 자산에 대한 평가가 이루어져야 하며 이 경우 기업의 평가는 청산가치가 아닌 계속가치에 의한다.

이에 대하여 상대우선설(relative priority theory)은 수익에 대한 권리가 종전과 대등하고, 각 권리자에 대하여 즉 수익 및 청산시의 재산분배에 관한 종전의 상대적인 우선성이 유지되면 충분하다는 견해이다. 따라서 기업계속가치에 기하여 지분권(equity)이 없는 채권자나 주주에 대하여도 정리계획 가운데에 권리를 인정할 수 있다고 한다. 예컨대 연리 6%의 이자부 구 사채에 대하여 그 원금 및 누적이자액과 같은 금액을 액면으로 하여 6%의 이익배당 및 잔여재산분배청구에 대하여 우선주를 부여하면 지분권(equity)이 없는 주주에 대하여 보통주를 부여하더라도 그것은 허용된다고 한다.[26] 兩說의 가장 큰 차이는 절대우선설이 각 권리자에 부여되는 권리의 양을 기업가치의 틀 속에서 구함에 대하여 상대우선설은 그러한 틀을 사용하지 않는 데에 있다. 즉 기업가치에 대한 엄격한 평가가 반드시 필요한 것은 아니므로 그만큼 절차가 간략하고 시간이 단축되는 장점이 있다.

2. 구 파산법하에서의 공정 · 형평의 원칙

절대적 우선원칙은 정리계획안이 공정 · 형평하여야 한다는 일반적인 원리의 특별한 적용이다. 양자는 모두 20세기 초반 철도회사의 재건사건[27]에 그 뿌리를 두고 있다. 구 파산법 제X장 §221(2)은 법원이 계획안을 인가할 요건의 하나로 계획안이 공정 · 형평하고 수행가능하여야 할 것을 요구하였으며, 절대적 우선원칙이 입법화된 것은 현행 파산법 §1129(b)(2)(B)(ii)이다. 즉 계획안에 반대하는 일반채권자조가 전액 변제받지 아니하면 후순위채권자 또는 후순위지분권자는 정리계획안에서 자신들의 권리와 관련하여 배당을 받거나 지분권을 그대로 유지하여서는 아니된다. 이러한 입법이 되기 전에는 판례법에 의하여 인정된 것이다.

26) Dodd, The Los Angeles Lumber Products Company Case and its Implications, 53 Harv. L. Rev. 732; 田村諄之輔, "會社更生計劃における公正 · 衡平と遂行可能性についての一考察," 裁判と法(下)(菊井先生獻呈論集), 有悲閣(1967), 753-754면에서 재인용.

27) Northern Pacific R. Co. v. Boyd, 228 U.S. 482(1913); Kansas City Terminal Ry. Co. v. Central Union Trust Co,, 271 U.S. 445(1926).

(1) Boyd 사건

Boyd 사건은 아직 회사갱생제도가 입법화되기 이전인 수탁관리인제도(receivership)하에서 발생한 것이다. 사실관계는 매우 복잡하지만 요약하면 아래와 같다.[28] Boyd는 당초 Coeur D'Alene 철도회사에 대한 판결채권자(judgement creditor)였다. 그런데 이 회사의 사장이 북태평양철도회사(이하 구 회사라 한다)에게 그의 전 주식을 매도하는 계약을 체결하고 그 담보로 회사의 재산을 999년간 임대하고, Coeur D'Alene 회사가 825,000불의 저당권부사채(mortgage bonds)를 발행하기로 하였다. 그 결과 구 회사는 Coeur D'Alene의 주식 대부분을 소유하게 되었다. 그런데 사채수입금 825,000불 중 360,000불은 구 사채의 변제를 위하여 회사가 유보하였으나 나머지 465,000불에 대하여는 명시적인 규정이 없었다. Boyd는 구 회사가 자신의 판결채권에 대하여 변제할 책임이 있다고 주장하면서 나머지 금액은 구 회사가 주식매매대금에 사용하여야 한다고 주장하였다. 구 회사는 도산하게 되어 수탁관리인제도에 의하여 전 재산이 환가처분(foreclosure) 절차에 의하여 새로운 회사인 북태평양철도회사(이하 신 회사라 한다[29]))에 의하여 매각되었다. 이 과정에서 대부분의 담보부 사채권자들(bondholders)과 주주들은 동일인이었으므로 양측은 환가처분절차에서 중간순위인 일반채권자들을 배제하기(squeeze out) 위한 합의를 하여 구 회사의 모든 주식과 담보부사채는 신 회사에게 그대로 이전하기로 하되 사채권자는 신 사채를 수취하고, 구 회사의 액면 100불의 우선주주는 1주당 10불을 지불하고 신 회사의 액면 50불의 우선주와 액면 50불의 보통주를 인수하고, 구 회사의 액면 100불의 보통주주는 1주당 15불을 지불하고 신 회사의 보통주 1매를 인수하도록 되어 있다. 이 계획에는 Boyd와 같은 무담보채권자에 대하여는 아무런 언급이 없었다. Boyd는 구 주주는 신 회사에 참가가 인정됨으로써 무담보채권자에게 귀속되어야 할 재산을 수취하게 되었으므로 신 회사의 재산이 자신의 채권에 대한 책임재산이 되며 환가처분절차가 이루어졌다고 하여 자신의 권리가 소멸되는 것은 아니라며 그 권리의 회복을 구하였다. 원심은 Boyd의 청구를 인용하였다. 상고인인 철도회사는 피담보채권액이 담보목적물인 회사재산을 상회하므로 일반채권자는 아무런 지분권도 없고, 따라서 담보채권자가 회사재산의 일부를 주주에게 주더라도 이는 담보채권자의 자유라는 이유로 상고를 제기하였다.

---

28) 이하는 228 U.S. 482에서부터 498까지 7면을 요약한 것이다.

29) 구 회사는 회사 이름 중 Railroad를, 신 회사는 Railway라는 명칭을 사용하였다.

연방대법원은 이러한 재건절차에서 주주는 채권자에 대하여 아무런 이익도 지닐 수 없는 지불불능인 채무자의 지위와 같고, 주주가 채권자에게 우선하는 계약상 또는 司法上의 매매(judicial sale)는 무효이다. 즉 채권자의 우선권을 희생하면서 주주의 권리와 이익을 확보하려는 계약은 무효이다.[30] 이는 선의로 하였는지 Boyd의 권리의 존재를 알지 못하였는지에 관계 없다. 이러한 매매계약의 무효는 재건계약[31]의 성질에서 나오는 것이지 자산의 가치의 다과와는 무관하므로 그에 대한 사실인정의 문제가 아닌 일정한 원칙(fixed principle)에 의하여 결정되어야 한다고 판시하였다. 또한 대법원은 구 회사의 자산은 담보부사채를 변제하기에 부족하므로 무담보채권자인 Boyd에게는 지분권(equity)이 없으므로 담보권자가 무가치한 신주식을 구 주주들에게 준다는 것에 대하여 불평을 제기할 수 없다는 주장에 대하여 적어도 구 주식 대신에 신 주식의 발행을 정당화할만큼 철도의 가치가 있다면 공정한 재건절차에 참여하지 아니한 채권자들에게도 그것이 현재의 가치이든 장래의 가치이든 그 가치의 이익을 향유할 권한이 있으므로 주주가 이러한 재산권을 향유하기에 앞서 채권자들이 우선한다고 판시하였다.

이 판결은 회사재건절차의 계획안을 판단함에 있어서 주주와 채권자들간 우선순위를 정하는 기준을 처음으로 제시하였으며 환가처분절차에서 주주와 담보권자와의 합의에 의하여 중간채권자를 배제하는(freeze out) 합의의 효력을 부인한 데에 큰 의의가 있다고 평가된다.[32]

(2) Case 사건

구 회사재건제도가 입법화된 구 파산법 §77B(1938년 파산법 제X장의 전신이다.)상의 절대적 우선원칙을 최초로 다룬 사건은 Case v. Los Angeles Lumber Products Co., 308 U.S. 106(1939) 사건이다.[33] 사실관계는 다음과 같다. 채무자회사(Los Angeles Lumber Products Co.)는 지주회사로서 6개의 자회사가 있는데 총 부채가 380만 불이고 L.A. Shipyard와 Drydock은 그 자회사 중의 일부이다. 자회사의 자산은 83만 불이다. 회사는 부채로서 담보부사채의 원리금 380만 불을 지

30) 228. U.S. 482, 504.

31) 형평법상의 수탁관리인제도에 있어서는 보통 담보권자조, 일반채권자와 주주조의 재건계약에 의하여 이루어진다. 수탁관리인제도에 대한 간략한 설명에 대하여는 Douglas G. Baird, *supra* note 25, at 66-70.

32) Baird, *supra* note 25, at 77.

33) 이 사건은 당시 증권거래위원회 위원장이었던 Douglas가 대법관으로 취임한 지 1년도 되지 아니하여 주심 대법관으로 전원일치의 의견으로 작성한 것으로 매우 정치한 이론을 폈쳤다.

고 있었으며,[34] 1938년에 §77B에 의한 재건신청을 하였다. 계획안에 의하면 신 회사를 설립하여 Drydock의 재산을 인수하고 액면 1불의 우선주를 64만 주를 발행하고 구 사채 1천 불과 우선주 250주를 교환하고 A조의 주식은 액면 1불의 보통주 19만 주를 배정하고, B조의 주식에 대하여는 규정이 없었다. 이 결과 발행된 우선주, 보통주의 총 권면액은 83만 불로서 이는 회사의 존속가치와 같다. 신 주식의 23%가 구 주주에게 배당되었다. 계획안은 전체 담보권자의 90%의 동의를 얻었다.

이에 대하여 Case와 다른 사채권자는 계획안이 지분권(equity)이 없는 구 주주에 대하여 새로운 출자 없이 신 회사의 참가를 인정하는 것이 되어 사채권자에 대하여 공정·형평하지 아니하다고 다투었다. 연방항소심은 사채권자에게는 우선주가 배정되고 전 주식의 투표권 중 77%를 사채권자가 보유하는 등 담보부사채권자와 주주의 권리에 대하여 상대적인 우열이 유지되었으며, 주주들이 사업에 익숙하고 지역사회에서의 재정적인 입장과 영향력을 유지한다는 것이 신 회사의 자산가치가 될 수 있다는 등의 이유[35]로 계획안을 인가하고 Case의 주장을 배척하였다. 당시 §77B 어디에도 계획안이 절대적 우선원칙에 의하여 채권이 배당되어야 한다는 명시적인 규정은 없었다. 단 §77B(f)에 계획은 공정·형평하여야 한다는 조항만이 있었을 뿐이었다.

Douglas 대법관은 계획안이 압도적 다수로 가결되었다는 것은 공정·형평의 문제와 다른 것임을 판결 첫 머리에 명시한 다음, 공정·형평이라는 표현은 법이 제정되기 전에 형평법상의 수탁관리인제도하에서 법원의 해석을 통하여 확고한 의미를 가진 학술용어이고, 이러한 법리가 1934년에 개정된 §77B조[36]에서 입법화되었다고 일반이론을 설시하였다.[37] Boyd 사건과 기타 다수의 철도회사의 재건사건들[38]을 인용한 후 사채권자의 권리가 주주의 권리보다 우위에 있으므로 선순위의

34) Case 사건은 채무자가 형평법상 또는 파산법상 모두 지급불능(insolvent)인 상태였다. 1898년의 파산법상 지급불능의 개념은 두 가지로서 첫째는 형평법상의 의미로서 변제기에 채무를 갚지 못하는 것을 말하고, 둘째로는 파산법상의 의미로서 채무가 자산을 초과하는 것을 말한다. 현행 파산법은 원칙적으로 자산초과의 의미로서 사용하고 있다. §101(32).

35) 308 U.S. 112-113. 그 외 만일 사채권자가 청산절차에서 환가처분하면(foreclosure) 재건절차에서 받게 될 가치보다 현저하게 낮게 될 것이라는 점, 당초의 1930년에 신청한 자발적 재건절차에 의하면 사채권자는 1944년까지 환가처분할 수 없는 점 등을 들고 있다.

36) 당초 §77는 철도회사의 재건에 대한 규정이었고, §77A, B는 일반기업의 재건절차를 규정한 것으로 이는 모두 1929년에 시작된 대공황기의 기업도산에 대처하기 위한 입법이었다. 자세한 것에 대하여는 林治龍, 전게논문(주 22), 118면 참조.

37) 그러나 엄밀히 말하면 그 이전의 절대적 우선원칙을 다룬 연방대법원 판결도 공정·형평이라는 문구를 사용한 적은 없었다. David G. Epstein ET AL, BANKRUPTCY 841(1993).

38) Chicago, R.I. & P. Railroad Co. v. Howard, 7 Wall. 392; Louisville Trust Co. v. Louisville, New Albany & Chicago Ry. Co., 174 U.S. 674; Kansas City Terminal Ry. Co. v. Central

다른 채권자들의 희생하에 주주의 권리를 보호하려는 시도는 무효라는 종전의 일반이론을 확인한 다음, 설령 주주가 신 주식을 인수하기 위하여 현금을 지불하였다는 사실만으로 절대적 우선원칙의 적용을 배제할 수 없으며,[39] 자발적 파산신청이냐 비자발적 파산신청이냐 역시 다를 바가 없다.[40] 다음으로 당해 사건에 대하여 보건대 채무자회사의 자산이 90만 불 정도로서 사채권자의 채권액 380만 불의 1/4 정도에 못 미침에도 불구하고 담보부사채권자는 신 회사 주식의 23%를 주주에게 양보하여야 하는데 이는 절대적 우선원칙에 반하는 것이다.

이 사건에서 구 주주들은 자신들이 기업의 경영에 익숙하고 재정적인 영향력이 있는 점이 구 주주들로 하여금 신 회사의 주식을 배당받도록 하는 새로운 가치(new value)를 구성한다고 주장하였다. 법원은 방론으로 주주에게 신주를 배정할 수 있는 예외에 대하여 언급하면서 새로운 금전적인 투자 또는 금전적인 가치가 기업의 재건에 필수적이고 그 투자에 합리적으로 상응하는 지분을 인정하는 경우가 있을 수 있으나, 이 사건에서 원심이 들고 있는 사유는 대차대조표상의 어디에도 해당되지 않는 것으로서 이에 해당하지 아니한다. 또한 사채권자가 재건절차에서 청산절차보다 더 높은 배당을 받게 될 것이라는 사유는 계획의 공정 · 형평과 무관하다. 만일 법원이 당사자들의 합의에 구속된다면 소수자는 법원에 의하여 자신의 운명이 결정되는 것이 아니라 계획의 조건을 결정하는 재건인들(reorganizers)에 의하여 결정되는데 이는 §77B의 입법목적에 반한다.

이 판결은 절대적 우선원칙의 예외로서 주주가 새로운 가치를 가져온 경우에는 계획안에서 권리를 인정받을 수 있다는 새로운 가치의 법리를 소개하였다고 평가된다.[41]

(3) DuBois 사건

공정 · 형평의 해석문제를 기업의 가치평가와 관련하여 명확하게 다룬 사건은 Consolidated Rock Products Co. v. DuBois[42]이다. 이 사건 역시 1938년 이전의 구

Union Trust Co., 271 U.S. 445 등이다.

39) 308 U.S. at 118.

40) 308 U.S. at 131.

41) Case 사건이 인용한 Kansas City Terminal Railway Co. v. Central Union Trust Co. of New York 271 U.S. 445(1926)에서도 구 주주들이 일정한 돈을 납입하는 하는 경우에 신 회사의 주식을 수령할 수 있다는 계획을 인가한 바 있으나 위 판결은 이 점을 법리적으로 분명하게 밝힌 것은 아니다. John. D. Ayer, Rethinking Absolute Priority After Ahlers, 87 Mich. L. Rev. 963, 1006-1007(1989).

42) 312 U.S. 510(1941).

법시대의 사건을 다룬 것이다. 기업의 가치평가는 청산가치가 아니라 존속가치(a going concern value)임을 확립하였다.[43]

계획에 의하면 담보부사채권자는 종전과 불리하게 이자율이 감면된 불확실한 수익부채권(income bond)과 신 회사의 우선주를 받고 우선주주는 신 회사의 보통주를 받도록 되어 있다. 담보부사채권자에게 배당이 되고 남는 것이 있는 경우 담보부사채권자와 주주 사이에 신 주식을 적절히 배정하는 것을 결정하는 데에 기업의 평가가 필수적이다. 기업의 수익력을 평가하는 것은 계획의 공정성 및 수행가능성을 결정하는데 뿐 아니라 절대적 우선원칙의 실현에도 필수적이다.[44] 또한 평가방법은 장래의 수익력을 현재가치화하는 것이다. 그런데 원심에서 기업평가가 제대로 이루어지지지 않았으며 또한 절대적 우선원칙은 채무자 회사가 지급불능일 뿐 아니라 지급가능한 경우(solvent as well as insolvent) 모두에 적용되므로 설령 채무자 회사가 지급가능한 경우라도 마찬가지이며, 권리의 우열의 면에서는 계획에서 그대로 지켜졌으나 담보부사채권자의 이자율이 감면되고 확정채권이 비확정채권으로 변경되는 등의 불이익이 있었음에도 구 우선주주에게 신 회사의 보통주를 배정하는 것은 충분하고도 완전한 보상에 어긋나는 것이다.[45]

3. 절대적 우선원칙에 대한 비판

절대적 우선원칙은 80년간 미국의 파산법에서 소수의 권리자를 보호하는 보호막의 역할을 하였다. 이 원칙은 회사재건절차의 핵심으로서 재건절차에 참가하는 모든 당사자들에게 실체적인 권리뿐 아니라 절차적인 권리를 주는 원천이기 때문이다.[46] 그러나 다음과 같은 비판을 받았다.[47]

첫째, 절대적 우선원칙은 그 전제로서 기업의 평가(계속적 기업가치)가 확실하고 신뢰할 수 있는 것이 필요한데 실제로는 기업의 평가는 장기에 걸친 사업의 전망을 추측한 것에 불과하다.[48]

43) Ayer, *supra* note 41, at 974-76.
44) 312 U.S. 510, 684-685.
45) 312 U.S. at 685.
46) Baird, *supra* note 25, at 81.
47) Report of the Commission on the Bankruptcy Laws of the United States 255-58(1973); Michael A. Gerber, BUSINESS REORGANIZATION 941(1997) 이하에서 재인용.
48) Coogan, Confirmation of a Plan Under the Bankruptcy Code, 32 Case W.Res.L.Rev. 301, 313 n. 62(1982); Richard F. Broude, Cramdown and Chapter 11 of the Bankruptcy Code: The Settlement Imperative, 39 Bus. Law. 441, 442(1984)에서 재인용.

둘째, 주주(경영진)가 신 기업에 참가하는 것이 제한되므로 경영진이 특별한 노하우나 기타 특별한 능력(신기술 등)을 갖고 있는 경우 재건기업의 운영에 지장을 가져올 수 있다. 계획안의 협상과정에서 구 주주의 입장을 고려하다 보면 이 점이 절대적 우선원칙을 배제하기 위한 가장 실제적인 이유이기도 하다.

셋째, 절대적 우선원칙이 법원이나 당사자를 불필요하게 속박한다. 계획의 입안자는 여러 가지의 이해를 조정하기 위하여 교섭을 하여야 하는데 재건절차는 복잡하고 각각의 특유한 사정이 있으므로 절대적 우선원칙에 구속됨이 없이 각각의 사정에 기하여 재건기업의 참가자를 결정하거나 화해할 필요가 있다.

넷째, 절대적 우선원칙을 위한 기업의 평가를 둘러싸고 소송을 초래하여 재건절차가 부당하게 지연되는 경우가 있다. 약간의 유연성을 인정한다면 당사자는 보다 쉽게 계획안에 찬성할 수도 있고 평가를 둘러싼 소송도 피할 수 있다.

다섯째, 구법하에서 절대적 우선원칙을 피하기 위하여 당사자가 제XI장의 화의절차를 선호하게 되어 절대적 우선원칙의 적용을 둘러싼 문제가 회사재건절차와 화의절차 중 어느 것이 적합한 것인가의 문제로 대체되었다.[49]

여섯째, 상위의 권리자도 재건절차에 있어서 응분의 희생을 치러야 하는게 아니냐 하는 비판이다. 재건절차는 청산을 피하고 기업활동을 계속하도록 하는 것인데 왜 절대적 우선원칙과 같은 청산적인 사고를 고집하여야 하느냐 하는 것이다. 적어도 청산적 가치를 상회하는 부분에 대하여는 주주 등의 하위의 이해관계자에게 어느 정도의 분배를 허용할 수 있다는 것이 비판론자의 주장이다. 또한 당초 절대적 우선원칙이 일반 채권자인 대중투자가를 주주보다 두텁게 보호하기 위한 것인데 실제로는 기관투자가가 상위채권자가 되고 대중투자가는 하위의 社債權者나 보통주주이기 때문에 절대적 우선원칙이 오히려 대중투자가를 해하는 결과가 된다고 지적하였다.

49) 1952년 파산법개정{66 Stat. 433(1952)}에 의하여 화의절차(제XI장)의 경우에는 공정 · 형평의 조항이 삭제되었다. 개정이유는 절대적 우선원칙의 강요가 구 파산법 제XI장 사건에서 당사자간의 화해와 절충을 불가능하게 한다는 것이다. S. Rep. No. 1395, 82d Cong., 2d Sess.(1952); Broude, *supra* note 48, n.10에서 재인용. 그리하여 채무자는 주주의 권리를 변경하지 아니하여도 되는 화의절차를 선호하게 되었고 양 절차의 적정성을 둘러싸고 많은 소송이 있었고 법원이 그 구별에 관한 기준을 제시하느라 많은 노력을 경주하였으나 뚜렷한 선을 제시하지 못한 것으로 평가되었다. Benjamin Weintraub ET AL, PRACTICAL GUIDE TO BANKRUPTCY AND DEBTOR RELIEF 156(Prentice-Hall, Inc. 1964). 이 책은 1978년 이전의 구 파산법에 대한 해설서이다. 대표적인 사례로는 General Stores Corp. v. Shlensky, 350 U.S. 462(1956); SEC v. Wilcox-Gay Corp., 231 F.2d 859(6th Cir. 1956) 등이 있다.

4. 현행 파산법하에서의 공정 · 형평의 원칙

현행 파산법(Code)은 절대적 우선원칙에 대한 비판을 수용하여 절대적 우선원칙을 완화하였다. 즉 당사자간의 자유로운 교섭에 의하여 계획안의 권리내용을 정할 수 있도록 하여 관계자들의 동의가 있으면 상위권리자에게 권리의 전액을 보상하지 아니하여도 하위권리자에게 이익을 향수할 수 있도록 하였다. 모든 조가 동의하는 경우와 만일 부동의하는 조가 있는 경우를 나누어 각각 별도로 인가요건을 정하고 있다. 특히 후자의 경우에는 법원은 이른바 cram down[50]을 하여 계획안을 인가할 수 있다. 그러나 미국의 Weiss 교수가 제11장을 신청한 대기업을 조사한 바에 의하면 조사대상 계획안 34개 중 27개(79%)가 절대적 우선원칙이 지켜지지 않고 있다고 한다.[51]

(1) 모든 조가 동의하는 경우

모든 조가 승인하는 경우에 있어서 법원의 재건계획의 인가요건은 §1129(a), (d)에서 정하고 있다. 즉 계획안 및 계획안 제출자가 연방파산법을 준수하고 있을 것, 재건계획을 성실하게 제안할 것, 인가 후의 이사 및 임원 등이 누구인지를 분명히 밝힐 것 등 14개의 요건이 있다. 그 중 가장 중요한 것은 동의한 조[52]의 소수의 권리자가 반대한 경우 그들을 보호하기 위하여 최선의 이익원칙(best interest of creditors test)을 적용하여 이 기준을 통과하는 계획안에 대하여는 법원이 인가할 수 있다. 이 원칙은 채권자에게 그가 파산절차에서 얻을 수 있는 청산가치 이상을 계획안에서 인정하여야 한다는 것이다(清算價格 保障의 原則). 즉 각조가 모두 계획안을 승인한 경우에도 각조에서 계획안에 반대하는 소수의 채권자 또는 주주 등을 보호하기 위한 것으로 계획안을 인가하기 위하여는 계획안의 효력발생일에 있어서 채권자 또는 주주는 적어도 당해기업이 파산법 제 7 장의 청산절차에서 분배받을 수 있는 액보다도 적지 않은 금액을 받을 수 있어야 한다.[53] 이 기준은 재

50) 억지로 동의를 강요한다는 의미로서 여기서는 원어 그대로 사용하기로 한다.

51) 미국 회사재건제도의 분석에 대하여는 林治龍, "韓國의 會社整理, 日本의 和議, 美國의 會社再建制度의 現況," 판례실무연구(Ⅲ), 박영사(1999), 398면 이하 참조.

52) 채권자조는 채권자의 과반수와 채권액의 2/3 이상을 요구하고, 주주조는 투표한 주식의 2/3 이상을 법정다수의 요건으로 하고 있다. 또한 권리가 침해되지 아니하는(not impaired) 채권자조는 동의가 있었던 것으로 간주한다. §1126(c)(d)(f) 참조. 어떠한 경우가 권리가 침해되지 아니한 것으로 보는가에 대하여는 §1124에 규정되어 있다.

53) §1129조(a)(7)(A)(ii).

건계획에 반대하는 소수의 채권자 및 주주의 최저의 이익을 보증하는 구실을 한다.[54] 각조가 동의한 경우 공정·형평의 문제는 심사하지 않는다. 다른 중요한 요건은 계획안의 인가가 청산절차나 다른 재건절차로 이어지지 않도록 하여야 하는 것으로서[55] 이를 수행가능성의 기준(feasibility test)이라고 한다. 일부 조가 부동의한 경우에도 이 기준은 통과하여야 계획안이 인가된다.

(2) 일부 조가 부동의하는 경우

모든 조가 계획안을 승인하지 않은 경우라도 적어도 권리가 감축된 1개의 조 이상이 계획안을 승인하고(§1129(a)(10)), 계획안이 반대하는 조를 불공평하게 차별하지 아니할 뿐 아니라 공정·형평한 경우(§1129(b)(1)) 법원은 반대를 무릅쓰고 계획안을 인가할 수 있다. 불공정한 차별이라 함은 같은 성질의 권리를 다른 조로 분류하여 차별하는 경우를 말한다. 무엇이 공정·형평한 것인가에 대하여는 법은 담보권자, 무담보채권자 및 주주에 대하여 나누어 설명하고 있다(§1129(b)(2)).

담보권자에 대하여는 ① 인정된 채권액에 대하여 담보권을 존속시키면서 계획안의 효력발생일을 기준으로 적어도 당해 담보물의 가치와 동등의 현재가치를 갖도록 분할변제하는 경우, ② 담보권자에 대하여 담보부채권과 의심의 여지 없이 동등한 가치(indubitable equivalent)를 부여하는 경우, ③ 담보물이 매각되어 그 매각대금에 대하여 담보가 설정되고 그 담보에 대하여 전기 ①, ②의 방법이 이루어진 경우이다.

무담보채권자에 대하여는 ① 인용액에 대하여 100%의 배당을 적용하는 경우, ② 반대하는 조의 채권자보다 하위의 권리자에 대하여 아무런 지불도 하지 아니하는 경우(이른바 절대적 우선원칙의 적용)이다.

주주에 대하여는 ① 주주가 몇 개의 조로 나뉘어 있고 그 중 일정의 주주에 대하여 고정청산우선가격(any fixed liquidation preference) 또는 고정상환가격(any fixed redemption price)이 정해져 있는 경우에 그 조에 대하여 위 가격 또는 당해 주식의 현재가치 중 높은 것을 지불하는 경우, ② 하위의 조에 대하여 아무런 지불도 하지 아니하는 경우(이른바 절대적 우선원칙의 적용)이다.

결국 절대적 우선의 원칙의 가장 큰 특징은 채권자에게 변제를 하기 전에는

54) 渡辺光誠, アメリカ倒産法の實務, 商事法硏究會(1996), 100면.
55) §1129조(a)(11).

주주는 신 회사에 대하여 아무런 지분도 가질 수 없다는 것이다.[56] 이러한 기준이 계획안을 작성하고 협상하는 데에 잣대가 된다는 것이 절대적 우선원칙이 갖는 장점이고 따라서 절대적 우선원칙이 바로 재건절차의 핵심이 되는 것이다.

(3) 새로운 가치이론(New Value Theory)——절대적 우선원칙의 예외

Case 사건의 방론에서 구 주주가 신 회사에게 현금 또는 현금에 상당하는 가치를 제공하는 경우 절대적 우선원칙이 배제될 수 있다는 가능성을 판시한 바 있다. 현행법하에서도 이러한 입장은 유지되고 있다. 실제로 하급심[57] 가운데는 이 이론을 적용한 사례가 적지 않다. 연방대법원은 Norwest Bank Worthington v. Ahler 사건[58]에서 Case 사건의 법리를 수긍하였으나, 이 사건에서 구 주주가 주장하는 장차 신 회사에서의 근로, 경험, 전문성은 단지 모호한 희망 내지 가능성에 불과한 것으로 절대적 우선원칙의 적용을 배제할 사유가 되지 못한다고 판시하였다. Ahler 사건 이후 연방항소법원은 새로운 가치가 되기 위하여는 그 요건으로 새롭고, 중요한, 금전 또는 금전적인 가치로서 재건절차에 필요하여야 하고 구 주주가 유지하게 되는 이익에 합리적으로 상응하는 것이어야 한다고 요건을 제시한 바 있다.[59] 그러나 이론에 대하여는 공정한 시장가격이 아닌 단지 법원이 인정하는 가격에 의하여 구 사주가 여전히 신 회사를 소유하게 되는 것이 단점이라는 비판이 있다.[60]

(4) 열후적인 권리

1978년 파산법 개정 이전의 두 개의 판결에 의하여 채권의 열후적인 취급원칙이 세워졌다. Taylor v. Standard Gas & Electric Co., 사건[61]에서 연방대법원은 회사주식의 약 50% 이상의 의결권을 보유하면서 회사를 관리하여 자본의 잠식을 가져온 모회사의 채권에 대하여 신 회사의 보통주식의 과반수를 부여하는 반면에 회사의 경영에 발언권이 없었던 우선주주들에게는 신 회사의 보통주식의 소수만을 부여하는 계획은 인가될 수 없다고 판시하였다. Pepper v. Litton 사건[62]에서 Pep-

56) Robert L. Jordan & William D. Warren, BANKRUPTCY 851(4th ed, 1995).
57) In re Potter Material Service, Inc. 781 F.2d 99(7th Cir. 1986).
58) 485 U.S. 197(1988).
59) In re Bonner Mall Partnership 2 F.3d 899(9th Cir. 1993).
60) Kennethe N. Klee, Cram Down Ⅱ, 64 Am.Bkrtcy.L.J. 229, 244(1990).
61) 306 U.S. 307(1939).
62) 308 U.S. 295(1939).

per의 사용료(loyalty)채권과 이사 겸 지배주주인 Litton의 회사에 대한 급료채권의 우열이 문제된 사안에서 대법원(Douglas 대법관이 집필함)은 법인격을 부인하여 회사를 주주의 개인 기업으로 취급할 수 있는 것으로, 채권자의 행동에 과오가 있어 그로 하여금 일반채권자와 함께 안분비례로 배당하는 것이 형평의 원칙에 반하는 경우에 파산절차에서 일반채권자보다 열후적으로 취급함이 옳다고 판시하였다.[63] 그 외의 경우로서는 회사의 자본이 심각하게 잠식된 경우에 회사의 지배주주(대부분 이사 등 임원이기도 하다)인 채권자가 회사 및 주주 기타 채권자에게 부담하는 충실의무에 위배하는 행동을 하는 경우 등을 들 수 있다.[64] 판례법에 의하여 발전된 이러한 법리를 위 Standard Gas & Electric Co의 자회사의 명칭(Deep Rock Oil Co.)을 따서 Deep Rock Doctrine이라 한다.

현행 파산법 §510(c)(1)는 이러한 법리를 명문화하여 법원은 형평상의 열후원칙(principles of equitable subordination)에 따라 배당의 목적상 일부 채권 또는 일부 지분권을 다른 채권 또는 지분권보다 낮게 취급할 수 있다고 하는 규정을 두었다.[65] 회사의 자본이 처음부터 또는 그 후 감소한 경우(undercapitalization) 이를 독립한 이유로서 그 상태에서의 모회사 또는 지배주주의 채권을 자본으로 간주하여 열후적으로 처리하는 것이 승인되어 있다. 그 외에 채권자에게 명백한 기망행위가 있는 경우 역시 같다.[66]

5. 수행가능성(feasibility test)

수행가능성의 문제는 공정 · 형평의 문제보다는 덜 다루어지고 있다. 법원은 회사가 다시 재건절차를 밟지 않을 수 있을 만큼 계획이 수행가능하여야 비로소 인가할 수 있다.[67] 이러한 기준은 주관적이지만, 그러나 법원은 적어도 당해 기업의 자본구조를 동종산업의 다른 기업과 비교하는 정도의 광범한 기준을 제시한다. 따라서 차입자본금의 비율이 높은 계획은 수행가능성이 없다고 판단될 수 있다.[68]

63) Weintraub, *supra* note 49, 102-103.

64) Heiser v. Woodruff, 327 U.S. 726, 733(1946).

65) 하원의 개정이유서에 의하면 대표적인 예로 그 채권의 보유자가 부정한 행동을 취한 경우나 벌금 등과 같이 채권 자체가 순위가 낮은 경우 등을 들고 있다. Bankruptcy Code, Rules and Official Forms 1995 Law School Edition, West Publishing Co. 167.

66) Michael J. Herbert, UNDERSTANDING BANKRUPTCY 174-176(1995). 일반채권의 열후적인 처리에 관한 자세한 설명에 대하여는 Gerber, *supra* note 47, at 821-834 참조.

67) 현행 파산법 §1129(a)(11).

68) Baird, *supra* note 25, at 243.

구체적으로 설명하면 기본적으로 회사가 지급가능한 상태로서 재정적인 안정과 성공에 대한 합리적인 가능성이 있느냐의 문제이다. 계획안이 압도적인 다수에 의하여 승인되었다는 것 역시 수행가능성의 문제와 별개이다.[69] 건전한 재정이라 함은 기업의 자본구성이 기업가치와 조화하는 것이고 또한 그 자본구성은 기대할 수 있는 수익을 고려하여 정할 것을 요한다. 자본구성을 정하는 것은 기업의 수익력과 자산가치이다. 위 DuBois 판결에 의하면 합리적으로 기대되는 수익이 계획에 의하여 발행되는 신증권에 배당되는 이자 내지 이익에 상응하는 것이 신자본구성의 완전성과 실행가능의 결정에 필수적이라고 한다. 증권거래위원회의 의견에 의하면 새로이 발행되는 사채나 우선주가 기업의 자산가치와 관련하여 이를 감당할 수 있어야 한다. 예컨대 기업의 평균수익률이 표준에 달하는 경우라도 그 변동이 심한 경우에는 고정이율을 보장하는 사채보다는 소득사채(income bond)나 우선주를 배정하는 것이 바람직스럽다고 평가된다.[70] 수행가능의 문제는 회사의 재정적인 건정성의 문제이고 구체적으로 부채를 포함하는 자본구성과 관련하여 논의되며 작성된 계획 그 자체가 실행가능한 것이냐는 논의하고 있지 않음에 주의해야 한다.[71]

현행 파산법 §1129(a)(11)은 계획안이 수행가능하여야 함을 규정하고 있다. 통상 이러한 요건의 충족 여부는 계획안인가를 위한 심문절차에서의 회사의 장래의 수익력, 현금흐름과 기업의 성공적인 운영가능성, 계획에서 규정된 의무를 이행할 성공가능성에 관한 증언(주로 투자은행)과 다른 전문가 또는 경영진의 증언에 의하여 결정된다.[72]

Ⅳ. 일본에서의 논의

1. 공정 · 형평의 기준

미국과 똑같은 의미의 절대적 우선원칙을 취하는 견해는 없지만 대체로 다음과 같이 분류할 수 있다. 설명하는 순서에 따라 절대우선설에 가까운 것이다. 먼저

69) 田村諄之輔, 전게논문(주 26), 765면.
70) Colkins, Feasibility of Plans of Corporate Reorganization under Chapter Ⅹ, 61 Harv. L. Rev. 703; 田村諄之輔, 전게논문(주 26)에서 재인용.
71) 田村諄之輔, 전게논문(주 26), 765면.
72) Broude, *supra* note 48, at 448.

가장 절대우선설에 가까운 견해는 회사의 적극재산(기업계속가치에 의한), 소극재산 및 주주의 지분을 대비하여 이를 권리의 우선순위에 따라 분배한다고 가정하여 이 경우에 어떠한 몫도 받을 수 없는 자는 계획에서 당연히 배제되는 반면, 관념적 청산을 하여 만족을 얻을 수 있는 자는 계획에서도 그와 같은 가치를 받아야 한다는 주장이다.[73] 이는 미국 판례에 많은 영향을 받은 것으로 평가된다. 둘째의 견해에 의하면 회사정리법 제159조 제 1 항이 미국에는 없는 조항이라는 것을 근거로 이 조항이 청산절차에서의 우선권의 순위와 일치하고 잔여재산의 분배에 관하여 우선적 내용을 갖는 종류의 주주의 권리(제5호)를 전호에서 게기한 이외의 주주의 권리(제6호)보다 우선시키고, 이익배당에 관한 우선권이 일체 고려되지 않고 있다는 점을 이유로 권리의 순위에 관한 한 완전 청산의 사고에 있으나, '권리의 순위에 따라' 대신에 '권리의 순위를 고려하여'라고 규정한 것에 주목하여 법정다수의 동의가 있는 이상 우선권 존중의 원칙의 엄격한 적용을 배제한 것으로 해석한다. 그러나 이 학설에 의하면 존속가치가 청산가치보다 높다는 점을 전제로 하여 기업의 가치를 청산가치와 청산가치를 넘는 존속가치부분을 나누어, 청산가치에 대하여는 절대적 우선원칙에 따라 상위우선권자가 독점하도록 계획안을 작성하여야 하지만, 청산가치를 넘는 나머지 부분에 대하여는 화의의 요소를 고려하여 상대적인 고려를 도입할 여지가 있다고 한다.[74]

셋째 학설은 공정 · 형평의 의미를 미국법과 관련짓지 않고 종래의 화의 및 일본의 회사정리제도의 사고방식을 따른 것으로서 상위의 권리자보다 하위의 권리자를 우대하여서는 아니 된다고 하는 정도로 해석한다.[75] 극단으로 말하면 채권자들이 수상히 여기지 않는 한 공정 · 형평하다고 보아 우선권 존중에 대하여 매우 느슨한 견해로서 실무가들 사이에 많은 호응을 받고 있다.[76]

2. 친자회사의 경우

이 점을 다룬 판결들 중의 하나인 福岡高裁 1981. 12. 21 결정[77]의 사안은 아래와 같다.

73) 兼子一＝三ヶ月章, 條解會社更生法, 446면.
74) 田村諄之輔, 전게논문(주 26), 760면 이하.
75) 西山俊彦, "會社更生計劃の條項について若干の考察," 會社と訴訟(下)(1968) 80면 이하.
76) 小川善吉＝三ヶ月章, "會社更生法をめぐる諸問題(5)," 判例タイムズ 제43호의 實務者의 發言 참조.
77) 判例時報 제1046호, 127면.

〈사안의 개요〉

정리회사는 항고인(정리회사의 母회사이다)으로부터 생산연구부문을 분리 독립하여 설립되었다. 정리회사의 주주구성비율은 항고인 회사가 20.3%, 항고인의 대표이사의 가족 및 임원이 12%, 중소기업투자육성주식회사법에 의한 회사가 50%를 보유하고 있다. 정리회사에 대한 경영은 대주주는 위 법률에 따라 경영에 관여하지 아니하고 항고인이 사실상 정리회사를 지배하여 인사, 영업방침, 판매가격 등도 결정하였고, 항고인에 대한 보증을 정리회사가 서게 되었다. 항고인은 정리회사에 대하여 일반 정리채권자이기도 하다. 인가된 정리계획에 의하면 일반정리채권자에 대하여는 80%를 변제함에 대하여, 항고인 등 등 특별이해관계의 채권자에 대하여는 40%만 변제하고(변제기간은 같다) 자본의 70%를 무상소각하여 항고인 등의 주식은 95%가 무상소각되었다. 항고인은 개시결정 당시 자산초과의 상태임에도 주식을 무상소각하는 것과 감자율과 변제율을 일반채권자에 비하여 항고인에게 불리하게 한 것이 공정·형평에 반한다고 주장하였다. 법원은 아래의 이유로 항고를 기각하였다.

〈결정요지〉

첫째, 회사는 정리채권자에 대한 변제재원으로서 매각가능한 자산이 부족하고 영업수익, 기타 차입금으로써 이를 충당할 수 없는 상황이므로 이를 고려하면 주식을 무상소각하더라도 불공정하다고 할 수 없다. 둘째, 정리회사는 지배종속관계가 현저한 子회사에 속하고 정리회사가 파탄에 이르게 된 원인이 항고인 회사에게 있으므로 항고인 회사의 주주로서의 권리에 대하여 다른 일반 주주와 비교하여 정리계획에서 정한 정도의 차등을 둔 것을 부당하다고 할 수 없고, 회사법상의 주식평등의 원칙도 이러한 경우에는 예외이다. 또한 항고회사의 정리채권은 내부적 채권이므로 일반의 정리채권자보다 열위에 두는 것이 공정·형평에 합치된다.

이 판결은 비록 항고인의 보유주식이 20.3%만을 보유하고 있어 일본 상법 제211조의2 소정의 모회사는 아니지만 실질적인 지배종속관계에 착안하고 항고인 회사가 경영파탄의 원인을 제공하고 있다는 이유를 들어 항고인의 채권을 열후적으로 처리하고 있는 것이 불공정하지 않다고 본 것이다.

학설도 대체로 親子會社의 경우처럼 정리회사와 밀접한 관계가 있고, 정리회사를 파탄에 빠뜨리게 한 데에 귀책사유가 있는 경우에는 형평의 견지에서 이러한 자의 권리를 열후적으로 취급하는 것을 승인하고 있다.[78] 권리의 열후적인 취급이 종전에는 현저한 불공정을 시정하기 위한 예외적인 방법이었으나 최근에는 적극적으로 공평을 달성하기 위한 방법으로 변화하고 있다. 그 요건으로는 자회사의 이익이 모회사를 위하여 희생되거나 모회사가 자회사에게 손해를 가한 경우, 충실의무에 위배하는 경우, 과소자본에 의하여 경영되어 모회사가 대부금의 형태로 자본을 제공하는

78) 宮協 등, 注解會社更生法, 青林書院(1986), 837면.

경우 등을 들고 있다.[79]

3. 구 경영자의 책임

회사의 대표이사 등의 권리를 정리계획에서 불리하게 취급하는 것이 공정 · 형평에 반하는가에 대하여는 일본에서 학설과 판례 모두 견해의 대립이 있다.

東京高裁 1965. 2. 11 決定(下民集 16권 2호, 240면)은 일반정리채권에 대하여는 전액변제를 하는 한편, 정리회사의 지배주주이자 정리채권자인 개인에 대하여는 반액을 주식으로 대물변제하고, 반액을 면제한 계획은 공정 · 형평에 반하지 않는다고 판시한 바 있다.

반대로 名古屋高裁 金澤支部 1984. 9. 1. 決定(判例時報 1142호, 141면)은 회사의 임원인 항고인이 정리회사로 하여금 회사정리절차를 개시하게끔 한 경영상의 책임이 있지만 그러한 사유만으로는 항고인의 정리채권 중 대부금채권에 대하여 전액을 면제하고 다른 정리채권자에 대하여는 원금 및 이자를 전액 분할 변제하도록 하는 것은 차별을 둘 사유에 해당하지 아니한다고 판시하였다.

전자를 지지하는 학설은 도산이라는 사태를 직시한다면 구 경영자에 대하여 불이익한 차별을 두는 것이 합리적이고, 당사자들의 의사에 합치하며, 실체에 있어서 개인회사라는 등의 이유를 들고 있다.[80] 또한 개개의 행위의 책임만이 아니라 종래 회사경영에 대한 일반적인 책임을 추궁하는 경우에 임무해태, 과실의 증명, 손해액의 확정이 반드시 가능한 것은 아니며 경영책임은 손해배상청구권의 査定이라는 모습으로 추급하기는 어렵다고 주장한다.[81]

후자를 지지하는 학설은 권리의 주체에 의하여 차등을 두는 것은 흔히 차등의 근거로 삼는 "권리발생의 태양, 채권의 목적, 발생시기, 변제기 등"의 차이 어느 것에도 해당하지 않을 뿐 아니라 경영책임을 법적인 책임으로 묻기 위하여는 제72조에 따라 손해배상청구권을 사정하여 그 액수와 정리채권과를 상계하면 족하고, 도의적인 책임을 추급하는 것은 그 내용이 애매하고 차별의 근거가 될 수 없으므

79) 伊藤眞, "親會社の有する株式 · 更生債權を他より劣位に扱う更生計劃と公正 · 衡平," 判例タイムズ No. 505(1983. 11. 10), 283-284면.

80) 宮協 등, 전게서(주 78), 877면; 山內八郎, 會社更生計劃の諸問題(1979), 78면; 實務會社更生法(제 3 판)(1971), 382면; 坂原正夫, "更生計劃における公正衡平(2)," 新倒産判例百選 別册 ジュリスト(1990), 206-207면.

81) 本間義信, "經營責任者の更生債權の不平等取扱い," 井關＝谷口編 會社更生法の基礎[實用編](1978), 322면; 坂原正夫, "更生計劃における公正衡平(2)," 新倒産判例百選別册ジュリスト(1990), 206-207면에서 재인용.

로 계획에서 차등을 두는 것은 안이한 방법으로서 감정론에 불과하다고 주장한다.[82)]

4. 구 주식의 소각

정리계획에서 종전 주주의 권리를 변경하면서 구 주식 전부에 대하여 무상으로 소각하여 자본을 감자하는 사례가 적지 않다. 일본의 실무는 이를 일반화하고 있으나[83)] 학설은 견해가 나뉘어 있다.[84)] 일본에서는 1965년까지는 정리계획에서 감자비율을 1/10, 1/20, 1/100로 하여 주식병합의 방법을 사용하였으나, 실무상으로 端株 주주가 많이 배출되어 그 불편을 해소하기 위하여 100% 감자하는 것이 일반화되어 현재에 정착되었다. 특히 전게 福岡高裁 1981. 12. 21. 決定에 의하면 정리회사가 자산초과의 경우에도 자산초과부분에 대하여 무상으로 감자하는 것을 긍정하고 있다.[85)]

법원의 인가결정을 다투는 구 주주들의 항고이유는 소극설의 주장과 같으며 그 내용은 대체로 다음과 같다. 첫째 정리절차가 기본적으로 각 이해관계인간에 상호 양보에 터잡은 화해적 성질을 부정할 수 없는 이상 특정 이해관계인만의 권리를 전면적으로 박탈할 수는 없다. 정리절차가 회사의 재건을 도모하는 이상 장차 기업가치의 회복을 전제로 하여 정리계획안이 인가되는 것이고 또한 정리회사의 재산평가를 하면 인가결정 당시의 주식의 가치가 전무하다고는 할 수 없다.[86)]

실무의 견해를 보여주는 日本의 東京高裁 1979. 8. 24. 決定은 일반론으로서 제228조 제 1 항은 정리담보권을 제 1 순위로, 주주의 권리를 최하위로 하여 그 사이에 단계적으로 우선순위를 정하고 있고 정리계획은 이러한 순위를 고려하여 계획의 조건에 공정 · 형평한 차등을 두지 않으면 안 된다고 규정하고 있는 점을 들어 주주의 권리를 100% 무상소각하는 것이 원래 금지된다고 해석할 이유가 없다고

---

82) 霜島甲一 外 "會社更生計劃の分析⑽ 完" ジュリスト(No. 399, 1968), 100면 ; 青山善充, "裁判に現 れる會社更生法の諸問題," 民訴雜誌 제16호(1970), 326면. 등 위 名古屋高裁金澤支部 決定에 대한 評釋인, 松下淳一, "更生計劃の條項と「平等, 公正, 衡平」の意味," ジュリスト(No. 888, 1987. 6. 15), 111면 이하 역시 같은 견해이다.

83) 東京高裁 1962. 10. 25. 決定(下民集 13권 10호, 2132면) ; 福岡高裁 1977. 9. 1 決定(下民集 28권 9-12호, 964면 ; 전게 福岡高裁 1981. 12. 21. 決定.

84) 부정설, 松田二郎, 會社更生法(新版)(1976), 167면 ; 西山俊彦, 전게논문(주 67), 803면. 긍정설, 宮協 등, 전게서(주 78), 828면 ; 田村諄之輔, 전게논문(주 26), 770면 ; 青山善充, "會社更生の性格と構造(四)," 法學協會雜誌 제86권 제 4 호(1969), 465면.

85) 그 외 실무예로서는 東京高裁 1962. 10. 25. 下級民集 13권 10호, 2132면.

86) 東京高裁 1979. 8. 24. 決定 중 정리계획안인가결정에 대한 항고사건의 항고이유의 요지 判例時報 제947호, 113면 참조.

판시한 다음, 문제가 된 정리계획안의 내용으로 들어가 정리절차 개시 당시 채무초과의 상태에 있어 파산의 원인이 있으므로 주식의 가치는 거의 없다고 볼 수 있고 주주보다 선순위인 정리채권에 대하여 평균 70%, 후순위정리채권에 대하여는 100%의 면제를 정하고 있는 점을 고려하면 구 주식 전부에 대하여 무상으로 소각하는 것이 공정 · 형평에 반한다고 할 수 없다고 판시하였다. 그 외 구 경영진이 보유하는 주식은 전부 무상소각하고 일반주주의 주식은 20주를 1주로 병합하는 경우도 있다.[87]

무상소각을 부인하는 견해는 주식회사의 근간인 주식이 순간적으로나마 존재하지 않게 되어 주식회사법에 어긋난다는 주장을 하지만 대부분 주식소각에 앞서서 정리채권을 출자전환하도록 하거나 감자보다 증자를 먼저 하도록 계획안을 마련하고 있으므로 위 주장은 개념법학적인 것에 불과하다고 하여 배척되었다.[88] 다만 자산초과의 경우에는 단지 정리회사가 변제할 재원이 부족하다는 이유만으로 무상소각을 할 수 없다는 견해도 있다.[89]

주주의 권리에 관한 회사갱생법 시행 초기 일본의 실무는 자본을 전혀 손대지 않는 현상유지형,[90] 감자만을 하는 형,[91] 또는 신주발행 그것도 보통주만을 발행하는 형[92]으로서 단순한 형태가 전체 계획안의 절반을 차지한다고 한다. 일반채권의 처리에 대하여도 면제, 기한의 유예가 대부분이고 출자전환은 매우 적고 그 액수도 적다고 한다. 그 이유로는 법관이나 당사자들이 공정 · 형평, 수행가능성의 의

87) 山田被服工場 · 官報 1979. 3. 9. 宮協 등, 전게서(주 78), 837면 참조.

88) 清水直, "100% 減資更生計劃の許否," 新倒産判例百選 別冊 ジュリスト(1990), 209면.

89) 伊藤眞, 전게논문(주 79), 283면.

90) 減資도 신주발행도 없는 것으로 그 중 절반은 채권의 면제도 없이 기한의 유예만 정하고 있다. 이러한 것은 계획안이 잘못된 것이거나 애초 회사정리법의 적용을 받을 사안이 아닐 것이다. 이러한 정리계획안은 공정 · 형평, 수행가능성을 결한 것이다. 나머지는 일반채권의 권리를 일부 면제하고 주주는 이익배당을 하지 않는 정도의 것인데 파탄에 빠진 회사의 주주는 이익배당을 바랄 수 없는 것이므로 이 정도의 제한은 주주에게 실질적인 권리감축이라 할 수 없으므로 공정 · 형평에 반한다고 볼 수 있다. 또한 회사자산에 상응하는 자본구성이 되어 있지 않으므로 수행가능성도 없다. 田村諄之輔, 전게논문(주 26), 772-773면 참조.

91) '이 경우 역시 주주의 equity(저자주: 지분비율)는 변하지 않고 주식이 일부 감소하더라도 실질적으로 주주의 권리의 감축은 없게 되어 현상유지형과 다를 바가 없다. 다만 감자에 의하여 자본구성의 적정화를 꾀할 수 있다면 수행가능성은 인정될 수 있을 뿐이다.' 田村諄之輔, 전게논문(주 26), 774면.

92) 출자전환의 경우에는 채권의 실질가치 이상의 주식이 발행되거나, 실질가치에 미치지 못하는 것도 문제가 된다 실무상으로는 후자가 많은데 이 경우 상당기간 주주에게 이익배당이 이루어지지 아니하여 실질적으로는 채권의 일부면제와 다름 없게 된다. 주식의 실질가치가 액면보다도 매우 낮게 되면 자본구성과 관련하여 수행가능성의 문제를 야기하게 된다. 田村諄之輔, 전게논문(주 26), 774-775면.

미를 제대로 이해하지 못하고 있는 것을 들고 있다.[93] 현재에는 한국과 같이 감자와 신주발행을 동시에 하고 있다.

5. 일부 채권자에 대하여 정리절차에 의하지 아니한 변제가 있는 경우

공익채권은 정리절차에 의하지 아니하고 수시로 변제할 수 있음에 반하여 정리채권 및 정리담보권은 정리절차에 의하지 아니하고는 변제할 수 없다. 이 점은 회사정리법이 공익채권과 정리채권을 분류하고 각각에 대하여 다른 취급을 하는 것으로 회사정리법의 강행규정 중의 하나이다. 그러나 실무상으로는 법원의 감독을 피하여 정리계획안을 가결하기 위하여 관리인과 특정채권자 사이의 밀약으로 정리계획과 달리 우선적으로 변제하는 사례가 발견되기도 한다. 이러한 경우 정리계획안 자체에는 공정·형평의 문제는 없으나 이미 변제된 사실을 고려하게 되면 다른 채권자보다 우대하여 변제하게 되어 형평에 반하는 것이 아닌가 하는 의문이 있다.

일본의 福岡地裁 小倉支部 1967. 3. 3. 決定은 정리계획안에는 일부정리채권자가 일부 채권을 포기하고 나머지에 대하여만 분할하여 변제하는 것으로 기재되었으나 증거에 의하면 정리회사가 분할변제 개시연도 이전에 포기하였다고 하는 채권전액을 정리절차에 의하지 아니하고 변제하고 정리계획안대로 다른 정리채권자들에 대한 제 1 회 분할변제를 하지 못한 사실을 인정한 다음, 정리계획안의 변경을 구하는 사안에서, 일부 정리채권자에 대하여 정리계획에 의하지 않고 변제한 다음, 다른 정리채권자에 대하여는 정리계획을 변경하여 지급유예기간을 연장하는 것은 아무리 그 자체에 있어서 공정·형평한 차등을 둔 것이라 해도 그 이전에 실질적으로 정리채권자간의 공평을 해하는 것으로서 위 변경된 계획안이 공정·형평에 반한다고 판시하였다.

그 외 東京高裁 1981. 12. 16. 決定 역시 정리회사 이사 명의로 등기되었던 토지를 정리회사가 등기명의를 회복한 후 관리인이 법원의 허가를 받아 이를 매각하여 매각대금을 취득하였는데 매각대금의 일부가 특정 정리채권에 변제에 사용된 것으로 인정한 다음 이는 제112조의 규정에 위반할 뿐 아니라 관리인의 선관주의 의무를 규정한 제98조의4에도 위반하는 것으로 계획안에 그 매각대금의 사용처에 대하여 아무런 언급이 없는 것은 그에 대한 다른 정리채권자의 비판 검토의 기회를 박탈한 것인 까닭에 결과적으로 정리계획안 자체도 현저하게 불공정한 것이라

93) 田村諄之輔, 전게논문(주 26), 772면. 단 이 견해는 일본의 초기 회사갱생실무에 대한 평가이다.

는 이유로 정리계획안을 인가한 원결정을 취소하였다.

6. 수행가능성

개시결정단계에서 심사하는 재건의 가능성과 계획의 수행가능성 모두 경제적 경영판단인 점에서는 같다. 그러나 전자는 판단 시점이 절차개시단계로서 특정의 계획을 전제로 함이 없이 기업 그 자체의 수익력을 문제로 삼지만, 후자는 관계인 집회에서 가결된 시점에서 특정의 계획을 전제로 하여 그것과 관련하여 당해 기업이 유지갱생할 수 있는가를 문제로 삼고 있다. 종전에는 수행가능성의 문제를 미국과 달리 대체로 계획안 자체가 수행가능한 것이냐의 문제로 파악하였다.[94] 이와 달리 二段階로 파악하는 견해도 있다. 제 1 의 단계는 미국의 경우처럼 계획의 작성단계 내지 내용의 문제로서 계획이 그 회사의 기업자산 및 수익력을 고려하여 종전의 채무를 정리하고 이에 의하여 기업의 유지재건을 달성할 수 있는가의 문제이다. 첫 번째 요건이 충족된 후에 비로소 계획의 실시단계의 문제로서 기업을 둘러싼 여러 가지 경제적 조건(자금조달의 실현성, 거래선의 의향, 동종업계의 장래성, 권한이 부여된 이사의 신용과 능력, 노동조합의 의사 등)을 고려하여 계획대로 현실로 실행할 수 있는가의 문제로 파악한다. 현재의 일본의 통설이다.[95]

화물자동차 운송사업을 하는 회사가 1954년에 정리채권의 50%는 주식이나 사채로 교체하고 잔액은 면제하고 종전 주식은 모두 소각하고 변제자금은 영업상의 수익금으로 하는 정리계획안이 가결되었으나 정리법원은 이를 불인가결정을 하였는데 그에 대한 정리채권자의 항고가 받아들여 항고심이 파기환송하였으나 10년이 경과한 다음 법원은 그간 10년 동안 정리회사가 계획안이 예상하고 있는 매출과 수익에 훨씬 미달하는 점에 비추어 계획의 수행가능성이 없다 하여 다시 불인가결정을 한 사례가 있다.[96]

94) 대표적인 견해로는 松田二郎, 會社更生法(舊版) 212면, 일본에서의 논의에 대하여는 田村諄之輔, 전게논문(주 26), 769-770면 참조.

95) 石渡哲, "會社更生における公正·衡平·遂行可能," 判例タイムズ 제866호(1995), 339면; 青山善充, "會社更生の性格と構造(四)," 法學協會雜誌 제86권 제 4 호(1969), 454면.

96) 神戸地裁 1965. 4. 19. 決定 別冊 ジュリスト 제52권(1976), 156면 참조.

V. 한국에서의 논의

1. 학 설

정리계획의 인가기준으로서 공정 · 형평의 개념에 관하여 절대적 우선설을 지지하는 견해는 소수이고 대부분의 학설은 상대우선설을 견지하고 있다. 그 근거로는 제228조가 '권리의 순위에 따라'라고 규정하지 않고 '권리의 순위를 고려하여'라고 규정하고 있는 점과, 회사정리절차의 성격은 절대로 청산적이 아니고 화해적이라고 이해하여야 하는 점을 근거로 공정 · 형평의 개념은 상위의 권리자보다 하위의 권리자를 우선시켜서는 안 됨을 원칙으로 하되 각 권리자 상호간에 화해정신 즉 상호양보에 따른 의견의 조정을 필요로 한다고 이해한다.[97] 또는 기업가치의 평가가 불확실한데 이를 기준으로 하위의 권리를 계획에서 절대적으로 배제한다는 것은 부당하다는 점과 권리자 각조의 다수결제도에서 법정다수에 의한 동의라는 화해적 요소가 나타나 있는 점, 절대우선설도 우선권존중의 원칙이 완화되어 있음을 시인하고 있는 점을 근거로 삼기도 한다.[98] 이에 반하여 절대우선설을 주장하는 견해도 최근에 주장되고 있다.[99] 현재 서울지방법원의 실무 역시 상대우선설의 입장에 가깝다고 한다.[100]

2. 판 례[101]

아래의 판례들은 주로 권리보호조항, 주식의 소각, 같은 조의 다른 채권자간의 차별이 공정 · 형평의 원칙에 합치하는가를 주로 다루고 있다. 수행가능성을 다룬 판례는 매우 드물다.[102] 공정 · 형평의 의미에 관하여 판례는 일관하여 다음과 같

97) 林采洪 · 白昌勳, 회사정리법(하), 한국사법행정학회(1998), 164면.

98) 한국산업은행, 회사정리법해설(1982), 504면.

99) 南逸聰, 도산제도의 경제적 분석, 한국개발연구원(2001), 157면; 김정호 · 권오성, 법정관리이야기, 자유기업센타(1998), 40면 참조 주로 경제학자들이 지지한다.

100) 邊在承 외 4인, "서울民事地方法院의 會社整理事件 處理實務," 사법논집 제25집(1994), 346면.

101) 아래에서 인용하는 판례 중 출전을 명시하지 아니한 것은 미공간판결로서 저자가 법원의 문서관리프로그램을 이용하여 수집한 것이다. 이 글을 쓸 수 있도록 훌륭한 검색시스템을 개발한 관계자분들께 깊은 감사를 드린다. 이하 이해의 편의를 위하여 특별한 경우를 제외하고 억 원 이하는 표기를 생략하였다.

102) 대구고등법원 2002. 11. 29.자 2002라6 결정이 이에 관하여 판시하고 있다.

이 설시하고 있다.

『제233조 제1항에서 정리계획인가의 요건을 규정하고 있는 것은 회사정리절차에 있어서 우선순위가 다른 채권자들끼리의 결의에 의하여 권리변경이 이루어지므로 정리계획의 내용이 각 이해관계인 사이에 공정 · 형평하게 이루어질 수 있도록 함과 동시에 정리제도의 목적인 기업의 정리 · 재건을 달성할 수 있도록 하려는 데에 그 취지가 있다. 또한 제233조 제1항 제2호 전단이 규정하는 공정 · 형평성이란 구체적으로는 정리계획에 같은 제228조 제1항이 정하는 권리의 순위를 고려하여 異種의 권리자들 사이에는 계획의 조건에 공정 · 형평한 차등을 두어야 하고, 제229조가 정하는 바에 따라 同種의 권리자들 사이에는 조건을 평등하게 하여야 한다는 것을 의미한다. 그리고 제229조 소정의 '평등'이라 함은 형식적 의미의 평등이 아니라 공정 · 형평의 관념에 반하지 아니하는 실질적인 평등을 가리키는 것이므로, 정리계획에 있어서 모든 권리를 반드시 제228조 제1항 제1호 내지 제6호가 규정하는 6종류의 권리로 나누어 각 종류의 권리를 획일적으로 평등하게 취급하여야만 하는 것은 아니고, 6종류의 권리 내부에 있어서도 정리채권이나 정리담보권의 성질의 차이 등을 고려하여 이를 더 세분하여 차등을 두더라도 형평의 관념에 반하지 아니하는 경우에는 그와 같이 할 수 있는 것이지만 같은 성질의 정리채권이나 정리담보권에 대하여 형평의 관념에 반하지 아니한다고 볼 수 있는 합리적인 이유 없이 권리에 대한 감면의 비율이나 변제기를 달리하는 것과 같은 차별은 허용되지 아니한다.』[103]

아래에서는 각 쟁점별로 검토하기로 한다.

(1) 권리보호조항에 있어서의 공정 · 형평

1) 서울고등법원 1984. 6. 11.자 84라41 결정(우전탄좌개발 사건)

〈사안의 개요〉

항고인(광업진흥공사)은 정리담보권자로서 계획안에 부동의하여 그가 속한 담보권자조는 계획안을 부동의하였다. 그런데 원심은 정리채권자조와 주주조가 동의하자 제234조에 의하여 권리보호조항을 두고 정리계획안을 인가하였다.[104]

---

103) 대법원 1999. 11. 24.자 99그66 결정(공 2000상, 134); 1998. 8. 28.자 98그11 결정(공 1998하, 2493); 1989. 7. 25.자 88마266 결정(공 1997상, 285); 1987. 12. 29.자 87마277 결정(공 1988, 398) 등.

104) 권리보호조항의 내용은 정리담보권자에 대하여는 그 담보권의 목적인 재산에 관하여 담보권을 존속케 하고, 이를 정리회사에 유보한다는 조항과, 예상수익금의 과부족시 처리방법 제1항을 "매 회계연도에 이 계획이 정하는 자금에 충당하고, 나머지 초과수익금이 있을 때에는 그 초과수익금

항고인은 첫째, 원심이 인가한 정리계획안의 전제인 시설비투자액이 과소계상되고, 판매가격이 과대하게 계상되는 등 감가상각유보율이 타당하지 아니하는 등 전혀 수행가능성이 없고, 둘째, 정리회사의 전 재산인 광업권과 그 시설에 대하여 저당권을 보유하고 있는 항고인에 대한 변제계획을 산재보험료 등 우선권 있는 정리채권보다 후순위에 두는 등 권리보호조항에 위배되고, 셋째 주주에 대하여 자본감소 등 조치를 취한 바 없이 이익배당을 금하는 조항만을 둔 것은 공정·형평에 반한다고 하여 항고를 제기하였다.

〈결정요지〉

법원은 항고이유 중 둘째, 셋째에 관하여 다음과 같이 판단하여 항고를 인용하여 사건을 원심법원으로 환송하였다.

[1] 권리보호조항은 제234조[105] 어느 방법에 의하더라도 회사정리절차상의 공정·형평의 이념에 기한 우선권 존중이라는 입장에서 위와 같은 각 권리보호조항은 부동의한 정리담보권자에 대하여는 처음부터 정리절차가 없었던 경우와 거의 같은 별제권적 지위 내지는 만족을 주는 것이어야 할 것이고, 항고인에 대하여 권리를 제234조 제 1 항 제 1 호 소정의 방법에 의한 권리를 보호하려면 항고인의 담보권리를 실질적으로 변경하지 않는 방법이어야 하는데 항고인에 대한 채권은 원금 및 경과이자 합계 4억 원이고, 변제계획은 준비연도와 1차년도에는 상환계획이 없고, 2차년도에 20%, 3, 4차년도에 각 40%씩 분할 변제하고, 경과이자는 원금상환 후 5차년도에 변제하되, 이자율은 연 6%로 정하고, 예상수익금에 미달되면 당

의 5%를 시설자금 또는 운전자금으로 유보하고, 나머지 재원은 법원의 허가를 얻어 정리담보권자의 정리채권비율로 그 원본변제에 충당한다"는 조항뿐이다.

105) 제234조(부동의의 조가 있는 경우의 인가) ① 정리계획안에 관하여 관계인집회에서 법정의 액 또는 수 이상의 의결권을 가진 자의 동의를 얻지 못한 조가 있는 경우에도 법원은 계획안을 변경하여 그 조의 정리채권자, 정리담보권자 또는 주주를 위하여 다음에 게기하는 방법의 1에 의하여 그 권리를 보호하는 조항을 정하고 계획인가의 결정을 할 수 있다.

1. 정리담보권자에 관하여 그 담보권의 목적인 재산을 그 권리를 존속하게 하면서 신회사에 이전하거나 타인에게 양도하거나 회사에 보류하는 방법
2. 정리담보권자에 관하여는 그 권리의 목적인 재산, 정리채권자에 관하여는 그 채권의 변제에 충당될 회사의 재산, 주주에 관하여는 잔여재산의 분배에 충당될 회사의 재산을 법원이 정하는 공정한 거래가격(담보권의 목적인 재산에 관하여는 그 권리로 인한 부담이 없는 것으로 평가한다) 이상의 가액으로 매각하고 그 매득금에서 매각의 비용을 공제한 잔금으로 변제하거나 분배하거나 공탁하는 방법
3. 법원이 정하는 그 권리의 공정한 거래가액을 권리자에게 지급하는 방법
4. 기타 전각호에 준하여 공정·형평하게 권리자를 보호하는 방법

②, ③ 생략

해연도 상환액에 비례하여 감액 변제할 수 있고, 초과수익금이 발생하면, 시설자금 또는 운전자금에 우선 충당하고 여유가 있으며 법원이 정하는 바에 따라 각 채권자의 잔존채권액에 안분하여 변제하기로 규정되어 있다. 그러나 항고인은 막바로 확정채권 전액의 만족을 받을 수 있는 지위에 있음에도 계획안을 그대로 유지한 채, 정리담보권자에 대하여는 담보권의 목적인 재산에 관하여 담보권을 존속케 하고 이를 정리회사에 유보한다는 내용은 제234조 각호 중 어느 것에도 적합한 것이 아니다.

[2] 정리계획안에 의하면 1983. 9. 30. 현재 정리회사는 자산이 19억 원, 부채가 27억 원으로서 8억 원의 채무초과상태에 있고, 정리채권에 관한 권리의 변경과 변제방법으로 담보권자인 항고인에 대한 변제계획은 위에서 본 바와 같고, 우선권 있는 정리채권에 대하여는 준비연도부터 2차년도까지, 일반정리채권에 대하여는 준비연도부터 6차년도까지 각 분할변제하되 1983. 8. 20. 또는 같은 해 9. 30. 이후 발생하는 이자, 연체료, 가산금 등 부대채권은 일체 면제하면서도 주주에 대한 권리변경조항에서는 정리절차진행중에는 주주에 대한 이익배당을 하지 아니한다고 되어 있고, 변제자금의 조달방법은 영업수익금으로 변제하고, 시설 및 운전자금의 조달방법은 관리인이 법원의 허가를 얻어 차입한 차입금으로 충당할 수 있다고 되어 있다. 그런데 제228조 제 1 항에 의하면 정리담보권을 제 1 순위로 하여 그 각 이해관계인간에 권리의 단계적 우선순위를 정하여 정리계획의 조건에 공정 · 형평한 차등을 두도록 규정하고 있고, 정리회사의 유지갱생을 도모하기 위해서는 단순히 부채의 절사나 분할변제만에 의할 것이 아니라 주식의 소각 등에 의한 자본의 감소와 신주의 발행 등을 하는 자본구조의 대폭적인 수정이 필요한 경우에 대비하여 법은 그 제221조 내지 제222조에서 이 점에 관한 규정을 두고 있다. 따라서 원심이 인가한 정리계획안을 위 각 법조의 취지에 비추어보면 정리담보권 또는 일반채권에 대하여는 준비연도부터 6차년도까지 장기간에 걸쳐 분할변제를 하고 있을 뿐만 아니라 정리담보권에 대하여는 정리계획안작성 이후의 이자를 연 6푼으로 감액하고 그 나머지 모든 채권에 대하여는 앞서 본 바와 같이 1983. 8. 20. 또는 같은 해 9. 30. 이후 발생하는 이자를 일체 면제하면서 주주에 대한 권리변경조항에서는 단지 정리절차진행중에는 이익을 배당하지 아니하는 것에 그치고 있음은 제228조 제 1 항 소정의 각 이해관계인간에 권리의 단계적 순위를 정하여 정리계획의 조건에 공정 · 형평한 차등을 두었다고 볼 수는 없는 바이고, 변제자금의 조달이 전적으로 영업수익금에 의존하고 있고, 시설 및 운전자금의 조달이 차입금에 의존하고

있는 상태하에서 주식소각 등에 의한 자본의 감소나 신주의 발행이 없이 현상유지형을 고수한 원심의 정리계획안은 그 수행가능과 더불어 정리계획의 기본적 이념인 공정 · 형평을 잃은 것이어서 이 또한 부당하다 하지 않을 수 없다.

〈寸 評〉

서울고등법원 84라41 결정은 권리보호조항의 기능과 그 내용을 처음으로 설시하였고 주식소각 없이 현상유지형을 고수한 정리계획안이 공정 · 형평에 반한다는 것을 명시적으로 지적한 것으로서 계획안의 공정 · 형평에 관한 leading case라고 할 수 있다.[106] 그러나 아쉽게도 이 판결이 외부에 공표된 바 없었고, 오석락 변호사님의 판례 평석을 통하여만 그 내용을 알 수 있어서인지, 정리계획의 공정 · 형평을 다룬 글에도 언급되지 못하고, 주식소각에 대한 회사정리실무에 직접적인 영향을 미치지는 못하였다. 주식소각의 문제는 그 후 1996년에 개정된 대법원 송무예규(송민 92-5) 3항의 "나. 구 사주의 영향력 배제"에 처음으로 규정되어 논의가 시작되었다.

2) 서울고등법원 1996. 5. 2.자 96라50 결정(파란들 사건)[107]

〈사안의 개요〉

항고인(신한은행)은 정리회사에 대한 최대정리담보권자(전체 담보권의 약82%)이다. 정리회사는「정리담보권 원금은 정리절차개시결정일인 1995. 2. 20.부터 준비연도와 1차년도 거치 후 제 2 차년도(1998년)부터 제 8 차년도(2004년)까지 연 1회 변제기일에 변제하고, 이자는 정리담보원금과 동시에 제 2 차년도(1998)부터 매년 분할변제하며 제10차년도(2006년)까지 변제한다. 정리담보권에 대한 경과이자는 상환 제 1 차년도에 상환하고, 이율은 연평균 기준금리에 1% 가산한 연리 10%로 한다」는 정리계획안을 제출하였으나 정리채권자조는 동의하였고, 정리담보권자조가 반대하여 부결되었다

원심법원은「정리절차 개시 후 이자는 정리절차개시결정일인 1995. 2. 20.부터 이 계획에서 정한 변제기일까지의 이자는 시중은행의 연평균금리에서 2%를 가산한 11%의 이자율을 적용하여 변제하기로 하고, 변제방법은 정리담보원금은 1995.

---

106) 吳錫洛 변호사는 이 판결이 정리절차에 임하는 회사 내지 주주의 종래 안이하기조차 하였던 자세에 커다란 경종을 울려주는 것이라고 평석하였다. 吳錫洛, "整理計劃樹立의 意義와 그 認可條件," 대한변호사협회지(1985. 3), 29면 참조.

107) 하집 1996-1, 334.

2. 20.부터 준비연도와 제 1 차년도 거치 후 제 2 차년도인 1998년부터 제 9 차년도인 2005년까지 연 1 회 변제기일에 분할하여 변제한다. 정리절차 개시 후의 이자는 정리담보권 원금과 동시에 제 2 차년도인 1998년부터 매년 분할하여 제 9 차년도인 2005년까지 변제한다. 경과이자는 1 차년도인 1997년에 변제한다」는 항고인에 대한 권리보호조항을 설정하고 이 사건 정리계획인가결정을 하였다.

항고법원은 권리보호조항의 의미에 대하여 84라41 결정과 같은 내용을 판시한 다음 아래와 같은 이유로 이 사건 정리계획안은 공정 · 형평에 반하여 제234조 제 1 항 제 4 호에 위배된다며 인가결정을 취소하여 원심으로 환송하였다.

〈결정요지〉

정리담보권자에 대한 권리보호조항이 그 담보권자가 부동의하였던 정리계획안과 비교하여 원리금의 향후 11년 이내의 상환 및 이율 연 10%에 의한 이자 지급조건을 원리금의 향후 10년 이내의 상환 및 이율 연 11%에 의한 이자 지급조건으로 변경한 것에 지나지 아니하고, 그 담보권자가 당초에 제시했던 조건과는 현격한 차이가 있다면, 그 담보권자가 제234조 제 1 항 제 1 호 내지 제 3 호의 어느 방법에 의하더라도 확정채권의 대부분에 대한 만족을 얻을 수 있고, 그 확정채권액이 약 43억 원의 거액일 뿐만 아니라 최다 담보권자인 점에 비추어, 그 정도의 조치만으로는 그 정리담보권자를 공정 · 형평하게 보호하는 것으로 보기 어렵다.

3) 서울지방법원 2001. 11. 22.자 2001회3 결정(고려산업개발 사건)[108]

〈사안의 개요〉

관계인집회에서 정리채권자의 조는 법정 가결요건인 2/3 이상의 동의를 얻었으나 정리담보권자의 조에서는 의결권 총액의 47%의 동의를 얻는 데 그쳐 법정요건인 3/4 이상의 동의를 얻지 못하였다(주주는 절차 개시 당시 정리회사의 부채 총액이 자산 총액을 초과하여 의결권이 없다). 계속기업가치가 청산가치를 상회한다. 정리회사가 2004년까지 비업무용 재산과 청산가치가 높은 업무용 재산을 매각할 경우, 매각계획에 따른 예상 매각대금은 금 2,479억 원 정도이고, 담보목적인 재산의 청산가치는 990억 원, 시인된 금융기관의 정리담보권 대여채무의 원금은 1,430억 원이다.

108) 이 사건의 결정이유는 그 후의 사건인 인천지방법원 2003. 3. 25.자 2001회7(인천정유 사건, 법률신문 2003. 4. 7.자, 12면)에서 거의 그대로 인용되었다.

〈결정요지〉

법원은 다음의 사정 등을 참작하여 권리보호조항을 정하고 인가하였다.

① 정리채권자의 다수가 계획안에 동의하고 있다. ② 정리절차가 폐지되는 경우 파산의 원인인 사실이 있어 파산적 청산을 하여야 하는데 파산에 따른 사회적 비용을 고려할 때 인가될 경우 그 비용을 최소화할 수 있다. ③ 계획안의 주된 내용은 비업무용 재산과 청산가치가 높은 업무용 재산을 조기에 매각하는 것으로 만약 인가된다면 정리회사의 재무구조가 개선되고 사업구조조정이 이루어진다. ④ 계획안에 따른 정리담보권자들 중 임대차보증금반환채무, 구상채무, 보증채무 등에 대한 정리담보권자들은 대부분 계획안에 동의하고 대여채무만이 부동의하고 있는데, 계획안에 의하면 청산가치 이상을 변제받게 된다. ⑤ 금융기관의 정리담보권 대여채무에 대하여는 정리담보권자에게 법원이 정하는 공정한 거래가격에 의한 변제방법과 관리인이 제출한 정리계획안에 따른 변제방법 중의 하나를 선택할 수 있는 권리를 부여하고, 청산에 의하더라도 시인된 원금을 100% 변제받을 수 있는 정리담보권자와 청산에 의하는 경우 시인된 원금 모두를 변제받을 수 없는 정리담보권자를 구분하여 변제방법을 정한다면, 이는 공정·형평하게 권리자를 보호하는 것이 된다. ⑥ 회사정리법의 목적을 달성하기 위하여는 법원이 권리의 공정한 거래가격을 정할 수밖에 없다. ⑦ 자본유동화를 전문으로 하는 회사로서 사업 목적상 투자자금을 조기에 회수해야 하는 입장이므로 찬성할 수 없다는 주장은 회사정리법의 목적에 비추어 받아들일 수 없다.

〈권리보호조항의 요지〉

1. 금융기관 정리담보권의 대여채무에 해당하는 정리담보권자는 계획안에서 정하는 변제방법과 다음의 선택조항에서 정하는 변제방법(이자율 연 10%) 중 하나를 선택할 수 있는 권리를 가진다. 나머지 정리담보권자에 대하여는 계획안과 같은 내용으로 한다.

2. 선택조항상의 변제방법을 선택한 정리담보권자가 그에 따른 변제를 받지 못하는 경우 2004. 1. 1.부터 담보 목적물에 대하여 경매를 신청할 수 있고(개시 후 이자 10% 외에 추가 지연손해금은 발생하지 않는다), 경매절차에서 담보권자에게 배당된 금원은 배당기일에 채무가 변제된 것으로 본다. 배당 후에도 미변제된 금원이 있는 경우 그 잔액은 동종의 정리채권의 변제방법에 따라 변제한다.

3. 대여채무에 해당하는 정리담보권자(미확정 권리자 포함)들은 2001. 12. 31.까

지 관리인에게 확정일자 있는 서면으로 관리인이 제출하여 수정허가된 정리계획안과 권리보호조항이 첨부된 정리계획안 중 어느 것을 선택하는지에 대한 의사표시를 하여야 한다. 만약 그 때까지 선택의 의사표시가 없는 경우에는 관리인이 제출한 정리계획안을 선택한 것으로 본다.

〈寸　　評〉

결정문에 나타난 선택조항에 의하면, 정리담보권자들 중 시인된 채권원리금이 청산시 예상배당액을 초과한 이들에 대하여는 원금을 일부 감하고 개시 전 이자는 면제하고 개시 후 이자에 대하여는 감액된 원금에 대하여 연 10%를 적용하여 원금과 함께 변제한다고 규정하고 있다. 그러나 이러한 권리보호조항의 내용은 전게 서울고등법원 84라41 결정 이유에 어긋나는게 아닌가 하는 의문이 있다. 84라41 결정은 부동의한 정리담보권자에 대하여는 처음부터 정리절차가 없었던 경우와 거의 같은 별제권적 지위 내지는 만족을 주는 것이어야 할 것이고, 항고인에 대하여 권리를 제234조 제 1 항 제 1 호 소정의 방법에 의한 권리를 보호하려면 항고인의 담보권리를 실질적으로 변경하지 않는 방법이어야 한다고 설시하였는바, 예컨대 부동의한 담보권자인 현대캐피탈의 경우 확정된 정리담보권의 원금이 420억 원 정도인데, 선택조항에 의하면 원금을 70억 정도 감하고 개시 후 이자로 95억 원을 변제하도록 하는 것이다. 그러나 원금의 변제시기가 2003. 12. 31.로 연장되었고 인가일인 2001. 11. 22.로부터 약 2년이 지난 후이므로 처음부터 정리절차가 없었던 경우와 거의 같은 별제권적 지위 내지 만족을 주었다고 평가할 수 있을까 의문이 있다. 결정 이유 중 청산가치가 보장되었다는 것은 공정 · 형평과 무관한 요소임에도 이를 근거로 삼은 것도 의문이다(전술 미국의 Case 사건 참조).

(2) 주식소각 및 특수관계자의 정리채권에 대한 차별 여부

1) 대법원 1989. 7. 25.자 88마266 결정(대한광학공업 사건)[109]

〈사안의 개요〉

정리회사의 주주는 실질적 사주인 갑과 딸들이 모두 소유하고 있었다. 형제와 처제가 회사를 위하여 물상보증을 하였으므로 장래의 구상금채권을 보유하고 있었다. 정리계획에 의하면 형제, 처제의 구상금채권은 전액면제하고, 구 주식 전부를 신주발행의 효력발생 다음날 모두 무상소각하기로 하였다. 이에 갑과 딸, 형제, 처

109) 공 1997상, 285.

제가 정리계획안이 공정 · 형평에 반하고, 개정 전 제223조 제 2 항에 반한다고 특별항고를 제기하였다.[110]

〈결정요지〉

[1] 제229조에서 말하는 평등은 형식적 의미의 평등이 아니라 공정 · 형평의 관념에 반하지 않는 실질적인 평등을 가리키는 것이므로, 원심이 인정한 바와 같이 특별항고인 갑이 회사를 파산상태에 이르게 한 경영주였고 나머지 특별항고인들이 그 형제, 처제 등으로서 특별히 깊은 관계에 있는 자라면 이 사건 정리계획에서 이들에 관하여 다른 정리채권자보다 불리한 조건을 정하였다고 하여 평등의 원칙에 위배되지 않는다.

[2] 제221조 제 2 항은 회사정리절차개시의 원인을 제공한 이사, 주주 및 그와 특수한 관계에 있는 주주가 가진 주식의 2/3까지만을 소각할 수 있다는 뜻이 아니고, 회사의 채무 총액이 적극재산의 총액을 초과한 때에는 사정에 따라 그 부실경영의 책임이 있는 주주의 주식 전부 또는 적어도 2/3까지는 소각하여야 한다는 뜻으로 풀이하여야 할 것이므로, 원심이 인정한 대로 갑의 경영상의 잘못으로 회사가 채무 초과의 파산상태에 이르렀고 나머지 주주가 딸이라면 주식을 전부 소각하였다고 하여 공정 · 형평에 어긋난다고 할 수 없다

〈寸 評〉

구법 제221조 제 2 항에 의한 주식소각의 한도에 대하여는 소유주식의 2/3에 한정한다는 견해[111]와 이를 초과하여 전부 소각할 수 있다는 견해[112]가 대립하였다. 후자의 견해가 옳다고 생각한다. 왜냐하면 부실경영의 책임이 있는 경우란 보통은 채무초과상태일 것이고, 정리채권자의 권리가 일부 면제되는 등 권리감축이 있는 경우로서 공정 · 형평의 원칙상 주주가 보유하고 있는 주식을 전부소각하는 것이 가능하다고 생각하기 때문이다. 개정법은 제221조 제 4 항에서 대한광학사건에 관한 대법원 판례에 따라 이러한 법리를 입법화하였다. 또한 부채가 자산을 초과하는 경우에도 1/2 이상을 소각하는 방법으로 자본을 감소하도록 강제하는 내용을 신설하였다(제221조 제 3 항).

110) 원심결정과 항고이유의 요지에 대하여는 金載亨, "會社整理計劃에서 經營責任에 기한 株式消却의 基準," 상사판례연구(V) 박영사(2000), 280-281면 참조.

111) 한국산업은행, 전게서(주 98), 552면; 金載亨, 전게논문(주 110), 292-294면.

112) 元裕錫, "整理計劃案의 作成 認可상의 問題點," 민사판례연구(XVI), 박영사(1996), 539면.

부실경영의 판단은 반드시 수사기관의 자료나 법원의 판결에 의할 필요는 없으며, 조사위원 또는 관리인의 조사결과에 의하여 객관적으로 명백히 입증되면 가능하다(송무예규 731호). 예를 들면 대주주로서 회사 경영에 관여하면서 부실한 자금대여나 무모한 시설확장, 과투자로 인한 금융부담으로 인한 자금부족 등 정리절차개시의 원인을 제공한 사실이 밝혀지면 족하다.[113] 학교법인이 소유하고 있는 정리회사의 주식을 소각하는 것은 학교법인의 기본재산의 매도시에 관할관청의 허가를 받도록 규정하고 있는 사립학교법 제28조 제1항 소정의 허가를 요하는 행위에 해당하지 아니한다.[114] 주식소각 비율은 회사의 자산상태, 수익력, 구 사주의 경영책임 등을 고려하여 자본감소의 비율을 정하여야 할 것이고, 구 사주와 다른 주주의 주식소각 비율을 다르게 정할 수 있다.[115]

한편 주식을 소각하는 내용의 정리계획인가결정 이전에 종전 주주로부터 주식을 양수하고 명의개서절차까지 마쳤다고 하더라도 주식 신고기간이 경과하여 그 사실을 신고하지 못하였을 뿐 아니라 정리법원 또는 관리인에게 통지하지 아니하여 주식 양수 사실이 주주표나 정리계획안에 반영되지 못하였다면 양수인으로서는 주식소각의 효력을 다툴 수 없다.[116]

2) 대법원 1999. 11. 24.자 99그66 결정(극동건설 사건)[117]

〈사안의 개요〉

정리계획안에 의하면 대주주 및 특수관계인인 특별항고인 갑(전 대표이사)의 주식은 100% 소각하며 그의 정리채권과 대주주 및 특수관계인들이 대위변제 등으로 취득하게 될 구상채권은 전액면제한다고 규정되어 있다. 또한 항고인 중 한미리스와 한국개발리스의 채권은 모두 일반금융기관 정리채권으로 취급되어 있다. 항고인 갑은 그의 주식 100%를 소각하는 것과 그가 정리회사의 업무에 관여하거나 재산을 은닉한 바 없음에도 그의 정리채권 및 구상금채권을 면제하는 것은 위법하다고 주장하였다. 항고인 리스회사들은 리스물건은 정리회사가 건설업을 계속하고 경영활동을 하는데 필수적인 것으로서 공익채권으로 처리되거나 적어도 정리담보권으로 취급되어야 한다고 주장하였다.

113) 서울고등법원 2000. 4. 12.자 99라310 결정(진덕산업 사건) 외 다수.
114) 대구고등법원 1999. 6. 24.자 99라8 결정(주식회사 에덴 사건).
115) 대전고등법원 2000. 6. 21.자 2000라156 결정은 경영에 관여한 주주의 주식은 전부 소각하고, 일반 주주에 대하여는 보통주 10주를 2주로 병합한 계획안을 공정 · 형평에 위반하였다고 볼 수 없다고 판시하였다.
116) 대법원 2002. 4. 12. 선고 2001다30520 판결(공 2002상, 1091).
117) 공 2000상, 134.

원심은 ① 갑이 회사의 종전 대표이사로서 그 직을 사임하고 회장으로서 회사의 인사에 관여하고 경영에 영향력을 행사한 사실을 인정하고 정리회사가 계열사에 과다한 재정자금을 대여하거나 계열사의 차입금에 대한 보증을 하도록 함으로써 경영부실화를 초래하였으며 이는 제221조 제 4 항에 해당한다. 따라서 정리계획안은 적법하다. ② 리스료채권은 공익채권으로 볼 수 없고, 리스회사들이 공익채권과 예비적으로 정리채권으로만 신고했을 뿐 정리담보권으로 신고한 바 없으므로 정리계획안에서 신고한 대로 정리채권으로 취급한 것은 옳다는 이유로 항고를 기각하였다. 이에 갑만이 특별항고를 제기하였다

〈결정요지〉

[1] 정리회사 부실경영주주의 주식 전부를 무상소각하는 내용의 정리계획인가가 제233조 제 1 항 제 1 · 2 · 3 호 위반 또는 사유재산권 제한의 한계를 넘어 선 위헌이라고 볼 수 없다.

[2] 제221조 제 4 항의 '중대한 책임이 있는 행위로 인하여 정리절차개시의 원인이 발생한 경우'가 불확정적인 개념이긴 하나 입법기술상 부득이하고, 사회평균인의 건전한 상식으로써도 중대한 책임이 있는 행위인지를 합리적으로 판단할 수 있어, 이를 들어 정리법원에게 지나치게 광범위한 재량권을 부여하였다거나, 그 요건이 추상적이고 모호하여 다의적으로 해석되는 등으로 위헌적인 규정이라고 보이지는 않는다.

[3] 정리회사 부실경영주주의 정리채권 및 정리절차 개시신청 후 취득하거나 취득할 구상금채권을 전액 면제하기로 조건을 정한 정리계획인가가 제229조 소정의 평등의 원칙에 위배되거나 사유재산권 제한의 본질적 한계를 넘는 것이 아니다.

〈寸 評〉

대법원 판결 요지 중 구상금채권을 전액 면제할 수 있다는 부분은 그 동안의 하급심의 실무를 확인하여 준 것이고 채무자회생및파산에관한법률안 제218조로 입법화되었다.

3) 서울고등법원 1997. 2. 25.자 96라142 결정(근화제약 사건)[118]

〈사안의 개요〉

① 정리회사(근화제약)는 설립자의 장남인 갑이 대표이사이고 장남의 친인척

118) 하집 1997-1, 314.

들인 이 사건 항고인들이 정리회사 주식의 15.82%를 소유하고 있던 지배주주였다. 정리회사는 1995. 12. 31.을 기준으로 자산 약 356억 원, 부채 약 491억 원이었다.

② 갑은 재무구조가 극도로 악화된 1993. 7. 14.부터 같은 해 7. 19.까지 자신의 주식 및 자신이 관리해오던 형제자매, 장인, 처남의 주식을 매도하고, 그 주식대금으로 주식담보대출금의 변제와 정리회사의 운영자금으로 사용하였다는 이유로 매수인인 형제자매 앞으로 정리회사 명의의 현금보관증 6장(총액 15억 원, 제 1 정리채권)을 발행하였으며, 처남은 자신이 거래하던 다른 회사의 주식을 처분하고 그 대금을 정리회사에게 송금하고 갑은 처남에게 정리회사명의의 액면 5억 원의 약속어음 1장(제 2 정리채권)을 발행하였다. 제 1, 2 정리채권에 대하여 아무도 이의하지 않아 정리채권으로 확정되었다.

③ 누이와 장인은 정리회사의 비상근이사로서 정리회사의 채무를 연대보증하였고, 위 보증채무에 기하여 그들 소유의 부동산에 각 가압류가 이루어졌으며, 장차 정리회사에 대하여 구상금채권을 가지게 되었다. 그 외 갑의 모, 처, 아들, 외숙, 처남, 장모는 각 정리회사의 주주이다.

④ 정리계획안에서는 정리담보권은 제 1 차년도부터 제 9 차년도까지, 정리채권은 제 1 차년도부터 제13차년도까지 각각 분할변제하고, 주식은 보통주 및 우선주 각 5주를 보통주 및 우선주 각 1주로 병합하여 자본을 감소하였으며, 신주를 발행하도록 하였다. 그러나 특수관계인들의 정리채권은 제 3 자가 정리회사의 경영권을 인수하지 않으면 제13년차에 일괄변제하고, 제 3 자가 인수하면 위 채무를 면제하며, 갑과 특수관계인들의 주식은 대부분(2인은 제외) 소각하는 것으로 하였다.

⑤ 이에 특수관계인들은 이와 같은 정리계획안이 일반정리채권, 정리채권자, 주주들에 비하여 형평을 잃은 것이라 하여 정리계획인가결정에 대하여 항고하였다.

〈결정요지〉

[1] 제229조 소정의 '평등'의 의미는 형식적인 평등을 말하는 것이 아니라 공정 · 형평의 관념에 반하지 않는 실질적인 평등을 말하는 것으로서, 회사를 파산 상태에 이르게 한 구 경영주 · 대주주나 그와 친족관계에 있는 자의 정리채권에 관하여 다른 정리채권보다 차등을 두어 불리한 조건을 정하는 것은 평등의 원칙에 반하는 것이 아니며, 어느 정도까지 불리한 조건을 정할 수 있을 것인가는 회사의 파산 상태 및 그에 대한 구 경영주의 책임의 정도, 구 경영주와 정리채권자와의 구체적인 친족관계, 정리채권의 발생 시기, 발생 경위, 변제기, 채권액, 구체적인 입

증 자료 등을 종합적으로 검토하여 판단하여야 한다.

[2] 정리회사의 구 경영주와 특수관계에 있는 자들이 가지고 있는 정리채권이 보유 주식을 회사정리절차 신청 직전에 처분하여 얻은 대금을 정리회사에 대여함으로써 발생하였고, 그 특수관계인들의 주식이 구 경영주의 경영권 행사를 뒷받침하여 구 경영주의 경영부실에 공동책임이 있으며, 일반 주주들의 주식이 정리계획에서 1/5로 소각되는 것으로 정해진 점 등에 비추어, 그 특수관계인들의 정리채권을 전액 면제함이 형평에 맞는다(제 1 정리채권).

[3] 정리회사 구 경영주와 특수관계에 있는 자가 독자적인 재산으로 취득한 정리채권에 대해 일반 정리채권보다 변제기한을 연장하는 것은 형평에 반하지 않으나, 전액 면제시키는 것은 형평에 반한다(제 2 정리채권).

[4] 정리회사 구 경영주와 특수관계에 있는 자가 정리회사로부터 월급을 받거나 어떠한 대가를 받음이 없이 비상임이사라는 이유로 회사의 채무에 대한 연대보증을 하였다가 자신의 독자적인 수입원에 의해 형성된 재산으로 연대보증채무를 변제하고 취득한 구상금 상당의 정리채권에 대해 이를 전액 면제시키는 것은 형평에 반한다.

〈寸　評〉

이 사건에서 법원은 제 2 정리채권과 구상금채권을 전액 면제하는 정리계획안이 형평에 반한다고 인정하면서도 항고인들에 대하여 권리보호조항을 정하면 다른 정리채권자들과의 형평에도 어긋나지 않게 되어 정리계획이 전체로서 적법하게 되고 다른 이해관계인들의 권리를 해하지도 않는 것으로 보아 제234조를 유추적용하여 권리보호조항을 정하여 정리계획을 인가하는 것으로 원심결정을 변경하여 파기자판하였다.

4) 정리채권자와 주주의 차등 정도

대전고등법원 2000. 6. 21.자 2000라156 결정(씨티아이반도체 사건)

〈사안의 개요〉

항고인은 정리채권자인데 정리계획에 의하면 정리채권에 대하여는 원금의 81%를 면제하고 잔액의 36%는 출자전환(1주당 1,000원의 비율)하고 나머지 3%를 현금으로 변제하고, 대주주와 부실경영에 책임 있는 주주에 대하여는 주식을 전부 소각하고 소액주주에 대하여는 보통주 10주를 2로 병합하기로 하였다. 항고인은 정리채권자의 지위가 주주보다 불리하다는 이유로 항고하였다.

〈결정요지〉

정리회사를 청산에 의하여 배당하는 경우 정리채권자에 대한 변제율은 9%에 불과하지만 계획안에 의할 경우에는 변제율이 18%에 이르고, 출자전환되는 부분을 2,520원/1주로 계산하는 경우 변제율이 28%에 이르고, 대주주와 부실경영에 책임 있는 주주의 주식은 전부 소각하고 소액 주주만 위와 같이 병합하는 것이므로 정리계획 인가에 의하여 잔존주식은 총 발행주식의 15%에 불과하고, 감자 후 소액주주의 주당 매입가가 7,550원으로 환산되나, 정리채권자들의 1주당 매입가는 1,000원이어서 신주 교부시 소액주주가 정리채권자보다 7.5배나 비싸게 신주식을 교부받게 되므로 소액 주주에 대한 주식감소 비율이 정리채권자보다 유리하다고 할 수 없다.

(3) 권리자 상호간의 합리적인 차별

1) 손해배상채권과 일반 상거래채권의 차별 여부

대법원 1992. 6. 15.자 92그10 결정(코리아타코마조선공업 사건)[119]

이 사건 역시 인가결정에 대한 항고를 받아들여 계획안이 공정 · 형평에 반한다고 하여 사건을 부산고등법원으로 환송한 사건이다.

〈사안의 요지〉

특별항고인은 외국인으로서 중재판정에 의하여 손해배상채권 약 34억 원의 정리채권을 신고하여 확정되었다. 정리계획에 의하면, 요트건조계약의 불이행으로 인한 손해배상채권은 6차년도부터 19차년도까지 무이자로 원금만 분할 변제함에 반하여, 위 채권과 함께 기타 일반정리채권으로 분류하고 있는 리스회사의 채권은 준비연도 말에 변제하고, 일반상거래채권은 준비연도부터 시작하여 2차년도까지 전액 변제하게 되어 있으며, 위 손해배상채권의 금액도 일반상거래채권자들 중에서 위 손해배상채권액보다 고액의 채권을 가진 자가 상당수가 있었다. 원심은 손해배상채권자인 특별항고인의 주장을 물리치고 계획안을 인가하였다.

119) 공 1992, 2219. 이 판결에 대한 평석으로는 趙相熙, "整理計劃 認可決定에 대한 抗告에서의 認可決定取消의 效果," 서울지방변호사회 판례연구(1992), 391면 이하 참조.

〈결정요지〉

정리계획에 의하면 특별항고인 등의 요트건조관련 정리채권은 요트건조계약의 불이행으로 인한 손해배상채권이라고 보여지는데 위 채권은 6차년도에서 시작하여 19차년도에 이르기까지 무이자로 원금만 분할 변제함에 반하여 위 채권과 함께 기타 일반정리채권으로 분류하고 있는 리스회사의 채권은 준비연도 말에 전액 변제하고 일반 상거래 채권은 준비연도부터 시작하여 2차년도까지 전액 변제하게 되어 있으며 금액에 있어서도 일반상거래 채권자들 중에서 특별항고인 등의 요트건조관련채권액보다 고액의 채권을 가진자가 상당수 있음을 알 수 있는바, 그렇다면 정리계획의 조건은 같은 성질의 권리를 가진 자간에서는 원칙적으로 평등하여야 한다는 제229조의 규정에 비추어 단지 그 채권의 성질이 일반상거래채권과는 달리 손해배상채권이라는 것만으로는 변제조건 등에 있어서 심하게 차등을 둔 합리적인 이유가 없다.[120]

〈寸 評〉

이 결정에 대한 환송 후 원심인 부산고등법원은 1992. 8. 27.자 92라26 결정에서 다시 정리법원(창원지방법원)의 1991. 11. 25.자 90파131 결정을 취소하고 사건을 창원지방법원으로 환송하였다. 환송 후 항고심에서 항고인은 항고심이 항고인의 정리채권에 대한 정리계획을 수정 인가함으로써 자판하여 달라고 주장하였다. 이에 대하여 항고심은 개시결정의 신청에 대한 항고에 관한 규정인 제50조 제 4 항과, 회사정리법의 목적, 정리법원이 항고법원보다 회사의 경영사정을 파악하고 있어 정확하게 판단을 내릴 수 있는 점, 정리계획 중 항고인에 대한 부분을 변경하는 것에 대하여 불리한 영향을 받는 다른 이해관계인의 존재 등을 이유로 자판하지 아니하고 환송을 하였다. 최종적으로 정리법원은 1992. 12. 28. 정리계획수정안(환송 후에 작성된 1992. 11. 10.자 수정안)을 인가하였다.[121] 만일 항고심이 항고인의 주장대로 파기자판하였더라면 4개월의 기간을 단축할 수 있었다.[122]

120) 吳守根, "會社整理法에서의 平等 · 公正 · 衡平의 槪念," 상사판례연구(V), 박영사(2000), 273면은 이를 제233조 제 1 항 제 2 호의 공정 형평성보다는 1호의 법규적합성으로 보아야 한다고 주장한다. 그러나 이러한 해석은 공정 · 형평의 문제를 별도로 규정하고 있는 법률 체제에 반할 뿐 아니라 보통 1호의 규정은 그 이외의 법률위반(예컨대 정리계획의 필요적 기재사항의 누락 등)을 다루는 것으로 해석하는 견해와도 배치된다(宮協 등, 전게서(주 78), 851면 참조).

121) 창원지방법원 1992. 12. 28.자 90파131 결정.

122) 부산고등법원 1992. 8. 27.자 92라26 결정. 반대로 정리회사의 갱생을 위하여 항고심에서 자판한 사례도 있다. 전게 근화제약 사건(주 118)의 경우에는 항고심이 권리보호조항을 삽입한 후 자판하였다.

대법원이 내외국인의 차별 여부에 대하여 직접 언급하지 아니하였으나 간혹 실무상 외국인에 대한 채권을 유리 또는 불리하게 차별하는 경우가 있으나 이 판결의 사안에서 특별항고인이 외국인이었으며 단지 채권자가 외국인이라는 이유만으로 정리절차에서 차별을 하는 것은 헌법에 규정된 내외국인 평등의 원칙에 반한다는 법리를 유추할 수 있다고 생각한다.[123)]

2) 정리담보권자 사이의 차등 여부

대법원 1998. 8. 28.자 98그11 결정(삼익 사건)[124)]

〈사안의 개요〉

원심이 인가한 정리계획안에 의하면 1. 금융기관의 정리담보권에 대해서는 개시결정일부터 연 7%, 금융기관의 정리채권에 대하여는 연 4%의 이자를 지급한다. 2. 단 주택사업공제조합의 정리채권에 대한 이자는 향후 정리회사가 사업수행에 필요한 모든 보증서를 발급하는 것을 조건으로 하여 정리담보권에 준하는 수준으로 변제하고, 비업무용자산인 청주공장과 관련된 한국산업은행의 정리담보권의 이율은 연 10%로 한다. 3. 사업용부지에 설정된 담보권은 신규 사업수행에 필요한 주택사업공제조합의 재보증업무를 재개를 전제로 하여 (1) 기착공사업용 부지에 대한 담보권은 정리계획안 인가 및 제3자 인수절차가 종료되면 사용검사시에 해제하고, (2) 미착공사업용 부지에 대한 담보권은 담보권자가 토지사용승낙서 발급, 사용검사시에 해제하고 이와 관련하여 정리회사는 동 부지의 정리담보권 인정금액을 해당 신규사업 관련 분양수입금에 비례하여 우선 상환하고, 상환받은 금융기관은 상환금액 범위 내에서 별도의 추가자금을 지원한다.

정리담보권자인 특별항고인이 정리담보권자들간에 차등을 둔 것이 위법하다는 이유로 한 항고에 대하여 항고심은 구체적인 이유설시 없이 항고를 기각하였다.

〈결정요지〉

이 사건 정리계획은 여타 금융기관 정리담보권자들에 대하여는 발생이자(정리절차 개시 이후에 발생하는 이자)에 대한 이율을 연 7%로 변경하는 것으로 하는 반면 정리담보권자 중 하나인 한국산업은행에 대하여는 그 이율을 연 10%로 변경하는 것으로 정하고 있고, 여타 금융기관 담보권자들은 원칙적으로 2008년부터 10년간에 걸쳐 원리금을 분할 변제받도록 하되, 사업용 부지에 대하여는 그 지상에

123) 同旨, 邊在承 외 4인, 전게논문(주 100), 347면.
124) 공 1998하, 2493, 이 판결에 대한 평석으로는 吳守根, 전게논문(주 120), 255면 이하 참조.

아파트 등을 건축하여 사용검사를 받을 때에 담보권을 해지하고, 그 분양수입금에서 우선하여 해당 담보권자의 정리담보권을 상환하되, 상환을 받은 금융기관 정리담보권자는 정리회사에게 추가자금을 대출하도록 되어 있는 반면, 한국산업은행에 대하여는 한국산업은행이 담보권을 가지고 있는 위 청주공장을 5년 이내에 매각하고, 그 매각대금에서 한국산업은행의 정리담보권을 우선변제하도록 하고, 변제충당순서에 있어서도 이 사건 정리계획이 일반적으로 정하고 있는 원금, 경과이자, 발생이자의 역순(逆順)으로 충당하도록 되어 있다. 정리담보권자인 한국산업은행의 담보물에는 청주공장의 부동산뿐 아니라 기계 · 기구가 포함되어 있고(장부 및 감정가액 기준으로 청주공장 부동산의 가액은 277억 원이고, 기계 · 기구의 가액은 45억 원이다), 기계 · 기구의 경우 부동산에 비하여 시간의 경과에 따른 가치의 감모(減耗)가 격심하다는 점을 고려하면 이를 조기에 매각하는 것은 불가피하다 할 것이지만, 한국산업은행이 특별법인 한국산업은행법에 의하여 산업의 개발과 국민경제의 발전을 촉진하기 위하여 정부의 전액 출자에 의하여 설립된 법인이라는 점과 한국산업은행이 담보권을 가지고 있는 청주공장이 비업무용 자산이라는 점 등을 고려한다 하더라도 조기 매각 이외에 이 사건 정리계획이 한국산업은행과 여타 금융기관 정리담보권자들의 권리 변경에 대하여 둔 위와 같은 차등은 형평의 관념상 이를 수긍할 만한 근거를 찾기 어렵다. 그럼에도 불구하고 원심법원이 위와 같은 권리 변경의 차등이 합리적인 이유가 있는가에 대하여 별다른 이유도 적지 아니하고 이 사건 정리계획이 제233조 제 1 항 제 2 호 전단이 요구하는 공정 · 형평성을 구비하고 있다고 판단한 것은 정리담보권자들 사이의 평등의 원칙과 정리계획의 공정 · 형평성에 대한 법리를 오해하였거나 필요한 심리를 다하지 아니한 위법이 있다.

〈寸 評〉

이 판결은 대법원이 원심이 인가한 정리계획안이 공정 · 형평에 반한다고 하여 원결정을 취소하면서 처음으로 자세한 이유를 설시한 값진 선례이다. 또한 공정 · 형평의 개념에 대한 종전의 법리를 확인하고 더 나아가 정리절차에 의하지 아니한 변제가 있는 경우 다른 정리채권자들과의 균형, 정리담보권자 사이의 형평, 매각예정 담보물에 대한 충당에 대하여 처음 언급한 것으로서 그 가치가 크다.

그러나 대법원은 주택사업공제조합의 정리채권에 대한 이자는 향후 정리회사가 사업수행에 필요한 모든 보증서를 발급하는 것을 조건으로 하여 정리담보권에 준하는 수준으로 변제한다는 부분에 대한 언급을 하지 아니하였다. 졸견으로는 이는 권리의 순위를 정한 제228조 제1항에 반하는 것일 뿐 아니라 다른 정리채권자와의 균형에 어긋나므로 공정 · 형평에 반한다고 생각한다.

다음으로 담보물이 매각예정 대상인지 여부에 따라 정리담보권자간에 차등을 둘 수 있는가? 담보물의 처분대금은 당해 담보물에 대하여 담보권을 갖는 담보권자의 피담보채권에 우선적으로 변제하여야 하는가? 대법원은 담보물의 매각대금에서 당해 담보권자의 정리담보권을 우선 상환하는 것의 허부에 대한 명시적인 판단을 하지 아니하고 오히려 이를 전제로 논리를 전개하고 있다. 생각건대 부동산을 대상으로 하는 담보권은 그 성질이 같은 권리이지만 매각대상의 여부에 따라 이자율을 달리 하거나 변제기간에 현저한 차등을 두는 것은 특별한 사정이 없는 한 공정 · 형평에 반한다. 일본의 학설 중에는 매각물건의 매득금은 당해 물건을 담보물로 하는 정리담보권자뿐 아니라 다른 부동산의 담보권자에 대하여도 채권액의 안분비례에 의하여 충당하여야 하고, 만일 부족분이 생기는 경우에는 다른 담보권자와 마찬가지로 영업수익금에 의하여 변제하여야 할 것이라는 주장이 있다.[125]

그러나 이 견해에 의하면 정리계획에서 보통은 정리담보권을 존속시키는데, 매각예정물건에 대하여는 정리담보권이 소멸될 수밖에 없다. 이 경우 미변제 잔액에 대하여 아무런 담보도 없게 되기 때문에 다른 담보권이 존속되는 정리담보권자와 균형을 잃게 되는 문제가 발생한다. 이 경우 일본의 실무는 기존의 모든 정리담보권을 소멸시킨 다음 정리담보권자를 위하여 동 순위의 담보권을 설정하는 경우, 매각물건 이외의 물건에 대하여 담보권을 설정하는 경우, 매각대금의 배당에 참여한 다른 담보권자의 담보물에 대하여 일부대위를 정하는 경우 등이 있다고 한다.

생각건대 이는 정리절차가 폐지되는 경우를 상정하면 절차를 복잡하게 할 뿐 아니라 당초 담보권자나 정리회사의 의사에 반하는 것이 아닌가 생각한다. 차라리

125) 그렇지 아니하면 그 물건을 담보권으로 가지는 정리담보권자는 곧바로 전액 변제를 받게 됨에 반하여, 주력 공장 등 처분이 예상되어 있지 아니한 다른 물건에 대한 정리담보권자는 수익에 의하여 변제를 받을 수밖에 없는 결과가 되어 양자간에는 극단적인 불평등이 생겨, 평등의 원칙에 반한다고 하는 것이다(野崎幸雄, “更生計劃における權利の取扱いをめぐる諸問題,” 『新 實務民事訴訟講座 13』, 日本評論社(1981), 233면). 불균형을 해소하기 위하여 다음과 같은 방안을 강구하여야 할 것이라고 한다. ① 처분대금 중 당해 정리담보권에 해당하는 금액을 정기예금하고, 그것에 질권을 설정한 후, 다른 담보권자와 동일한 방법(변제기)으로 변제하는 방법. ② 처분물건의 처분기간에 간격을 두고, 또 처분물건이 담보권의 일부에 지나지 않는 때에는 그 대금을 변제에 충당하되, 잔액에 관하여는 변제기를 조정하여(뒤로 미루어야 할 것임) 평등을 유지하는 방법. ③ 부동산이나 공장재단에 담보여력이 있는 경우에는 그것으로 담보를 변환하고 가능한한 다른 정리담보권자와의 평등을 관철하기 위하여 상호간에 담보권의 순위를 포기하여 동일순위의 담보권자로 하고, 동일한 방법으로 변제하는 방법. 구체적 재판례에 대하여는 宮協 등, 전게서(주 78), 834-835면 참조.

매각물건의 매득금은 일단 당해 물건을 담보물로 하는 정리담보권자에게 우선하여 변제하는 대신 모자라는 부분은 그 변제조건에 있어서 다른 정리담보권자보다 열후적으로 취급한다거나, 공익채권자로서 새로운 자금을 대여하도록 하는 등의 불평등을 해소할 수 있는 다른 조치를 취하여 다른 정리담보권자와의 형평을 꾀하는 것이 오히려 간명하지 않을까 생각한다. 저자가 확인한 바에 의하면 현재 서울지방법원 파산부의 실무는 당해 물건을 담보물로 하는 정리담보권자에게 우선하여 변제하고 혹시 남는 매각대금이 있으면 원칙적으로 법원의 허가를 받아 공익채권의 변제나 회사의 운영자금으로 사용하도록 하고 있다고 한다.[126] 일본의 종전 실무는 담보권자의 형평을 고려하여 대금을 담보변환하여 다른 정리담보권자와 같은 변제방법에 의하여 지불하는 예가 많았으나 최근에는 우리 나라와 같이 조기에 담보권을 회수하는 것이 공정·형평에 적합하다는 이유로 매각물건에 대하여 매각예정시기 및 예상매매가격을 정한 후 매각 후 1개월 내에 당해 목적물의 피담보채권을 변제하는 예가 있다고 한다.[127]

3) 융통어음채권과 일반 상거래채권의 차별 여부

① 서울고등법원 1997. 7. 11.자 97라95 결정(효성다이아몬드 사건)[128]

〈사안의 개요〉

항고인(동양할부금융)은 정리회사가 발행한 융통어음을 가지고 있는데, 이 사건 정리계획안은 일반 상거래채권은 500만 원 이하인 경우 준비연도(1997년)에 전액변제하고, 500만 원 이상인 경우 제 1 차년도(1998년) 내지 제 3 차년도(2000년)부터 시작하여 3년 내지 8년 동안 분할 변제하도록 되어 있으나, 항고인이 가진 어음금채권은 융통어음으로서 비정상거래에 의한 채권이라는 이유로 정리계획 수행 마지막 해인 제10차년도(2007년)에 일시 변제하도록 되어 있다. 이에 항고인이 이 사건 정리계획안은 공정·형평성을 갖추지 못한 것으로서 제229조에 어긋난다는 이유로 정리계획인가결정에 대하여 항고하였으나 기각되었다.

---

126) 서울지방법원 97파7477호(정리회사 대농) 정리계획안은 '처분대금의 사용용도' 항목에서 정리회사가 담보물건을 처분한 경우에는 처분대금에서 당해 담보물에 관한 임대차 및 전세보증금과 관련 제세금 및 제비용을 공제한 잔액으로 본 정리계획에 의하여 인정된 정리담보권의 가액 범위 내에서 정리회사가 주 채무자로서 변제하여야 할 정리담보권의 원금, 경과이자, 발생이자의 순으로 변제한다. 위와 같이 변제하고도 남는 자금이 있는 경우에는 변제기일 조기도래분의 변제예정액부터 원금, 경과이자, 발생이자순으로 변제한다고 규정하고 있다.

127) 長谷部 외 3인, "會社更生手續·會社整理手續運用手引き," 判例時報 제1692호, 5면, 제1693호 7면.

128) 하집 1997-2, 414(확정됨).

〈결정요지〉

[1] 순위에 우선이 없는 같은 일반 정리채권이라 하더라도 그 발생 원인(예컨대 물품매입, 금전차용, 융통어음발행 등)이 서로 다른 채권은 제229조 본문에서 말하는 '같은 성질의 권리'라고 할 수 없고, 또한 같은 성질의 채권들이라고 하더라도 같은 조 단서에 따라 이들 간에 차등을 두어도 형평을 해하지 아니한 때에는 조건을 달리 정할 수 있는바, 권리발생의 원인 및 태양, 변제기, 채권의 목적, 발생시기의 차이 등에 따라 조건에 차등을 두는 것은 그 차등이 불합리하게 심하지 않는 한 오히려 실질적 형평의 원칙을 지키는 것이다.

[2] 항고인이 가지고 있는 정리회사의 어음은 정리회사가 거래처의 신용의 편의를 위하여 아무런 대가관계 없이 발행한 순수한 융통어음으로서 물품을 납품받고 발행한 진성어음과는 그 성질이 다른 점, 항고인으로서는 각 어음의 배서인들에 대하여 어음금을 청구함으로써 채권을 회수할 다른 방법이 있는 점, 융통어음 소지인의 채권이 일부라도 면제된 것은 아닌 점, 융통어음의 소지자들은 모두 기타 일반 정리채권으로 분류되어 똑같은 조건의 변제계획이 정해졌으므로 항고인만이 불리한 대우를 받은 것은 아닌 점 등에 비추어 볼 때 위 정리계획안이 항고인에게 합리적 근거 없이 심히 불리한 조건을 정한 것이라고 할 수 없다.

② 서울고등법원 1999. 4. 26.자 99라29 결정(삼립식품 사건)

〈사안의 개요〉

① 항고인(파산자 쌍용종합금융)은 정리회사에 대하여 정리회사의 계열사가 주채무자로서 자금을 융통함에 있어서 정리회사가 발행한 어음과 전면보증한 어음에 기한 보증채권인 정리채권을 갖고 있다.

② 정리계획안은 정리채권을 우선권 있는 정리채권, 금융기관의 정리채권, 일반상거래 정리채권 및 보증채권으로 분류하고, ㈀ 보증채권은 원칙적으로 주채무자가 변제하되 주채무자에게 정리절차의 폐지 또는 화의인가결정의 취소 등이 있을 경우 그 시점부터, 회사정리절차나 화의절차의 개시결정 등이 없을 경우에는 주채무자의 자체 청산 종료시점(주채무자의 담보 부동산에 대한 경매절차가 종료되는 시점)부터 각 4년 거치 후 6년간 분할 변제하고 발생이자는 면제받는다. ㈁ 일반상거래 채권은 1억 원 초과는 1년차부터 5년간 균등 분할 변제한다고 되어 있다.

③ 항고인은 융통어음이 아닌 정상적인 상거래로 인한 정리회사 발행의 진성

어음을 할인해 주었으므로 항고인의 어음채권은 상거래로 인한 일반정리채권으로 분류되어야 한다는 이유로 이 사건 정리계획인가결정에 대하여 항고하였으나 기각되었다.

〈결정요지〉

항고인이 가지고 있는 정리회사 발행 어음은 원래 정리회사가 계열회사 내지 방계회사인 주식회사 삼립테코와 성일기계공업에 자금을 지원할 목적으로 아무런 대가관계 없이 발행한 순수한 융통어음으로서 물품을 납품받고 발행한 진성어음과는 그 성질이 다르며, 정리계획상 항고인의 채권 원금이 일부라도 면제된 것은 아닌 점, 항고인과 같은 융통어음의 소지자들은 모두 정리계획상 보증채권으로 분류되어 항고인과 똑같은 조건의 변제계획이 정해졌으므로 항고인만이 불합리한 차별대우를 받은 것은 아닌 점 등에 비추어 볼 때, 이 사건 정리계획안이 항고인에 대한 변제방법을 부당하게 정하여 현저하게 공평을 잃었다거나 공정·형평의 원칙에 반하여 위법하다고 볼 수 없다.

4) 보증채권과 일반채권의 차별 여부

① **서울고등법원 1998. 6. 25.자 98라90 결정**(건영 사건)[129)]

〈사안의 개요〉

① 항고인(한국보증보험)은 정리회사를 주채무자로 하는 장래 구상권 약 100억 원과 정리회사의 5개 계열회사 및 신청외 갑을 주채무자로 하는 연대보증채권 약 45억 원의 정리채권을 가지는 것으로 확정되었다.

② 정리회사는 정리절차개시결정일인 1997. 5. 19. 현재 자산이 약 7,619억 원, 부채가 7,664억 원으로서 약 44억 원의 채무초과상태에 있었고, 개시결정 후 1997. 7. 16. 채권조사기일까지 실제 변제할 채권의 내역은 확정된 정리담보권이 약 2,364억 원, 정리채권이 약 1조 88억 원, 합계 약 1조 2,452억 원이고, 그 중 연대보증채권은 약 3,313억 원으로 총 변제할 채권액의 26%, 정리채권액의 32%에 이르고, 항고인이 가진 연대보증채권은 총 연대보증채권의 1%에 이른다.

③ 정리계획안은, (ㄱ) 금융기관의 정리담보권 및 정리채권의 원금에 대하여는 정리절차개시결정일인 1997. 5. 19.부터 제10차년도인 2008년까지 거치 후 제11차년도인 2009년부터 제20차년도인 2018년까지 10년간 연 1회 균등분할 변제하는 것

129) 서울고등법원 1998. 6. 25.자 98라96 결정도 건영에 대한 사건으로 결정요지는 같다.

으로 하고, (ㄴ) 이자에 대하여는 정리담보권은 연 8% 범위 내에서 시중은행의 프라임 레이트(prime rate)를, 정리채권은 연 3%의 이자율을 각 적용하되 위 금리를 적용하여 산정된 정리절차 개시 전 이자와 시·부인시의 개시 전 이자가 다를 경우 적은 금액으로 지급하고 그 차액을 면제하며, (ㄷ) 정리절차 개시 전 이자는 제10차년도까지 거치 후 제11차년도부터 최종연도까지 매년 연 1 회 균등분할 변제하는 것으로 하고 정리절차 개시 후 이자는 매년도마다 당해연도의 이자분을 변제하는 것을 원칙으로 하였으며, (ㄹ) 정리회사가 타인을 위하여 연대보증함으로써 발생한 연대보증채권은 주채무자로부터 우선변제받도록 하고, 주채무자의 파산, 청산 또는 부도로 변제능력이 상실되어 변제를 받지 못할 경우 정리절차 최종연도에 일괄변제하고, 이자는 면제하는 것으로 하였다.

④ 위 정리계획안에 대하여 정리담보권자조는 97%, 정리채권자조는 77%가 동의하여 가결되었고, 연대보증채권자 중 위 정리계획안에 반대한 다른 10개 금융기관은 위 정리계획안이 가결된 후 이의를 제기하지 않았다.

⑤ 항고인은 연대보증채권이 대부분 정리회사가 지방자치단체로부터의 수주를 고려하여 형식적으로 지방에 설립하여 놓은 건설회사들을 주채무자로 하고 이에 정리회사가 연대보증한 것으로 항고인은 정리회사의 보증을 믿고 보증보험증권을 발급하여 주었던 것인데, 위 정리계획안이 연대보증채권을 보증채권과 동일하게 보아 장래의 구상권 등에 비하여 차별하는 것은 형평을 잃은 것이라는 이유로 정리계획인가결정에 대하여 항고하였으나 기각되었다.

〈결정요지〉

정리회사의 재정상태나 향후 영업전망 등에 비추어 특단의 조치를 취해야만 회사의 재건이 가능한 점(정리회사의 주 사업인 건설업은 정책과 경기변동에 따라 심한 부침이 있는 산업이며, 정리회사의 경우 향후 영업이익만으로는 채무원리금을 정상적으로 변제할 능력이 없어 회사의 갱생을 위해서는 특단의 조치가 필요한 점), 그리하여 정리담보권에 대하여도 원금의 변제시기를 정리절차 제10차년도까지 거치토록 하는 등 상당한 불이익을 가하고 있는 점, 항고인의 보증채권은 정리회사가 5개 계열회사 및 갑의 채무를 연대보증함으로써 생긴 것으로 아직까지 확정적으로 발생하지 않았고, 주채무자에 의한 변제가능성이 없다는 점에 대한 소명도 없는 점, 위 정리계획안에 반대하는 항고인의 채권은 총 보증채권액의 약 2%에 불과하고, 나머지 98%에 해당하는 보증채권자들은 위 정리계획을 그대로 수용하기로 한 점, 회사정리절차 실무상 보증채무에 대하여 이 사건 정리계획안과 같은 안이 인가되고 있는 점 등에 비추어보면 이 사건 정리계획은 공정·형평하다.

② **대법원 2000. 1. 5.자 99그35 결정**(아시아자동차 사건)

〈사안의 개요〉

특별항고인 대주중공업은 정리회사 아시아자동차공업(주)가 보증한 동진철강에 대한 보증채권을 갖고 있는데 계획안에 의하면 다른 상거래 채권에 대하여는 원금을 늦어도 2차년도까지는 전액 변제하기로 하였으나 특별항고인을 비롯한 보증채권은 전부 면제하도록 하였다. 또한 일반주주들의 경우는 그들이 보유하고 있는 주식의 10주가 1주로 병합되도록 규정되었다.

〈결정요지〉

보증채무의 경우에는 변제책임을 지는 주채무자가 따로 있을 뿐만 아니라 반드시 보증에 상응하는 대가를 얻는 것도 아니라는 점에서 정리채권이 보증채권인 경우에는 주채권인 경우에 비하여 일정한 차등을 두더라도 공정·형평이나 평등의 원칙에 어긋난다고 볼 수는 없으나 보증채권도 정리채권인 이상 주주들에 비하여 순위가 앞서는 것이므로 채권자(대주중공업)가 정리회사의 파탄의 원인을 제공하였거나 특수한 관계에 있는 등의 특별한 사정이 없는 한 적어도 주주보다 불리한 대우를 받아서는 안 된다고 할 것인데 보증채권은 전부 면제하면서 일반주주들의 경우 1/10의 비율로 주식을 병합하는 것만으로는 공정·형평한 차등의 관념에 어긋나며, 보증채권을 전액 면제하는 것은 다른 상거래채권에 대하여 원금을 2차년도까지 전액 변제하기로 한 것과 비교하여 합리적인 범위 내에 있는 차별이라고 할 수 없다. 또한 채권금융기관 대표자 회의에서 보증채무 전액 면제에 관한 합의가 있었다는 이유로 상거래 정리채권인 특별항고인의 정리채권까지도 전액 면제하는 것은 보증채권이 아닌 정리채권에 있어서 금융기관 정리채권과 상거래 정리채권 사이에 차등을 둔 것과 비교하여 보아도 공정 형평의 관념 및 평등의 원칙에 부합한다고 할 수 없다.

〈寸 評〉

법원의 확립된 실무는 정리회사에 대한 주채권(대여금채권, 물품대금채권 등)과 보증채권(정리회사가 보증인으로서 채무를 부담하는 경우)을 차별하여 전자를 우

대하고 후자를 열후화시키고 있다. 예컨대, 주채권에 대하여는 원금을 2년 거치 8년 상환에 이자를 부하면서, 보증채권에 대하여는 우선 주채무자로부터 변제받거나 주채무자로부터 담보물건을 처분하여 변제받도록 하고, 나머지 금액에 대하여 6년 거치 5년 상환으로 정한 정리계획안이 공정 · 형평에 반하지 않는다는 결정도 있다.[130] 위 대법원 결정은 아무리 보증채권을 차별한다 하여도 절대적 우선원칙에 비추어 보더라도 주주보다 더 불리하게 변제조건을 정하여서는 아니 된다는 최소한의 기준을 제시한 것으로 그 의의가 있다.

한편 채무자회생및파산에관한법률안은 청산가치보장의 원칙을 정하고 있으므로 사안에 따라 보증채권에 대하여 전액 면제하는 종전의 실무례를 유지할 수 있도록 하기 위하여 제218조 제 2 항에서 근거규정을 두고 있다.[131]

5) 국민주택기금에서 대출된 채권과 일반채권의 차별 여부

서울고등법원 1999. 6. 2.자 98라365 결정(한보 사건)

〈사안의 개요〉

① 항고인(한국주택은행)은 정리회사에 대하여 약 79억 원의 채권(원리금 포함)이 정리담보권으로 확정되었는데, 이 중 원금은 항고인이 주택건설촉진법에 따라 운용 · 관리하는 국민주택기금에서 1996. 8. 10.자 사원임대주택건설자금과 1996. 8. 10.자 국민주택분양건설자금을 대출한 채권이고, 위 2가지 대출금 중 미지급대출금(이른바 관리자금) 잔액은 위 각 건설공사의 기성고에 따라 실제로 지출될 예정에 있다.

② 정리계획안은 정리담보권에 대하여 정리절차 개시결정 전인 1997. 10. 7. 이전에 발생된 개시 전 이자는 전액 감면하고, 개시 후 이자는 금융기관 우대금리를 적용하여 매년 변제하며, 원금은 제 5 차년도(2003년)부터 제12차년도(2010년)까지 분할변제하도록 되어 있으며, 위 정리계획안은 정리담보권자조 95%의 찬성으로 가결되었다.

---

130) 광주고등법원 2000. 2. 24.자 99라519 결정(나산클레프 사건).

131) 제218조(평등의 원칙) ① 생략

② 회생계획에서는 다음 각호의 청구권을 다른 회생채권과 다르게 정하거나 차등을 두어도 형평을 해하지 아니한다고 인정되는 경우에는 다른 회생채권보다 불이익하게 취급할 수 있다.

1. 회생절차 개시 전에 채무자와 대법원 규칙이 정하는 범위의 특수관계에 있는 자의 채무자에 대한 금전소비대차로 인한 청구권
2. 회생절차 개시 전에 채무자가 대법원규칙이 정하는 범위의 특수관계에 있는 자를 위하여 무상으로 보증인이 된 경우의 보증채무에 대한 청구권
3. 회생절차 개시 전에 채무자와 대법원규칙이 정하는 범위의 특수관계에 있는 자가 채무자를 위하여 보증인이 된 경우 채무자에 대한 보증채무로 인한 구상권

③ 항고인은 이 사건 채권이 주택건설촉진법에 의하여 국민주택기금에서 대출된 것이므로 공익채권으로 분류하여야 하고, 설령 정리담보권으로 분류하더라도 기존 약정서상의 상환조건에 따라 변제하는 내용으로 정리계획이 작성 · 인가되어야 하며, 국가채권으로서 채권내용을 변경하기 위해서는 국가채권관리법 등 법령에 따라 건설교통부장관의 채무감면에 대한 승인이 있어야 하고, 정리계획 인가에 앞서 건설교통부장관의 의견진술을 들어야 함에도 이를 이행하지 않은 것은 제194조 제2항에 위반된다는 이유로 정리계획인가결정에 대하여 항고하였으나 기각되었다.

〈결정요지〉

[1] 공익채권은 회사정리절차의 수행에 필요한 비용을 지출하기 위하여 인정된 정리회사에 대한 청구권으로서 주로 정리절차 개시 후의 원인에 기하여 생긴 것이거나 그 지급 내지 이행이 관계인 전원에게 공동의 이익으로 되는 채권을 말하므로 회사정리법에 명문규정이 있는 경우에 한한다. 이 사건 채권은 법 제208조 각호 소정의 권리에 해당되지 않고, 회사정리법에 정해진 기타 공익채권에 해당한다고도 볼 수 없다.

[2] 사원임대주택건설자금의 대출금채권은 정리회사에 대한 다른 금융기관의 일반대출금과 그 성질이 다르다고 볼 수 없고, 국민주택분양건설자금의 대출금의 경우 국민주택의 건설이 완공되어 입주자 앞으로 실제로 대환절차가 이루어지기 전에는 정리회사가 항고인에게 상환하여야 할 대출금채무에 불과하므로 다른 금융기관의 일반대출금과 그 성질이 다르다고 볼 수 없으므로 이 사건 대출금의 자금원이 국민주택기금이라는 이유만으로 같은 성질의 다른 금융기관 정리담보권자와 달리 정리계획에 차등을 두는 것은 오히려 평등의 원칙에 반하거나 정리계획의 수행가능성을 해하여 부당하게 된다.

[3] 한국주택은행이 주택건설촉진법 제10조의3 제 1 · 2 항의 규정에 따라 건설교통부장관으로부터 국민주택기금 운용 · 관리에 관한 사무를 위탁받아 이 사건 대출을 하였더라도, 정리회사와의 관계에서 이 사건 대출금 약정당사자로서 채권자는 국가가 아니고 한국주택은행이므로 이 사건 채권을 국가채권이라고 볼 수 없다.

6) 파산자인 금융기관이 갖는 채권과 일반채권의 차별 여부

서울고등법원 1999. 4. 13.자 99라21 결정(기아자동차 사건)

〈사안의 개요〉

파산자 한화종합금융(항고인)은 정리회사에 대한 정리담보권 604억 원을 신고하였으나, 중복신고를 이유로 494억 원은 부인되고 나머지 110억 원에 대하여는 정리담보권으로는 부인되고 정리채권으로 인정되었다. 이에 한화종금은 정리채권 확정의 소를 제기하여 계속중이었다.

정리계획안은 정상적인 금융기관의 경우, (ㄱ) 정리담보권은 개시 전 이자를 포함한 원금 중 27% 면제, 41% 출자전환, 31%에 대하여는 2002년부터 7년간 균등분할 상환하고, 정리절차 개시 후 이자는 3년 만기 무보증 회사채 유통수익률로 셈한 이자로 상환받고, (ㄴ) 정리채권은 개시 전 이자를 포함한 원금 중 59% 면제, 22% 출자전환, 17%에 대하여는 2002년부터 7년간 균등분할 상환하고 정리절차 개시 후 이자는 3년 만기 무보증 회사채 유통수익률로 셈한 이자로 변제하도록 되어 있다.

항고인은 정리회사의 채무불이행이 원인이 되어 파산한 파산자이므로 정상적인 금융기관과는 특별한 취급을 하여야 하고, 항고인이 정리회사에 대한 대여금의 담보조로 취득한 상업어음을 취득한 결과 보관하고 있는 금원을 항고인에 대한 채무변제에 우선 충당하는 내용을 반영하지 못하였다는 이유로 위 정리계획인가결정에 대하여 항고하였으나 기각되었다.

〈결정요지〉

[1] 정리계획상 항고인과 같은 종합금융회사가 모두 금융기관으로 분류되어 있는 이상, 항고인이 파산자라는 이유만으로 같은 성질의 다른 금융기관 채권자와 달리 정리계획에 차등을 두는 것은 평등의 원칙에 반하거나 정리계획의 수행가능성을 해하여 오히려 부당하며, 항고인은 정리회사에 대한 채권을 양도·환가하여 배당하면 되므로(파산법 제187조 제8호) 항고인에 대한 정리계획이 파산의 조기종결이라는 파산자의 특성을 무시한 것이라거나 파산의 목적에 위배되는 것이라고는 할 수 없다.

[2] 항고인이 정리회사로부터 담보로 취득하거나 어음할인으로 매수한 어음을 회사정리개시결정 후 만기에 추심하여 보유하고 있는 금원을 파산자가 정리회사에 대한 채권의 변제에 임의로 충당할 수 있는지, 아니면 정리회사에게 반환할 것인지 여부는 항고인의 이 사건 정리절차상의 채권이 정리채권인지 아니면 정리담보권인지 여부에 의하여 결정된다. 따라서 항고인이 정리채권확정의 소를 제기하여 현재 소송계속중이어서 그 소송결과에 따라 변제충당 여부가 결정될 수 있고(만약 정리담보권으로 확정되면 파산자의 변제충당이 인정되지 않을 것이다), 나아가 항고인의

위 채권이 이 사건 정리계획상 분류된 바와 같이 정리채권이라면 파산자로서는 이 사건 정리계획에 아무런 정함이 없어도 추심한 어음금을 변제충당할 수 있다고 보이며, 만약 파산자가 변제충당할 수 없는 것을 변제충당하였을 경우라면 그 적법성은 최종적으로는 정리회사 관리인과 파산자, 파산관재인 사이에 별개의 소송절차에서 해결되어야 할 사항이라 할 것이므로, 이 사건 정리계획에서 미리 그와 같은 어음추심금의 변제충당 여부 내지 충당방법을 규정하지 아니하였다 하여 이 사건 정리계획이 위법하다고는 볼 수 없다.

파산자의 채권에 관한 이러한 차별은 그 후 기아자동차사건에 관한 다른 특별항고사건인 전게(주 6) 대법원 99그35결정에서 승인되었다.

7) 금융기관의 상거래채권(매매대금채권)과 일반대여금채권의 차별여부

서울고등법원 2002. 8. 28.자 2002라24 결정(고려산업개발 사건)

〈사안의 개요〉

항고인(주식회사 코레트신탁)은 항고인의 정리회사(고려산업개발)에 대한 정리채권 중 토지매매대금과 국민주택기금 이자 대납분은 상거래채권이며, 재분양대금 미환수금은 분양선수금으로서 그 성질이 금융기관의 대여금채권과는 다름에도 불구하고, 부동산신탁이라는 금융업을 영위하는 항고인이 금융기관에 해당함을 이유로 전액을 금융기관의 대여금채권으로 분류하여 항고인의 채권에 관하여 심히 불리한 조건을 정한 이 사건 정리계획은 회사정리법 제229조에 규정된 평등의 원칙에 배치된다고 주장하였다. 항고법원은 항고를 일부 받아들여 제234조 제 1 항을 유추적용하여 권리보호조항을 정하여 정리계획을 인가하여 원심결정을 변경하고 자판하였다.

〈결정요지〉

[1] 항고인의 정리채권 중 토지매매대금은 아파트 건설용 부동산과 그 신축분양 사업권을 정리회사에 매도하고서 지급받지 못한 것으로서 그 성질이 물품대금인 점에서 항고인이 이자 수익을 올리기 위하여 정리회사에게 여신을 제공한 결과 발생하는 대여금채권과는 그 발생원인에서 차이가 있는 점을 비롯하여 그 권리발생의 태양, 채권의 목적, 발생 시기 등을 고려할 때 비록 항고인이 금융기관이라 하더라도 이를 고액 상거래채권이 아니라 금융기관의 일반 대여금채권으로 분류한 것은 같은 성질의 채권의 취급에 차등을 두는 것으로서 불합리하여 실질적

형평의 원칙을 어기는 것이라고 할 것이므로 정리계획 중 항고인의 토지매매대금채권 부분에 대하여는 현저하게 공평을 잃었다거나 공정·형평의 원칙에 반하여 위법하다.

[2] 항고인의 나머지 정리채권은, 분양사업권양도계약에 따라 항고인의 채무를 인수한 정리회사가 변제하여야 할 대출금 내지 그 이자를 정리회사를 위하여 대신 지급하거나, 위 계약에 따른 분양관계의 원만한 처리를 위하여 정리회사가 수요자에게 아파트를 분양하여 그 대금을 납입받을 경우 이를 반환받기로 약정하고서 정리회사에게 해당 아파트 분양대금을 미리 지급함으로써 발생한 채권으로서 그 권리 발생의 원인과 태양, 채권의 목적, 발생 시기 등을 고려할 때 이는 물품의 공급 내지 공동주택 수분양자 지위에서의 대금 지급과는 달리 그 실질은 모두 정리회사에 이자수입을 목적으로 하지 않는 자금 공여라 할 것이고 따라서 이 사건 정리계획상 금융기관으로 분류되어 있는 항고인의 위 채권을 고액상거래채권 내지 분양선수금이 아닌 금융기관의 대여금채권으로 분류한 것은 정당하다.

8) 원래의 채권과 변제자 대위에 기한 채권의 차별여부

① 서울고등법원 2002. 5. 31.자 2001라390 결정(신화특수강 사건)

〈사안의 개요〉

인가된 정리계획안은 금융기관 대여채권자에 대하여는 원금 중 70%를 출자전환하고 30%는 변제하되 원금에 대하여 이자를 부하고, 연체시 연체이자율을 적용한다. 이에 반하여 정리회사 채무를 대위변제한 금융기관의 채권에 대하여는 원금 중 70%를 출자전환하고, 10%는 면제하고 20%만 변제하되 이자는 개시 전후 모두 면제하는 등 불리하게 차등을 두었다. 항고인(서울보증보험)은 대위변제채권과 대여금채권을 달리 취급하는 것이 위법하다고 주장하였다.

〈결정요지〉

항고인의 정리채권은 주채무자가 따로 있는데 정리회사가 보증을 하여 부담하는 보증채무 및 항고인이 취득하게 될 장래의 구상금채권이 아니라, 항고인이 정리회사가 포항종합제철로부터 철강 원자재를 구입함에 있어 그 물품대금의 지급을 이행보증하거나 국민은행으로부터 기업일반자금을 대출받음에 있어 그 물품대금의 지급을 이행보증하거나 국민은행으로부터의 기업일반자금을 대출받음에 있어 그 변제를 보증하였다가 정리회사가 그 대금을 지급 내지 변제하지 아니하여 이를 대

위변제하여 정리회사에 대하여 취득한 구상금채권으로서 그 실질은 정리회사에 대한 일반 금융기관의 대여금 채권과는 다르지 않은 점, 구상금채권을 발생시킨 원채권 중 일부는 금융기관의 대여금채권이 아니라 물품대금채권으로서 상거래채권인 점을 비롯하여 그 권리발생의 원인, 태양 채권의 목적, 발생 시기 등을 고려할 때 금융기관의 일반 대여금채권과 그 취급에 차등을 두는 것은 불합리하여 실질적 형평의 원칙을 어기는 것이라고 할 것이다. … 중략 … 이 사건 정리계획 중 항고인 등에 대한 권리조항에 관한 항고인의 항고는 이유 있으므로 항고인과 동일한 성격을 가진 채권자들인 항고인을 포함한 기술신용보증기금과 신용보증기금을 위하여 별지와 같이 권리보호조항을 정한다면 다른 정리채권자들과의 형평에도 어긋나지 아니하게 되어 정리계획이 전체로서 적법하게 되고, 또한 다른 이해관계인의 권리를 해하지도 아니한다고 보이므로 제234조 제 1 항을 유추적용하여 권리보호조항을 정하여 정리계획을 인가하는 것으로 원심결정을 변경한다.

〈寸　評〉

항고인과 신용보증기금 등은 보증인으로서 회사가 미지급하여 이를 대위변제한 채권자이므로 변제자대위의 법리에 의하여 변제한 부분에 대하여는 원채권자의 지위와 같다. 따라서 원채권과 변제자대위 부분을 차등하여 권리변경을 정한 계획안은 공정 · 형평에 반하다. 이 점을 지적한 위 결정은 당연한 법리를 적용한 것으로 정당하다. 다만 결정이유에 의하면 모든 조에서 가결되었고 항고인 1인만이 항고하였음에도 권리보호조항을 그대로 적용할 수는 없고 유추적용을 할 것인지가 문제가 된다. 항고인에 대하여 제234조 제 1 항을 유추적용하여 권리보호조항을 둔 것은 다른 실무례와 궤를 같이 하는 것이다. 그러나 유추적용한다고 하여 항고하지 아니한 동종의 다른 채권자들에 대한 내용까지 변경할 수 있는지에 관하여는 의문이 있다. 이 결정은 이를 긍정하였다는 점에서 의미가 있다. 앞으로 이 점에 관한 검토가 필요하다고 생각한다.

② 대전고등법원 2000. 4. 10.자 99라13 결정(대농중공업 사건)

〈사안의 개요〉

항고인들(서울보증보험과 경남은행)은 정리회사가 발행한 회사채의 지급보증인으로서 회사채 원금과 회사채이자 장래구상권을 보유하고 있다. 계획안에 의하면 금융기관의 정리채권 원금은 발생이자 1%, 경과이자 5%를 적용하지만 항고인과 같은 보증기관의 장래구상권은 원금 및 이자에 대하여는 금융기관의 원금 및 발생이자 변제조건과 같은 조건으로 변제하되 정리절차 개시 후 보증기관이 대위지급하는 회사채이자에 대하여는 면제하도록 규정하고 있다. 항고인들은 사채이자 대위지급금은 그 지급의 시기가 회사정리절차 개시결정 전후냐에 따라 그 성질이 달라지는 것은 아니고, 양자 모두 경과이자 또는 발생이자가 아니라 대출원금이라 할 것이며 절차개시 이후에 발생할 사채이자 대지급금을 발생이자로 보아야 할 이유가 없음에도 사채권자와 보증기관의 채권에 차등을 둔 것은 공정·형평에 반한다고 주장하였다.

〈결정요지〉

[1] 금융기관 정리채권은 이미 정리절차 개시결정 전에 금원의 대출이 실행된 채권임에 반하여, 회사채 지급보증인의 사전 구상채권은 이미 대위 지급된 금원이 아니라 회사채의 만기에 금원이 지급될 것을 조건으로 하는 채권이므로 그 발생원인, 성질상 차이가 있다.

[2] 회사채보유자가 신고한 채권과 그 지급보증인이 신고한 채권은 동일한 회사채채권이므로 회사채채권에 대하여는 주채권자 또는 보증인 중 누가 신고하더라도 동일한 권리행사가 가능하도록 공정·형평성을 유지하여야 한다. 이 사건의 경우에도 회사채를 보유한 금융기관의 정리채권과 대위지급으로 인한 구상금채권에 대한 변제조건은 동일하다.

[3] 항고인들의 구상금채권과 금융기관의 대출금채권은 발생원인을 달리 하고, 원금에 대한 변제가 이루어지는 시점이 사채만기일로서 정리절차 개시 후인 점을 고려하면 계획안이 합리적인 근거 없이 항고인들에게 심히 불리한 조건을 정한 것이라 할 수 없다.

〈寸 評〉

보증인이 정리절차 개시 후에 도래하는 사채 만기에 지급하는 사채이자는 성질상 후순위정리채권이므로 보증인이 변제하였다 하여 성질이 바뀌는 것이 아니다.[132] 회사정리절차에서는 보증인이 정리회사에 대하여 행사할 수 있는 구상권의

132) 이 점을 명시한 후순위파산채권에 관한 대법원 2002. 6. 11. 선고 2001다25504 판결(공 2002하, 1615)과 원심인 서울고등법원 2001. 3. 23. 선고 2000나43132 판결 이유 참조. 원심판결에 대한 해설로는 劉承男, "회사채의 지급보증인이 파산자에 대하여 가지는 회사채이자에 대한 사전구상금채권의 성질," 2001. 5. 7. 서울고등법원 민사재판연구회(미공간).

범위는 본래의 정리채권자가 정리계획에 따라 정리회사에 요구할 수 있는 권리의 범위 이내로 국한된다. 만일 정리절차가 개시되지 아니하였더라면 보증인과 주채무자간의 보증약정에 따라 지급한 사채원금 외에 사채이자를 포함한 금원을 원금으로 약정하고 그에 대하여 지연손해금을 구할 수 있으나 정리절차가 개시되면 법원은 동종의 정리채권에 대하여도 권리의 발생 원인, 변제기, 채권의 목적, 발생 시기 등을 고려하여 차등을 둘 수 있다. 따라서 사채이자채권이 후순위정리채권인 이상 보증인이 이를 대위변제한 후 구상권을 취득한 경우 이를 보증약정에 의한 사채원금채권과 차등을 두는 것을 정당하다. 이는 확립된 실무이다[133]

9) 리스채권의 대우

리스채권이 정리담보권자인지 환취권자인지에 관하여는 논란이 많다.[134] 법원의 실무는 정리담보권자로 취급하고 있다. 따라서 리스채권자를 정리담보권자로 취급한 것이나 리스채권자들만을 별도의 리스채권자조로 분류하지 아니한 것은 정당하다.[135]

⑷ 절차의 위법과 공정 · 형평

1) 기일소환장과 정리계획안에 대한 송달 누락과 절차 위반 여부

전게 대법원 1992. 6. 15.자 92그10 결정

〈사안의 개요〉

항고인의 항고이유로서 다음과 같이 주장하였다. 『정리법원이 관계인집회기일에 앞서 이해관계인에 대한 기일소환장 및 정리계획안을 송달함에 있어 송달업무처리를 위임받은 정리회사 직원의 부주의로 항고인에 대한 송달을 빠뜨림으로써 항고인은 기일에 출석하여 의견을 진술하거나 의결권을 행사하지 못한 채 정리계획안이 심의 가결, 인가된 이 사건에 있어서 위와 같이 항고인에 대한 송달이 누락된 채 이 사건 정리계획이 심의되고 의결된 것은 그 절차적 하자가 중대하고 명백하며, 결의가 성실, 공정한 방법으로 이루어진 것이라 할 수 없어서 회사정리법 제233조 제 1 항 제 1 호 및 제 3 호에서 정한 정리계획인가의 요건을 결한 것이다.』 원심은 아래와 같이 이유로 항고를 기각하였고 대법원이 이를 肯認하였다.

---

133) 대구고등법원 2002. 11. 29.자 2002라6 결정.

134) 자세한 논의는 裵玄太, "會社整理節次에 있어서 리스채권의 取扱," 법조 제512호(2000. 2), 150면 이하는 정리담보권으로 취급하여야 한다고 주장한다.

135) 서울고등법원 2001. 4. 26자. 2000라422 결정(한국알미늄 사건).

〈결정요지〉

관계인집회기일에 관한 송달을 함에 있어서는 확정된 채권자들뿐만 아니라 이의 있는 정리채권자들에 대하여도 송달을 하여야 하는 것인데 관계인집회기일 소집 당시 금 1억 원의 확정된 정리채권 및 뒤에 판결로 확정된 금 33억 원의 이의 있는 정리채권의 채권자인 특별항고인에 대하여 그 송달을 누락함으로써 특별항고인의 출석 없이 이 사건 정리계획안이 심리 및 의결된 것은 그 절차에 있어 하자가 있음이 분명하다 할 것이나 거시증거에 의하면 정리법원은 관계인집회기일을 이해관계인들에게 개별통지함과 아울러 일간신문지에도 그 기일에 관한 공고를 미리 하였고 그 무렵 특별항고인은 소송대리인들을 통하여 같은 법원에서 정리채권 확정소송을 수행하고 있었으므로 특별항고인측으로서도 좀더 주의를 가지고 위 정리절차의 진행상황 등을 알아 보았더라면 그 기일을 미리 알 수도 있었던 사정하에 있었던 사실, 위 관계인집회기일 당시 정리담보권자의 조에서는 의결권 있는 정리담보권 총액 572억 원 전액에 해당하는 정리담보권자들 전원이 본인 또는 대리인을 통하여 기일에 출석하여 100%의 찬성으로 위 정리계획안이 가결되었고, 특별항고인이 속한 정리채권자의 조에 있어서도 당시 의결권이 인정된 정리채권 총액 935억 중 금 824억 원에 해당하는 정리채권자들 본인 또는 대리인이 출석하여 그 출석한 전원이 이를 찬성함으로써 결국 회사정리법에서 정한 가결요건인 의결권 있는 정리채권 총액 중 3분의 2를 훨씬 상회하는 약 88%의 찬성으로 위 정리계획안이 가결된 사실(특별항고인이 뒤에 판결로 확정받은 채권액 금 33억 원을 반대채권액에 포함시킨다 하더라도 가결요건을 훨씬 넘는 약 85%의 찬성률을 보이게 된다)을 인정할 수 있는바, 그렇다면 위에서 본 바와 같은 절차상의 하자만으로는 그 위반의 정도가 위 정리계획안의 가결에 영향을 미쳤다거나 결의가 심히 성실, 공정한 방법으로 이루어진 것이 아니라고 볼 정도로 중대한 하자라고는 보여지지 않는다.

2) 일부 채권자에 대한 변제와 절차 위반

전게 대법원 1998. 8. 28.자 98그11 결정

〈항고이유〉

항고인은 항고이유로서 정리계획에 의하지 아니하고 일부 금융기관에 대한 변제가 있었으므로 공정 · 형평에 반한다고 주장하였다. 대법원은 아래의 이유로 항고를 인용하였다.

〈결정요지〉

정리절차에 있어서 정리채권과 정리담보권의 변제는 정리계획에 의한 자본구성변경과 불가분의 관계에 있으므로 종전의 채권 · 채무관계는 일단 동결할 필요가 있고, 만약 변제를 금지하지 아니하면 회사의 적극재산이 감소되어 기업의 유지를 도모할 수 없고, 일부 정리채권자나 정리담보권자에게 정리계획에 의하지 아니하고 우선변제하는 것은 정리채권자나 정리담보권자들 사이의 공평을 해할 염려가 있으므로, 위와 같은 일부 정리담보권자에 대한 우선변제가 법에 의하여 허용될 수 있을 것이라는 등의 특별한 사정이 없는 한 정리회사의 위와 같은 조치는 이미 정리담보권자들 사이의 공정 · 형평을 파괴하고 있는 것이어서 그것만으로도 이 사건 정리계획은 공정 · 형평한 것이라고 볼 수 없다.

〈寸　評〉

졸견으로는 공정 · 형평의 문제는 계획안의 내용 자체를 심사하는 기준이므로 계획안 자체는 공정 · 형평하지만 이미 정리절차에 의하지 않은 방법으로 변제된 것을 이유로 결의가 된 것이므로 제233조 제 3 호 즉 결의를 성실, 공정한 방법으로 하였을 것에 위반한다고 보는 것이 보다 정확하다고 생각한다.[136)]

다만 이 사건은 1998. 2. 24. 회사정리법이 개정되기 이전의 사건으로서 법원의 허가에 의하여 일정한 경우에 정리채권의 변제를 규정한 112조의2가 신설된 후로서 법원의 허가에 의하여 변제가 있는 경우에는 그대로 적용될 수 없을 것이다. 전게(주6) 대법원 99그35 결정은 대법원 1998. 8. 28. 자 98그11 결정이 법 개정 전의 것으로 사안을 달리하는 것이라고 명시하였다.

3) 정리채권확정의 소송중에 있는 채권자와 의결권 부여

광주고등법원 2002. 5. 27.자 2002라14 결정(고려시멘트 사건, 확정됨)

〈사안의 개요〉

정리회사의 정리계획안 변경결정에 대하여 항고인은 항고이유의 하나로서 항고인이 관리인을 상대로 정리채권확정소송을 제기하여 이미 1심에서 승소판결을 받아 고도의 확정가능성이 있고 항고인들의 의결권이 인정되었더라면 정리채권자

---

136) 同旨, 山內八郞, 전게서(주 80), 65면 참조. 吳守根, 전게논문(주 120), 276면도 대법원이 [다른 사유로도] 원심을 파기하기에 충분한 이유가 있음에도 사전변제를 파기이유로 삼은 것에 대하여 의문을 제기한다. 林采洪 · 白昌勳, 전게서(주 97), 272면도 '기타 정리계획의 조건에 의하지 않고 특별한 이익을 부여할 것을 약속하고 계획안에 찬성하게 한 경우' 등을 제 3 호 위반으로 해석하고 있다.

조에서는 부결되었을 것임에도 항고인들의 의결권을 미확정이라는 이유로 부당하게 배제시킨 채 강행된 관계인집회에서 결의된 것은 그 절차가 법 규정에 어긋난다고 주장하였다. 항고심은 아래의 이유로 항고를 기각하였다.

〈결정요지〉

확정된 정리채권 및 정리담보권과 이의 없는 의결권을 가진 정리채권자 · 정리담보권자 및 주주는 그 확정액 또는 신고한 액이나 수에 따라 의결권을 행사할 수 있고(제170조 제1항), 이의 있는 권리에 관하여는 법원이 의결권을 행사하게 할 것인가의 여부와 의결권을 행사하게 할 액수를 정할 수 있는바(제2항), 법원이 원정리계획에서도 관리인의 이의로 소송계속중인 정리채권자들에게 의결권을 부여하지 아니하였고, 정리계획안변경을 위한 관계인집회에서도 정리채권자들의 의결권 요구를 받아들이지 아니하였으므로 의결권의 부여 여부가 법원의 재량으로 인정되어 있고 관리인이 이의한 것이 항고인들의 의결권을 배제하기 위한 행위였다고 보기 어려우며, 정리채권확정소송중인 정리채권자에 대하여 의결권을 인정할 경우 정리채권자들은 정리회사에게 정리계획안의 동의를 조건으로 소취하나 청구인낙, 소송비용의 정리회사 부담 등을 강요할 수 있는 점, 승소가능성을 고려하여 의결권을 인정한다고 하더라도 정리법원이 종국판결이 확정되기 전에 승소의 가능성이나 그 인용범위와 같은 불확정한 요소를 평가하여 의결권을 인정하는 것이 용이하지 않는 점에 비추어 원심법원이 항고인들에게 의결권을 부여하지 않은 것을 가리켜 위법하다고 할 수 없다.

〈寸　評〉

정리법원이 사정을 고려하여 제170조에 따라 의결권을 부여하지 아니한 것은 확립된 실무이고 위 결정은 이를 확인한 것이다.[137]

4) 일부 변제한 보증인에 대하여 의결권을 부여한 것이 위법인지 여부

부산고등법원 2002. 8. 27.자 2002라30 결정(국제종합건설 사건)

〈사안의 개요〉

정리회사에 대하여 정리계획안이 인가된 후 관리인은 사정변경을 이유로 정리계획변경안을 제출하였다. 변경계획안의 심리 및 결의를 위한 관계인집회에서 법원

---

137) 서울고등법원 2001. 10. 29.자 2000라73·74·75·76 각 결정(통일교 그룹 사건).

은 항고인들의 채권 중 일부에 대하여는 정리절차 개시 후에 정리채권의 일부를 대위변제한 보증인들로 하여금 대위변제한 금액 상당의 의결권을 행사하도록 하면서 그에 상당하는 항고인들의 의결권을 제한하였다. 항고인들은 법원의 이러한 조치가 제233조 제 1 항 제 1 호 및 제 3 호에 위배된다고 항고하였다.[138] 법원은 아래의 이유로 항고를 기각하였다.

〈결정요지〉

수인이 각자 전부의 이행을 할 의무를 지는 경우에 그 1인에 관하여 회사정리절차가 개시되고, 채권자가 채권의 전액에 관하여 정리채권자로서 권리를 행사한 때에는, 정리회사에 대하여 장래의 구상권을 가진 자는 정리채권자로서 권리를 행사할 수 없게 되지만, 장래의 구상권자가 훗날 채권 전액을 대위변제한 경우에는 회사정리법 제128조에서 정하는 신고명의의 변경을 함으로써 채권자의 권리를 행사할 수 있을 뿐, 채권의 일부에 대하여 대위변제를 한 구상권자가 자신이 변제한 가액에 비례하여 채권자와 함께 정리채권자로서 권리를 행사하게 되는 것이 아니다. 정리법원은 채권의 일부에 대하여 대위변제가 있는 경우에 불과함에도 불구하고 관계인집회에서 보증인으로 하여금 변제한 금액 상당의 의결권을 행사하도록 하고 그에 상당하는 항고인들의 의결권을 행사하게 한 것은 위법하다. 그러나 항고인들의 제한된 의결권액의 비율이 낮고 정리채권자들이 동의한 의결권액의 비율이 80%로서 적법하게 산정된 의결권액에 따라 결의가 이루어졌다고 하더라도 변경계획안의 가결에 동의한 의결권자의 동의는 변경될 것이라고 보여지지 않으므로, 다시 그 결의가 번복될 가능성이 희박하고, 인가결정이 취소되는 경우 그로 인하여 정리회사에 미치는 경제적 파급효과가 크며, 변경계획의 목적, 그 법률위반의 정도, 변경신청의 경위, 회사의 현황 기타 모든 사정을 참작할 때, 제 1 심의 인가결정은 위 인정의 위법이 있음에도 불구하고 이를 유지함이 상당하다.

5) 출자전환이 법인의 권리능력인 정관목적을 넘는 것인지 여부

대법원 2001. 9. 21.자 2000그98 결정(한일합섬 사건)[139]

〈사안의 개요〉

항고인(건설공제조합)은 수행할 수 있는 사업 내용을 한정하고 있는 건설산업

138) 제 1 호는 '정리절차 또는 계획인 법률의 규정에 합치되어 있을 것'을, 제 3 호는 '결의를 성실·공정한 방법으로 하였을 것'을 요구하고 있다.

139) 공 2002상, 513.

기본법 제56조의 규정상 정리회사에 임의로 출자할 수 없으므로 항고인의 정리채권 중 일부를 출자전환 또는 전환사채 인수하도록 한 이 사건 정리계획은 부적법하고, 그 수행이 불가능하다는 이유로 정리계획인가결정에 대하여 항고하였다. 원심은 항고를 기각하자 대법원에 특별항고를 하였으며 대법원은 아래의 이유로 항고를 기각하였다.

〈결정요지〉

항고인의 정관에 의하면, 항고인은 건설산업기본법에 의하여 건설업의 등록을 한 건설업자로서 항고인에게 출자한 조합원에게 필요한 보증과 자금의 융자 및 공제사업 등을 행함으로써 조합원의 자주적인 경제활동과 경제적 지위향상을 도모하여 건설업의 건전한 발전을 기함을 목적으로 하는 법인임을 알 수 있고, 이 사건 인가된 정리계획에 의하면 항고인을 포함한 일반금융기관의 정리채권과 장래의 구상채권에 대하여는 원금의 70%에 해당하는 금액에 대하여 정리회사에 출자전환하되, 다만 관계 법령 등에 의해 출자한도의 제한을 받는 경우에는 전환사채를 인수할 수 있도록 되어 있는바, 법인의 권리능력에 관한 일반 법리와 회사정리절차의 특수성에 비추어 보면, 항고인의 정리채권의 일부에 관하여 정리계획에서 출자전환 방식으로 권리변경하기로 정하였다 하더라도, 기록상 출자전환 방식의 권리변경이 이 사건 정리계획의 수행을 위하여 필요하다고 보이고, 항고인에 대하여 출자전환 방식의 권리변경을 하는 것이 동종의 권리자들 사이에는 조건을 평등하게 하여야 한다는 공정 · 형평의 요구에 부합할 뿐 아니라, 이와 같은 권리변경에 의한 주식의 취득 또는 전환사채의 인수가 정리채권에 갈음하는 것이라는 점 등을 고려하여 보면, 이 사건 정리계획에 의하여 행해지는 출자전환은 법률이나 정관에 명시된 항고인의 건설산업기본법 제56조에서 정하고 있는 사업 자체는 아니라고 하더라도 그 목적 및 사업을 수행하는 데 있어서 직접, 간접으로 필요한 것이라고 하지 않을 수 없으므로, 출자전환 방식의 권리변경을 내용으로 하는 이 사건 정리계획이 법률의 규정에 합치되지 않는다고 할 수 없다.

〈寸　評〉

회사정리법이 1998년 개정되어 변제기한이 20년에서 10년으로 감축되자 출자전환을 하는 사례가 빈번하게 되었다. 출자전환에 반대하는 채권자들이 항고이유로 주장하는 사유 중의 하나로 특수법인의 설립근거 법률에 출자전환을 예정하고 있지 않다는 점을 들고 있다. 그러나 법원의 확립된 실무는 근거 법률을 해석함에 있어 출자전환을 금하고 있다고 보기 어렵다거나 전게 대법원 판결처럼 법인의 권리능력의 범위를 넓게 해석하여 그 주장을 배척하고 있다.[140]

6) 정리계획에 무익적 기재사항을 기재한 경우

① 서울고등법원 2002. 4. 19.자 2002라119 결정(범양상선 사건)

〈사안의 개요〉

1993년에 가결된 정리계획안에 의하면 금융기관인 정리채권자 및 정리담보권자들은 정리회사가 대체선박을 건조 또는 도입하는 경우에 그에 소요되는 자금에 대하여 잔존 정리담보권과 정리채권의 비율에 따라 대출 또는 지급보증으로 금융지원하도록 되어 있다. 정리계획을 수행하는 도중인 1997년 외환위기로 환율이 급등하고 해운시장이 침체하는 등 기업경영환경의 변화로 정리계획 변경이 필요하게 되었다. 변경된 정리계획안은 항고인의 반대에도 불구하고 모든 조에서 동의를 받아 정리법원이 인가하였다. 변경된 정리계획안은 종전과 마찬가지로 금융기관으로 하여금 대출 또는 지급보증 등으로 금융지원을 하도록 되어 있다. 항고인은 정리계획안 인가 이후에 국내은행으로부터 정리채권을 전액 양수하였다. 항고인이 위 정리계획안이 정리계획의 본질에 반하여 위법하다고 주장하였다. 항고심은 항고를 기각하였다.

〈결정요지〉

정리계획은 본질적으로 정리채권자 등 이해관계인의 권리변경 및 변제방법을 정하는 것을 그 내용으로 하는 것이고 따라서 정리계획에 이를 정함에 있어서 더 나아가 정리채권자 등에게 새로운 대출의무 등을 부과하는 내용을 정할 경우에는 정리채권자 등의 개별적인 동의를 받아야 하고 그렇지 아니하는 경우에는 비록 정리계획이 향후 정리절차 수행의 기본 규범이 되는 것이라 하더라도 무익한 기재에 불과하여 정리채권자 등에게 효력이 없다. 따라서 항고인이 자금의 대출 등에 동의하지 않고 있는 이상 위 조항은 항고인에 대하여 아무런 효력이 없는 것이므로 항고인의 주장은 이유 없다.

---

140) 기술신용보증기금의 주장을 배척한 예로는 대전고등법원 2000. 6. 21.자 2000라156 결정(씨티아이반도체 사건).

② 서울고등법원 1998. 5. 16.자 98라77 결정(우성건설 사건)

〈사안의 개요〉

항고인(장기신용은행)은 부동산에 대한 담보권자로서 위 부동산은 정리절차 개시 결정 당시 이미 제 3 자에게 매각되었으므로 항고인은 제240조의 규정에 따라 정리계획의 효력을 받지 아니함에도 불구하고 정리계획에서 위 부동산에 관한 항고인의 담보권을 변경하는 것으로 정하였으며 정리법원이 계획을 인가하였다. 항고인이 이를 항고이유로 주장하였다. 항고심은 아래의 이유를 들어 항고를 기각하였다.

〈결정요지〉

정리담보권은 회사정리 절차개시 당시 회사재산이어야 하는바, 위 부동산은 개시결정 이전에 제 3 자에게 소유권이 이전되었으므로 부동산에 관한 항고인의 저당권은 정리담보권이 아님에도 이를 정리담보권으로 분류하여 편성한 정리계획을 인가한 원심은 부당하다. 그러나 정리계획안이 인가된 후에 정리법원이 관리인의 신청에 따라 정리계획 중 문제된 부분을 삭제하는 것으로 변경하여 인가결정이 확정되었으므로 정리계획의 부당인가 부분은 사후적으로 치유되었고, 위 부동산과 관련된 정리계획의 기재사항은 무익적 기재사항에 불과하다.

7) 조세채권 중 가산금을 면제하는 조항과 징수권자의 동의 규정

대구고등법원 2002. 11. 29.자 2002라6 결정(우방 사건)

〈사안의 개요〉

세무서장은 이 사건 정리계획이 정리채권인 조세채권액을 본세와 정리계획인가일까지의 가산금 및 중가산금을 합한 금액으로 확정하고, 확정된 조세채권을 정리계획인가일부터 2년 이내에 균등분할 변제하도록 규정하여 정리계획인가일부터 분할변제일까지의 가산금 및 중가산금을 면제하는 내용을 포함하고 있으므로 제122조 제 1 항에 따라 징수권자인 세무서장의 동의를 얻어야 함에도 불구하고 동의 없이 인가한 것은 제233조 제 1 항 제 1 호에 위배된 것이라는 이유로 항고하였다. 항고심은 다음의 이유로 항고를 기각하였다.

〈결정요지〉

정리채권인 조세채권에 대하여 2년 이하의 기간의 징수유예의 규정을 함에는 징수권자의 의견을 들으면 족하고 2년을 초과하거나 기타 권리에 영향을 미칠 규정을 할 경우에 동의를 얻어야 한다고 규정하고 있으므로, 정리계획에서 징수유예

의 규정을 둔 경우에 유예된 기간에 대하여는 납세의무의 이행지체에 대하여 부과되는 지연배상금의 성질을 가진 가산금 및 중가산금이 발생할 수 없는바, 이 사건 정리계획이 조세채권액을 본세와 정리계획인가일까지 발생한 가산금 및 중가산금을 합한 금액으로 확정하고, 확정된 금액을 정리계획인가일로부터 2년 이내에 균등분할 변제하도록 규정한 것은 징수권자의 동의를 요하지 않는 2년 이하 기간의 징수유예의 규정을 한 것이지, 징수권자의 동의를 요하는 가산금 및 중가산금 면제에 관한 규정이라 할 수 없다.

(5) 수행가능성

대구고등법원 2002. 11. 29.자 2002라6 결정(우방 사건)

〈사안의 개요〉

항고인 대동은행과 영남종합금융은, 건설회사인 정리회사는 부채가 자산을 6배 초과하고, 1조 원의 채무초과상태의 부실기업이므로 정리담보권자에 대한 대규모 채권감면이 없이는 갱생이 불가능하고, 정리계획은 건설업종의 자금수입과 지출만을 분석하였을 뿐, 매출액 예측과 관련된 경제상황, 경쟁업체의 생산 및 가격전략 등의 외적인 변수를 고려하지 아니한 채 작성되었고, 곧 상장폐지될 터이므로 금융기관으로부터 신규자금을 대출받기 어렵고 일반인들에 대한 분양도 저조하고, 관급공사 입찰자격제한조치로 말미암아 관급공사의 수주가 불가능함은 물론 신용도 하락으로 민간공사의 수주도 어려움에도 회생가능성이 없는 정리계획안을 인가한 원심의 결정이 위법하다고 주장하였다.

〈결정요지〉

정리계획의 수행가능성이라고 함은 정리회사가 정리계획에 따라 회사의 경영을 계속하여 수익을 얻고 이로써 채무를 변제하여 재정적 파탄상태를 벗어나 독자적인 기업으로서 산업활동을 할 수 있는 가능성을 말하고, 이러한 수행가능성의 유무를 판단하는 요소 중 가장 중요한 요소는 기업의 수익력으로서 그 수익력은 운영자금의 확보 여부, 생산공급능력과 수요의 확보 여부 및 합리적 경영관리체제의 확립여부에 의하여 가려진다(대법원 1992. 11. 2. 자 92마468 결정). 기록에 의하면, 우방의 청산가치는 3,895억 원이고, 계속기업가치는 5,145억 원으로 계속기업가치가 더 크며, 이 사건 정리계획은 과거 경영실적 지표를 분석한 결과와 우방이 처한 현실, 주력사업인 주택건설 경기가 침체되어 있는 경제상황 등을 모두 감안하여 실현가능한 범위 내에서, 현재 진행중인 공사를 수행하여 공사지연에 따른 피해를 최소화하면서 영업이익을 창출하는 것을 기본으로 하고, 나아가 이미 사업용지가 확보된 단지 중 수익성이 양호한 자체사업을 중심으로 민간도급아파트의 수주, 단독 또는 컨소시엄 참여에 의한 관급공사의 수주 등의 신규사업을 수행하도록 하며, 이러한 사업의 운영자금은 우방타워랜드나 중단된 공사를 재개함으로써 얻게 되는 영업수익금으로 조달하는 것을 원칙으로 예정하면서 소액의 상거래 채권의 일부와 담보물의 매각대금으로 변제하는 정리담보권 이외에는 정리담보권 및 정리채권의 변제시기를 5년간 유예하여 금융기관으로부터의 신규대출 없이도 사업운영자금의 조달이 가능하도록 정하고 있으며, 정리계획에 따라 사업을 수행하면 정리기간이 종료되는 2011년 말 영업이익으로 이자비용 및 차입금 변제를 할 수 있는 상태가 되는 것으로 추정하고 있으며, 정리계획인가 후 부동산 및 주택경기가 활성화되어 분양이 활발해지고 미분양 아파트의 매각도 원활해지고, 아파트 가격이 상승하는 등 영업환경이 호전되고 있을 뿐 아니라 정리계획에서 예정한 이상의 매출실적을 올리고 있으며 정리계획인가 후 재무구조가 개선되어 상장적격성 심사결과 상장유지 결정을 받았고, 2002년 하반기에 관급공사 입찰자격을 회복하여 2002. 11. 18. 대한주택공사로부터 아파트 건설공사를 도급받기도 한 점, 우방의 자산, 부채의 규모, 지역경제계에 차지하고 있는 위치 등에 비추어 우방은 경제적으로 회생의 가치가 있을 뿐 아니라 채무변제계획을 모두 이행하고 정리절차에서 벗어나 정상기업으로서 건전한 재무상태와 적정한 자본구성을 유지할 수 있는 능력을 갖출 가능성도 있다고 할 것이어서 수행가능성이 없다는 주장은 이유 없다.

3. 실무의 요약

정리절차 개시 당시 자산보다 부채가 초과시에는 반드시 주식을 소각하여야 하며, 부실경영에 책임 있는 주주의 주식은 2/3 이상을 반드시 소각하여야 한다(제221조 제3항·제4항), 정리채권에 대하여 채권의 원리금을 감면하면서 주식을 일부라도 소각함이 없이 주주의 지위를 유지하고 다만 배당만 중지하는 권리변경은 공정 · 형평에 반한다. 정리담보권자에 대한 권리보호조항은 부동의한 정리담보권자에 대하여는 처음부터 정리절차가 없었던 경우와 거의 같은 별제권적 지위 내지는 만족을 주는 것이어야 할 것이고 단지 가결된 계획안보다 변제조건을 다소 유리하게 한 것만으로는 별제권적인 지위를 부여하였다고 볼 수 없다(서울고등법원 84라41 결정).

미국의 경우는 조를 세분하지만——특히 담보권자의 조는 담보목적물마다 조를 분류한다고 한다——우리 나라는 정리담보권자조, 정리채권자조, 및 주주조로 3분한다. 리스채권자는 정리담보권자로 취급하고 환취권자로 취급하지 아니하며 별도로 리스채권자조만을 따로 분류하지 아니한다(대전고등법원 2000라422 결정). 주채권자조와 보증채권자조를 나눌 필요는 없다(서울고등법원 2000라74 결정). 만일 각조 내에서 채권자들간에 권리의 성질의 차이 등을 두더라도 합리적인 이유가 있고, 실질적인 형평에 반하지 아니하는 경우에는 같은 조 안에서도 차등을 둘 수 있다(확립된 대법원 판례임). 실무상 차등을 두는 예로는 정리채권 중에서도 특수관계에 있는 보증인의 구상권을 면제 또는 열후화시키고 있으며, 보증채권도 주채권에 대한 선만족을 요건으로 하는 등 다른 정리채권보다 열후화시키고 있다. 구상금채권은 정리계획에 의하여 변제하여야 할 채무를 한도로 하고 당해 정리담보권 또는 정리채권자에 대한 변제계획에 따라 변제하게 되므로 주채권이 이자채권과 같이 후순위정리채권인 경우에는 정리회사와 약정에 불구하고 역시 열후화시킨다(서울고등법원 99라13 결정, 대구고등법원 2002라6 결정 등 다수). 정리회사의 대주주 등과 같이 대여금채권이 실질적으로 자본의 성격을 갖는 경우에도 이를 열후화시킨다(서울고등법원 96라142 결정).

정리계획에서 정리담보권자 아닌 자를 정리담보권자로 취급하거나(서울고등법원 98라77 결정), 정리채권자로 하여금 장차 금원의 지원을 명하는 부분은 무익적 기재사항으로서 효력이 없다(서울고등법원 2002라119 결정). 정리채권, 정리담보권에 관한 확정의 소가 계속중인 경우에 법원이 제170조의 규정에 따라 의결권을 부여하지 아니한 채 정리계획안이 결의되었더라도 결의가 성실 공정한 방법으로 이루어지지 아니하였다고는 볼 수 없다(서울고등법원 2000라73·74·75·76 각 결정 외 다수). 변제하지 아니하면 회사의 갱생에 지장을 초래할 염려가 있는 경우에는 소액채권자가 아니더라도 인가 전에 법원의 허가를 얻어 일부 채권자에 대하여 변제를 할 수 있으므로(제112조의2 제 3 항) 이를 일컬어 공정·형평에 반한다고 할 수 없다(대법원 99그35 결정).

Ⅵ. 결 론

1. 미국과 한·일의 실무비교

위에서 살펴본 바와 같이 한국의 회사정리제도나 일본의 회사갱생제도 모두가 미국법을 계수하였음에도 실제로 정리계획안의 작성과 인가에 관한 실무는 매우 다르다는 것을 알 수 있다. 미국은 주로 reorganization이라는 단어의 뜻 그대로 회사의 자본구조의 재조직을 내용으로 삼고 있다. 즉 재건된 신 회사의 주주의 권리를 중심으로 채권자와 주주의 우열관계를 다투고 있다. 따라서 채권자에 대한 보상은 채권액에 상당하는 신 증권의 발행에 의하여 행해지는 것이 골자이다. 이에 반하여 한국과 일본의 실무는 주주의 권리보다는 담보권자 및 일반채권자의 채권면제율 및 변제기간 및 변제방법을 중심으로 한 현금변제를 골자로 한다.[141] 이러한 차이는 미국은 증권시장이 발달되어 새로이 발행된 증권이 액면가에 상응하는 시장가치를 가지고 있으나, 한·일 양국에서는 중소기업이 발행한 증권은 건전하고 성장성이 있는 기업이 발행하였더라도 시장성이 적은 점 등 시장이 발달하지 못한 것에 그 이유가 있고, 미국법은 수익관리에 따른 매각의 기법에 의하고 있었다는 연혁이 있으나 일본 및 한국은 그렇지 못한 데에 있다. 그리하여 중소기업이 주로 회사정리사건의 대상인 한국과 일본의 실무에서는 출자전환이나 증권의 발행에 의한 정리계획이 취해지지 못하고 있다.[142]

그리고 정리계획의 공정 · 형평을 논함에 있어서도 미국은 Boyd 판결에서 볼 수 있듯이 주주와 일반채권자와의 우열을 둘러싸고 절대적 우선원칙이라는 확고부동한 원칙을 오랜 기간 지켜 왔고, 현행 파산법하에서도 적어도 cram down의 경우에는 이 원칙이 유지되고 있으며, 모든 조가 동의한 경우에도 소수자를 보호하기 위한 청산가격 보장의 원칙을 고수하고 있다. 그리하여 이 두 가지 기준을 통과한 경우에는 정리계획안이 공정 · 형평에 반한다는 주장을 할 수 없는 것이다. 자신이 속한 조가 동의한 이상 채권자는 주주가 참여하는 계획안이 절대적 우선원칙에 반한다는 이유로 반대할 수 없게 된다.[143] 환언하며 권리가 감축된 조가 계획안에 반대하는 경우에 비로소 공정 · 형평의 원칙이 문제되며 이때 절대적 우선원칙이

141) 그리하여 미국에서는 신 회사의 자본구성이 공정 · 형평하게 재구성되었는지에 초점이 맞추어져 있으므로 수행가능성보다는 공정 · 형평에 관한 논의가 집중되어 있다. 그러나 한국과 일본은 공정 · 형평보다는 오히려 영업이익으로 정리채권을 계획안대로 변제할 수 있는지 여부에 대한 수행가능성이 오히려 중요한 관심사로 떠오르게 되고 정리계획안도 구법과 같이 최고 20년까지 장기에 미치는 경우가 흔하게 되었다. 그리하여 일반대중은 정리절차가 중도폐지되는 경우 법원을 원망하게 되고 회사정리법이 채권자의 희생하에 종전 사주를 보호하는 악법이라고 강한 비판을 하게 되는 것이다.

142) 한국산업은행, "법정관리절차에 있어서의 정리계획 입안기준에 관한 연구," 산업은행조사월보 (1993. 8), 56면.

143) Douglas G. Baird and Thomas H. Jackson, Bargaining after the fall and the contours of the absolute priority rule 113 *reprinted in* Bhandari and Weiss, CORPORATE BANKRUPTCY (1996).

적용된다.

이에 반하여 한국과 일본은 처음부터 미국에서와 같은 절대적 우선원칙을 주장하는 학설도 없었고 상대우선설이 다수설이 되었다. 그러나 그 기준이 명확하지 않다 보니 법원은 무엇이 공정·형평한 것인지에 대하여 추상론을 반복하는 수준에 그치고, 자기가 속한 조가 계획안에 동의하였는지 여부에 관계 없이 누구나 정리계획에 대하여 공정·형평에 어긋난다 하여 항고를 제기할 수 있도록 되어 있다.

미국에서는 조의 분류를 둘러싸고 공정·형평의 문제가 발생하지만,[144] 한·일 양국에서는 조를 정리담보권자, 정리채권자, 주주의 3개조로 나누어 조의 내부에서의 차별에 대하여 문제를 삼는 경우가 보통이다.

종전 한국과 일본의 실무는 법정 다수의 가결이라는 요건만 갖추면 정리계획안이 공정·형평하다거나, 수행가능성이 있다는 식의 사고에 젖어 있음을 부인할 수 없다. 그러나 공정·형평과 다수의 가결과는 별개의 문제라는 점은 이미 미국의 판례법에 의하여 확인된 것이고, 다수의 찬성 이외에 별도의 공정·형평의 기준을 모색하여야 한다. 전게 외국채권자가 항고한 서울고등법원 2002라119 결정이나 외국채권자가 회사정리신청을 하여 절차가 개시된 진로 사건에서 알 수 있듯이 최근 외국채권자들이 회사정리절차에 참여하는 경우가 부쩍 늘었다. 돌이켜 보건대, 정리계획안인가결정을 함에 있어서 과거 법원이나 금융기관 등의 실무는 한국식의 느슨한기준——회사정리절차가 재건을 목적으로 하는 것이고 다수가 찬성하는 이상 실체법상의 순위를 다소 침해당하더라도 일부 채권자들이 양보하는 것이 당연하다는 법의식——을 적용한 것이 아닌가 반성한다. 외국채권자들이 절차 참여는 한국의 회사정리제도도 범세계적인 기준에 따라야 함을 일깨워주고 있다. 그런 점에서 범세계적인 기준에 너무 동떨어진 회사정리실무는 이제 지양되어야 할 것이다. 무엇보다 구체적인 기준의 확립과 법 규정의 신설 등이 필요하다.

저자는 정리계획안의 공정·형평성에 관하여 종전과 같이 '평등이란 형식적 의미의 평등이 아니라 공정·형평의 관념에 반하지 않는 실질적인 평등을 가리킨다'[145]는 법철학상의 추상론을 되풀이 할 것이 아니라 회사정리절차에 상응하는 보다 구체적인 최소한의 기준을 제시하여야 할 때가 왔다고 생각한다. 아래에서 저자 나름대로의 소견을 피력하고자 한다.

---

144) In re U.S. Truck Co. 800 F.2d 581(6th. 1986). Jordan *supra* note 56, at 815에서 인용. 위 사건에서 12개의 조가 분류되어 있다. 그 이유는 미국의 경우 담보목적물이 상이한 담보권자는 같은 조로 분류될 수 없다고 한다. Jordan, *supra* note 56, at 814.

145) 대법원 1989. 7. 25.자 88마266 결정(공 1997상, 285).

2. 반대하는 소수자의 보호

회사정리절차의 존재근거이면서도 절차를 지배하는 가장 기본적인 원리는 기업의 재건이 기업의 해체보다 낫다는 것이다. 그렇다면 적어도 채권자로서도 파산의 경우 분배받는 몫보다도 정리계획에서 분배받는 몫이 경제적으로 유리하지 않으면 안 된다. 화의법 제18조 제 5 호가 화의의 조건이 일반채권자의 이익에 반하는 때를 화의신청의 기각사유로 규정하고 있고 일본의 판례는 이를 화의채권자가 화의조건에 의하여 취득할 이익과 채무자의 파산에 의하여 채권자가 받을 배당을 비교하여 전자의 쪽이 불이익한 경우에는 채권자 일반의 이익에 반하다고 해석하고 있다.[146)]

아무리 정리절차에서 당사자간의 계약 내용이 변경되고 더 나아가 실체법상의 기본원칙——담보권의 우월, 주주평등, 하청업자의 보호 등——이 바뀔 수 있다 하더라도 당사자가 동의하지 않는 한 위 지도이념에 반하는 정리계획은 인정될 수 없다. 따라서 법에서 미국과 같은 청산가격보장의 원칙이 명시되어 있지 않더라도 이는 제233조 제 1 항 제 2 호의 공정 · 형평의 요건의 한 내용으로 고려되어야 한다.[147)] 이러한 해석은 특히 일본과 달리 개정된 제38조 제 5 호에서 회사정리절차 신청의 기각요건의 하나로 회사를 청산할 때의 가치가 회사를 존속시킬 때의 가치보다 큰 것이 명백한 경우를 들고 있는 데에서 근거를 찾을 수 있다. 즉 이미 개시

---

146) 大審院 1939. 12. 22. 決定; 1934. 7. 9. 決定 등.

147) 同旨, 渡辺光誠, 전게서(주 54), 100면. 반대 전게(주 6) 대법원 99그35 결정은 정리담보권자가 회사정리절차에서 정리계획에 의하여 변제받을 금액은 최소한 정리회사가 회사정리절차를 거치지 아니하고 곧바로 청산되는 경우보다 많아야 한다는 주장은 독단적인 견해에 불과하다고 하여 배척하였다. 그러나 화의법 제18조 제 5 호에 대한 다수설과 일본 판례 및 미국의 입법례를 근거로 하는 회사정리법의 근본 문제를 지적한 위 주장에 대하여 별다른 이유 없이 배척한 것은 의문이다. 앞으로 적지 않은 논의를 불러일으키리라고 생각한다. 대법원 판결 이후에 나온 서울고등법원 2002라119 결정도 청산가치보장의 원칙에 위배되었다는 항고인의 주장에 대하여 위 대법원 결정을 근거로 배척하였다. 대법원의 판결 이유가 오히려 독단적이라는 비판은 吳守根, "清算價値를 下回하는 整理計劃案의 當否," 민사판례연구(XXIII), 박영사(2001), 578면 이하. 南逸聰, 전게서(주 99), 156면은 대법원의 입장은 정리계획안을 둘러싼 이해관계자들간의 협상게임(bargaining game)에서 당사자들이 각자의 합리적인 이익을 극대화하는 것조차 부정하는 것으로서 정당화되기 어렵다고 비판한다. 한편 국회에 제출되었던 채무자회생및파산에관한법률안 제243조 제 4 항에서 청산가치보장을 명시하고 있으므로 앞으로 법안이 국회에 다시 제출되어 통과되면 위 대법원 판례는 폐기되는 셈이다. 제234조 제 4 항의 내용은 아래와 같다.
제243조(회생계획인가의 요건) ① 법원은 다음의 요건을 구비하고 있는 경우에 한하여 회생계획인가의 결정을 할 수 있다. 1-3호 생략 4. 회생계획에 의한 변제방법이 채무자의 사업을 청산할 때 각 채권자에게 변제하는 것보다 불리하지 아니하게 변제하는 내용일 것. 다만, 채권자가 동의한 경우에는 그러하지 아니하다(밑줄 저자).

결정을 할 당시 청산가치와 존속가치에 대한 대비가 이루어진 상태이므로 오히려 미국보다 채권자 이익의 원칙을 쉽게 적용할 수 있다.

3. 정리채권자와 주주의 지위

먼저 법에서 정한 실체법상의 권리순위를 무시하여서는 아니 된다. 제228조 제 1 항에 의하면 주주는 정리채권자보다 열후되어 있다. 따라서 정리채권자의 이익이 침해되는데도 불구하고 주주는 실질적으로 아무런 권리감축이 없는 계획안은 공정 · 형평에 반한다. 한국과 일본에서는 정리담보권자와 정리채권자는 미국과 달리 채권신고기간 내에 신고하지 아니하면 무조건 실권됨에 비하여 주주는 신고하지 아니하여도 의결권만 제한될 뿐 주주권을 잃지 않도록 되어 있다. 종전의 실무상 자본감소는 물론이고 신주발행도 하지 않고 있는 정리계획 역시 허다하였다.[148] 주식의 감소 없이 정리계획기간 동안 이익배당만을 하지 않는다는 정도만으로는 주주의 권리감축이라 할 수 없다.[149] 왜냐하면 정리계획기간 동안의 영업이익으로 채무를 변제하도록 되어 있는 것이므로 그 기간 동안 주주에게 이익배당을 하지 않는 것은 법리적으로 당연한 것이다. 즉 주주에게는 회사정리절차신청 전에 이미 미국법에서 말하는 equity가 없는 상태였으므로 정리계획기간 동안 배당하지 않는다 하여 그 권리가 감축된 것은 없기 때문이다. 더구나 주주는 신 회사의 주주로서 여전히 그 지위를 유지하고 있어 아무런 권리의 변동이 없는 것이다. 이 점은 앞에서 본 미국의 구 연방파산법하에서의 초기 판례들이 입증하고 있다. 그러므로 비록 자본감소와 신주발행이 필수적 기재사항이 아니라 임의적 기재사항이라도 정리채권자의 권리가 감축되었음에도 불구하고 기존 주주의 자본감소와 신주발행이 없는 계획안은 공정 · 형평에 반한 것이라고 보아야 한다.[150]

따라서 이런 관점에서 본다면 구 주식을 100% 무상소각하는 한국과 일본의 실무는 긍정적으로 평가할 수 있다.[151] 1998. 2. 24. 개정된 제221조 제 3 항은 "정

148) 회사정리법의 제문제(좌담회), 대한변호사협회지(1992. 3), 50면 한국산업은행 조사부장의 발언.

149) 同旨, 林采洪 · 白昌勳, 전게서(주 97), 165면; 한국산업은행, 전게서(주 98), 506면. 단 林采洪·白昌勳, 전게서에서 한국산업은행, 회사정리법해설, 354면이 반대설을 취하고 있다고 설명하였으나 이는 1975년판을 기준으로 한 것이다.

150) 同旨, 좌담회(주 148), 50면, 산업은행조사부장의 발언; 伊藤眞, 전게논문(주 79), 283면. 이 논문에 의하면 정리채권에 변경이 있는 경우 주주의 권리를 어느 정도 변경할 것인가에 대하여는 절대우선설인가 상대우선설인가에 따라 다르지만 변경은 있어야 하며 減資는 그 변경의 하나라고 한다.

151) 同旨, 李哲松, "會社整理의 衡平性과 公正性," 인권과 정의(1992. 3), 16면; 金載亨, 전게논문

리절차 개시 당시의 자본의 감소는 회사의 부채의 총액이 자산의 총액을 초과하는 경우에는 회사발행주식의 1/2 이상을 소각하는 방법으로 자본을 감소할 것을 정하여야 한다"고 규정하였다. 이 점은 미국과 같이 절대적 우선원칙이 적용되었더라면 굳이 법을 개정하지 않더라도 가능한 것인데 이와 같은 명문의 규정을 둔 것은 정리계획안의 심사에 대하여 느슨하였던 법원의 실무에 대한 입법자의 통제라고 볼 수 있다. 다만 구 사주가 정리회사에 새로이 자금을 제공하는 경우라면 일부만을 소각을 할 수 있다고 생각한다. 다만 어느 경우에 어느 정도의 자금제공이 있어야 되느냐에 대하여는 앞으로 미국의 New Value Theory에 관한 판례의 추이를 참조하는 것이 도움이 되리라 생각한다.

4. 동종의 권리자 상호간의 합리적인 차별

제229조는 "정리계획의 조건은 같은 성질의 권리를 가진 자간에서는 평등하여야 한다. 그러나 정리채권자와 정리담보권자에 대하여 그 채권이 소액인 경우에 다른 규정을 하거나 기타 이들간에 차등을 두어도 형평을 해하지 아니하는 때에는 그러하지 아니한다"고 규정하고 있다. 제159조 제 1 항과 제228조에서 정리담보권자, 일반의 우선권 있는 정리채권자, 보통의 정리채권자, 열후적인 정리채권자, 우선적 내용을 갖는 종류의 주식을 가진 주주, 보통 주주의 서열을 정하고 있으므로 이러한 서열을 어긋나게 하는 계획안은 위법하다. 따라서 우선정리채권이 일반정리채권보다 유리하게 취급되어야 함은 물론이지만 각조의 내부에서 모든 권리가 평등하게 취급되어야 하는 것은 아니다. 그리하여 같은 정리채권이라도 발생원인(불법행위, 상거래채권), 채권의 성질(공급자의 채권, 소비대차채권), 액수(소액채권)에 따라 차이를 둘 수 있는 것에 대하여는 대체로 견해가 일치되어 있다.[152]

문제는 형평을 해하지 않는 합리적인 차별은 무엇인가에 귀착된다. 위에서 본 법원의 실무 중 합리적인 차별에 관한 부분은 외국의 이론, 실무 등에 비추어 타당한 것이라고 평가된다. 먼저 담보권자라도 동산담보권자와 부동산담보권자는 그 담보물의 멸실, 담보가치의 변경 등을 고려하여 차별할 필요가 있다. 즉 가치의 감소가 심한 동산담보권자에 대하여는 부동산담보권자에 비하여 단기의 변제기간을 정

(주 110), 289-290면도 긍정하는 것으로 보인다.

152) 青山善充, "會社更生の性格と構造(四)," 法學協會雜誌 第86권 제 4 호(1969), 467면.

하는 것이 합리적일 것이다.[153] 미국의 현행 파산법 §361도 가치의 감소가 심한 담보권자에 대하여 담보권실행의 중지에 대한 보상으로 가치감소에 상응하는 정기적인 현금의 지불 또는 대체담보의 제공 등 적절한 보호를 하도록 규정하고 있다.

미국법에서도 인정되듯이 친자회사와 같은 특수관계의 경우 지배종속관계가 있고, 자회사의 파산에 중요한 역할을 한 경우 등에는 다른 외부 채권자의 채권보다 열후적으로 처리하는 것이 공정 · 형평에 합치된다.[154] 독일의 경우도 종전의 판례이론에 따라 1980년 유한회사법을 개정하여 제32조에서 도산절차에서 資本代替的 社員貸付의 반환청구권의 행사를 금지하는 내용을 규정하고 있다.[155] 관리인이 구 사주의 채권을 이의하지 않는 경우도 있을 수 있고, 사정절차에 적합하지 않은 경우도 있으므로 계획안에서 불리하게 처우하는 실무의 태도는 옳다.

또한 회사정리절차에서 이해관계인들의 권리는 자유로이 처분할 수 있는 성질의 것이므로 스스로 채권자들간에 특정채권에 대하여 열후하게 취급하기로 합의한 경우에는 그러한 합의가 법령에 의하여 무효로 되지 않는 한 그러한 합의에 따라 열후적으로 취급하도록 함이 옳다.[156] 미국의 경우 은행의 무담보채권과 상거래채권은 보통 같은 조에 편성되지만[157] 권리의 성질, 발생원인 등에 따라 그 변제조건을 달리하는 것은 승인되고 있다.

5. 공정 · 형평을 다툴 수 있는 적격자의 문제와 절대적 우선원칙(입법론)

현행법은 모든 조가 동의하였음에도 불구하고 계획안에 반대하는 조의 구성원 누구라도 계획안이 공정 · 형평에 반한다고 하여 항고를 제기할 수 있도록 하고 있으므로[158] 그로 인한 절차의 지연이라는 폐해가 발생할 수 있다. 청산절차로 가게

153) 宮協 등, 전게서(주 78), 833면.

154) 同旨, 한국산업은행, 전게서(주 98), 508면. 현행 미국파산법 §510(c)에 의하면, 법원은 통지와 심문을 거친 후 형평의 원칙에 기하여 인용되어진 채권 또는 권리의 전부 또는 일부를 다른 채권 또는 권리에 비하여 배당에 관하여 열후적으로 취급할 수 있도록 명문의 규정을 두고 있다.

155) 이 점에 관한 독일의 도산절차에 대하여는 上原敏夫, "會社の倒産と內部債權の劣後的處遇"(上, 中, 下), 判例時報 제1277호, 3면, 제1280호 3면, 제1283호 3면 등 참조.

156) 山內八郎, 전게서(주 80), 68면 참조. 또한 현행 미국파산법 §510(a)도 같은 내용이다. 예를 들면 폐쇄회사의 대표이사가 회사에 자금을 대여하면서 외부로부터의 투자를 용이하도록 하기 위하여 자신의 채권을 열위에 두도록 합의하는 경우나, 공개기업의 경우라도 이자율을 높게 주는 대신 만일 회사의 부도에 대비하여 열후적인 권리로 취급되는 경우도 있다. Gerber, *supra* note 47, at 174.

157) Baird, *supra* note 25, at 248.

158) 서울고등법원 2002. 8. 28.자 2002라24 결정은 정리채권자인 주식회사 코레트신탁이 서울지방법원 2001. 11. 22.자 2001회3 결정에 대한 항고심 결정이다. 원심 및 항고심 결정이유에 의하면 항

되면 아무런 배당도 받을 수 없는 정리채권자도 그가 속한 조가 정리계획안에 대하여 동의하였음에도 정리계획안에 대하여 공정 · 형평의 문제로 항고를 할 수 있다.[159)]

그러나 拙見으로는 현행법의 해석론으로도 그러한 자에게는 항고를 제기할 이익이 없는 게 아닌가 하는 의문이 든다. 위에서 본 우리 판례의 수나 내용에서 알 수 있듯이 그 동안 정리계획안인가결정에 대한 항고 자체가 적었고, 또한 법원에서 받아들여지는 예도 적었으며, 항고에 대하여 집행정지의 효력이 없어 항고를 제기하더라도 정리계획의 수행에 영향을 미치지 않지만[160)] 근자에 이르러 항고사건도 늘고 있고 또 인용되는 경우도 있으므로 자기가 속한 조가 동의한 이상 계획안이 공정 · 형평에 반한다는 이유로 항고를 제기하는 것을 금할 필요가 있다. 적어도 청산절차보다 회사정리절차가 유리하다는 보장을 해준 이상 각 組의 구성원에게는 공정 · 형평을 이유로 항고할 수 없도록 하고, 오직 반대한 조에 대하여만 그 조에 대한 권리변경의 내용을 정한 계획안에 대하여 공정 · 형평 여부를 다툴 수 있도록 개정하는 것이 절차의 간이화에도 도움이 된다고 생각한다. 원래 차별의 합리성이라는 것은 당해 정리절차의 진행과정이나 계획전체와의 균형 등에서 구체적으로 결정하여야 하는 것이고 이를 떠나 외부에서 추상적으로 비판할 수는 없으므로 법원으로 하여금 매 사건마다 그 사안에 맞는 공정 · 형평을 판단하도록 하는 것은 법원으로서도 큰 부담이 된다.[161)] 그리고 무엇이 공정 · 형평한가의 문제에 대하여는 절대적 우선원칙을 도입하여 가급적 준수하는 것이 옳다고 생각한다.[162)] 상대우선설의 내용은 견해마다 차이가 있고 구체적인 기준이 뚜렷하지 아니하여 정리계획안의 협상과정에서도 그 기준을 제시하지 못하는 데에 가장 큰 약점이 있다. 회

고인이 속하는 정리채권자조는 법적가결요건의 동의를 거쳤음에도 항고인에 대한 채권분류가 공정 · 형평의 원리에 어긋난다는 이유로 항고를 제기하였고, 항고심이 항고를 일부 인용하였다.

159) 물론 신고한 정리채권자 등(정리담보권자 및 주주 포함)만이 항고를 제기할 수 있고 신고하지 아니한 정리채권자 등은 항고를 제기할 수 없다(제237조 제 1 항 단서 · 제 2 항). 전게(주 6) 대법원 99그35 결정의 사안도 모든 조가 동의하였음에도 항고인의 항고를 받아들이고 있다.

160) 제237조 제 3 항.

161) 전게 좌담회(주 148), 52면 林采洪 변호사의 발언 참조 "제228조, 제229조에 맞느냐 안 맞느냐를 심사하기가 굉장히 어렵습니다. 가결요건이 다 되니까 넘어가는 예가 많지 않겠는가 생각합니다." 李哲松, 전게논문(주 151), 13면은 현재까지 작성 · 인가된 정리계획을 볼 때 과연 이 원칙(공정 · 형평의 원칙. 저자주) 준수되고 있느냐는 데 다소 의문이 있다고 기술하는 등 회사정리의 실무에서 계획안의 공정 · 형평성에 대한 시비가 적지 않은 것이 사실이다. 주된 비판은 상대적으로 주주의 권리가 보호되는 반면 채권자 특히 담보권자의 희생(일반정리채권의 변제기가 담보권자보다 단기임을 지적한다. 李哲松, 전게논문(주 151), 14면 참조)을 크게 요구한다는 점에 귀착한다.

162) 同旨, 南逸聰, 전게서(주 99), 157면.

사정리절차가 기업의 재건이라는 공익을 달성하려는 것임을 충분히 인정하더라도 동의하지 아니하는 담보권자로부터 공익 실현이라는 명목하에 실체법상의 원칙 즉 담보권자의 우선권을 빼앗을 수는 없다고 본다. 이상의 주장은 미국의 개정 파산법과 기본 구조를 같이 하는 것이다.

주제 자체가 어려운 문제이고 저자의 능력의 한계도 있어 제대로 다루지 못하였음을 고백한다. 앞으로 이 문제에 관하여 다른 분들의 활발한 연구와 미국, 일본과 같이 정리회사에 대한 추적조사를 통하여 인가 이후 계획안의 변경여부, 정리절차의 폐지 여부 등을 조사함으로써 법원의 판단에 대한 사후검증을 할 것을 고대하며 글을 마치고자 한다.

(사법논집 제31집(2000), 733면 이하 소재)

[후기]

글이 발표된 후에 선고된 정리계획안 인가결정에 대한 항고심 결정, 권리보호조항 및 주식소각에 관한 대법원 판례 등을 본문에 반영하였고, 본문에 소개한 대법원 2000. 1. 5.자 99그35 결정(공2000상, 539)에 대한 吳守根 교수의 판례평석을 해당부분에서 언급하였다. 채무자회생및파산에관한법률안은 보증채권, 구상채권, 사주의 출자금 등을 차별한 종전 실무를 입법화한 외에 새로이 청산가치보장의 원칙——미국법상의 best interest of creditors test——을 규정하고 있으므로 앞으로 정리계획의 심사는 더욱 까다로와질 것으로 예상된다.

한국 · 미국 · 일본의 회사재건제도의 현황

Ⅰ. 머 리 말

1997년 경제위기를 겪으면서 파산제도 특히 회사정리절차에 관한 일반 대중의 관심이 증가하였다. 아울러 그 동안 회사정리제도를 운영하는 법원의 실무에 대하여 비판이 적지 않았다. 비판의 요지로는 법관의 전문성의 부족과 사건처리의 지연을 꼽고 있다. 이 글에서는 후자에 초점을 맞추어 1999년 개정 이전의 실무와 그 후의 실무에 대하여 학자와 법관들의 분석을 소개하고, 미국 회사재건제도, 일본의 회사갱생 및 화의제도에 대한 실증적 분석을 소개 비교함으로써 비판받아야 할 부분이 무엇인지, 왜곡된 부분이 있다면 바로 알림으로써 앞으로 회사재건절차를 운용함에 있어 고려하여야 할 점을 밝히기 위하여 이 글을 쓴다.

1. 미국 파산법의 현황

1990년대 美國은 파산법의 시대라고 한다. 아래에서는 美國의 파산사건에 대한 현황을 살펴보면서 파산법의 중요성에 대하여 함께 생각해 보고자 한다. 별지의 도표는 日本의 霜島甲一 교수가 쓴 글[1]에서 관련 부분을 인용한 것이다. 먼저 〈도

1) 霜島甲一, "アメリカ合衆國一九七八年連邦破産法の成立," 民事節次法の革新(下) 三ケ月章先生古稀祝賀, 有斐閣(1991).

표 1〉은 1975년부터 1982년까지의 전체 파산신청 사건을 분석한 것이다.[2] 오늘날 美國의 파산사건은 1980년대에 들어와 연간 50만 건을 넘고 있으며 1996년에 들어서는 개인파산만 100만 건을 넘게 접수되고 있다(그 중 소비자 파산이 40%를 차지하고 있다). 〈도표 2〉에서 알 수 있듯이 파산사건의 수는 연방법원의 관할 사건 중 일반 민·형사사건을 합한 숫자를 능가한다. 〈도표 3〉에서 보듯이 법관의 숫자에서도 연방고등법원 및 연방지방법원을 합한 현역 연방판사의 1/3에 해당하며, 제 1 심인 지방법원과 비교하면 그 1/3이 파산법관이다. 또한 전체 사법예산 중 파산법원의 인건비만 전체 사법예산의 11.9%에 달한다.[3] 저자가 만난 노스캘로라이나의 Rich Leonard 파산법관은 주 대법관과 함께 Clinton대통령에 의하여 연방 제 3 항소지구 판사로 지명되는 등 파산법관의 위상도 점차 높아지고 있다. 당초 1978년 파산법 개정시 연방지방법원의 판사의 월급과 파산법원 판사의 월급을 같은 액수인 연 5만 불로 정하였다고 한다.[4]

변호사의 입장에서 보더라도 파산사건은 중요한 전문직역이다. 〈도표 4〉는 캘리포니아주의 오크랜드, L.A. 샌디에고에서 발행되는 전화번호부의 사업자부분(Yellow Page)에 등재된 변호사들의 전문직역을 나타낸 것으로 오크랜드와 샌디에고에서는 8위를 L.A.[5]에서는 15위를 달리고 있다(출전 Pacific Telephone: Oakland, Los Angeles, San Diego 1993. ***표시는 15위이다). 기업의 입장에서는 최근 제조물책임 소송의 급증으로 인하여 석면[6]이나 피임기구[7]로 인한 피해자들이 속출하면서 회사의 재정적인 부담을 면하기 위하여 제11장[8]을 신청하고 장래의 피해자들을 위한 기금을 정리계획안에서 마련하고 장래의 피해자들로 하여금 위 기금에 대하여만 소송을 제기하도록 하는 등 제11장은 제조물책임으로 인한 기업의 재건을 도모하는 데에도 이용되고 있다.

2) 1992, 1994, 1996년의 통계는 Daniel J. Bussel, 三木浩一 譯, "アメリカ倒産法における近時の展開(下)," 國際商事法務 Vol. 25. No. 11(1997)의 주 1에서 인용한 것이다. 1993년 이후의 통계에 대하여는 이 책의 개인채무자회생법 해설 부분의 별지 표를 참조.

3) 전체 사법예산은 709,254,000불 중 연방파산법원의 예산은 84,700,000불이다. Annual Report of the Director of the Administrative Official of the United States Court, 1979-1982. 霜島甲一, 전게논문(주 1)에서 재인용.

4) 霜島甲一, 전게논문(주 1), 436면 주 51 참조.

5) L.A.가 있는 제 9 항소법원이 全美 최고의 파산사건수를 점하고 있으나 법률사무소가 과점을 하고 있으므로 등수는 15위가 되었다. 1982년도의 총 파산사건수 527,811건 중 제 9 항소법원이 123,621건수로 약 23.4%를 차지하고 있다. 霜島甲一, 전게논문(주 1), 414면.

6) Kane v. Johns-Manville Corp., 68 B.R. 407. 843 F.2d 636(2d Cir. 1988); In re Waterman S.S. Corp., 141 B.R. 552(Bankr. S.D.N.Y. 1992). 참조.

7) Grady v. A.H. Robins Co. 839 F.2d 198(4th Cir. 1988).

8) 이하 협의의 파산절차는 제 7 장으로, 회사재건절차는 제11장으로 표시한다.

美國의 경우 제11장을 신청한 대다수의 중소기업은 계획안의 인가를 받지 못하는 것이 실정이므로 이를 위한 대책의 마련이 요구되고 있다. 비록 계획안의 인가를 받지 못한다 하더라도 제11장 사건의 다수를 차지하는 것이 중소기업이다. 美國의 경우 1979년 제11장을 신청한 회사 중 자산의 규모가 1억 불을 넘는 회사는 20%에 불과하다. 절대적 우선원칙이 지켜지지 않는 사건이 중소기업의 재건절차이고 또한 무담보채권자들이 채무자와 배당에 관한 협상에서 불리한 지위에 놓이는 것도 이 경우이다. 그리하여 제11장 대신에 바로 제 7 장으로 가는 것이 옳은 것이 아닌가 하는 의문을 갖게 되고 급진론자는 제11장의 폐지까지 주장하고 있다.

2. 분석의 필요성과 대상

美國의 경우 1978년 이전의 구 파산법에서는 종래 우리의 화의절차에 상당하는 것으로는 Arrangement 제도가 있었으나 현행 파산법에는 이를 재건절차(Reorganization)와 통합하여 중소기업이나 대기업을 위한 별도의 절차를 마련하고 있지 않고 있다. 일본은 우리 나라와 같이 화의절차가 있으므로 과연 중소기업에 적합한 도산절차로서 日本의 화의절차의 기능을 연구할 가치가 있다.[9] 日本의 회사갱생절차를 분석함으로써 대기업의 재건문제를 어떻게 다루고 있는지 알 수 있다.

일본의 회사갱생제도에 대하여는 經濟産業硏究所가 帝國 data-bank에 위탁하여 조사한 case study를 저자가 정리하였다.[10] 화의제도에 대하여는 日本 오카야마대학의 쇼이치다카시라 교수와 美國의 코넬대학의 Theodore Eisenberg 교수가 공동으로 日本의 화의사건을 조사한 통계를 이용하여 이를 경제학적인 관점에서 분석한 것을 저자가 요약한 것이다.[11] 먼저 분석에 앞서서 통계수치를 통하여 알고자 하는 것은 주로 아래와 같다. 재건절차는 얼마나 신속하게 이루어지는가? 재건절차가 채권자들에게 이익을 줄 수 있는 성공률이 몇 % 이상이면 족한가?[12] 채권

9) 日本의 경우 지난 10년간(1970년대를 말함) 매년 100에서 700건의 재건절차의 신청이 있었으며 그 중 3/4이 화의사건이라고 한다. 한편, 日本의 개인파산 신청건수는 1995년 43,914건이고, 1996년 11개월간의 신청건수는 50,615건이다(Daniel J. Bussel, 전게논문(주 2), 주 1 참조).

10) 寺澤達也 外 編著, 會社更生企業その後, 債權管理別冊 No. 1 金融財政事情硏究會(2002), 145면 이하.

11) Theodore Eisenberg and Shoichi Tagashira, Should we abolish chapter 11? 33 Journal of Legal Studies 111(January 1994) *reprinted in* Bhandari and Weisss, CORPORATE BANKRUPTCY 501(1996).

12) 美國의 제11장의 성공률은 이보다도 낮아 중소기업에 대한 재건절차로서는 채권자에게 이익이 되지 못한다고 평가받고 있다.

자에 대한 배당률, 청산가치를 평가하는 데 있어서 지역적인 편차가 존재하는가? 기업의 가치를 평가함에 있어서 업종별 편차가 존재하는가? 변제기한 및 유예기한의 정도, 업종별로 배당률이 달라질 수 있는가, 화의조건이 인가되거나 기각될 때 고려되는 요소는 무엇이며 채무자의 재정상태가 중요한가 아니면 화의채권의 평균액수가 중요한 영향을 미치는가?

日本의 회사갱생 및 화의제도에 대하여도 美國의 제11장에 대한 비판과 같이 채무자 위주이고, 시간이 오래 걸리고, 재건의 가능성은 적으며 단지 변제금지의 보전처분을 얻어 금융기관으로부터의 거래정지처분을 면하기 위하여 신청하였다가 보전처분이 있은 후에 신청을 취하하는 등 절차를 악용하는 사례가 많다. 회사갱생제도와 화의제도의 순으로 分說한다.

Ⅱ. 일본의 회사재건제도의 현황

1. 회사갱생제도

위 기관이 2000. 11.부터 12.까지 1달 동안 1980년 이후 회사갱생절차를 신청한 기업 491개 중 응답한 기업 289건을 조사대상으로 하여 그 결과를 정리한 것이다.

(1) 신청현황

신청인은 회사 스스로 신청하는 비율이 96%를 차지하며, 토쿄지방법원이 30%, 오사카지방법원이 17%, 기타 법원이 47%를 차지하고 있다. 도산원인으로는 사업부진이 31%, 방만경영이 12%, 설비투자실패가 11%, 불량채권누적이 10%의 순이다. 운전자금의 조달방법으로는 매수채권의 회수(34%), 현금 및 예금(33%), 자산매각(13%)이고 금융기관으로부터의 융자는 5.6%에 불과하였다.

(2) 처리기간

신청 후 개시결정까지의 평균기간은 3.9개월이 소요되었다. 1980년대는 4.4개월, 1990년대는 3.6개월로 점차로 빨라지고 있다. 개시결정부터 인가결정까지는 평균 26.4개월이 걸렸다. 1980년대는 28.9개월이, 1990년대는 24.9개월이 소요되어 역시 점차 신속화되었다. 업종별로는 서비스업(20.7개월), 건설업(23개월), 도소매업(30.8개월)의 순이다. 인가결정부터 종결결정까지는 6년 10개월 정도가 걸렸다. 1980년대는 95개월이, 1990년대는 62개월이 걸렸다. 업종별로 서비스업(23개월), 제조업(72개월), 도소매업(130개월)의 순이다. 당초 종결예정기간과 실제로 종결된 기간과의 차이는 평균 39개월로서 종결예정보다 일찍 종결되고 있다. 1980년대는 47.9개월, 1990년대는 28.7개월 단축되고 있다.

(3) 자본 및 부채규모

자산의 규모는 통계에 나와 있지 않으므로 생략한다. 자본금의 규모는 10억 엔 이상이 10%, 1-10억 엔 사이가 27%, 1억 엔 미만이 62%이다. 채권자총수는 평균 384명이고 1980년대는 312명, 1990년대는 429명으로 점차 채권자들의 숫자가 늘어나고 있음을 보여주고 있으며 업종별로는 도소매업(991명), 건설(628명), 제조(230명) 순이다. 채권총액은 평균 278억 엔으로 1980년대는 94억 엔이고 1990년대는 458억 엔으로 대형도산사건이 증대되었음을 보여주고 있다. 업종별로는 건설업(587억 엔), 도소매업(175억 엔), 서비스업(169억 엔)의 순이다. 그 중에서 更生擔保權者의 수는 평균 16명으로 평균금액이 91억 엔이고, 更生債權者의 수는 평균 308명, 평균금액이 628억 엔의 규모이다. 리스채권자는 채권자수가 5.3명, 평균 채권액은 1.9억 엔이다.[13]

(4) 변제율 · 변제기간 및 성공률

更生擔保權의 평균변제율은 95%로서 1980년대는 96%, 1990년대는 94%로 감소하는 추세이다. 변제기간은 평균 8년 11개월(107개월)로서 1980년대는 104개월, 1990년대는 110개월로서 오히려 변제기간이 늘어나는 추세이다. 한편 更生債權의 평균변제율은 25%로서 1980년대는 32%, 1990년대는 20%로 감소하는 추세이다. 변제기간은 평균 9년 1개월(109개월)로서 1980년대는 102개월, 1990년대는 115개월로 이 역시 늘어나는 추세이다. 리스채권의 평균변제율은 85%이고, 변제기간은 84개월(7년)로서 모두 更生擔保權에 근접한 비율이다. 변제기간은 更生擔保權, 리스채권, 更生債權의 순으로 변제가 빨리 이루어지고 있다. 출자전환의 비율은 7%로서 아직 출자전환이 광범위하게 이용되고 있지 않음을 알 수 있다. 계획보다 빨리 진행되고 있는 비율은 21%이고, 계획대로 진행되고 있는 비율이 59%

13) 일본에서 리스채권자의 지위가 정리담보권자인지 환취권자인지에 대하여 견해의 대립이 있고 이 설문에서는 리스채권에 대하여 별도로 항을 나누어 조사하였다.

로서 전체의 70%가 순조롭게 진행되고 있음을 알 수 있다. 갱생절차 개시 후 자본의 변동이 있는 회사는 72%로서 그 중 49%는 자본이 감소하였고, 38%만이 자본이 증가하였다. 종업원이 감소한 회사의 비율은 89%이고 매출액이 감소한 기업의 비율은 77%이다. 주주의 변동이 있는 비율이 77%로서 대부분 주주구성에 변동이 있다. 그러나 주거래은행의 변경이 있는 경우는 45%로서 변동이 없는 비율 55%보다 적다.

2. 화의제도

(1) 신청현황

화의절차에 대한 실증적 분석연구회가 1982년과 1987년에 신청된 화의사건을 분석하였다. 1982년 521건, 1987년 320건이 신청되어 총 841건 중 352건에 관하여 자료를 구하여 표본 조사하였다. 평균 채권액은 자산의 두 배 정도로서 모든 지방법원의 평균 채권액은 약 380만 불 정도이고, 평균 부채총액은 약 710만 불 정도이다. 총 347건 중 188건(54.2%)이 화의조건이 인가되었고, 135건(38.9%)이 취하되었으며, 24건(6.9%)이 기각되었다. 따라서 화의조건에 대한 통계(채권액, 변제조건, 채권자 등)에 대한 것은 취하된 사건을 제외하여야 하는 제약이 있다. 화의조건의 주요 항목으로서는 배당률, 화의조건 인가 후의 유예기간, 총 변제기간 등이다.

(2) 변제율, 변제기간

별지의 〈Table 1〉은 이러한 조건을 보여 주고 있다. 먼저 각 지방법원 중 위 조사 연도인 2개년 동안 10건 이상의 화의사건의 신청이 있는 법원을 표시하였고, 이에 해당하지 않는 법원은 기타(Other)로 표시되었다. 위 표에서 알 수 있는 것은 평균 배당률은 46.9%이고(최고 도쿄 59.2%에서 최하 나고야 36.1%), 평균 변제기간은 약 7년이고(유예기간 1.2년 및 상환기간 5.8년 포함), 자산/부채(asset-debt ratio)비율[14]은 최고 0.68인 도쿄지방법원(美國식으로 부채/자산의 비율로 환산하면 1.47)부터 최저 0.38인 나고야지방법원(부채/자산의 비율로 환산하면 2.63)에 걸쳐 있다. 배당률이 높을수록 변제기간과 据置期間이 길고, 배당률이 낮으면 대신 변제기간이 짧은 관계를 보여주고 있다(삿포로를 제외함). 위 표에는 나와 있지 않으나 위 글에 의하면 기업의 평균자산은 최고 7억 6천 8백만 엔(약 6백만 불, 히로시

14) 美國의 경우는 liabilities/assets를 기준으로 하고 있다.

마) 최저 2억 6천 6백만 엔(약 2백만 불, 나고야)이고, 평균 부채액은 최고 17억 6천만 엔(약 1,350만 불, 도쿄), 최저 5억 7천 4백만 엔(약 440만 불, 기타 법원)이다.[15]

(3) 부채규모

별지의 〈Table 2〉는 채권자, 채권액, 화의조건 인가에 관한 것이다. 화의채무자는 평균 80명의 채권자를, 5억 2천 2백만 엔(약 4백만 불)의 인정된(allowed) 채권을 갖고 있으며 그 중 화의조건에 찬성하는 채권자들의 평균 인원은 49명이고, 찬성 채권액은 4억 9천 1백만 엔(약 380만 불)이다.[16] 여기서 알 수 있는 것은 화의조건을 찬성함에 있어 채권자들의 수보다 채권액의 수가 더 높다는 점이다. 즉 채무자는 大債權者의 동의를 얻는데 주력하고 소액 채권자들은 화의조건에 참여하지 않는다는 것이다.

(4) 지역 · 업종별 차이

별지의 〈Table 3〉은 지역, 업종, 재정변수가 배당률에 미치는 계수에 대한 회귀분석결과를 나타낸 것이다. 지역편차가 있으며 삿포로, 오사카, 나고야는 지역적인 변수가 배당률에 크게 작용하고 있을 뿐 아니라 〈Table 1〉에서 보듯이 배당률이 가장 낮은 지역이다. 이에 반하여 도쿄는 지역적인 요소가 배당률에 영향을 미치지 않음을 나타낸다. 업종 가운데는 소매업, 건설업, 운수업은 다른 업종에 비하여 높은 배당률을 보인다. 건설업이 가장 높은 배당률을 보이고 있으며, 제조업이 가장 낮은 배당률을 나타낸다.

(5) 성 공 률

〈Table 4〉는 채권자에게 이익이 되기 위한 일반적인 재건절차의 성공률을 연구한 표이다. 좌측의 칸은 청산절차에 소요되는 비용에 대한 재건절차에 소요되는 비용의 비율을 말한다. 2라는 것은 재건절차에 소요되는 비용이 청산절차에 소요되는 비용보다 2배라는 뜻이다. 상단의 3, 6, 9, 12, 15의 숫자는 청산가치 중 재건절차에 소요되는 관리비용(변호사보수, 소송비용 등)이 차지하는 백분율을 나타내

---

15) Eisenberg and Tagashira, *supra* note 11, at 507 n 22.

16) 1982년 환율이 249.06엔/불이고, 1987년은 144.60엔/불이다. 글을 쓸 당시인 1994년경의 환율이 110엔/불인 점을 감안하여 위 글에서는 130엔/불을 기준으로 환산하고 있다.

는 것이다. 좌측상단의 첫 번째 값 25라는 의미는 첫째, 청산절차의 소요비용과 재건절차의 소요비용이 동일하고, 둘째, 관리비용이 3%에 해당하고 화의사건 중 기업의 재건성공률이 25%라면 채권자에게 이익이 된다는 의미이다. 여기서 알 수 있는 것은 재건절차를 유지하기 위한 성공률이 예상보다 낮다는 것이다.

Ⅲ. 미국의 기업재건절차의 현황[17)]

1. 평 가

美國의 제11장 재건절차에 있어서는 전체 신청건수 중 10-20%만이 계획안이 인가되는 데에 불과하므로 전체 신청건수 중의 성공률은 이보다도 낮을 것이 명백하다.[18)] 만일 10%의 성공률로서는 채권자에게 이익이 되기는 어렵다고 할 것이다. 제11장을 신청한 대다수의 중소기업은 계획안의 인가를 받지 못하는 실정이므로 이를 위한 대책의 마련이 요구되고 있다. 비록 계획안의 인가를 받지 못한다 하더라도 제11장 사건의 다수를 차지하는 것이 중소기업이다. 이 점은 다음에서 자세히 살펴보기로 한다.

美國에서 기업의 재건절차로 사용되는 제11장에 대한 평가로는 이를 전적으로 폐지하고 청산절차만을 유지하여야 한다는 견해와 제11장이 여전히 유용한 제도라는 견해, 그 절충으로 제11장의 존재가치에 대하여는 긍정하면서 첫째의 견해가 지적한 현재의 분배절차의 문제점을 개선하기 위하여 새로운 대안을 주장하는 견해로 나눌 수 있다. 첫째의 견해에 속하는 이는 시카고 대학의 Douglas G. Baird 교수[19)]와 로체스터 대학의 총장인 Thomas A. Jackson[20)]으로 이들은 재건절차가 청산절차의 대안이라는 종래의 믿음을 비판하면서 제11장의 폐지를 주장하는데 그 이유로는 재건절차가 청산절차보다 시간과 비용이 많이 들며 분배절차에 문제가

17) 이하의 글은 Michelle J. White, Survey evidence on business bankruptcy, Corporate Bankruptcy(1996) *reprinted in* Bhandari and Weisss, CORPORATE BANKRUPTCY 298(1996) 이하를 정리한 것이다.

18) 이 점은 뒤에서 보는 美國의 정리계획안 인가율보다 낮은 것으로 구체적인 조사를 근거로 한 것은 아님에 유의할 필요가 있다. Eisenberg and Tagashira, *supra* note 11, at 529.

19) 대표적인 글로는 The Uneasy Case for Corporate Reorganization, 15 J. LEGAL. STUD. 127 (1986).

20) 대표적인 저서로는 THE LOGIC AND LIMITS OF BANKRUPTCY(1986).

있다고 주장한다. 대안을 주장하는 대표적인 학자로는 콜롬비아대학의 Mark J. Roe 교수[21]와 하버드대학의 법경제학자인 Lucian Arye Bebchuk 교수[22]이다. 양자 모두 재건절차에 있는 회사의 가치평가에 문제가 있는 것을 시인한다.[23] Roe 교수는 회사의 가치를 어떻게 공정하게 평가할 것인가 하는 점에 중점을 두어 회사 주식의 10%를 시장에 매각, 유통시킴으로써 그 주식의 가격으로부터 회사의 가치를 통계적으로 추정할 것을 제안하고 있다. 이에 대하여 Bebchuk 교수는 현행 제11장의 문제점으로 첫째, 종종 고도로 왜곡된 지분분배를 초래하고 있으며 그 원인으로 회사가치에 대한 부정확한 평가를 들고 있다. 둘째, 회사재건절차가 종종 비효율적인 자본구조의 선택을 초래한다. 셋째, 분배과정 자체에 많은 시간과 비용이 소요된다는 점을 들고 있다. 그리하여 법경제학적인 관점에서 접근하여 가치에 대한 평가 없이도 공정한 분배를 가능하도록 하는 방법을 제시하고 있다.

〈Table 5〉는 미시간 대학교의 경제학 교수인 Michelle J. White가 美國의 신파산법 개정 이후 신청된 기업의 파산신청사건에 대한 특징을 분석한 표이다. 좌측은 중소기업으로서 협의의 파산절차(제7장)를 신청한 기업에 관한 것이고, 가운데는 중소기업으로서 재건절차(제11장)를 신청한 기업에 관한 것이고, 우측은 대기업으로서 제11장을 신청한 기업에 관한 것이다. 대기업이 협의의 파산절차를 신청하는 경우는 거의 없으므로 이에 관한 표는 마련되어 있지 않다.

2. 표본의 내용

〈Table 5〉는 두 가지를 표본으로 한 것이다. 하나는 특정지역의 파산법원에 신청된 제 7 장 및 제11장의 파산사건을 조사한 것이고, 다른 하나는 대중이 주식 또는 채권을 소유하고 있는 대규모 기업에 관한 제11장의 파산사건을 조사한 것이다. 위 표에 나오는 것 중 White라 함은 위 교수가 1984년에 맨해튼이 소재한 뉴욕남부지방법원(S.D.N.Y.)에 제기한 제 7 장 및 제11장 사건을 조사한 것이고, LoPucki는 동인이 1983년 캔사스시티가 소재한 미조리주 연방서부지방법원에 오직

21) 대표적인 글로는 Bankruptcy and debt: A new model for corporate reorganization 83 Columbia Law Review 527(1983).

22) 대표적인 글로는 A new Approach to corporate reorganizations 101 Harvard Law Review 775 (1988) 참조. 이 글에 대한 국문번역으로는 金和鎭譯, "會社整理와 持分의 分配: 提案," 국제거래법연구 제 2 집, 국제거래법학회(1993)가 있다.

23) 다수의 정부관리와 민간전문가들은 회사의 가치평가에 있어서 시장이 보통 낮게 평가하는 오류를 범한다는 것을 지적하고 있다. Bebchuk, *supra* note 22, at 789. n 36.

제11장만을 신청한 48개의 회사에 대하여 조사한 것이다. J.-C.라 함은 Jenson-Cocklin이 1992년 뉴욕주 Poughkeepsie에 소재한 파산법원에 제11장을 신청한 260개의 기업을 조사한 것이다. 그 중 45개의 기업이 정리계획안이 인가되었다. Ames라 함은 동인이 1983년에 조사한 것으로 1980년대 초에 제 7 장을 신청한 500개의 기업과 제11장을 신청한 500개의 기업을 조사한 것이다. Flyn은 1989년 용역회사가 15개의 법원에서 인가된 2,400개의 정리계획을 연구한 것이다.

3. 표의 분석

(1) 제 7 장을 신청한 중소기업

이 기업 군은 다른 두 기업 군에 비하여 자산에 대한 부채의 비율이 1을 넘어 높은 수치를 보여주고 있다. 이 점은 이러한 기업들이 기업이 거의 지급불능에 이를 때까지 신청을 늦추었다가 늦게 파산신청을 제기하고 있다는 것을 보여준다. Ames의 분석 중 총 자산에 대한 담보부 재산의 비율이 1이라고 하는 것은 회사의 모든 재산이 담보로 제공되었다는 것을 의미하고 파산직전의 경영진은 일반채권자로 하여금 담보의 제공을 조건으로 새로운 자금의 공여를 부탁한다는 점을 증명하고 있다. 일반채권자에 대한 배당률은 매우 낮아 1달러당 4센트(0.04%)에 불과하다. 이 점도 대부분의 회사가 한 푼도 받지 못하지만 특별한 경우 실질적인 배당을 받는 경우가 평균으로 계산된 것에 불과하고 실제 대부분의 제 7 장 사건의 경우 배당은 없다.

(2) 제11장을 신청한 중소기업

모든 조사는 제11장을 신청한 기업의 규모가 제 7 장보다 큰 것이라는 점에 대하여 일치하고 있다. Ames와 White의 조사는 제11장을 신청한 회사의 재정상태가 제 7 장을 신청한 회사보다 양호함을 보여준다(부채/자산 비율 및 자산 중 담보채권액의 비율, 단 White의 조사에 의하면 담보채권액의 비율이 오히려 제11장이 높다). 이 점은 만일 회사의 재정상태가 양호할 때 채권자들이 제11장 신청을 하도록 강요한다면 경영진이 이에 따르지만 채권자가 재무구조에 대한 감시를 게을리하면 경영진은 가급적 파산절차 외에서 자산이 소진될 때까지 경영을 고집하려는 것을 보여준다.

LoPucki의 조사에 의하면 당시 계획안 중 26%만이 인가되고 대규모 제조업의 경우는 중소기업보다 인가율이 높았다고 한다. 이 점에서 우리가 알 수 있는 것은 중소기업에 대한 재건의 가능성이 매우 낮다는 것이다. 지급기간은 2.5년에서 14년[24]으로 이자 없이 원금만 지급한다. 일반채권자로서는 배당을 많이 받을 수 있으므로 제 7 장보다는 제11장을 선호하게 된다.

White의 연구에 의하면, 제11장 신청회사 중 약 41%가 정리계획안을 인가받는다. 배당률은 정기계획안 인가시에 배당을 받는 것이 16%이고, 그 후 분할하여 변제를 받는 것이 18% 합하여 34%의 배당률을 나타낸다. 정리계획안을 인가받는 회사의 재정상태는 전체 11장 신청회사보다 양호하다. 즉 자산은 2배이나 부채는 50%에 불과하다. 자산에 대한 담보비율이 높을수록(즉 담보채권자가 많을수록) 제 7 장의 청산절차로 이행하는 비율이 높다고 한다(제 7 장으로 이행하는 회사의 경우 비율이 1.1임에 비하여 전체 제11장 회사의 비율은 0.64이다). 즉 담보채권자들이 정리계획안의 인가에 반대하기 때문이다.

Jenson-Cocklin의 조사에 의하면 정리계획인의 인가율은 17%에 불과하고 정리계획안이 인가된 회사 45개 중 정리계획안이 실행을 완수한 숫자는 16개밖에 되지 않는다.

이상 제11장을 신청한 중소기업에 대한 조사로부터 알 수 있는 공통점은 정리계획안대로 수행되는 비율이 매우 낮다는 것이다.

(3) 제11장을 신청한 대기업

표의 우측은 1990년부터 1994년까지 30 내지 50개의 대기업을 조사한 것이다. Weiss는 1991년 뉴욕 또는 연방 증권거래위원회에 上場된 기업 중 1980년부터 1986년까지 제 7 장 및 제11장을 신청한 37개의 기업에 대하여 조사하였다(2개만이 제 7 장을 신청하였음). 평균 자산액은 2.22억 불이고 자산 대 부채의 비율은 0.77이다. 이 숫자는 앞에서 논의한 기업보다 재정상태가 양호하다는 것을 의미하고 이는 아마도 다액의 채권을 갖는 채권자들이 항시 회사의 재정상태를 감시하면서 이상이 있다고 판단되면 신속한 결정을 내리기 때문으로 추측된다. 절차에 소요되는 기간(신청일로부터 인가일까지)은 2.5년이 걸린다. 정리계획안 인가율은 86%이고 배당률은 0.53이나 여기에는 주식으로 전환된 것이 포함되어 있지 않다.

Weiss의 연구는 실무상 정리계획안의 입안기준인 절대적 우선원칙(Absolute Priority Rule. 표의 APR은 그 약자이다)이 지켜지지 않고 있다는 것을 입증하기 위

24) White, *supra* note 17, at 303.

한 것이다. 즉 채권자들이 완전만족을 얻지 못하고 일부만 배당받고 있음에도 주주들이 배당을 받고 있다는 점을 밝혀냈다. 즉 전체 계획안 34개 중 27개인 79%에서 절대적 우선원칙이 지켜지지 않고 있다.

Eberhard, Moore 및 Roenfeldt(E/M/R) 3인의 조사는 정리계획안이 인가된 30개의 조사를 하였는데, 그들의 조사에 의하면 파산신청 후 인가되기까지 소요기간이 약 평균 2.1년(10개월부터 6년)이 걸린다는 것을 알 수 있다. 절대적 우선원칙이 지켜지지 않는 비율은 23%이다(30기업 중 7기업). Frank-Torous의 조사에 의하면 위 소요기간이 평균 3.7년이고, 절대적 우선원칙이 지켜지지 않는 비율은 78%에 달한다.

LoPucki & Whitford는 1990년 자산이 적어도 1억 불 이상으로서 1988년까지 정리계획안이 인가된 43개의 회사를 조사하였는바, 흥미로운 것은 채권자가 정리계획안을 제출한 사례는 한 건도 없으며 파산법관이 정리계획안 제출기한을 연장하여 주었다는 점이다. 또한 분류한 조 가운데 그 조가 정리계획안을 반대한 경우 강요조항(Cram down clause)[25]을 적용한 경우의 비율이 49% 즉 21개의 회사에 달한다는 것이다. 이 점에서 알 수 있는 것은 정리계획의 입안과 가결절차에서 채권자들의 역할이 미미하다는 점이다. 일반채권자들에 대한 배당률에 대하여는 회사가 지급불능(insolvent)의 상태 유무에 따라 조사하였는데 지급불능인 30개의 회사의 경우 배당률은 30%이고, 지급불능이 아닌 11개의 회사의 경우 배당률은 102%로서 평균 배당률은 표의 기재와 같이 49%이다.[26]

Hotchkiss는 1994년 제11장을 신청한 총 809개의 공개기업을 조사하고, 그 중 파산을 면하고 살아남은 197개의 기업을 조사하였다. 전자의 평균자산은 1.23억 불이고, 후자의 평균자산은 2.85억 불이다. 자산 대 부채비율에 관하여 보면 전자는 2.5이고, 후자는 1.45이다. 파산신청 후 인가까지 소요 기간은 양자 모두 1.6년이 걸렸다.

Hotchkiss와 LoPucki & Whitford(1993년 조사)는 모두 재건절차 신청 후 회사가 성공적으로 재건하였는지에 대하여 조사하였는데 Hotchkiss에 의하면 파산절차로부터 살아남은 위 197개의 기업 가운데 약 1/3이 회사의 자본구조가 변경되었거나, 다시 제 7 장 또는 제11장을 신청하였다고 한다. 그 소요기간은 평균 3.8년이다. LoPucki & Whitford의 조사에 의하더라도 약 1/3이 다시 수년 내에 다시 제

25) 회사정리법상의 권리보호조항과 유사한 것이다.

26) White, *supra* note 16, at 305.

11장을 신청하였다고 한다.

Ⅳ. 우리 나라 회사정리의 현황

아래의 내용은 吳守根 교수가 1992년부터 1996년까지 한 지방법원에서 회사정리신청이 기각되거나 정리절차가 종결 또는 폐지된 37개 회사와 사법연감에 나타난 자료를 토대로 조사한 것[27]과 이인재 부장판사가 발표한 통계[28] 및 최도성·지헌열 두 교수의 저서 중 관계 부분 중 美國의 표와 비교할 수 있는 부분을 저자가 요약한 것이다.[29] 1999년 개정 이후의 실무는 강선명 판사의 글을 인용하였다. 한편 최근의 우리 나라의 도산사건에 대한 추이는 이 책의 개인채무자회생법 해설의 별지와 같다.

최근 15년간의 회사정리사건의 연평균 접수건수는 50.66건인데 이는 日本의 접수건수 27.7건의 배에 가까운 숫자이다. 표에서 알 수 있는 것은 화의사건이 1994년까지 거의 접수되지 않다가 1995년에 비로소 접수되기 시작하여 1997년과 1998년에 이르러는 회사정리사건을 능가하고 있다는 사실이다. 이러한 증가추세는 결국은 회사의 경영권을 누가 갖느냐 하는 데에 비롯된 것이고,[30] 이는 기업의 경영자들이 경영권과 주주권을 상실하는 회사정리에 비하여 구사주의 주식을 소각하지 않고 경영권을 유지할 수 있는 화의를 선호하기 때문인 것으로 보인다.[31] 이 상태가 계속된다면 화의사건의 신청건수가 회사정리사건을 추월하는 현상은 앞으로도 계속되리라고 본다.

1. 분석의 내용

(1) 오수근 교수의 통례자료

인용/기각률에 관하여 보면 12년간 총 585건이 접수되어 인용 321건 기각

27) 吳守根, "회사정리제도에 관한 실증적 연구," 상사법연구(제16권 제2호)(1997), 484-496면. 정리계획에 의한 변제율과 정리절차 종결률, 폐지율, 소요기간 등에 관하여는 실제로 정리절차가 폐지되거나 종결된 사건기록을 통하여 조사하였다고 한다.

28) 이인재, 회사정리사건 현황과 전망(미발간), http://www.scourt.go.kr./jrti/법관연수자료실.

29) 최도성 · 지헌열, 회사정리제도, 서울대학교출판부(1998), 100면 이하.

30) 姜永虎, "화의제도 도산 기업의 구세주인가," 법률신문 제2634호(1997. 9. 29.자).

31) 이인재, 전게논문(주 28).

160건, 기타 77건, 미제 27건으로 개시신청 인용률은 54.87%이고 기각률은 27.35%이었다. 조사대상인 전체 37건 중 보전신청과 개시신청을 기각한 것은 5건이고 신청일로부터 개시결정 기각일까지는 평균 70일(41일-87일)이 걸렸다. 다음은 보전처분은 인용하였으나 개시신청을 기각한 경우는 6건이고, 개시신청일로부터 개시기각 결정일까지는 평균 189일(147일-240일)이 걸렸다. 다음으로 보전처분이 있은 후 개시결정을 한 경우로 21건이고 개시신청일로부터 개시결정일까지는 평균 151일(69일-300일)이 소요되었다.

개시결정 후 정리계획안이 인가되는 데는 평균 350일(171일-706일), 변제기간은 보통 최단 8년 최장 14년이다. 공익채권은 1차년도에 변제되고, 정리담보권자는 정리채권자보다 1-2년 먼저 변제되고, 금융기관의 경우 이미 발생한 연체이자(정리계획안에서는 이를 흔히 경과이자라 부른다)를 다 변제받고 정리절차 이후에 발생하는 이자(흔히 발생이자라 부른다) 역시 약정이율에 의한 이자를 변제받는다.[32] 조사대상 사건 중 5건이 성공적으로 진행되어 종결되었는바 평균소요기간은 10년(6년 2개월-13년 2개월)이고, 성공한 사건의 정리절차에서 변제율은 평균 77.2%(최저 55.5%-최고 100%)이다. 폐지되는 경우는 개시결정일로부터 폐지결정일까지 소요기간이 평균 5년 6개월(1년 2개월-10년 6개월)이고 총 변제율(변제액/총채무액)은 12.48%로서 1년에 평균 2.27%씩 변제되었다.

개시결정 후의 사건을 보면 전체 383건 중 종결 88건, 폐지 110건, 기타 29건, 미제 154건으로 성공률은 인용사건 대비 23.03%, 접수사건 대비 15%, 실패율은 28.79%임을 알 수 있다. 최근 5년간 정리절차가 종결된 회사들의 사건 33건 중 3년 이내가 5건, 5년 이내가 1건, 7년 이내가 3건, 10년 이내가 8건, 15년 이내가 14건, 20년 이내가 2건으로서 10년 이내에 종료된 회사가 52%를 차지한다. 그 외 최근 5년간 정리절차가 폐지된 회사들에 관한 91건의 사건 중 3년 이내에 폐지된 사건이 30건, 5년 이내 24건, 7년 이내 14건, 10년 이내 11건, 15년 이내 12건으

32) 이 점은 대부분의 회사정리사건에서 볼 수 있다. 저자가 수원지방법원에서 취급한 사건 중 88파348호 사건의 경우도 정리담보권자인 금융기관에 대하여는 원금에 대하여 전액 3차년도부터 7차년도까지 분할상환하고, 경과이자는 1차년도부터 3차년도까지, 발생이자는 8차년도부터 10차년도까지 각 분할하여 상환하기로 규정하고 있고, 정리채권에 대하여는 이자를 부치지 않고 채권의 내용에 따라 이를 다시 분류하여 물품대금채권에 대하여는 조기에, 사채와 융통어음 등에 대하여는 10차년도부터 15차년도, 9차년도부터 14차년도까지 마지막기간에 변제하도록 하고 있다. 같은 정리담보권자라도 은행의 경우에는 발생이자와 경과이자 모두 변제하지만 상호신용금고에 대하여는 발생이자 없이 경과이자에 대하여만 14, 15차년도에 분할하는 경우도 있다. 87파3831호. 장태규, "회사정리절차에 있어서 양도담보권자의 지위," 수원지방변호사회 제 2 호(1990), 121-122면 참조.

로 5년 이내에 폐지된 회사의 비율은 56%이고 그 이후가 44%에 해당한다.

(2) 이인재 부장판사의 조사 내용

최근 15년간 평균인용률{인용사건수/(인용사건수+기각사건수)}[33]은 67.7%이고, 1992년 이후 최근 7년간은 60%이며, 최근 3년간은 66%인데 이는 日本의 최근 15년간의 평균인용률 88.1%보다 낮은 수치이다. 또한 법 개정 전의 회사정리신청일로부터 보전처분일까지 소요기간은 최단 18일(서울지법)에서 최장 60일(전주지법)로서 전국평균은 34.50일이고, 회사정리법의 개정 후는 20.87일로 단축되었다. 14일 이내에 보전처분을 하는 법원은 37.3%를 차지하고, 20일 이내에 이루어지는 법원이 75%를 차지하고 있어 개정법의 기한대로 14일 이내에 보전처분을 하지 못하고 있는 것이 62.7%를 차지하고 있다. 조사위원에게 부여하는 조사기간은 전국 평균이 2.5개월이고, 정리계획안의 제출기간은 채권신고기간 만료 후로부터 최단 12주에서 최장 25주로서 전국 평균은 약 19.81(4개월 18일)주이다. 처리사건 중 정리절차가 종결된 사건의 비율[34]은 최근 15년간이 39%이고, 최근 5년간 32%, 최근 3년간 34%이고 이는 日本의 최근 13년간의 성공률 91%보다는 낮은 것이다. 15년간의 평균 정리절차 폐지율은 47%로 정리절차 종결률보다 높다.

정리계획상의 변제기간은 정리채권의 경우 5년 이내가 13%, 10년 이내가 56%, 15년 이내가 76%를 차지하고 있으나 日本의 경우 5년 이내가 18%, 10년 이내가 44%, 15년 이내가 95%를 차지하고 있어 日本에 비하여 채무연장을 더하여 주는 것으로 나타났다. 최근 5년간 정리절차가 종결된 회사(33개)의 개시결정시부터 종결시까지의 기간은 7년 이내가 27%(8개회사), 10년 이내가 52%(17개 회사), 15년 이내가 93%(31개 회사)이다. 정리절차가 폐지된 경우는 총 91건 중 3년 이내가 32%, 5년 이내가 61.5%, 10년 이후도 13%에 달한다.

최근 인가된 정리계획상의 정리채권의 변제율은 금융기관 정리채권의 경우 10% 이내를 변제하는 경우는 7.9%에 불과하고 50% 이내 변제도 11.4%에 불과하며 100%를 변제하는 정리계획안이 84.6%에 해당되어 대부분의 금융기관의 정리채권 또는 상거래채권이 100% 변제하는 내용의 정리계획안을 수립하고 있으며, 이 역시 日本의 경우 10% 이내 변제가 20%, 50% 이내가 66%, 100% 전액변제는 8%

33) 이 숫자는 전체 신청건수 대비를 한 吳守根 교수의 개시신청 인용률보다 높을 수밖에 없다.

34) 이는 개시신청이 인용되어 종결, 폐지, 정리계획불인가된 처리사건 총수 중 정리절차가 종결된 사건의 비율로서 성공률을 말한다. 즉 종결사건수/처리사건수의 값이다.

와 큰 차이를 보이고 있다. 정리담보권의 비율은 원금은 변경하지 않고, 이자 및 지연손해금의 일부만을 감액하는 것이 주류이다. 즉 1996. 1. 1.부터 1998. 3. 31.까지 동안의 정리담보권에 관한 정리계획안을 보면 총 41개의 정리계획안 중 원금을 감액하는 경우는 4개(10%), 이자 및 지연손해금을 면제하는 경우는 없으며, 이자 및 지연손해금을 감액하는 것이 가장 많은 34개(93%)이고, 원금 및 이자 등을 변경하지 않는 것도 3건(7%)이다. 이 점 역시 日本의 경우 이자, 지연손해금의 면제까지도 이루어지고 있는 점과 다르다.

(3) 최도성 · 지헌열 교수의 분석

1983년부터 1996년까지의 회사정리사건을 분석한 것이다. 총 678개의 기업이 신청을 하여 395개의 기업에 대하여 정리절차가 개시되었으며(인용률 58.3%) 181개의 기업에 대하여는 기각되었으며(기각률 26.7%) 개시결정이 된 268개의 기업 중 110개의 기업에 대하여 정리절차가 종결되어 성공률은 41%이고, 129개 기업이 회사정리절차가 폐지되어 실패율은 47.8%이다. 1983-1989년 기간 동안 개시결정 인용률은 65.4%, 기각률은 18.4%, 1990-1996년 기간 동안 개시결정인용률은 53.6%, 기각률은 32%로서 이것에서 알 수 있듯이 90년대 들어 신청사건 수는 증가하였으나 인용률은 감소하고 있는바, 이는 법원이 회사정리사건에 관한 송무예규를 제정한데서 기인한다. 최도성 · 지헌열 교수는 주로 서울지방법원의 자료 중 1997. 9. 1. 현재 회사정리를 받고 있는 41개의 상장기업을 기초로 분석하고 있는데,[35] 이 중 정리계획안이 인가된 회사는 22개사로서 평균정리계획기간은 14년이고, 정리절차 개시신청부터 개시결정까지 평균 25개월(최단 10개월, 최장 51개월, 최장 51개월이 소요된 사건을 제외하면, 평균 7.8개월이다)[36]이 소요된다. 두 교수는 그 외 1991-1994년까지 회사정리절차를 신청한 기업 중 자료추적이 가능한 회사의 소요기간을 분석하였다.[37] 19개 기업에 대한 개시신청부터 보전처분시까지의 평균기간은 46.7일이고, 22개 기업에 대한 신청시부터 개시결정시까지의 평균기간은 10.1개월,[38] 16개 기업에 대한 신청시부터 기각결정시까지 6.1개월, 6개 기업에 대한 개시결정일로부터 종결시까지 9.06년, 9개 기업에 대한 개시결정일부터 폐지시까지 5.62년

35) 이는 전체 상장기업의 5%이고 54개 관리종목 중 75.9%에 해당한다.

36) 최도성 · 지헌열, 전게서(주 29), 111면. 가장 오래 개시결정이 걸린 회사는 신동방메딕스로서 1992. 7. 2. 회사정리신청을 하였으나 1995. 1. 20. 개시결정이 이루어졌다. 그러나 이를 제외하고 계산하면 약 238일이 소요된다.

37) 공병호, 한국기업의 퇴출장벽, 한국경제연구원(1995), 87-89면의 자료를 인용하고 있다.

38) 최장기간이 4년이라고 하여 그 숫자가 장기화한 것이다.

이 소요되었다.[39)]

(4) 파산부 소속 강선명 판사의 분석

이 분석은 구체적인 통계를 분석한 것은 아니지만 1999년 회사정리법이 개정된 이후의 실무의 흐름을 소개한 글이다.[40)]

정리절차개시신청일부터 1개월 이내에 정리절차개시결정이 이루어지고, 개시결정일부터 2개월 후에 채권조사기일 및 제1회 관계인집회[41)]가 열리며, 그 집회기일로부터 1개월 내에 정리계획안 제출이 이루어지고, 정리계획안 제출일부터 1개월 내에 제2회 및 제3회 관계인집회[42)]가 열리고 있다. 정리계획안의 인가는 제2회 및 제3회 관계인집회에서 정리계획안이 의결되면 그 날 바로 정리계획 인가여부의 결정을 한다. 그런데 제출된 정리계획안은 보통 처음 열리는 제3회 관계인집회에서 가결되기보다는 일단 부결된 다음 2개월 후에 속행되는 제3회 관계인집회에서 가결되는 경우가 대부분이다.[43)] 결국 정리절차개시신청일부터 정리계획인가일까지 소요되는 기간은 통상 7개월 전후이다.[44)]

정리계획인가결정을 받은 정리회사는 본격적으로 정리계획의 수행에 들어가게 되는데, 수행기간은 회사정리법상 10년 이내로 규정되어 있다. 그러나 서울지방법원 파산부는 만연히 회사정리절차를 이용하는 폐단을 시정하기 위하여 수행가능성

39) 단 이 자료들은 최장기간의 기업의 숫자를 감안하지 않고 단순히 산술 평균한 것으로 중앙값(median)이 아님에 주의할 필요가 있다.

40) 姜宣明, "회사정리절차에서 공인회계사의 역할과 지위," 공인회계사 제71호(2001), 42면 이하.

41) 법원이 관리인, 조사위원, 회사, 신고한 정리채권자 · 정리담보권자 및 주주로부터 관리인 및 조사위원의 선임, 회사의 업무 및 재산의 관리, 정리절차를 계속 진행함이 적정한지 여부 등에 관한 의견을 듣는 집회기일을 말한다(제188조).

42) 제2회 관계인집회란 법원이 주재 아래 제출된 정리계획안에 대하여 채권자 등 이해관계인들의 의견을 듣는 등의 심리를 하는 집회이고, 제3회 관계인집회란 제2회 관계인집회에서 심리된 정리계획안을 표결을 하는 집회이다. 서울지방법원 파산부에서는 통상 두 집회를 병합하여 한꺼번에 진행하고 있다.

43) 서울지방법원 파산부의 실무는 1회에 한하여 제3회 관계인집회의 속행집회를 허용하고 있다. 그런데 정리회사 세계물산 주식회사의 경우 채권자들이 제3회 관계인집회의 속행집회에서 다시 정리계획안을 부결시켰고, 이에 재판부에서 더 이상 속행집회는 없고 정리절차 폐지사유가 발생하였다며 폐지여부에 대한 의견을 묻자, 그 때 부동의하였던 채권자들이 제3회 관계인집회의 재 속행집회가 있을 줄 알고 부동의를 하였다며 부동의를 동의로 처리하여 달라고 요청한 경우도 있었다.

44) 아직도 법원 밖에서는 회사정리절차가 정리절차개시신청일부터 정리계획인가일까지 1년 내지 2년이 걸린다고 말하는 경우를 흔히 볼 수 있다. 그러나 이는 회사정리법이 개정된 내용을 알지 못하고 과거의 실무관행에 따른 것으로 보인다. 현행법에 따른 회사정리사건 중 2001. 5. 4. 정리계획이 인가된 동춘항운 주식회사의 경우 회사정리절차개시신청일부터 4개월 10일 만에 정리계획안이 가결되고 인가결정까지 받았다.

여부를 조기에 판단함으로써 조기종결과 중도폐지를 적극적으로 활용하고 있다.[45] 그 결과 파산부는 2000년 1월부터 2001년 4월까지 6개 회사[46]에 대한 정리절차를 조기에 종결하였고, 13개 회사에 대한 정리절차를 중도에 폐지하였다.

2. 미국 · 일본과의 비교

(1) 소요기간

美國의 경우 채무자가 파산 신청하는 경우 별도의 구제명령(order of relief) 없이 절차가 개시된다. 美國의 대규모 기업의 경우 파산신청 후 정리계획 인가일까지 1.6년에서 3.7년이 걸리고, 중소기업의 경우 10개월부터 2년이 걸리는데 비하여, 우리 나라의 경우 吳守根 교수의 분석에 의하면, 개시신청일로부터 개시결정일까지가 평균 151(약 5개월)일이고, 개시결정일로부터 정리계획안 인가일까지가 평균 350일로서 결국 개시신청일로부터 인가일까지 총 501일(1.37년이다)이 소요된다.

그러나 최도성 · 지헌열 교수의 조사에 의하면 개시결정일까지의 기간을 평균 10.1개월 또는 상장회사의 경우 25개월로 보았으나 개시결정일로부터 인가일에 대한 소요기간에 대하여는 분석하지 아니하였다. 위 책은 美國의 경우 제11장 사건은 정리계획안 제출기한이 길어야 6개월을 넘지 못하도록 법으로 규정하고 있음을 이유로 마치 美國의 경우 대부분의 사건이 6개월 이내에 인가되는 듯한 것을 전제로 하여 우리 나라의 경우가 너무 장기화된 것이라고 비판하나 신동방메딕스의 경우는 예외적인 경우이므로 평균값보다는 중앙값을 계산하여야 정확하고 이를 제외하면 개시결정일까지 소요기간은 약 7.8개월 정도이다. 앞에서 본대로 美國의 경우 대규모기업의 경우 정리계획안 인가일까지가 2.5년이 걸리고 있음과 LoPucki가 조사한 바대로 제11장을 신청한 중소기업의 경우 변제기간이 2.5년에서 11년으로 지급하고 있다는 사실을 간과한 것이다.

이인재 부장판사의 조사에 의하면, 전국 평균을 기준으로 하여 개시신청일로부터 보전처분까지가 34.5일이고, 조사위원에게 부여하는 조사기간이 2.5개월, 정리계획안 제출기한[47]이 신고기간 만료 후부터 19.81주가 소요된다는 것이고, 실무상

45) 대법원 송무예규 "회사정리사건처리요령(송민 92-5)"도 이를 권장하고 있다.

46) 대표적인 회사가 1997. 10. 24. 회사정리절차개시신청을 하여 1998. 12. 28. 정리계획인가결정을 받은 후 2000. 2. 17. 조기에 정리절차를 종결한 기아자동차를 들 수 있다.

47) 법 제189조 제 4 항에 의하면 정리계획안 제출기간은 신고기간만료일로부터 4월을 넘지 못한다고 규정하고 있다.

개시결정을 하면서 채권조사기일 및 제1회 관계인집회기일을 병합하여 개시결정일로부터 8주 내지 2월 사이로 정하고 있는 점[48]을 고려하여 최도성 · 지헌열 교수의 조사와 이인재 부장판사의 조사를 종합하면 정리계획안 인가일까지의 소요일수는 개시결정일까지 기간(10.1개월)과, 그 이후 개시결정일로부터 제1회 관계인집회기일[49]까지의 기간(2개월) 및 그 후 정리계획안 제출기한(19.81주)을 합하여 계산하면 1년 5개월 정도이다.

1999년 개정 이후 회사정리절차는 신속화되어 정리절차개시신청일부터 개시결정일까지 1개월 이내로, 개시결정일로부터 정리계획인가일까지 소요되는 기간은 통상 7개월 전후로 감축되었다. 개정 전보다 10개월 정도 빨라졌다.

이상을 종합하면 1999년 개정 전에는 신청시부터 인가시까지 소요기간 1년 5개월은 美國의 제11장을 선택한 대규모기업에 관한 Hotchkiss의 조사에 나타난 신청 후 인가시까지의 소요 기간 1.6년과 유사하고 Frank-Torous가 조사한 3.7년, Weiss가 조사한 2.5년, E/M/R 3인이 조사한 2.1년뿐 아니라 중소기업에 대한 10개월~2년보다도 빠르다.[50] 개정 후의 처리기간 7개월은 미국의 중소기업(10개월-2년)이나 일본의 회사갱생절차(26개월)와 비교하면 상당히 빠른 것으로 평가된다. 특히 개시결정까지 소요기간 1개월은 일본의 3.9개월보다 신속한 것이다.

(2) 성 공 률

吳守根 교수의 분석에 의하면 전체 신청건수 대비 성공률은 15%, 개시결정인용건수 중 성공률은 23.93%이고, 한편 최도성 · 지헌열 교수에 의하면 1996년 이후 3년간의 통계를 기초로 84개의 기업 중 26개 기업(30.9%)이 성공하였고, 56개 기업(66.6%)은 살아나지 못하였고(저자주: 폐지결정을 의미한다), 나머지 2개 기업(2.3%)은 정리절차가 진행중이라고 한다. 그런데 이러한 성공률은 Jenson-Cocklin의 전체 정리계획안 인가율 17%보다 높고 정리계획안이 인가된 회사 중 계획안을 완수한 비율 35%에 육박하는 숫자이다. 다만 일본의 회사갱생절차의 경우는 성공률에 대한 직접적인 통계는 발견하지 못하였으나 회사갱생절차가 계획대로 진행하고 있는 비율은 70%이다. 정리계획의 변경이 잦은 우리 나라 법원의 실무를 종합하여 볼 때 일본보다는 성공률이 낮은 것으로 추측된다.

---

48) 대구지방법원 제30민사부, 회사정리사건처리실무(1998), 149면.

49) 실무상으로는 채권조사기일과 제1회 관계인집회기일을 병합하여 진행한다.

50) 〈Table 5〉의 Time in bankruptcy 항목의 우측 열을 참조.

한편 개시신청 인용률 54.87%(吳守根) 또는 58.3%(최도성 · 지헌열)는 日本의 화의인가률 54.2%과 비슷하다. 이 통계는 美國의 정리계획인용률과 대응하는 것인데 이는 美國의 정리계획안 인용률(probability of adopting a plan) 중 대기업에 관한 비율 0.77(E/M/R) 또는 0.86(Weiss)보다는 현저히 낮고, 중소기업에 대한 비율 0.25(Flynn) 또는 0.47(White)보다 높거나 그에 상응하는 수준으로 보인다.[51]

(3) 배 당 률

우리 나라 회사정리절차의 배당률은 매우 높은 것에 특징이 있다. 비록 성공적으로 수행된 것에 관한 것이지만 실제의 배당률이 77.2%로서 美國의 대기업에 관한 배당률 49%(LoPucki and Whitford) 또는 69%(E/M/R), 중소기업에 관한 배당률 10%(Jensen-Cocklin) 또는 34%(White)나[52] 日本의 화의절차의 평균 배당률 46.9%보다 높다는 것을 알 수 있다. 특히 금융기관에 대하여는 원칙적으로 100%의 배당을 원칙으로 정리계획안을 작성하는 점이 눈에 띈다고 하겠다. 일본은 담보권자의 변제율이 95%이고 일반채권자의 변제율이 25%로서 일본보다 상대적으로 높다는 점을 알 수 있다.

(4) 기업의 규모

기업의 규모에 대하여는 위 분석표에 나와 있지 아니하나 1996. 7. 27.자 송무예규(송민 92-5) 제 1 항에 의하면 회사의 자산규모가 2백억 원, 자본금 20억 원에 미달하는 회사는 회사정리절차의 적용을 받기에 부적절한 요소로 평가하고 있다. 그런데 위 규모는 환율을 미화 1달러당 1천 원으로 계산하면 약 미화 2천만 불에 상당하는 것인데 이는 美國의 경우 중소기업의 규모보다 훨씬 크고, 대기업보다는 작은 규모에 속한다. 日本의 화의신청 기업의 최고 자산인 6백만 불보다는 규모가 크다. 일본의 회사갱생절차를 이용하는 기업의 자본금의 규모가 1억 엔 미만인 비율이 전체의 62%를 차지하고 있는 것과 비교하면 종전의 한국의 실무는 미국과 일본보다 적용 대상기업을 제한하였다고 평가된다.

---

51) 〈Table 5〉의 Probability of adopting a plan 항목의 우측 열을 참조.
52) 〈Table 5〉의 Payoff rate to unsecured creditors 항목의 우측 열을 참조.

V. 결 론

위 자산규모를 기준으로 한다면 자산이 2백억 원 미만인 주식회사는 적어도 美國과 일본에서라면 충분히 회사재건절차를 이용할 수 있음에도 우리 나라에서는 회사정리절차의 구제를 받을 수 없게 되고 결국 이러한 회사들은 화의절차로 가는 수밖에 없다. 앞으로의 과제는 중소기업에 대한 구제절차로서 화의절차와 대기업으로서의 회사정리절차를 별개로 존치시킬 것인가 아니면 美國과 같이 양자를 통합한 상태에서 단일 절차 내에서 유연한 적용을 할 것인가를 연구하여야 할 것이다. 화의절차에서는 美國과 달리 담보권자가 별제권자의 지위에서 담보권을 포기하지 않는 한 화의조건을 언제든지 뒤집을 수 있는 입장에 있어(통설에 의하면) 화의제도 자체가 불안한 터전에서 출발하고 있으므로 대기업에 대하여는 화의절차가 부적절한 것이라 함은 이론이 없다. 그러나 현실적으로 대기업에 대하여 회사정리법을 이용하는 것에 대한 인센티브를 부여함이 없이 회사정리법상의 주식소각이나 경영권 박탈, 화의법의 대기업에 대한 화의배제와 같은 채찍만으로 당초 대기업에 적합하도록 제정된 회사정리법으로 들어오게 할 수 있는가 하는 문제점이 있다. 즉 중소기업은 설사 경영권의 박탈을 감수하더라도 회사정리절차로 들어가겠다고 하더라도 규모가 작다는 이유로 회사정리법의 적용을 받지 못하고, 반면에 대기업은 앞서 본 채찍이 무서워 회사정리법으로 들어가려고 하지 않는 기이한 사태가 벌어지고 있는 것이다.

우리 나라 회사정리법의 운용상황을 美國과 日本의 경우와 비교하면, 비록 일부 상장기업의 경우에는 그 절차가 지연되는 경우가 있으나 대부분의 사건은 법관의 인력부족 및 다른 재판업무의 부담에도 불구하고 대체로 적정한 속도로 처리되고 있다고 평가할 수 있다. 다만 日本과 美國에 비하여 변제기간이 장기화되는 대신 배당률이 매우 높고 특히 금융기관의 정리담보권의 원금은 전혀 변경되지 않는다는 점에 특징이 있다. 그 동안 법원의 회사정리절차가 지연되고 성공률이 낮다는 점에 대하여 가장 큰 비판이 있었다. 그러나 정리회사의 성공률이 낮은 것은 비단 우리 나라의 경우에만 해당하는 것이 아니고 회사정리제도 자체가 갖는 제도적인 특성이다.[53] 따라서 이를 이유로 차라리 회사정리제도 자체를 폐지하자는 것은 몰

53) 호황기라서 다른 기업들은 건전한 영업활동을 하고 있음에도 재정적 파탄에 빠졌기 때문에 정리절차가 개시된 회사가 앞으로 다 갱생하리라고 예상하는 것 자체가 무리이다. 특히 우리 나라의

라도 제도를 유지하면서 이 점을 탓하는 것은 설득력이 없다. 다음으로 절차의 지연에 있어서도 상장기업의 경우 절차가 늦어지는 것은 발견할 수 있으나 이 점 역시 정리계획안의 인가시까지의 법원의 절차가 늦어지는 것은 아니고 오히려 관리인이 작성한 정리계획안 자체가 장기화된 것을 비난하는 것에 귀착된다. 다행히 1998년 회사정리법의 개정으로 정리계획기간이 종전 20년에서 10년으로 단축되었으므로, 이 점은 앞으로 많이 단축될 것으로 예상된다.

법원이 개정된 법에 따라 회사정리절차를 운용함에 있어서 종전대로 문호를 좁게 하여 개시인용률을 낮추면서 배당률과 정리계획안의 인가율을 높은 수준을 유지할 것인지, 아니면 개시인용률을 높이더라도 정리계획안에 대한 심사를 강화하여 배당률과 인가율을 낮추어도 정리계획안의 성공적인 수행에 초점을 두어야 할 것인지에 대하여도 근본적인 검토가 필요하다. 앞에서 日本의 화의사건 분석에서도 알 수 있듯이 배당률은 변제기간이 길수록 높은 것이므로 이제 기간이 줄어든 만큼 배당률을 낮추어야 하는 것이 아닌가 하는 의문이 있다.

근자 도산법의 개정은 법조 내부의 의사라기보다는 구제금융을 받으면서 강요에 의하여 이루어진 것[54]이고 우리 나라에만 해당하는 것은 아니지만[55] 앞으로 우리의 파산사건의 추세가 美國, 日本과 같은 추세로 가고 외부의 부당한 간섭에 대하여 대처하기 위해서는 법조계에서도 이에 대한 충분한 법리연구와 아울러 구체적인 통계조사 등이 계속하여 이루어져야 할 것이다.

(비교법연구회, 판례실무연구(Ⅲ), 박영사(1999), 398면 이하 소재)

경우 정리채권의 감축 없이 배당률이 고율인 것도 성공률이 낮은 원인의 하나라고 생각한다.

54) IMF의 구제금융을 받으면서 정부가 제출한 LETTER OF INTENT에 첨부된 Memorandum on the Economic Program의 제35항에 시장원리의 강화를 위하여 한국법에 의한 파산규정이 정부의 간섭 없이 운용되도록 한다라는 조항과 파산절차의 간소화라는 목적하에 파산법을 검토하여 입법안을 작성한다는 약속에 기하여 급히 개정된 것이 지난 2월 24일 개정된 도산법 개정의 경위이다. 金性龍, "개정 도산법의 개략적 검토(상)," 법률신문 제2677호(1998. 3. 12.자). 최근 세계은행(IBRD)도 2차 구조조정차관으로 20억 불을 지원하는 조건으로 파산법원의 설립을 요구하여 협상 끝에 1999년부터 서울지방법원에 2개의 파산재판부를 두게 되었다.

55) IMF가 파산절차의 개정과 파산법원의 설치를 요구하는 것은 우리 나라에만 국한된 것은 아니고 이미 태국과 인도네시아에서도 파산법의 개정과 파산법원이 설립되었다. 주로 재건절차를 보다 정치하고 신속하게 하도록 하는 방향으로 개정되었다. 양국 모두 파산법에 소의 제기뿐 아니라 최고를 포함하는 자동중지의 규정을 신설하였고, 태국의 경우 정리계획기간이 5년으로 단축되었으며, 채무자의 배타적인 계획안제출기한을 단축하여 채권자나 금융기관이 적극적으로 주도권을 쥘 수 있으며, 재건절차 개시 후의 채권에 대하여는 정리채권보다 우선하는 우선권을 인정하여 채권자들의 지위를 격상시켰다. 자세한 것에 대하여는 Teresa Wyszomiersky, A Way Forward Through Bankruptcy, Asian Wall Street Journal, 1998. 10. 5. at 8.

[후기]

이 글은 1999년 비교법실무연구회에서 발표한 글이다. 당시 법원의 파산사건 처리가 너무 늦다는 세간의 비평이 있어 이를 미국과 비교하여 근거가 있는 비난인지를 밝혀보기 위하여 작성하였다. 그러나 저자가 재판연구관으로 근무하고 있어 바쁘다는 핑계로 일본의 회사갱생절차를 분석한 글을 발견하지 못하여 부득이 화의절차를 비교대상으로 삼았다. 그 후 2002년 일본의 회사갱생절차의 실무에 대하여 통계분석을 한 책을 발견하여 이를 보완하였다. 1999년 개정 이후 서울지방법원의 파산실무를 발표한 글도 나와서 본문에 반영하였다. 수차에 걸쳐 파산법이 개정된 후 대체로 경제학자들이나 행정부 공무원들도 법원의 사건운용이 빨라진 것을 인정하고 있다. 앞으로 정리계획안의 심사에 노력을 경주할 필요가 있고 미국·일본과 같이 그간의 실무운용에 대하여 외부의 전문기관에 위탁하여 구체적인 사례 분석을 할 시기가 왔다.

〈도표 1〉 破産事件 申請件數 ── 非事業者 · 事業者別, 年度別

年度	總件數	非事業者	事業者
1975	254,484	224,354(88.2%)	30,130(11.8%)
1976	246,549	211,348(85.7%)	35,201(114.3%)
1977	214,399	182,210(85%)	32,189(15%)
1978	202,951	172,423(85%)	30,528(15%)
1979	226,476	196,976(87%)	29,500(13%)
1980	360,957	314,856(87.2%)	45,857(12.8%)
1981	519,063	452,145(87.3%)	66,006(12.7%)
1982	527,811	449,839(85.3%)	77,503(14.7%)

〈도표 2〉 聯邦地方法院 各種事件 申請件數

年度	民事	刑事	破産	上訴全體
1975	117,320	43,282	254,484	16,658
1976	130,597	41,020	246,549	18,408
1977	130,567	41,589	214,399	19,118
1978	138,770	35,983	202,951	18,918
1979	154,666	32,688	226,476	20,219
1980	168,789	28,921	360,957	23,200
1981	180,576	31,287	519,063	26,362
1982	206,193	32,682	527,811	27,946

〈도표 3〉 聯邦法官 數

年度	抗訴法院	地方法院	其他	屬領	停年退職	破產
1978	95	381	20	3	130	232
1979	94	397	20	3	187	236
1980	126	481	20	3	194	235
1981	123	472	21	3	204	237
1982	125	484	19	4	228	236

〈도표 4〉 電話番號簿로부터 본 辯護士職域 上位 10位

職域	Oakland	L.A	San Diego
人身事故	234	455	147
離婚, 養子	137	222	111
刑事	97	231	93
相續(遺言檢認)	95	106	67
不動產	76	142	59
民事訴訟	65	114	46
信託, 財產管理	63	86	67
破產	57	***66	41
業務過誤	52	86	16
비지니스	42	119	37

Table 1 *Composition plan and debtor characteristics*

District	Proposed repayment percent Mean	Proposed repayment percent Median	*N*	Length of plan Mean	Length of plan Median	*N*	Grace period Mean	Grace period Median	*N*	Asset–debt ratio Mean	Asset–debt ratio Median	*N*
Fukuoka	52.2	50	51	6.4	5.0	48	1.8	2.0	45	.51	.47	47
Hiroshima	50.9	50	22	6.8	7.5	20	2.2	1.3	21	.66	.61	22
Nagoya	36.1	30	43	4.5	4.0	41	.8	1.0	43	.38	.34	41
Okayama	44.0	42	13	6.9	6.0	13	1.4	1.0	13	.43	.35	11
Osaka	43.6	40	94	5.4	5.0	92	.8	1.0	88	.64	.62	89
Sapporo	37.4	40	31	6.0	6.0	31	1.5	1.1	31	.45	.46	31
Tokyo	59.2	50	34	5.2	5.0	32	.7	.8	31	.68	.59	32
Other	53.6	50	51	6.5	6.0	51	1.2	1.0	50	.58	.57	50
Total	46.9	42	339	5.8	5.1	328	1.2	1.0	322	.56	.51	323
F test significance	.000			.001			.000			.015		

Source: Research Group on Empirical Study of Composition Proceedings.

Table 2 *Creditors, claims, and plan acceptances*

(Money figures in millions of ¥ 1987)

District	Number of creditors			Amount of allowed claims			Number of creditors accepting plan			Amount accepting plan		
	Mean	Median	*N*	Mean	Median	*N*	Mean	Median	*N*	Mean	Median	*N*
Fukuoka	69	65	29	589	219	36	32	30	37	537	191	37
Hiroshima	79	61	18	540	550	10	46	31	10	455	300	10
Nagoya	80	59	29	560	336	29	47	39	28	518	300	28
Okayama	95	95	2	597	568	9	58	50	9	559	564	7
Osaka	74	55	44	467	289	41	83	40	39	551	272	42
Sapporo	85	75	26	486	246	21	41	36	21	419	191	21
Tokyo	80	57	24	959	650	8	45	43	10	730	407	10
Other	90	62	40	360	151	30	36	28	31	306	119	32
Total	80	61	212	522	264	184	49	34	185	491	231	187
F test significance	.974			.832			.605			.927		

Source: Research Group on Empirical Study of Composition Proceedings.

Table 3 *Regression results*

Dependent variable = Proposed repayment percent			
F = 6.95 Adjusted R square = .39	Significance F = .0000 Standard error = 15.10		Cases not withdrawn N = 132
	Coefficient	Standard error	Significance level
Regional variables			
Fukuoka	−6.700	5.255	.205
Hiroshima	−5.475	5.847	.351
Nagoya	−12.206	4.822	.013
Osaka	−9.374	4.134	.025
Sapporo	−13.638	4.768	.005
Tokyo	−2.644	9.755	.787
Other (reference)			
Business area variables			
Construction	6.532	3.702	.080
Manufacturing	−3.394	3.542	.340
Retail	3.907	3.597	.280
Transportation	6.402	6.268	.309
Other (reference)			
Financial variables			
Estimated liquidation percentage	.691	.125	.000
Payment period	1.237	.547	.026
Grace period	5.222	1.303	.000
Capital (millions ¥)	−.025	.022	.256
Constant	27.154	5.408	.000

Source: Research Group on Empirical Study of Composition Proceedings.

Table 4 *Successful reorganization rate needed to yield net gain to creditors*

Reorganization/liquidation administrative expense ratio	Percent of liquidation value dedicated to administrative expenses				
	3	6	9	12	15
1	25	25	25	25	25
2	27	28	30	31	33
3	28	31	34	37	40
4	30	34	38	43	48

Survey evidence on business bankruptcy

Table 5 *Characteristics of firms in bankruptcy*

	Small Chapter 7	Small Chapter 11	Large Chapter 11
Assets	$10,000 (Ames) $437,000 (White)	$257,000 (Ames) $1,400,000 (White) $1,100,000 (LoPucki) $5,000,000 (Flynn)	$222,000,000 (Weiss) $123,000,000 (Hotchkiss) $285,000,000 (Hotchkiss)
Liabilities	$72,000 (Ames) $710,000 (White)	$357,000 (Ames) $1,900,000 (White) $1,000,000 (LoPucki) $5,000,000 (Flynn)	$313,000,000 (E/M/R)
Secured liabilities	$10,000 (Ames) $182,000 (White)	$154,000 (Ames) $893,000 (White)	
Liabilities/assets	1.6 (White) 7.2 (Ames)	1.4 (White) 1.4 (Ames) .93 (LoPucki)	.77 (Weiss) 2.5 (Hotchkiss) 1.45 (Hotchkiss)
Secured liabilities/ assets	.42 (White) 1.0 (Ames)	.64 (White) .60 (Ames)	
Time in bankruptcy		10 mo. (LoPucki) 2.0 years (Flynn) 1.8 years (J-C)	2.5 years (Weiss) 3.7 years (F/T) 2.1 years (E/M/R) 1.6 years (Flynn)
Probability of adopting a plan		.41-.47 (White) .26 (LoPucki) .25-.30 (Flynn) .17 (J-C)	.86 (Weiss) .77 (E/M/R)
Payoff rate to unsecured creditors	.04 (White)	.34 (White) .52 (Flynn) .10-.30 (J-C)	.49 (L/W) .53 (Weiss) .69 (E/M/R)
Direct costs of bankruptcy			.031 of assets (Weiss)
Probability of deviation from A.P.R.			.78 (F/T) .23 (E/M/R) .79 (Weiss)
Probability that chapter 11 plans are fulfilled		.35 (J-C)	
Probability of further restructuring			.33 (Hotchkiss) .33 (L/W)

Notes to table: (F/T) indicates Franks and Torous (1989), (L/W) indicates LoPucki and Whitford (1990) or (1993). (E/M/R) indicates Eberhard, Moore, and Roenfeldt (1990), (J-C) indicates Jensen-Cocklin (1992). Other references are given in the text. The first figure given for Hotchkiss is for her large sample and the second is for her small sample. See text for discussion.

제 4 편 국제파산

국제파산절차와 사법공조

외국파산절가 국내에 미치는 영향

통합도산법개정안 중 국제파산편에 대한 검토

국제파산절차와 사법공조*

Ⅰ. 이 글의 목적

지난 10여 년간의 교통수단, 정보통신의 경이로운 발달에 힘입어 경제주체들은 국경을 넘어서도 마치 국내의 이웃과 거래하듯이 실시간으로 경제활동을 할 수 있게 되었다.[1] 그에 수반하여 국제적으로 활동하는 기업이 경제적으로 파탄하는 사태도 빈번해졌다. 그러나 다국적 기업의 파산은 그 동안 유기적인 조직체로서의 기업의 활동을 일시에 중단시키고 각국에 소재한 기업은 서로 연결이 끊기고 분리된 채 조각조각 해체되어 기업계속가치의 급락이라는 상황을 맞게 하였다. 국제파산법의 궁극적인 목적은 다국적 기업의 파산과 관련한 이해관계인의 이익을 조정하고, 기업으로 하여금 재건절차를 통하여 새로운 조직으로 종전의 영업을 수행할 수 있도록 하고, 아울러 청산의 경우에는 채권자들을 공정·형평하게 배당하는 일이다.

그런데 국제파산의 문제는 각기 다른 나라의 각기 다른 법원칙하에 각기 다른

* 이 글을 씀에 있어 미국의 국제파산에 관한 최근의 자료를 보내주신 이화여대의 吳守根 교수, 미국 LA의 Arnold Quittner 변호사, Charles Booth 홍콩대학 교수 및 초고에 대하여 유익한 평을 하여 주신 林采雄 판사께 이 자리를 빌어 감사를 드린다.

1) E. Bruce Leonard, The Way Ahead: Protocols in International Insolvency Cases, 17-Jan Am. Bankr. Inst. J. 12(1999).

재산에 대하여 각기 다른 종류의 채권에 대한 각기 다른 채권자들의 주장을 다루어야 하는 복잡한 문제를 발생시키기 때문에 각국이 견지하고 있는 속지주의적인 파산법으로로는 국제파산법의 목적을 달성하는데 여러 가지 한계점을 드러냈다.[2] 이러한 문제의식에 따라 각국은 국제파산사건을 적절하고 효율적으로 처리하여야 한다는 당위를 모두 절감하고 있으나 아직 국제파산절차에 대한 범세계적인 패러다임이 확립되어 있지 아니하고, 각국 파산법의 相異 때문에 만족할 만한 해결을 보지 못하고 있는 상황이다. 예컨대 외국파산절차의 승인 등의 문제는 그에 관한 자국의 파산법을 개정함으로써 어느 정도 해결할 수 있으나[3] 병행파산의 공평한 처리 문제는 결국 타국과의 원만한 사법공조를 통하지 않고서는 해결난망이다.

국제파산의 문제는 외국판결의 승인 및 집행에 관한 사법공조와는 다른 영역을 지니고 있어 이해관계의 충돌을 이 범주 내에서 해결하기 어렵기 때문에 이미 유럽에서도 외국판결의 승인 및 집행에 관한 브뤼셀협약이나 헤이그협약에서 국제파산에서의 사법공조를 조약의 적용범위 밖에 두고 있다. 그리하여 국제파산에서 발생하는 여러 문제점을 해결하기 위하여 일부 국가들간의 조약이나 다자간 조약의 체결 등이 시도되었으나[4] 아직 이상적인 국제파산의 법규범은 확립되어 있지 아니한 상태이다. UNCITRAL은 1998년 5월 총회에서 국제파산에 관한 모델법(UNCITRAL Model Law on Cross Border Insolvency, 이하 모델법이라 한다)을 제정함으로써 그 동안 이 문제에 관한 학자 및 실무가들의 노력에 대한 결실을 맺게 되었다. 국제연합은 1998년 12월 국제연합 총회에서 회원국들로 하여금 모델법을 내국법화할 것을 촉구하는 결의를 하였다. 그러나 아직 모델법을 국내법화한 국가(현재 일본, 멕시코, 남아공화국, 에리트리아)들의 숫자가 적은 상황이므로 종전의 문제가 해결된 것은 아니다.

2) 구체적으로 외국소재 재산에 대하여는 여전히 국내기업의 대표자에게 관리처분권이 남게 되어 재산의 산일이 용이하게 된다. 역으로 외국투자기업이 본국에서 파산한 경우 관리인에게 한국에서의 관리처분권이 인정되지 않으므로 같은 불합리가 발생한다. 내국재산의 국외반출을 저지할 수 없게 되면 외국에서 추심을 한 채권자와 국내절차에만 참가한 채권자간의 불평등을 초래한다. 金炯枓, “한국 국제도산법의 발전방향,” 국제사법연구 제 7 호(2001), 275-276면; 김용진, “國際倒產法의 現況과 問題點,” 인권과 정의 제284호(2000. 4), 124면 이하. 파산법의 국제적 조화를 강조한 일본 논문으로는 高木新二郎, “國際倒産法の次なる課題,” 山本克己＝山本和彦＝坂井秀行 編, 國際倒産法制の新展開, 經濟法令硏究會(2001), 이하「新展開」라 한다.

3) 설령 한국이 외국파산절차의 효력을 자동적으로 승인하고, 국내파산절차에 역외적 효력을 인정하도록 파산법을 개정하였다고 하더라도, 타국이 역외적 효력을 인정하여야 비로소 현실적인 집행력을 갖는 것인데 타국에서 한국 파산절차의 역외적 효력을 인정할 것인가의 여부는 타국의 입법정책의 문제이다.

4) 이에 관하여는 후술하는 제 Ⅵ 장 이하 참조.

근자 한국에서도 학자들과 실무가들이 국제파산법에 관심을 갖기 시작하여 많은 글들이 발표되었다.[5] 이 글은 이러한 학문적인 성과를 발판으로 각국의 국제파산절차[6]에서의 사법공조라는 주제에 한정하여 논의한다. 그 이유는 다음에서 보는 바와 같이 국제파산사건 자체가 대부분 모회사와 자회사라는 긴밀한 계열기업간의 병행파산이라는 형태로 나타나고, 2개국 이상의 법원에서 파산절차가 개시되는 경우이므로 양국 법원간의 사법공조가 긴요한 역할을 하고 있기 때문이다. 논의 전개를 위하여 먼저 국제파산에 있어서 속지주의와 보편주의에 관하여 일별하고(Ⅱ), 다음으로 국제파산절차에 있어서 사법공조의 필요성(Ⅲ) 및 실제로 각국에서 일어난 국제파산사건의 구체적인 내용을 알아봄으로써(Ⅳ) 그 동안 실제의 국제파산사건에서 어떠한 문제점이 부각되었는지를 확인한다(Ⅴ). 이어서 유럽공동체의 파산규정(EU Regulation), UNCITRAL 모델법, 노르딕협약, 남미의 파산협약 및 주요국(영국, 호주, 캐나다, 일본, 미국)의 국제파산법에 있어서 사법공조절차(Ⅵ)와 사법공조의 구체적인 내용(Ⅶ)을 고찰하고, 끝으로 저자 나름대로 생각하고 있는 국제파산법제에 관한 입법론(Ⅷ)을 제시한다.

Ⅱ. 국제파산절차에서 보편주의와 속지주의[7]

1. 보편주의와 속지주의

국제파산에서 동일 채무자에 대하여 여러 국가에서 개별적인 파산절차의 개시

5) 외국파산절차의 대내적 효력의 관점에서 발표된 글로는, 韓忠洙, "外國倒產節次의 承認과 執行" 변호사 제31집(2001); 林采雄, "외국도산절차가 국내에 미치는 영향에 관한 연구," 재판자료 제82집, 파산법의 제문제(상)(1999), 7면 이하, 국제파산절차에 있어서 보편주의와 속지주의에 관한 글로는, 尹雄傑, "國際倒產에 있어서 管轄權의 選擇과 國際的 協力," 해외연수검사 연구논문, 모델법을 소개한 글로는, 李厚東, "涉外倒產에 있어서의 國際協助와 節次의 竝行," 법실천의 제문제, 박영사(1996); "UNCITRAL의 섭외도산에 관한 모델법," 국제사법연구 제5호, 지산(2000), 모델법을 토대로 국제파산에 관한 입법론을 주장한 글로는 石光現, "국제도산법에 관한 연구," 國際私法과 國際訴訟 제3권, 박영사(2004), 255-285면 등이 있다.

6) 이 글에서 파산이라는 용어는 파산법에서 정한 협의의 파산절차를 가리키는 것이 아니고 개인 또는 기업에 관한 청산 및 재건절차를 포함한 광의의 파산절차를 의미한다. 또한 국제파산법이라 함은 외국적 요소를 가진 파산절차의 문제를 규율하는 법으로 정의한다. 韓忠洙, 전게논문(주 5), 343면. 또한 주절차라 함은 주된 파산절차를, 종절차라 함은 종된 파산절차를 가리킨다.

7) 이하의 내용은 Lynn M. LoPucki, Cooperation in International Bankruptcy: A Post-Universalism Approach, 84 Cornell L. Rev. 696(1999) 이하를 요약한 것이다. 이 글에 의하면 국제파산의 입법주의를 보편주의, 속지주의, 수정된 보편주의, 부수적 파산주의, 기업정관 계약주의, 협조적

가 가능한 것이냐 하는 관점에서 보면 어느 한 국가의 법원에서 개시된 파산절차에서만 여러 국가에 있는 영업활동, 재산을 일괄처리하여야 한다는 입장을 단일파산주의라고 하고, 여러 국가에서 각각의 절차가 진행되어도 무방하다는 입장이 복수파산주의이다.

이와 달리 한 국가에서 개시된 파산절차의 효력이 미치는 장소적 범위라는 관점에서 보면 보편주의와 속지주의라는 두 가지 접근방법이 있다. 보편주의적 접근방법은 여러 국가에 소재하는 채무자의 모든 재산을 채무자의 경제적 이해관계의 중심지, 영업소재지, 본사소재지, 등기된 주사무소 소재지 등의 국가(home country, 주도국)에서 하나의 파산절차에 의해 관리하고 그 절차에서 이루어진 명령과 처분은 세계 어디서나 효력을 인정하자는 내용이다. 법원은 채무자의 국내외 재산에 대하여 관할권을 갖게 되고 법원이 선임한 관리인 역시 파산재단에 대한 관리처분권을 보유하게 되어 재산소재지국의 법원에 대하여 공조를 요청할 수 있게 된다. 뿐만 아니라 법원은 채권자간의 우선순위, 채무자에 대한 재건 또는 청산의 결정, 부인권 등에 대하여 자국의 법을 적용한다.[8] 속지주의적 접근방법은 채무자의 재산소재지 또는 파산관할을 갖는 모든 국가에서 파산절차가 개시될 수 있되 타국의 파산절차의 효력은 자국에 영향을 미치지 않도록 하는 것으로 각국의 국내채권자들로 하여금 외국법에 따라 외국법원에 그들의 채권에 대한 소송을 제기하는 불편과 손해를 피하기 위한 것이다.[9] 그러나 보편주의가 반드시 단일파산주의와 일치하는 것은 아니며 주종간의 병행파산절차를 인정하고 주된 파산절차에 대하여는 보편주의를, 종된 파산절차에 대하여는 속지주의를 취하는 것 또는 주종의 구별 없이 병행파산절차를 인정하는 것도 가능하다. 이러한 입장을 수정된 보편주의라고 한다. 대표적인 것이 미국의 §304가 규정한 보조절차이다.[10]

2. 양 입장의 차이

속지주의에 의하면 만일 채무자에 대하여 A국에서 파산절차가 개시된 경우에

속지주의의 6가지로 분석하면서 바람직한 입법주의는 협조적 속지주의라고 주장한다. 법경제학적인 관점에서 양 주의를 검토한 글로서는 Lucian Arye Bebchuk ET AL., An Economic Analysis of Transnational Bankruptcies, 42 J.L. & Econ. 775(1999).

8) *Id.* at 705.

9) Liza Perkins, A Defense of Pure Universalism in Cross-Border Corporate Insolvencies, 32 N.Y.U. J. Int'l L. & Pol. 787(2000), 789면.

10) Lopucki, *supra* note 7, at 725.

파산절차는 A국 내에서만 효력이 있고 관리인 역시 해외에서 관리처분권을 주장할 수 없으므로 채무자의 해외재산에 대하여 아무런 권한이 없으며, 따라서 채무자의 국내채권자 또는 해외채권자는 파산절차에 관계 없이 해외에 소재한 채무자의 재산으로부터 채권을 추심할 수 있다. 외국채무자에 대하여 파산절차가 개시된 경우 그 효력은 A국에 소재한 재산에 대하여 아무런 영향을 미치지 아니하므로 국내채권자는 외국파산절차와 상관 없이 국내재산으로부터 채권을 회수할 수 있다. 또한 외국관리인 역시 국내에서 관리인의 권한(관리처분권, 당사자적격 등)을 주장할 수 없게 된다.

반대로 보편주의에 의하면 B국에서 개시된 채무자에 대한 파산절차는 전세계에 효력이 있고 관리인 역시 전세계에 소재한 채무자의 재산 및 영업활동에 대한 관리처분권을 주장할 수 있으며 채무자의 채권자는 그가 어디에 있건 관계 없이 파산절차에 의하지 아니하고는 어느 곳에서도 채무자의 재산으로부터 채권을 회수할 수 없게 된다.

보편주의의 장점으로는 관리인이 전세계에 소재하는 채무자의 모든 재산의 매각에 대한 권한을 가지기 때문에 다국적기업의 청산에 있어서 그 기업의 가치를 극대화할 수 있어 재건의 기회가 증가하고 하나의 법원으로 파산절차가 집중됨으로써 비용을 줄일 수 있어 경제적이다.[11] 또한 준거법에 대한 예측가능성을 주고 하나의 절차에서 재건 또는 청산이 이루어지므로 채권자를 평등하게 취급할 수 있다.

단점으로는 보편주의는 재산소재지국으로 하여금 재건이냐 청산이냐에 대한 입법정책, 채권의 우선순위 등이 상이한 주도국의 파산법을 강제로 적용하고 자국의 채권자들이 불평등하게 취급되는 것을 감내하도록 요구함으로써 주권포기의 문제를 야기시킨다. 실무상 어느 국가의 법원이 타국의 법원의 우월한 지위를 인정하고 자신의 절차를 타에 양보하는 일은 드물다. 각국의 법원은 주권문제를 고려하여 협조를 하더라도 대등한 입장에서 할 것이다. 또한 다국적기업의 활동에서 알 수 있듯이 어느 국가를 주도국으로 할 것인지를 결정하는 것이 어려우므로 절차의 예견가능성이 낮고 주도국을 결정함에 있어서도 자의적인 법정지선택(forum shopping)을 통하여 유리한 파산절차를 조작할 수 있는 위험이 있다. 위와 같은 문제점들로 인하여 어떠한 국가나 협약도 순수한 보편주의를 채택하지는 않고 있다.

11) Robert K. Rasmussen, A New Approach to Transnational Insolvency, 19 Mich. J. Int'l L. 1, 26(1997), 18; Bebchuk ET AL., *supra* note 7, at 779는 구체적으로 외국채권자가 속지주의적인 국가에 투자하는 경우 내국투자자보다 고율의 이자율을 붙이게 된다고 한다.

1970년 유럽공동체(EC)가 마련한 파산, 화의 및 유사절차에 관한 조약예비초안은 단일파산주의와 보편주의에 기한 것이었으나 조약으로 성립되지 못하고 초안의 단계에서 실패하고 말았다. 그 후 유럽평의회가 1990년에 공표한 이스탄불협약은 채무자의 주된 이익의 중심지의 국가에서 개시된 파산절차의 효력 중 관리인에 대하여만 다른 체약국의 승인절차를 거치지 않고 그 권한을 행사할 수 있고, 주절차와 종절차의 병행파산절차를 인정하는 등 보편주의에서 다소 후퇴하는 내용으로 성립하였으나 3개국 이상이 비준하지 아니하여 소멸한 예가 있다.

3. 각국의 파산입법주의

한국과 개정 전의 일본의 파산법은 극단적인 속지주의를 취하고 있다. 즉 외국에서 선고한 파산은 한국 내에 있는 재산에 대하여는 효력이 없고(파산법 제3조 제2항), 우리 법원이 선고한 파산은 채무자의 재산으로서 한국 내에 있는 것에 대하여만 효력이 있다(파산법 제3조 제1항).[12] 이러한 속지주의는 입법 당시의 한국 또는 일본의 경제사정이나 과학기술의 발전에 비추어 본다면 그 정당성을 肯認할 수 있다. 그러나 지난 15년간의 국제파산사건의 경험에서 극단적 속지주의는 더 이상 유지될 수 없음이 증명되었다.[13] 현재 각국의 국제파산법은 보편주의와 속지주의의 양 극단 중간의 어느 지점에 위치하고 있으며 현재의 추세는 속지주의에서 보편주의로 옮겨 가는 과정에 있다. 논의의 초점은 다만 자국의 여러 사정에 따라 양 극단의 중심에서 얼마만큼 보편주의 쪽으로 가느냐에 있다. 종전 보편주의가 국제파산법이 지향할 목표인 것으로 주장하는 견해가 많았으나 근자 속지주의가 낳는 현실적인 장점에도 눈을 돌리고 있다.[14] 현재로서는 1 채무자 1 파산절차라는 보편주의의 이상은 비현실적이다. 종전에는 대체로 영미법계 국가들은 보편주의적인 성향을, 대륙법계 국가들

12) 같은 내용이 회사정리법 제 4 조 제 1 항 · 제 2 항 및 화의법 제11조 제 1 항에 규정되어 있다. 이와 달리 파산법 제 6 조 제 1 항에 의하여 파산자가 파산선고시에 가지는 모든 재산이 파산재단에 귀속되므로 채무자의 해외재산 역시 파산재단에 속한다는 견해가 있으나(김용진, 전게논문(주 2), 126면), 일본의 개정 파산법과 같이 파산법 제 3 조 제 1 항을 삭제하거나, 미국의 파산법과 같이 해외재산도 파산재단을 구성한다는 명시적인 조항이 없는 이상 파산재단에 관한 위 견해는 현행법의 해석론으로는 無理라고 생각한다.

13) 현행법의 해석론으로는 속지주의의 한계를 넘을 수 없다. 韓忠洙, 전게논문(주 5), 347면 이하. 일본에서의 신국제파산법의 입법과정에 대한 자세한 경위에 대하여는 山本和彦, 國際倒産法制, 商事法務(2002) 참조.

14) 이 점에 관한 최근의 글로는 Hannah L. Buxbaum, Rethinking International Insolvency: The Neglected Role of Choice of Law Rules and Theory, 36 Stan. J. Int'l L. 23(2000).

은 속지주의적인 경향을 보여주고 있었다. 가장 보편주의적인 입법을 하고 있다는 미국 역시 1999년의 파산법 개정안(아직 입법되지는 아니하였다)에서 수정된 보편주의에 입각하면서 병행파산의 여지를 인정하고 있으며 일본의 개정 국제파산법 역시 속지주의를 벗어나 과감하게 보편주의로 모습을 一新하였다.

Ⅲ. 국제파산절차와 사법공조

1. 사법공조의 의의

사법공조라 함은 광의로는 국제적인 사법협력 또는 사법활동에 관한 국제적인 협력을 의미한다. 광의의 사법공조는 송달, 증거조사 및 외국판결의 승인, 국제파산에 관한 민사사법공조뿐 아니라 범죄인인도를 위한 형사사법공조를 포함한다. 그러나 협의의 국제사법공조는 송달, 증거조사와 재판관할 및 외국재판의 승인·집행에 관한 3부분에 한정되며, 종전에는 주로 이 부분에 관하여 논의하였다.[15] 이에 따라 각국은 국제민사사법공조의 필요성을 인식하여 송달에 관한 헤이그협약(1965) 및 증거조사에 관한 헤이그협약(1970)에 가입하고 있고[16] 유럽공동체의 경우에는 브뤼셀협약을 체결하여 일부 국가들이 이에 가입하고 있다. 근자에는 외국판결의 승인 집행에 관하여 헤이그 국제사법회의에서 별도의 조약을 마련하기 위하여 회의를 거듭하고 있고 곧 그 가시적인 결과가 나오리라 예상된다.[17] 또한 일부 국가들은 민사사법공조에 관한 지역적인 조약을 체결하면서 국제파산에 관한

---

15) 국제민사사법공조법 제 2 조는 "司法共助"라 함은 "裁判上 書類의 송달 또는 證據調査에 관한 國內節次의 外國에서의 수행 또는 外國節次의 國內에서의 수행을 위하여 행하는 法院 기타 公務所 등의 協助를 말한다"고 규정하여 재판관할 및 외국판결의 승인집행에 관한 부분을 제외하고 있다. 한편 파산절차에서 외국파산절차의 승인의 문제 등이 광의의 사법공조에 속한다는 견해로는, 山本克己, "新しい國際倒產法における「承認」概念と周邊," 河野正憲·中島弘雅 編, 倒產法大系, 弘文堂(2001), 148면.

16) 한국도 1997. 8. 헤이그국제사법회의에 참가하고, 2000년 헤이그송달조약에 가입하여 2000. 8. 1. 부터 한국에서 발효되고 있으며 가까운 장래에 증거조사협약에도 가입할 것으로 예상된다.

17) 협의의 사법공조에 대한 새로운 경향에 대하여는, 石光現, "民事 및 商事事件에서의 外國裁判의 承認 및 執行," 國際私法과 國際訴訟 제 2 권, 박영사(2001), 259면 이하; 柳英日, "최근 國際民事司法共助의 發展的 推移와 그 展望," 국제사법연구 제 2 호, 길안사(1997), 475-527면; "민사 및 상사에 있어서 국제재판관할 및 외국판결에 관한 협약이 가져올 변화와 우리의 대응," 국제사법연구 제 5 호, 지산(2000), 43-76면 이하; 林治龍, "헤이그송달조약에 관한 연구," 저스티스 통권 제47호(1998. 3), 85면 이하 등 참조.

부분을 조약내용에 포함시키고 있다.[18]

이 글에서 사용하는 '국제파산에 있어서의 사법공조'라 함은 국제적인 파산사건이 발생한 경우에 당해 국제파산사건과 관련하여 양국 채권자들의 평등한 취급과 합리적인 재건계획의 수립 및 수행을 목적으로 하는 양국간의 정보교환 및 그에 터잡은 합리적인 파산절차의 진행을 위한 협조라고 정의한다. 이러한 공조 외에도 외국파산절차를 자국 내에서 승인함으로써 외국법원으로 하여금 국내에 소재한 채무자의 재산을 환가처분하여 외국파산절차를 효율적으로 진행하는 문제, 외국파산절차에서 인정된 면책효에 관한 문제, 외국파산절차의 개시로 인한 국내소송의 중단여부, 외국의 관리인 등에 대한 민사소송에서의 당사자적격의 문제 등도 모두 파산절차에 있어서 사법공조의 한 내용으로 볼 수 있다. 그러나 이러한 쟁점까지 모두 이 글에서 다루기에는 부적절하므로 후일을 기약하고, 이 글에서는 주로 양국에서 모두 파산절차가 개시되는 이른바 병행파산의 인정 여부와 병행파산의 경우 양국관리인[19] 또는 법원간의 협조에 대한 논의로 한정한다.

2. 사법공조의 필요성

속지주의에 입각한 국제파산절차는 자국 내의 영토에 소재하는 재산만을 파산재단으로 삼고 외국의 파산절차에 대하여는 국내에서의 효력을 인정하지 않고 있다. 따라서 이러한 내재적인 한계로 인하여 다국적기업이 파산한 경우 파산재단이 불충실하게 되고 내국채권자와 외국채권자간 또는 내국채권자간에서도 집행의 선후에 기한 불평등한 취급을 낳게 되어 채권자간의 평등한 배당이나 합리적인 재건계획을 수립하지 못하는 심각한 문제를 드러냈다. 이러한 국제파산의 문제를 해결하는 가장 이상적인 방법으로는 다자간 조약 또는 양자간 조약을 체결하는 것이다. 그러나 다자간 조약은 체결되기가 어려울 뿐 아니라 설령 체결된 경우에도 몇몇 국가간에만 효력이 미치는 데에 그치고 있어 효율성이 떨어진다는 단점이 있다.[20]

---

18) 대표적인 예가 중남미의 몬테비데오 국제사법조약(1889, 1940)이다.

19) 이 글에서 관리인이라 함은 회사정리법상의 관리인만을 말하는 것이 아니라 파산법상의 관재인 등을 포함하여 국내외의 광의의 파산절차에서 파산재단 또는 재건기업의 재산에 대한 관리처분권을 갖는 법원에 의하여 선임된 채무자 이외의 제 3 자를 의미한다.

20) 국제파산을 다루기 위한 주요 조약에 대하여는 다음 VI. 司法共助에 관한 國際破産協約과 主要國의 國際破産法 참조. 石光現, 國際私法과 國際訴訟 제 2 권, 박영사(2001), 475면도 국제파산의 올바른 규율을 위하여는 국제적인 협력이 필수적이므로 그런 점에서 주요 파산조약에 관심을 가질 것을 강조하고 있다.

양자조약도 자국 전체의 이익을 고려하는 주권국간의 절충을 통하여 성립된다는 점에서 체결되기 어려운 것은 마찬가지이다. 이러한 상황에서 차선책은 사안별로 특히 양국간의 병행파산절차에 있어서 파산법원간의 사안에 즉응한 유연성이 있는 사법공조를 통하여 파산재단의 散逸을 막고 채권자간의 평등을 꾀하는 것이다.[21] 종전 사법공조의 논의는 주로 송달, 증거조사 또는 판결의 승인 등에 관한 것이고 공조의 방법도 외국법원의 촉탁에 따라 소장 및 소환장 등을 송달하거나 외국법원이 원하는 증거방법에 대하여 증거조사를 하며, 외국에서 선고된 판결에 대하여 자국 내에서 그 판결의 효력을 인정하여 주는 것으로서 1회적이거나 비교적 정형화된 내용의 것이라 할 수 있다.

이에 반하여 국제파산사건에 있어서의 사법공조는 절차가 완료될 때까지 계속적으로 요구되고 내용 또한 복잡하여 공조의 질과 양에 있어서 종전의 협의의 사법공조와는 차원을 달리한다. 국제파산의 경우에는 각국의 실체법의 다양성에 기인한 권리 상호간의 우열의 차이가 크고, 교통·통신의 발달에 따라 전세계적으로 대규모의 재산의 이동·분산이 용이하게 되었으며, 천문학적인 규모의 자산과 부채가 전세계에 얽혀 있는 등 사안 자체의 복잡성을 이유로 사법공조의 내용이 아직 정형화되어 있지 않다.

그러나 선진제국의 법원은 증가하는 다국적기업의 파산사건을 담당하면서 현재의 입법상황하에서 할 수 있는 방법으로서 사법공조라는 방식으로 파산절차가 공평하게 진행될 수 있도록 나름의 노력을 하여 왔다. 즉 영미의 국가에서는 이미 사법의정서의 형식을 통하여 법원간에 직접적으로 또는 법원의 감독하에 있는 관리인 등을 통하여 간접적으로 서로 진행중에 있는 동일기업에 대한 파산절차에 관하여 의논을 함으로써 보다 신속하고 효율적이며 공평한 파산절차를 운영하여 왔다.

Ⅳ. 국제파산사건의 사례

다음에서는 이해의 편의를 위하여 구체적으로 국제파산사건에서 어떠한 점이

21) 국제파산절차에 있어서 다자간 조약, 쌍무조약보다는 병행파산절차에서의 사법공조가 유효한 해결방법임을 강조한 글로는 E. Bruce Leonard, Managing Default by a Multinational Venture: Cooperation in Cross Border Insolvencies, 33 Tex. Int'l L.J. 543, 546(1998).

문제가 되었던가를 보기로 한다.

1. 一成汽船 사건(1978)

一成汽船은 선박운항을 업으로 하는 일본의 주식회사였으나 1978년 고베지방법원에서 회사갱생절차의 개시결정을 받았다. 당시 회사가 소유하고 있던 高成號에는 OLG라는 일본 회사를 권리자로 한 선박저당권이 설정되어 있었다. 위 배가 캐나다의 온타리오주의 항구에 기항하자 OLG가 캐나다 법원에 경매신청을 하여 배가 압류되었다. OLG는 일본 會社更生法에 의하면 회사갱생절차는 외국에 있는 재산에는 효력이 미치지 아니한다고 주장하였고, 회사의 관리인은 선박의 등록이 일본에 되어 있는 이상 국내재산이라고 다투었다. 법원은 일본의 會社更生法은 갱생절차의 효력이 재외재산에 미치지 않는 속지주의를 채택하고 있다는 이유를 들어 경매절차를 인용하였다. 이 사건은 일본의 학계와 실무계에 충격을 줬고 파산법상의 속지주의의 해석과 입법론을 둘러싼 격렬한 논의의 계기가 되었다.

2. 三光汽船 사건(1986)[22]

三光汽船은 세계적인 규모의 일본해운업체였으나 1986. 1. 31. 동경지방법원에서 회사갱생절차가 개시되어 관리인이 선임되었다. 회사 소유의 선박이 전세계의 항구를 운항하였으므로 배가 항구에 정박하는 동안 채권자들로부터 압류당할 위험이 있었다. 만일 미국에서 해외채권자가 三光汽船의 소유선박을 압류하는 일이 벌어지게 되면 일본에서 진행되고 있는 회사갱생절차의 수행에 지장이 있음을 이유로 관리인이 미국 파산법 §304에 기한 보조절차의 신청을 하였다. 미국법원이 이를 인정하여 채권자에게 1986. 1. 31. 이전에 발생한 채권의 회수를 위한 행위 및 제소금지 등의 보전처분을 명하였다. 이 사건은 비록 속지주의에 터잡은 구 會社更生法하에서의 사건이지만 관리인에게 회사의 해외재산에 대하여 관리처분권이 있음을 전제로 미국의 법원이 원조결정을 하였다는 점에서 의의가 있다.[23]

---

22) 사안의 개요는 竹內康二 · 加藤哲夫 倒産判例ガイド, 有斐閣(1996), 355면 이하.

23) 뒤에서 보는 바와 같이 미국의 보조절차의 신청적격은 외국관리인에게만 있고, 외국의 파산법상 관리인의 관리처분권 등이 미국에도 미칠 것을 전제로 하고 있다. 따라서 이 사건에서는 일본법원이 당시의 해석론으로 관리인의 관리처분권이 해외에도 미치는 것을 전제로 소송제기 허가를 한 것에 눈여겨 볼 필요가 있다.

3. USL 사건(1986)[24)]

USL(United States Lines Inc.)은 미국의 대규모 해운회사로서 1986. 11. 미국 뉴욕주에서 제11장 절차를 신청하였다. 당시 USL은 일본에도 도쿄, 오사카 등에 영업소를 갖고 있었고 다수의 일본인 종업원을 고용하고 있었다. USL은 1987. 3. 일본의 영업소를 폐쇄하였고 대표자도 본국으로 돌아가버렸다. 일본의 종업원은 다액의 임금채권의 보전을 위하여 일본에서 USL을 상대로 소송을 제기하였다. 그러나 USL은 1987. 6. 도쿄와 오사카법원에 자기파산의 신청을 하여 일본의 영업소에 대하여 파산선고를 받아 파산관재인이 선임되었다. 일본의 영업소에는 충분한 자산이 없었기 때문에 일본인 종업원은 일본의 파산절차만으로는 임금채권을 다 변제받을 수 없는 상황이었다. 결국 이 사건은 먼저 미국에서 재건형 절차가, 후에 일본에서 청산형 절차가 개시된 병행파산의 형태가 되어 일본의 종업원들이 어떠한 방법으로 미국의 재건절차에 참여할 수 있는가 하는 점이 문제가 되었다. 먼저 일본의 파산관재인이 종업원을 대리하여 미국의 파산절차에 참가할 수 있는 점이 논의되었으나 당시의 파산법하에서는 불가능한 것으로 판단되어 종업원이 개별적으로 미국 파산절차에 참가하였다. 다음으로 임금채권은 일본 파산법상으로는 전액 우선채권으로 인정되나 미국법에서는 우선권을 보장받을 수 없어 종업원과 채무자가 화해하여 일부만을 우선권으로 나머지는 일반채권으로 배당에 참가하였다.

4. Ken International Co. Ltd 사건(1991)

Ken International은 골프장을 경영하는 일본 법인으로서 1991. 동경지방법원에서 파산선고를 받아 파산관재인이 선임되었다. 회사는 다수의 회원으로부터 받은 예탁금을 유용하여 미국의 골프장 등에 투자한 사실이 발각되어 당시 언론이 떠들썩하였다. 파산관재인이 미국에 소재하는 재산을 회수하기 위하여 미국법원에 파산법 §303에 기하여 제11장의 재건절차를 신청하였다. §304에 기한 보조절차를 택하지 아니하고 굳이 제11장을 선택한 이유는 미국법에 기한 부인권을 행사하기 위한 것과 일본의 관재인이 미국소재 재산에 대하여 관리처분권을 그대로 보유할 수 있기 때문이라고 한다.

그런데 연방검사가 회사를 자금세탁죄로 기소하여 미국정부가 회사의 재산을

24) 사안의 내용은 桃尾重明, 新國際倒產法實務, 日本法令(2001), 95-96면 참조.

몰수하였다. 관재인은 형사사건에서 유죄를 인정하고 미국정부와 화해하여 재산 중의 일부를 회수할 수 있었다. 회사의 종전 대표이사는 일본에서 선임된 파산관재인은 미국법정에서 회사를 대표하여 형사사건에서 유죄를 인정할 권한도 없고 더구나 在美資產에 대한 관리처분권이 없다고 다투었으나 법원은 그 주장을 배척하였다.[25] 본건에서 주목할 것은 파산관재인이 미국파산법 제11장의 재건절차를 신청함에 있어서 미국법원에 대하여 파산관재인의 재산관리처분권에 기하여 제11장 신청을 할 권한이 있다는 서면을 제출하였고 일본의 법원이 사전에 이를 허가하였다는 점이다. 이 사건은 결국 미국정부와 파산관재인간에 화해가 성립하고 제11장 절차에 의한 계획안이 1998년에 인가되어 在美資產을 회수하는 것으로 마무리되었다.

5. Maxwell 사건(1991)[26]

(1) 개 요

영국과 미국에 걸쳐 거대한 출판, 미디어 제국을 형성하였던 Maxwell 그룹의 창업주가 의문사하고 동시에 여러 스캔들이 일어나면서 경영불안으로 일거에 그룹 전체가 파산하게 되었다. 회사의 자산은 대부분 미국에 소재하고 있으나 영업활동은 영국에서 이루어졌다. 영국에서 채권자들에 의한 파산신청이 있자, 채무자는 1991. 12. 16. 미국 뉴욕법원에 제11장 절차를 신청하였고,[27] 다음날 영국 런던의 High Court에서 관리명령(administaration)[28]의 절차가 개시되었다. 그리하여 영국에서는 관리인이, 미국에서는 채무자가 DIP의 형태로 회사의 관리권을 갖게 되는 경영상의 모순점이 발생하였다. 이와 함께 부인권에 관한 준거법이 쟁점이 되었다. 즉 채무자는 절차 개시 전에 영국과 프랑스 은행에 대한 채권을 변제하기 위하여 두 개의 미국 자회사를 매각하여 그 매각대금이 미국 내에서 채무자에게 지급되고

25) U.S. v. Ken Int'l Co. Ltd. 1997. U.S. App LEXIS 10474. 이와 반대로 대법원 1994. 10. 28.자 94모25 결정(공 1004, 3172)은 주식회사에 대하여 회사정리개시결정이 내려져 있는 경우라도 적법하게 선임되어 있는 대표이사가 있는 한 그 대표이사가 피고인인 회사를 대표하여 소송행위를 할 수 있고, 정리회사의 관리인은 정리회사의 기관이거나 그 대표자가 아니고 정리회사와 그 채권자 및 주주로 구성되는 소외 이해관계인 단체의 관리자로서 일종의 공적수탁자이므로 관리인이 형사소송에서 피고인인 정리회사의 대표자가 된다고 할 수 있다는 이유로 관리인이 선임한 변호인의 항고가 부적법하다고 판시한 원심을 지지하였다. 이론의 당부는 차치하고 결론은 현실과 괴리된 느낌이다.

26) Maxwell Communication Corp. v. Societe Generale(In re Maxwell Communication Corp.), 93 F.3d 1036(2d Cir. 1996).

27) 맥스웰은 채무자이지 외국대표자가 아니므로 보조절차를 신청할 자격이 없다.

28) 회사에 대한 재건절차의 하나이다. 다음 Ⅵ. 5. 영국의 파산절차에서의 사법공조 부분 참조.

채무자는 대금을 미국 소재 은행에 예금한 후 다시 이를 영국은행 구좌에 송금하여 그 구좌에서 채권자 은행들에게 지급되었다. 만일 미국법이 적용되면 관리인은 변제행위를 부인할 수 있으나, 영국법에 의하면 부인권을 행사할 수 없었다. 영국법은 부인권을 행사하기 위한 요건으로 주관적 의사를 필요로 하였으나 사실상 이를 입증하기가 어려웠기 때문이다.

(2) 평 가

이 사건은 사법의정서(judicial protocols)가 사용된 것과 부인권의 인정 여부(즉 부인권의 준거법)로 유명해졌다. 앞서 본 경영상의 모순을 해결하기 위하여 영국의 관리인(administrator)과 미국 법원이 선임한 검사인(examiner)이 공동으로 절차의 협력을 목적으로 한 사법의정서를 체결하고 양국 법원이 이를 승인한 후 이에 따라 절차를 효율적으로 진행하여 종국적으로는 단일한 배당절차를 내용으로 하는 공동의 계획안(미국)과 재건계획안(영국)이 제출되어 승인을 받음으로써 절차를 신속하게 마무리할 수 있었다. 또한 부인권과 관련하여 미국 법원은 전통적인 준거법선택원칙을 적용하여 그 쟁점에 대하여 영국법을 적용하였다.

6. 마루코 사건(1991)[29]

(1) 개 요

마루코는 부동산업을 영위하는 일본법인으로서 일본뿐 아니라 미국, 호주 등에서 자회사를 통하여 직접 부동산투자를 하였으나 구입 당시 미국 부동산 경기가 냉각될 때였고 일본 내의 세제개혁과 부동산불황에 기인한 자금부족으로 1991. 8.경 동경지방법원에서 갱생절차가 개시되어 보전관리인이 선임되었고 그 해 12월에 개시결정이 선고되었다. 마루코는 해외에 다액의 부동산을 보유하고 있었으므로 이를 보전함과 아울러 일본에서의 회사갱생절차에 도움이 되도록 할 목적으로 보전관리인이 일본 법원의 허가를 받아 1991. 10.경에 미국에서 제11장 재건절차를 신청하였다(형식은 자발적 신청과 비자발적 신청 양자를 이용하였다). 미국 파산법에서 인정되는 Debtor In Possession(종전 채무자가 계속하여 관리경영권을 갖는 지위)를 이용하면서 실질적으로 일본의 법원이 선임한 관리인으로 하여금 국내 및 미국

29) In re Maruko, Inc., 200 B.R. 876(Bankr. S.D.Cal. 1996), 이하의 내용은 中島健仁, "マルコ事件,"「新展開」, 35면 이하와 竹內康二 · 加藤哲夫, 전게서(주 22), 357면 이하를 종합정리한 것이다.

소재 재산의 관리를 계속하기 위한 것이다. 구체적인 내용은 일본에서는 회사재건절차를, 미국에서는 부동산을 매각하는 청산형의 재건절차를 꾀한 것이다.[30] 일본의 계획안에서 관리인으로 하여금 미국의 파산법 제11장을 신청하도록 함으로써 관리인이 해외자산을 관리 운영할 수 있도록 함과 동시에 일본의 회사갱생절차에서는 일본의 국내채무만을 처리하도록 규정하였다.

(2) 특 징

이 사건의 특징은 4가지를 들 수 있다.

① 미·일 양국에서 모두 재건을 목적으로 하는 주절차가 개시된 병행파산절차의 전형을 보여준 점이다. 형식적으로는 일본의 회사갱생절차와 미국의 파산법 제11장의 재건절차로 모두 주절차의 형태를 취하고 있으나 실제의 내용은 일본의 절차를 주절차로, 미국의 재건절차를 종절차로 하고 있다. 미국의 연방파산법은 보편주의에 속하는 입법이었기 때문에 미국에서 제11장을 신청하면 그 효력이 일본 국내의 재산에도 미치게 되므로 미·일의 양 절차를 어떻게 조화시킬 것이냐가 쟁점이 되어 병행파산절차에서 일어날 수 있는 전형적인 문제점을 잘 드러낸 사건이었다.

② 양국의 절차에 미·일 양국의 채권자를 상호참가시키는 방법을 채택하는 대신에 양국의 절차에 있어서 대상이 되는 자산, 부채, 채권자들을 각각 따로 떼어 취급함으로써 실질적으로는 전 채권자가 공정 · 형평하게 취급을 받을 수 있도록 계획안을 수립하는 방법이 채택되었다.

③ 회사채권자가 전세계에 산재하여 있고 일본의 금융기관은 마루코의 해외재산에 대하여 담보권을 갖고 있었으며 해외재산과 관계 없는 순수 내국채권자가 있는 한편 외국채권자의 다수는 국내재산과 전혀 관계 없는 등 채권자들의 이해관계가 복잡하여 그들에 대한 공정 · 형평한 취급이 극히 어려운 사건이었다. 미·일 양국의 절차에서 자산과 채권자를 분리하되 미국의 보편주의가 일본에 미치지 않도록 배려하기 위하여 연방법원으로부터 파산법 §305[31]에 기한 부분적인 회피명령(partial abstention order)을 얻고[32] 양 절차에서 채권자들이 이중으로 배당받지 않

30) 관리인이 제11장을 선택한 가장 큰 이유 중의 하나는 마루코가 구입한 미국 소재 부동산은 마루코와 투자자간의 공유의 형태였는데, 미국 파산법에는 공유자의 동의 없이도 일정한 조건하에 공유부동산을 매각할 수 있다는 규정이 있었기 때문이다. 다음으로는 미국 파산법이 보편주의를 채택하고 있기 때문에 캐나다와 호주 소재 부동산에 대하여도 재산보전을 할 수 있었던 점도 그 이유 중의 하나이다. 中島健仁, 전게논문(주 29), 37면 참조.

31) 법원은 통지와 심문 후에 채권자와 채무자의 이해관계를 고려하여 언제든지 신청을 기각하거나 절차의 진행을 중지시킬 수 있다.

32) 이 명령은 일본에 거주하거나 또는 일본에 본사가 있는 채권자들은 미국에 소재하는 재산으로

도록 하기 위하여 각각의 계획안에 이에 대비한 조항을 넣어 이를 해결하였다.

④ 미국의 채권자위원회는 일본에 소재한 주거래은행의 채권에 대하여 대여자 책임(lender's liability)을 이유로 파산법 §510(c)[33]에 기하여 그 채권을 열후화하여야 한다고 주장하였다. 결국은 미국채권자들의 채권액이 주거래은행의 채권액에 비하여 적은 액수이고 채권자들이 호텔경영과 관련한 상거래채권자라는 점, 미국에서의 소송비용과 시간 등을 감안하여 주거래은행의 채권 중 일부를 채권자위원회에 양도하고 미국채권자들의 채권을 금융기관의 채권보다 유리하게 취급하도록 재판상 화해를 하였다.[34]

7. 그랜드 디 컨트리클럽 사건(1994)

그랜드 디 컨트리클럽은 골프클럽을 운영하는 일본 법인으로서 1994. 9. 동경지방법원에서 파산선고를 받아 파산관재인이 선임되었다. 한편 회사는 미국에 소재하는 골프장을 소유하고 있었는데 사해행위로 골프장이 별도의 회사에게 양도되었으므로 관재인이 미국파산법의 보조절차(§304)를 신청하여 미국법원이 이를 인정하였다.[35]

8. Everfresh Beverage 사건(1995)[36]

Everfresh Beverage 회사는 음료제품의 생산 및 도매업을 하고 있는 회사로서

부터 발생한 채권을 제외한 다른 채권을 갖고 미국의 파산절차에 참가할 수 없도록 하는 것이다. 구체적으로는 채권자로부터 돈을 빌려 미국 소재 부동산을 구입한 경우의 채권자나 미국 소재 부동산에 대하여 담보권을 갖는 채권자들은 미국의 파산절차에 참가하게 되었다. 예외적으로 호주 소재 부동산을 구입하기 위한 자금을 대여한 채권자들에 대하여는 미국의 파산절차에 참가하도록 하였다. 그 이유는 호주 소재 부동산에 대하여는 會社更生法의 효력이 미치지 않기 때문이다. 캐나다 소재 재산에 대하여도 미국 연방법원이 캐나다 소재 재산을 매각하도록 명하고 이러한 명령을 캐나다 법원이 승인하는 방법으로 해결하였다.

33) 법원은 통지와 심문을 거친 후에 형평법상의 열후원칙에 기하여 인정된(allowed) 채권 또는 권리의 전부 또는 일부를 다른 인정된 채권 또는 권리의 전부 또는 일부에 대하여 배당의 목적상 劣後시킬 수 있다.

34) 앞으로 일본의 국내은행이 주거래은행으로서 파산기업에 대하여 하여온 지금까지의 지원업무 관행 —— 은행단에서 인력을 보내 자금의 용도 등을 체크하고 추가자금의 지원 여부를 결정하는 등 —— 에 관하여 미국의 파산절차와 관련하여 재검토하여야 할 계기를 마련한 것이라고 평가하고 있으며, 한국도 마찬가지라고 생각한다.

35) 자세한 내용은 In re Kojima, 177 Bankruptcy Rep. 696 Bankruptcy Dept Colorado, Feb 17, (1995) 참조.

36) 이 사건에서 공조의 내용에 대하여는 E. Bruce Leonard, *supra* note 21, at 543; Internationalisation of Insolvency and Reorganization, International Business Lawyer 204(May 1996) 이하 참조.

미국 델라웨어주에 본사를 두고 미국과 캐나다에서 영업을 하였다. 그 후 뉴욕의 파산법원에 제11장을, 캐나다 토론토주의 온타리오 상사법원에 회사재건절차를 동시에 신청하였다. 미국과 달리 캐나다 파산법에는 자동중지의 제도가 없었기 때문에 병행파산의 형태로써 주·종의 파산절차의 형태를 취할 것인가 병렬적인 동시파산의 형태를 취할 것인가에 대하여 검토를 한 후 채무자는 후자를 택하였다. 처음에 캐나다 법원은 회사 및 채권자들에게 미국에서 진행되고 있는 제11장 사건에 대하여 관심을 갖도록 명하였고, 미국 법원 역시 회사 및 채권자들에게 캐나다에서의 파산절차에 협조하도록 명하였다. 그리하여 회사와 대채권자 및 채권자위원회 등은 합의하여 사법의정서(judicial protocols)를 작성하였다. 이에 의하면 양 절차간에 조화를 이루면서 특히 양국에 소재한 재산의 공동매각, 그 매각대금의 분배와 채권의 組 분류와 처리 및 병행하는 양 재건절차에의 협력 등에 관한 절차를 조정하도록 하였다. 이 사법의정서는 양국의 법원에서 1995. 12. 20. 같은 날 승인되었다. 양국 법원은 1996. 5. 31. IBA가 승인 · 채택한 국제도산협약(Cross-Border Insolvency Concordat, 1996)에 규정된 사법공조의 방식을 받아들여[37] 사법의정서를 승인함으로써 국제사법상의 준거법에 관한 어려운 문제를 일거에 해소하고 시간 및 비용을 상당히 절감할 수 있었다.

V. 국제파산에서 논의되는 쟁점

위에서 본 국제파산사건에서 알 수 있듯이 국제파산사건은 국내파산사건에서 볼 수 없는 복잡한 문제를 낳고 있는데 그 가운데 중요한 문제는 다음 5가지로 요약할 수 있다. ① 적절한 관할법원의 선택, ② 외국채권자에 대한 통지, ③ 법원간의 정보의 교환, ④ 준거법의 결정, ⑤ 채권자들간의 공평한 분배방법 등을 들 수 있다.[38]

37) 국제도산협약 제 4 원칙: 하나 이상의 정식의 법정(plenary forum)만 있고 주된 법정(main forum)이 없는 경우 각국의 법원은 사법의정서에 따라 서로 공조를 하여야 한다.

38) Samuel L. Bufford ET AL, INTERNATIONAL INSOLVENCY 91, 97(Federal Judicial Center 2001)

1. 재판관할권의 문제

유럽공동체의 파산규정(EU Regulation on Insolvency Proceedings, 이하 EU규정이라 한다)은 채무자의 주된 이익의 중심지(the center of the debtor's main interests)를 관할하는 법원을 주된 파산절차의 관할법원으로 규정하고 있다. 일견 합리적으로 보이지만 항상 그런 것은 아니다. 파산신청인은 관할법원을 선택함에 있어서 파산법이 시대에 낙후되어 범세계적인 호환성이 떨어지는지, 그 법원이 다른 법원에 비하여 파산신청인에게 비우호적인지, 타국의 사법부와 비교할 때 그 법원이 국제파산사건에 관한 공평하고 효율적인 사법처리능력을 가지고 있는지 등을 고려하게 된다. 대표적인 예가 앞서 본 마루코 사건이다. 당시 일본의 파산법은 속지주의의 한계로 인하여 관리인이 미국, 호주 등에 소재한 재산에 대하여 적절한 처리를 할 수 없었다. 그에 반하여 미국의 파산법이 호주의 파산법과 달리 담보권자에 대하여도 자동중지의 효력이 있는 점과 사실상 호주의 채권자들까지 구속할 수 있는 점, 전문법원인 미국 파산법원이 국제파산사건을 다루었던 그간의 능력 등을 모두 고려하여, 일본의 관리인은 미국파산법의 보조절차가 아닌 제11장의 파산신청을 한 것이다. 이러한 현실적인 필요성에 비추어 볼 때 국제파산에 있어서 주절차만을 인정하는 것은 비현실적이고 병행파산절차의 개시를 인정할 수밖에 없다. 따라서 적어도 법적 안정성을 중시하여 주절차에 관한 관할권을 채무자의 주된 이익의 중심지라고 본다 하더라도 그와 관련한 병행파산절차의 관할권은 그보다 융통성 있는 관할권의 선택규칙 — 재산소재지 또는 영업소 소재지 — 을 고려할 수밖에 없다.

2. 외국채권자에 대한 통지

다수의 이해관계인을 상대로 하고 있는 회사정리법은 민사소송법과 달리 채권자들에 대한 개별통지를 원칙으로 하면서도 주소, 거소 기타 송달을 받을 장소를 알기 어려운 경우에는 법원은 공고로써 그 송달에 갈음할 것을 명할 수 있다는 특칙을 규정하고 있다(제16조).[39] 그러나 국제파산의 경우 외국채권자들에 대하여도 파산개시의 구속력을 미치게 하기 위하여는 신속하고도 확실한 통지가 긴요하다. 공시

39) 실무는 법원이 기록 등을 통하여 파악할 수 있는 채권자에게는 직접 송달하지만 나머지 채권자들에 대하여는 관리인에게 회사가 알고 있는 채권자들에게 송달하도록 지도하고 있다. 서울지방법원, 회사정리실무(개정판)(2002), 93면.

송달만으로는 적법절차의 위배라는 항변이 뒤따를 것이고, 그렇다고 일일이 해외송달을 하여야 한다면 설령 헤이그송달조약의 가입국의 경우라도[40] 적어도 1-2개월이 걸리고, 비가입국의 경우에는 4개월 이상이 소요되므로 신속한 절차의 진행은 요원할 수밖에 없다.[41] 따라서 전자우편이나 팩스에 의한 송달의 방법을 강구할 필요가 있다.[42] 앞으로 세계 각지의 대규모 채권자들, 주주 등이 관련되어 있어 전통적인 송달방법을 고집할 수 없는 국제파산과 같은 분야에 있어서 송달이나 통지는 전통적인 사법공조보다는 유연한 방식 ── 영미법상의 사적인 송달, 전자우편, 팩스 등에 의한 직접적인 통지방식을 강구할 필요가 있다.

3. 법원상호간의 정보교환

대륙법이든 영미법이든 전통적으로 법관들은 관련 사건에 관하여 타국의 법관들과 정보를 교환하는 것에 소극적이었다. 그러나 국제적인 사건에 있어서 각국의 법관들이 직접 또는 간접으로 관련 사건의 절차진행에 관하여 정보를 공유하는 것이 매우 중요하게 되었다. 법관간의 정보교환의 부재 또는 비효과적이고 부정확한 정보의 교환은 양국 소송절차에 있어서 불필요한 기일의 공전, 비용의 증가, 채권자들간의 불공평한 대우, 파산재단의 산일 특히 교활한 당사자 등의 술수에 의하여 법원간의 반목을 불러일으키는 결과를 낳을 수 있으므로 근자 미국의 법관들은 타국의 법관과의 정보교환에 보다 적극적인 자세를 보여주고 있다.[43] 현재 국제파산에 있어서 법관간의 정보교환에 관한 전형적의 모델은 아직 수립되어 있지 않다. 가장 효과적인 방법은 통역의 도움을 통한 전화 및 화상회의이다.[44] 서면에 의한 의사교환 또한 추천할 만하다. 단 사법의정서의 형태가 아닌 이상 법관간의 정보교환은 비공개로 이루어져야 하고 이해관계인들에게는 단지 법관간에 정보교환이 이루어지고 있다는 사실만을 알려주면 족하다.[45]

---

40) 파산절차 개시의 통지는 헤이그송달협약상의 judicial document에 해당하므로 송달협약이 정한 방식에 의하여 송달되어야 한다. Bufford, *supra* note 38, at 92.

41) 헤이그송달조약 가입 이전 주요국에 대한 송달소요기간에 대하여는 柳英日, 전게논문(주 17), 480면 이하 참조.

42) 韓濠간의 민사사법공조조약에서는 이러한 방법에 의한 송달 자체를 인정한 것은 아니지만 조약이 정한 송달방법에 의한 송달이 있은 후 송달의 증명 또는 송달불능의 사실은 전자우편 및 팩스의 방법으로 통지하도록 함으로써 신속한 절차진행을 마련하고 있다. 대한민국과 호주간의 민사사법공조조약 제11조.

43) Bufford, *supra* note 38, at 93.

44) 현재 시행중인 韓濠條約 제24조에서도 영상전송에 의한 증인신문을 허용하고 있다.

45) Bufford, *supra* note 38, at 94.

4. 준거법의 문제

국제파산사건에는 그 속성상 여러 나라의 법이 얽혀 있다. 국제거래 및 신분행위와 관련하여 종전의 속지주의에 터잡은 국제사법이론이 있으나 국제파산의 경우 이를 그대로 적용하는 것은 적당하지 않다. 미국의 경우에는 준거법의 결정과 관련하여 이른바 국제사법의 혁명 후, 제2차 리스테이트먼트, 정부이익분석이론, 더 나은 법이론 등 유연한 접근방법을 갖고 있으나, 여전히 국제파산에 있어서의 준거법 결정문제는 미해결로 남아 있다. 현재 미국의 다수의 주는 쟁점에 관하여 가장 중요한 이해관계를 갖는 국가의 법을 적용하는 제2차 리스테이트먼트의 방법을 채택하고 있다. 이에 의하면 법원은 각각의 국가가 쟁점과 갖는 이해관계의 중요도를 상대적으로 평가하여 어느 국가의 법과 입법정책이 가장 밀접하게 관련되어 있는가에 의하여 준거법을 결정한다.[46] 미국법원에 나타난 전형적인 사건들은 자산이 미국에 있고 문제가 된 소송이 미국에 계속중인 경우이므로 미국법이 적용되는 경우가 적지 않다. 한편 EU규정에 의하면 국내의 종된 파산절차에 대하여는 법원은 타국의 주된 파산절차가 계속중이라는 점을 고려하면서 자국 소재 재산과 채권자의 취급에 관하여 자국법을 적용한다. EU규정은 준거법에 관하여 각 쟁점별로 상세하게 규정을 두고 있음에 반하여 모델법은 준거법의 문제에 대하여는 특별한 규정을 두지 않고 각국의 입법 및 판례에 맡겨 놓았다.

5. 채권자에 대한 배당

채권자들에게 정확한 배당을 하는 것은 속지주의이든 보편주의이든 간에 국제파산에서 해결하기 어려운 문제이다. 속지주의의 경우에는 이른바 포획의 법칙(grab rule)이 적용되어 타국의 절차에서도 먼저 재산을 포획함으로써 배당에서 유리한 지위에 설 수 있다. 보편주의의 경우에도 파산재단이 채권액을 변제하기에 부족한 것이 상례이므로 앞선 파산절차에 참가하는 것이 나중의 파산절차에 참가하는 것보다 배당을 많이 받게 되므로 자산이 많은 국가의 파산절차에 먼저 참가하느냐의 여부에 따라 배당비율이 크게 달라질 것이다. 또한 각국의 물권법이 상이하여 담보채권의 우선순위가 달라짐에 따라 어느 국가의 파산절차에 참가하느냐에

46) 뒤에 보는 Koreag, Maxwell 사건 및 Wells Fargo Asia, Ltd., v. Citibank, N.A., 936 F.2d 723, 726(2d Cir. 1991) 참조. 미국의 저촉법의 현황에 대하여는, 林治龍, "미국 국제사법(저촉법)의 현황——준거법의 결정을 중심으로——," 사법연구자료 제24집(1997), 107면 이하 참조.

따라 배당액 또한 달라지게 된다. 그러나 속지주의이든 보편주의이든 최소한 준수되어야 할 원칙은 채권자에게 초과배당이 허용되어서는 아니 된다는 점이다. 즉 각 국가별로 개시된 파산절차마다 채권자가 채권 전액을 신고하여 배당을 받음으로써 비록 각 절차에서는 일부씩만을 배당받았다고 하더라도 이를 전부 합하면 100% 이상을 배당받는 일은 발생하지 않도록 하여야 한다.[47] 이러한 불공평한 배당을 배제하기 위하여는 각 파산법원간에 채권의 신고, 평가 및 배당에 관하여 긴밀한 정보의 교환이 있어야 하고 이를 토대로 배당을 조정하여야 한다. 이러한 점에서도 속지주의의 문제점을 알 수 있고 보편주의의 입장에서도 법원간의 사법공조가 필요함을 알 수 있다.

Ⅵ. 사법공조에 관한 국제파산협약과 주요국의 국제파산법[48]

1. 유럽공동체의 파산규정

(1) 특 색

1960-1996 동안의 노력 끝에 완성된 EU도산협약(EU Convention on Insolvency Proceedings)은 서명기간 내에 EU가맹국 15개국 중 14개국이 서명하였으나 1996. 5. 24. 영국만이 서명하지 아니하여 발효되지 못하고 있다.[49] 그러나 이 협약은 종전의 초안과 미처 발효되지 못한 Istanbul협약의 단점을 보완한 것으로 향후 유럽국가간의 국제파산조약으로 발효될 가능성이 있으므로 그 중요성이 감쇄되는 것은 아니다. 실제로 조약의 내용 대부분이 2002. 5. 31.부터 덴마크를 제외한 국가들간에 법적 구속력이 있는 EU regulation(규정)의 형태로 시행되고 있다.[50] 동

47) 이를 maximum dividend rule이라고 한다. Bufford, *supra* note 38, at 97.

48) 이 글에서는 다루지 아니하였으나 이외에도 국제변호사협회(International Bar Association) 소속의 기업법 분야 내의 국제파산 문제를 다루는 Committee J가 국제파산에서의 원칙을 정한 국제도산협약(1996)이 있고, 북미대륙의 NAFTA 국가간의 국제파산에 관하여 미국법학원이 성안한 파산원칙인 NAFTA Project가 있다. 전자에 대하여는 Leonard, *supra* note 21, at 547을, 후자에 대하여는 Bufford, *supra* note 38, at 68 이하 참조. 한편 국제파산의 주요조약과 입법례에 관한 국내의 선구적인 논문으로서는, 朴峻, "國際的 會社整理를 둘러싼 諸問題," 民事判例硏究(XVI), 박영사(1994), 589-628면이 있다. 위 글에서는 이 글에서 언급하지 아니한 스위스의 국제사법 중 파산에 관한 부분을 언급하고 있다.

49) 영국이 서명하지 아니한 이유는 영국에서 발생한 광우병의 문제와 스페인의 지브롤터해협의 영유권 분쟁 때문이라고 한다. Ian Fletcher, Insolvency in Private International Law 298(Clarendon Press 1999).

50) 당초 Convention의 형태로 가입국의 서명을 받으려고 하였으나 영국이 서명하지 않는 바람에

규정은 사법공조가 미흡하여 실효된 이스탄불협약의 실패를 거울삼아 고도의 사법공조를 마련하였다는 점에 의의가 있다. EU 규정은 다음과 같은 특징을 갖고 있다. ① 모델법이 간접관할(승인관할)만 규정하고 있음에 반하여 직접관할에 관하여 규정하고 있다. ② 주절차와 종절차로 나누어 주절차는 채무자의 주된 이익의 중심지를 관할하는 법원이 관할권을 갖되 그 효력은 회원국에 자동승인되는 데에 반하여 종절차는 영업소가 소재하는 법원이 관할권을 갖되 그 효력은 종절차가 개시된 국가 내에만 미치도록 하고 있다. 또한 주절차에는 재건절차를 포함시키면서도 관리인의 선임을 요구하고 있으나 종절차는 오직 청산절차만으로 한정하고 있다.[51] ③ 모델법과 달리 국제파산에 관한 준거법에 관하여 상세한 규정(제4조-제15조)을 두고 있다. ④ 모델법, 일본의 外國倒產處理手続の承認援助に關する法律(이하 '承認援助法'이라 한다)이 외국파산절차를 승인함에 있어 별도로 법원의 재판을 요하는 방법을 채택하고 있음에 반하여 EU 규정은 자동승인제를 채택하고 있다. ⑤ 모델법이 인정하고 있지 않는 교차신고제도(cross filing)를 인정하고 있다. 즉 주절차와 종절차의 관리인은 그가 선임된 절차에서 신고된 채권을 다른 절차에서 집단적으로 신고할 의무를 부담한다(제32조).

조약이 성립되지 아니하였다. 그 후 EU 장관회의의 회장국이 된 독일과 핀란드의 발의로 Regulaltion의 형태로 완성되게 되었다. 다만 덴마크는 가입을 유보하였으므로 가맹국 중 덴마크를 제외한 회원국에서는 법으로서의 효력(the force of law)이 발생한다. Regulation은 통합조약 제249조에 의하여 회원국에 일반적으로 적용되며, Regulation 전체가 직접적으로 회원국 내에 적용된다. 따라서 국내입법화나 행정명령을 요하지 않고 바로 적용되며 회원국의 국내법, 판례법 기타 소송절차 및 행정실무는 Regulation과 충돌하는 범위 내에서는 자동으로 그 적용을 할 수 없도록 되어 있다. 다만 Regulation이 성립하였다고 하여 각국의 파산법을 대체하는 것은 아니므로 Regulation의 적용범위를 넘는 국제파산의 문제(대표적인 것으로는 미국의 파산절차가 회원국에 미치는 효력)는 여전히 각국의 국제파산법의 문제로 남게 된다. EU협약에 관한 단행본으로는 貝瀨幸雄, ヨーロッパ連合倒產條約の硏究, 商事法硏究會(2000). EU Regulation에 대한 국내의 글로는 石光現, "유럽연합의 國際倒產法制," 전게서(주 5), 309면 이하, 일본의 글로는 貝瀨幸雄, "EU規則との比較,"「新展開」, 65-85면 참조. EU Regulation에 관한 영국의 글로는 Ian F. Fletcher, European Union Regulation on Insolvency Proceedings, Collier's International Business Insolvency Guide, (Mathew Bender 2001), Chapter 43 이하, 이 글은 Convention에서 Regulation으로 바뀌게 된 경위와 법적 효과 등에 관하여 자세한 설명을 하고 있다. Fletcher의 후자 논문에 의하면, Regulation은 EC 통합조약 제249조에 의하여 조약 전부가 일반적 직접적으로 회원국에 적용되며 기존의 판례법, 성문법 및 행정실무 중 Regulation과 저촉되는 부분은 그 적용이 배제된다.

51) main proceeding과 secondary proceeding을 각 주파산절차와 종파산절차로 번역하였다. 후자를 후발적 부수절차라고 번역한 글도 있다. 貝瀨幸雄, 전게서(주 50). 그러나 비록 제3조 제4항에서 주파산절차에 선행하는 속지적인 효력을 갖는 파산절차를 허용하고 있으므로 후발적 부수절차라는 용어를 사용하면 종파산절차는 항상 주파산절차 이후에만 개시가 가능한 것으로 오해할 소지가 있다.

(2) 사법공조에 관한 규정

제31조는 협력의무 및 정보교환의무라는 제목하에 "1. 정보전달을 제한하는 규칙에 승복하면서, 주절차의 관리인(liquidators)과 종절차의 관리인은 상호 정보를 교환할 의무를 부담한다. 쌍방의 관리인은 상대방의 절차에 관련된 어떠한 정보 특히 채권의 신고 및 조사에 관한 상황 및 파산절차를 종료시키기 위한 모든 조치를 지체없이 서로 전달하여야 한다. 2. 각 절차에 적용되는 규칙에 승복하면서 주절차의 관리인과 종절차의 관리인은 서로 협력할 의무를 부담한다. 3. 종절차의 관리인은 주절차의 관리인에게 종절차의 파산재단의 청산 또는 사용에 관한 제안을 조기에 할 수 있는 기회를 제공하여야 한다"고 규정하고 있다. 학자들의 설명에 의하면, 협력의무를 규정한 이유는 동일 채무자에 대한 주·종의 병행파산절차가 상호 의존적이고, 동일채권자가 복수의 절차에 참가할 가능성이 있기 때문에 쌍방의 관리인에 의한 협력과 정보교환이 복수의 절차를 효율적으로 진행하기 위하여 불가결하다는 판단에 기한 것이라고 한다. 이스탄불조약에도 정보교환의무는 규정되어 있었으나 협력의무를 규정한 것은 EU협약(regulation도 같은 내용임)이 처음이다. 제 2 항의 협력의무는 제 1 항의 정보교환의무를 보충하기 위한 것으로 각 관리인은 절차의 진행 협조에 관한 의견을 조정하고 상호 직무를 원활하게 할 의무를 부담한다. 이러한 협력의무에 위반한 관리인의 책임은 체약국의 국내법에 맡겨져 있다.[52)]경합하는 복수의 종절차의 관리인들 상호간에도 이러한 의무가 발생하는지에 대하여는 부정적이지만 대신에 주절차의 관리인이 종절차의 관리인에게 다른 종절차의 진행상황에 관한 정보전달 의무를 부담한다고 한다. 정보전달의 내용의 예로서는 재단의 환가, 이행소송 또는 부인소송과 같은 파산재단의 일부의 반환을 구하는 소송, 신고된 채권 및 그 평가와 그에 대한 이의 여부, 채권의 순위, 재건계획, 화의의 제안, 파산배당의 제안, 절차의 진행상황에 관한 정보 등을 들고 있다. 또한 제 3 항에서 주절차 관리인에게 제안권을 인정하는 것은 주절차가 종절차보다 우위에 있다는 것으로부터 유래하는 종절차 관리인의 특별한 정보교환 협력의무를 의미한다. 이 의무에 기한 정보를 토대로 주절차의 관리인은 재건의 관점에서 적절하다고 판단하는 경우, 종절차의 재산의 매각을 저지하거나 제33조[53)]에 기한 청산의 중지

52) 貝瀨幸雄, 전게서(주 50), 73면.

53) 주절차의 관리인의 신청에 의하여 종절차를 관할하는 법원은 청산의 전부 또는 일부를 중지할 것을 명할 수 있다는 조항이다.

를 신청할 수 있다.

2. UNCITRAL 모델법

(1) 모델법의 내용[54)]

모델법의 목표는 각국 파산법의 차이를 극복하여 범세계적인 통일된 파산법을 제정하기보다는 국제파산과 관련된 법원들간의 의사소통과 조정을 용이하게 하기 위한 절차적인 기제(mechanism)를 창설하려는 데에 있다.[55)] 따라서 모델법은 국가별 파산법의 차이 때문에 국제파산과 관련하여 발생하는 쟁점에 대하여는 기존의 국제사법상의 준거법 결정 문제의 영역에 남겨두고 그에 관하여 별도의 명시적인 규정을 두고 있지 않다. 모델법은 파산절차를 주절차(main proceeding)와 종절차(non-main proceeding)로 구분하고 그 기준을 EU협약과 마찬가지로 채무자의 주된 이익의 중심지 또는 영업소로 구분하고 있다. 모델법은 크게 3부분으로 구성되어 있다. ① 외국대표자(저자 주: 관리인 등과 같이 입법국의 법률에 따라 재건 또는 청산을 관리하는 사람 또는 기구의 명칭을 말한다)와 채권자 등의 개시국 법원에 대한 접근절차, ② 외국파산절차의 승인절차, 그리고 ③ 외국법원과 외국대표자의 공조 및 병행파산 절차이다. 이하 ③의 사법공조에 관하여 본다.

(2) 공조내용

모델법은 제4장 외국법원 및 외국대표자의 공조의 장 아래에 사법공조에 관하여 제25, 26, 27조의 3개조를 두고 있다. 제25조는 법원과 외국법원 또는 외국대표자간의 공조 및 직접 연락에 대하여, 제26조는 대표자 등과 외국법원 및 외국대표자 간의 공조 및 직접 연락에 대하여 규정하고 있다. 즉 법원은 상대국의 법원 또는 외국대표자와 가능한 최대의 범위 내에서 공조하여야 하며, 직접 연락하거나 정보 또는 지원을 직접 요청할 수 있다(제25조).[56)] 관리인 등은 그 역할을 수행함에 있어 법원의 감독하에 외국법원 및 외국대표자와 가능한 최대의 범위 내에서 공조하여야 하며, 그들과 직접 연락할 수 있다. 공조의 내용으로서는 (a) 법원의 지시에

54) 이 부분 번역의 용어는 石光現, 전게서(주 5), 286면 이하에 따랐다.

55) UNCITRAL Model Law on Cross-Border Insolvency with Guide to Enactment(이하 Guide to Enactment라 한다) at 3 and 17.

56) 예컨대 양국 파산법관이 통역의 도움으로 화상회의 또는 전화회의를 통하여 합동심문 기일을 진행하는 것이다. Bufford, *supra* note 38 at 65.

따라 행동할 사람 또는 기구의 임명, (b) 법원이 적절하다고 생각하는 모든 수단에 의한 정보의 통신, (c) 채무자의 자산 및 업무에 대한 관리와 감독의 조정, (d) 절차간의 조정에 관한 합의에 대한 법원의 승인 또는 시행, (e) 동일 채무자에 대한 병행절차간의 조정, (f) 기타 입법국이 정하는 사항 등이다.

(3) 사법공조의 특징

먼저 모델법은 국제파산에 관한 사법공조에 관하여 각국의 법원에 공조의 여부에 관한 재량을 주지 않고, '가능한 한 최대한의 범위 내에서 공조하여야 한다'고 규정함으로써 각국 법원에 공조의 의무를 부과하였다. 다음으로는 종전 국제민사사법공조분야에서 법원간에 전통적으로 사용되었던 촉탁서(letters of rogatory)의 방법을 배제하고[57] 관리인 등도 외국법원 또는 외국관리인 등에게 직접 연락할 수 있도록 하였다. 종전 송달이나 증거조사의 공조는 상대국에 재판이 계속중인 것을 전제로 이루어지나 국제파산의 공조는 그뿐 아니라 자국 내에서 파산절차가 진행중인 경우에 더욱 그 효용을 발하는 데에 그 특색이 있다.

3. 노르딕 파산협약(1933)[58]

(1) 특 징

이 협약은 1933년에 성립된 이래 개정을 거쳐 현재까지 효력을 갖는 국제파산에 관한 국제조약이다. 이 협약의 가입국은 노르웨이, 덴마크, 스웨덴, 아이슬랜드 및 핀란드 5개국이다. 이 협약이 성립할 수 있었던 것은 스칸디나비아 반도와 그 주변국가라는 지역적 밀접성, 핀란드의 일부를 제외한 나머지 국가들의 언어적 유사성[59]과 파산법제에 내재한 정책의 유사성 때문이라고 한다. 협약은 총 17개조로

57) Guide, para, 179.

58) 이 부분은 Philip R. Wood, Principles of International Insolvency, 293(1995) 및 Fletcher, *supra* note 49, at 237 이하를 정리한 것이다. 현재 EU 가맹국은 15개국으로서 그 중 노르딕협약 가맹국은 핀란드, 스웨덴, 덴마크이고, 아이슬란드와 노르웨이는 EU 미가맹국이다. 특히 노르딕회원국의 일원인 덴마크의 경우는 암스테르담조약 제 4 장(Regulation 등 입법조치의 근거가 되는 조항이다)에 기한 EU의 입법에 관한 부분의 적용에 대하여 면제를 받았으므로 국제도산에 관한 EU Regulation이 덴마크에는 적용되지 않고, 덴마크는 나머지 14개 회원국과 또는 비회원국간에 쌍무조약을 체결하여 이 문제를 해결하고 있다{Ole Borcher & Mikkel Lyager, Chapter 20 Denmark, Collier's International Business Insolvency Guide(Mathew Bender, 2001)}. 따라서 노르딕협약 5개국 중 핀란드와 스웨덴은 직접 Regulation이 적용되고 타국간에는 여전히 노르딕협약이 적용된다고 보여진다.

59) 핀란드의 공용어는 핀란드어와 스웨덴어로서 일부 지역은 스웨덴어를 사용하고 있다.

구성되어 있고 관할권, 파산의 대외적 효력 및 승인절차, 준거법의 선택규칙에 관하여 규정하고 있다. 또한 파산절차뿐 아니라 법원이 승인하는 화의절차 및 금융기관의 청산, 피상속인의 파산재단에 대하여도 별도의 규정을 두고 있다. 이 협약의 특징은 주소지파산(domiciliary bankruptcy)이라는 개념을 중심으로 하고 있다. 즉 주소지파산이라 함은 개인 또는 기업의 파산사건에서 개인의 주소지 또는 등기된 영업소의 소재지의 관할법원이 선고하는 파산사건을 말하고 이러한 주소지파산사건에 대하여만 협약이 적용되고 주소지와 무관한 사실에 기하여 관할권을 행사하는 사건에 대하여는 적용이 배제된다(제13조).[60]

(2) 내 용

주소지 파산사건에 대한 파산선고의 효과는 별도의 승인절차를 요하지 아니하고 다른 체약국에서 그대로 인정된다. 따라서 어느 국가에서 선임된 관리인은 다른 체약국에 소재하는 파산자의 재산을 추심할 수 있고 다른 채권자의 집행행위는 중지된다. 협약은 각 체약국의 개별 파산법을 적용할 뿐 체약국간의 새로운 파산법을 제정한 것은 아니다. 그리하여 법률제도의 유사성에 힘입어 일반채권자 또는 임금채권과 같은 우선채권의 우선순위 등에 대하여도 파산개시국의 파산법을 적용한다. 다만 조세채권에 대하여 별도의 규정이 있는 등 약간의 예외를 제외하고 원칙적으로 재산에 대한 우선특권(가령 lien) 또는 담보권에 대하여는 당해 재산이 소재한 국가의 법을 적용한다. 이 협약은 화의절차에도 적용이 있다. 파산선고의 효력은 다른 체약국에 소재한 재산에도 미친다(제1조). 재산에 대한 역외적 효력은 별도로 체약국의 승인이나 등록 등의 별도의 절차를 요하지 아니하고 자동적으로 즉시 효력을 발한다.

준거법의 결정과 관련하여 ① 파산자의 재산에 대한 관리처분권의 상실 여부, ② 파산재단을 구성하는 재산의 범위, ③ 파산절차 중 파산자의 권리와 의무, ④ 파산자의 재산에 대한 관리처분권, ⑤ 배당에 대한 채권자의 권리, ⑥ 화의절차 및 기타 채무정리절차 등에 관하여는 파산개시국의 법이 적용된다. 단 압류금지 재산의 범위는 재산소재지국의 법에 의한다. 파산선고가 있는 경우 파산공무원(bank-

---

60) If in an adjudication in bankruptcy the court proposes to base its jurisdiction on a fact unconnected with the residence of a bankrupt individual or with the registered offices of a company, association or foundation which has been declared bankrupt, such fact shall be set forth in the judgment by which bankruptcy is declared. In such a case, the present Convention shall not apply to the bankruptcy in question.

ruptcy officer)은 목적물이 소재한 국가의 관보에 이를 공고하고 목적물 소재지법에 따라 등기 또는 등록을 하여야 한다(제2조). 또한 파산선고 사실을 알고 있는 다른 체약국의 모든 채권자들에게 통지하여야 한다. 법원은 상대국의 요청이 있으면 자국 내의 채무자 재산목록을 작성하고 임시의 보전조치를, 보전이 어려운 경우에는 매각에 필요한 조치를 취하여야 한다(제3조 제1문). 관계 공무원은 비용을 예납하고 상대국에 소재한 재산과 관련하여 상대국의 관계공무원에게 직접 상대국의 공무원이라면 할 수 있는 조치의 협조를 구할 수 있다(제3조 제2문·제3문). 특정물에 관한 우선권, 저당권, 질권, 기타 물건에 설정된 권리들 상호간의 우선순위는 목적물이 소재한 국가의 법에 의한다(제7조). 그 외 조세 기타 공과금에 대한 우선변제권의 범위에 관하여는 이를 부과한 국가의 법에 따르되 우선권에 기하여 변제받을 수 있는 재산은 그 국가에 소재한 재산에 한정된다(제7조 제2절). 따라서 부과국에 소재한 재산으로부터 우선변제받고도 부족한 조세채권은 더 이상 우선권을 주장할 수 없고 다른 일반채권과 같은 순위로 배당에 참가하게 된다.

(3) 평　가

지난 65년간 노르딕협약은 체약국 상호간의 법제도와 절차에 관하여 신뢰를 갖고 있는 국가들간에 체결된 매우 효과적인 국제조약의 예로 평가받고 있다. 파산절차의 자동승인, 역외적 효력의 인정, 체약국별 채권자들에 대한 불차별, 개별적인 준거법지정 조항, 특히 조세 등의 채권에 대하여도 파산절차의 참가를 인정하는 것 등은 노르딕협약이 지니는 특징으로 높이 평가되고 있다.

4. 남미의 파산협약[61)]

남미의 각국은 브라질을 제외하고 모두 스페인의 식민지였다는 점에서 언어가 같고 법률제도의 유사성으로 19세기 후반 독립국가가 되기 시작하면서부터 수차례에 걸쳐 외국판결의 승인 문제를 비롯한 국제사법에 관한 공조조약을 체결하였다.

(1) 몬테비데오협약(1889)[62)]

이 협약은 파산뿐 아니라 다른 국제사법에 관한 점에 대하여도 규정하고 있으

61) 조약의 중요내용에 대하여는 Fletcher, *supra* note 49, at 442 이하 참조.

62) 가맹국은 아르헨티나, 볼리비아, 콜롬비아, 페루, 파라과이, 우루과이 6개국이다.

나 그 중 제10장에서 파산에 관하여 규정하고 있다. 조약은 상인의 파산에 대하여만 규율하였고 채무자의 영업소에 국제관할권을 인정하였다. 채무자가 체약국에 2개 이상의 독립된 영업소를 갖는 경우 각국의 법원은 채무자에 대하여 국제파산관할권을 갖는다(제36조). 이 경우 한 국가에서 파산절차를 개시하면서 발한 보호명령은 다른 국가에 소재한 재산에 대하여도 소재국 채권자의 권리를 해하지 아니하는 범위 내에서 집행할 수 있다. 단 이 경우 보호명령을 발한 국가는 상대국에 사법공조요청서를 보냄과 아울러 파산선고와 보호명령일로부터 60일 이내에 절차가 개시된 사실을 공고하도록 명하여야 한다. 재산소재국의 내국채권자는 공고일로부터 60일 이내에 자국 내에서 채무자를 상대로 파산절차의 개시를 청구할 수 있고 만일 파산절차의 개시를 구할 수 없는 경우에는 민사소송을 제기할 수 있다. 그렇게 함으로써 별도의 파산절차의 개시가 인정되고 각 절차는 자국의 파산법에 따라 규율된다(제39조). 내국채권자라 함은 그 국가의 파산절차에서 면책이 가능한 채권자를 지칭하므로 채권자의 국적, 주소, 상거소가 기준이 되는 것이 아니다(제40조). 병행파산절차를 조정하기 위하여 한 국가의 파산절차에서 배당하고 남은 재산은 채무자에게 되돌려주는 대신 타국가의 채권자에게 교부되어야 하며, 각국의 법관은 이러한 목적을 달하기 위하여 상호 이해하여야 한다(제41조). 만일 단일 파산절차만이 개시된 경우에는 모든 채권자들은 개시국의 법원에 채권을 신고하고 그 절차 내에서 권리를 행사하여야 한다. 다만 절차 개시 이전에 권리를 취득한 저당권자 또는 질권자는 개시국 법원이 아닌 그 목적물이 소재한 국가에서 담보권을 행사할 수 있다(제43조). 또한 절차개시국에서 설정되고 절차 개시 이전에 취득한 특정재산과 관련한 우선권을 유지하기 위하여 특별규정을 두고 있다. 즉 소위 의문기간(suspect period) 내에 절차개시국에서 타국으로 목적물이 이전된 경우 채권자의 당해 물건에 대한 담보권은 타국에서도 여전히 존중된다. 역외적 효력을 갖는 이 조항이 조약에서 발견한 수 있는 몇 안 되는 보편주의의 입장의 하나이다. 외국관리인의 처분권한은 절차개시국의 파산법이 관리인의 권한이 외국에 미치고 있음을 인정하고 있는 경우에 한하여 다른 체약국에서도 승인된다. 병행파산의 경우 파산자의 자격제한에 관한 규정은 채무자의 주소지의 국가의 법에 의한다. 파산자에 대한 면책은 파산자가 관련된 모든 국가의 절차가 허용하는 경우에 한하여 인정된다(제47조).

1940년 개정안[63]은 파산 적격의 범위를 넓혀 비상인에 대하여도 적용하고, 파산뿐 아니라 법원이 감독하는 청산, 화의, 변제기한의 유예 기타 유사한 제도에 대

63) 체약국은 아르헨티나, 파라과이, 우루과이 3개국이다.

하여도 규율하였다. 단일한 파산절차가 개시된 경우 국외자산에 대하여도 채권의 우선권을 주장할 수 있다. 그러나 병행파산절차가 개시된 경우 양 절차간의 조정을 위한 협력에 관하여 구체적인 조항을 두지 아니하고 병행파산절차에서 자국법을 적용하여 자국의 채권자를 우대하도록 한 것이 조약의 단점으로 지적되고 있다.

(2) Havana Convention(1928, Code of Bustamente)[64]

1) 내 용

조약은 민사사법공조 전반을 규율하고 있으나 그 중 제Ⅸ장 제414-422조가 파산 및 도산(bankruptcy and insolvency)에 관하여 규율한다. 조약은 체약국의 국민에 대하여만 미치는 것을 원칙으로 하나 파산에 관하여는 채무자[65]의 상거소 및 영업소를 파산절차의 개시 등의 고려요소로 삼고 있다. 즉 채무자가 유일한 주소지 또는 영업소를 갖는 경우에는 그의 자산 및 채무에 관하여 파산, 도산, 화의 등 하나의 절차만 있을 수 있다(제414조). 반대로 개인 또는 조합이 1개국 이상의 체약국에 경제적으로 독립한 여러 영업소를 갖는 경우에는 그에 상응한 파산절차를 개시할 수 있다(제415조). 따라서 타국에 재산을 소유하고 있거나 일시적인 영업을 하거나 지점을 설치한 것만으로는 병행파산이 인정되지 아니한다. 그러나 몬테비데오협약이 병행파산에 관하여 한 절차에서 타 절차로 배당잉여 재산의 이전을 정하고 있는 것과 달리 하바나협약은 병행파산절차의 결과를 어떻게 조화시킬 것인지에 대하여 어떠한 지시규정도 두고 있지 않다. 파산절차의 역외적 효력을 인정하여 파산선고의 효력과 그에 따른 채무자의 관리처분권의 제약은 체약국법에 따라 미리 등기 또는 공고를 할 것을 조건으로 선고시에 바로 모든 체약국에 미치고, 선고에 따라 동 협약의 판결승인절차와 같은 방식으로 집행되며 그 효력이 미치는 이해관계인에게 종국적인 기판력을 갖는 효력이 있다(제416조, 제417조). 따라서 체약국의 모든 채권자들은 파산개시국 법원의 인적관할에 복종하지 아니하는 경우라도 파산선고와 동시에 채무자의 재산에 대하여 집행을 할 수 없게 된다. 단일 파산절차의 경우 관리인의 자격은 별도의 국내 승인절차 없이 체약국에 미친다(제418조). 파산선고로 인한 소급효와 그에 따른 특정행위의 무효는 선고를 한 국가의 법에 따르되 그 효력은 모든

64) 1928. 2. 20. 쿠바 하바나에서 열린 범아메리카회의에서 체결된 국제사법공조에 관한 조약으로 쿠바의 유명한 법학자의 이름을 딴 것이다. 당초 미국과 멕시코 등 21개국이 참가하였으나 볼리비아, 브라질, 코스타리카, 쿠바, 칠레, 에쿠아도르, 엘살바도르, 과테말라, 하이티, 온두라스, 니카라구아, 파나마, 페루, 도미니카, 베네수엘라 등 15개국만이 서명하였으며 미국, 아르헨티나, 콜롬비아, 멕시코, 파라과이 및 우루과이는 가입하지 아니하였다.

65) 여기서는 파산자와 같은 의미이다. 영어본에는 debtor로 지칭하고 있다.

체약국에 미친다(제419조). 단 자국법에 따라 선의로 거래한 제 3 자 보호의 문제는 여전히 남는다는 약점이 있다.[66] 부인권에 관하여는 개시국의 법이 적용된다. 단 물권 기타 물권유사의 권리 및 그 실행에 대하여는 물건소재지법에 의한다(제420조). 채권자와 채무자간의 합의는 그에 반대하는 담보채권자를 제외하고 역외적 효력을 갖는다(제421조). 재건절차에 따른 면책효 역시 법원의 선고와 동시에 체약국에 효력을 미친다(제422조).

2) 평　가

하바나협약은 국내법에 기한 권리를 다소 무시하면서 파산절차의 역외적 효력을 광범위하게 인정하는 매우 강한 보편주의적인 입장에 서 있음을 알 수 있다. 이것이 가능한 이유는 체약국들간의 지역적 근접성과 언어 및 법률제도의 유사성에 터 잡은 것이다. 조약은 하나의 파산절차만이 있는 경우에도 그를 규율하는 조항들이 매우 일반적 · 포괄적이므로 세세한 분야(특히 외국채권자의 취급, 거래의 안전 등)에 대하여는 많은 의문점을 남겨 놓았으며 특히 증가하는 병행파산을 어떻게 상호 조율할 것인지 하는 점에 대하여 아무런 규정이 없음으로 인하여 실무상 파산개시국의 채권자에게 유리한 취급을 함으로써 그 실효성을 떨어뜨린다는 비판이 있다.[67]

5. 영　국

(1) 특　징

국제파산과 관련하여 영국은 미국 파산법 §304와 기능상 유사하지만 범위에 있어서는 보다 한정된 규정을 채택하였다.[68] 1986년 도산법 §426는 영연합왕국의 다른 지역과, 대부분이 전 영연방(Commonwealth) 국가들인 기타 소정의 국가들의 파산법원들간의 강행적 공조(mandatory assistance)에 관하여 규정하고 있다. §426 (1)(2)(3)은 순수히 영국 내에서의 파산절차에 관한 판결승인에 관하여 규정하고 있

66) Fletcher, *supra* note 49, at 235.

67) Fletcher, *supra* note 49, at 236.

68) 영국이라 함은 정확히 England와 Wales를 의미한다. 영국의 도산법(Insolvency Act 1986)은 회사와 개인을 나누어 규율하고 있다. 회사에 대하여는 청산(liquidation 또는 winding up), 재산보전관리제도(receivership), 수탁관리제도(administrative receivership), 자발적 회사채무조정절차(company voluntary arrangements), 관리명령(administration order)의 4가지가 있고 그 중 후자 2개가 1986년에 새로이 도입된 것이다. 개인에 대하여는 파산절차(bankruptcy)와 자발적 개인채무조정절차(individual voluntary arrangements)의 2가지가 있다. 영국의 파산법에 대한 개관으로는 尹榮信, 英國의 倒産法, 한국법제연구원(1998) 참조.

으며 (4)항이 영국과 영국 이외의 국가들간의 공조에 대하여 규정하고 있다. 이에 의하면 영국 내의 법원은 '관련 국가'와 그 영토들의 법원에 한정하여 강행적인 사법공조를 규정하고 있다. (11)항은 관련 국가의 정의를 Channel Island와 Isle of Mann[69] 및 명령에 의하여 지명되는 국가로 한정하고 있다. 1986년과 1996년 2회의 명령에 의하여 지명된 국가는 현재까지 19개국이다.[70] 따라서 영국의 사법공조는 제한된 국가들간으로 한정되어 있다는 점에서 영연방 국가인 호주의 사법공조와 같은 입장이고 제한을 두지 않은 캐나다와는 다르다. 이러한 범주에 속하지 아니하는 국가간의 파산절차에 관한 공조는 제정법이 아닌 예양에 기한 종전의 판례법에 의하여 이루어짐은 물론이다.

(2) 형식과 내용

사법공조는 법원 대 법원의 형식으로 이루어진다. 즉 외국파산절차에 의하여 임명된 관리인 등은 직접적·개인적으로 영국 법원이나 기타 다른 개인 또는 공무원에게 공조요청을 할 수 없다. 또한 파산법(insolvency law)과 관련하여 관할권을 갖는 영국법원만이 공조의 주체이고,[71] 공조의 상대방인 법원 역시 영국법원과 상응한 관할권을 갖는 상대국 법원으로 한정되어 있다. 따라서 공조 여부를 결정하기 위하여는 §420에서 규정한 '파산법과 관련하여'의 의미가 중요하다. 이에 관하여는 (10)항에서 잉글랜드 및 웨일즈, 스코트랜드, 북아일랜드의 경우에는 파산법과 위 3 지역의 관할 내의 회사법 등을 지칭한다고 규정하고, 관련국가에 대하여는 3개 法域의 파산법 등에 상응하는 파산법을 지칭하는 것으로 규정하고 있다.[72]

법원은 그 능력의 범위 내에서 또는 실행가능한 범위 내에서 할 수 있는 것이 아니라 그러한 단서 없이 강행적으로 공조를 하여야 한다. 그러나 (5)항은 다시 이 공조라 함은 공조요청서에 나타난 특정 문제와 관련하여 영국법원으로 하여금 그 문제가 영국법원에서 발생하였더라면 적용하였을 영국의 파산법을 적용하는 권한이라고 규정함으로써 법원에게 재량권을 주고 있다. 즉 법원은 요청서에 나타난 실체법상의 쟁점이 무엇인지에 대하여 국제사법상의 성질결정(characterization)을 하

---

69) 노르망디 근방(Channel Island) 및 북아일랜드와 영국 사이에 놓여진 군도(Isle of Mann)를 말한다.

70) Hong Kong과 Ireland를 제외하고 나머지는 영연방국가들이다. 특기할 것은 영국과 긴밀한 경제적·상업적인 이해관계를 갖는 EU국가들(Ireland를 제외함)과 미국은 제외된 점이다.

71) 주로 High Court가 공조의 주체가 될 것이지만, 비용 또는 신속성 때문에 County Court도 가능한 경우가 있다. Fletcher, *supra* note 49, at 191.

72) 관련국가의 파산법에 제정법이 아닌 판례법을 포함하는지에 관하여는 논란이 있다.

여야 한다. 이러한 과정을 거쳐 그 문제가 영국 파산절차에서 발생하였더라면 어떠한 조항을 적용하고 구제절차를 부여할 것인지를 결정하여야 한다. 만일 양국의 법체계가 매우 유사하면 이러한 탐구과정은 쉽게 해결되어 거의 동일한 조항을 적용하게 될 것이지만, 만일 근본적으로 상이한 경우에는 공서의 문제와 맞닥뜨려 법원의 재량에 따라 공조 여부가 결정되고 실제로 상대국에는 그 쟁점에 상응한 조항이 없는 사건도 있다.[73] 미국 파산법 §304(c)가 재량권을 결정함에 있어 6가지의 고려요소를 규정하고 있음에 반하여 영국법은 아무런 가이드라인을 정하고 있지 않다. 다만 법원이 재량권을 행사함에 있어 국제사법상의 원칙을 고려하여야 한다는 원칙적인 규정만 두고 있다.[74]

(3) 구체적인 사례

사법공조를 받아들인 대표적인 사례로서는 Re Dallhold Estate (UK) Pty. Ltd 사건이 있다. 이 사안에서는 영국에 재산을 보유하고 있으나 호주에서 설립된 회사에 대하여 호주법원에서 청산절차가 개시되었다. 당시 회사는 영국의 부동산을 임차하였으나 임대차계약서에 임차인이 파산선고를 받는 경우 계약을 해지할 수 있다는 조항이 들어 있어 이 재산의 가치를 극대화하기 위하여 해지를 막는 것이 긴요하였다. 당시 호주법에는 영국 파산법과 달리 회사의 청산절차에 관리명령제도가 없었다. 한편 영국 파산법에 의하면 영국회사법에 의하여 설립등기된 회사에 대하여만 관리명령을 발할 수 있다. 호주의 연방법원이 영국 법원으로 하여금 호주회사에 대하여 관리명령을 발할 것을 요청하자 영국법원은 당해 사건이 만일 영국에서 발생하였더라면 관리명령을 발하는 것이 가능할 것이라는 이유로 공조요청을 받아들였다.

다른 예로는 유명한 BCCI 사건이 있다. BCCI 그룹에 속하는 기업으로서 Cayman Island 회사법에 의하여 설립된 기업에 관하여 Cayman Island 법원에서 청산절차가 진행중이었다. 파산원인은 임원진의 부실경영과 사기행위에 기한 것이었다. 그러나 Cayman Island의 파산법하에서는 청산인(liquidator)이 파산기업의 임원에 대한 손해사정절차 등을 통하여 책임을 묻거나 내부자의 편파행위에 대하여 부인권을 행사할 수 없었다. Cayman Island 법원의 공조요청을 받은 영국 법원은 Cayman Island의 이러한 법적 공백을 메우기 위하여 BCCI의 사기행각이 전통적인 국

73) 구체적인 사례에 대하여는 Fletcher, *supra* note 49, at 193.

74) (5)항 후문.

제사회간의 영역구분을 무시할 정도로 복잡하게 얽혀 있고 회사의 영업활동이 영국과 중요하게 연계되어 있다는 점을 이유로 공조요청을 받아들였다. 그러나 Huges v. Hannover 사건에서는 공조를 거부하기도 하였다. 버뮤다에서 개시된 청산절차의 청산인들이 버뮤다관할권에 복속하지 아니하는 제 3 자를 상대로 한 범세계적인 Mareva Injuction의 공조요청에 대하여 영국 법원은 당해 사건의 사안에서 그러한 명령을 발하는 것은 부적절하다는 이유로 공조요청을 기각하였다.[75]

(4) 평 가

파산법 제426조에서 명시한 국가들간에서는 타국가들보다 효율적으로 파산사건을 관리하는 데 성공적인 모습을 보여왔다. 그러나, 의무적인 語調에도 불구하고 영국의 법원들은 제426조의 강행적 명령을 따르기를 거절하기도 하였다. 제426조와 함께, 영국은 최근의 입법을 통하여 국무장관이 모델법을 영국 파산법체계에 편입시키기 위하여 제426조를 개정하는 규정을 반포할 수 있도록 하는 규칙(rules)을 채택하였다. 특히 2000년 파산법 신설규정들은 국무장관이 "수정하에 또는 수정없이 국제도산에 관한 모델법에 효과를 부여하기 위해 필요하거나 편리한" 어떤 규정도 만들 수 있도록 허용하고 있다. 현재로서는, 국무장관이 모델법 규정들을 편입시켜 제426조를 개정하기 위한 조치를 취하지 않은 것으로 보인다.[76]

6. 호 주[77]

(1) 개 요

영국 보통법의 영향을 받은 호주법원은 판례법을 통하여 법관으로 하여금 외국관리인 등에게 호주에서 승인된 절차 내에서 적절한 도움을 줄 수 있도록 하였다. 그 후 판례법을 성문화하여 사법공조와 관련하여 개인파산에 관하여는 1996년 파산법 제29조를, 회사의 청산 및 재건에 대하여는 1991년 회사법 제580, 제581조

75) [1997] 1 B.C.L.C. 519-524, [1997] B.C.C. 939-944. Fletcher, *supra* note 49, at 200에서 재인용. 한편 Mareva Injunction이라 함은 가처분의 채무자로 하여금 채권자 또는 다른 누구를 위하여라도 목적물에 대한 처분 기타 담보권의 설정을 금하는 對人的인 명령으로서 목적물이 영국 내에 소재하지 않더라도 가능하다. 자세한 내용에 대하여는, 韓忠洙, "國際保全訴訟의 裁判管轄權," 國際私法硏究 제 4 호, 지산(1999), 109-122면 참조.

76) Ben B. Floyd, "국제도산에 있어서의 저촉법," 국제사법학회 · 국제거래법학회(2001), 198-199면.

77) 이하의 글은 Collier International Business Insolvency Guide(Lawrence P. King, 2001) Chapter 14 Australia; Dennis Rose, Lewis's Australian Bankruptcy Law(11th ed LBC Information Services 1999); Fletcher, *supra* note 49를 참고하였다.

를 통하여[78] 특정국가들과 기타 국가로 나누어 특정국가들에 대하여는 필요적 사법공조를, 기타 국가에 대하여는 임의적 사법공조를 하는 二元的인 입법을 하고 있다.

⑵ 의무적 사법공조

파산법 제29조 제 2 항 ⒜는 호주 외에서 발생한 '파산과 관련한 모든 사건'에서[79] 호주법원은 외부 準州(Territories)[80]와 특정국가들(prescribed countries)의 파산사건에 관하여 관할권을 갖는 법원에 보조적인 도움을 주어야 한다고 규정하고 있다.[81] 제29조 제 5 항은 특정국가라 함은 ⒜ 영국, 캐나다, 뉴질랜드, ⒝ 제29조 제 5 항의 목적의 달하기 위한 일정국가, ⒞ 위 ⒜항에 기재한 3국의 식민지, 해외영토 또는 보호령을 말한다. ⒝항의 국가는 위 법률 별지 5에 기재되어 있는 Bailiwick of Jersey[82], 말레이시아, 파푸아뉴기니아, 싱가포르, 스위스 및 미국이다. 위 (a)(b)(c) 3가지 유형에 속하는 나라는 회사법 제581조에서 정한 특정국가에 동일하게 적용된다.

⑶ 임의적 사법공조

파산법 29조 제 2 항 ⒝는 호주 외에서 발생한 파산과 관련한 모든 사건에서 호주법원으로 하여금 파산사건에 관하여 관할권을 갖는 위에서 규정한 특정국가 이외의 국가의 법원에 대하여 경우에 따라 사법공조 여부에 대한 재량권을 주고 있다.[83]

⑷ 외국에 대한 공조요청

호주법원은 準州 또는 어떠한 다른 나라에 대하여도 파산에 관한 문제에 대하여 도움을 요청할 수 있다(제29조 제 4 항; 회사법 제581조 제 4 항). 準州가 호주법원에 공조요청을 할 수 있는 권한은 제29조 제 4 항에 묵시적으로 인정되어 있다.

---

78) 호주는 개인파산에 관하여는 1966년 Bankruptcy Act가, 회사의 청산 및 재건에 대하여는 1991년 Corporations Law가 규율하는 이중적인 구조를 갖고 있다. 개인의 파산에 대하여는 bankruptcy를, 회사의 청산에 대하여는 liquidation 또는 winding up이라는 용어를 사용한다. Collier International Business Insolvency Guide, Ch 14 Australia, 14-15 이하 참조.

79) 이를 external administration matters라고 한다.

80) 호주는 연방국가로서 6개의 주(state)와 2개의 준주(準州, Territory)로 구성되어 있다. 즉 Queensland(Qld), New South Wales(NSW), Western Australia(WA), South Australia(SA), Tasmania(Tas), Victoria(Vic)의 6개주와 Northern Territory(NT), Australian Capital Territory(ACT)의 2개 준주이다.

81) 같은 내용이 회사법 §581⑴에 규정되어 있다.

82) 프랑스해안에 있는 영국령인 채널 군도의 남쪽에 있는 섬이다. 흔히 Jersey라고도 한다.

83) 같은 내용이 회사법 §581⑵⒝에 규정되어 있다.

(5) 공조의 내용

호주법원이 외국의 다른 법원을 위하여 공조를 할 수 있는 내용에 대하여는 파산법 제29조 제 3 항과 회사법 제581조 제 3 항에 규정되어 있다. 위 규정에 의하면 외국법원이 개인파산이나 회사파산에 관하여 공조요청서(letter of request)를 호주법원에 제출하면 법원은 마치 그 문제가 호주법원의 관할 내에서 발생하였던 것처럼 그 문제에 관한 권한을 행사할 수 있다. 즉 호주법원은 자국의 파산절차에서 동일한 사안의 경우라면 법원이 행사할 수 있는 권한의 범위 내에서만 공조를 할 수 있다. 만일 법원이 기업청산이나 개인의 파산절차에 비용이 많이 소요된다고 판단되는 경우, 호주에서의 파산절차의 개시를 기각하고 외국관리인에게 당해 사건의 처리를 맡긴다. 비록 법원이 공조를 의무적으로 하여야 하지만 그 공조의 내용에 대하여는 재량을 가진다.[84] 공조는 재산의 추적과 관리처분 등과 같은 절차적인 문제에 한하고 어떠한 실체적인 권리를 창설하는 것은 아니다.[85] 파산자에게 공조요청이 있음을 통지하여야 하고, 신청인은 재산, 채무 및 채권자가 거주하는 국가 등 파산재단의 관리에 관한 증거를 제출하여야 한다. 법원이 하는 통상의 명령은 관할권을 갖는 파산법원의 공식관리인(Official Receiver)으로 하여금 호주에 소재하는 재산의 관리인이 되도록 지명하는 것이다. 필요적 공조에 관한 파산법 제29조 제 2 항 (a)는 외국의 재정과 관련한 조세채권에 대하여 직접 또는 간접적인 집행을 불허하였던 전통적인 공서조항을 배제한다. 다만 재정에 관한 외국법을 그대로 적용하는 것은 아니다.[86]

7. 캐 나 다[87]

(1) 개 요

캐나다는 연방국가로서 10개의 주(province)와 3개의 準州(Territory)로 구성되어 있으며 파산에 관한 법률제정권은 연방의회의 입법관할에 속한다.[88] 파산사

84) Rose, *supra* note 77, at 26.

85) *Id.* at 27.

86) Re Ayers(1981) 51 F.L.R. 395; 34 A.L.R. 582, Ayres v. Evans(1981) 56 F.L.R. 234; 39 A.L.R. 129. Fletcher *supra* note 49, at 213에서 재인용.

87) 이하의 글은 桃尾重明, 전게서(주 24) 중 캐나다 변호사인 E. Patrick Shea가 집필한 부분과, Collier International Business Insolvency Guide(Mathew Bender) 중 E. Bruce Leonard가 집필한 캐나다에 관한 Chapter 17; Fletcher, *supra* note 49, at 211 이하를 정리한 것이다.

88) Leonard, *supra* note 87, at 17-3, 17-4.

건을 규율하는 법은 2가지이다. Bankruptcy and Insolvency Act(BIA)와 Companies's Creditors Arrangement Act(CCAA)가 그것이다. 그러나 각주는 여전히 재산 및 시민권(property and civil rights)의 범주에 속하는 사항에 관한 법률을 제정할 권한을 갖고 있으므로 채권자·채무자의 법률관계는 여전히 주법이 규율한다.[89] 따라서 미국과 마찬가지로 연방파산법과 주법이 모자이크된 상태이다. 미국과 달리 별도의 파산법원이 설치되어 있지 않고 파산사건의 사물관할은 일반관할권을 갖는 각주의 법원에 위탁되어 있다.[90] 그리하여 2개 이상의 주에 걸치는 파산사건이 계속되는 경우 이를 조정 협조할 필요가 있고 파산법에 그에 관한 규정을 두고 있다.

한편 BIA는 개인 및 기업의 청산을[91], CCAA는 기업의 재건을 규율한다. 그러나 1992년 BIA가 개정됨에 따라 기업의 재건에 대하여도 BIA가 규율하게 되었다. CCAA가 보다 유연한 절차——법원의 재량권, 타 절차의 중지기간, 중지명령의 범위 등——를 갖고 있다는 이유로 대규모 기업의 재건은 주로 CCAA에 의하여 규율된다.[92] 특기할 것은 회사재건절차를 개시하는 방법으로서 법원에 계획안을 제출하는 것과, 단순히 계획안을 제출할 의사가 있음을 법원에 통지(Notice of Intention to Make a Proposal)하는 2가지가 있다는 점이다.[93]

캐나다는 아직 파산과 관련한 국제조약에 가입한 바는 없으며 1997년 외국 파산절차를 다루기 위하여 위 2개의 법이 일부 개정되었다. 이는 UNCITRAL의 모델법의 정신을 따른 것이나 모델법과 다른 점도 있다. 2002년까지 연방의회가 새로운 파산법을 개정하기 위하여 검토작업을 진행중이다.

(2) 사법공조의 내용

국제파산에 관한 캐나다의 입장은 수정된 속지주의이다. 그 틀은 채무자의 자산이 소재한 여러 국가별로 파산절차를 동시에 진행할 수 있음을 전제로 이러한 법원간의 협력에 대하여 규정하고 있다. 외국의 파산절차라는 개념은 일반적으로 채권자 전체의 이익을 위하여 파산 또는 도산에 관한 제정법에 터잡은 사법절차 또는 행정절차를 말한다. 외국 절차라 함은 캐나다 이외의 국가에서 개시되면 족하고 영국·호주와 달리 특정국가로 제한하고 있지 아니하다. 외국 파산절차에 있어

89) 예컨대 채무자에 대한 채권자의 청구의 유효성은 주법에 기하여 판단된다.
90) BIA §183(1) and CCAA §2.
91) 청산절차는 자발적·비자발적 파산신청에 의하여 개시된다.
92) 500만 불(캐나다달러) 이상의 부채를 지고 있는 기업에 한한다. 외국회사도 동법의 신청 적격이 있다.
93) 후자는 채무자가 계획안을 작성할 시간이 없는 상황에서 사용된다.

서 채무자의 채권자에 대한 중지명령은 자동적으로 승인되고 있지 않으며, 그 중지명령의 효력은 캐나다에 거주하거나, 캐나다에서 사업을 수행하고 있는 채권자에게는 캐나다 소재 재산에 대하여 미치지 아니한다. 단 중지명령이 캐나다에서 발하여진 경우에는 그러하지 아니하다.[94] 그러므로 중지명령을 얻으려면 별도로 캐나다에서 절차를 개시하여야 하고,[95] 전통적으로 캐나다 법원은 이에 호의적이었다.[96] 캐나다 국제파산법제에서 주요한 역할을 하는 이는 외국채무자의 대표자이다. 이는 캐나다 파산법상 관재인, 청산인, 관리인 또는 재산관리인이 수행하고 있는 업무를 외국파산절차에서 수행하고 있는 사람을 가리킨다. 단. 미국의 DIP는 제외된다. 자격의 입증은 외국파산절차에서 선임된 결정 또는 그 등본을 법원에 제출하면 족하다. 일단 외국대표자로 인정되면, 캐나다 법원은 외국대표자에게 캐나다 법원의 일반관할권에 승복함이 없이 캐나다 법원에 출석할 수 있는 권리를 부여하고 있다.

캐나다 법원은 외국의 파산절차에서 법원 기타 권한 있는 기관에 대하여 명령, 서면에 의한 요청 '기타 법원이 적당하다고 인정하는 방법'으로 공조를 요청할 수 있다. 이러한 권한에 기하여 캐나다 법원은 타국의 법원 또는 행정기관에 대하여 광범위한 원조를 구하는 권한을 행사할 수 있게 되었다. 이는 법원 상호간의 의견교환이 상당한 정도로 발전하고 있고 의견교환이 직접 법원간에 이루어지는 것이 가장 효과적이고 공평하다는 인식에 터잡은 것이다.[97] 또한 법원은 외국파산절차와 조화를 이루기 위하여 관리인을 선임하여 그에게 캐나다 소재 채무자 소유 재산에 대한 관리처분권을 부여하는 명령을 발할 수도 있다.

다만 법원은 캐나다법에 어긋나는 명령 또는 별도의 승인 없이 외국파산절차에 자동적으로 집행력을 부여할 수 있도록 하는 명령을 발할 수 없다. 이러한 규정에 힘입어 캐나다 법원에서 근자에 자주 사용되는 사법공조방식은 사법의정서의 형태이다. 국제파산에 관한 규정들은 사법의정서의 활용을 염두에 두고 마련된 것이다. 사법의정서는 국제협력의 촉진과 절차의 운용에 관한 기본원리의 틀을 확립하는 것으로 미국과 캐나다간의 대규모 국제파산사건을 통해 발전하여 현재에는 양국간 파산절차의 조정을 위한 표준적 방법으로 자리잡았다.[98]

외국채권자는 내국채권자와 동등한 지위에서 절차에 참가할 수 있으며, 이른바

94) BIA §269.
95) BIA §271(2).
96) In re Stewart & Mathews, Ltd. 91916), 10 W.W.R. 154(Man. K.B). Leonard, *supra* note 86, at 17-35에서 재인용.
97) Collier International Business Insolvency Guide, ch 17 Canada, 17-33.
98) 桃尾重明, 전게서(주 24), 187면.

'Hotchpot' 원칙[99]이 인정되고 있으므로 캐나다와 외국의 파산절차 모두에 참가한 채권자는 캐나다의 파산절차에서만 배당을 수령한 채권자가 받은 금액보다 많은 금액을 받을 수 없고, 외국채권자가 받는 금액은 파산신청일 또는 계획안에서 달리 규정하고 있는 경우를 제외하고 계획안제출통지일[100]을 기준으로 하며 캐나다 화폐로 지급된다. 캐나다 파산절차에서 당해 외국채권의 상대적 우선순위는 캐나다법에 의하여 결정된다.[101]

8. 일 본

(1) 승인원조법 제정 이전

우리의 모법인 일본의 구 파산법과 구 會社更生法은 현재의 우리와 같이 속지주의에 입각하여 법원이 발한 파산선고 등의 효력은 외국에 소재하고 있는 파산자의 재산에 미치지 아니한다고 규정하고 있었다. 마찬가지로 외국에서 선고한 파산선고의 효력 역시 일본에 소재하는 재산에 미치지 아니하였다. 폐지된 화의법 대신 2000. 4. 1.부터 시행되고 있는 民事再生法에서는 국제파산에 관한 일부 규정이 있다. 즉 재생채무자의 관리처분권을 정한 제38조 제 1 항에서 권리처분권의 대상이 되는 재산에 대해 일본에 있는지의 여부는 묻지 않는다고 규정함으로써 재외재산에 대하여도 관리처분권이 미치도록 하고, 이를 관재인과 보전관재인에게 준용하고 있다(제66조, 제81조). 국내절차의 효력이 외국재산에도 미치는 것으로 명문화하지 아니한 이유는 상대국의 국가주권을 고려하여 바람직하지 않다고 생각했기 때문이라 한다.[102] 아울러 외국관재인에 대한 협조의무를 규정하고, 제89조에서 재외재산에 대한 권리행사에 따른 국내재생절차에서의 배당조정에 관하여도 규정하였다. 이처럼 민사재생절차의 역외효력을 인정하는 원칙을 채택하였으나 역으로 외국파산절차의 국내효력에 대하여는 여전히 속지주의적 입장을 고수하였다(片面的 屬地主義로서 掠奪主義的인 입장이라고 하여 비난을 받았다). 그 후 承認援助法을 제정하고 파산법 등을 개정함으로써 보편주의적인 입장으로 정비하였다. 이하 개정된 국제파

99) 18세기 영국의 보통법하에서 발전된 이론으로서 개별적인 채권자가 다른 채권자들의 희생하에 다른 국가의 파산절차에서 배당받고도 다시 내국파산절차에서 불공평하게 추가 배당받는 것을 방지하기 위한 원칙을 말한다. Fletcher, *supra* note 49, at 15, 86.

100) BIA하에서는 채무자가 완전한 계획안을 제출하거나 준비할 시간이 부족한 경우에는 계획안을 제출할 의사가 있음을 통지함으로써 재건절차가 개시된다. BIA s. 50.4(1).

101) Leonard, *supra* note 87, at 17-35.

102) 田頭章一, "國際破産管轄과 倒産節次의 國際的 效力," 국제사법연구(2001), 182면.

산법에 관하여 일별한다.[103)]

(2) 파산법, 회사갱생법, 민사재생법 중 국제파산법제의 개정

1) 입법경위

1986년 법제심의회에서 도산법부회가 개최되어 도산법 전반에 관하여 검토작업이 시작되었고 이와 병행하여 UN에서 국제파산에 관한 모델법의 제정작업이 진행되고 있었다. 그리하여 1997년 법무성민사국참사관실에서 도산법제의 개정검토작업 중 제 1 부에서 법인에 대한 도산처리절차를, 제 2 부에서 개인에 대한 도산처리절차를, 제 3 부에서 국제도산, 제 4 부에서 도산실체법 등에 관한 검토의견을 발표하였다.[104)] 처음에는 도산법 전체를 한꺼번에 검토하여 개정하려 하였으나 1998년 필요성이 높은 것부터 먼저 개정하자고 방침이 변경됨에 따라 시간의 제약 때문에 먼저 종전 화의법을 폐지하는 대신 民事再生法을 제정하고 그 가운데 내국파산절차의 대외효에 관한 조항 등을 규정하였다. 이후 외국파산절차의 승인의 문제에 대하여는 별도의 법을 제정하고, 파산법, 民事再生法, 會社更生法 중 국제파산에 관한 부분을 개정하는 방향으로 개정작업이 이루어졌다. 그리하여 1997년 5월 UNCITRAL에서 모델법을 제정하고 이어 그 해 12월 UN이 총회에서 회원국에 대하여 국제파산에 관한 모델법을 채택하여 국내법으로 입법하도록 권고를 결의하자 멕시코가 처음으로 이를 국내법화하였고 일본은 국제파산법제를 개정하기로 하여 2000. 11. 29. 제정 · 공포되고 2001. 4. 1.부터 시행되는 承認援助法과 '民事再生法等の一部を改正する法律'에 의하여 모델법의 주요내용을 반영하게 되었다.

2) 내 용

개정 會社更生法에서는 종전 회사갱생은 회사의 국내재산에만 효력을 미친다는 조항을 삭제하고 民事再生法 제38조 제 1 항과 같은 내용, 즉 관리인의 관리처분권의 효력이 국내외에 있는 재산에 효력을 미친다는 조항을 신설하였다(회사갱생법 제40조 제 1 항).[105)]

103) 일본의 국제파산에 관한 새로운 입장에 대하여 국내에 발표된 글로는, 金炯科, 전게논문(주 2); 石光現, 전게서(주 5), 260면; 田頭章一, 전게논문(주 102) 및 竹內康二, "外國破産節次의 承認," 국제사법연구 제 7 권(2001). 일본글로는 山本和彦, 전게서(주 13)가 承認援助法 및 모델법에 대한 해설과 양자의 차이에 대하여 자세하게 설명하고 있다.

104) 검토의견의 구체적 내용에 대하여는 法務省民事局參事官室編, 倒産法制に關する改正檢討課題, 商事法務硏究會(1997) 참조.

105) 특기할 것은 파산법에는 파산관재인의 권한이 대외재산에 대하여도 미친다는 규정을 두지 않았다는 사실이다. 그러나 속지주의의 규정인 제 3 조 제 1 항이 삭제되었고 제 6 조 제 1 항에서 파산선고 당시의 파산자의 일체의 재산이 파산재단으로 된다고 규정하는 것에 의하여 파산절차의 효력은 당연히 외국에 있는 파산자의 재산에도 미치므로 별도로 규정할 필요가 없었다고 한다. 그러

외국도산절차[106]의 국내효력에 대하여는 파산법 등의 조항을 개정하는 방식 대신에 별도의 특별법을 제정하는 방식을 택하였다. 즉 承認援助法을 제정함으로써 외국관재인(관재인이 선임되지 아니한 경우에는 채무자)이 일본의 동경지방법원에 별도로 승인신청을 함으로써 법원이 심사를 하여 승인결정을 하는 방식을 취하였다. 승인제도에 관하여 보면 승인원조법 제2조 제5호는 외국도산처리절차의 승인이라 함은 '외국도산처리절차를 일본국내에서 제3장의 규정에 의한 원조처분을 할 수 있는 기초로서 승인하는 것'을 말한다고 규정하고 있다. 제6호는 승인원조절차의 정의를 '다음 장 이하에 정한 바에 의하여 외국도산처리절차의 승인의 신청에 대한 재판 및 채무자의 일본국내에서 업무 및 재산에 관한 당해 외국도산처리절차를 원조하기 위한 처분을 하는 절차를 말한다'고 정하고 있다.

일본에서 承認援助法에서 승인의 개념은 조금 독특하다. 먼저 민사소송법상의 외국판결의 승인 절차에서는 법원의 별도의 판단 없이 일정 요건만 갖추면 자동적으로 국내에 효력을 갖도록 되어 있다. 그러나 承認援助法에서의 승인은 승인결정이라고 하는 일본 법원의 판단을 거쳐야 효력을 발생한다는 점에서 차이가 있다. 또한 모델법에서는 일정 유형의 외국도산처리절차에 대하여는 승인하면 국내에 자동적으로 효과가 발생하지만 일본에서는 어떠한 외국도산처리절차라도 승인에 의하여 자동적으로 국내에 채무자, 채권자의 권한을 제한하는 효과가 발생하는 것이 아니라 승인결정 후에 각종의 원조처분을 하여야 비로소 효과가 발생한다는 점에서 차이가 있다.

외국관재인은 승인결정 외에 승인원조를 위한 개별적인 처분(강제집행 등의 중지, 취소, 임의경매의 중지, 처분 및 변제금지) 등을 신청하여 법원으로부터 개별적인 결정을 받아야 한다. 모델법이 외국의 주절차가 승인되면 별도의 승인절차 없이 바로 개별 소송절차의 중지 등의 효력을 인정하는 것과는 다른 입법형식이다.[107]

나 "대외효력에 관한 규정 방법이 다른 파산법 신규정의 해석에 대해서도 실질적으로는 民事再生法 등과 동일하게 해석한다"면서(田頭章一, 전게논문(주 102), 184면), 특별히 파산법과 民事再生法 및 會社更生法을 나누어 다른 입법형식을 취할 필요가 있는지 의문이다.

106) 외국도산처리절차의 개념에 대하여는 파산법, 民事再生法, 會社更生法은 외국에서 개시된 절차로써 파산·재생, 또는 갱생절차에 상당하는 것으로 규정하고 있음에 반하여(파산법 제357조의2 제1항, 民事再生法 제207조 제1항, 會社更生法 제289조의2 제1항), 承認援助法은 외국에서 신청된 절차로써 파산, 민사재생, 갱생, 정리 또는 특별청산절차에 상당한 것으로 규정함으로써(承認援助法 제2조 제1항 제1호) 개념의 광협에 차이가 있다. 또한 외국관재인의 개념에 대하여도 파산, 민사재생, 회사갱생절차에서는 DIP인 채무자도 포함하나, 承認援助法에서는 채무자는 배제하고 있다(承認援助法 제2조 제1항 제7호).

107) 山本克己, 전게논문(주 15), 146면. 모델법은 외국 주파산절차에는 제20조의 자동적 효력과 제21조의 재량적 효력을 부여하나 외국 종파산절차에는 제21조의 재량적 효력만을 부여한다. 승

모델법의 취지도 외국절차를 승인한 후 국내절차를 병행파산으로서 개시하는 것을 부정하지 않고 있고 일본법도 이러한 입장을 채용하고 있다. 즉 병행파산절차의 개시 자체를 부정하고 있지 않다. 다만 양자의 조정에 관하여 비교적 복잡한 구조를 취하고 있다.

(3) 사법공조의 내용

民事再生法은 국제파산사건이 적절하게 처리되도록 함과 동시에 일본과 외국의 병행파산의 상태가 발생할 것을 전제로 이들 절차의 상호관계를 조정하고 재생채무자의 사업 또는 경제생활이 원활하게 이루어지도록 하기 위하여 제10장 '외국도산절차가 있는 경우의 특칙'이라는 표제하에 제196조부터 제199조까지 4개 조항을 두었다. 그 후 承認援助法의 제정과 함께 民事再生法의 일부 조항을 개정하면서 같은 내용이 제11장 제207조부터 제210조로 위치가 바뀌었고 개정된 파산법, 會社更生法에도 같은 내용이 신설되었다.[108] 모델법이 관리인간 및 법원간의 공조의무를 규정하고 있는 것과는 달리 파산법 등은 법원 상호간의 정보교환 및 협조의무에 대하여는 규정하지 않고 내외국의 관리인간에만 그러한 의무를 규정하고 있다.[109] 그 이유로는 대륙법계에서는 사건을 담당하고 있는 법원간에 직접 연락을 한다는 것을 생각하기 어렵다는 점을 들고 있다.[110] 대신에 모델법이 인정하지 않았던 상호절차참가(cross filing)제도를 도입하였다.[111] 또한 법원은 채무자 또는 승인관재인이 국내 재산을 처분하거나 외국으로 반출하는 것을 허가할 수 있다(제31조, 제35조).

인의 결과 절차개시국법 또는 내국법에 따른 효력이 인정되는 것이 아니라 모델법 자신이 정한 효력이 발생하는 점에 모델법의 특색이 있다.

108) 파산법은 제357조의2부터 4까지에서, 會社更生法은 제289조의2부터 4까지에서 외국관재인과의 협력, 파산(갱생)절차의 개시원인의 추정, 외국관재인의 권한에 관하여 규정하고 있다.

109) 입법형식으로는 승인법에서 규정하고 있지 아니하고 民事再生法의 개정법에서 규정하고 같은 내용의 규정을 파산법과 會社更生法에서 규정하고 있다. 제207조에서 '일본의 관재인은 외국관재인에게 필요한 협력, 정보의 제공을 구할 수 있다' 또한 '외국관재인에게 필요한 협력 및 정보를 제공하도록 노력해야 한다'고 규정하고 있다.

110) 新たな國際倒產法制下の諸論点(2) 松下淳一 교수 발언부분 金融法務事情 No. 1610 2001. 5. 5, 65면 참조.

111) 파산법 제357조의4, 民事再生法 제210조, 會社更生法 제289조의5 참조. 병행파산절차에서 어느 한 절차의 관리인에게 그가 선임된 절차에서 신고된 채권을 다른 절차에서 집단적으로 신고하는 것을 말한다. EU Regulation 제32조 참조.

9. 미　　국

대부분의 국제파산사건이 미국의 파산절차와 밀접하게 관련되어 있음은 위에서 본 바와 같다. 미국은 국제파산에 관한 별도의 보조절차를 연방 파산법 §304에서 마련하고 있다는 점에서 타국과 다른 입법을 하고 있고 보조절차를 통하여 외국의 파산절차와 사법공조를 하고 있다. 이 점에서 진일보하였다고 평가받고 있다. 미국은 현재 모델법의 내용을 거의 그대로 담아 이를 파산법 제15장에 편입시키려는 파산법 개정안이 각각 상·하원에 계류중에 있어 막바지의 단계에 있다. 이하에서는 현행의 보조절차를 중심으로 논의한다.[112]

(1) §304(보조절차)의 연혁

국제파산에 관한 보조절차[113]를 규정한 파산법 §304는 1978년 파산법 개정시 도입되었다. 그 이전 파산법에서는 국제파산을 효과적으로 다룰 수 있도록 하는 명시적인 규정이 없었다. 판례 역시 속지주의적인 입장에서 외국의 파산법——특히 미국 내에 소재하는 자산의 국외이전이나 외국파산절차의 면책효가 미국 내에도 미친다는 사고에 대하여 부정적이었다. 개정 이전의 대표적인 국제파산사례로는 1975년 뉴욕법원과 독일법원에 동시에 파산절차가 개시된 Herstatt Bank 사건이다. 미국에서 영업을 한 바 없으나 재산이 미국에 소재한 외국금융기관의 파산적격이 문제된 사건으로 법원이 이를 심리하는 동안 법정 외에서 화해가 이루어졌다. 이 사건과 일련의 금융기관에 관한 Finabank, IBB 사건을 통하여 국제파산을 다룸에 있어 미국파산법의 한계에 대한 비판의 목소리가 높아지자 이를 계기로 종전의 판례법 이론을 반영하여 개정한 것이 §304이다.

(2) 요　　건

보조절차는 외국의 파산관리인[114]으로 하여금 미국내에서 제 7 장, 제11장의

---

112) 정작 입법화하지 못하고 있는 이유는 제15장의 문제가 아니라 낙태, 신용카드와 관련한 면책범위 때문이라고 한다. David Broder, A bipartisan outrage, Washington Post, May 19, 2002, B07. 그러나 설령 제15장이 입법화한다고 하더라도 종전의 §304가 기능한 역할은 여전히 남게 될 것이라고 한다.

113) 부수절차라고도 번역한다.

114) §101(24)는 foreign representative를 외국절차에서 적법하게 선임된 관리인(trustee), 관리자(administrator) 기타 재단의 대표자를 의미한다고 규정한다. 이 글에서는 편의상 외국관리인으로 표기한다.

절차를 개시함이 없이 미국 내에 소재한 외국채무자의 재산의 산일을 막기 위하여 이를 관리하고, 국내채권자들의 집행을 방지하기 위한 것이다.[115] 따라서 외국파산절차[116]의 외국관리인만이 제기할 수 있다. 파산법에는 명시적인 규정이 없으나 외국법은 외국관리인으로 하여금 그가 자산을 회수하기 위하여 미국에서 신청을 제기할 수 있는 권한을 부여하여야 하고, 실체법이 관할지 외에도 효력을 가질 것을 전제로 하고 있다.[117] 보조절차에 기한 구제를 받기 위하여는 첫째로 먼저 '외국절차'와 '채무자'의 절차적격성을 통과하여야 한다. 만일 동일채무자에 대하여 미국 이외의 2개국에서 개시된 경우라면 미국법원은 주된 재산의 소재지 법원보다는 채무자의 주된 사업소재지의 관할법원의 파산절차에 대하여 공조를 하게 될 것이다.[118] 외국절차에 대하여 판례는 Cayman Island의 파산절차 중 관리인의 선임·감독에 대하여 법원의 관여가 없는 임의적 청산절차는 외국절차에 해당하지 아니한다고 판시하였다.[119] 보조절차를 신청할 채무자는 미국파산법의 신청적격과 일치하여야 하는가 하는 점에 대하여 반드시 일치하지 아니하여도 무방하다는 것이 다수의 판례이다.[120] 외국관리인은 신청시에 본점 등의 소재지에서 외국의 사법 또는 행정절차에 의한 파산절차가 개시된 점, 관리인이 신청권한이 있다는 점, 당해 법원관할 내에 외국파산절차에 관련된 재산이 존재하는 점 등을 입증하여야 한다.[121] 보조절차에서는 주절차와 달리 파산재단, 채권자집행, 파산관리인, 면책결정 등에 관한 파산법의 규정이 적용되지 아니한다.

---

115) 상원법사위원회기록 S. Rep. NO. 989. 95th Cong 2d sess. 35.

116) 외국파산절차라 함은 사법절차이든 행정절차이든 파산법하에서 이루어지는지와 관계 없이 당해 절차의 개시시점에 있어서 채무자의 주소, 거소, 주된 영업소 또는 주된 재산이 소재한 외국에서 이루어지는, 재단의 청산, 화의, 기한의 연장, 면제 또는 재건의 실행을 목적으로 하는 절차이다(§101(23)).

117) Charles Booth, Recognition of Foreign Bankruptcies: An Analysis and Critique of the Inconsistent Approaches of United States Courts, 66 Am. Bank. L. J. 135, 155(1992). 보조절차에 관한 연혁, 요건 및 구체적인 사례에 관한 것으로 방대한 양이나 자주 인용되는 글이다.

118) Thomas F. Blakemore/金秉俊(역), "미국에서의 外國 破産訴訟節次의 效力," 국제사법연구 제2호, 길안사(1997), 717면.

119) In re Tam 170 B.R. 838(Bankr. S.D.N.Y. 1994).

120) §109(b)는 파산법상의 채무자적격에 관하여 규정하면서 철도회사, 보험회사, 은행 등은 제 7 장의, (d)는 주식중개인, 상품중개인, 철도회사를 제11장의 각 신청적격에서 배제하고 있다. leading case로는 In re Gee 53 B.R. 891(Bankr S.D.N.Y. 1985); In re Goerg. 844 F 2d 1562(11th Cir. 1988), *cert denied*, 488 U.S. 1934(1989); 반대로 외국채무자도 §109(a)의 요건을 갖추어야 한다는 판례로는 In re Culmer 25 B.R. 621(Bankr. S.D.N.Y. 1982); Angulo v. Kedzep Ltd., 29 B. R. 417(S.D. Tex1983).

121) In re Stuppel 17 B. R. 413(S. D. Fla. 1981).

(3) 법원의 고려요소

구제신청이 절차의 적격성의 관문을 통과하였다고 하여 법원으로부터 구제명령을 받는 것은 아니다. §304는 사안에 적절한 구제절차를 부여하기 위하여 법원에 최대한의 재량권을 부여하고 있기 때문이다. 외국관리인은 다시 §304(c)에 열거된 기준을 통과하여야 비로소 법원이 정하는 내용에 따른 구제명령을 받게 된다. (c)항은 법원이 보조절차의 신청의 개시 여부를 결정함에 있어서 고려할 요소를 정하고 있다. 법원은 무엇이 파산재단을 가장 경제적이고 신속하게 관리할 수 있는지와 함께 다음의 6가지 요소를 검토하여야 한다.[122] 이는 속지주의와 보편주의간의 균형을 이루기 위한 것으로 2세기 동안 미국법원에 계속된 국제파산사건에 그 뿌리를 두고 있다.[123] 이는 ① 채권자 등 관련권리자의 공정한 취급, ② 외국파산절차에서의 불평등 또는 불편으로부터 미국채권자의 보호, ③ 외국채무자 재산의 편파적, 사해적인 처분의 방지, ④ 미국 파산법에서 정한 순서와 기본적으로 동일한 순서로 배당이 이루어질 것, ⑤ 예양, ⑥ 개인파산의 경우 재출발의 기회제공이다. 이상 6가지 요소는 그 자체로 모순되는 면이 있다. 즉 ①, ③은 보편주의적인 요소이고,[124] ②, ④, ⑥은 미국채권자에 우호적으로 속지주의적인 요소이다. ⑤항은 매우 추상적이므로 해석여하에 따라 보편주의적일 수도 속지주의적일 수도 있다.[125]

(4) 구제내용

일반절차인 제 7 장, 제11장을 신청하면 §362에 기하여 신청과 동시에 자동중지의 효과가 발생하지만 부수절차의 신청은 이러한 효과가 없으므로 외국관리인은 구체적으로 (b)항에 기재된 구제의 신청을 하여야 한다. 외국관리인은 ① 외국채무자 또는 그 재산에 대한 소송 등 법적 절차, 담보권설정, 집행의 개시 또는 진행을 금지하는 금지명령, ② 외국채무자의 미국 내 재산 또는 그 처분대금의 외국관리인에의 교부, ③ 기타 적절한 구제조치를 취할 수 있다.[126] ②에 기하여 미국 내

122) §304(c).

123) Blakemore, 전게논문(주 118), 721면.

124) ①의 공정(just)의 개념 역시 법관이 미국법을 기준으로 결정한다면 역시 가치중립적인 것이 되지 못한다. 그리고 ③ 역시 어느 정도 미국법에 대한 선호경향이 바탕에 깔려 있다.

125) Michael J. Herbert, UNDERSTANDING BANKRUPTCY 396(1995).

126) 적절한 조치의 예로는 외국관리인과 미국 채권자간의 미국 내 재산처리에 관한 이해관계대립시 공동관리인을 선임하거나, 외국관리인에게 외국채무자의 미국 내 영업을 계속할 권한을 부여하거나, 외국관리인이 미국 내의 증거개시절차를 이용하도록 하거나, 미국 내 재산압류, 권리신고 등을 들고 있다. 朴峻, 전게논문(주 48), 616면.

에 있는 재산이 항상 외국으로 반출되는 것은 아니며 오히려 미국 내에 존속하는 것을 전제로 한 반환도 가능하다.[127] 외국관리인은 보조절차 외에도 파산법원의 형평법상의 포괄적인 권한을 규정한 §305(b)에 기하여 외국에 파산절차가 계속중이라는 요건하에 미국 내의 파산절차의 기각 또는 중단명령을 신청할 수도 있다. §304는 미국 내에 파산절차가 개시되지 않고 있음을 상정한 경우임에 반하여 §305는 미국 내에 제 7, 11, 12, 13장이 개시된 경우의 그 절차의 중단 등에 관한 것이라는 점에 차이가 있다.

(5) 평 가

§304(c)에 관하여는, 구체적인 개개의 사례에 법원이 적용하는 분석방법을 보여주었을 뿐, 어느 특정 사건에서 법원의 분석결과가 어떤 것이 될지를 미리 예측할 수 있는 원칙을 세우지는 못하였다는 지적을 받고 있다. §304(c)에 관한 이러한 예측가능성의 결여는 변호사들이 국제거래를 계획하거나 파산사건이 발생할 경우 어떠한 법을 적용할 것인가에 대한 명확한 지침을 주지 못한다는 비판을 사고 있다.[128] 그러나 이러한 비판에도 불구하고 §304는 국제파산에 관하여 보편주의적인 접근방법의 혁신적인 개정으로서 국제파산의 기준표(benchmark)의 역할을 한다는 평가를 받고 있다.[129]

(6) 정식절차를 통한 사법공조절차

외국에 본점을 둔 외국회사가 미국 내에 주소, 상거소, 영업소(주된 영업소가 아니라도 무방하다) 또는 재산을 갖고 있는 경우에는 파산법상의 채무자의 자격으로 제 7 장 또는 제11장의 절차를 신청할 수 있고, 채권자는 §303에 기하여 위와 같은 외국회사에 대하여 비자발적 파산신청을 할 수 있다.[130] 또한 외국관리인은 §303(b)(4)에 기하여 제 7 장 또는 제11장에 따른 비자발적 파산신청을 할 수 있다. 외국관리인의 이러한 신청이 있었다고 하더라도 채무자가 별도로 제 7 장, 제11장을 신청하는 것을 막지는 못한다. 이러한 정식절차의 경우는 모두 앞에서 본 §109(b)(d)의 제외요건에 해당하여서는 아니 된다.

---

127) In re Lines 81 B.R. 267(Bankr. S.D.N.Y. 1988).

128) Floyd, 전게논문(주 76), 196면.

129) Fletcher, *supra* note 49, at 201; Booth, *supra* note 117, at 149.

130) 플로리다 소재 은행에 예금채권 500불을 갖고 있는 경우 재산이 미국에 소재한 것으로 보아 플로리다에서 파산신청을 할 수 있다. In re Iglegias, 226 B.R. 721(Bankr. S.D. Fl. 1998).

정식절차(제7장 또는 제11장)가 개시되면 개시와 동시에 채무자와는 독립한 파산재단이 생기고 신청당시 채무자가 소유하는 국내외 재산이 파산재단의 구성부분이 된다.[131] 또한 신청과 동시에 자동중지의 효력이 생기고 자동중지의 효력은 관련되는 국가의 국내법과 저촉되는 바와 관계 없이 전세계에 효력을 미친다.[132] 따라서 외국관리인이 §303(b)(4)에 따라 정식절차를 신청하는 목적은 이러한 자동중지의 효력을 얻기 위함이다(마루코 사건 참조). 즉 채무자의 재산이 여러 나라에 분산된 경우 여러 법원에 별도의 구제신청을 취함이 없이 미국 전역 또는 제3국에 소재한 채무자의 재산에 대하여도 그 효력을 미칠 수 있기 때문이다.[133] 단점으로는 법원이 관리인을 지명하게 되면 파산절차에서의 통제권을 잃는 점이다.[134] 법원은 외국관리인이 정식절차를 신청하였더라도 §305에 기하여 당사자에게 최선책이라고 판단하거나 §304(c)에서 열거한 6가지 요소를 고려하여 신청을 각하 또는 중단할 수 있다. Axona 사건[135]에서는 홍콩관리인(liquidator)이 제7장을 신청하여 자동중지의 구제명령을 얻은 후 부인권 등을 행사하여 파산재단을 회복시킨 후 다시 제7장의 관리인(trustee)과 홍콩관리인이 공동으로 §305에 기한 절차의 중단과 파산재단을 홍콩관리인에게 교부할 것을 구하는 신청을 하여 법원이 이를 받아들임으로써, 홍콩에서 시작한 국제파산절차에 있어서 미국채권자의 불공평한 취급을 배제하고 사건을 공정히 처리한 사례가 있다.

(7) 준거법의 문제

보조절차의 개시요건으로 당해 미국 법원 관할 내에 외국파산절차에 관련된

131) §541(a). 그러나 §304의 보조절차는 파산재단을 창설하지 아니한다.

132) Bufford, *supra* note 38 at 16, 판례로는 Nakash v. Zur(In re Nakash), 190 B.R. 763, 768 (Bankr. S.D.N.Y. 1996). 어느 국가의 파산법이 역외에도 적용이 있는가 하는 문제는 자국의 입법정책의 문제이다. 그 효력을 실효성 있게 하기 위하여 필요한 것이 타국과의 사법공조인 것이다. 타국이 모델법을 채용한 국가인가 여부에 따라 사법공조의 난이도가 결정된다. 특히 근자 개정된 영국 파산법(1987)에 기한 영국법원의 해석과 이를 본 딴 홍콩의 파산법(1996), 호주의 법원 역시 자국 파산법 중 부인권에 관한 규정이 역외적 효력을 갖는다고 해석하거나, 규정하였다. Charles Booth, The New Avoidance Powers under Hong Kong Insolvency Law: A Move from Territoriality to Extraterritoriality Int'l Lawyer 255, 256, 264 Vol. 34, No. 1(2000).

133) 제3국의 경우에도 중지명령의 효력이 미치는가에 대하여는 논의가 있으나 적어도 채무자가 이를 처분할 수 없도록 하는 사실상의 구속력이 있다는 점은 이론이 없다. 만일 채무자가 제3국에 소재한 재산을 처분한 경우 실제의 손해 외에 징벌적 손해배상의 책임을 짐은 물론(§362(h)), 법정모독죄로 처벌될 수 있기 때문이다. 법정모독죄의 성부에 대하여 판례의 견해가 나뉘어 있으나 다수는 이를 긍정한다. 자세한 예에 대하여는 Herbert, *supra* note 125, at 130.

134) 통상 외국관리인은 관리인의 자격을 규정한 §322의 요건을 갖추기 어렵기 때문이다.

135) In re Axona Int'l Credit & Commerce Ltd., 88 B.R. 597(Bankr. S.D.N.Y. 1998). 자세한 내용에 대하여는 Booth, *supra* note 117 참조.

재산이 존재하는 점을 입증하여야 함은 위에서 본 바와 같다. 파산한 스위스은행의 자금이 스위스에서 미국으로 송금된 사안에서 과연 그 자금이 미국 내에 소재하고 있는 재산에 해당하는지 여부가 다투어진 사안에 관하여 연방항소법원은 외국파산절차의 법이 아니라 보조절차의 관할법원이 소재한 州法에 의하여 결정되어야 한다고 판시하였다.[136] 외국관리인, 채권자, 채무자 등이 어떠한 절차, 즉 정식절차를 신청하느냐 보조절차를 신청하느냐에 따라 파산절차에서 적용하여야 할 준거법이 달라지는 것은 아니다.[137] Axona 사건에서는 부인권에 관하여 적용되어야 할 법이 홍콩법이냐 미국법이냐가 쟁점이었는데, 제 2 항소법원은 비록 편파행위는 홍콩에서 이루어졌지만 미국 파산절차에 적용되어야 할 법은 미국법이라고 판시하였다. 반대로 Maxwell 사건에서는 영국관리인이 부인의 청구를 미국법정에 제기하였으나 미국법원은 행위가 이루어진 곳인 영국의 법이 적용되어야 한다고 판시하였다.

(8) 국제파산법제에 대한 평가

미국의 파산법은 영국, 호주 등과 같이 법원간 또는 관리인간의 협조의무를 직접적으로 규정한 바는 없다. 그 대신 외국관리인에게 비자발적 파산신청권을 부여하는 §303, 외국관리인에게 보조절차의 신청권을 부여하는 §304, 법원에 파산절차의 개시 및 진행에 관하여 광범위한 재량권을 준 §305에 터잡아 보편주의적인 접근방식을 통하여 외국파산절차와의 사법공조를 수행하고 있다. 미국의 법관들은 §304의 신청에 대하여 동조적이라는 평가를 받고 있다.[138] 외국절차가 미국채권자들에 대한 취급에 있어서 심히 불평등하게 취급하지만 않는다면 대체로 신청을 받아들인다.[139]

---

136) Koreag, Controle et Revision S.A. V. Refco F/X Associate, Inc. 961 F. 2d 341(2d Cir. 1992), *cert. denied*, 113 S. Ct. 188(1992).

137) 대표적인 예로는 Axona 88 B.R. 597; In re Maxwell 93 F. 3d 1036.

138) Herbert, *supra* note 125, at 396. 특히 영국의 파산절차가 주절차인 경우에 그러하다.

139) 우선특권자(lien)를 일반채권자로 취급한 것으로는 In re Toga Mfg., Ltd., 28 BANKR 165 (Bankr. E.D. Mich. 1983) 참조. 호주파산절차와 관련하여 채권자들에 대한 통지문제와 채무자 내부자의 회사에 대한 채권에 대하여 형평상의 열후권(equitable subordination)의 인정 여부를 이유로 한 것으로는 Interpool, Ltd. V. Ceratain Freights 102 Bankr. 373(D.N.J. 1988) 등의 사례가 있다. 단 후자에 대하여는 비판이 있다.

Ⅶ. 사법공조의 구체적인 내용

1. 관리인간의 정보교환

국제파산사건의 실무를 보면 관리업무의 원활한 수행을 위하여 복수의 관재인을 선임하여 1인에게는 국외재산의 점유 및 관리환가에 수반하는 모든 업무를 맡기고 다른 1인에게는 나머지 업무를 맡기도록 관리인의 업무를 분장하는 경우도 있다.[140]

일본의 경우 국제파산사건에서 Cayman Island가 본점인 증권회사에 대하여 해외본점 소재지의 관리인으로부터 국내파산절차의 보전관리인에 대하여 국내증권 소지인, 당해 증권의 발행, 판매구조, 자금의 흐름 등에 관한 정보 제공을 요청받아 이에 적극적으로 응함으로써 국제적으로 통일적인 파산처리절차가 이루어질 수 있도록 협조한 사례가 있다. 그 외에 외국관리인이 사정을 잘 아는 국내관계자로부터 사정을 청취함에 있어 여러 가지로 원조를 한 경우도 있다.[141]

한 마디로 말하기는 어려우나 관리인간의 협력의무는 아마도 청산형보다는 재건형 파산절차에서 많이 활용될 것으로 기대된다. 현실적으로 기업의 파탄은 개별 기업만이 아니라 기업이 속하는 그룹 전체가 파탄하는 경우가 적지 않고 특히 다국적기업은 기술적으로 복잡한 조직을 구축하고 있다.. 따라서 단일기업의 본·지점간의 양국관리인간의 정보교환도 중요하지만 다국적기업의 관련회사의 관리인간의 문서의 제출, 정보의 제공 등을 통한 협력도 매우 중요하다.[142] 다국적기업이 파탄에 이른 경우 쌍방의 관리인이 상호 필요한 정보를 교환하면서 각자의 절차에서 제출한 계획안에 세계적인 기업경영의 분업의 형태를 그대로 반영할 수 있을 것이다. 특히 제3국에 소재하는 재산 또는 영업에 대하여도 양국의 재건계획에 이를 적절하게 반영할 수 있다는 점 역시 관리인간의 협력의 큰 장점이다.

또한 청산형 절차에서도 상호절차참가(cross filing)가 인정되는 것은 동일한 법인격을 갖는 기업의 청산절차가 2개국 이상에서 개시된 경우에 제한되므로 법인격을 달리하는 친회사와 자회사의 파산의 경우에는 상호절차참가만으로는 공평한

140) 名古屋地裁(1991. 4. 17.자 決定); 竹内康二 · 加藤哲夫, 전게서(주 22), 350면에서 재인용.
141) 東京地判 平成11年(フ) 제9690호.
142) 坂井秀行, "外國管財人の地位,"「新展開」, 112면.

배당을 꾀하기가 어렵다. 이러한 경우 친회사와 자회사의 각 관리인 상호간의 정보 교환 및 연락 등을 통하여 이러한 난점을 극복할 수 있는 장점이 있다.

실무적으로 국제파산의 경우 대규모의 회계조사가 필요한 경우가 있고 그 비용 또한 적지 않다. 양국관리인간의 협력을 통하여 중복되는 조사를 피할 수 있고, 그 비용 또한 양국 소재의 재산에서 분담 출연할 수 있을 것이다. 앞으로 그 비용 부담을 둘러싼 문제가 국제협력에 수반하는 주요 논점으로 떠오를 것이다.[143] 병행파산의 경우 상대국에 소재하는 재산의 소재를 발견하는 것도 관리인간의 정보 교환을 통하면 상당한 비용을 절감할 수 있을 것이다.[144]

2. 법원간의 사법공조 — 사법의정서(Judicial protocols)

(1) 목 적

사법의정서의 목적은 파산절차의 모든 이해관계인의 행동을 규율함으로써 양국의 파산절차를 정연하고 효과적으로 진행함으로써 양국의 모든 채권자 등 이해관계인의 이익을 보호하고 양국의 재건절차를 관리함에 있어 서로 상충되지 아니하고 무용한 절차의 반복을 피하고자 함이다.[145] 사법의정서가 사용된 예로서 가장 널리 알려진 것은 Maxwell 사건이다.[146] 사법의정서를 사용함으로써 모든 문제들이 해결될 수 있었던 것은 아니었지만, 평석자들과 미국의 항소법원은 미국의 파산법원과 런던의 상급법원(High Court of Justice)에 의하여 만들어지고 시행된 사법의정서에 의하여 달성된 고도의 협력과 성공에 대해 찬사를 보내었다.[147] 현재

143) 坂井秀行, 전게논문(주 142), 112면.

144) 松下淳一, "國際倒產," 民事再生法の理論と實務(下), 263면 참조.

145) 뉴욕남부파산법원의 In re Livent 사건의 프로토콜 3면, Loewen Group 사건의 프로토콜 서문.

146) 사법의정서의 내용은 영국의 관리인을 Maxwell 그룹 전체의 관리 감독권자로 인정하여 Maxwell뿐 아니라 계열회사에 대한 경영자의 선임, 차재, 재산처분행위, 재건계획의 작성, 제출, 청산형 절차로의 이행, 양국절차로 인하여 충돌되는 문제 등에 대하여 관리인이 검사인의 의견을 청취하거나 동의를 얻도록 하는 것이다.

147) 최근의 국제파산사건에서 사법의정서가 사용된 경우는 다음과 같다. 이하는 Leonard, *supra* note 1에서 재인용한 것이다.

1. Cross-border Liquidation Protocol in In re AIOC Corporation and AIOC Resources AG between United States and Switzerland: U.S. Bankruptcy Court for Southern District Court of New York(April 3, 1998).

2. Cross-border Insolvency Protocol in In re Solv-Ex Canada Limited and In re Solv-Ex Corporation between Alberta Court of Queen's Bench and U.S. Bankruptcy Court for the District of New Mexico(January 28, 1998).

3. Cross-border Insolvency Protocol in In re Tee-Comm Electronics Inc. between Ontario

까지는 스위스 법원과 미국법원간의 사법의정서가 사용된 것이 대륙법과 영미법 국가간에서 처음이고 대부분은 미국과 캐나다, 영국 등 영미법계간에 주로 사용되었다.

(2) 형식과 내용[148)]

사법의정서의 형식은 양국 법관이 사법의정서 초안을 승인하는 결정의 방법으로 하되 결정문 말미에 양국의 법관이 팩스 등을 통하여 서명함으로써 그 효력이 발생하도록 하고 있다.[149)] 아직까지 사법의정서의 전형이 성립된 것은 아니지만 먼저 사건의 개요에 대하여 언급하고, 목적과 목표를 특정한다. 주로 양국간 파산절차의 조화를 이루고 서로 협력하는 일, 질서 있고 효율적인 파산절차의 관리와 비용을 절감하고 무용한 노력을 회피함으로써 파산절차의 효율성을 극대화하는 일, 양국사법부의 독립과 성실한 노력을 존중하는 일, 이해관계인들간의 국제적인 예양을 증진하는 일, 공정하고 개방된 파산절차의 관리를 촉진시키는 일, 국제파산에서 발생하는 쟁점에 대한 일반원칙을 수행하는 일을 목적으로 한다.

사법의정서의 내용은 먼저 사법의정서에 기재된 행동으로 말미암아 당사자가 자국법에 의하여 청구할 수 있는 권리를 포기하는 것이 아니며, 각국 법원의 주권, 사법부의 독립성, 관할권의 침해가 이루어지지 않을 것을 명시한다. 구체적으로 각국 법원이 각각 자국의 파산사건에 대하여 전속적인 관할권을 행사하도록 하는 일,

---

Court of Justice and U.S. Bankruptcy Court for the District of Delaware(June 27, 1997).

4. Cross-border Insolvency Protocol between the United States and Israel in In re Nakash: U.S. Bankruptcy Court for the Southern District of New York; and District Court of Jerusalem(May 23, 1996).

5. Order Coordinating Canadian and U.S. Reorganizational Proceedings in In re Everfresh Beverages Inc.(Ontario Court of Justice: May 15, 1996).

6. Cross-border Insolvency Protocol between Canada and the United States in In re Everfresh Beverages Inc.: Ontario Court of Justice, Toronto and U.S. Bankruptcy Court for the Southern District of New York(December 20, 1995).

7. Cross-border Protocol between Ontario Court of Justice and U.S. Bankruptcy Court for the Southern District of New York in In re Olympia & York Developments Ltd.(July 1993).

8. Cross-border Insolvency Protocol between the United States and the United Kingdom in Inre Maxwell Communication plc: (U.S. Bankruptcy Court for the Southern District of New York: January 15, 1992 and the High Court of Justice, Chancery Division, Companies Court: December 20, 1991).

148) 이하의 기술은 뉴욕남부파산법원의 제11장 Livet 사건(사건번호 98B48312(ALG))과 Loewen Group 사건, Maxwell Communication 사건의 프로토콜을 요약 정리한 것이다.

149) 미국의 법관이 결정일란을 공란으로 한 채 캐나다 법관에게 보내면 캐나다 법관이 일자를 보충하고 서명하여 이를 다시 미국 법관에게 보내고 미국 법관이 날짜를 보충하고 자신의 서명을 하였다.

채무자, 채권자, 검사인 등 이해관계인들간에 서로 협조할 의무를 명시하고 양국의 법원이 상대국의 판결을 존중하며 파산과 관련한 쟁점에 대하여 정보교환을 함으로써 협력할 의무가 있음을 명시한다. 당사자가 합동심문기일과 관련하여 주장할 증거서류 등 동일한 내용의 문서를 기일 전에 양국법원에 제출하는 일, 양국법원이 사전에 비공개로 대리인의 출석하에 또는 출석 없이 정보교환을 하는 일, 검사인 등의 선임과 관련하여 그 비용부담의 주체를 결정하는 일, 양국법원에 공동관리인을 사용하는 일, 상호결부된 재건계획과 조정계획(scheme of arrangement)을 마련하는 일, 채권자들이 두 국가 중 어느 곳에서도 채권을 신고할 수 있도록 하는 신고절차, 채무자의 자산 및 채무에 대한 조사에 대한 협조 등이다. 구체적인 정보교환방법으로 전화 및 화상연결을 통하여 동시에 다른 법원의 심문의 내용을 들을 수 있도록 한다.

이상에서 알 수 있듯이 구체적인 사건의 사법의정서는 국제파산절차의 전반에 관하여 치밀하게 규정하고 있다. 초안을 준비하여 법원으로 하여금 승인신청을 구하여 양 법원의 승인을 얻으면 효과가 발생한다. 초안에 대하여 채권자들(채권자위원회의 형태로)은 이의를 제기할 수 있고 법원은 그에 대하여 결정한다. 실무에 나타난 이의사유를 보면 초안의 문구를 제한하거나 의미를 구체적으로 표현하여 달라는 것 등이다.[150]

(3) 평　　가

채무자의 사업에 대해 이해관계 있는 자들은 사법의정서의 준비를 통하여 최종 채택되어 적용되기 전에 그들의 이해관계를 밝힐 수 있는 기회를 갖기도 한다. 법원과 절차관계인들간의 즉각적인 의사소통을 가능케 하는 기술의 빠른 발전에 비추어 볼 때 사법의정서의 활용가능성은 커질 것으로 예측된다.[151] 그러나 단점은 사법의정서는 그 성질상 파산 이후에 행해지는 해결책이며, 예측가능성을 증대시키는 것도, 변호사들이 거래를 계획하는 일에 도움이 되는 것도 아니라는 점에 있다.[152] 맥스웰 사건에서 사법의정서를 사용함에 의하여 달성된 높은 수준의 성공에도 불구하고, 사법의정서는 미국과 영국의 파산법간의 저촉을 모두 해결해 주지는 못하였다. 특히 당사자들은 파산 이전에 행하여진 일련의 자산 이전에 대한

150) 법원의 명령을 받는 대상자를 법원의 관할권에 복종하거나 그러한 명령을 신청하기 위하여 법원에 출석한 자로 한정하였다. Livent 사건.

151) Leonard, *supra* note 1, at 39.

152) Buxbaum, *supra* note 14, at 36-37.

부인권에 대하여 어느 국가의 법이 적용되어야 하는가에 대한 법원의 판단을 요구하였다. 흥미롭게도 사법의정서가 효과적임에 대하여 칭찬을 하기 시작했던 맥스웰 사건의 법원은 부인권에 관한 분쟁을 해결하기 위하여, 종국적으로는 사법의정서가 아닌 기존의 저촉법이론에 따라 저촉법적 분석을 해야 했다. 법원은 저촉법적 분석을 함에 있어 줄곧, 저촉법의 사례별 분석의 필요성을 강조하였다. 맥스웰 사건은 사법의정서의 사용이 보여주는 긍정적 가능성과 아울러 국제파산의 맥락에서 생겨날 수 있는 모든 저촉법 문제를 해결하기에는 그 능력에 한계가 있음도 보여주었다.

Ⅷ. 입 법 론

국제파산입법의 구체적인 내용에 대하여는 입법안이 발표되면 그 때 논의하기로 하고 먼저 개략적으로 국제파산입법방향에 관한 소견을 제시하고자 한다.

첫째, 모델법을 적극적으로 수용하여 속지주의에서 탈피하여 수정된 보편주의에 입각한 조속한 입법을 하여야 한다.[153]

위에서 본 파산입법의 발전과정을 통하여 알 수 있듯이 순수한 의미의 보편주의는 성공한 바 없고, 속지주의를 다소 가미한 수정된 보편주의——병행파산절차를 인정하면서 양 절차의 조화를 모색하는 입장——가 가장 바람직한 형태의 파산입법임을 알 수 있다.[154] 호환성이 높은 국제파산입법은 국가의 신용도를 결정하는 중요한 요소가 되었다.[155] 멕시코, 일본, 미국, 캐나다 등 모델법에 따른 새로운 입법을 서두르고 있는 나라들의 움직임이 이를 잘 증명하고 있다. 현재 법무부에서 파산법의 통합입법이 추진중에 있으나 미국의 파산법과 같이 단일한 형태의 파산법이 되기에는 아직 시간이 필요하다고 생각한다. 저자는 통합파산법의 필요성에 대하여는 절감하지만 지금으로서는 오히려 선진제국과 호환가능한 내용의 국제파산입법이 더 시급하다고 느껴진다.[156] 따라서 국제파산에 관한 별도의 단일법을

153) 국제파산에 관하여 현행법의 해석론으로는 부족하고 입법에 의해 문제를 해결하여야 한다는 점에 대하여는 견해가 일치되어 있다. 韓忠洙, 전게논문(주 5), 363면 이하 참조.

154) 미국의 1999년 파산법 개정안(Bankruptcy Reform Act 1999) 역시 부분적으로만 보편주의를 채택한 것으로 평가된다. Buxbaum, *supra* note 14, at 24.

155) 1997년 경제위기를 겪은 태국, 인도네시아, 한국 등이 채권자인 국제통화기금, 세계은행 등에 의하여 파산법을 개정한 것이나 일본이 UNCITRAL 모델법에 따라 국제파산법제를 정비한 것이 가장 좋은 예이다. 근자 국제회의에서 활발하게 의논되는 것이 파산법의 국제적 조화와 국가의 신인도의 문제이다. 高木新二郎, 전게논문(주 2), 91면 및 山本和彦, 전게서(주 13), 4면 참조.

156) 외국파산관재인의 한국 내 소송에서 당사자적격을 인정할 것인지에 관하여 이를 긍정한 판결

입법하고 후일 통합파산법이 제정되면 미국과 같이 이를 통합파산법에 편입시키는 개정방향이 바람직하다고 생각한다. 또한 수정된 보편주의를 채택한다면 병행파산을 인정하고 양 절차를 조절할 수 있는 규정을 마련하여야 한다.

둘째, 국제파산에 관한 별도의 특별법을 제정한다.

일본과 같이 국제파산절차의 효력을 out-bound와 in-bound로 나누어 전자는 종전 파산3법 등에, 후자는 특별법으로 분산하는 입법보다는 이를 구분하지 아니하고 하나의 입법으로 하는 것이 보다 간명하고 효율적인 입법이라고 생각된다. 파산3법이 분산되어 있고 용어도 통일되어 있지 아니한 상황에서 양자를 따로 나누어 규정한다는 것은 파산법의 실무가에게도 복잡하고 불편하기 그지없다.[157] 일본의 경우에는 국제파산법에 관하여 이중적인 입법을 함으로 말미암아 혼란이 없지 않다. 즉 앞에서 지적한 바와 같이 외국파산관리인에 DIP의 채무자를 포함하는지 여부, 외국관리인의 승인신청 또는 파산절차참가에 대하여 별도의 승인절차의 유무, 외국파산절차의 개념 등에 차이가 있다.[158] 따라서 파산3법 중 국제파산에 관한 규정을 존치하기보다는 이를 공통적으로 추출하여 특별법의 형태인 국제파산법으로 규정하는 것이 보다 효율적인 입법이라 생각한다.[159] 즉 먼저 3법에 산재한 속지주의에 관한 규정을 정비하고 사법공조에 관한 규정(관리인간의 협조모델을 채

{서울지방법원 1996. 6. 28. 선고 96가합27402 판결(하집1996-1, 329), 2002. 9. 4. 선고 2001가합79063 판결(미공간. 확정됨)}과 부정한 판결{서울지방법원 1998. 6. 11. 선고 96가합91775 판결(서울고등법원에서 조정으로 종결되었음)}로 나누어져 있고 국내에서 외국파산이 문제된 사건은 모두 외국파산관재인 또는 관리인의 당사자적격이 문제된 것이다. 96가합27402판결은 파올로구찌에 대한 미국 파산선고의 대내적 효력이, 나머지 두 사건은 일본법인에 대한 일본법원의 파산선고의 대내적 효력이 쟁점이 된 것이다. 따라서 국제파산의 문제는 한국 법정에 제기된 지 오래인데도 불구하고 그에 대한 법률의 정비가 따르지 아니하여 혼란을 빚고 있다. 더구나 외국기업으로부터 투자자문을 의뢰받는 변호사로서도 확답을 하지 못하여 투자의 걸림돌이 되고 있다. 실제로 사건화되지는 않고 있으나 미국기업이 파산한 경우 한국에 소재한 재산의 관리처분권이 종전 대표이사에 의하여 임명된 한국지점장에게 있는 것인지 새로 선임된 관리인에게 있는 것인지 등에 대하여 법률관계가 불분명한 문제점이 남아 있다. 최근에 선고된 대법원 2003. 4. 25. 선고 2000다64359 판결(공 2003상 1242)에 대하여는 이 책 중 '외국파산절차가 국내에 미치는 영향' 부분 참조.

157) 同旨, 石光現, 전게논문(주 5), 263면 이하. 실제로 저자가 이 글을 쓰면서 일본의 국제파산법 중 관재인의 대외적 효력, cross-filing, 외국관리인의 지위, 내국관리인의 협조의무, Hotchpot 원칙 등이 파산법, 民事再生法, 會社更生法에 따로따로 규정되어 있고, 승인절차는 별도로 承認援助法에 규정되어 있으며 개념도 서로 다른 부분이 있어 현행의 국제파산법제를 전체적으로 조망하기가 쉽지 않음을 체험하였다.

158) 외국관리인의 자격승인과 관련하여 당해 외국의 파산절차가 국내의 공서에 반하는 경우에는 외국관리인의 절차참가를 배척하여야 한다고 주장한다. 山本克己, 전게논문(주 15), 156면.

159) 외국파산절차의 개념, 외국관리인의 자격, 파산재단의 범위(국내재산 또는 해외재산)에 관한 규정, 관리인의 협조의무, 관리인의 관리처분권의 역외적 효력 등을 일본과 달리 국제파산법에서 규정하자는 것이다. 이 점에서 미국파산법이 통칙규정으로 §101의 정의규정을 두고 있는 것은 효율적이라고 생각한다.

택할 것인지, 법원 대 법원의 공조방식도 채택할 것인지 여부), Hotchpot 원칙(모델법과 같이 외국파산절차에서 배당받은 경우만 적용할 것인지, 일본과 같이 외국재산으로부터 임의변제를 받은 경우까지 포함할 것인지 여부), 교차신고(cross-filing)의 도입여부, 외국파산절차의 승인과 내국파절차의 조정 등(모델법과 같이 양자의 효력을 인정할 것인지, 일본법과 같이 주파산절차를 중심으로 하는 절차를 정할 것인지 여부)을 별개의 법으로 규정하든가, 통합파산법의 경우에는 별도의 장에서 규정함이 옳다.

셋째, 모델법이 규정한 파산사건에 관한 사법공조에 관하여 이를 적극적인 자세로 수용한다.

IBA의 국제도산협약, EU협약, 모델법, 캐나다, 미국 등의 국제파산법 모두 이를 긍정하고 있음은 위에서 본 바와 같고, 영국, 호주와 같이 공조의 대상을 특정국가로 제한하여 이들 국가간에만 사법공조를 하는 것은 예외적이다. 비록 공조국을 제한한 점은 있으나, 영국은 전통적으로 법원 대 법원이라는 틀을 통하여 사법공조를 이루어왔고 근자 사법의정서가 영미국가에서 상용화되어 가는 추세에 있으므로 관재인간뿐 아니라 법원간의 사법공조에 대하여도 이를 긍정적으로 검토함이 옳다. 사법의정서가 국제파산사건에서 자주 이용되는 근저에는 국제파산에 관한 다자간 조약이 없는 법현실에서 법원간의 신속하고 정확한 정보의 전달과 그에 터잡은 양국 법원의 합의에 의한 결정이 각국의 서로 다른 국제파산법의 경직된 틀로 해결하는 것보다 채권자에 대한 공평한 배당과 기업의 재건에 긴요하다는 사고가 깔려 있다.[160] 앞서 본 Everfresh 사건을 담당한 캐나다의 Farley 법관은 사법의정서야말로 양국 법원간의 '禮讓의 眞髓'(essence of comity)를 보여준다고 말하고 있다.[161] 일본의 경우는 관재인간의 정보교환만 인정하고 법원간의 사법공조는 인정하지 아니하였다. 일본이 법원간의 직접 정보교환을 받아들이지 아니한 것은 그 동안 전통적인 대륙법적인 사고에 집착한 것으로 보인다.[162] 그러나 국제파산사건을 담당하는 법원이 수동적인 자세를 견지하는 것은 파산사건에 관한 한 시대

160) 국제파산에 관한 최근 영미의 경향은 파산법으로 인한 해결보다는 법의 영역 밖에 있는 사법의정서에 의존하는 경향이 있다. 사법의정서의 작성과 승인을 통하여 국제파산사건을 다루는 법관들은 자신들이 국제파산의 분야에 있어서 사법공조의 틀을 창조하는 역할을 하고 있다고 생각한다. Buxbaum, *supra* note 14, at 24, 36 n.68.

161) E. Bruce Leonard, Everfresh: A New Milestone in International Reorganizations, BCD News and Comment, Jan. 22, 1996, Leonard, *supra* note 21, at 550 n21.

162) 일본의 학자도 일본이 법원간의 협조의무를 규정하지 않은 것에 대하여 아쉽다는 평을 하고 있다. 高木新二郎, 전게논문(주 2), 92면.

에 흐름에 역행하는 것으로 보인다. IBA의 Committee J의 의장으로서 국제도산협약을 기초한 Bruce Leonard 변호사는 법원이 파산실무가들 모임에 적극적이고 창조적으로 참여하여 증가하는 국제파산사건에 도움이 되는 구조를 창조할 필요가 있음을 강조하고 있다.[163] 우리에게 보다 중요한 것은 한국이 속지주의의 입법으로 말미암아 국제파산의 변방국이라는 오명에서 벗어나 외국법원과의 사법공조를 통하여 국제파산에 관한 세계적인 기준에 맞도록 사건을 처리함으로써 이른바 global standard에 맞는 사법작용을 이룰 수 있는 것이다. 법원간의 사법공조로 인한 업무상의 부담은 그 창구를 대기업의 파산사건을 주로 담당하는 서울지방법원으로 일원화하고 통역을 이용한다면 어느 정도 경감할 수 있으리라고 본다.

넷째, 일본과의 국제파산에 관한 사법공조에 관하여 노력을 하여야 한다.

비록 시급한 것은 아니지만 일본과의 국제파산에 관한 사법공조의 노력을 가시화할 필요가 있다. 앞에서 본 바와 같이 국내에서 문제가 된 사건이 일본에서 파산선고를 받은 경우가 2건으로서 앞으로도 양국간의 국제파산사건이 발생할 빈도가 높을 것이다. 일단 조만간 한국에서 국제파산법이 제정된 후 실무축적이 쌓이게 되면 양국간의 조약의 체결을 고려할 만하다.[164] 양국간의 정치, 경제, 문화적 협력의 필요성뿐 아니라 양국의 법제 특히 파산입법의 내용, 실체법상의 권리우선순위 등의 유사성이 노르딕협약 국가들보다 더 강하기 때문이다. 또한 직접관할에 대하여는 이미 한국의 파산 3 법, 일본의 도산 5 제도[165]에 그에 관한 규정이 있으므로 이를 추출하여 직접관할을 규율하는 단일협약의 형태로서 파산절차의 효력에 대하여는 별도의 승인절차 없이 직접적으로 양국간에 파산효력(관재인의 관리처분의 효력뿐 아니라 포괄집행적 효력을 포함함)이 미치는 노르딕협약과 같은 형태가 바람직하다. 그에 앞서서 남미협약의 실패사유와 노르딕협약의 장점을 분석할 필요가 있다. 파산절차와 관련된 쟁송에 대한 판결 또는 보전처분 등에 대하여는 여전히 판결승인절차가 필요하나, 이 부분에 대하여는 먼저 양국간의 판결 및 보전처분에 대한 승인집행에 관한 별도의 사법공조조약의 체결이 선행되어야 한다.

앞으로 국제파산입법이 이루어지게 되면 과당배당을 방지하기 위한 Hotchpot

163) Leonard, *supra* note 21, at 555.

164) 양국의 지리적 · 문화적 유사성, 경제 · 정치적인 협력관계의 필요성에도 불구하고 그 동안 사법공조의 분야가 다른 분야 또는 타국에 비하여 크게 뒤떨어진 것은 부인할 수 없다. 한국이 헤이그송달조약의 가입을 완료하였고 양국간의 범죄인인도조약이 체결되었으며 앞으로 양국이 헤이그증거조사협약에 가입하게 되면 긴밀한 사법공조의 경험이 축적될 것이다. 또한 향후 양국이 관련되는 국제파산사건의 발생에 미리 대비할 필요가 있다.

165) 破産法, 民事再生法, 會社更生法, 商法의 特別清算, 會社整理制度.

원칙, 담보권과 우선채권간의 우선순위, 관리인을 통한 채권신고[166] 등 그간 우리가 다루어 보지 아니한 복잡하고 어려운 문제가 생길 것이다. 따라서 당분간은 국제파산사건에 관하여 경험이 풍부한 미국의 파산법 개정과정과 한국과 같은 입장이었던 일본의 앞으로의 실무 운영을 주시할 필요가 있다.

(사법논집 제34집(2002), 231면 이하 소재)

[후기]

일본의 국제파산법제의 개정 부분을 보완하였다. 본문에 반영하지 못하였으나 윤창술, "국제도산제도의 동향," 인권과 정의(2003. 11), 102면 이하는 일본의 동향을 잘 소개하고 있다. 국회에 제출된 채무자회생및파산에관한법률안은 종전 파산법이 취한 속지주의를 폐지하고, 외국도산절차의 승인제도를 창설하고, 외국관재인의 법적 지위와 내국관재인의 해외에서의 권한에 관하여 규정하고, 병행파산을 조정하는 등의 내용을 두었다. 특히 법률안 제641조는 모델법과 같이 법원 대 법원간의 사법공조를 인정하였다.

166) cross-filing 제도를 인정하여 관리인이 국내채권자들을 대리하여 외국파산법원에 채권을 신고한다고 하더라도 더 나아가 계획안에 표결하는 경우 찬성 대 반대를 몇 대 몇으로 나누어 신고, 표결을 할 수 있는가 등의 문제는 여전히 남는다. 이 점에 관하여는 전게(주 110), 좌담회 77면 이하.

외국파산절차가 국내에 미치는 영향*

대법원 2003. 4. 25. 선고 2000다64359 판결[1)]

[사실관계]

1. 원고 회사는 설립자인 구찌오구찌의 이름을 사용하여 문자상표(GUCCIO GUCCI)와 투구로 얼굴을 가리고 갑옷을 입은 서양의 중세기사의 방패를 도형화한 도형상표 또는 문자와 도형을 결합한 결합상표, G자 두 개를 변형한 로고상표 등을 전세계에 사용하여 주지저명성을 획득하였으며, 1980. 1. 21. 문자상표, 도형상표, 결합상표 등을 등록하고 이를 사용한 상품을 한국에 수출하고 있다.

2. 파올로구찌는 원고 회사의 설립자인 구찌오구찌의 손자인데 1982. 9. 18. 이태리에서 자신의 이름인 'PAOLO GUCCI'와 'P' 및 'G'자의 도형을 결합한 상표를 등록한 이래 세계 각국에 원심판결 별지 제 1 목록 기재와 같이 자신의 이름인 'PAOLO GUCCI'를 이용한 문자상표, 'P' 및 'G'자를 도형화한 도형상표, 투구와 왕관을 쓴 중세기사의 얼굴 모습과 방패를 결합한 도형상표, 또는 이들의 결합상표

---

* 초고를 읽고 오류를 지적하여 주신 石光現 교수님께 감사드린다.

1) 공 2003상 1242면. 이하 대상 판결이라 한다. 대상 판결에 대한 해설로는 權澤秀, "파산법 제 3 조 제 2 항 소정의 '외국에서 선고한 파산은 한국 내에 있는 재산에 대하여는 그 효력이 없다'는 규정의 의미," 대법원판례해설 제45호(2003 상반기), 法院行政處(2004), 480-485면 참조. 대상 판결의 사실관계와 상고이유 등은 위 글의 내용을 요약한 것이다.

(이하 별지 제 1 목록 기재의 표장들을 '이 사건 상표', 이에 관한 상표권을 '이 사건 상표권'이라 한다)를 등록하고, 타인에게 사용권을 부여하여 이를 사용하도록 하였다. 파올로구찌는 우리 나라에서도 이 사건 상표를 비롯하여 원심판결 별지 제 3 목록 기재와 같이 제 9, 12, 25, 26, 27, 34, 35, 39, 43, 45류 상품에 관하여 파올로구찌(PAOLOGUCCI) 관련 상표들을 등록하였다.

3. 피고(주식회사 크라운)는 파올로구찌로부터 1990. 7. 15. 이 사건 상표의 사용권을 부여받은 트랙와이즈 세일즈 코오포레이션과의 사이에 1994. 2. 4. 이 사건 상표에 관하여 지정상품을 서류가방, 핸드백, 지갑 등 80여 종으로, 사용계약기간은 1994. 1. 1.부터 1996. 12. 31.까지 3년간으로 하는 전용사용권 설정계약을 체결하고 원심판결 별지 제 3 목록 기재 2 내지 61의 상표들에 관하여 전용사용권 설정등록을 마친 다음, 1994.경부터 원심판결 별지 제 2 목록 기재 상품 및 그 관련용품을 제조, 판매, 반포 및 광고를 하면서 이 사건 상표를 부착하여 사용하여 왔다.

4. 한편 파올로구찌는 1994. 2. 8. 미국 뉴욕주 남부지방 파산법원(이하 '미국 파산법원'이라 한다)에 파산신청을 하여 같은 해 4. 8. 파산선고를 받았고, 파산관재인으로 프랭크 지 시나트라(Frank G. Sinatra, 이하 '파산관재인'이라고 한다)가 선임되었으며, 우리 나라 특허청에 등록된 이 사건 상표권들이 그 파산재단에 속하게 되었다. 그 후 파올로구찌는 1995. 10. 10. 사망하였는데, 미국 파산법원이 1996. 8. 9. 이 사건 상표를 경매에 부치자 원고가 이를 매수할 것을 제안하고 파산관재인도 미국 파산법원에 대하여 이 사건 상표의 매각승인을 요청하여, 미국 파산법원은 1996. 10. 15. 이를 승인하는 한편 파올로구찌와 트랙와이즈사 사이의 이 사건 상표의 사용에 관한 1990. 7. 15.자 계약도 해지되었음을 확인하는 내용의 판결을 선고하였다, 그리고 파산관재인은 1996. 6. 24. 서울가정법원의 96느3126호 심판에 따라 파올로구찌의 상속재산관리인으로 선임된 후 1998. 6. 5. 우리 나라 특허청에 원심판결 별지 제 3 목록 기재 상표권 모두를 1996. 11. 21. 양도를 원인으로 원고에게 이전하는 내용의 이전등록을 마쳤다.

[소송경과]

(1) 원고의 주장

원고는 원심에서 이 사건 주위적 청구원인으로서, 첫째, 원고는 위에서 본 '구찌(GUCCI)' 관련 상표의 상표권자인데 피고는 그 지정상품과 동일한 별지 제 2 목록 기재 상품에 관하여 위 '구찌(GUCCI)' 관련 상표와 동일, 유사한 이 사건 상표들을 사용하여 원고의 '구찌(GUCCI)' 관련 상표에 관한 상표권을 침해하고 있고, 둘째, 피고는 주지저명한 원고의 '구찌(GUCCI)' 관련 상표에 부당편승하여 원고의 상품 표지 및 영업 표지와 동일, 유사한 표지를 사용하여 소비자로 하여금 상품주체와 영업주체를 혼동하게 하는 부정경쟁행위를 하였다고 주장하고(선택적 청구),

이 사건 예비적 청구원인으로서, 원고가 '파올로구찌(PAOLOGUCCI)' 관련 이 사건 상표권을 양수한 상표권자인데 피고는 전용사용권 설정계약이나 통상사용권 설정계약에서 정한 사용기간을 넘어서도 이 사건 상표를 사용하여 '파올로구찌(PAOLOGUCCI)' 관련 상표에 관한 원고의 상표권을 침해하고 있다고 주장하였다.

(2) 피고의 주장

피고는 먼저, 비록 미국 법원의 파산절차에서 원고가 망 파올로구찌의 파산관재인으로부터 이 사건 상표권을 양수하였다 하더라도 파산법의 속지주의 원칙상 그 효력은 한국 내에 있는 재산인 이 사건 상표권에 관하여는 효력이 없는 것이고, 따라서 파산관재인이 한국의 관할법원에서 별도의 파산절차에 따라 파산관재인으로 선임되고 처분행위를 허락받지 않은 이상 그 처분행위는 효력이 없는 것이며, 또한 파산관재인이 파올로구찌의 상속재산관리인의 지위에서 이 사건 상표권을 처분하였다 하더라도 상속재산관리인은 상속재산의 보존 및 관리를 위한 권한만 가지므로 그 권한을 넘어 이 사건 상표권을 처분한 것 역시 효력이 없는 것인바, 따라서 파산관재인을 통하여 이 사건 상표권을 취득한 원고는 적법한 상표권자가 아니므로 원고가 이 사건 상표권을 파산관재인으로부터 적법하게 취득하였음을 전제로 하는 원고의 예비적 청구는 이유 없다고 주장한다.

(3) 하급심의 판단

제 1 심[2] 및 제 2 심[3]은 원고의 주위적 청구 중 목록 1-8 표장에 대하여는 피고가 위 표장을 사용하는 것은 원고의 구찌관련 상표에 관한 상표권을 침해하는 행위가 된다는 이유로 주위적 청구를 인용하고 목록 9 표장에 대하여는 'P' 및 'G'의 도형을 결합한 도형상표로서 원고의 구찌관련 상표와 전혀 다른 것이라는 이유로 주위적 청구를 배척하고, 원고가 파올로구찌의 상표권을 양수한 자이므로 파올로구찌의 상표권에 기한 예비적 청구를 인용하였다. 피고가 상고하였으나 대법원은

---

2) 서울지방법원 1998. 7. 31. 선고 97가합75576 판결(원고 청구 인용). 원고는 구찌관련 상표에 대한 피고의 부정경쟁행위를 이유로 한 침해금지청구와 파올로구찌관련 상표권에 대한 피고의 침해행위를 이유로 한 침해금지청구를 선택적으로 구하였다.

3) 서울고등법원 2000. 10. 10. 선고 98나49694 판결(주위적 청구 일부 인용, 예비적 청구 인용).

상고를 기각하였다. 원심 판결이유의 요지는 아래와 같다.

『파올로구찌의 이 사건 상표권은 우리 나라의 파산법하에서도 미국 파산법원의 파산선고에 따라 그 관리처분권이 파산관재인에게 이전되는 것이므로 파산관재인이 한국 내에 있는 이 사건 상표권을 원고에게 처분한 것은 적법한 처분권에 의한 것이어서 정당하고 따라서 원고의 이 사건 상표권의 취득 역시 정당한 권리취득이다.』

이 글에서 논의하려는 것은 예비적 청구에 관한 판단 중 미국 파산관재인이 국내재산인 파올로구찌관련 상표권을 양도한 것의 적법여부이다.

[쟁 점]

(1) 구찌관련 상표와 파올로구찌관련 상표의 유사여부 — 주위적 청구에 관한 판단으로 이 글에서는 논의하지 아니한다.

(2) 미국 파산법원이 파산절차를 개시한 경우 미국 파산절차의 효력이 한국 내에 소재한 파산자 소유의 재산에 대한 관리처분권의 귀속에 영향을 미치는지 여부(예비적 청구에 대한 판단)

[판결요지]

1. 파산법 제 3 조 제 2 항은 외국에서 선고한 파산은 한국 내에 있는 재산에 대하여는 그 효력이 없다고 규정하고 있는바, 이는 외국에서 선고된 파산은 한국 내에 있는 재산에 대하여 파산선고의 본래적 효력인 포괄집행적 효력이 미치지 않는다는 것을 선언함에 그치고, 나아가 외국에서 파산선고가 내려진 사실 또는 그에 따라 파산관재인이 선임되었다는 사실 자체를 무시한다거나, 그 선고의 결과 파산선고를 한 해당 국가에서 선임된 파산관재인이 그 국가의 법률에 따라 한국 내에 있는 파산자의 재산에 대한 관리처분권을 취득하는 것까지 부정하는 것은 아니다.

2. 미국 파산법원의 파산선고에 따라 이 사건 상표권에 대한 관리처분권이 파산관재인에게 이전되는 것을 인정하는 것은 파산관재인의 선임에 관한 미국 파산법원의 재판의 효력을 승인하는 것을 의미하는 것인데, 기록과 미국 파산법의 관련 규정 기타 제반 사정에 비추어 살펴보면, 위 미국 파산법원의 재판이 민사소송법 소정의 외국판결 승인요건을 갖춘 것으로 못 볼 바 아니다.

[관련조문]

파산법 제 3 조(속지주의)

① 파산은 파산자의 재산으로서 한국 내에 있는 것에 대하여서만 그 효력이 있다.

② 외국에서 선고한 파산은 한국 내에 있는 재산에 대하여는 그 효력이 없다.

③ 민사소송법에 의하여 재판상 청구할 수 있는 채권은 한국 내에 있는 것으로 본다.

회사정리법 제 4 조(속지주의)

① 대한민국 내에서 개시한 정리절차는 대한민국 내에 있는 회사의 재산에 대하여서만 그 효력이 있다.

② 외국에서 개시한 정리절차는 대한민국 내에 있는 재산에 대하여는 그 효력이 없다.

③ 민사소송법에 의하여 재판상 청구할 수 있는 채권은 대한민국 내에 있는 것으로 본다.

[연 구]

I. 머 리 말

대상 판결이 갖는 의의는 대법원이 처음으로 외국파산절차[4]가 국내에 미치는 영향에 대하여 그 견해를 밝힌 점에 있다. 뒤에서 보는 바와 같이 이 점에 관하여 그간 하급심의 견해가 양분되었고 학설도 논의가 분분하였다. 대법원이 이 판결로써 다수의 하급심의 견해와 국내 학설에 따라 외국파산선고의 효력을 포괄집행적 효력과 관리처분권이전의 효력으로 구분하여 전자의 효력은 한국 소재 재산에 대하여 미치지 않지만 후자의 효력은 국내 소재 재산에 대하여도 미치므로 국내재산에 대한 관리처분권은 파산자로부터 외국파산관재인[5]으로 변경되었음을 밝힌 것이다.

기업의 활동이 범세계적인 규모로 확대되어가면서 필연적으로 도산하는 다국

4) 이하 이 글에서는 파산절차라 함은 회사정리절차를 포함하는 광의의 파산절차를 의미하며, 도산절차와 같은 뜻으로 사용한다.

5) 이하에서는 명시한 경우를 제외하고는 파산관재인이나 관리인을 구별하지 아니하고 사용한다.

적기업의 숫자도 증가하게 마련이다. 이러한 국경을 넘는 파산(cross-border insolvency)에서 생기는 문제를 법적으로 해결하기 위하여 종래의 속지주의는 적절한 법적 도구가 될 수 없음은 이미 국내외 다수의 사건[6]에 의하여 증명되었다. 이러한 시대적인 흐름에 맞추어 정부는 2003년 국회에 제출한 채무자의회생및파산에관한법률안(이하 개정안이라 한다)에서 종전 속지주의를 표방한 위 관련 조문을 모두 삭제하고 보편주의[7]에 다가가는 법안을 준비하였으나 폐기되고 말았다.

이 글에서는 국제파산에서 보편주의와 속지주의에 대하여 논하고(Ⅱ), 현행법하에서 외국파산절차의 국내효력에 관한 한국과 일본의 논의를 살펴보고(Ⅲ), 끝으로 대상 판결의 이유 설시에 대한 검토(Ⅳ)와 앞으로의 과제에 대하여 저자의 의견(Ⅴ)을 더하고자 한다.

Ⅱ. 속지주의와 보편주의

1. 의 의

국제파산의 입법주의를 정함에 있어 파산절차의 효력이 미치는 장소적 범위를 기준으로 보편주의와 속지주의의 대립이 있다. 보편주의는 어느 국가에서 개시된 파산절차는 채무자가 소유하는 국내외 모든 재산과 권리에 대하여 미친다는 원칙이고, 속지주의라 함은 파산절차의 효력이 절차개시국의 영토에만 미친다는 원칙이다. 이와 달리 동일 채무자에 대하여 전세계적으로 단일의 파산절차만 인정하는 입장을 단일주의라 하고 수개의 파산절차를 인정하는 입장을 복수주의라 한다. 미국

6) 일본의 경우는 一成汽船 사건(1978), 마루코 사건(1991) 등이고, 미국의 경우는 1978년 파산법 개정에 의하여 제304조에서 보조절차를 도입하기 이전에 BCCI, FINA 사건 등을 겪고 결국 자국의 국제파산법제를 개정하게 되었다. 마루코 사건에서 일본에서 선임된 보전관리인이 미국 법원에 제11장을 신청한 것은 해외채권자들의 개별적인 집행으로부터 재산을 보전하려는 데에도 있지만 주목적은 DIP제도를 이용하여 해외자산(호텔)의 경영 및 처분권과 미국법이 보편주의를 취하고 있기 때문에 미국뿐 아니라 제3국에 소재한 재산에까지 자동중지의 효력을 인정하는 미국 파산법의 효과를 이용하기 위한 것이다. 제3국이 미국의 자동중지효를 인정하는지 여부와는 별도로 최소한 미국 법원의 인적관할권에 복속하는 채권자, 담보권자들은 미국 법원의 명령에 따라야 하고 만일 이를 어기게 되면 법정모독죄 또는 징벌적 손해배상의 제재를 받기 때문에 제3국 소재 재산에 대한 집행행위를 사실상 중단시킬 수 있다는 점도 크게 작용한 것이다(坂井秀行, "會社更生手續と海外資産・海外業營所," 判例タイムズ 제866호, 41면).

7) 일본에서는 普及主義라고도 한다.

의 파산법은 보편주의에 터잡고 있고 한국과 개정 전의 일본의 파산법은[8] 속지주의에 터잡고 있다. 이상론으로서는 보편주의와 단일주의를 결합하는 것이지만 현실적으로 그러한 입법을 택한 나라는 없으며 복수주의를 취함으로써 주절차와 종절차를 허용하고 주절차에 대하여는 보편주의를, 종절차에 대하여는 속지주의를 취하는 것이 현재의 입법례의 추세이다.

2. 속지주의에 대한 논의

(1) 속지주의의 근거

속지주의의 이론적 근거로는 파산절차의 성질이 기본적으로 파산자의 총재산에 대한 일반적 강제집행의 의미를 갖는 것으로 이는 국가의 국가권력의 발동이므로 그 국가의 영토 내에서만 효력이 미친다는 것을 전제로 하고 있다. 이는 국제사법상 자국법의 역외적 적용에 관한 기득권 이론과 맥을 같이 하는 것이다. 관리인이 해외소재 재산에 대하여 관리처분권을 행사하게 되면 그 의무가 과중하게 된다는 것을 실천적인 이유로 삼기도 한다.[9] 한편 속지주의 입법의 배경이 된 20세기 초반에는 지금보다 교통 · 통신수단의 수준이 낙후되어 기업이 범세계적인 활동을 하기 어려웠던 때이므로 그러한 경제적 환경이나 교통수단의 발전 단계를 반영한다면 굳이 보편주의를 채택할 필요가 없었을 것이다. 그러나 근자에 이르러 속지주의의 문제점을 지적하게 된 것도 기업의 영업활동이 범세계적으로 이루어지고 파산 역시 빈번하게 되면서 이를 해결하기 위한 도구로서 속지주의에 터잡은 파산법이 제 역할을 하지 못하였다는 반성 때문이다.

(2) 전통적인 견해

전통적인 통설은 현행법상 속지주의의 의미를 아래와 같이 설명한다.[10]

① 파산재단의 범위는 국내소재 재산에 한하므로 파산자는 해외재산을 자유로

---

8) 일본은 1999년 民事再生法을 제정하고 2000년 외국도산처리절차의승인원조에관한법률(이하 승인원조법이라 한다. 2001. 4. 1.부터 시행)을 제정함으로써 국내파산절차의 국외적 효력과 외국파산절차의 국내적 효력에 관한 속지주의 조항을 모두 삭제함으로써 보편주의에 입각한 국제파산법제를 정비하였다.

9) 加藤正治, 破産法硏究 제 1 권(1912), 331면; 伊藤眞, "槪說 ── 屬地主義と普及主義," 高桑昭 · 道垣內正人 編, 國際民事訴訟法, 靑林書院(2002), 463-464면에서 재인용.

10) 坂井秀行, 전게논문(주 6), 判例タイムズ 제866호, 38면 참조.

이 관리처분할 수 있다.[11]

② 파산관재인은 파산자의 국내재산에 대하여만 관리처분권을 갖고 해외재산에 대하여는 관리처분권을 갖지 않는다.

③ 채권자는 파산자의 해외재산에 대하여 파산자를 상대로 소를 제기하거나 강제집행을 할 수 있다.

④ 파산자를 당사자로 하는 소송이라도 해외재산에 관한 것은 중단하지 아니한다(이상 파산법 제3조 제1항).

⑤ 외국에서 파산선고가 있더라도 국내에 계속중인 소송은 중단하지 아니하고[12] 국내재산에 대하여 부인권도 행사할 수 없다.

⑥ 외국에서 파산선고가 있더라도 채권자는 국내에 있는 재산에 대하여 파산자에 대하여 소를 제기하거나 강제집행을 할 수 있다(이상 동조 제2항).

(3) 속지주의의 장단점

속지주의의 장단점과 외국채권자와 내국채권자의 차별의 문제는 별개의 차원의 문제이다. 속지주의 파산법이라고 하여 그 자체로 인하여 외국채권자가 내국채권자보다 불리한 차별을 받는 것은 아니다. 헌법상 외국인은 국제법과 조약이 정하는 바에 의하여 그 지위가 보장되며,[13] 회사정리법은 내외국인 평등의 원칙을 취하고 있으며[14] 실무상 회사정리절차에 참가하는 외국채권자를 불리하게 차별을 하는 계획안은 정리계획안 인가요건 중의 하나인 정리계획안의 공정·형평에 반하므로 인가되지 않는다.[15] 따라서 현행의 속지주의라고 하더라도 외국채권자가 국내절차에 참가하는 한 내국채권자보다 불리한 차별을 받지 아니한다. 오히려 기업구조조정촉진법하의 워크아웃에서는 외국금융기관은 그 법의 적용 대상이 아니기 때문에 이른바 버티기(hold out)를 통하여 국내금융기관보다 우월한 지위를 누리는

11) 田炳西, 파산법, 법문사(2003), 147면. 東京高決 1961. 1. 12. 채권자가 1949년 당시 미군정의 영토에 속하였던 오끼나와에 침몰한 일본인 채무자 소유의 선박에 대하여 파산선고 전의 보전처분을 신청한 것에 대하여 법원은 강제집행의 대상이 될 수 있는 재산에 대하여만 파산재단을 구성하는데 외국에 소재하는 재산에 대하여는 일본의 파산선고는 효력이 미치지 아니하므로 보전처분의 대상이 되지 아니한다고 판시하였다. 이 결정에 대한 평석으로는 渡辺惺之, "破産屬地主義," 新倒産判例百選 別册ジュリスト No. 106(1990. 2), 246-247면 참조.

12) 後註 25, 大阪地判 1993. 9. 30(判例タイムズ 제516호, 139면)은 소송 도중 피고가 홍콩에서 파산선고를 받았다고 하여 소송의 당사자 적격이 변경되는 것은 아니라고 판시하였다.

13) 헌법 제6조 제2항.

14) 회사정리법 제3조(외국인의 지위) 외국인 또는 외국법인은 회사의 정리에 관하여 대한민국국민 또는 대한민국법인과 동일한 지위를 가진다.

15) 대법원 1992. 6. 15.자 92그10 결정(공 926, 2219).

일이 적지 않은 것이 현실이다.

종래 속지주의의 장점으로는 내국소재재산이 외국파산절차의 파산재단에 편입되는 것을 방지하여 내국채권자가 충분한 변제를 받게 함으로써 내국채권자를 보호하는 점을 들고 있다.[16] 단점으로는 자력 있는 채권자가 외국에 소재하는 채무자의 재산을 탐지하여 개별적으로 만족을 얻는 것을 방임하는 등의 채권자 평등의 이념에 반하는 점을 들고 있다. 그러나 속지주의의 장점에 대하여는 다음과 같은 의문이 있다.

첫째는 구체적인 파산상황을 고려하여 이·불리를 판단하여야 한다. 예컨대 외국에 본점을 둔 다국적기업의 국내영업소 소재 재산에 대하여 파산절차가 개시된다고 가정하면[17] 내국채권자가 파산절차에 참가하는 경우 국내에 소재한 재산만으로 파산재단을 구성하게 되므로 국내 총채권자에게 배당할 금액이 적게 된다. 만일 사법비용을 들이지 않고 신속하게 외국절차에 참가할 수만 있다면 보편주의가 내국채권자에게 유리할 수도 있다.[18] 그 외에 내국채권자가 외국 파산절차에 참가하려는 의사가 있는지 여부 등도 고려하여야 할 것이다.[19]

둘째로 내국채권자와 외국채권자를 분류하는 기준 역시 쉽지 않다.[20] 국내에 거주하면서 노동을 제공한 외국인 노동자가 주장하는 임금채권을 외국채권자라 할 수 없고, 반대로 한 기업에서 해외 여러 지사로 파견되어 그 곳에서 수년간 근무한 직원의 임금채권을 실제의 주소지 또는 상거소지를 기준으로 삼아 그들을 외국채권자라고 보기도 어렵다. 복잡하고 새로운 금융기법이 발전하는 현재의 자금시장을 반영하여 국내의 자금시장 또는 차관을 통하여 국내기업에 설비자금을 대여한 외국은행의 채권, 국내기업이 해외에서 기채하여 그 채권을 매수한 외국금융기관의 사채권 등의 예에 이르면 내외국 채권자의 구별은 더욱 쉽지 않다.

16) 田炳西, 전게서(주 11), 153면.

17) 직접관할로 국내 소재 영업소의 소재지 외에 국내 재산소재지를 규정한 경우로 상정하는 등 국내 파산절차를 개시함에 아무런 문제가 없다고 가정한다.

18) 예컨대 일본의 개정된 會社更生法 등에서 인정하고 있는 바와 같이 관리인에게 채권자들을 위하여 외국절차에 국내채권자들을 대리하여 채권신고를 할 수 있는 교차신고제(cross filing)가 그 예이다.

19) 伊藤眞, "外國倒產の日本における效力," ジュリスト 제970호(1990), 86-87면 참조.

20) 이 점을 잘 지적한 글로는 Jay Lawrence Westbrook, Multinational Enterprise in General Default: Chapter 15, The ALI Principles, and The EU Insolvency Regulation, 76 Am. BANKR. L.J. 1, 11, footnote 34(2002).

Ⅲ. 속지주의 원칙을 완화하려는 국내외의 논의

국제거래의 증가와 그에 필연적으로 수반하는 다국적 기업의 파산이 빈발하고 이를 둘러싼 구체적인 분쟁을 해결함에 있어 속지주의에 터잡은 현행법을 墨守하게 되면 불합리한 결과가 된다는 비판이 거세게 일게 되었다. 그리하여 해석론을 통하여 속지주의를 완화하려는 노력이 학자들과 하급심 판례를 통하여 시도되었다.

1. 일 본

(1) 판 례

1) 東京高裁 1981. 1. 30. 決定[21]

〈사안의 개요〉

스위스법을 준거법으로 하여 설립되어 제네바市에 본점을 두고 있는 회사가 스위스 제네바지방법원에서 파산선고를 받아 파산관재인이 선임되었는데, 그 후 채권자가 일본 법원에 위 회사의 일본 내 등록상표권에 대한 가압류를 하자 스위스의 파산관재인이 가압류해방금액을 공탁하고 가압류집행취소를 청구한 사안으로서, 위 상표권이 스위스 파산재단에 귀속되는지 여부가 쟁점이 되었다.

〈결정요지〉

파산법 제 3 조 제 2 항은 외국에서 선고된 파산은 일본에 있는 재산에 대하여는 당연히는 그 효력, 특히 그 본래적 효력(포괄적 집행력)이 미치지 않는다는 것을 선언하고 있는데 그치고, 그 이상으로 외국에서 파산선고가 내려진 사실과 파산관재인이 선임된 사실 자체를 무시하거나, 그 선고의 결과 파산관재인이 당해 외국에서 그 나라 법률에 따라 파산자 소유 재산에 대하여 가지는 관리처분권을 부정하는 것을 요구하지는 않는다. 따라서 당해 파산관재인은 일본 소재 재산이 당연히 파산재단에 귀속된다는 주장이나 일본에서의 집행이 외국의 파산에 저촉되는 위법한 행위라는 주장을 할 수는 없지만, 당해 외국의 법률이 파산관재인에 대하여 다른 나라(일본을 포함한다)의 재산에 대한 관리처분권을 인정하는 경우에는 그 관리

21) 判例時報 제994호, 53면. 이 결정에 대한 판례해설로는 伊藤眞, "外國破産管財人の日本における權限行使," 別冊ジュリスト No. 106(1990. 2), 248면 이하 참조.

처분권에 기하여 그 재산을 보전하기 위하여 파산자가 일본 법률에 따라 그 재산에 대하여 가지는 권리(외국의 파산의 효력이 일본에 있는 재산에는 당연히는 미치지 아니하기 때문에 당해 파산자가 우리 나라의 법률상 그 재산에 대하여 여전히 가지는 관리처분권이나 그에 기한 실체법상 및 소송법상의 권리)를 행사할 수 있다(밑줄 저자주). 스위스 채무법에 의하면, 파산관재인은 파산자가 파산개시시에 가지는 모든 재산에 대하여 그 소재를 불문하고 관리처분권을 취득하는 것이므로 일본에서 이루어진 가압류에 대하여 해방금을 공탁을 하고 집행취소를 청구할 권리를 갖는다.

2) 東京地裁 1991. 9. 26 判決[22)]

〈사　　안〉

노르웨이 법인 A가 노르웨이에서 파산선고를 받아 파산관재인으로 선임된 원고가 일본에서 일본 법인인 피고의 주주의 자격에서 피고를 상대로 주주총회결의의 취소를 구한 것이다.

〈판결요지〉

파산관재인이 당해 외국의 법률상 어떠한 권한을 갖는지를 검토할 필요가 있다. 노르웨이 파산법에 의하면 채무자는 법원의 파산선고에 의하여 국내외에 존재하는 파산재단에 속하는 재산의 관리처분권을 상실하고 파산관재인인 원고가 위 재산의 관리처분권을 취득하는 것이므로 관재인은 파산재단에 속하는 주식에 관하여 의결권을 행사할 수 있는 주주에게 인정되는 권리를 행사할 수 있으므로 주주총회결의취소소송의 원고적격을 갖는다.

〈寸　　評〉

1)決定에 의하면, 일본에 있는 외국파산자의 재산에 대하여는, 당해 외국에서의 파산선고의 본래적 효력으로서의 포괄집행적 효력은 일본에 미치지 아니한다는 것이므로, 재산은 어디까지나 외국의 파산자에 귀속되고, 파산관재인은 그 파산자의 권리를 이른바 대위행사하는 것이 된다. 이러한 해석에 의하면, 외국의 파산관재인은 일본에 있는 재산에 대한 파산채권자의 집행행위를 당연히는 배제할 수 없게 된다. 이와 같이 1)決定은 파산관재인 고유의 권한행사가 아니고 파산자에 속

22) 判例時報 제1422호, 128면.

하는 권리의 파산관재인에 의한 대위행사라는 이론구성을 취하고 있다. 이 결정은 파산법 제3조 제2항과의 정면충돌을 피하기 위하여 외국파산의 승인——관리처분권이전의 승인——이라는 국제민사소송법적 접근법이 아니라 외국파산의 대외적 효력을 묻지 않는 형태로서 소송당사자 적격의 결정이라는 준거법적 접근법을 취하고 있다.[23] 이에 반하여, 2)判決의 접근방법은 '대위행사'라는 표현을 사용하고 있지 아니하고 직접 관재인에게 관리처분권이 변경된다는 점을 인정한 데에서 차이가 있다. 그러나 학자들은 위 두 하급심 판결 모두 파산의 승인요건에 대하여 특별히 심사하지 않고 있으며 파산법 제3조 제2항을 언급하지 않은 점으로 미루어 국제사법적인 접근법을 취한 것으로 평가하고 있다.[24]

3) 大阪地裁 1983. 9. 30. 判決[25]은 이와 반대로 종전 대표자가 당사자적격을 갖는다고 입장을 취하였다.

〈사안의 개요〉

일본 및 홍콩 등에 지점을 가지고 있는 인도은행이 원고가 되어 일본에 거주하는 인도인을 피고로 삼아 일본국내 지점과 인도인간의 당좌대월계약 및 홍콩지점과 인도인간의 당좌대월계약에 기한 貸越殘高를 청구하기 위하여, 大阪地方裁判所에 소를 제기하였다. 인도인은 홍콩에서 이미 파산선고를 받아 홍콩에 있는 위 인도인의 재산에 대하여 파산절차가 진행중에 있기 때문에 자신은 당사자적격이 없다고 다투었다.

〈판결요지〉

파산에 관한 재판은 특별한 법령 또는 국제조약이 없는 이상, 파산선고법원 소속국의 재판은 집행력을 가지는 지역 내에 한하여 효력을 가지는 것이므로, 홍콩에서 선고한 파산은 일본에서는 효력을 가지지 아니한다고 판시하여 파산자로 당사자적격이 바뀌는 효력을 부정하고 인도인의 당사자적격을 인정하였다.

그 외에 재건절차가 개시된 미국의 학교법인에 대하여 同旨의 판결도 있다.[26]

---

23) 貝瀨幸雄, "比較國際倒產法," 石黑一憲 編, 國際金融倒産, 經濟法令硏究會(1995), 150면 참조.

24) 貝瀨幸雄, 전게논문(주 23), 151면 참조.

25) 判例タイムズ 제516호, 139면. 이 판결에 대한 평석으로는 三宅省三, "訴訟當事者の外國における破產と當事者適格の消長," 別冊 ジュリスト No. 106(1990. 2), 250면 참조. 위 글의 필자는 비록 보편주의를 지지하지만 이 판결의 결론은 속지주의라는 테두리 안에서 어쩔 수 없는 것이라고 수긍한다.

26) 大阪地裁 1995. 5. 23. 判決(判例時報 제1554호, 91면).

(2) 학 설[27]

1) 원칙관할과 예외관할을 구별하는 견해[28]

파산관할을 원칙관할(파산자의 주소 또는 주된 영업소가 국내에 있는 경우)과 예외관할(재산소재지 등)로 나누어 원칙관할에 속한 법원이 개시한 파산절차는 대외적 효력을 인정하고, 예외관할의 경우에는 속지주의에 기하여 국내에만 효력을 인정한다. 다만 외국이 국내도산절차의 대외적 효력을 인정할 것인지의 여부는 외국의 승인제도에 따른다.

2) 국외적 효력을 전면 인정하는 견해[29]

條理에 의한 국제파산관할권 있는 법원에서 개시한 파산절차의 효력을 국내에서 인정하자고 주장한다. 근거로는 도산절차가 갖는 포괄적 집행의 성격 때문에 관재인의 선임으로 인한 관리처분권의 이전과 개별집행금지의 효력이 인정되는 것이므로 전자를 승인하는 이상 마찬가지로 포괄집행적 효력으로서의 후자도 승인하는 것이 이론적으로 일관하는 것이다. 개별집행금지의 효력을 인정함에 있어서 내국채권자의 내국법상의 우선순위가 일단 확보되고 내국도산절차에 비하여 절차비용부담, 신고의 불편이 없도록 편의를 도모하여야 하고, 집행판결절차에서 이해관계인의 적법절차를 보장하는 방안이 강구된다면 내국채권자의 보호라고 하는 난점은 극복된다. 민사집행법에 준하여 집행판결의 방식에 의하여 외국도산을 승인하고 내국채권자의 보호에 필요한 조건을 유연하게 정하면 좋다고 설명한다.

3) 재산과 권한을 구별하는 견해[30]

속지주의를 청산대상인 '재산에 대한 속지주의'와 도산자 · 관재인 · 도산채권자 등과 같이 파산절차에 관여하는 자 상호간의 '권한에 대한 속지주의'로 나누어 파산법 제 3 조는 재산에 관한 속지주의를 규정한 것으로 해석한다.

---

27) 이하 일본의 학설은 渡辺惺之, 전게논문(주 11), 247면과 坂井秀行, 전게논문(주 6), 38면 이하를 정리한 것이다.

28) 竹下守夫, "屬地主義と外國の破產管財人のわが國における權限," 判例タイムズ 제472호 274면; 青山善充, "倒產手続における 屬地主義の再検討," 民訴 25호, 125면.

29) 竹內康二, Cross-Border Bankruptcy: Japanese Report, 1992; "國際倒產への試論," 法學志林 제76권 제 2 호, 45면.

30) 石黑一憲, 國際私法と國際民事訴訟法の交錯, 有斐閣(1998), 216면 이하.

4) 개별집행금지의 효력과 관리처분권이전의 효력을 구분하는 견해[31]

이는 전게 東京高裁 決定과 같은 입장이다. 이 견해는 관재인의 관리처분권은 내국에도 미치는 것으로 보는데 그 근거에 대해서는 외국관재인의 선임이 개인 또는 법인의 속인법에 따라 이루어진 경우를 국제사법이론으로 설명하려는 견해와 국제민사소송법이론으로 설명하려는 견해가 있다. 전자의 견해는 외국법원의 관재인 선임을 위한 재판의 승인을 문제삼지 않지만, 후자의 견해는 외국재판의 승인집행의 법리에 따라 외국법원의 관재인 선임이 국내에서 승인되어야 한다고 본다.

(3) 요　　약

일본에서는 판례가 학설보다 먼저 속지주의를 완화하려는 시도를 이끌었다는 점에 특색이 있다. 일본은 2000년에 들어와 국제파산법제를 개정하기 이전에는 학설과 판례는 대체로 외국관재인의 권한을 국내에서도 인정하는 반면, 일본 국내에서 강제집행의 정지, 내국소송절차의 중단, 그에 수반하여 파산자로부터 파산관재인으로 당사자적격이 이전하는 효력은 인정하지 않고 있다. 학자들도 포괄집행적 효력의 대내적 확장까지 인정하는 견해는 소수이다. 해석론으로는 해결할 수 없고 입법으로 해결할 수밖에 없다는 견해도 있다.[32]

2. 한　　국

(1) 판　　례

대법원 판결이 선고되기 이전에 외국파산절차의 국내적 효력이 다투어진 사례는 외국파산관재인의 당사자적격에 관한 것이다. 대상 판결이 선고된 후 하급심에서 개별집행금지의 효력에 관한 판결이 선고되었다.[33] 외국관재인의 당사자적격에 관한 대상 판결이 나오기 이전에 하급심은 견해가 나누어져 있었다. 즉 국내 소재 재산과 관련된 소송에서 여전히 종전 대표이사가 당사자적격을 갖는다는 입장과 관재인이 당사자적격을 갖는다는 입장이다. 후자가 다수였으며 대상 판결은 후자의 손을 들어주었다.

---

31) 小林秀之, "カナダにおけるわが國の倒産手続の效力と屬地主義," 金融法務事情 No. 1284(1991. 4. 15), 38면 참조.

32) 渡辺惺之, 전게논문(주 11).

33) 인천지방법원 2003. 7. 24. 선고 2003가합1768 판결(각공 2003. 9. 10.(1), 80. 확정).

1) 서울지방법원 1996. 6. 28. 선고 96가합27402 판결[34]

〈사안의 개요〉

이 사건은 대상 판결과 기본적인 사실관계가 같다. 그 외 인정된 사실은 다음과 같다. 피고 크라운이 파올로구찌로부터 그가 한국에 등록한 상표에 관하여 전용사용권과 그의 동의하에 제 3 자에게 통상사용권을 설정할 수 있다는 계약을 체결하였다. 국내 의류업체들인 원고들은 피고 크라운으로부터 통상사용권을 설정받기로 약정하였다. 원고들은 피고 크라운에 대하여는 통상사용권설정등록절차의이행을, 망 파올로구찌의 파산관재인인 피고 시나트라에 대하여는 피고 크라운에 대하여 전용사용권설정등록절차를 이행하라는 소송을 제기하였다. 피고 시나트라는 그가 미국의 파산법원에 의하여 선임된 파산관재인이므로 속지주의를 채택하고 있는 한국 파산법하에서는 당사자적격이 없다고 본안전 항변을 제출하였다.[35]

〈판결요지〉

파산절차는 파산자의 총채권자에 대한 평등한 변제를 그 목적으로 하는 것이고, 그 실현을 위하여 파산선고에서 파산채권자의 개별적인 권리행사(집행)를 금지하는 효력(이른바 포괄집행적 효력)이 인정되고 있으며, 이러한 포괄집행적 효력은 국가권력의 발동인 강제집행과 유사한 면이 있어 외국에서 선고한 파산의 효력 중 위와 같은 국가권력의 발동이라는 측면을 갖는 포괄집행적 효력은 당해 외국의 국가권력이 미치지 않는 우리 나라에 대하여 당연히는 그 효력이 미치지 않는다고 할 것이고, 그 범위 내에서 외국법원에서 내린 파산선고의 효력이 우리 나라에 있는 재산에 대하여 제한되는 것으로 보아야 할 것이므로, 결국 위 파산법 제 3 조 제 2 항에서 말하는 '효력이 없다'는 말은 한국 내에 있는 재산에 대하여 위에서 본 파산선고의 본래적 효력, 즉 파산법 제15조 내지 제61조가 규정하고 있는 포괄집행

34) 하집 1996-1, 329면, 이 판결은 1심에서 확정되었다. 이 판결에 대한 평석으로는 石光現, "국제도산법의 몇 가지 문제점," 國際私法과 國際訴訟 제 1 권, 박영사(2001), 450-455면 참조. 이 견해는 미국 파산법상 관재인의 법적 지위가 한국과 다르다는 점을 정확히 지적하였고, 이 판결이 관재인의 권한을 승인하는 근거를 외국재판의 승인에 준하여 그 구비요건을 심리하였어야 함에도 언급하지 아니한 점, 포괄집행적 효력도 한국에 인정되는지 여부를 언급하지 아니한 점, 포괄집행적 효력과 관리처분권이전의 효력을 달리 취급하기 어렵다는 점을 지적하고 있다. 마지막 지적에 대하여는 다음 항에서 별도로 살펴보기로 한다. 하지만 대상 판결은 이 견해가 제기하는 의문 중 승인근거에 대하여 외국재판의 승인에 준한다고 판시하고 나머지 점에 대하여는 침묵하고 있다.

35) 파산관재인 시나트라는 이번 대상 판결에서는 반대로 현행 한국 파산법하에서도 파산관재인으로서 적법한 권한에 따라 처분하였다고 주장함으로써 속지주의의 한계를 벗어나는 주장을 하였음은 흥미롭다.

적 효력이 미치지 않음을 선언함에 그치는 것이지, 나아가 외국에서 파산의 선고가 있었다는 사실이나 그에 따라 파산관재인이 선임되었다는 것 자체를 무시한다거나, 그 선고의 결과 파산선고를 한 해당 국가에서 그 국가의 법률에 따라 파산관재인이 파산자가 소유하는 재산의 관리처분권을 취득하는 등의 효과가 발생하는 것을 부정하는 것까지 요구하는 것이 아니라 할 것이고, 따라서 위 망 파올로구찌의 이 사건 각 상표권은 우리 나라의 파산법하에서도 미국 파산법원의 파산선고에 따라 그 관리처분권이 피고 파산관재인에 이전되는 것으로 볼 수 있어 피고 파산관재인에 대한 소는 위 망 파올로구찌를 대신하여 소송을 수행할 권한이 있는 자를 상대로 한 것으로서 적법하다.

2) 서울지방법원 1998. 6. 11. 선고 96가합91175 판결[36)]

일본에서 파산선고된 법인의 대표청산인이 한국에서 소를 제기한 데 대하여 피고가 파산관재인이 적법한 당사자라고 본안전 항변을 한데 대하여 법원은 파산법 제 3 조 제 2 항에 의하여 일본의 파산절차는 한국에 효력이 미치지 아니하므로 한국에서는 파산관재인이 아니라 대표청산인이 여전히 당사자를 대표할 자격을 가진다는 이유로 본안전 항변을 배척하였다.

3) 서울지방법원 2002. 9. 4. 선고 2001가합79063 판결(미공간)

〈사안의 개요〉

원고(일본 법인)는 피고 甲 회사의 주주로서 1996. 4. 17. 일본 東京地方裁判所로부터 파산선고를 받아 파산관재인이 선임되었다. 피고 乙은 1996. 8. 8. 파산관재인으로부터 주식을 매수하였으나 당시 파산관재인이 주권을 소지하고 있지 아니하여 1996. 12. 13. 인천지방법원으로부터 구 주권을 무효로 한다는 제권판결을 선고받았고, 피고 甲 회사는 파산관재인의 요청에 따라 신 주권을 재발행하였다. 피고 乙은 1996. 12. 27. 파산관재인으로부터 신 주권을 인수하였으며, 피고 甲 회사는 피고 乙의 청구에 따라 주주명부상의 주주명의를 개서하였다. 이에 대하여 원고는 청구원인으로 원고가 피고 甲 회사로부터 구 주권을 발행 교부받아 소지하고 있음에도 피고들은 1996. 12. 27. 원고 모르게 구 주권의 존재를 무시하고 신 주권을 발행 교부하고 피고 甲 회사의 주주명부상 주주명의를 피고 乙로 개서하였으니 피고 乙 앞으로 이루어진 명의개서는 무효라고 주장하면서 피고들에 대하여 원고가 이 사건 주식의 소유자임을 확인함과 아울러 피고 甲 회사의 주주명부상 이 사건 주식

36) 이른바 삼기강업 사건으로 서울고등법원에 항소하였으나 항소심에서 조정으로 종결되었다.

에 관한 명의개서절차의 이행을 구하였다. 이 판결은 1심에서 확정되었다.

〈판결요지〉

가. 일본의 파산법에 의하면, 파산선고에 의하여 파산자가 파산선고시에 가지는 모든 재산은 파산재단에 귀속되고(제6조 제1항), 파산재단의 관리처분권은 파산관재인에게 전속하므로(제7조), 파산재단에 관한 소송에 관하여는 파산관재인이 당사자가 된다. 원고는 파산선고 당시 주식의 주권을 소지하고 있었고, 또한 원고의 본점 소재지가 일본국내이므로, 결국 파산선고 당시 주식의 주권이 일본국내에 있었음을 알 수 있는바, 파산선고에 의하여 주식은 파산재단에 귀속되고, 주식에 대한 관리처분권은 파산자로부터 박탈되어 파산관재인에게 전속하므로, 주식에 관한 소송에 관하여는 파산관재인이 당사자가 된다.

나. 가사 주식을 한국 내에 있는 재산이라고 본다 하더라도, 대한민국 파산법 제 3 조 제 2 항의 '외국에서 선고한 파산은 한국 내에 있는 재산에 대하여는 효력이 없다'는 규정은 한국 내에 있는 재산에 대하여 파산선고의 본래적 효력, 즉 파산채권자의 개별적인 권리행사(집행)를 금지하는 효력(이른바, 포괄집행적 효력)이 미치지 않음을 선언함에 그치는 것이지, 나아가 외국에서 파산의 선고가 있었다는 사실이나 그에 따라 파산관재인이 선임되었다는 것 자체를 무시한다거나, 그 선고의 결과 파산선고를 한 해당 국가에서 그 국가의 법률에 따라 파산관재인이 채무자가 소유하는 재산의 관리처분권을 취득하는 등의 효과가 발생하는 것을 부정하는 것까지 요구하는 것은 아니므로, 일본 법원의 파산선고에 따라 주식에 대한 관리처분권이 파산관재인에게 이전되고, 그 결과 주식에 관한 소송에 관하여는 파산관재인에게 그 소송수행권이 있다. 따라서, 당사자적격이 없는 파산자가 제기한 이 사건 소는 부적법하다.

(2) 파산실무

현재 회사정리절차의 실무에서는 관리인은 국내영업뿐 아니라 해외영업까지 관장하는 것을 전제로 전세계적인 영업망을 통하여 얻을 수 있는 수익을 기초로 계획안을 수립하고 있으며[37] 동아건설의 파산사건에서도 관재인이 리비아에 소재하고 있는 재산과 대수로사업에 대하여도 관리처분권을 가지고 있는 것을 전제로

37) 서성식, "법정관리인이 본 회사정리," 2002년도 도산실무법관연수 자료, 사법연수원(2002), 14면.

관재업무를 수행하고 있다.[38] 이러한 실무가 현행법하에서 적법한 것인가에 대하여는 논란이 있을 수 있고 실제로 외국채권자들로서는 어떠한 근거로 그와 같은 실무가 이루어지는지에 대한 확답을 구하고 이를 둘러싼 적지 않은 법률비용이 든다고 한다.

(3) 학 설

전게 서울지방법원 96가합27402 판결이 선고된 후 그 판결을 연구대상으로 하여 활발한 논의가 시작되었다. 학설의 내용은 아래와 같다.

첫째는 대상 판결의 이유 설시와 같이 파산의 효력을 포괄집행적 효력과 기타 소송행위를 포함한 재산과 관련된 행위로 나누어 전자에 대하여만 국내재산에 효력이 미치지 않고 후자에 대하여는 효력이 미치는 것으로 해석하는 견해가 있다.[39]

둘째는 관리처분이전의 효력뿐 아니라 포괄집행적 효력까지 국내에 미치도록 하자는 견해이다. 이 견해는 양자를 구별할 필요 없이 포괄집행적 효력도 집행판결을 받으면 한국에도 확장될 수 있다고 하되 포괄집행적 효력의 승인과 관재인의 권한의 승인은 집행판결의 승인 要否라고 하는 절차의 차이에 불과한 것으로서 포괄집행적 효력의 승인도 집행판결 없이 가능하다고 보고 그 경우 내국채권자의 보호는 한국 소재 재산에 대한 지역파산을 인정함으로써 해결하는 것이 옳다는 제안을 하고 있다.[40]

셋째로 현행 파산법으로는 외국도산절차의 국내적 효력은 절차개시국에서의 파산관재인 등의 선임과 같은 권리관계를 섭외사법적 측면에서 속인법에 따라 절차개시국에서 인정된 권리관계를 우리 나라에 인정하는 정도에 머무르게 하는 것이 현실적으로 타당하다는 의견이다.[41] 그러나 이 견해의 취지는 이해할 수 있으나 구체적인 근거에 대하여는 더 이상의 설명은 없다.

끝으로 판결이유에 반대하면서 이는 현행법의 속지주의원칙에 정면에 배치되고, 포괄집행적 효력과 관리처분권이전이 효력을 나누어 취급하는 것은 포괄적으로

38) 權光重, "파산법과 파산실무——동아건설산업주식회사의 파산관재업무 경험을 중심으로"(미공간, 도산법연구회 발표).

39) 林采雄, "外國倒產節次가 國內에 미치는 影響에 관한 研究," 破産法의 諸問題(上), 法院圖書館(1999), 45면. 그 근거로는 후자에 대하여도 효력이 미치지 아니하는 것으로 해석하게 되면 그 외국에서는 관재인이, 우리 나라에서는 종래의 대표자가 대표권을 행사하는 것이 될 터인데, 이는 불필요한 문제를 일으키는 요인이 된다는 점을 들고 있다.

40) 石光現, 전게서(주 34), 446면의 주 33. 독일에서는 파산선고를 한 국가가 원칙관할을 갖는 경우의 파산을 보편파산이라 하고 예외관할을 갖는 경우의 파산을 지역파산이라고 한다.

41) 韓忠洙, "外國倒產節次의 承認과 執行," 변호사 제31집(2001), 347면.

망라되어 있는 법적 관계를 대상으로 하는 파산사건의 특성에 비추어 부당하다는 견해도 있다.[42] 그 외에 파산법의 속지주의는 완화하는 방향으로 나가야 한다는 입장에는 찬성하나, 근본적으로는 국제도산에 관한 규정을 개정하여 속지주의를 폐지하고 보편주의를 도입하여야 하고 해석론으로서는 외국 파산관재인은 국내재산에 대한 관리처분권을 가지지 못한다는 견해도 같은 입장이다.[43]

Ⅳ. 검 토

1. 파산절차개시의 효과

(1) 일 반 론

파산절차가 개시되면 관리인이 선임되고 종전 채무자의 재산은 파산재단을 구성하여 파산재단에 대하여는 일반채권자들이 개별집행을 하지 못하고(개별집행금지의 효력 또는 포괄집행효력, 파산법 제15조) 총채권자의 변제를 위한 환가처분을 할 수 있도록 하기 위하여 관리인에게 파산재단에 대한 관리처분권을 부여한다(관리처분권이전의 효력, 파산법 제7조). 관리인은 부인권을 행사하거나 査定재판을 신청함으로써 파산재단을 충실히 하여 공평한 배당을 하고, 배당절차가 끝나면 법원은 채무자에게 비면책사유가 없다고 판단하면 면책의 효력을 부여하고, 회사정리의 경우라면 법원이 인가한 정리계획에 따라 수행을 마치면 정리절차가 종결되거나, 수행에 실패하면 정리절차가 폐지된다(면책효).

(2) 포괄집행적 효력과 관리처분권이전 효력의 불가분성

법원은 개시결정 이전부터 보전관리인의 선임을 명하기도 하고, 경매절차의 중지를 명하며, 조사위원의 선임을 명할 수도 있다(개정 전의 회사정리법의 입장). 파산신청의 개시로부터 절차종료에 이르기까지 발생하는 여러 효과는 법원의 재판의 내용에 기하는 것도 있지만(관리인 선임, 채권신고기한 등) 파산법의 규정에 따라 발생하는 것도 있다(포괄집행효력, 관리처분권이전의 효력). 그런데 파산절차의 개시부터 종결에 이르기까지 발생하는 여러 가지 효력 중 관리처분권이전의 효력과 포괄집행적 효력만을 분리하여 전자는 국외적 효력을 인정하고 후자는 국외적 효

42) 김용진, "국제도산법의 현황과 문제점," 인권과 정의(2000. 4), 133면.
43) 林鍾憲, "파산절차의 개시요건에 관한 실무적 고찰," 법조 제509호(1999. 2), 222, 223면 참조.

력을 부인할 수 있는가?[44] 전게 서울지방법원 96가합27402 판결은 그 근거로 포괄집행적 효력은 국가권력의 발동인 강제집행과 유사한 면이 있어 외국에서 선고한 파산의 효력 중 국가권력의 발동이라는 측면을 갖는 포괄집행적 효력은 당해 외국의 국가권력이 미치지 않는 우리 나라에 대하여는 당연히는 그 효력이 미치지 않는다. 이에 반하여 외국에서 파산의 선고가 있었다는 사실이나 그에 따라 파산관재인이 선임되었다는 것, 그 선고의 결과 파산선고를 한 해당 국가에서 그 국가의 법률에 따라 파산관재인이 채무자가 소유하는 재산의 관리처분권을 취득하는 등의 효과가 발생하는 것은 한국에서도 부정할 것이 아니라고 한다. 이에 대한 검토는 (5)항에서 검토한다.

(3) 파산재단의 범위의 준거법

파산재단의 범위의 준거법에 대하여는 재산소재지법과 절차개시지법을 생각할 수 있으나 총채권자의 이익에 커다란 영향을 미치는 것이므로 후자가 정설이다.[45] 관리인이 관리처분권을 갖는 것은 파산재단에 속하는 재산에 한하고 파산자의 신득재산은 여전히 파산자에게 관리처분권이 남아 있다. 그러므로 파산재단을 구성하는 절차개시지법을 확정할 필요가 있다. 만일 외국의 파산법이 속지주의를 채택하여 국내재산만으로 파산재단을 구성한다면 한국 내의 재산에 대한 관리처분권의 귀속문제는 발생하지 않게 된다. 반대로 보편주의를 채택하면 외국 소재 재산에 대하여도 파산재단을 구성하고 파산관재인이 관리처분권을 취득하게 된다.

(4) 미국 파산법상의 파산재단의 범위

1) 파산절차의 개시

미국 파산법에서는 파산관재인이 선임되는 경우는 제 7 장의 경우이고 제11장의 경우는 관리인이 선임되는 경우는 매우 드물고 점유를 계속하는 채무자(Debtor In Possession)가 사업을 경영하게 된다. 제 7 장의 경우 채무자가 신청하는 자발적

44) 石光現 교수는 전게 서울지방법원 96가합27402 판결이 양자를 구별하는 근거로 첫째 속지주의를 규정한 파산법을 전혀 무시할 수 없다는 점과, 둘째 만일 개별집행금지의 효력을 인정한다면 내국채권자는 채무자의 한국 소재 재산에 대하여 강제집행을 할 수 없게 되어 외국도산절차에 참가하지 않을 수 없는 결과로 된다는 점을 고려하였을 것으로 짐작하고 있다. 石光現, 전게서(주 34), 454면.

45) 河野俊行, "倒産國際私法," 山本克己＝山本和彦＝坂井秀行編, 國際倒產法制の新展開, 金融商事判例 增刊號 제1121호(2001), 150면 참조. 해외재산도 파산재단을 구성하는지 여부와 절차개시시의 재산으로 확정되는지 개시 이후의 취득한 재산도 포함되는지 여부 등을 결정하게 된다.

파산신청(§301)의 경우에는 별도의 파산선고 없이 신청 자체가 파산선고 개시(order for relief)의 효과를 가져온다.[46] 채권자가 신청하는 경우 즉 비자발적 파산신청(§303)에는 별도로 법원이 파산개시의 요건을 충족하였는지를 심리하여 충족하였다고 인정되는 경우에 비로소 파산선고를 한다.[47] 자발적 파산신청이든 비자발적 파산신청이든 파산신청시에 바로 자동중지의 효과[48]와 채무자의 국내외 재산에 대하여 갖는 보통법상 또는 형평법상의 권리가 파산재단을 구성한다.[49] 한국과 달리 제 7 장의 경우에도 담보권자의 담보권실행도 중지되는 효력이 있고, 제 7 장의 경우 면책의 효력이 있으며 제13장의 경우에는 일정기간 변제계획에 따른 변제 후에 면책의 효력을 얻게 된다(§1328(a)).

2) 관리인의 지위

한국과 일본에서는 피상속인이 사망하면 상속이 개시되어 피상속인의 모든 재산이 상속인에게 포괄적으로 승계되지만, 영미에서는 피상속인이 사망하면 별도의 재단(estate)를 구성하고 상속재산관리인(유언집행자 executor 또는 무유언상속시 상속재산관리인 administrator)이 재산의 대표자로서 이를 관리 청산한 후 나머지 재산을 상속인에게 양도하는 방식을 취하고 있다. 전자의 입법주의를 승계주의라고 하고, 후자를 청산주의라고 한다.[50] 이와 유사하게 한국에서는 파산이 개시되면 파산재단을 구성하지만 독립한 법인격을 부여하지 않으며 파산관재인은 파산재단에 대한 관리처분권을 갖게 된다. 파산관재인의 법적 지위에 대하여는 사법상의 직무설, 파산재단대표자설, 관리기구인격설 등 견해가 일치되어 있지 않다. 이에 반하여 미국에서는 파산재단은 독립한 법인격을 갖게 되며 관리인은 파산재단의 대표자가 된다.[51] 따라서 미국에서는 관재인이 파산자의 권리의무를 직접 승계하는 것은 아니지만 파산선고와 동시에 파산자의 재산은 원칙적으로 파산재단을 구성하게

46) §301 후문, The commencement of a voluntary case under a chapter of this title constitutes an order for relief under such chapter.

47) §303(h) If the petition is not timely converted, the court shall order for relief against the debtor in an involuntary petition was filed.

48) §362(a) Except a provided in subsection (b) of this section, a petition filed under section 301, 302(저자주: 부부공동신청), 303 of this title, …operates as a stay of, applicable to all entities, of (1) the commencement or continuation, …of a judicial …action 이하 생략.

49) §541(a) The commencement of a case under section 301, 302, or 303 of this title creates an estate. Such estate is comprised of all the following property, wherever located and by whomever held: …

50) 石光現, 국제사법해설 제 2 판, 지산(2003), 374면 주 666 참조; 神前 禎, "倒産財團の範圍," NBL No. 650(1998), 8면 참조.

51) Collier International Business Insolvency Guide Vol. 1, Chapter 4, 13(2003).

되고 관재인은 파산재단의 대표자로서 파산재단에 대하여 관리처분권을 갖는다. 파산재단의 법적 성격과 관리처분권의 귀속과정이 한국과 다소 다르지만 양자 모두 파산선고에 따르는 법적 효과라는 점에서는 동일하다.

(5) 양 효력의 구별에 대한 비판

1) 이론상의 모순

포괄집행적 효력이나 관리처분권이전의 효력 모두 파산절차의 개시에 따른 법률의 규정에 의한 것이다. 효력을 인정하는 이유는 총채권자의 공평한 배당을 위하여 일단 파산자의 재산으로 파산재단을 구성하게 한 후 관재인으로 하여금 파산재단을 환가처분하도록 하기 위한 것이다. 채무자에게 관리처분권을 남겨 놓게 되면 채무자가 재산을 마음대로 처분하여 편파적으로 변제하거나 재산을 빼돌리게 되므로 이를 막으려는 것이다. 따라서 파산절차의 목적을 고려할 때 두 가지 효력 중 어느 한 가지만 인정할 수는 없다. 파산절차의 개시로 인하여 발생하는 관리처분권이전의 효력이나 포괄집행효력은 동전의 앞뒷면으로 분리할 수 없는 것이다. 그럼에도 불구하고 판례가 이를 분리하여 해석하는 것은 해석론으로서는 무리라고 생각된다.[52]

판례와 같이 해석하면 해외재산에 대한 관리처분권은 관재인에게 이전된다고 하면서 개별채권자들은 포괄집행의 효력에 구애받지 아니한 채 관리처분권을 상실한 종전 채무자로부터 해외재산을 양수받거나 그에 대하여 집행할 수 있는 것이 되는데 이는 논리적으로 모순이다.[53] 또한 외국파산절차의 개시에 의하여 파산재단의 범위는 전세계에 산재한 채무자의 재산에 미친다는 외국 파산절차의 개시의 효력을 인정하여 외국관재인에게 국내재산에 대한 관리처분권을 인정하게 되면 논리적으로 국내에서 파산자를 상대로 하고 있는 소송에서도 외국관재인에게 당사자적격이 이전되어야 하고 소송수계를 위하여 소송절차가 중단되어야 한다.[54]

---

52) 同旨, 김용진, 전게논문(주 42), 133면과 竹內康二 변호사의 견해.

53) 이 점을 지적하고 있는 견해로는 石光現 전게서(주 34), 454면이 있다. "위 판결(대상 판결, 저자주)은 관재인의 권한을 인정하면서도 미국 파산의 포괄집행적 효력을 승인하지 않았는데, 한국 소재 재산에 대한 포괄집행적 효력을 인정하지 않는다면 한국 소재 재산은 파산재단을 구성하지 않게 될 것이고, 그렇다면 미국의 관재인은 한국 소재 재산에 대하여는 관리처분권을 가지지 않는다고 보아야 할 것이라는 생각이 든다."

54) 독일에서도 국내소송절차의 중단을 인정한다. 그 이유는 외국도산절차에 의해 관리처분권의 이전이 있었으면 당연히 채무자에게 재단관계 소송의 수행을 허락하여서는 아니되므로 절차의 중단은 당연하다고 한다. 韓忠洙, 전게논문(주 41), 360면 참조. 한편 權澤秀, 전게논문(주 1), 501면은 여전히 국내재산과 관련하여 파산자에게 재판절차상의 피고적격이 인정되어야 하지만, 외국 파

2) 대외적 효력과의 불균형

만일 대내적 효력에 관하여 대법원의 견해에 따르게 되면 대외적 효력에 관하여도 같은 입장을 취하는 것이 논리적이다. 왜냐하면 "파산은 파산자의 재산으로서 한국 내에 있는 것에 대하여서만 그 효력이 있다"는 파산법 제 3 조 제 1 항은 "외국에서 선고한 파산은 한국 내에 있는 재산에 대하여는 그 효력이 없다"는 제 2 항과 표리의 관계에 있기 때문이다. 따라서 대법원의 견해를 따르게 되면 외국에서 한국도산절차를 승인하여 줄 것인지는 차치하고라도 제 3 조 제 1 항에 대하여도 관리처분권이전의 효력과 포괄집행적 효력을 나누어 관리처분권이전의 효력은 국외에도 미치고 국외에 소재하는 재산도 파산재단에 속하며 관리인의 관리처분권의 대상이 되는 것으로 해석하여야 한다. 그러나 이는 기존의 해석론을 뛰어 넘는 것이다.[55]

3) 종전 채무자의 관리처분권과 관리인의 관리처분권과의 관계

전게 일본의 東京高裁 1981. 1. 30. 決定은 외국관리인이 국내채무자의 권리를 대신하여 행사한다고 하는 표현을 사용하고 있다. 그렇게 되면 외국채무자와 거래하는 국내채권자는 종전 대표이사와 계약을 체결하여도 좋은 것인지 아니면 관리인과 계약을 체결하여야 하는 것인지 의문이 있고, 대상 판결과 같이 관리처분권이전의 효력이 국내재산에 대하여 미친다고 하더라도 이전의 시점이 별도의 승인절차를 거친 때인지, 승인절차 없이도 국내재산에 대한 관리처분권이전의 효력이 생기는지에 대하여 법률관계가 불안정하게 된다.[56] 또한 이미 계속중인 소송의 경우에 소송수계 절차를 밟아야 하는지에 대하여도 의문이 생긴다. 이미 관리처분권을 상실한 채무자가 소송을 태만히 하여 패소하게 되는 경우 이를 저지할 방법에 관한 문제 등도 야기된다. 따라서 대상 판결과 같이 관리처분권만이 이전된다고 하더라도 종전 채무자를 상대로 한 국내재산에 대한 소송의 중단 여부, 그에 따른 강제집행의 허부 등 복잡한 문제가 야기된다.

산관재인은 절차 계속중 이를 승계할 수 있다고 보아야 할 것이라고 기술하고 있다.

55) 田炳西, 전게서(주 11), 152면 참조.

56) 三井哲夫, "國際破産," 池原秀雄編 涉外判例百選(增補版), 別冊ジュリスト No. 16(1976년 12월호), 189면. 이에 의하면 "외국파산선고의 효력은 우리 나라에서는 집행판결시부터 발생하며, 외국에서의 선고시로 소급하지 않는다. 외국파산선고의 집행판결은 국내파산법 규정에 따라 공고된다"고 주장한다.

4) 병행파산시 복수 관재인의 조정

포괄집행적 효력과 달리 외국관재인에게 국내재산에 대한 관리처분권을 인정하게 되면 외국도산절차 개시 후에 국내에서 파산선고가 개시된 경우(또는 그 반대의 경우도 마찬가지이다) 국내절차에서 선임된 관리인의 권한과 외국관재인의 권한이 충돌하는 문제가 생긴다. 속지주의하에서는 병행파산의 문제가 생기더라도 양자를 조정할 필요가 없으나 속지주의를 폐지하게 되면 모델법과 승인원조법과 마찬가지로 병행파산을 조정하는 조항을 둠으로써 해결하여야 한다. 현행법상 병행파산에 관한 조항이 없는 상태에서 대상 판결대로 해석하게 되면 양자의 권한을 조정하기는 어렵고 복잡한 법률관계가 발생한다.

2. 외국관재인의 당사자적격에 관한 국제사법적인 접근

외국에서 외국법인의 파산관재인이 선임된 경우 그의 권한이 한국에서 인정되는지의 문제를 외국파산절차의 승인의 문제가 아닌 국제회사법의 입장에서 접근할 수 있는지 의문이 있다.

(1) 대표자의 변경으로 보는 입장

외국법인에 관하여 설립준거법 소속국에서 관리인이 선임된 경우 법인의 내부조직의 변경은 속인법에 의한다는 국제사법상의 원칙에 따라 이를 대표자의 변경으로 보아 한국에 있는 재산이나 영업과의 관계에서 관리인을 대표자로 볼 수 있다는 견해가 있다.[57] 이 견해에 의하면 외국도산절차의 승인의 문제는 제기되지 않는다.

(2) 대표자의 변경이 아니라고 보는 입장

회사정리법의 경우처럼 대표이사가 여전히 남아 있고 관리인이 재산관계에 대하여만 관리처분권이 이전되는 경우는 대표자의 변경으로 볼 수 없으므로 국제사법상의 원칙은 적용되지 아니하고 여전히 회사의 대표자는 대표이사라는 견해가 있다.[58]

---

57) 林采洪 · 白昌勳, 회사정리법(상), 사법행정학회(2002), 157-158면; 박훤일, 국제거래법, 한국경영법무연구소(1995) 463면.

58) 法院行政處, 會社整理法解說(1985), 47면, 이 견해는 일본의 三ヶ月章 編, 條解會社更生法(上), 弘文堂(1998), 157면을 따른 것이다.

⑶ 검 토

1) 접근방법의 통일

국제파산사건에서 다국적기업의 설립지와 본거지가 상이한 경우가 흔하고 다국적기업에 대하여 파산이 선고되어 관리인이 선임되는 경우도 반드시 설립지국에서 파산절차가 개시되는 것은 아니다.[59] 만일 회사의 설립지와 주된 영업소가 다른 경우 준거법이 상이하게 될 수 있을 뿐 아니라 양 접근법의 상이함에 따라 관재인에 관한 승인이 달라질 수 있다는 점에서 부당하고 따라서 접근방법을 통일하여야 한다.[60] 또한 대상 판결에서 보듯이 반드시 법인에 대하여만 파산이 선고되는 것이 아니고 자연인에 대하여도 파산선고가 되는 것이므로 국제회사법의 입장에서 접근하게 되면 자연인의 파산과 법인에 대한 파산에 대한 접근방법이 달라질 수 있다. 이 문제는 자연인과 법인의 파산을 공통적으로 논함이 옳지 않을까 생각한다.[61]

2) 국제사법적 접근법

국제사법에서 외국인의 당사자능력을 어느 법에 의하여 인정할 것인가 하는 문제에 관하여 사람의 권리능력 또는 행위능력에 따라 본국법에 의한다는 견해도 있으나 절차는 법정지법에 따른다는 원칙에 의하여 법정지법에 의함이 다수설이다.[62] 그러나 당사자적격의 문제는 일반적인 인격적 능력과 구별되고 구체적으로 당해 권리관계에 대하여 실체법상의 관리처분권을 갖는 자를 정하는 것이므로 통상은 준거실체법을 기준으로 하여야 한다(실체적 당사자적격). 그러나 소송계속중의 계쟁물의 양도로 인하여 소송법상 당사자적격이 승계되는지 고정되는지는 소송

59) 일본의 마루코 사건의 경우를 보면 미국에서 개시된 제11장 절차에서는 일본에서 선임된 관리인이 점유를 계속하는 채무자(Debtor in Possession)로 인정받고 미국에서의 사업을 경영할 수 있게 되었다. 마루코 사건에 대하여는 中島健仁, "マルコー事件," 山本克己＝山本和彦＝坂井秀行編, 國際倒產法制の新展開, 金融商事判例 增刊號 제1121호(2001) 35면 이하 참조.

60) 同旨, 石黑一憲 編, 전게서(주 23), 9면 참조; 石黑一憲, 國際民事訴訟法, 新世社(1996), 290-293면 참조.

61) 이 문제를 국제회사법적 접근과 국제도산법적 접근방법으로 파산관재인에게 국내소송수행권을 인정할 수 있다는 견해가 있다. 김용진, 전게논문(주 42), 132면 참조. 그러나 이 견해는 파올로구찌 사건에 관하여 파올로구찌가 자연인이라는 점을 간과한 점과 자연인의 파산과 법인의 파산을 나누어 법인의 경우에는 별도의 접근방법을 허용한다는 점에서 찬동할 수 없다.

62) 伊藤眞, 民事訴訟法(제 3 판), 有斐閣(2003), 95면. 이에 대하여 속인법설을 주장하는 견해는 그 근거로 당사자능력, 소송능력은 본국법(속인법)에 의한다는 불문의 절차적 저촉규정에 기하여 직접 본국소송법에 의하여 결정되어야 한다고 주장한다(木棚照一 · 松岡博 · 渡辺惺之, 國際私法概論 第 3 版, 有斐閣(1999), 278면 참조).

법에 차이가 있으므로 이러한 경우에는 법정지 소송법을 기준으로 한다(절차적 당사자적격). 그리하여 당사자적격의 문제는 법률관계성질결정을 함에 있어 절차로 성질결정하여 법정지법에 의한다거나 실체에 관한 것이므로 준거실체법에 의한다는 식으로 일도양단식의 접근법보다는 구체적인 사례에 맞추어 절차와 실체 중 어느 쪽에 가까운가 하는 개별적인 접근이 옳다고 생각한다. 예컨대, 임의적 소송담당, 소송계속중의 소송물의 양도, 독일법상의 단체소송, 미국의 class action의 허부의 문제는 법정지법에 의하는 유형에 속하고, 유언집행자, 유산관리인, 파산관재인의 당사자적격의 문제는 준거실체법에 의하는 유형이 될 것이다.[63]

이러한 입장에서 외국관리인의 당사자적격을 정하는 문제는 먼저 준거실체법(절차개시국의 파산법)이 해외재산에 대하여도 관리인의 관리처분권을 인정하는지 여부를 확인한 후에[64] 한국의 국제민사소송법 원칙에 의하여 평가하여야 한다. 이때 파산법의 속지주의를 고려함은 물론이다.[65]

여기서 중요한 점은 외국관리인의 당사자적격이 인정되는지 여부를 결정하기 위하여 별도로 외국도산절차의 승인재판을 요할 것은 아니라는 점이다.[66] 외국관리인이 원고가 되든 피고가 되든 당사자적격이 문제가 되었을 때 수소법원이 당해 외국도산절차가 주절차인지 종절차인지 여부, 외국도산절차가 타국 소재 재산에 대

63) 일본의 경우는 木棚照一 · 松岡博 · 渡辺惺之, 전게서(주 62), 279-280면과 松岡博, 國際取引と國際私法, 晃洋書房(1993), 82-88면이 자세하다. 일본에서도 절차적인 측면과 실체적인 측면 중 어디를 강조할 것인가에 따라 학설의 대립이 있으나 구체적인 결론은 큰 차이가 없다. 양 견해 모두 절차와 실체 중 어느 한 가지로 법률관계성질결정을 하자는 것은 아니다. 山本克己, "當事者適格," 新裁判實務大系 3 國際民事訴訟(財産編) 青林書院(2002), 181면 이하는 선정당사자, 기타 임의적 소송담당, 법정소송담당으로 나누어 각각의 경우를 설명하고 있다. 단 위 글에서는 외국파산관재인에 대하여는 승인원조법하에서 논의하고 있다. 국내에서 이 점을 언급하고 있는 글로는 石光現, "國際的인 신디케이티드 론 去來와 어느 貸主銀行의 破産," 국제사법과 국제소송 제 3 권, 박영사(2004), 566-567면. 이 글은 필수적 공동소송인지 여부를 관련 실체법에 따라 판단해야 하며 그 때의 실체법은 결국 당해 법률관계의 준거법이 될 것이라고 기술하고 있다. 그 외에 관재인의 미이행쌍무계약의 해지권의 준거법에 대하여 심도 있게 논의하고 있다.

64) 예컨대 일본의 구 파산법(현행 한국 파산법과 같은 속지주의이다)과 같이 속지주의를 취하거나 EU 도산규정과 같이 보조절차에 대하여는 목적물 소재지의 국가에 한하여 도산절차의 효력이 미친다고 한다면 한국에 소재하는 재산에 대한 소송에서 파산관재인에게 당사자적격이 없고 종전 채무자가 당사자적격을 갖는다고 할 것이다.

65) 木川裕一郎, "外國倒産手続の承認の考察," 倒産法學の軌跡と展開 櫻井孝一先生古稀祝賀, 成文堂(2001), 521면도 당사자적격의 문제는 먼저 외국도산법을 실질법으로 적용하여 처리하되 公序에 의하여 심사가 병행된다고 기술한다. 위 글은 승인원조법에 대한 해설이지만, 현행법의 해석하에서도 국내파산법의 속지주의는 국제사법상의 公序로서 기능한다고 볼 수 있다고 생각한다.

66) EU 도산규정, 노르딕협약, 남미의 몬테비데오협약, 하바나협약 등은 모두 별도의 승인절차를 요하지 않고 관리처분권이전의 효력을 인정하고 있다. 이에 반하여 石光現, "統合倒産法試案 중 國際倒産法에 대한 의견," 전게서(주 63), 299면은 개정시안에 따라 當事者適格을 인정하기 위해서는 우리 법원의 승인결정이 필요하다고 본다.

하여도 관리인에게 관리처분권을 부여하였는지 여부 등을 고려하여 결정하면 족하다. 만일 관리처분권이전의 효력에 대하여도 외국도산절차의 승인재판을 요한다면 한국인 원고가 외국관리인을 상대로 소송을 하기 위하여 미리 승인재판을 신청하여야 하는데 이는 소송법이론상 상정할 수 없는 것이다.[67] 결국 이 문제는 속지주의를 폐지하고, 외국파산절차에서 인정되는 관리처분권이전의 효력에 대하여는 별도의 승인재판을 요하지 않도록 입법적으로 해결하여야 할 것이다.[68] 현재 일본에서는 외국관리인이 일본 내 재산에 대하여 관리처분권을 주장하기 위하여는 승인원조법에 따라 승인재판과 적절한 원조처분(관리명령 등)을 받아야 한다.

(4) 외국판결의 승인조항과 외국파산절차의 승인

1) 외국재판의 승인제도

대상 판례는 외국관리인이 국내재산에 대하여 관리처분권을 갖는 문제에 대하여 해석론상 외국판결의 승인문제로 접근하였다. 민사소송법 제217조의 외국판결이 승인되는 경우는 당해 외국판결이 판결국에서 갖는 효력이 公序에 의하여 일정한 제한을 받는 한도에서 별도의 승인재판 없이 승인국에도 그대로 확장된다고 하는 견해가 지배적 견해이다. 다만 집행을 하기 위하여는 민사집행법 제26조가 정하는 바에 따라 집행판결을 받아야 한다. 승인요건으로는 당해 판결이 확정되어야 하고, 적법한 송달을 받아야 하고, 상호보증 등의 요건을 갖추어야 한다.

2) 외국파산절차의 승인과의 차이

외국파산절차의 승인의 문제에 들어서면 먼저 승인의 대상이 파산선고 등과 같은 개개의 재판인지 아니면 개개의 재판의 근거가 되는 파산절차인지에 대하여 견해의 다툼이 있다.[69] 재판이라 하더라도 반드시 확정될 필요는 없다. 현행 파산법은 제 2 조에서 외국인의 파산능력과 관련하여 상호주의를 취하고 있으나 회사정리법은 상호주의를 취하지 않고 있는 등 상호주의에 대하여도 파산절차와 회사정리절차가 다르다. 미국의 경우에는 채무자의 파산신청만으로 바로 자동중지의 효력이 인정되고 별도로 법원의 파산선고 결정을 필요로 하지 아니한다. 이런 경우에는

67) 원고가 제소 전에 또는 가처분신청 전에 먼저 승인재판을 거쳐야 한다는 것은 불합리하기 때문이다. 독일은 자동승인제를 취하고 있으므로 별도의 절차 없이 국내에서 효력이 발생함을 인정하고 있다. 韓忠洙, 전게논문(주 41), 358면.

68) 同旨, 石光現, 전게서(주 50), 144-145면도 승인의 요건은 현행법상으로 민사소송법 제217조에 준하나 상호보증은 불필요하다고 보며 궁극적으로는 입법적으로 해결할 필요가 있다고 한다.

69) 이 점에 관한 상세한 국내 글로는 林采雄, 전게논문(주 39), 26면 이하 참조. 일본에서의 논의는 木川裕一郎, 전게논문(주 65), 521면 이하.

승인할 외국재판이 아직 존재하지 아니한다. 따라서 외국도산절차의 효력을 승인하는 문제를 민사소송법상의 외국판결의 승인의 틀로 해결하기에는 역부족이다. 국내의 실무가 중에서도 외국도산절차의 승인문제를 기존의 민사소송법상의 외국판결의 승인의 틀로 해석하려는 시도를 한 바 있으나 문제점이 있음을 스스로 지적하고 있다.[70]

3) 외국파산절차의 승인에 관한 입법례

일본은 파산법, 民事再生法, 會社更生法 등에서 외국관리인에게 별도의 승인절차 없이 파산신청권, 참가권한을 부여하고 있다. 승인원조법에서 승인재판을 필요로 하는 것은 승인 후의 개개의 원조처분을 하기 위한 것이다. 그리하여 승인재판이라 함은 그 자체만으로는 별도의 효력이 발생하지 않고 장차 외국도산절차에 대하여 여러 가지 원조처분의 전제가 된다는 것에 불과하다.[71] 모델법도 주절차에 관하여는 승인재판을 하되 승인이 되면 개별적인 원조처분 없이도 개별절차의 중지, 재산의 처분 등의 금지의 효력을 자동적으로 부여하고 있다.[72] EU 도산규정은 부록으로 승인대상인 회원국의 구체적인 파산절차를 열거하는 방식을 취하고 있으므로 자동승인제가 가능하지만 조약이 아닌 국내법으로 모든 국가의 파산절차에 대하여 승인만으로 자동적 효력을 부여하는 것은 입법상 어려움이 있다.[73]

V. 대법원 판결의 이유에 대한 검토

1. 파산재단의 준거법 문제

전게 서울지방법원 96가합27402 판결은 판결이유에서 그 국가의 법률에 따라

70) 승인의 근거 조문이 민사소송법 제217조와 민사집행법 제26조 중 어느 것인지, 승인의 대상, 절차의 확정성 등에 관하여 난점을 기술하고 있다. 林采雄, 전게논문(주 39), 26-33면 참조.

71) 일본의 학자 가운데는 승인재판을 일본 내의 입구단계에서 외국도산절차에 대하여 각종의 원조처분을 줄 수 있는 입장권을 부여하는 것이라고 한다. 中西 康, “承認の理論的性格,” 山本克己＝山本和彦＝坂井秀行 編, 國際倒産法制の新展開, 金融商事判例 增刊號 제1121호(2001), 122면 참조.

72) 모델법 제20조.

73) 독일의 경우도 선의의 제 3 자를 보호하기 위하여 별도로 공고나 등기를 기준으로 한다고 한다. 국내에서도 EU 도산규정과 독일처럼 자동승인제를 주장하는 견해도 있다. 韓忠洙, “UNCITRAL의 국제도산절차 Model Law연구,” 민사소송 제 7 권 제 2 호, 한국민사소송법학회(2003), 563면. 그러나 통합도산법 개정안에서도 EU 도산규정은 선택지에서 배제되었다. 일본의 경우도 같은 이유로 모델법의 방식을 따랐다고 한다.

국내 소재 재산도 외국의 파산재단에 속하는 것을 인정하는 것인지, 국내 소재 재산은 외국의 파산재단에 속하는 것을 인정하지 않고 외국 소재 재산에 대하여만 관리처분권이 귀속되는지 명시하지 않았다. 문면상 전자로 읽힌다. 이에 반하여 대상 판결은 이 점을 분명히 하여 '그 국가의 법률에 따라 한국 내에 있는 파산자의 재산(밑줄 필자주)에 대한 관리처분권을 취득하는 것'이라고 판시하여 분명한 입장을 보였다. 다만 준거법인 미국의 파산법이 보편주의 원칙인지, 속지주의 원칙인지, 파산관재인의 관리처분권의 귀속과정에 대한 판단 없이 한국 내에 있는 재산에 대한 관리처분권이 파산자로부터 파산관재인에게 귀속된다고 판시한 점은 다소 그 이유 설시가 미진하다.

한편 종전 삼기강업 사건은 외국파산절차가 일본에서 개시된 것이고 당시 일본의 파산법이 속지주의를 취하고 있으므로 법원이 한국 내에 소재한 재산에 대하여는 종전 회사의 대표자가 관리처분권을 갖고 있다고 판시한 것은 정당하다.[74] 따라서 파올로구찌에 관한 사례와 삼기강업 사건을 같은 평면에서 접근하여 서로 어긋나는 것으로 평가하는 것은 옳지 않다. 다만 삼기강업 사건과 서울지방법원 2001가합79063 판결은 모두 일본의 구 파산법에 관한 것으로 서로 저촉되는 것으로 평가할 수 있다.

2. 포괄집행적 효력과 관리처분권이전 효력의 구분근거

전게 서울지방법원 판결 96가합27402 판결은 양자를 구별하는 근거에 대하여 나름대로 포괄집행적 효력에는 국가권력의 발동인 강제집행과 유사한 면이 있으므로 타국에 영향을 미치지 아니하지만 관리처분권이전의 효력은 그러하지 아니하므로 타국에 영향을 미친다고 이론구성을 하였다. 그러나 대상 판결은 그러한 구별을 하는 이유에 대한 아무런 설시를 하지 아니하였다. 일본이나 국내에서도 이를 둘러싸고 학설의 대립이 있었던 터이므로 최고법원이 왜 그러한 입장을 취하는지에 대한 이유 설시가 있었으면 하는 아쉬움이 남는다.

74) 한국 법원이 일본 파산법을 적용함에 있어서 판례법 국가가 아닌 일본에서 최고법원의 판결도 아직 선고되지 않은 상태에서 섣불리 일본의 하급심의 판례나 학설을 종합 판단하여 일본의 파산법이 관리처분권이전의 효력에 대하여는 대외적 효력이 있다고 해석하는 것은 어렵지 않을까. 이는 국제사법상 외국법의 내용의 확정이라는 주제에 관한 문제에 관한 것이다. 李好珽, 涉外私法, 韓國放送通信大學(1990), 182면에 의하면 "外國의 判例(그것이 法源이 아닌 경우)와 學說은 外國의 法院이 존중하는 限度에서 존중되어야 한다"고 설명한다.

3. 외국판결의 승인제도

대법원은 "미국 파산법원의 파산선고에 따라 이 사건 상표권에 대한 관리처분권이 파산관재인인 프랭크 지 시나트라에게 이전되는 것을 인정하는 것은 파산관재인의 선임에 관한 미국 파산법원의 재판의 효력을 승인하는 것을 의미하는 것인데, 기록과 미국 파산법의 관련규정 기타 제반 사정에 비추어 살펴보면, 위 미국 파산법원의 재판이 민사소송법 소정의 외국판결 승인요건을 갖춘 것으로 못 볼 바 아니"라고 판시하였다.

그러나 외국 파산절차의 승인의 문제를 민사소송법상의 외국판결의 승인의 문제로 접근하게 되는 경우 발생하는 불합리는 앞에서 기술한 바와 같다. 현행법의 해석론상 어쩔 수 없이 외국판결 승인의 문제로 해결하는 것을 받아들인다면 먼저 관할, 판결의 확정, 공서(公序), 송달, 상호보증의 요건을 검토하였어야 하는데 '기록과 미국 파산법의 관련규정 기타 제반 사정에 비추어' 보더라도 적어도 송달문제는 해결되기 어려운 것이다. 즉 한국인 피고가 미국 파산절차에 참가한 바 없는 이상 미국 파산법원으로부터 어떠한 통지를 받았을리가 없기 때문이다. 이 점에 관한 언급 없이 승인요건을 갖춘다고 판시한 것 역시 무리한 이론 구성이다. 앞으로 속지주의를 철폐하는 입법을 함에 있어서도 외국관재인의 당사자적격에 관한 문제는 국제민사소송법상의 외국재판의 승인문제라기보다는 외국인의 당사자능력, 당사자적격과 같은 국제사법적인 문제로 접근을 하여야 한다. 대상 판결이 입법의 걸림돌이 될 우려가 있다.[75]

4. 상속재산관리인의 자격과 상표의 처분행위

시나트라가 파산관재인이 아니라 상속재산관리인의 자격에서 국내 소재 재산인 상표권을 처분한 것이 유효하다면 굳이 국제파산의 어려운 문제를 야기할 필요가 없다. 상고이유에서도 이 점을 거론하고 있다. 시나트라는 1996년 한국 법원으로부터 망 파올로구찌의 상속재산관리인으로 선임된 바 있다. 그러나 상속재산관리인은 상속재산의 보존행위 및 개량행위만 할 수 있고 법원의 허가 없이는 처분행위는 할 수 없다(민법 제1053조 제 2 항, 제25조, 제118조 참조). 따라서 미국 파산관재인이 한국 법원의 허락 없

75) 石光現, 전게서(주 63), 298면은 내국인이 외국관재인을 상대로 민사소송을 제기하는 경우에도 승인재판을 거쳐야 한다는 입장으로 이해된다.

이 이 사건 상표권을 원고에게 처분하는 것은 보존행위에 해당하지 아니한다. 원심이 이 사건 상표권의 처분행위가 유효하다고 판단한 것은 그 처분권자가 파산관재인이라는 점에 근거한 것이지 상속재산관리인이라는 점에 근거한 것이 아니다. 따라서 시나트라가 상속재산관리인의 자격에서 상표권을 처분하였음을 전제로 한 상고이유의 주장은 이유 없다. 대법원은 상고이유 제 3 점에 대하여 정당하게 판단하였다.

5. 앞으로의 문제점

대법원 판결이유에서 추론하면 앞으로 국내에서 외국관재인이 외국파산자의 소유 재산을 인도받거나 이를 매각하는 것은 법적으로도 가능하지만, 외국도산개시에 의한 내국소송절차의 중단과 수계절차,[76] 외국도산절차에 참가하는 내국채권자가 국내 소재 재산에 대한 강제집행 등을 외국관재인이 중단시키는 것은 허용되지 않을 것으로 예상한다.[77] 그 외에도 외국파산절차가 개시된 후 내국에서 파산선고가 개시된 경우 국내파산관재인과 외국파산관재인간의 권한조정의 어려운 문제를 남기고 있다.

Ⅵ. 결 론

파산법에는 분명히 "외국에서 선고한 파산은 한국 내에 있는 재산에 대하여는

76) 일본에서도 관리처분권을 인정한다고 하여 국내에 계속중인 소송의 당사자적격의 변동까지 인정하는 것은 아니라고 한다(田頭章一, "倒產法制について," 別冊ジュリスト倒產判例百選 제 3 판 (2002. 9), 253면 및 전게 일본의 大阪地裁 1993. 9. 30. 判決 참조). 대상 판례를 해설한 權澤秀, 전게논문(주 1)은 소송수계가 가능한 견해를 피력하고 있다. 보편주의 입법이라 할 수 있는 미국의 파산법 §304의 보조절차에서도 외국관리인이 구제신청으로써 국내 소송절차의 중단을 신청하고 법원이 이를 허가함으로써 비로소 그 효력이 발생하고 있고 당연히 소송이 중단되는 것은 아니다. 또한 일본의 승인원조법하에서도 외국 파산관재인이 내국에서 당연히 채무자의 재산에 관한 소송에서 당사자적격을 갖는 것은 아니고 먼저 법원에 승인신청을 하고(승인원조법 제17조 제 1 항), 요건을 구비하였다고 인정되는 경우에 법원이 승인결정을 한다. 외국관재인이 당사자적격을 취득하기 위하여는 별도로 관리명령(제32조)을 얻어 승인관재인으로 선임되어야 비로소 당사자적격을 취득하는 것이다. 山本克己, 전게논문(주 63), 188면. 다만 소송 외에서의 처분권한에 대하여도 승인재판을 받아야 하는지에 대하여는 별도로 논의해야 한다.

77) 인천지방법원 전게 판결(주 33)도 일본의 민사재생절차의 효력 중 포괄집행적 효력은 국내 소재 재산에 미치지 아니한다는 이유로 일본 민사재생절차에 참가한 채권자가 재생채무자의 국내 소재 재산에 대한 집행을 허용하고 있다.

그 효력이 없다"고 규정하고 있다. 입법취지로서 속지주의를 선언한 것이다. 그런데 대법원이 아무런 근거도 설시하지 않은 채 외국파산절차의 효력을 포괄집행적 효력과 관리처분권이전의 효력으로 나누어 전자는 법문대로 한국 내에 미치지 아니하지만 후자는 한국에도 미치고 더 나아가 외국관리인이 한국에 있는 재산에 대하여도 관리처분권이 있다고 해석하는 것은 아무래도 무리한 해석론이다. 파산절차의 다른 효력 중 면책효와 포괄집행적 효력은 법문을 따르면서 관리처분권이전의 효력은 국내에 미친다고 하려면 전자와 후자를 구별할만한 나름대로의 이유의 제시가 있어야 한다.

또한 외국파산절차의 효력을 국내에 승인하는 문제를 종전 민사소송법상의 외국판결의 승인의 틀에서 해결하다보니 판결승인절차에 관한 일반법리와 정합성이 맞지 않고 파산절차의 승인의 문제가 갖는 독자적인 문제를 해결하기에 역부족임을 드러내고 있다.

판례가 취하고 있는 입장은 구체적인 사건에서 공평한 해결을 하기 위한 것으로 선해할 수 있으나 이는 해석론의 범위를 넘고 있는 것이고 그로 인한 불필요하고도 복잡한 문제를 야기하고 있으므로 궁극적으로 입법적으로 해결하여야 한다.[78] 일본이 파산법제를 개정하면서 가장 먼저 국제파산법제에 손을 대고 그 후 會社更生法, 파산법 순으로 개정작업에 임하고 있음은 이 문제가 얼마나 화급함을 잘 나타내고 있다. 새 술은 새 부대에 부어야 하고 헌 부대에 붓게 되면 터질 수밖에 없다. 국회에 제출된 법안이 조속하게 처리되어야 할 이유를 잘 보여준 사건이다. 현행법의 테두리 안에서 저자는 판결 이유와 결론에 모두 반대한다.

(저스티스 제79호(2004. 6) 소재)

78) 同旨, 林鍾憲, 전게논문(주 43); 齊藤秀夫 외 2인 편, 注解破産法上卷(第3版), 青林書院(1998), 50면(齊藤秀夫 집필); 渡辺惺之, 전게논문(주 11), 247면 등 참조.

통합도산법개정안 중 국제파산편에 대한 검토*

Ⅰ. 머 리 말

국제파산이라 함은 파산재단 또는 파산채권자·채무자의 관계에서 섭외적 요소를 포함하는 파산사건을 의미한다.[1)] 학자들은 국제파산법에서 논의되는 문제로 크게 다음의 4가지를 들고 있다. 국제파산관할, 파산절차에서 외국인의 지위, 파산국제사법(주로 준거법의 결정문제), 국내파산절차의 대외적 효력 및 외국파산절차의 대내적 효력이다.[2)] 이 가운데 UNCITRAL모델법(이하 '모델법'이라 한다)과 日

* 초고를 읽고 유익한 의견을 주신 임채웅 부장판사님과 석광현 교수님께 감사드린다.

1) 여기서 파산이라 함은 광의의 파산을 의미하며 협의의 청산절차인 파산법상의 파산, 재건절차인 화의법상의 화의절차, 회사정리법상의 회사정리절차 등을 포괄하는 용어로 사용한다.

2) 田炳西, 파산법, 법문사(2003), 376면은 관할과 준거법의 문제를 함께 묶어 3가지로 분류하고 있으나 그 논의 내용은 저자와 같다. 각국의 주요 국제파산사건에 대한 간단한 설명은, 林治龍, "국제파산절차에 있어서 사법공조," 사법논집 제34집(2003) 참조. 최근 외국파산절차의 대내적 효력과 관련하여 외국관리인의 당사자적격에 관하여 대법원 2003. 4. 25. 선고 2000다64359 판결(공 2003상, 1242)이 선고되었고, 日本 民事再生節次의 국내효에 관하여 인천지방법원 2003. 7. 24. 선고 2003가합1768 판결(각공 2003. 9. 10.(1), 80. 확정)이 선고되었다. 관재인의 관리처분권이 외국소재 재산에 대하여도 미치는 것인지, 외국소재 사업장의 영업수익을 기초로 자금수지나 계획안을 마련할 것인지에 관한 논의가 관리인에 의하여 제기된 적은 이미 오래 전이다. 日本의 경우는 그 외에 외국파산법원의 면책결정의 효력, 관리인이 미국에서 파산신청을 할 수 있는지 여부, 미국에서 개시된 파산절차와 日本에서 개시된 會社更生節次의 조정에 관한 병행파산의 문제가 이미 다루어졌다. 미국의 경우는 한일 양국의 위와 같은 문제 외에도 국제파산에 있어서 부인권의 준거법, 국제파산관할, 국제파산절차에 있어서 사법공조의 방식 등 국제파산사건에서 발생하는 모든 문제에 대하여 판례가 집적되었고 그를 둘러싼 활발한 논의가 있었다. 日本의 상황에 대하여는

本의 '外國倒産處理手続の承認援助に關する法律(이하 '承認援助法'이라 한다.)[3]은 파산국제사법에 관한 부분을 제외한 나머지에 관하여 입법적인 해결을 도모한 것이고, 유럽연합의 파산규정[4]은 4가지 전체에 관한 입법적 해결을 꾀한 것이다. 현재 입법과정에 있는 통합도산법안의 총칙부분과 제5편 국제파산에 관한 부분은 日本의 承認援助法과 모델법의 영향을 받아 파산국제사법을 제외한 나머지 부분에 관하여 규정하고 있다.[5] 모델법은 보편주의를 원칙으로 하면서도 속지주의를 가미하여 병행파산의 여지를 남겨두고 관리인간 또는 법원간의 사법공조를 통하여 병행파산의 조정을 꾀하고 있으며, 외국파산절차의 승인이라는 별도의 재판을 통하여 승인의 자동적 효력을 인정하고 있는 입법방식이다. 이에 반하여 承認援助法은 모델법을 따른 선진국 중 최초의 국제파산법제라는 평가를 받고 있으나 외국도산절차의 승인재판 외에 별도의 원조처분의 재판을 통하여야 비로소 외국도산절차가 日本에서 집행되는 입법방식이다. 통합도산법안 중 국제파산편은 승인결정 외에 별도의 지원절차를 마련하고 있다는 기본적인 틀에서는 承認援助法과 같으나 병행파산의 조정에 관하여 관리인간의 사법공조 외에 법원간의 직접적인 사법공조를 받아들이고, 양자의 조정 역시 법원에 재량권을 부여하였다는 점에서는 모델법과 같은 입법형식이다.[6]

이 글은 검토위원의 1인으로서 개정작업에 관여하였던 저자가 개정안(국제파산편)의 성립경위를 독자들에게 전달하고 앞으로 최종 입법시 고려하여야 할 점을

山本克己＝山本和彦＝坂井秀行 編, 國際倒産法制の新展開, 金融商事判例 增刊號 제1121호(2001) 참조, 미국의 사례와 현황에 대하여는 미국 판사들이 명료하게 작성한 책인 Samuel L. Bufford ET AL, INTERNATIONAL INSOLVENCY(Federal Judicial Center 2001)이 많은 도움이 되었다.

3) 日本은 1999년 民事再生法의 제정과 2000년 承認援助法의 제정 및 같은 해의 破產法, 民事再生法, 會社更生法 중 국제파산에 관한 규정의 개정(民事再生法等の一部を改正する法律)을 통하여 속지주의적인 입장에서 보편주의적인 국제파산법제로 전환하였다.

4) 정식명칭은 COUNCIL REGULATION(EC) NO. 1346/2000 of 29 May 2000 on insolvency proceedings. 이에 관한 국내의 글로는 石光現, "유럽연합의 國際倒産法制," 國際私法과 國際訴訟 제3권, 박영사(2004), 309면 이하 참조. 유럽의 실무가와 학자들이 설명한 최근의 내용에 대하여는 Ian F. Fletcher ed, The EC Regulation on insolvency proceedings: A Commentary and Annotated Guide, (2002) 참조.

5) 통합도산법은 법무부에서 발표한 공청회안(2002. 10. 31.자)이 국회에 제출된 이후에도 법제처의 심사과정과 이후 법원과의 의견조율 과정에서 일부 조항의 내용이 변경되었으며 이 글에서는 최종안이라 함은 2004. 2. 26.자 개정안을 지칭한다. 국제파산편은 제628조부터 제642조까지 총 15개조로 구성되어 있다. 이 글에서 공청회안은 2002. 11. 6. 공청회에서 발표된 안을 말한다. 참고로 이 글의 말미에 공청회안, 법제처안 및 최종안을 소개한다.

6) 이에 반하여 EU 도산규칙, 노르딕협약에 의하면 외국파산절차의 승인 재판이 없는 자동승인제를 채택하여 외국파산절차에 따른 집행금지의 효력이나 관리인의 처분권을 인정하고 있다. 간단한 소개에 대하여는 林治龍, 전게논문(주 2), 237면 이하 참조.

함께 검토하기 위한 것이다.[7] 먼저 개정안에 관한 논의에 들어가기 전에 이해의 편의를 위하여 현행법이 근거로 하고 있는 속지주의와 모델법이 이상으로 삼고 있는 보편주의 및 개정안의 적용범위에 관하여 간단히 언급하고(Ⅱ) 다음으로 국제파산관할(Ⅲ), 파산절차상 외국인의 지위에 관한 파산외인법(Ⅳ), 내국파산절차의 대외적 효력(Ⅴ)과 외국파산절차의 대내적 효력(Ⅵ)에 관하여 순차로 살펴보기로 한다.

Ⅱ. 국제파산의 입법주의

普遍主義와 屬地主義, 양 입장의 차이, 각국의 파산입법주의에 관하여는 다른 글에서 발표하였으므로 여기서는 생략하기로 한다.[8]

1. 주절차와 종절차

모델법 제 2 조의 정의조항에는 외국주절차를 "채무자가 그의 주된 이익의 중심지를 두고 있는 국가에서 진행되고 있는 도산절차"로, 외국종절차를 "채무자가 영업소를 두고 있는 국가에서 진행되고 있는 외국주절차 이외의 외국절차"를 말한다고 규정하고 있다. 따라서 모델법상으로는 종절차가 되기 위하여는 적어도 그 파산절차가 개시되는 국가에 채무자의 영업소가 있어야 한다. 모델법은 종절차에 대하여도 대외적 효력을 인정하고 있으며 종절차는 청산절차이든, 재건절차이든 묻지 않는다. 한편 EU 도산규정은 종절차는 반드시 청산절차여야 하고 그 효력은 회원국에 소재하는 재산에 대하여만 미치는 속지적 효력을 갖는 것에 특징이 있다.[9]

7) 법무부에서는 2001. 6. 학계와 실무가들 총 5인을 위원으로 한 도산법제개선 실무위원회를 조직하여 2002. 9. 25.자로 도산법개정안을 준비하였고, 2002. 10. 31.자 공청회안을 마련하였다. 공청회안은 법제처로 넘어가 법제처에서 검토한 안이 2003. 2. 22.자 정부안으로 국회에 제출되었다. 법원은 2003. 3. 10. 국회 법제사법위원회로부터 개정안에 대한 검토의견의 제시요청을 받아 전국 법관들의 의견을 수렴하는 한편 도산법 전문법관 7인으로 구성된 검토위원회를 개최하여 법원의 의견을 국회에 전달하여 이를 반영한 최종안이 2004. 2. 26.자로 마련되어 국회의 심의를 기다렸으나 시간부족으로 폐기되고 말았다.

8) 자세한 것은 林治龍, 전게논문(주 2) 및 이 책 중 '외국파산절차가 국내에 미치는 영향' 참조.

9) Ian F. Fletcher, European Union, Collier International Business Insolvency, §43-26(2003).

2. 본절차(full proceeding)와 보조절차(ancillary proceeding)

국제파산절차에서 보편주의와 속지주의의 대립과 차원을 달리하는 두 개념이 있다. 그것은 보조절차와 본절차로서의 병행파산절차이다. 보조절차라 함은 미국 연방파산법 §304가 규정하는 ancillary proceeding과 같이 국내에서 개시되는 외국 채무자에 관한 특별한 파산절차이다. 그 절차의 목적은 국내재산의 환가, 배당 등을 통하여 외국에서 개시된 주절차를 원조하기 위한 것이다. 그 특징은 국내의 본절차(full domestic insolvency)는 아니므로 당연히 본절차에서 인정하는 관리인 선임, 파산재단의 구성, 계획안의 작성 등을 하지 아니하는 점이다. 미국의 보조절차는 미국채권자도 외국주절차에서 공정한 취급을 받는다는 것을 전제로 한다. 따라서 미국채권자가 외국주절차에서 차별을 받는다면 보조절차가 개시되지 않을 수 있다.[10] 보조절차의 장점은 비용이 적게 들고 신속하다는 점과 국내법률만을 적용하지 않고 다국적 기업의 파산사건을 처리함에 있어 요구되는 법원간의 협조(사법의정서의 작성)를 구할 수 있다는 점이다.[11] 보조절차는 종된 파산절차의 성격을 갖지만 병행파산에서 논의되는 종절차의 개념은 주절차와 대비되는 개념으로서 여전히 본절차의 성격을 갖는다는 점에서 병행파산절차와 다르다.

3. 개 정 안

공청회안이 발표된 후 법원은 정의조항을 두고 그 안에 주절차와 종절차의 구별에 대하여 정의조항에 넣자고 주장하였으나[12] 정부안은 모델법과 달리 기본적으로 양 절차를 구별하지 아니한다는 방침을 정하여 법원의 의견은 받아들여지지 아니하였다. 다만 제628조를 신설하여 외국도산절차, 국내도산절차, 외국도산절차의 승인, 지원절차, 외국도산절차의 대표자, 국제도산관리인에 대하여 정의규정을 두었다.[13] 개정법의 적용범위는 ① 외국도산절차의 승인 및 지원, ② 국내도산절차

10) 미국 파산법 §304c(2)은 미국채권자의 보호조치가 미흡한 경우 보조절차를 기각할 수 있다고 명시하고 있다. 미국의 보조절차에 대하여는 木村圭二朗, "米國倒産法上の外國倒産節次の承認(1)(2)" 民商法雜誌(1995), 112-6-32 이하 참조.

11) Jay Lawrence Westbrook, Multinational Enterprise in General Default: Chapter 15, The ALI Principles, and The EU Insolvency Regulation, 76 Am. BANKR. L.J. 1, 10(2002).

12) 同旨, 韓忠洙, "UNCITRAL의 국제도산절차와 Model Law 연구," 민사소송 제 7 권 제 2 호, 한국사법행정학회(2003), 545면 참조. 이 글은 법제처안에 대한 검토로서 위 글에서 지적하고 있는 부분 중 일부는 최종안에서 수정되었다.

13) 당초 제629조의 적용범위에 정의규정을 두는 안도 고려되었으나 조문이 복잡하고 난해하다는

의 신청 및 참가, ③ 외국도산절차의 참가, 외국법원의 승인 및 지원, ④ 병행파산절차에 관한 것이다.

Ⅲ. 국제파산관할

1. 현행법하에서 논의

국제파산관할이라 함은 채무자에 대하여 어느 국가의 법원이 파산법원[14]으로서 파산절차를 개시할 수 있는가를 규율하는 것이다. 현재 국내 파산 3 법에는 국제파산관할에 관한 직접적인 규정이 없고 다만 개정된 국제사법 제 2 조에 일반적인 국제민사소송에서의 관할에 관한 규정이 있으나 다소 추상적이다.[15] 현재로서는 국내 민사소송법상 국제관할권에 관한 이른바 逆推知說의 입장과 위 국제사법의 규정을 기초로 하여 파산관할을 정할 수밖에 없다.[16] 이 항에서는 직접관할에 대하여만 설명하고 간접관할에 대하여는 별도로 외국파산절차의 대내적 효력의 항에서 설명한다. 현행 파산법 제96조는 외국에 주된 영업소가 있는 경우에는 대한민국에 있는 주된 영업소의 소재지를, 또한 회사정리법 제 6 조는 외국에 본점이 있는 때에는 대한민국에 있는 주된 영업소의 소재지를 각 관할하는 지방법원본원 합의부에 전속관할이 있다고 규정하고 있다. 이 역시 逆推知說에 따라 원칙적으로 한국에 토지관할이 인정되는 사건에 대하여는 국제재판관할을 인정하는 취지가 포함되어 있다고 해석한다. 그리하여 日本에서는 日本에 토지관할이 인정되는 한 외국인에 대하여 日本에 국제파산관할이 있다고 보아 파산선고를 한 예가 있다.[17] 그러

지적이 있고, 개인회생절차에서 정의규정을 두고 있는 것과의 균형상 국제도산절차의 정의규정을 신설하게 되었다. 정의규정 중 외국도산절차의 승인과 지원절차에 관한 항목은 최종안 제628조에 삽입되었다.

14) 이 글에서 파산법원이라 함은 미국의 파산법원과 같은 전문법원을 가리키는 것이 아니라 파산절차에 관하여 관할권을 갖고 파산절차를 개시한 법원을 지칭한다.

15) 제 2 조(국제재판관할) ① 법원은 당사자 또는 분쟁이 된 사안이 대한민국과 실질적 관련이 있는 경우에 국제재판관할권을 가진다. 이 경우 법원은 실질적 관련의 유무를 판단함에 있어 국제재판관할 배분의 이념에 부합하는 합리적인 원칙에 따라야 한다.
② 법원은 국내법의 관할규정을 참작하여 국제재판관할권의 유무를 판단하되, 제 1 항의 규정의 취지에 비추어 국제재판관할의 특수성을 충분히 고려하여야 한다.

16) 同旨, 田炳西, 전게서(주 2), 378면.

17) 日本의 대표적인 사례로는 미국에서 파산법 제11장 재건절차가 신청된 회사에 대하여 日本의 영업소가 소재한다는 이유로 日本에서 파산신청을 받아들여 파산선고가 된 경우가 있다. U. S.

나 국제파산절차에서는 흔히 파산신청과 동시에 제기하는 보전처분의 허부에 의하여 사건의 성패가 결정되므로 신청단계에서 관할에 관한 다툼을 피하고, 역추지설에 의하는 경우 과잉관할의 문제가[18] 발생할 염려가 있으므로 이해관계인들에게 분명한 관할의 원칙을 정하여야 하는 필요성에서 국제파산법에 있어서는 구체적으로 직접관할에 관하여 규정을 두기로 하였다.

2. 개정안의 내용

개정안은 채무자가 개인인 경우에 국내에 있는 영업소, 주소, 거소 또는 재산소재지에 한하여, 채무자가 법인 기타 사단 또는 재단인 경우에는 국내에 영업소, 사무소 또는 재산소재지에 한하여 국내법원에 파산신청을 할 수 있다고 규정하고 있다.[19] 이는 국내관할을 정하는 파산법 제96조 및 제98조가 국제파산관할의 규율로서 과잉관할이라는 지적이 있어 자연인의 최후주소지, 업무담당자의 주소를 제외하고 아울러 간접관할(승인관할)의 근거와 균형을 맞추기 위한 것이다.

그런데 채무자가 국내에 주소, 거소, 영업소, 사무소도 없이 오직 재산만을 갖고 있는 경우에 그 재산에 기하여 채무자에 대하여 협의의 청산절차 외에 재건절차도 제기할 수 있는가? 그 경우에도 재건절차를 인정할 필요가 있을 수 있다. 예컨대 외국에서도 재건형의 파산절차가 개시되고, 국내의 채무자 재산도 그 재건에 필요한 재산이 되어 내국채권자에게도 청산절차보다 다액의 변제를 기대할 수 있는 경우이다. 이 경우 파산채권에 기한 강제집행의 중지, 취소, 담보권의 실행의 중지 등의 조치를 강구하기 위하여 병행파산으로서 재건절차를 이용할 필요가 있을 수 있다. 이 경우 외국관리인[20]이 국내재건절차를 신청할 것인지, 아니면 외국

Line 사건, 東京地裁 1987(フ) 제216호. 坂井秀行, USライン倒産事件をめぐつて (1)(2), 債權管理 (1989. 11·12) 참조.

18) 자연인의 최후주소지, 법인의 주된 업무담당자의 주소지 등이 그 예이다.

19) 개정안 제3조(재판관할) ① 회생사건 및 파산사건은 채무자의 주된 사무소 또는 영업소(외국에 주된 사무소 또는 영업소가 있는 때에는 대한민국에 있는 주된 사무소 또는 영업소를 말한다)의 소재지를 관할하는 지방법원본원 합의부의 관할에 전속한다. 다만, 채무자가 개인이거나 채무자의 사무소 또는 영업소가 없는 때에는 채무자의 보통재판적 소재지를 관할하는 지방법원본원의 관할에 전속한다.
② 개인회생사건은 채무자의 보통재판적 소재지를 관할하는 지방법원본원의 관할에 전속한다.
③ 제1항 및 제2항의 규정에 의한 관할법원이 없는 때에는 채무자 재산의 소재지(채권의 경우에는 재판상의 청구를 할 수 있는 곳을 그 소재지로 본다)를 관할하는 지방법원본원의 관할에 전속한다.

20) 이 글에서 관리인이라 함은 파산법상의 파산관재인, 회사정리법상의 관리인 등을 포함하여 파산선고 후 채무자를 대신하여 채무자의 재산에 대한 처분 또는 재산에 대한 관리권이 부여된 자를

파산절차의 승인절차를 취할 것인지는 외국관리인이 양 제도의 이·불리를 형량한 후에 결정할 것이다. 국내재산의 가액이 어느 정도 규모 이상일 필요는 없다.[21] 그리하여 개정안은 日本과 달리 파산절차와 회생절차를 구별하지 않고 총칙 제 3 조 제 3 항에서 재산소재지에 대하여도 보충적인 관할을 인정하는 규정을 두었다.[22] 이러한 직접관할의 인정은 병행파산절차의 승인을 초래하여 외국에서 주절차가 개시되더라도, 국내에서 재산소재에 기한 종절차의 개시를 인정하게 된다. 재산소재만을 이유로 한 파산절차는 이른바 종절차가 될 것이지만 주절차국인 외국에서 국내의 파산절차를 승인할 것인지의 여부는 그 나라의 판단에 맡기면 될 것이다. 많은 경우 외국에서 승인대상이 되지 않을 것이다.

외국회사[23]에 대하여 국내에서 정리절차를 개시한다는 실제적인 의의는 개시결정에 의하여 담보권의 실행을 포괄적으로 정지하고, 정리계획도 수립하여 정리채권과 정리담보권의 변경 및 국내 영업의 귀추를 정하는 데에 있다. 따라서 외국에 주된 영업소와 협력하여 채무자 회사의 재건이 가능하게 될 것이다. 그 결과로서 일반채권자도 파산절차에 참가하는 것보다 회생절차에서 많은 변제를 받을 수 있다.

Ⅳ. 파산외인법

1. 현행법의 상호주의

破産外人法에서 논의되는 것은 외국인 및 외국법인의 파산능력의 문제이다. 회

의미한다.

21) 미국의 실무도 이와 같다. 외국에 주된 사무소를 갖고 있는 외국회사는 파산법 §109의 기준에 따라 미국에서 제11장 재건신청을 할 수 있고, §109는 미국에 주소, 상거소지, 영업지 또는 재산을 소유하고 있는 자는 미국에서 제11장 재건절차를 신청할 수 있도록 규정하고 있으며 여기서 재산의 가액 제한이 있는 것은 아니다. 500불의 은행예금을 보유로 관할을 인정한 판례로는 In re McTague, 198 B.R. 428(Bankr. W.D.N.Y.) 참조.

22) 개정안 제 3 조 ③ 제 1 항 및 제 2 항의 규정에 의한 관할법원이 없는 때에는 채무자 재산의 소재지(채권의 경우에는 재판상의 청구를 할 수 있는 곳을 그 소재지로 본다)를 관할하는 지방법원 본원의 관할에 전속한다.
단 日本의 파산법 제104조의2 제 1 항은 종전과 같이 재산소재지 관할을 인정하고 있으나, 개정된 會社更生法 제 5 조는 종전과 같이 재산소재지 관할을 인정하지 않고 있다. 미국의 경우에는 재산소재지 관할을 인정하고 있음은 전술한 바와 같다.

23) 회사가 외국법을 준거법으로 하여 설립되어 그 본점소재지 또는 주된 영업소는 외국에 있고 국내에는 영업소밖에 없는 회사를 말한다.

사정리법은 상호주의의 제한 없이 내외국인 평등의 원칙을 규정하고 있다.[24] 따라서 외국의 주식회사는 당연히 회사정리절차 신청자격이 인정된다. 그러나 파산법은 제 2 조 단서에서 상호주의를 규정하고 있으므로 외국인의 파산능력의 경우에도 상호주의가 적용되는지 여부에 대하여 학설상 다툼이 있다. 실질적 상호주의에 의하면 가령 상인파산주의를 취하는 외국의 본국법에서 상인인 내국인에 대하여 파산능력이 인정되는 경우에 한하여 일반파산주의를 취하는 국내에서도 상인인 외국인의 파산능력이 인정된다고 보고 있다.[25] 한편 형식적 상호주의에 의하면 본국법하에서 외국인과 내국인이 차별적 대우를 받지 않는 한 설령 본국 파산법에서 파산능력이 없는 외국인이라도 본국법하에서 내국인이 차별적 취급을 받지 아니하는 경우에는 내국법하에서 당해 외국인에게 파산능력을 인정하여도 무방하다고 설명한다.[26]

2. 개 정 안

개정안은 종전 상호주의에 관하여 파산법과 회사정리법의 불일치라는 법체계상의 난점과 상호주의가 반드시 자국민채권자를 보호하는 것이 아니라는 종전의 비판[27]을 수용하여 구 파산법 제 2 조 단서를 삭제함으로써 파산법에서도 내외국인 완전평등주의로 전환하여 회사정리법과의 차이를 없앴다.[28]

Ⅴ. 내국파산절차의 대외적 효력

1. 문제의 소재

국내 채무자에 대하여 파산법원이 파산을 선고한 때에 그 파산자가 소유하고

24) 회사정리법 제 3 조.

25) 일반파산주의라 함은 상인 · 비상인을 묻지 아니하고 파산을 인정하는 입장으로서 영미법계와 독일법계가 이에 속하고, 상인파산주의란 상인에 대하여만 파산을 인정하는 입장으로서 불란서법계가 이에 속한다.

26) 田炳西, 전게서(주 2), 377면.

27) 田炳西, 전게서(주 2), 377-378면; 朴基東, "破産節次 開始의 要件과 破産宣告의 效果," 파산법의 제문제(상), 법원도서관(1999), 68면은 현행법의 해석론으로는 형식적 상호주의를 옹호한다.

28) 제 2 조(외국인 및 외국법인의 지위) 외국인 또는 외국법인은 이 법의 적용에 있어서 대한민국 국민 또는 대한민국 법인과 동일한 지위를 가진다.

있는 외국 소재 재산에 대하여도 그 파산선고의 효력이 미치는가? 즉 외국재산에 대하여도 파산관재인의 관리처분권이 미치고 외국재산이 파산재단을 구성하는가? 채권자에 대한 개별집행금지의 효과가 외국 소재 재산에 대하여 인정되는가? 이러한 문제 등이 내국파산절차의 대외적 효력의 장면에서 논의된다. 외국 소재 재산인지 여부를 결정하는 것은 동산 및 부동산에 대하여는 물건의 소재지에 의하여, 채권에 대하여는 국내에서 재판상 청구할 수 있는가 여부에 의하여 결정된다.[29)]

속지주의에 터잡은 현행 파산법하에서는 파산선고의 효력이 국내재산에만 미치고, 보편주의하에서는 파산자의 재산은 그 소재를 불문하고 파산재단에 포함되어 개별집행금지의 원칙이 적용된다. 파산제도의 이상과 목적에 비추어 보면 보편주의가 타당함은 두말할 나위가 없다. 그러나 보편주의가 실효성을 갖추기 위하여는 재산이 소재한 국가 역시 보편주의에 터잡아 자국 내에 소재하는 재산을 외국의 파산절차의 파산재단이 되는 것을 승인하고 그에 따른 협력을 마다하지 아니하여야 되는 것이다. 현행 파산법이 제정될 당시에는 아직 보편주의적인 파산입법이 드문 경우였으므로 그 당시의 국제경제의 규모나 내용에 비추어 보면 속지주의적인 입법에 대하여 타당성을 肯認할 수 있었다. 그러나 자본과 재화의 이동이 양이나 속도에서 현격한 변화를 가져온 현재에는 속지주의는 더 이상 근거를 주장하기 어렵게 되었다. 日本에서 속지주의의 불합리성을 보여준 사건으로는 一成汽船 사건(1978)[30)]을 들 수가 있다. 이 사건은 日本에서 국제파산법에 관한 논의의 단초를 제공하였다는 평가를 받고 있다.[31)]

29) 파산법 제 3 조 제 3 항, 민사소송법 제 4 조, 제 5 조.

30) 日本에서 會社更生節次가 개시된 선박회사(一成汽船)가 소유하는 선박이 캐나다 온타리오주에 정박중에 선박저당권자인 채권자(日本 會社更生節次에서 更生擔保權者로 신고한 바 있다)가 온타리오주 법원에 선박경매신청을 하고 회사의 관리인이 경매신청의 기각을 주장한 사건이었다. 법원은 日本의 會社更生法이 속지주의에 터잡고 있으므로 日本의 會社更生節次의 효력은 캐나다에 미치지 아니한다는 이유로 채권자승소의 결정을 하였다. Orient Leasing Company Ltd. v. The Ship Kosei Maru, 94 D.L.R.(3d) 658.

31) 片山英二, "國際倒產手続," 現代裁判法大係 20, 新日本法規出版(1998) 300면. 이후 日本에서는 日本 會社更生法의 속지주의의 문제점을 피하고 외국 소재 재산에 대하여도 파산재단에 편입시킴으로써 처분금지의 효력을 얻는 방편으로 미국의 연방파산법 제11장 절차를 이용하고 있다. 대표적인 사건이 마루코 사건이다(1991). 회사는 동경에서 會社更生 개시신청을 하였으나 회사의 재산이 미국, 호주, 캐나다 등에 산재하고 있어 외국채권자에 의하여 압류될 위험에 있었다. 이에 갱생절차 개시결정을 한 동경지방재판소는 관리인에게 해외재산에 대하여도 관리처분권이 있음을 전제로 하여 미국 캘리포니아 남부지구 파산법원에 제11장 절차를 신청할 것을 허가하였다. 미국법원은 신청을 받아들여 회사 소유의 재산에 대하여 압류를 금지하는 결정을 발하였다. 이 결정은 사실상 역외적 효력을 갖는 것이므로 미국뿐 아니라 제 3 국 소재 재산에 대하여도 그 효력이 미치게 되어 당초의 목적을 달하게 되었다. 이 판결에 대하여는 日本 法院이 관리인의 관리처분권이 日本國外에도 미치는 것을 사실상 인정한 것이라는 평가를 하고 있다. In re Maruko Inc., 160 B.R. 633

2. 현행법하에서 학설과 판례

(1) 일　본

학자들과 실무가들은 극단적인 속지주의를 墨守하는 해석이 가져오는 폐해를 피하기 위하여 속지주의를 수정하는 방향으로 해석하였다. 파산절차가 갖는 개별집행금지의 효력과 관리처분권이전의 효력을 외국재산에 대하여도 주장할 수 있는 것인가에 초점을 맞추어 논의를 하였다. 日本의 학설 중 일부는 속지주의의 적용을 전면적으로 배제하여 파산관재인의 관리처분권이전이나 파산채권자에 의한 개별집행금지의 효과는 국내재산과 마찬가지로 외국재산에 대하여도 발생하기 때문에 파산관재인으로서는 외국재산에 대하여 강제집행을 시도하는 파산채권자에 대하여 당해 외국절차에 따라 강제집행의 정지 등을 구할 수 있다고 하는 견해도 있다.[32]

그러나 이러한 해석은 입법론으로서는 몰라도 해석론으로서의 범위를 넘는 것이다. 그리하여 日本의 다수설과 실무는 조문이 표방하는 속지주의의 원칙 자체는 승인하면서 개별집행금지의 효력과 관리처분권의 이전효력으로 나누어 전자만이 속지주의의 제한을 받고 후자는 제한이 없다는 입장을 취하고 있다.[33] 詳述하면 파산선고에 기한 법률상의 효과로서 파산관재인이 새로운 관리처분권자가 되는 것이기 때문에 그 권한은 외국소재재산에도 미치고 파산관재인은 외국재산을 환가하여 파산채권자를 위한 배당재원으로 사용할 수 있고 당해 외국이 日本 법원의 파산선고의 효력을 인정하는 특별한 절차(예컨대 미국 파산법 제304조의 보조절차)를 마련하고 있는 경우에는 그 절차를 이용할 수 있게 된다. 이에 반하여 외국재산에 대하여 국내파산채권자 또는 외국채권자가 강제집행을 하는 경우에는 파산관재인으로서는 당연히 그것을 위법하다고 주장할 수 없다. 그 이유는 강제집행의 배제는 단순한 관리처분권 취득

(Bankr. S.D. Cal. 1993).

32) 竹內康二, "國際倒産處理の現狀と課題," 自由と正義 제29권 제120호, 48면. 이 견해는 관할권이 인정되는 법원이 결정한 파산선고라는 단서하에서 국외에도 효력이 미친다고 주장하고 있으며, 青山善充, "倒産手続における屬地主義の再檢討," 民訴 제25호, 137면 이하는 日本 파산법 제 3 조 제 1 항의 규정(한국 파산법 제 3 조 제 1 항과 같다)은 채무자의 주된 영업소가 日本에 없는 경우에만 적용된다고 주장한다. 片山, 전게논문(주 31), 306면에서 재인용.

33) 日本의 하급심 판결로는 東京高決 1981. 1. 30. 判例時報 994, 53; 東京地判, 1991. 9. 26. 判例時報 1421, 128 등 참조. 전자는 스위스 법인에 대하여 스위스 법원에서 파산이 선고된 후 동 회사가 소유하고 있는 日本 소재 특허권의 관리처분권이 종전 대표자에게 귀속하는가 아니면 파산관재인에게 귀속하는가 하는 점이 다투어졌으며, 법원은 스위스 파산법에 의하면 외국 소재 재산도 파산재단에 속하는 것을 인정하고 있으므로 日本에 소재한 특허권이라는 재산에 대하여도 파산관재인에게 관리처분권이 있다고 판단하였다. 이 판결에 대한 소개 및 평석에 대하여는 竹內康二·加藤哲夫, 倒産判例かイト, 有斐閣(1996), 345면.

의 효과가 아니라 포괄집행으로서의 파산절차의 본질적인 효과에 속하는 것이기 때문이다.

(2) 한 국

재판과정에서 국제파산의 문제가 처음 제기된 것은 외국관리인의 당사자적격에 관한 것이었다. 즉 파산자가 여전히 당사자가 되는가 아니면 관리인이 새로이 당사자적격을 갖는 것인가 하는 점이 쟁점이 되었다. 하급심에서는 견해가 나뉘었고 다수는 관리인이 당사자적격을 갖는다는 입장을 취하였으나 반대로 종전 파산자가 여전히 당사자적격을 갖는다는 판결이 한 건 있었다. 후자는 고등법원에서 조정이 성립되어 당사자적격 문제는 판단받지 못하였고 최근 대법원에서 관리인이 당사자적격을 갖는다는 판결이 선고되었다. 대법원은 "파산법 제 3 조 제 2 항은 외국에서 선고한 파산은 한국 내에 있는 재산에 대하여는 그 효력이 없다고 규정하고 있는바, 이는 외국에서 선고된 파산은 한국 내에 있는 재산에 대하여 파산선고의 본래적 효력인 포괄집행적 효력이 미치지 않는다는 것을 선언함에 그치고, 나아가 외국에서 파산선고가 내려진 사실 또는 그에 따라 파산관재인이 선임되었다는 사실 자체를 무시한다거나, 그 선고의 결과 파산선고를 한 해당 국가에서 선임된 파산관재인이 그 국가의 법률에 따라 한국 내에 있는 파산자의 재산에 대한 관리처분권을 취득하는 것까지 부정하는 것은 아니다"라고 판시하여 외국관재인의 상표권처분이 적법하다고 판시하였다.[34)]

그러나 재판 외에서도 이미 정리회사인 건설회사의 관리인이 외국에 소재하는

34) 대법원 2003. 4. 25. 선고 2000다64359 판결(공 2003, 1242). 이 판결에 대한 평석으로는 林治龍, "외국파산절차가 국내에 미치는 영향," 저스티스 제79호(2004. 6) 참조. 같은 취지의 하급심 판례로는 서울지방법원 2002. 9. 4. 선고 2001가합79063 판결 및 1996. 6. 28. 선고 96가합27402 판결. 96가합27402 판결에 대한 평석으로는 *石光現*, 國際私法과 國際訴訟 제 1 권, 박영사(2001), 450면 참조. 위 대법원 판결의 사안은 아래와 같다. 파올로구찌는 구찌오구찌의 손자로서 자신의 이름을 사용한 P자와 G자를 도형화한 도형을 각국에 상표등록하였다. 파올로구찌는 1994년 미국 뉴욕주에서 파산선고를 받아 시나트라가 파산관재인으로 선임되었고, 미국 파산법에 따라 한국의 상표권도 파산재단을 구성하였다. 원고는 구찌오구찌가 설립한 이태리회사로서 파산법원의 매각결정에 기하여 파산관재인으로부터 상표권을 매수하였다. 피고 크라운 주식회사는 한국회사로서 파올로구찌로부터 상표사용권을 부여받은 트랙와이지와 사용기간을 1994-1997, 3년간으로 정하여 전용사용권설정계약을 체결하고 상표를 사용하다가 기간이 만료되었음에도 계속 사용하였다. 원고는 피고를 상대로 상표의 사용, 상표를 부착한 관련 용품의 제조금지 등을 구하였다. 피고는 한국 파산법이 취하는 속지주의에 의하면 미국의 파산선고의 효력은 한국 내에 있는 재산인 이 사건 상표권에 미치지 아니하고 한국에서 별도의 파산관재인이 선임되어 이 사건 상표권의 처분을 허가한 바 없으므로 파산관재인이 원고에게 양도한 상표권 처분행위는 효력이 없다고 다투었다. 원심에서 대부분 원고가 승소하였고, 대법원은 피고의 상고를 기각하였다.

사업장에 대하여 관리처분권이 있는지 여부와 정리계획안을 입안함에 있어 외국사업장의 영업수익을 고려할 것인지가 실무상 문제가 되었다. 법원은 사실상 관리인의 권한이 해외재산에도 미치는 것을 전제로 정리절차의 실무를 하고 있으며 동아건설의 파산사건에서도 파산관재인이 리비아 소재 재산에 대하여도 환가처분하는 것을 전제로 관재인 업무를 행하고 있다.[35]

학설 역시 실무의 입장을 지지하는 견해가 다수이고 속지주의를 고수하여 해외재산에 대하여는 관리처분권이 미치지 아니한다는 견해는 소수이다.[36]

3. 개정안의 입장

(1) 속지주의의 폐지

개정안은 내외국의 학설과 법원의 실무 및 다자간 조약이 일치하여 보편주의로 향하여 가고 있는 趨勢에 맞추어 속지주의를 폐지하였다. 어떤 이는 국제적인 추세 외에 개정안이 왜 보편주의를 채택해야 하는가에 대한 근거가 미약하다고 의문을 제기한다. 파산절차를 지배하는 원칙으로서는 총채권의 변제를 위한 경제적 효율성과 이해관계인들의 공평한 취급을 들 수 있다. 효율성의 면에서 본다면 실무상 해외지사를 두고 있는 기업에 대하여 재건절차를 개시한 경우 해외에 있는 영업소에서의 영업활동과 자금수지를 고려하여 계획안을 마련하고 기업을 운영하여야 기업이 재건할 가능성이 높다.[37] 회사가 위기에 빠지기 전에는 해외 영업소까지 포함하여 범세계적인 규모의 운영을 하다가 회사정리절차가 개시되면 해외영업망은 제외한 채 국내기업만을 대상으로 재건절차를 하여야 한다는 것이 불합리한 것은 두말할 필요도 없다. 해외영업소에 대하여는 여전히 종전 채무자가 관리처분권을 갖게 되고 해외 소재 재산은 파산재단에 속하지 않게 된다면 해외재산의 부

35) 權光重, "파산법과 파산실무——동아건설산업주식회사의 파산관재업무 경험을 중심으로"(미공간, 도산법연구회 발표). 동아건설의 경우 리비아 대수로 공사 등 외국의 공사현장으로서 영업을 계속하기로 법원의 허가 또는 채권자집회의 결의를 얻어 공사를 계속하는 경우에 파산관재인이 그 외국에서 근무할 근로자(보조인)를 임명하여 파견하는 것과 그 외국에 근무하는 근로자가 수금하여 송금하는 금원을 파산재단에 귀속시키는 문제에 대하여 적극적으로 해석하여 실무를 처리하였다고 한다.

36) 林采雄, "外國倒產節次가 國內에 미치는 影響에 관한 硏究," 파산법의 제문제(상), 법원도서관(1999); 石光現, 전게서(주 34), 450-455면. 이에 반하여 林鐘憲, "破產節次의 開始要件에 관한 實務的 考察," 法曹(1999. 2), 223면은 입법론으로는 찬동하지만 해석론으로는 무리라고 한다. 저자도 후자의 입장이다. 林治龍, 전게논문(주 34) 참조.

37) 서성식, "법정관리인이 본 회사정리," 2002년도 도산실무법관연수 자료, 사법연수원(2002), 14면.

당처분으로 변제자원이 부족하게 됨은 명백하다. 파산절차 이전의 시장상황을 그대로 반영한 파산법제가 효율성이 높은 것이다. 다시 말하면 파산법은 시장의 기능을 잘 반영하여야 한다.[38] 또한 채권자들간의 공평성의 문제를 잘 보여준 것이 일본의 一成汽船 사건이다. 국내의 파산절차에 참가한 채권자는 개별적인 집행이 금지되는데 일부 채권자가 해외에 소재한 채무자의 재산에 대하여 집행절차를 통하여 변제를 받는 것은 불공평하기 때문이다. 이러한 점을 고려하면 보편주의로의 전환은 시대적인 대세일 뿐 아니라 파산법의 기본원리에도 부합하는 것이다.

개정안의 규정방식은 먼저 파산법 제 3 조 제 1 항을 삭제하고 개정안 제640조에서 국내도산절차의 관리인 등이 외국법이 허용하는 바에 따라 국내도산절차를 위하여 외국에서 활동할 권한이 있음을 명시하였다. 따라서 외국재산에 대하여 외국에서 개별집행을 하는 경우 파산관재인은 국내법의 파산절차의 효력을 주장하여 외국법원에 그 중지를 신청할 수 있다. 다른 채권자가 변제액과 동일비율의 배당을 받기까지는 배당을 받을 수 없도록 하였다. 이는 파산절차의 포괄집행적 효력이 외국재산에 미치는 것을 전제로 하여 이른바 hotchpot의 원칙을 정한 것이다. 다만 외국채권자가 외국재산으로부터 만족을 얻은 액이 파산배당액을 넘는 경우에는 부당이득이 성립하는가에 대하여는 肯否 양설이 대립되어 있다. 다음 5항에서 詳說한다.

(2) 종절차와 대외적 효력

이른바 주절차의 경우 대외적 효력을 인정하는 점에 대하여는 이론이 없으나 종절차에 의한 경우에도 대외적 효력을 인정하는가에 대하여 입법에 따라 다르다. EU도산규정(제 3 조 제 2 항)은 이를 부정하고 있으나, 모델법(제28조)과 承認援助法은 긍정한다. 개정안은 承認援助法을 따라 국내에 채무자의 재산이 소재하여 파산절차가 개시되는 경우에도 대외적 효력을 인정하고 있다.[39] 이 점은 뒤에서 보는 대로 외국파산절차의 승인대상인 파산절차가 재산소재지만을 근거로 한 경우에 승인대상에서 제외하고 있는 점과는 다르다. 日本의 경우도 당초 입법과정에서 이러한 경우 대외적 효력을 부정하자는 견해도 있었으나 채택되지 아니하였다. 이는 주된 영업소 소재국에서 파산절차가 개시되지 않고 있는 경우라도 외국이 재산소재지국의 파산절차를 승인함으로써 사업의 중단이나 재산의 散逸을 방지할 수 있으므로 그러한 조치

38) Westbrook 교수는 이를 symmetry of market이라 표현한다. Westbrook, *supra* note 11, at 6.
39) 개정안 제 3 조 제 3 항과 종전 속지주의 조항의 삭제에 의한 것이다.

를 취할 것인지 여부는 당해 외국법에 맡기면 족하다는 입장에 터잡은 것이다.[40)]

4. 파산재산의 해외로부터 반입

주의할 것은 국내파산절차의 대외적 효력이 인정된다고 하는 것은 해외재산에 대하여도 관리처분권이 미친다고 하는 것에 그치는 것이지 더 나아가 관리인이 자유로이 그 재산을 해외로부터 반입하여 국내파산사건의 배당재원으로 사용할 수 있다는 것을 보장하는 것은 아니다. 이 점은 외국파산법이 한국파산절차의 대외적 효력을 인정하는지 여부와 한국으로 재산을 반출하도록 허용하는지 여부에 달린 것이다. 개정안도 제637조 제 2 항에서 국제도산관리인이 국내재산을 국외로 반출하기 위하여는 법원의 허가를 받도록 규정하고 있다. 이 점은 日本의 承認援助法 제35조 제 1 항도 같은 내용이다. 최근 특히 미국과 캐나다에서는 실질적인 채권자의 평등과 파산재단의 충실화를 도모하기 위하여 국내재산의 반출명령을 포함하여 법원간의 공조를 시도하고 있다.[41)]

5. hotchpot 원칙

(1) 도입경위

개정안은 국내파산절차의 대외적 효력을 인정하는 것을 전제로 채권자가 국내에서 파산절차 개시 후에 채무자의 국외재산에 대하여 강제집행 또는 병행파산절차내에서 변제를 받은 경우뿐 아니라 국외재산으로부터 임의의 변제를 받는 경우에도 국내채권자와의 균형을 맞추기 위한 규정을 두고 있다.[42)] 이는 영국법에서 처음 인정된 hotchpot 원칙을 수용한 것이다. 日本의 경우는 먼저 1999년 民事再生法 제89조에서 재외재산에 대한 권리행사로 인한 변제 배당조정을 위한 hotchpot rule을 도입하고 이어 2000년 개정에 의하여 파산법과 會社更生法에서도 이를 도

40) 松下淳一, "內國倒産手続の對外的效力" 新裁判實務大系 3 國際民事訴訟(財産編), 青林書院 (2002), 476면.

41) 미국 파산법 §304(b)(2) 참조. 국제파산사건에 있어서 각국의 사법공조에 관하여는 林治龍, 전게 논문(주 2) 참조. 파산사건을 포함하여 중복제소의 문제 등을 해결하기 위한 법원간의 조정에 대한 최근의 논의로는 Jay Lawrance Westbrook, International Judicial Negotiation, 38 Texas Int'l L.J, 567(2003) 참조.

42) 공청회안의 문구 중 배당의 주체를 법원으로부터 관리인 또는 국제도산관리인으로 변경하는 내용으로 수정한 것이다.

입함으로써 파산 3 법 모두 통일된 규정을 갖게 되었다.

(2) 내 용

외국에서 변제를 받은 경우 그 채권자가 국내파산절차에 참가하는 경우 그 채권자와 다른 채권자간의 평등을 확보하기 위하여 동순위의 다른 채권자가 받은 변제와 동일한 비율로 파산절차에서 변제를 받기까지는 파산절차에서 변제를 받지 못하도록 하는 것이다. 회생절차의 경우 계획안을 작성하기 전에 이미 변제를 받았다면 이를 반영한 계획안을 작성하게 된다. 만일 계획이 인가된 후에 변제를 받았다면 日本의 경우에는 會社更生法 제137조에 의한 수정한 기준에 따라 계획상의 변제를 받게 된다.[43]

(3) 부당이득의 성부

만일 외국에서 변제받은 액수가 국내절차에서 받게 되는 배당액보다 多額인 경우 그 차액에 대하여 채권자가 부당이득반환의무가 있는가에 관하여 논란이 있다. 日本의 경우 부정설은 만일 부당이득을 인정하게 되면 재산소재국의 법에 따라 변제받은 것이 법률상 원인 없는 것이 되고 다시 역으로 재산소재국에서 관리인을 상대로 부당이득 반환청구를 초래하게 되어 법제도의 相異함을 무시하는 것이 된다는 점을 논거로 들고 있다.[44] 이에 반하여 긍정설은 국제파산절차의 목적인 채권자간 평등원칙을 국제적인 수준에서 적용하여야 한다는 점을 들고 있다.[45]

생각건대 부당이득반환청구의 준거법에 관하여 국제사법 제31조 제 1 항은 "부당이득은 그 이득이 발생한 곳의 법에 의한다. 다만, 부당이득이 당사자간의 법률관계에 기하여 행하여진 이행으로부터 발생한 경우에는 그 법률관계의 준거법에

43) 개정 전의 일본 會社更生法 제118조의2(2000년 개정에 추가됨)를 그대로 존치한 것으로 그 내용은 아래와 같으며 한국의 회사정리법에는 이에 상응한 규정이 마련되어 있지 않으나 해석론에 참고가 된다.
제118조의2(갱생채권자가 외국에서 받은 변제) ① 갱생채권자는 갱생절차 개시의 결정이 있은 후에 회사의 재산으로서 외국에 있는 것에 대하여 권리를 행사하여 갱생채권에 관하여 변제를 받은 경우에 그 변제를 받기 전의 채권의 전부로써 갱생절차에 참가할 수 있다.
② 전항의 갱생채권자는 다른 동 순위의 갱생채권자가 자기가 받은 변제와 동일한 비율의 변제를 받을 때까지 갱생절차에 의하여 변제를 받지 못한다.
③ 제 1 항의 갱생채권자는 외국에서 변제를 받은 채권의 부분에 관해서는 의결권을 행사하지 못한다.

44) 道垣內正人, "國際倒産における債權者平等," 山本克己＝山本和彦＝坂井秀行編, 國際倒産法制の新展開, 金融商事判例 增刊號 제1121호(2001), 115면.

45) 松下淳一, 전게논문(주 40), 479면.

의한다"고 규정하고 있어 외국 소재 재산으로부터 변제를 받는 경우 당해 외국법에 기한 변제가 적법함에도 불구하고, 대외적 효력을 인정하고 있는 내국파산법의 규정을 근거로 부당성을 판단하는 것은 문제가 있고, 정책적인 관점에서도 외국 소재 재산에 대하여 그 소재를 파악하고 변제받기까지에는 적지 않은 노고를 하였을 터인데 이를 부당이득이라는 이유로 빼앗아 내국채권자의 변제자원으로 삼게 되면 오히려 무임승차하는 내국채권자와의 형평이 문제되고 외국 소재 재산을 추적하려는 노력에 찬물을 끼얹는 격이 되어 거시적으로 보아 국내채권자들에게도 득이 되지 못할 것이라는 점도 고려하면 부정설에 찬동한다. 게다가 긍정설을 취한다면 외국 소재 재산으로부터 채권 전액을 변제받았기 때문에 국내파산절차에 참가하지 아니한 채권자나 국내에 주소나 재산도 갖고 있지 아니한 외국채권자를 상대로 부당이득반환청구소송을 제기하는 경우에 피고에 대한 국제재판관할권이 있는가 하는 문제도 있다.

(4) 채권신고와 의결권의 제한

외국에서 변제를 받은 채권자는 그 변제를 받기 전의 채권 전액에 대하여 채권신고를 할 수 있으나 외국재산으로부터 변제를 받은 부분의 채권에 대하여는 의결권을 행사할 수 없다.

(5) 교차신고제도(cross filing, 개정안은 불인정)

외국회사가 국내에 재산을 갖고 있는 경우 이를 근거로 파산절차를 개시하였으나 국내재산으로는 충분한 배당을 받을 수 없고 외국에서 개시된 주절차에 참가하여 배당을 받으려는 경우 개별채권자가 외국파산절차에 참가하는 것은 사실상 불가능하다. 이러한 불편을 해소하기 위한 것이 교차신고제도이다. 다시 말하면 파산절차의 대외적 효력의 구체적인 효과 중의 하나로 관리인이 국내파산절차에 참가한 채권자를 대리하여 외국파산절차에 참가하는 권한을 갖는 것이다. 이는 외국파산관리인이 채권자를 대리하여 국내의 파산절차에 참가하는 권한을 갖는 것과 균형을 맞추기 위한 것이다. 관리인은 국내채권자를 위한 모든 행위를 할 수 있으나 소의 취하·화해 등 신고한 파산채권자의 권리를 해할 염려가 있는 경우에는 개별채권자의 특별수권을 받아야 한다. 日本은 앞서 본 U.S. Line 사건(1986)에서 일본 종업원들의 임금채권을 관재인이 미국 파산절차에 신고할 수 있는지 여부를 검토한 끝에 당시 법제하에서 불가능하다는 판단을 한 후 EU 규정과 같이 이를 도입하기로 하여 民事再生法 제210조,[46] 會社更生法 제245조에서 정하고 있다. 그러나 우리 나라의 개정안은 이를 채택하지 아니하였다.

Ⅵ. 외국파산절차의 대내적 효력

1. 현행법의 규정

현행법은 국내파산 선고의 대외적 효력이 부정되는 것과 마찬가지로 외국파산 선고의 대내적 효력을 인정하고 있지 않다.[47] 대내적 효력에 관한 속지주의의 배후에는 내국채권자의 이익보호가 고려되어 있다. 만일 보편주의를 인정하면 내국재산이 모두 외국파산재단으로 흡수되어 그만큼 국내채권자에 대한 몫이 줄기 마련이다. 그렇다고 하여 국내파산절차의 대외적 효력만 인정하고 외국파산절차의 대내적 효력을 인정하지 아니하는 입법은 국제파산을 둘러싸고 국제간의 사법공조를 강조하는 현재의 세계적인 흐름에 역행할 뿐 아니라 이른바 掠取主義的인 입법이라는 비판을 면할 길이 없다.[48] 그리하여 대외적 효력을 인정하는 것과의 균형상 대내적 효력을 인정할 수밖에 없는 것이다. 이러한 점을 고려하여 개정안은 외국파산절차의 대내적 효력을 인정하되 그 구체적인 절차와 방식, 효력에 관하여 상세한 규정을 두게 되었다. 즉 日本의 承認援助法을 본받아 외국파산절차의 승인절차와 그에 기한 원조처분이라고 하는 이원적인 방식을 채택하게 되었다.

---

46) 民事再生法 제210조(상호간의 절차참가) ① 외국관재인은 신고를 하지 아니한 재생채권자로서 재생채무자에 대한 외국도산처리절차에 참가하고 있는 자를 대리하여 재생채무자의 재생절차에 참가할 수 있다. 다만, 당해 외국의 법령에 의하여 그 권한을 가지는 경우에 한한다.
② 재생채무자 등은 신고재생채권자(제101조 제 3 항의 규정에 의하여 인부서에 기재된 재생채권을 가진 자를 포함한다. 아래 제 3 항에서 같다)로서 재생채무자에 대한 외국도산처리절차에 참가하고 있지 아니한 자를 대리하여 당해 외국도산처리절차에 참가할 수 있다.
③ 재생채무자 등은 전항의 규정에 의하여 참가한 경우에는 그 대리하는 신고재생채권자를 위하여 외국도산처리절차에 속하는 일체의 행위를 할 수 있다. 다만, 신고의 취하, 화해 기타 신고재생채권자의 권리를 해할 우려가 있는 행위를 함에 있어서는 당해 신고재생채권자의 수권을 받아야 한다.

47) 최근 현행법상의 속지주의에 따라 日本의 민사재생절차에 기한 개별집행금지의 효력은 한국 내에 미치지 아니하므로 민사재생채권을 양수하여 한국 내에서 동일한 재생채무자(日本 내 대우자회사)를 상대로 금원지급청구가 가능하다는 판결이 나왔다. 인천지방법원 2003. 7. 24. 선고 2003가합1768 판결(주 2). 이 판결에 대하여는 김형두 판사가 도산법연구회에서 연구결과를 발표하였고 일본에서도 2004. 3. 13. 倒産手続法硏究會에서 前田美佳 변호사가 발표하였다.

48) 承認援助法이 있기 이전의 日本의 民事再生法이 이러한 입장에 있었다.

2. 외국파산절차의 승인

(1) 승인의 의의

외국파산절차의 승인은 외국판결의 승인과 아래의 점에서 다르다. ① 외국판결의 승인제도는 일정한 요건이 구비되는 것을 전제로 별도의 승인재판 없이 외국판결의 기판력 등의 효력을 인정하여 주는 것임에 반하여, 외국파산절차의 승인이라 함은 외국파산절차의 개시국법에서 절차개시의 재판과 그와 결부된 여러 종류의 효력을 국내에 그대로 인정하는 것이 아니라 오히려 채무자의 국내업무나 재산에 대하여 국내법이 정하고 있는 국내법상의 도움을 주기 위한 각각의 처분을 할 만한 가치가 있는지 여부에 대한 판단의 재판이다. ② 외국판결의 승인은 외국법원에서 선고된 종국판결을 그 대상으로 삼고 있는데 반하여 외국파산절차의 승인은 보전처분과 개시결정 등 여러 종류의 재판의 근원이 되는 파산절차의 효력을 국내에 승인하는 것이다.

(2) 승인의 요건

1) 간접관할(승인관할)

외국파산절차를 국내에 승인하기 위하여는 당해 절차를 신청한 외국에 채무자의 영업소, 사무소 또는 주소가 있을 것이 필요하다.[49] 이러한 주소 등의 존재는 승인신청의 적법요건이므로 승인을 구하는 외국관재인 등이 이를 입증하여야 한다. 영업소로 함은 주된 영업소가 아니라도 무방하다. 모델법이나 承認援助法도 이와 같다. 외국파산절차가 종된 영업소나 사무소의 경우라도 그 절차를 승인하여 그에 이은 후속절차를 마련하여 주겠다는 것이다. 주된 영업소가 있는 국가에서는 워크아웃과 같은 절차가 진행되어 재판상의 파산절차가 개시되지 않고 있는 경우에 종된 영업소 소재지국에서는 파산절차가 개시된 경우라도 이를 승인함으로써 국내에 소재한 재산의 散逸을 방지하고 계속기업가치를 유지할 필요가 있을 수 있기 때문이다. 최종안에는 '절차의 주종을 불문하고'라는 표현이 없으나 그렇다고 하여 종절차를 배척하자는 뜻은 아니다.

49) 承認援助法 제17조 제1항도 같은 내용이다. 공청회안에는 승인관할에 관한 조항이 빠져 있었으나 승인대상이 되는 외국도산절차가 적법한 관할권 있는 법원에서 개시된 도산절차만이 그 승인의 대상이 되는 것이고, 적법한 관할을 어느 범위로 정할 것인지에 대한 입법적인 결정이 있어야 한다는 법원의 주장이 받아들여져 최종안 제631조에 承認援助法과 같은 내용이 삽입되었다.

2) 재산소재지 관할 배제

이에 반하여 승인을 구하고 있는 외국파산절차가 채무자의 재산소재지만을 근거로 관할권이 인정된 경우에는 그 파산절차는 승인의 대상에서 제외된다. 이는 같은 종절차라 하더라도 단지 채무자가 재산만을 갖고 있는 경우라면 채무자와 당해 외국과 밀접한 관련성이 없기 때문에 국내법원이 이를 승인하여 그에 이은 절차를 계속할 의의가 희박하기 때문이다. 이 점은 재산소재만으로 직접관할을 인정하고 또한 그에 대하여 대외적 효력을 인정하는 점과 차이가 있다. 이는 자국민만을 보호하겠다는 편협된 입장은 아니고 모델법과 承認援助法 역시 단지 재산의 소재지만을 근거로 개시된 파산절차는 승인의 대상으로 삼지 않고 있다.[50] 내국의 파산절차와 승인되는 외국파산절차와의 관계에 대하여는 다음의 항에서 병행파산으로 별도로 다루기로 한다.

(3) 승인신청과 재판

1) 승인신청

외국도산절차의 승인신청은 승인관할이 있는 곳에서 개시된 외국도산절차의 대표자가 비용을 납부한 후 아래의 서면을 첨부하여 서울중앙지방법원에 외국도산절차의 승인을 신청할 수 있다. 이 경우 외국어로 작성된 서면에는 번역문을 붙여야 한다. ① 외국도산절차 일반에 대한 법적 근거 및 개요에 대한 진술서, ② 외국도산절차의 개시를 증명하는 서면, ③ 외국도산절차의 대표자의 자격과 권한을 증명하는 서면, ④ 승인을 신청하는 그 외국도산절차의 주요내용에 대한 진술서(채권자 · 채무자 및 이해당사자에 대한 서술을 포함한다), ⑤ 외국도산절차의 대표자가 알고 있는 그 채무자에 대한 다른 모든 외국도산절차에 대한 진술서 · 승인신청이 있는 때에는 법원은 지체없이 그 요지를 공고하고 신청서류를 비치하여야 한다(제631조).

2) 승인재판

법원은 외국도산절차의 승인신청이 있는 때에는 신청일로부터 1월 이내에 승인여부를 결정하여야 한다. 만일 다음 각호의 1에 해당하는 경우에는 법원은 승인신청을 기각하여야 한다. ① 비용을 납부하지 아니한 경우, ② 첨부서류를 제출하지 아니하거나 그 성립 또는 내용의 진정을 인정하기에 부족한 경우, ③ 외국도산절차를 승인하는 것이 대한민국의 선량한 풍속 그 밖에 사회질서에 반하는 경우.

50) 承認援助法 제17조 제 1 항.

법원이 승인결정을 하는 경우에는 그 주문과 이유의 요지를 공고하고 그 결정서를 신청인에게 송달하여야 한다. 법원의 결정에 대하여는 즉시항고를 할 수 있으나 집행정지의 효력이 없다(제632조). 외국도산절차의 승인결정은 이 법에 의한 절차의 개시 또는 진행에 영향을 미치지 아니하므로(제633조) 병행파산의 가능성을 인정하고 있다.

3) 승인 전 명령과 지원절차[51]

법원은 신청 또는 직권으로 승인신청 후 그 결정이 있을 때까지 제636조 제1항 제1호 내지 제3호의 조치(소송절차의 중단, 강제집행, 임의경매, 보전처분 등의 중단, 변제금지 및 재산의 처분금지)를 명할 수 있고 이는 승인신청을 기각하는 결정에 대하여 즉시항고를 한 경우에도 준용된다. 법원은 승인결정을 함과 동시에 또는 승인결정을 한 후에 위에서 본 절차의 중단 외에 국제도산관리인의 선임, 그 밖에 채무자의 업무 및 재산을 보전하거나 채권자의 이익을 보호하기 위하여 필요한 처분을 할 수 있다(제635조, 제636조).

(4) 외국관리인의 절차참가

모델법 제9조는 외국관리인은 국내법원에 대하여 직접 신청권한을 갖는다고 규정하고 있다. 제1회 뉴욕회의에서는 외국관리인이 외국절차의 승인신청, 보전처분 등의 다른 구제신청을 법원에 직접 신청할 수 있다고 규정하였다. 그러나 외국관리인이 신청을 구하는 처분의 종류(승인신청, 협력신청 외에 내국도산절차의 개시신청도 포함되는가), 신청의 전제로서 승인결정을 요하는가 또한 관할법원을 개개의 구체적인 지원처분을 하는 법원인지 아니면 승인결정을 하는 법원인지에 대하여 논의가 있었다. 논의한 끝에 개별쟁점에 해당되는 곳에 따로 조항을 두기로 하고 제9조에서는 외국관리인이 외교상의 경로를 거치지 아니하고 직접 국내법원에 신청할 수 있다는 원칙만을 규정하기로 하였다. 외국관리인 중 미국의 연방예금보험공사(FDIC) 등이 외교경로를 거치지 않고 국내파산신청을 하는 것이 국가기관으로 주권을 행사하는 것이 아닌가 하는 의문이 있으나 위 기관이 국가권력을 행사하는 것이 아니라 관리인으로 행동하는 한 그러한 문제는 발생되지 않는다.

51) 당초 법무부안에서는 승인재판 전의 보전처분과 지원처분의 내용이 현행 실체법과 절차법에 규정되어 있는 법률용어를 사용하지 않고 있고, 국내법의 구체적인 특성이 반영되어 있지 아니하므로 문구의 수정과 즉시항고에 관한 규정을 두자는 법원의 의견이 수용되어 최종안이 성립되었다.

1) 외국관리인의 국내파산절차 신청권

① 모 델 법

모델법 제11조는 "외국관재인은 국내도산절차를 개시하는 다른 조건을 충족하는 경우 절차개시를 신청할 수 있다"고 규정한다. 본조에 의하여 외국관리인은 외국절차의 승인신청 대신에 바로 국내도산절차의 개시신청을 할 수 있다. 외국절차의 승인신청과 내국도산절차의 신청 중 어느 쪽이 유리한가는 내국 파산법의 입법정책, 배당규정에 대한 검토와 내국도산절차가 청산절차인가 재건절차인가에 따라 관리인이 판단하여 결정할 문제이다. 미국의 경우에는 파산법이 채무자에게 우호적이고 내외국인을 차별하지 않는 점을 고려하여 외국관리인이 외국절차의 승인신청을 구하는 대신 미국 파산법에 기한 파산신청을 하는 경우가 흔히 있다. 모델법의 입법과정에서 논의된 것은 첫째로, 관리인이라 함은 주절차의 관리인만 해당하는가 아니면 종절차의 관리인에게도 신청권을 부여할 것인가 하는 점이었다. 이에 대하여는 외국도산절차의 주·종의 구별이 쉽지 아니하고, 그에 대한 외국관리인의 입증부담의 문제라든가, 외국채권자를 통하여 쉽게 파산신청을 조종할 수 있는 실무상의 편법을 우려하여 주종의 구별 없이 모든 관리인에게 직접 신청권을 인정하였다.

다음으로 논의된 것은 외국관리인이 내국절차를 신청하기 전에 승인결정을 받아야 하는 점에 대하여도 의논이 있었다. 승인제도를 취하는 이상 다른 경우와 整合性을 맞춘다는 의미에서 파산신청의 경우에도 사전에 승인결정을 요구하자는 견해도 있었다. 그러나 논리의 일관성이라는 이론상의 문제보다는 신속한 절차개시에 의한 재산을 보전할 실제상의 필요가 크다고 보아 승인불요설이 채택되어 지금의 모델법과 같은 조문이 나오게 된 것이다. 따라서 모델법에 의하면 승인요건을 갖추지 못한 외국관리인도 국내절차를 신청할 수 있게 되었다. 다만 관리인은 제 2 조 (d)호가 정의하는 관리인의 요건을 충족하여야 하고 만일 파산신청이 국내의 공서양속에 반하는 경우 신청은 각하될 수 있다.

② 일 본

日本은 외국관재인이 파산신청, 회사갱생신청, 민사재생신청을 할 수 있는지 여부에 대하여는 承認援助法에서 규정하지 않고 각각 파산법, 會社更生法, 民事再生法에서 규정하고 있다. 民事再生法 제209조 제 1 항은 "외국관재인은 제21조 제 1 항 전단이 규정하는 경우에는 재생채무자에 대하여 재생절차개시 신청을 할 수 있다"고 규정한다. 이로써 외국관재인은 民事再生法 제21조 제 1 항 전단의 사유인

"파산의 원인인 사실이 생길 염려가 있을 때"에 한하여 별도의 승인재판을 거치지 아니하고 재생절차를 신청할 수 있게 되었다.[52] 외국관리인의 신청은 채권자에 의한 신청과 채무자에 의한 신청 중 전자에 준하는 것으로 취급하고 있다. 民事再生法 제208조에 의하여 외국도산절차의 존재에 의하여 개시원인이 추정되는 결과 파산원인사실에 대하여 반증이 없는 한 외국관재인이 신청권을 행사하는 데에 아무런 장애는 없다. 파산법 제357조의3 제1항 및 개정된 會社更生法 제244조 제1항에도 같은 내용이 규정되어 있다. 관리인이라 함은 종절차의 관리인도 포함하고 외국도산절차 개시 전의 보전관리인도 포함된다.[53]

③ 개 정 안

개정안 제634조는 "외국도산절차가 승인된 때에는 외국도산절차의 대표자는 국내도산절차의 개시를 신청하거나 진행중인 국내도산절차에 참가할 수 있다"고 규정하고 있다(공청회안 제634조를 그대로 확정한 것이다). 그러나 입법과정에서 외국도산절차의 대표자(외국관리인이라 한다)는 국내도산절차 신청 전에 또는 참가 전에 반드시 승인결정을 받아야 하는가에 관하여 격렬한 논의가 있었다.

법원의 의견은 모델법과 承認援助法이 모두 외국관리인이 국내절차를 신청함에 있어 승인절차를 요구하지 않고 있고, 외국관리인이 파산신청을 하는 경우에 승인절차를 요하게 되면 민사소송법상의 일반소송을 제기하는 경우에도 승인절차를 요하게 될 것이 아닌가 하는 의문이 있고 만일 피고로 제소되는 경우에 원고측에서 승인신청을 하여야 하는 소송이론상의 난점 등을 이유로 국내도산절차를 개시함에 있어서 승인신청을 요구하여서는 아니 된다는 것이었다.[54] 이에 대하여 정부안은 절차참가의 경우 승인결정을 서울중앙지방법원으로 집중하였고,[55] 전문재판부를 통하는 것이 오히려 신속할 것이며, 절차참가와 절차신청 모두 승인제도를 두는 것이 이론상의 정합성이 있다는 이유를 들어 국내파산신청의 경우에도 승인을 얻어야 한다는 조항을 두기로 하여 정부안대로 확정하였다.

입법기술상의 문제를 고려하면 국제파산편에서 외국관리인의 국내도산절차의

52) 신청권한이 있는 외국관재인의 자격은 재생채무자에 대한 외국도산처리절차가 계속하고 있는 법원 또는 인증을 받은 서면으로서 증명한다(民事再生規則 제105조).

53) 山本和彦, 國際倒産法制, 商事法務(2002), 362면.

54) 한편 石光現, "統合倒産法試案 중 國際倒産法에 대한 의견," 전게서(주 4), 298면은 공청회안을 따르게 되면 외국관재인을 상대로 하는 소송에서도 미리 승인결정을 받아야 한다는 입장이다.

55) 2004. 3. 1.자로 서울지방법원의 각 지원은 본원으로 승격되었고 종전 서울지방법원 본원은 서울중앙지방법원으로 변경되었다. 그러나 종전 4개 지원이 관할하던 파산사건에 관하여는 여전히 서울중앙지방법원에서 관할한다.

신청권한을 규정하는 것보다는 日本과 같이 회생절차와 청산절차의 개시에 관한 규정에서 승인절차 없이 외국관리인에게도 절차신청권을 인정하되, 신청사유는 채권자가 신청하는 것과 같은 사유인 채무자에게 파산의 원인 사실이 생길 염려가 있거나, 원인 사실이 생긴 때로 한정하는 것이 타당한 입법이라고 생각한다.

2) 외국관리인의 국내절차참가권

① 모 델 법

모델법 제12조는 외국관리인의 국내절차참가권을 인정하여 "외국절차의 승인 후 외국관재인은 [입법국의 도산법률을 특정]의 당해 채무자에 관한 절차에 참가할 권한을 갖는다"고 규정하였다. 모델법은 병행파산을 인정하면서 양 절차간의 공조, 협조를 중시하므로 이를 실효 있게 하기 위하여 외국관리인에게 상대국의 도산절차에 참가하는 것을 보장하기 위한 것이 제12조이다. 모델법의 기초 당시 도산절차의 신청권한과 개시된 도산절차에 구체적인 참가를 같은 곳에서 규정하는 것이 불합리하다는 점과 승인의 유무의 차이를 고려하여 제11조와 제12조에서 나누어 규정하게 되었다.

절차개시신청이라는 비교적 중대한 행위는 승인을 요하지 않으면서 상대적으로 중요성이 적은 절차관여에는 항상 승인신청을 요구하는 것이 균형에 어긋나는 것이 아닌가 하는 의문이 있다. 그러나 외국관리인이 외국절차와 내국절차 양쪽에 참가하여 협조를 원활하게 하기 위하여는 법원의 승인결정이 필요하다는 점과 앞서본 개시신청의 신속성의 필요 등을 고려하여 제11조에서는 승인결정이 필요 없지만 제12조의 절차참가를 위하여는 승인결정을 필요로 한 것으로 규정하게 되었다. 절차참여라 함은 주로 불복신청이나 심문의 상대방을 염두에 둔 것이라고 한다.

② 일 본

日本은 承認援助法에서 규율하지 않고 개개 파산법, 民事再生法 등에서 규율하는 입장이다. 民事再生法 제209조는 외국관재인에게 채권자집회출석권, 의견진술권, 계획안제출권, 개시결정 등의 통지수령권한 등을 인정하고 있다. 같은 내용을 파산법 제357조의3과 개정된 會社更生法 제244조에서 규정하고 있다. 日本法이 모델법과 다른 점은 외국관재인이 개별적인 절차참가를 하는 경우에 승인을 요구하지 않고 있다는 데에 있다. 따라서 일본은 외국관재인이 하는 절차참가나 절차신청 모두 승인을 요하지 아니한다.

③ 개 정 안

개정안은 제634조에서 외국관리인이 진행중인 국내도산절차에 참가하기 위하여는 먼저 승인을 받을 것을 요구하고 있다. 이 점은 모델법의 입장을 따른 것이다. 개정안이 日本과 달리 모델법의 입장에 따라 외국관재인간의 협조뿐 아니라 법원간의 협조도 인정하고 있는 이상 법원간 또는 관재인간의 협조를 강화하기 위하여는 진행중인 절차에 참가하려는 외국관리인이 미리 법원의 승인절차를 받도록 입법한 것은 타당하다. 日本은 외국관리인이 국내파산절차에 출석하여 의견을 진술할 수 있고[56] 회생계획안을 제출할 수 있음을 民事再生法, 會社更生法 등에 명문의 규정을 두었으나[57] 개정안은 이러한 규정을 두지 않았다.

3. 병행파산

(1) 문제의 소재

병행파산의 문제는 모델법을 심의하는 동안 중요한 문제의 하나로 취급되었다. 병행파산의 문제를 해결하는 가장 이상적이고 철저한 방법은 각국이 보편주의적인 파산입법을 채택하여 주절차인 외국파산절차를 승인하고 국내파산절차의 개시를 방지하는 것이다. 그러나 이러한 접근방법이 비현실적임은 현재의 국제파산실무에서 잘 드러나 있다. 따라서 모델법 역시 일단 병행파산의 성립 자체는 인정하면서 이를 조정·질서화하기 위한 방법을 마련하였다. 병행파산의 문제는 각국이 취하는 파산법의 입법정책의 차이, 배분방법에 관한 실체법의 차이로 인하여 자국채권자의 보호라는 실리와 보편주의의 이상이 맞부딪치는 곳에서 발생한다. 실제로 병행파산의 문제를 다룸에 있어 자국채권자와 외국채권자의 공평한 취급 여부가 국제파산조약의 성패를 나누기도 한다.[58] 병행파산의 문제는 두 가지의 모습으로 나타난다. 첫째는 양국간에 별개의 파산절차가 개시되어 동시에 진행되는 경우로서 이 때에는 관리인간의 공조 또는 법원간의 공조에 의하여 양 절차의 충돌을 피하고 효율적인 절차진행을 도모하게 된다. 영국과 미국간의 미디어 그룹에 관한 사건인 Maxwell 사건(1991), 캐나다와 미국간의 Everfresh Beverage 사건(1995)[59] 등

56) 日本의 경우는 民事再生法 제209조 제2항, 파산법 제357조의3 제3항, 改正 會社更生法 제244조 제2항.

57) 民事再生法 제209조 제3항, 會社更生法 제244조 제3항.

58) 남미의 몬테비데오협약과 하바나협약이 좋은 예이다. 자세한 설명에 대하여는, 林治龍, 전게논문(주 2), 267면 이하 참조.

59) 이 사건의 경위와 국제변호사회의 Committee J에서 채택한 Concordat의 적용에 관하여는, E

이 그 대표적 예이다. 이 점에 관하여는 법원간 또는 관리인간의 사법공조의 문제로 해결하고 있다.

다음으로는 동일한 채무자에 대하여 개시된 외국절차를 국내에서 승인하고 그 후 내국절차가 개시되거나, 반대로 이미 국내절차가 개시된 후 외국절차가 승인된 경우 양 절차의 조정에 관한 경우이다. 예컨대 이미 파산절차가 개시된 동아건설에 대하여 만일 리비아에 있는 대수로사업장과 재산을 근거로 리비아에서 리비아채권자를 위한 파산절차가 개시되었다고 상정하는 경우 리비아의 관리인이 리비아 파산절차의 승인을 한국법원에 신청하는 경우를 그 예로 들 수 있다. 이 항에서는 외국절차의 승인과 내국절차의 조정에 대하여만 논의한다.[60]

병행파산을 다룸에 있어 2가지 입법이 존재한다. 모델법은 복수의 절차의 병행을 인정하면서 그 효과에서 일정한 조정을 행하는 방법이다. 예를 들면 담보권실행의 중지에 대하여 양자의 규율이 다른 경우에 일정한 원칙 또는 법원의 재량에 의하여 양자의 효과를 조정하면서 양 절차를 진행하는 방식이다. 이에 반하여 日本의 承認援助法은 일정한 원칙에 기하여 복수의 절차 중 하나의 절차만을 진행시키는 방법이다. 예컨대 외국절차와 국제절차 또는 외국절차간에 주종의 구별을 하여 주절차인 국내절차 또는 주절차인 승인절차만을 진행시키는 것이다.

(2) 모 델 법

1) 원 칙

모델법은 하나의 채무자 하나의 파산절차라는 입장을 고집하지 않고 외국절차와 국내절차의 병행의 존재를 현실적으로 인정하고 미리 결정된 해결책을 강제하는 대신 법원과 관리인에게 대화와 협력의 절차를 통한 조정을 달성할 수 있는 환경을 마련하고 있다.[61] 이를 조정하기 위하여 제 5 장에서 병행절차의 제목 아래에 3개 조문을 두고 있다.

제28조는 일반원칙을 정하고 있다. 즉 외국주절차가 승인된 후 내국도산절차는 채무자가 국내에 재산을 가지고 있는 때를 이유로 하는 종절차만 개시될 수 있다.[62]

Bruce Leonard, Internationalisation of Insolvency and Reorganization, International Business Lawyer 205(May 1996) 참조.

60) 전자는 국제파산절차에서의 사법공조의 문제이다.

61) Ian F. Fletcher, INSOLVENCY IN PRIVATE INTERNATIONAL LAW 357(1999).

62) Bufford, *supra* note 2, at 66. 처음 뉴욕회의에서는 원칙으로 내국절차를 개시할 수 있다는 A안과 일정의 조건(영업소 또는 재산의 소재)하에서만 개시할 수 있다는 B안이 제시되었으나 다수가 B안을 지지하였다. B안 가운데에서도 재산 소재 외에 영업소의 소재까지 요하는 의견도

즉 채무자의 주소나 주된 영업소를 근거로 하는 주절차로서의 내국절차는 개시될 수 없다는 원칙이다. 단 유의할 점은 그 절차의 효력은 모델법 제 4 장에서 정한 외국법원간 또는 외국관재인간의 공조 및 조정을 하는 데 필요한 범위 내라는 단서하에 채무자의 국내 소재 자산에 한정된다. 다시 말하면 내국절차는 원칙적으로 속지적 효력을 가지나 예외적으로 일정한 요건하에서 내국의 파산법에 따라 파산재단을 구성하는 외국 소재 채무자 소유 재산에 대하여도 절차의 효력이 미친다.[63] 어느 영업소가 국외지역을 총괄하는 경우(미국회사의 싱가포르지점이 아시아지역을 관할하는 경우)에는 제 3 국 소재 재산이 영업소의 관할에 속하므로 내국절차가 개시된 경우 자산의 유효한 환가나 기업의 재건을 위하여 제 3 국 소재 재산에 대하여도 내국절차의 효력이 미칠 필요가 있다. 단 제 3 국 소재 재산이라고 하여 무조건 내국절차의 효력이 미치는 것은 아니고 단서의 제한 내에 한한다. 단서를 둔 이유는 만일 양국의 파산입법이 보편주의에 터잡은 경우에 발생할지도 모르는 내국절차와 외국절차간의 충돌을 피하기 위한 것이다. 예를 들면 마루코 사건에서 보는 바와 같이 주절차는 日本에서 개시되었고 미국에서는 재산소재를 이유로 종절차가 개시되었으나 미국파산법에 따라 외국 소재 재산에 대하여도 파산절차의 효력이 미치므로 캐나다와 호주 등에 소재한 마루코의 재산에 대하여도 미국 재건절차의 관리하에 들어가게 되는 것이다.[64]

2) 국내절차와 외국절차의 조정

모델법은 다음으로 국내절차와 외국절차의 조정에 관하여는 제29조에서 규정하고 있다. 제29조에 의하면 외국절차와 국내절차가 동시에 진행되는 경우 제 4 장에서 정한 외국법원간 또는 외국관재인간의 공조 및 조정을 꾀하여야 한다. 다만 양자의 시간적 선후에 따라 규정을 달리하고 있다. 따라서 내국절차(보편주의이든 속지주의이든)가 개시되더라도 외국주절차 또는 외국종절차의 승인이 배제되는 것은 아니다.[65] 반대로 외국주절차가 승인되더라도 채무자가 내국에서 재산을 소재하는 한 내국절차의 개시를 배제하는 것이 아니다.[66]

있으나 다수의 국가가 재산소재만으로도 직접관할을 인정하고 있으므로 영업소까지 요구하는 제안은 배제되어 현재와 같은 조항이 되었다. 山本和彦, 전게서(주 53), 314면.

63) Fletcher, *supra* note 61, at 357.

64) In re Maruko Inc., 160 B.R. 633(Bankr. S.D. Cal. 1993). 실제로 마루코 사건에서는 日本의 會社更生節次와 미국의 제11장 절차간의 협력과 조정을 통하여 효율적인 재건계획을 수립 시행하였다.

65) Guide Paragraph. 189; Fletcher, *supra* note 61, 358. 이 점에서 내국절차와 외국승인절차 중 어느 한 쪽이 중단되는 방식을 취하는 日本의 承認援助法과 다르다.

66) Guide Paragraph 184.

① 국내절차가 외국절차의 승인신청 당시 이미 진행되고 있는 경우

외국절차의 승인신청시 또는 승인결정시의 구제조치(제19조 또는 제21조에 의한 것으로 그 내용으로는 집행중지, 자산의 관리 및 환가, 소송의 중단 등)국내절차에 저촉하여서는 아니 되고, 외국절차가 국내절차에서 주절차로 승인되는 경우 또는 국내절차 없이 외국절차만이 승인되는 경우에 주절차의 승인에 관한 효력규정인 제20조(채무자의 재산에 대한 소송의 중단, 집행절차의 중지 등)는 적용이 배제된다. 왜냐하면 모델법은 외국절차와 국내절차의 동시진행을 인정하므로 이미 국내절차의 개시로 인한 소송의 중단 등의 효력이 발생하였기 때문에 제20조의 규정은 불필요하기 때문이다.

② 국내절차가 외국절차의 승인신청 후 또는 승인 후에 개시되는 경우

법원은 제19조 또는 제21조에 따라 부여된 모든 구제조치를 재심사하고, 그 구제조치가 국내절차에 저촉되는 때에는 이를 변경 또는 종료하여야 하고, 만일 그 외국절차가 주절차라면 제20조 소정의 중지 및 정지가 국내절차에 저촉되는 때에 이를 변경 또는 종료하여야 한다. 이는 외국주절차가 승인된 후에도 국내절차가 개시될 수 있음과 국내절차가 우위에 있음을 전제로 하는 것이다.[67]

3) 외국절차간의 조정

모델법 제30조는 외국절차간의 조정에 관한 규정을 두고 있다. 이 때 법원은 제 4 장 외국법원 또는 외국대표자간의 공조에 따른 공조 및 조정을 꾀하여야 한다.

① 외국주절차의 승인 후에 외국종절차의 승인 신청이 있는 경우

법원은 외국종절차의 대표자에게 제19조 또는 제21조에 따라 부여되는 모든 구제조치가 외국주절차에 저촉되지 아니하도록 하여야 한다.

② 외국종절차의 승인신청 또는 승인 후에 외국주절차가 승인되는 경우

법원은 제19조 또는 제21조에 따라 부여된 모든 구제조치를 재심사하여야 하고, 그 구제조치가 외국주절차에 저촉되는 때에는 이를 변경 또는 종료하여야 한다.

③ 외국종절차의 승인 후에 다른 외국종절차가 승인되는 경우

법원은 절차간의 조정을 촉진하기 위하여 구제조치를 부여하거나 변경 또는 종료하여야 한다.

---

67) 石光現, "國際倒産法에 관한 연구"— 立法論을 중심으로 —, 전게서(주 4), 281면.

(3) 승인원조법

1) 외국절차의 승인신청과 국내절차의 경합

① 원　　칙

承認援助法은 외국도산절차의 승인신청과 개시된 국내도산절차가 경합하는 경우 원칙적으로 국내도산절차를 우선시켜 승인신청을 기각하되 예외적으로 제57조 제1항 제1호부터 제3호의 요건을 충족하는 경우에는 승인신청을 우선시키는 입장에 서 있다(제457조).

한편 우열판단을 위한 요건심사는 동경지방재판소의 전속관할에 속한다. 국내절차는 파산법, 民事再生法 등의 토지관할에 의하여 결정되므로 승인원조법원이 경합상태를 미처 인식하기 이전에는 일시적으로 동일채무자에 대하여 승인절차와 국내절차가 동시에 진행하는 사태가 발생한다. 원칙적으로 국내절차가 우선하지만 다음 3가지의 요건에 해당하는 경우에는 승인절차가 우선되어 국내절차가 중단된다. ① 외국도산처리절차가 외국주절차일 것, ② 외국도산처리절차에서 원조처분을 하는 것이 채권자 일반의 이익에 합치할 것, ③ 이러한 원조처분을 하는 것이 日本 내의 채권자의 이익을 부당하게 침해할 염려가 없을 것 등이다. 나누어 설명한다(이하 3가지 요건을 일컬어 외국승인우월요건이라 한다.)[68] ①의 취지는 보편주의적인 원칙을 가급적 관철하려는 데에 있다. 외국주절차의 의의에 대하여는 承認援助法 제2조 제1항 제2호에서 정의하고 있다. 먼저 채무자가 영업자인 경우(법인도 포함)에는 주된 영업소가 있는 나라에서 개시된 도산절차이고, 채무자가 영업자이면서 영업소가 없거나, 비영업자인 경우에는 주소 또는 주된 사무소가 있는 나라에서 개시된 절차이다. ②의 채권자 일반의 이익이라 함은 세계적으로 채권자가 존재하는 것을 전제로 하여 그 채권자군 전체를 일체로 파악할 때 전체적 이익에 적합하다고 하는 의미이다. 즉 국내도산절차에 참가하는 것보다도 외국주절차에 日本의 재산이나 영업을 편입함으로써 한꺼번에 처리하는 것이 전체로서 채권자의 이익이 된다는 것을 의미한다.[69] ③은 日本 국내에서 국내채권자의 이익이 부당하게

68) ②에서 말하는 채권자 일반의 이익이라는 표현은 기존 民事再生法 제25조 제2호 또는 會社更生法 제38조 제4호에서 사용되고 있는 것과 동일한 문언이다. 위 조문들에서 말하는 '채권자 일반의 이익'의 의미는 민사재생절차 또는 회사갱생절차보다 열후적인 절차(파산, 회사정리, 특별청산)가 이미 개시되어 있어 그 절차를 이용하지 않고 민사재생절차 등을 이용하는 것이 개시의 장애가 되는 것을 정하는 것이다. 園尾隆司 · 小林秀之 編, 條解民事再生法, 弘文堂(2003), 94면 참조.

69) 座談會, "新たな國際倒産法制下の諸論点(5 · 完)," 金融法務事情 No. 1614(2001), 54면 深山卓也 발언부분.

침해될 염려가 없는 것을 말한다. 국내채권자로서 임금채권자가 다수인데 외국도산절차에서 임금채권의 우선권을 인정받지 못하는 경우가 대표적 예이다. 제 3 호의 규정은 국내채권자가 외국절차에 편입되어 그 권리가 부당하게 침해되는 사태를 저지하는 역할을 한다.[70]

② 내　　용

承認援助法은 국내절차와 외국절차에 관하여는 국내절차개시 후에 승인신청이 있는 경우, 승인원조절차와 국내절차가 모두 개시된 경우, 승인결정 후에 국내절차의 신청이 있는 경우 중지한 국내절차와 승인원조절차의 실효에 관하여 자세한 규정을 두고 있다.[71] 그 외에도 외국도산절차 상호간의 조정에 대하여도 복수의 절차가 동시에 진행하는 것은 허용하지 않고 한 쪽의 절차만을 진행시키는 것을 원칙으로 하는 규정을 두고 있다.[72]

㉠ 승인결정이 있은 후에 국내도산절차의 개시결정이 있거나, 또는 승인결정 전에 국내도산절차의 개시결정이 있는 경우

양자의 조정에 관하여는 제57조의 원칙에 따라 국내도산절차의 중지를 명하거나, 승인원조절차의 중지를 명하고 있다(제59조).

㉡ 승인결정이 있은 후 국내도산절차의 개시신청이 있는 경우

제57조의 원칙에 따라 국내도산절차의 중지를 명하거나, 승인원조절차의 중지를 명하고 있다(제60조). 단 승인원조절차의 중지여부는 법원의 판단에 맡기고 있다는 점에서 승인원조절차의 중지를 강제하는 제59조와 다르다. 외국도산절차가 목적을 완수하여 종료된 경우에는 굳이 국내도산절차를 속행할 필요가 없으므로 이 때에는 국내도산절차는 효력을 잃는다(제61조 제 1 항). 이는 會社更生法 제246조 제 1 항이 갱생

70) 동 좌담회, 같은 면 참조.

71) 제57조는 가장 일반적인 병행파산의 형태에 관한 것으로 외국절차가 개시되고 승인신청을 한 후 국내절차가 개시된 경우 승인신청을 기각할 것인가, 승인결정을 할 것인가에 대하여 규정하고 있고, 제58조는 승인신청이 있고 아직 승인결정 전에라도 국내절차의 중지명령을 발할 수 있는지에 관하여 규정하고 있고, 제59조는 외국절차에 대한 승인결정이 난 후 국내절차의 개시결정이 있는 경우 또는 승인결정 이전에 국내절차의 개시가 있었으나 승인결정 이후에 이를 알게 된 경우를, 제60조는 승인결정이 난 후 국내절차의 개시신청이 있는 경우를 규정하고 있다. 각 조항의 경우마다 외국절차가 주절차인 경우와 종절차인 경우로 나누어 규정하는 방식을 취하고 있다. 또한 중지명령의 경우에도 제57조에 의한 경우에는 중지명령의 취소만을 인정하고, 제58조는 취소 외에 변경도 인정하는 등 복잡한 방식이다. 자세한 설명과 도표에 대하여는 心山卓也, "新しい國際倒産法制," 金融財政事情硏究會(2001), 290-332면 이하 및 459-464면 참조.

72) 복수의 외국도산절차의 우열을 정하는 기준으로서는 주절차의 승인신청이 종절차의 승인신청에 항상 우선하고 종절차 상호간에는 어느 절차의 원조처분을 하는 것이 채권자 일반의 이익에 적합한가에 따른다.

계획안의 인가결정이 있는 경우 파산절차의 실효를 규정한 것과 같은 취지이다. 반대로 국내도산절차가 목적을 완수하여 종료한 경우에는 중지한 승인원조절차가 효력을 잃는다(제61조 제2항).

2) 검 토

承認援助法의 병행파산에 관하여는 다음과 같은 문제점이 지적된다.

첫째로 외국절차와 내국절차 중 원칙적으로 내국절차를 우선시키면서 외국승인절차를 우선하는 경우의 요건 중 세 번째 요건인 '외국승인절차에 원조처분을 하는 것이 日本 내의 채권자의 이익을 부당하게 침해할 염려가 없을 것'의 내용이 애매하고 만일 동 조항을 해석함에 있어 내국채권자가 내국절차에 참가하는 것이 유리한 경우에는 내국절차만을 진행하는 것으로 해석하면, 사실상 외국승인절차는 배척되어 파산절차상의 사법공조는 기대하기 어렵게 되는 점이다.[73] 이는 양 절차 특히 외국승인절차의 병행을 인정하면서 양자의 대화와 공조를 통한 국제파산절차의 공정하고도 효율적인 관리를 목표로 삼는 모델법의 理想과는 거리가 있다.

다음으로 承認援助法은 원칙적으로 병행파산을 인정하지 않고 양자 중 어느 하나만을 진행시키고 다른 절차는 반드시 신청을 기각하거나 중지하는 입장에 서 있다. 그리하여 병행파산의 경우로서 상정할 수 있는 모든 경우를 고려하여 그에 대하여 매우 자세한 규정을 하고 있다. 그러나 그 때문에 각각에 대한 규정방식이 매우 복잡하다. 뿐만 아니라 중지명령의 변경 · 취소뿐 아니라 기각 결정이나 중지명령에 대한 불복을 인정하고 있어 승인절차 후 원조처분에 따른 절차가 진행하는 도중에 다시 국내절차의 중지명령이 취소되거나, 반대의 경우 승인원조절차의 중지결정이 취소되는 경우가 생길 수 있고 이 경우에는 짧은 시간이나마 승인원조절차와 국내절차 모두 진행하는 병행파산의 상태가 생기게 되고 다시 이를 해결하기 위한 방법이 강구되어야 하는데 이렇게 되면 병행파산의 문제의 처음으로 돌아가게 된다.

(4) 개 정 안

1) 내 용

개정안 중 공청회안은 외국절차간의 조정에 관하여 제638조의 1개의 조문을 두고 있을 뿐, 외국절차와 내국절차간의 조정에 관하여는 아무런 규정을 두고 있지

---

73) Westbrook, *supra* note 11, at 25.

않았다.[74] 위에서 본 바와 같이 국내절차와 외국절차간의 조정에 관하여 모델법은 제28조에서 원칙을, 제29조에서 국내절차가 외국절차 승인 전에 개시된 경우와 국내절차가 외국절차 승인 후에 개시된 경우를 나누어 규정하고 있다. 한편 承認援助法은 양자의 조정에 관하여 제57조에서 제61조까지 5개 조문에서 자세한 규정을 두고 있다. 개정안 제633조(공청회안)의 해석론으로는 국내절차가 우위에 있다고 해석하는 것은 무리일 뿐 아니라 법문의 내용상 명백하지 않다는 법원측의 지적이 있어 국내절차와 외국절차간의 조정에 관하여 명시적인 규정을 두게 되었다.[75] 그 입법방식으로는 모델법과 承認援助法 중 모델법 쪽을 따르게 되었다.[76]

2) 외국절차와 국내절차의 조정

개정안의 내용은 제638조에 규정되어 있다. 개정안은 명문으로 국내도산절차를 중심으로 조정을 꾀하고, 양 절차가 동시에 진행할 수 있다는 점에서 모델법을 따른 것이다. 일본의 승인원조법에 대하여는 일본 학자들도 법률 구성의 복잡성을 비판하고 있고 실제로 승인원조법 시행 이후 병행파산에 관한 사건이 거의 없다는 점을 고려하여 일단 일본과 같은 방식은 배제하기로 하였다.[77] 모델법의 기본입장

---

74) 개정안의 초안자는 아마도 제633조(공청회안)에 근거하여 이미 국내절차가 개시된 후에 외국절차가 승인되거나 혹은 외국절차가 승인된 후에도 국내절차가 개시될 수 있음을 전제로 하여 별도의 규정을 둘 필요가 없고, 더 나아가 외국절차가 승인되더라도 국내의 절차는 중단되지 아니하고, 모델법과 달리 승인결정에 대하여 어떠한 자동중지 등의 효력이 생기지 아니하므로 개개의 구체적인 원조결정을 함에 있어 내국절차와의 저촉을 법원이 조정하면 족하다고 본 것이 아닌가 추측해 본다.

75) 石光現, 전게서(주 4), 301면도 공청회안에 대한 검토에서 외국절차와 국내절차의 병행에 관한 규정을 신설할 것을 주장하고 있다.

76) 아직까지 국내에서는 상정하기 어렵겠으나 마루코 사건을 미국의 입장에서 보면 제 3 국(호주)에 소재한 재산이 있고 외국(日本)의 주절차를 승인하는 것보다는 미국의 종절차라도 미국의 절차에 따라 제 3 국 소재 재산에 대하여 관리하는 것이 유리한 경우가 있을 수 있다. 이러한 경우라면 외국절차를 승인하고 나아가 내국집행절차의 중지명령을 발한 후라도 내국절차의 개시와 내국절차에 따른 외국 소재 재산에 대한 집행절차의 중지명령을 발할 필요는 있는 것이고, 이 경우에는 법원이 이미 주절차 승인에 따라 발한 중지명령 등을 내국절차에 맞추어 변경할 필요가 있다. 이러한 점에서 모델법의 방식이 장점이 있다. 또한 承認援助法을 검토한 바에서 알 수 있다시피 외국절차의 승인신청과 승인결정에 대응하여 내국절차의 개시신청과 개시결정을 대비하고 각각의 선후를 조합하여 상정가능한 경우를 규율하는 것은 입법기술상으로 매우 복잡하고, 경직되었다고 볼 수 있다. 앞으로 국력이 신장되어 외국자본의 투입에 따른 외국법인의 설립증가와 반대로 한국기업의 해외진출 등이 더욱 활발할 터인데, 외국 또는 국내기업이 파산한 경우 구체적인 당해 사안에 적합하면서 보다 유연한 조치를 법원에 부여하도록 규정하는 모델법의 방식이 타당하다고 본다. 다음에서 보는 2 개 이상의 외국절차간의 조정에 관한 개정안도 기본적으로는 이러한 입장에 있다고 판단된다.

77) 韓忠洙, 전게논문(주 12), 560면은 일본은 하나의 채무자에 대하여 하나의 절차만을 허용하는 입장을 원칙으로 하며, 이 경우 가급적 국내도산절차를 통해 문제를 해결하고자 하는 것임을 분명히 하였다고 지적하고 있으나 개정위원회는 일본이 그 대가로 치르고 있는 법률안 구성의 복잡성을

이 사법공조를 토대로 하고, 개정안도 법원간의 사법공조를 채택함으로써 병행파산에 관하여는 일본과 입장을 달리할 수밖에 없게 되었다. 앞으로 구체적인 사건을 통한 경험의 축적이 기대된다.

3) 외국도산절차간의 조정

외국절차간의 조정에 관하여는 제639조에서 규정하고 있다. 법원의견은 '절차의 주종'을 구별하지 아니하고'라는 문구를 삽입할 것을 주장하였으나 최종적으로 받아들여지지 아니하였다.[78] 그 이유는 주절차와 종절차의 구별이 쉽지 않고 개정안이 주절차와 종절차에 대한 구별에 따른 차이를 인정하지 않고 있으므로 문구가 없다고 하여 해석론이 달라진 것은 아니라는 것이다. 공청회안에 대하여 법원의 지원결정에 대하여 불복할 수 있는 규정을 두되 즉시항고의 효력은 인정하지 않기로 하자는 법원의견이 채택되어 ⑤, ⑥항이 삽입되어 최종안이 성립되었다. 개정안의 해석과 관련하여 다음의 의문점을 지적할 수 있다.

첫째, 개정안은 여러 개의 외국도산절차의 승인신청이 경합하고 있는 경우만을 규정하고 있으나, 여럿의 외국절차 중 한 절차에 대하여 이미 승인결정과 지원결정이 난 후 다른 절차의 승인신청이 있는 경우에 대하여는 양자의 조정에 대하여 명시적인 언급이 없다. 제 1 항은 수개의 신청이 경합하고 있는 경우에 법원이 병합하여 심리할 수 있음을 규정한 것이므로 이에 해당되지 아니한다. 일단 승인결정이 난 이후에는 병합심리의 문제는 생기지 아니하므로 제 2 항이 적용되는 것으로 해석이 가능하다.

둘째, 개정안은 여러 개의 외국도산절차 중 어느 하나를 주된 절차로 결정하여 주된 절차를 중심으로 외국도산절차에 대한 지원을 할 수 있음을 밝히고 있을 뿐 나머지 절차는 계속 진행되는 것인지 아니면 중단되는 것인지에 관하여 불분명하다.[79] 외국절차에 대하여 승인결정이 있은 후에도 다른 절차가 계속 진행할 수 있다면 모델법의 입장을 취하는 것이고 중단된다면 日本法의 입장을 취하는 것이다. 그러나 개정안은 법원이 주절차를 일단 결정하고 주절차를 중심으로 지원을 결정하거나 변경하고 필요에 따라 주절차를 변경한다고 규정하고 있는 점에 비추어 주절차를 중심으로 구제조치를 명하고 필요에 따라 구제조치를 변경 종료한다는 모

고려하였다.

78) 법제처안 제631조에서는 법원 의견이 반영되어 '절차의 주종을 불문하고'라는 표현이 들어 있었다.

79) 石光現, 전게서(주 4), 301면도 제626조 제 2 항만으로는 애매하다며 과연 외국도산절차의 승인 후 국내도산절차의 개시가 가능한지 의문이라고 한다.

델법의 입장에 따른 것이므로 다른 절차도 계속 진행할 수 있는 것으로 해석된다.

Ⅶ. 결 론

이상으로 통합도산법 개정안 중 국제파산편의 모습을 개괄적으로 그려보았다. 저자가 입법과정에 참여하면서 느낀 점은 아직 우리 나라에서 국제파산에 관한 문제의식이 충분하지 못하고 실무의 필요성도 크지 않다 보니 다른 부분에 비하여 개정작업에 학자나 실무가들의 관심과 열의가 불충분한 것이 아닌가 하는 점이다. 日本의 承認援助法이 모델법을 참고로 하면서도 승인의 자동적 효력을 부여하지 않고 원조처분을 부여하는 방식을 취한 것에 대하여 타국에서 비판이 있음에도 통합도산법도 같은 방식을 취한 것에 대하여 같은 비판이 있었다.[80] 그러나 EU 규정은 부록으로 승인대상인 각국의 구체적인 파산절차를 열거하는 방식을 취하고 있으므로 자동승인제가 가능하지만 조약이 아닌 국내법으로 모든 국가의 파산절차에 대하여 승인만으로 자동적 효력을 부여하는 것은 입법상 어려움이 있었음을 밝힌다. 국제도산관리인의 국내절차의 참가방법과 내용에 대하여 日本과 비교하면 상세한 규정을 두지 못하고 교차신고제도를 채택하지 아니한 점은 아쉽지만 일본과 달리 모델법을 따라 법원간의 사법공조를 받아들이고, 병행파산에 관하여 유연한 입장을 취한 것은 보다 진보적인 개정안의 평가를 받을 수 있지 않을까 생각한다.[81] 개정 작업에 참여한 한 사람으로서 개정안에 대한 좋은 의견을 발표하신 분들께 이 자리를 빌어 감사드린다. 앞으로 최종입법과정에서 同道諸賢의 고견이 반영되어 흠잡을 데 없는 국제파산법제의 탄생을 고대하며 글을 마친다.

---

80) 전국은행연합회만이 국제파산편에 대하여 국회 법사위에 의견을 보내왔으며, 모델법과 같이 승인결정에 의하여 자동적 효력을 인정하도록 개정할 것을 주장하였다. 나머지 7개 단체와 재정경제부는 주로 개인회생제도와 재건제도에 대하여 의견을 보내왔다. 학자로는 韓忠洙, 전게논문(주 12), 553면은 더 나아가 EU 도산규정이나 독일도산법 제343조와 같이 자동승인제를 도입할 것을 주장한다.

81) 공조체제로 전환한 것이 바람직한 개정이라는 의견으로는 윤창술, “국제도산제도의 동향,” 인권과 정의 제327호(2003. 11), 114면.

〈2002. 10. 31.자 공청회안〉[82]

제 5 편 국제도산

제629조(적용범위) ① 이 편의 규정은 다음 각호의 경우에 적용한다.

1. 채무자의 영업소, 사무소, 또는 상거소가 있는 외국 법원의 도산절차(임시절차를 포함한다. 이하 "외국도산절차"라 한다)에서 외국법원 기타 이에 준하는 당국에 의하여 관리자 또는 대표자로 인정된 자(이하 "외국도산절차의 대표자"라 한다)가 외국도산절차와 관련하여 대한민국 법원에 승인이나 지원을 구하는 경우
2. 외국도산절차의 대표자가 대한민국 법원에서 회생절차, 파산절차, 개인회생절차(이하 "국내도산절차"라 한다)를 신청하거나 진행중인 국내도산절차에 참가하는 경우
3. 국내도산절차와 관련하여 관리인, 파산관재인, 채무자, 기타 법원의 허가를 받은 자 등이 외국법원의 절차에 참가하거나 외국법원의 승인 및 지원을 구하는 등 외국에서 활동하는 경우
4. 동일한 채무자에 대한 도산절차가 우리 나라 법원과 외국법원에서 동시에 진행하는 때 관련 절차간의 공조가 필요한 경우

② 이 편에서 별도로 규정하지 않은 사항은 이 법 다른 편의 규정에 따른다.

제630조(관할) 외국도산절차의 승인 및 지원에 관한 사건은 서울지방법원본원 합의부가 관할한다. 다만, 절차의 효율적인 진행이나 이해당사자의 권리보호를 위하여 필요한 경우에는 서울지방법원은 당사자의 신청이나 직권으로 외국도산절차의 승인결정과 동시에 또는 그 결정 후에 제 3 조가 규정하는 관할법원으로 사건을 이송할 수 있다.

제631조(외국도산절차의 승인신청) ① 외국도산절차의 대표자는 다음 서면을 첨부하여 법원에 외국도산절차의 승인을 신청할 수 있다. 이 때 법원은 신청인에게 다음 각호의 문서의 한글 번역문을 첨부하여 제출하도록 명할 수 있다.

1. 외국도산절차 일반에 대한 법적 근거 및 개요에 대한 진술서
2. 외국도산절차의 개시를 증명하는 서면
3. 외국도산절차의 대표자의 자격과 권한을 증명하는 서면
4. 승인을 신청하는 당해 외국도산절차의 주요 내용에 대한 진술서(채권자, 채무자 및 이해당사자에 대한 서술을 포함한다)
5. 외국도산절차의 대표자가 알고 있는 당해 채무자에 대한 다른 모든 외국도산절차에 대한 진술서

② 승인 신청 후 제 1 항 각호의 내용이 변경된 경우에는 신청인은 지체없이 변경된 사항을 적시한 문서를 법원에 제출하여야 한다.

③ 제 1 항의 규정에 의한 신청이 있는 때에는 법원은 지체없이 이를 공고하여야 한다.

---
82) 최종안과 다른 점은 보전처분과 지원결정의 내용이 다소 추상적이다.

④ 제38조와 제40조는 제 1 항의 규정에 의한 신청에 준용한다.

제632조(승인결정) ① 법원은 제631조의 승인신청이 있는 경우 다음 각호의 사유에 해당하지 않는 경우 신청일로부터 1개월 이내에 승인 결정을 하여야 한다.

1. 법원이 정한 비용의 예납이 없는 경우
2. 제631조 제 1 항에서 정한 서류를 제출하지 않거나 그 성립 또는 내용의 진정을 인정하기 부족한 경우
3. 외국도산절차를 승인하는 것이 우리 나라의 선량한 풍속 기타 사회질서에 반하는 경우

② 법원은 제1항의 승인결정이 있는 때에는 이를 공고하고 그 결정서를 신청인에게 송달하여야 한다.

③ 제631조의 승인신청을 기각하는 결정에 대하여는 즉시항고할 수 있다.

제633조(승인의 효력) ① 제631조에 의한 승인신청은 결정한 때부터 제 3 자에 대하여도 효력이 있다. 그러나 채무자에 대한 채권의 보전에 필요한 소송 또는 절차의 개시에는 영향을 미치지 아니한다.

② 제632조에 의한 승인결정은 이 법에 따른 절차의 개시나 진행에 영향을 미치지 아니한다.

제634조(외국도산절차의 대표자의 국내도산절차 개시신청 등) 외국도산절차가 승인된 때에는 외국도산절차의 대표자는 국내도산절차의 개시를 신청하거나 진행중인 국내도산절차에 참가할 수 있다.

제635조(보전처분) ① 법원은 외국도산절차의 대표자의 신청 또는 직권으로 제631조의 승인 신청이 있은 후 결정이 있을 때까지 제636조 제 1 항 제 1 호, 제 2 호에 게기한 채무자의 재산이나 채권자의 권리를 보호하기 위한 임시의 조치를 명할 수 있다.

② 제 1 항의 결정은 승인신청이 각하 또는 기각된 때에는 효력을 상실한다.

제636조(외국도산절차에 대한 지원) ① 법원은 외국도산절차를 승인함과 동시에 또는 승인한 후 이해관계인의 신청에 의하거나 또는 직권으로 채무자의 재산 및 업무 또는 채권자의 이익을 보호하기 위하여 다음 각호의 결정을 할 수 있다.

1. 채무자의 재산, 업무, 권리, 의무 기타 책임에 관한 소송 기타 절차의 개시 또는 진행의 중지
2. 채무자의 재산을 이전하거나 담보로 제공하거나 이를 처분할 권리의 정지
3. 채무자의 재산, 업무, 권리, 의무 또는 책임에 관한 증인심문 등 증거의 수집 및 정보의 교부
4. 채무자 재산에 대한 환가 및 배당 권한 부여
5. 채무자 재산에 대한 관리 권한 부여
6. 기타 채무자 재산의 보전이나 채권자 권리의 보호를 위하여 필요한 지원

② 법원은 제 1 항의 결정을 할 때 채권자와 채무자를 포함한 이해당사자의 이익이 적절히 보호되는지를 확인하여야 한다.

③ 법원은 제 1 항의 결정에 조건을 붙일 수 있다.

④ 법원은 제 1 항의 규정에 의한 지원신청이 대한민국의 선량한 풍속 그 밖의 사회질서에 위반하는 경우에는 그 신청을 기각할 수 있다.

⑤ 제 1 항의 결정은 제 3 자에 대하여도 효력이 있다.

⑥ 법원은 필요한 경우 이해관계인의 신청 또는 직권으로 제 1 항의 결정을 변경하거나 취소할 수 있다.

⑦ 제 3 편 제 2 장 제 2 절(파산관재인)의 규정은 제 1 항 제 4 호에 따라 환가 및 배당권한을 부여받은 경우에 준용한다.

제637조(채무자 재산의 관리 등) ① 제636조 제 1 항 제 5 호의 규정에 따라 법원이 채무자 재산에 대한 관리 권한을 부여한 자(이하 이 편에서 "국제도산관리인"이라 한다)는 선량한 관리자로서 공정하게 채무자의 재산을 관리하여야 한다.

② 국제도산관리인은 채무자 재산 및 업무의 보전과 채권자 이익의 보호를 위해 필요한 경우 법원의 허가를 받아 채무자 재산을 처분할 수 있다.

③ 제 2 편 제 2 장 제 1 절(관리인)과 제 3 편 제 2 장 제 2 절(파산관재인)에 관한 규정은 국제도산관리인에 준용한다.

제638조(복수의 외국도산절차) ① 수개의 외국도산절차 승인 신청이 있는 때에는 법원은 이를 병합심리하여야 한다.

② 채무자를 공통으로 하는 여러 개의 외국도산절차가 승인된 경우 법원은 승인 및 지원절차의 효율적 진행을 위하여 채무자의 주된 영업소 소재지 또는 채권자보호조치의 정도 등을 고려하여 주된 외국도산절차를 결정할 수 있다.

③ 법원은 주된 외국도산절차를 중심으로 제636조에 의한 지원을 결정하거나 변경할 수 있다.

④ 법원은 필요한 경우 제 2 항의 주된 외국도산절차를 변경할 수 있다.

제639조(관리인 등이 외국에서 활동할 권한) 국내도산절차의 관리인, 파산관재인, 채무자 기타 법원의 허가를 받은 자 등은 외국법이 허용하는 바에 따라 국내도산절차를 위하여 외국에서 활동할 권한이 있다.

제640조(공조) ① 법원은 동일한 채무자에 대하여 또는 상호 관련이 있는 채무자에 대하여 진행중인 국내도산절차와 외국도산절차 또는 복수의 외국도산절차간의 원활하고 공정한 집행을 위하여 외국법원 및 외국도산절차의 대표자와 다음 각호의 사항에 관하여 공조하여야 한다.

1. 의견교환
2. 채무자 자산 및 업무에 관한 관리 및 감독
3. 복수 절차의 진행에 관한 조정
4. 기타 필요한 사항

② 법원은 제 1 항의 공조를 위해 외국법원 또는 외국도산절차의 대표자와 직접 정보 및 의견을 교환할 수 있다.

③ 국내도산절차의 관리인 또는 파산관재인은 법원의 감독하에 외국법원 또는 외국도

산절차의 대표자와 직접 정보 및 의견을 교환할 수 있다.

④ 국내도산절차의 관리인 또는 파산관재인은 법원의 승인을 얻어 외국법원 또는 외국도산절차의 대표자와 양 도산절차의 조정에 관한 합의를 할 수 있다.

제641조(배당액의 결정) 채무자를 공통으로 하는 국내도산절차와 외국도산절차 또는 복수의 외국도산절차가 있는 경우 법원은 동일한 채권자가 외국도산절차에서 배당받은 액 또는 채무자의 국외재산으로부터 변제받은 액을 고려하여 국내도산절차에서의 배당액을 결정하여야 한다.

〈2003. 2. 22. 자 법제처안〉[83)]

제 5 편 국제도산

제622조(적용범위) ① 이 편의 규정은 다음 각호의 경우에 관하여 적용한다.

1. 채무자의 영업소 · 사무소 또는 상거소(常居所)가 있는 외국법원의 회생절차 · 파산절차 또는 개인회생절차와 유사한 절차(임시절차를 포함한다. 이하 "외국도산절차"라 한다)에서 외국법원 그 밖에 이에 준하는 당국에 의하여 관리자 또는 대표자로 인정된 자(이하 "외국도산절차의 대표자"라 한다)가 외국도산절차와 관련하여 대한민국 법원에 승인이나 지원을 구하는 경우
2. 외국도산절차의 대표자가 대한민국법원에서 회생절차 · 파산절차 또는 개인회생절차(이하 "국내도산절차"라 한다)를 신청하거나 진행중인 국내도산절차에 참가하는 경우
3. 국내도산절차와 관련하여 관리인 · 파산관재인 · 채무자 그 밖에 법원의 허가를 받은 자 등이 외국법원의 절차에 참가하거나 외국법원의 승인 및 지원을 구하는 등 외국에서 활동하는 경우
4. 동일한 채무자에 대한 국내도산절차 및 외국도산절차가 대한민국법원과 외국법원에서 동시에 진행되는 경우로서 관련 절차간의 공조가 필요한 경우

② 이 편에서 별도로 규정하지 아니한 사항은 이 법의 다른 편의 규정에 따른다.

제623조(관할) 외국도산절차의 승인 및 지원에 관한 사건은 서울지방법원본원 합의부의 관할에 전속한다. 다만, 절차의 효율적인 진행이나 이해당사자의 권리보호를 위하여 필요한 때에는 서울지방법원은 당사자의 신청에 의하거나 직권으로 외국도산절차의 승인결정과 동시에 또는 그 결정 후에 제 3 조가 규정하는 관할법원으로 사건을 이송할 수 있다.

제624조(외국도산절차의 승인신청) ① 외국도산절차의 대표자는 다음 각호의 서면을 첨부하여 법원에 외국도산절차의 승인을 신청할 수 있다. 이 경우 법원은 신청인에게 다음 각호의 서면의 한글번역문을 첨부하여 제출하도록 명할 수 있다.

1. 외국도산절차 일반에 대한 법적 근거 및 개요에 대한 진술서
2. 외국도산절차의 개시를 증명하는 서면
3. 외국도산절차의 대표자의 자격과 권한을 증명하는 서면
4. 승인을 신청하는 그 외국도산절차의 주요내용에 대한 진술서(채권자 · 채무자 및 이해당사자에 대한 서술을 포함한다)
5. 외국도산절차의 대표자가 알고 있는 그 채무자에 대한 다른 모든 외국도산절차에 대

83) 최종안과 다른 점은 정의규정(최종안 제628조)이 없으며, 제626조 외국도산절차승인의 효력에 관한 조항 중 일부가 다르며, 승인관할에 관한 규정이 누락되어 있으며, 제628조 보전처분과 기타 외국도산절차에 관한 재판에 대한 불복방법과 즉시항고에 대한 내용과 국내도산절차와 외국도산절차간의 조정에 관한 조항이 누락되어 있으며, 제642조 배당에 관한 조항의 문구를 수정하였다.

한 진술서

② 외국도산절차의 승인을 신청한 후 제 1 항 각호의 내용이 변경된 때에는 신청인은 지체없이 변경된 사항을 기재한 문서를 법원에 제출하여야 한다.

③ 제 1 항의 규정에 의한 신청이 있는 때에는 법원은 지체없이 이를 공고하여야 한다.

④ 제37조 및 제39조의 규정은 제 1 항의 규정에 의한 신청에 관하여 준용한다.

第625조(외국도산절차의 승인결정) ① 법원은 제624조의 규정에 의한 외국도산절차의 승인신청이 있는 때에는 다음 각호의 1에 해당하는 경우를 제외하고 신청일부터 1월 이내에 승인결정을 하여야 한다.

1. 법원이 정한 비용을 미리 납부하지 아니한 경우
2. 제624조 제 1 항 각호의 서류를 제출하지 아니하거나 그 성립 또는 내용의 진정을 인정하기에 부족한 경우
3. 외국도산절차를 승인하는 것이 대한민국의 선량한 풍속 그 밖의 사회질서에 반하는 경우

② 법원은 제 1 항의 규정에 의한 외국도산절차의 승인결정이 있는 때에는 이를 공고하고 그 결정서를 신청인에게 송달하여야 한다.

③ 제624조의 규정에 의한 외국도산절차의 승인신청을 기각하는 결정에 대하여는 즉시항고를 할 수 있다.

第626조(외국도산절차승인의 효력) ① 제624조의 규정에 의한 외국도산절차의 승인은 결정한 때부터 제 3 자에 대하여도 효력이 있다. 다만, 채무자에 대한 채권의 보전에 필요한 소송 또는 절차의 개시에는 영향을 미치지 아니한다.

② 제625조의 규정에 의한 외국도산절차의 승인결정은 이 법에 의한 절차의 개시나 진행에 영향을 미치지 아니한다.

第627조(외국도산절차의 대표자의 국내도산절차개시신청 등) 외국도산절차가 승인된 때에는 외국도산절차의 대표자는 국내도산절차의 개시를 신청하거나 진행중인 국내도산절차에 참가할 수 있다.

第628조(보전처분) ① 법원은 외국도산절차의 대표자의 신청에 의하거나 직권으로 제624조의 규정에 의한 외국도산절차의 승인신청이 있은 후 결정이 있을 때까지 제629조 제 1 항 제 1 호 및 제 2 호의 규정에 의한 채무자의 재산이나 채권자의 권리를 보호하기 위한 임시조치를 명할 수 있다.

② 제 1 항의 규정에 의한 결정은 승인신청이 각하 또는 기각된 때에는 효력을 상실한다.

第629조(외국도산절차에 대한 지원) ① 법원은 외국도산절차를 승인함과 동시에 또는 승인한 후 이해관계인의 신청에 의하거나 직권으로 채무자의 재산 및 업무나 채권자의 이익을 보호하기 위하여 다음 각호의 결정을 할 수 있다.

1. 채무자의 재산·업무·권리·의무 그 밖에 책임에 관한 소송 등 절차의 개시 또는 진행의 중지
2. 채무자의 재산을 이전하거나 담보로 제공하거나 이를 처분할 권리의 정지

3. 채무자의 재산·업무·권리·의무 또는 책임에 관한 증인신문 등 증거의 수집 및 정보의 교부
4. 채무자의 재산에 대한 환가 및 배당권한의 부여
5. 채무자의 재산을 관리할 수 있는 권한의 부여
6. 그 밖에 채무자의 재산을 보전하거나 채권자의 권리를 보호하기 위하여 필요한 지원

② 법원은 제1항의 규정에 의한 결정을 하는 때에는 채권자 및 채무자를 포함한 이해관계인의 이익이 적절히 보호되는지를 확인하여야 한다.

③ 법원은 제1항의 규정에 의한 결정에 조건을 붙일 수 있다.

④ 법원은 제1항의 규정에 의한 지원신청이 대한민국의 선량한 풍속 그 밖의 사회질서에 반하는 때에는 그 신청을 기각할 수 있다.

⑤ 제1항의 규정에 의한 결정은 제3자에 대하여도 효력이 있다.

⑥ 법원은 필요한 경우 이해관계인의 신청에 의하거나 직권으로 제1항의 규정에 의한 결정을 변경하거나 취소할 수 있다.

⑦ 제3편 제2장 제1절(파산관재인)의 규정은 제1항 제4호의 규정에 의하여 환가 및 배당에 관한 권한을 부여받은 경우에 관하여 준용한다.

第630조(채무자재산의 관리 등) ① 제629조 제1항 제5호의 규정에 의하여 법원이 채무자의 재산을 관리할 수 있는 권한을 부여한 자(이하 "국제도산관리인"이라 한다)는 선량한 관리자의 주의로써 공정하게 채무자의 재산을 관리하여야 한다.

② 국제도산관리인은 채무자의 재산 및 업무의 보전과 채권자의 이익을 보호하기 위하여 필요한 때에는 법원의 허가를 받아 채무자 재산을 처분할 수 있다.

③ 제2편 제2장 제1절(관리인) 및 제3편 제2장 제1절(파산관재인)에 관한 규정은 국제도산관리인에 관하여 준용한다.

第631조(복수의 외국도산절차) ① 절차의 주종을 불문하고 여러 개의 외국도산절차의 승인신청이 있는 때에는 법원은 이를 병합심리하여야 한다.

② 채무자를 공통으로 하는 여러 개의 외국도산절차가 승인된 때에는 법원은 승인 및 지원절차의 효율적 진행을 위하여 채무자의 주된 영업소소재지 또는 채권자보호조치의 정도 등을 고려하여 주된 외국도산절차를 결정할 수 있다.

③ 법원은 주된 외국도산절차를 중심으로 제629조의 규정에 의한 지원을 결정하거나 변경할 수 있다.

④ 법원은 필요한 경우 제2항의 규정에 의한 주된 외국도산절차를 변경할 수 있다.

第632조(관리인 등이 외국에서 활동할 권한) 국내도산절차의 관리인·파산관재인·채무자 그 밖에 법원의 허가를 받은 자 등은 외국법이 허용하는 바에 따라 국내도산절차를 위하여 외국에서 활동할 권한이 있다.

第633조(공조) ① 법원은 동일한 채무자 또는 상호 관련이 있는 채무자에 대하여 진행중인 국내도산절차 및 외국도산절차나 복수의 외국도산절차간의 원활하고 공정한 집행을 위하여 외국법원 및 외국도산절차의 대표자와 다음 각호의 사항에 관하여 공조하여

야 한다.

1. 의견교환
2. 채무자의 재산 및 업무에 관한 관리 및 감독
3. 복수 절차의 진행에 관한 조정
4. 그 밖에 필요한 사항

② 법원은 제 1 항의 규정에 의한 공조를 위하여 외국법원 또는 외국도산절차의 대표자와 직접 정보 및 의견을 교환할 수 있다.

③ 국내도산절차의 관리인 또는 파산관재인은 법원의 감독하에 외국법원 또는 외국도산절차의 대표자와 직접 정보 및 의견을 교환할 수 있다.

④ 국내도산절차의 관리인 또는 파산관재인은 법원의 허가를 얻어 외국법원 또는 외국도산절차의 대표자와 도산절차의 조정에 관한 합의를 할 수 있다.

제634조(배당액의 결정) 채무자를 공통으로 하는 국내도산절차와 외국도산절차 또는 복수의 외국도산절차가 있는 경우 법원은 동일한 채권자가 외국도산절차에서 배당받은 액 또는 채무자의 국외재산으로부터 변제받은 액을 고려하여 국내도산절차에서의 배당액을 결정하여야 한다.

〈2004. 2. 26.자 최종안〉[84)]

제 5 편 국제도산

제628조(정의) 이 편에서 사용하는 용어의 정의는 다음 각호와 같다.

1. 외국도산절차라 함은 외국법원(그 밖에 이에 준하는 당국을 포함한다. 이하 같다)에 신청된 회생절차, 파산절차 또는 개인회생절차 및 이와 유사한 절차를 말하며, 임시절차를 포함한다.
2. 국내도산절차라 함은 대한민국 법원에 신청된 회생절차, 파산절차 또는 개인회생절차를 말한다.
3. 외국도산절차의 승인이라 함은 외국도산절차에 대하여 대한민국 내에 이 편의 지원처분을 할 수 있는 기초로서 승인하는 것을 말한다.
4. 지원절차라 함은 이 편에서 정하는 바에 의하여 외국도산절차의 승인신청에 관한 재판과 채무자의 대한민국 내에 있어서의 업무 및 재산에 관하여 당해 외국도산절차를 지원하기 위한 처분을 하는 절차를 말한다.
5. 외국도산절차의 대표자라 함은 외국법원에 의하여 외국도산절차의 관리자 또는 대표자로 인정된 자를 말한다.
6. 국제도산관리인이라 함은 외국도산절차의 지원을 위하여 법원이 채무자의 재산에 대한 환가 및 배당 또는 채무자의 업무 및 재산에 대한 관리 및 처분권한의 전부 또는 일부를 부여한 자를 말한다.

제629조(적용범위) ① 이 편의 규정은 다음 각호의 경우에 적용한다.

1. 외국도산절차의 대표자가 외국도산절차와 관련하여 대한민국 법원에 승인이나 지원을 구하는 경우
2. 외국도산절차의 대표자가 대한민국 법원에서 국내도산절차를 신청하거나 진행중인 국내도산절차에 참가하는 경우
3. 국내도산절차와 관련하여 관리인·파산관재인·채무자 그 밖에 법원의 허가를 받은 자 등이 외국법원의 절차에 참가하거나 외국법원의 승인 및 지원을 구하는 등 외국에서 활동하는 경우
4. 채무자를 공통으로 하는 국내도산절차 및 외국도산절차가 대한민국법원과 외국법원에서 동시에 진행되어 관련절차간에 공조가 필요한 경우

② 이 편에서 따로 규정하지 아니한 사항은 이 법 중 다른 편의 규정에 따른다.

제630조(관할) 외국도산절차의 승인 및 지원에 관한 사건은 서울지방법원본원 합의부의 관할에 전속한다. 다만, 절차의 효율적인 진행이나 이해당사자의 권리보호를 위하여 필

84) 2003. 10. 24.자 최종안 중 제635조 단서를 삭제한 것 외에는 같다. 이는 동조 제 2 항과 중복되는 것이므로 최종안에서 이를 삭제한 것은 옳다.

요한 때에는 서울지방법원은 당사자의 신청에 의하거나 직권으로 외국도산절차의 승인결정과 동시에 또는 그 결정 후에 제 3 조가 규정하는 관할법원으로 사건을 이송할 수 있다.

제631조(외국도산절차의 승인신청) ① 외국도산절차의 대표자는 외국도산절차가 신청된 국가에 채무자의 영업소 · 사무소 또는 주소가 있는 경우에 다음 각호의 서면을 첨부하여 법원에 외국도산절차의 승인을 신청할 수 있다. 이 경우 외국어로 작성된 서면에는 번역문을 붙여야 한다.

1. 외국도산절차 일반에 대한 법적 근거 및 개요에 대한 진술서
2. 외국도산절차의 개시를 증명하는 서면
3. 외국도산절차의 대표자의 자격과 권한을 증명하는 서면
4. 승인을 신청하는 그 외국도산절차의 주요내용에 대한 진술서(채권자 · 채무자 및 이해당사자에 대한 서술을 포함한다)
5. 외국도산절차의 대표자가 알고 있는 그 채무자에 대한 다른 모든 외국도산절차에 대한 진술서

② 외국도산절차의 승인을 신청한 후 제 1 항 각호의 내용이 변경된 때에는 신청인은 지체없이 변경된 사항을 기재한 서면을 법원에 제출하여야 한다.

③ 제 1 항의 규정에 의한 신청이 있는 때에는 법원은 지체없이 그 요지를 공고하여야 한다.

④ 제38조 및 제40조의 규정은 제 1 항의 규정에 의한 신청에 관하여 준용한다.

제632조(외국도산절차의 승인결정) ① 법원은 외국도산절차의 승인신청이 있는 때에는 신청일로부터 1월 이내에 승인여부를 결정하여야 한다.

② 법원은 다음 각호의 1에 해당하는 경우에는 외국도산절차의 승인신청을 기각하여야 한다.

1. 법원이 정한 비용을 미리 납부하지 아니한 경우
2. 제631조 제 1 항 각호의 서면을 제출하지 아니하거나 그 성립 또는 내용의 진정을 인정하기에 부족한 경우
3. 외국도산절차를 승인하는 것이 대한민국의 선량한 풍속 그 밖에 사회질서에 반하는 경우

③ 법원은 외국도산절차의 승인결정이 있는 때에는 그 주문과 이유의 요지를 공고하고 그 결정서를 신청인에게 송달하여야 한다.

④ 외국도산절차의 승인신청에 관한 결정에 대하여는 즉시항고를 할 수 있다.

⑤ 제 4 항의 규정에 의한 즉시항고는 집행정지의 효력이 없다.

제633조(외국도산절차승인의 효력) 외국도산절차의 승인결정은 이 법에 의한 절차의 개시 또는 진행에 영향을 미치지 아니한다.

제634조(외국도산절차의 대표자의 국내도산절차개시신청 등) 외국도산절차가 승인된 때에는 외국도산절차의 대표자는 국내도산절차의 개시를 신청하거나 진행중인 국내도산

절차에 참가할 수 있다.

第635조(승인전 명령 등) ① 법원은 외국도산절차의 대표자의 신청에 의하거나 직권으로 외국도산절차의 승인신청이 있은 후 그 결정이 있을 때까지 제636조 제1항 제1호 내지 제3호의 조치를 명할 수 있다.

② 제1항의 규정은 외국도산절차의 승인신청을 기각하는 결정에 대하여 즉시항고가 제기된 경우에 준용한다.

③ 법원은 제1항 및 제2항의 규정에 의한 처분을 변경하거나 취소할 수 있다.

④ 제1항 내지 제3항의 결정에 대하여는 즉시항고를 할 수 있다.

⑤ 제4항의 규정에 의한 즉시항고는 집행정지의 효력이 없다.

第636조(외국도산절차에 대한 지원) ① 법원은 외국도산절차를 승인함과 동시에 또는 승인한 후 이해관계인의 신청에 의하거나 직권으로 채무자의 업무 및 재산이나 채권자의 이익을 보호하기 위하여 다음 각호의 결정을 할 수 있다.

1. 채무자의 업무 및 재산에 대한 소송 또는 행정청에 계속하는 절차의 중지
2. 채무자의 업무 및 재산에 대한 강제집행, 담보권실행을 위한 경매, 가압류, 가처분 등 보전절차의 금지 또는 중지
3. 채무자의 변제금지 또는 채무자 재산의 처분금지
4. 국제도산관리인의 선임
5. 그 밖에 채무자의 업무 및 재산을 보전하거나 채권자의 이익을 보호하기 위하여 필요한 처분

② 법원은 제1항의 규정에 의한 결정을 하는 때에는 채권자, 채무자 그 밖의 이해관계인의 이익을 고려하여야 한다.

③ 법원은 제1항의 규정에 의한 지원신청이 대한민국의 선량한 풍속 그 밖의 사회질서에 반하는 때에는 그 신청을 기각하여야 한다.

④ 법원은 제1항 제2호의 금지명령 및 이를 변경하거나 취소하는 결정을 한 때에는 그 주문을 공고하고 그 결정서를 외국도산절차의 대표자나 신청인에게 송달하여야 한다.

⑤ 제1항의 규정에 의한 금지명령이 있는 때에는 그 명령의 효력이 상실된 날의 다음 날부터 2월이 경과하는 날까지 채무자에 대한 채권의 시효는 완성되지 아니한다.

⑥ 법원은 필요한 경우 이해관계인의 신청에 의하거나 직권으로 제1항의 규정에 의한 결정을 변경하거나 취소할 수 있다.

⑦ 법원은 특히 필요하다고 인정하는 때에는 이해관계인의 신청에 의하거나 직권으로 제1항 제2호의 규정에 의하여 중지된 절차의 취소를 명할 수 있다. 이 경우 법원은 담보를 제공하게 할 수 있다.

⑧ 제1항, 제6항 및 제7항의 결정에 대하여는 즉시항고를 할 수 있다.

⑨ 제8항의 규정에 의한 즉시항고는 집행정지의 효력이 없다.

第637조(국제도산관리인) ① 국제도산관리인이 선임된 경우 채무자의 업무의 수행 및 재산에 대한 관리·처분권한은 국제도산관리인에게 전속한다.

② 국제도산관리인은 대한민국 내에 있는 채무자의 재산을 처분 또는 국외로의 반출, 환가·배당 기타 법원이 정하는 행위를 하는 경우에는 법원의 허가를 받아야 한다.

③ 제 2 편 제 2 장 제 1 절(관리인) 및 제 3 편 제 2 장 제 1 절(파산관재인)에 관한 규정은 국제도산관리인에 관하여 준용한다.

제638조(국내도산절차와 외국도산절차의 동시진행) ① 채무자를 공통으로 하는 외국도산절차와 국내도산절차가 동시에 진행하는 경우 법원은 국내도산절차를 중심으로 제635조(승인전 명령 등) 및 제636조(외국도산절차에 대한 지원)의 규정에 의한 지원을 결정하거나 이를 변경 또는 취소할 수 있다.

② 제 1 항의 결정에 대하여는 즉시항고를 할 수 있다.

③ 제 2 항의 즉시항고에는 집행정지의 효력이 없다.

제639조(복수의 외국도산절차) ① 채무자를 공통으로 하는 여러 개의 외국도산절차의 승인신청이 있는 때에는 법원은 이를 병합심리하여야 한다.

② 채무자를 공통으로 하는 여러 개의 외국도산절차가 승인된 때에는 법원은 승인 및 지원절차의 효율적 진행을 위하여 채무자의 주된 영업소 소재지 또는 채권자보호조치의 정도 등을 고려하여 주된 외국도산절차를 결정할 수 있다.

③ 법원은 주된 외국도산절차를 중심으로 제637조의 규정에 의한 지원을 결정하거나 변경할 수 있다.

④ 법원은 필요한 경우 제 2 항의 규정에 의한 주된 외국도산절차를 변경할 수 있다.

⑤ 제 2 항 내지 제 4 항의 결정에 대하여는 즉시항고를 할 수 있다.

⑥ 제 5 항의 즉시항고에는 집행정지의 효력이 없다.

제640조(관리인 등이 외국에서 활동할 권한) 국내도산절차의 관리인·파산관재인 그 밖에 법원의 허가를 받은 자 등은 외국법이 허용하는 바에 따라 국내도산절차를 위하여 외국에서 활동할 권한이 있다.

제641조(공조) ① 법원은 동일한 채무자 또는 상호 관련이 있는 채무자에 대하여 진행중인 국내도산절차 및 외국도산절차나 복수의 외국도산절차간의 원활하고 공정한 집행을 위하여 외국법원 및 외국도산절차의 대표자와 다음 각호의 사항에 관하여 공조하여야 한다.

1. 의견교환
2. 채무자의 업무 및 재산에 관한 관리 및 감독
3. 복수 절차의 진행에 관한 조정
4. 그 밖에 필요한 사항

② 법원은 제 1 항의 규정에 의한 공조를 위하여 외국법원 또는 외국도산절차의 대표자와 직접 정보 및 의견을 교환할 수 있다.

③ 국내도산절차의 관리인 또는 파산관재인은 법원의 감독하에 외국법원 또는 외국도산절차의 대표자와 직접 정보 및 의견을 교환할 수 있다.

④ 국내도산절차의 관리인 또는 파산관재인은 법원의 허가를 얻어 외국법원 또는 외국

도산절차의 대표자와 도산절차의 조정에 관한 합의를 할 수 있다.

제642조(배당의 준칙) 채무자를 공통으로 하는 국내도산절차와 외국도산절차 또는 복수의 외국도산절차가 있는 경우 외국도산절차 또는 채무자의 국외재산으로부터 변제받은 채권자는 국내도산절차에서 그와 같은 조 및 순위에 속하는 다른 채권자와 동일한 비율의 변제를 받을 때까지 국내도산절차에서 배당 또는 변제를 받을 수 없다.

(2004년도 도산실무법관연수 자료, 사법연수원(2004) 소재)

[후기]

발표 후 발간된 석광현 교수님의 저서 '국제사법과 국제소송 제 3 권,' 박영사(2004)를 본문에 반영하였다. 국제파산편의 개정경과를 알리기 위하여 개정안의 변천과정을 소개하였다.

참고문헌

[국내문헌]

姜秉燮, "會社整理節次에 있어서 管理人의 雙務契約解除權," 대한변호사협회지 116호 (1986. 4)

姜宣明, "미국 파산절차 실무," 법조(2004. 5); "개인채무자회생해설"(미공간)(2003); "회사정리절차에서 공인회계사의 역할과 지위," 공인회계사 71호(2001)

姜永虎, "회사정리절차에 있어서 주채무에 관하여 채무를 면제하는 내용의 정리계획 인가의 결정이 있는 경우에 시효중단되어 있던 보증채무의 소멸시효 재진행시기," 대법원판례해설 통권 23호(1995); "화의제도, 도산 기업의 구세주인가," 법률신문 2634호(1997. 9. 29); 회사정리와 파산의 모든 것, 청림출판(1998)

高翔龍, 민법총칙(전정판), 법문사(2001)

高元錫, "할부계약에 있어서 매수인의 도산과 매도인의 권리," 리스와 신용거래에 관한 제문제(하), 법원행정처(1994)

공병호, 한국기업의 퇴출장벽, 한국경제연구원(1995)

郭京直, "화의절차에 있어서의 채권자의 지위," 저스티스(1998. 9)

郭潤直, 물권법, 박영사(1999); 債權總論, 박영사(1999); 債權各論, 박영사(2000)

郭潤直 편, 民法注解(XI), 박영사(1995); 民法注解(XIII), (XV), 박영사(2001)

權光重, "파산법과 파산실무 ── 동아건설산업주식회사의 파산관재업무 경험을 중심으로"(미공간, 도산법연구회 발표)

權南赫, "회사정리절차와 보증채무의 소멸시효," 대법원판례해설 1988년 상반기, 법원행정처(1989)

權澤秀, "파산법 제 3 조 제 2 항 소정의 '외국에서 선고한 파산은 한국 내에 있는 재산에 대하여는 그 효력이 없다'는 규정의 의미," 대법원판례해설 45호(2003 상반기), 法院行政處(2004)

김경욱, "독일의 소비자파산과 잔여채무면책에 관한 연구," 법조(1998. 10)

金東潤, "회사정리절차 및 화의절차에 있어서의 상계의 제한," 회사정리법 화의법상의 제문제, 법원도서관(2000)

金性龍, "개정 도산법의 개략적 검토(상), 법률신문 2677호(1998. 3. 12); "美國 破產法上 否認權 槪觀," 법조(1998. 12)

金承範, "貸出債權의 出資轉換에 관한 法的研究," 성균관대학교 박사학위논문(2002)

金龍潭, "정리계획기간 중의 감독권행사 철저를 둘러싼 문제점," 민사판례연구(XVI), 박영사(1994)

金龍德, “회사정리절차와 다수당사자의 채권관계,” 서울대학교 석사학위논문(1989); “미국법상 채무자의 강제집행면탈을 목적으로 한 재산도피 및 은닉 등을 방지하기 위한 제도,” 외국사법연수논집(11), 법원행정처(1994); “회사정리절차와 채권자의 지위,” 충북법률연구(1998); “회사정리절차와 화의절차의 비교를 통하여 본 회사도산법제의 현황과 문제점,” 법조(1998. 11·12); “정리채권자표·담보권자표 기재의 효력,” 상사판례연구(Ⅴ), 박영사(2000)

김용진, “國際倒産法의 現況과 問題點,” 인권과 정의 284호(2000. 4)

金容漢, 債權總論, 박영사(1988)

김정호 · 권오성, 법정관리이야기, 자유기업센타(1998)

김종석, “미국 파산법 제364조에 의한 채무자 구제금융에 관한 소고,” 인권과 정의(2002. 9)

金載亨, “회사정리절차가 보증채무의 소멸시효에 미치는 영향,” 상사판례연구(Ⅰ), 박영사(1996); “會社整理計劃에서 經營責任에 기한 株式消却의 基準,” 상사판례연구(Ⅴ), 박영사(2000)

金炯枓, “최근 서울지방법원의 회사정리 및 화의사건 실무,” 인권과 정의 241호(1996. 9); “한국 국제도산법의 발전방향,” 국제사법연구 7호(2001); “일본도산법의 개정방향과 주요내용,” 2004년도 도산실무법관연수자료, 사법연수원(2004)

南斗熙, “회사정리계획에 의한 정리채권자의 보증인에 대한 권리의 변경,” 판례와 이론(1995)

南逸聰, 도산제도의 경제적 분석, 한국개발연구원(2001)

대구지방법원, 회사정리사건처리실무(1998)

劉承男, “회사채의 지급보증인이 파산자에 대하여 가지는 회사채이자에 대한 사전구상금채권의 성질,” 2001. 5. 7, 서울고등법원 민사재판연구회(미공간).

柳英日, “최근 國際民事司法共助의 發展的 推移와 그 展望,” 국제사법연구 2호, 길안사(1997); “민사 및 상사에 있어서 국제재판관할 및 외국판결에 관한 협약이 가져올 변화와 우리의 대응,” 국제사법연구 5호, 지산(2000)

閔中基, “整理會社의 系列會社에 대한 連帶保證이 否認의 대상인 無償行爲에 해당하는지 여부,” 대법원판례해설 1999년 상반기(통권 32권)

朴基東, “破産節次 開始의 要件과 破産宣告의 效果,” 파산법의 제문제(상), 법원도서관(1999)

朴炳大, “파산절차와 쌍무계약,” 파산법의 제문제(상) 법원도서관(1999)

朴性哲, “파산법상의 부인권,” 파산법의 제문제(하), 법원행정처(1999); “회사정리 및 화의절차에 있어서의 부인,” 회사정리법 화의법의 제문제, 법원행정처(2000)

朴承斗, 韓國倒産法의 先進化方案, 법률 SOS(2003)

朴仁鎬, "주채무자에 대한 판결 등이 확정된 경우 보증채무의 소멸시효기간," 대법원 판례해설 통권 6호(1987)

朴 峻, "國際的 會社整理를 둘러싼 諸問題," 民事判例硏究(XVI), 박영사(1994)

朴洪佑, "整理債權 등의 신고·調査·確定에 있어서의 問題點," 회사정리법·화의법의 문제점, 법원도서관(2000)

裵玄太, "會社整理節次에 있어서 리스채권의 取扱," 법조 512호(2000. 2)

법원행정처, 회사정리실무(1985); 개정판 화의사건실무(1998); 소비자파산사건실무(미발간); 심포지움 IMF 체제와 효율적인 기업갱생방향(1998. 5. 12).

邊在承 외 4인, "서울民事地方法院의 會社整理事件 處理實務," 사법논집 25집(1994)

徐慶桓, "會社整理節次가 契約關係에 미치는 영향," 會社整理法·和議法上의 諸問題, 법원도서관(2000); "개인채무자회생제도," 2004년도 도산법관실무연수자료, 사법연수원(2004)

徐燉珏·金泰柱, 註釋어음·手票法, 육법사(1981)

徐石虎, "정리회사에 대한 변제금지보전처분," 제14기 사법연수생논문집, 사법연수원(1984)

서성식, "법정관리인이 본 회사정리," 2002년도 도산실무법관연수 자료, 사법연수원(2002)

서울지방법원, 회사정리실무(2000); 파산사건실무(개정판)(2001); 회사정리사건실무(개정판)(2001)

서정환, 기업구조조정촉진법의 평가와 제언, 한국경제연구원(2001. 9. 20)

石光現, "파생금융상품거래에 있어서의 일괄청산의 문제점과 도산법의 개정," 국제거래법연구(8), 국제거래법학회(1999); "國際倒産法에 관한 연구"—立法論을 중심으로—; "유럽연합의 國際倒産法制"; "統合倒産法試案 중 國際倒産法에 대한 의견"; "國際的인 신디케이티드 론 去來와 어느 貸主銀行의 破産," 國際私法과 國際訴訟 제3권, 박영사(2004)

成樂松, "會社整理法上 株主의 議決權," 민사판례연구(XV), 박영사(1993)

申弼鐘, "整理債權의 出資轉換과 保證債務의 消滅," 民事裁判의 諸問題(11)(2002. 12)

梁彰洙, "주채무자에 대한 판결의 확정과 보증채무의 소멸시효기간," 민법연구(2), 박영사(1991)

梁亨宇, "破産節次上의 連帶債務와 保證債務," 법조 566호(2003. 11)

吳官錫, "은행의 사고신고담보금과 상계," 민사판례연구(XVII), 박영사(1995)

吳錫洛, "整理計劃樹立의 意義와 그 認可條件," 대한변호사협회지(1985. 3)

吳守根, "미국의 파산법이론에 관한 소고," 현대상법의 과제와 전망(양승규교수 화갑기념논문집), 삼지원(1994); "會社整理法의 歷史的 發展過程에 관한 小考," 민사판례연구(XVI), 박영사(1994); "회사정리제도에 관한 실증적 연구," 상사법연구 16권 2호(1997); "會社整理法에서의 平等·公正·衡平의 개념," 상사판례연구(Ⅴ) 박영사(2000); "청산가치를 하회하는 정리계획안의 당부," 민사판례연구(XXⅢ), 박영사(2001)

吳泳俊, "管理人의 否認權 行使와 未申告된 整理擔保權, 整理債權의 復活을 둘러싼 法律關係"(미공간)

元裕錫, "整理計劃案의 作成 認可상의 問題點," 민사판례연구(XⅥ), 박영사(1996)

尹榮信, 美國의 倒産法, 한국법제연구원(1998); 英國의 倒産法, 한국법제연구원(1998)

尹雄傑, "國際倒産에 있어서 管轄權의 選擇과 國際的 協力," 해외연수검사 연구논문(미공간)

尹眞秀, "회사정리법상의 보전처분과 부인권," 민사재판의 제문제(8)(1994)

윤창술, 국제도산제도의 동향, 인권과 정의(2003. 11)

李恭炫, "확정판결에 의한 주채무의 소멸시효기간의 연장과 보증채무의 시효기간," 민사판례연구(Ⅹ), 박영사(1989)

李基秀, 어음법·수표법학, 박영사(1996)

李敏杰, "회사정리절차상의 상계와 부인권," 민사판례연구(XⅦ), 박영사(1995)

이상영, "독일 일반집행법상 새로 채택된 파산계획에 관하여," 대전대학교 사회과학논문집 16권 1호(1997)

이은영, 채권총론, 박영사(1999)

李在睦, "미국 연방파산법상의 소비자파산제도와 개혁논의의 경과," 인권과 정의(2000. 1)

李濟垣, "出資轉換의 法的性質," 증권법연구 1권 1호(2000)

李柱玄, "신탁법상의 신탁계약을 체결하면서 담보목적으로 채권자를 수익권자로 지정한 경우 그 수익권이 정리계획에 의하여 소멸되는 정리담보권인지 여부," 대법원판례해설 42권(2003)

李鎭萬, "整理債權인 약속어음금債權의 免責과 事故申告擔保金," 민사판례연구(XXⅤ), 박영사(2003)

李亥雨·李在華, 파산법, 법률문화원(2001)

李亨夏, "서울지방법원 화의 파산사건 실무"(미공간)

李厚東, "涉外倒産에 있어서의 國際協助와 節次의 竝行," 법실천의 제문제, 박영사(1996)

林時圭, "화의법 및 회사정리법상의 채권자협의회," 인권과 정의 261호(1998. 5)

林鍾憲, "일본 파산법상의 부인권에 관한 연구," 外國司法硏修論集(12) 66집(1994); "대표적 도산처리 절차인 도산 절차의 개관과 그 활용," 저스티스 29권 1호(1996); "破産節次가 未履行契約關係에 미치는 影響" 인권과 정의 241號(1996. 9); "破産節次의 開始要件에 관한 實務的 考察," 법조(1999. 2); "外國

倒產節次가 國內에 미치는 影響에 관한 硏究," 파산법의 제문제(상), 법원도서관(1999); "會社整理와 勞動關係," 공인회계사 통권 93호(2001); "他人의 債務保證과 無償否認," 법조(2000. 9·10)

林俊浩, "所有權移轉請求權 保全의 가등기와 쌍방미이행의 쌍무계약에 대한 解除," 상사판례연구(Ⅴ), 박영사(2000)

林采雄, 소비자파산의 연구(서울대학교 석사학위논문, 1997); "외국도산절차가 국내에 미치는 영향에 관한 연구," 파산법의 제문제(상), 재판자료 82집(1999)

林采洪, "정리회사의 보증인의 地位," 大韓辯護士協會誌(1989. 1)

林采洪 · 白昌勳, 회사정리법(상, 하), 한국사법행정학회(1998): 會社整理法(上, 下), 司法行政學會(2002)

林治龍, "미국 국제사법(저촉법)의 현황 ── 준거법의 결정을 중심으로 ──," 사법연구자료 24집(1997); "헤이그송달조약에 관한 연구," 저스티스 통권 47호(1998. 3)

張太圭, "會社整理節次에 있어서 讓渡擔保權者의 地位" 수원변호사회지 2호(1990)

田炳西, "파산면책의 입법적 검토," 저스티스 31권 1호(1998); "파산법상의 상계권의 제한," 법률신문 2683호; "파산자의 면책에 대한 고찰," 법조(1998. 1); 破產法, 司法行政學會(1999); "채무자회생및파산에관한법률안의 개인채무자파산 및 면책에 관한 부분 검토," 법률신문(2003. 6. 30); 파산법, 법문사(2003)

全孝淑, "사고신고담보금의 법률관계," 민사재판의 제문제(8)(1994)

鄭大根, "整理債權者表와 整理擔保權者表의 確定力의 의미," 상사판례연구 5집(1992. 11)

鄭順燮, "派生商品의 金融規制法상 問題點," 心堂 宋相現先生華甲紀念論文集, 박영사(2002)

鄭晙永, "개인파산(회생)에 있어서 장래소득에 대한 전부명령 채권양도의 효력," 2004. 5. 29 한국민사소송법학회발표문

鄭燦亨, "어음所持人인 整理債權者의 事故申告擔保金의 支給請求權," 判例月報 310호(1996. 7); 英美어음 · 手票法, 고려대학교출판부(2001)

鄭熙喆, 판례교재 어음수표법, 법문사(1975)

趙炳顯, "파산절차상의 상계권행사," 파산법의 제문제(하), 법원행정처(1999)

趙相熙, "整理計劃 認可決定에 대한 抗告에서의 認可決定取消의 效果," 서울지방변호사회 판례연구(1992)

崔基元, 어음 · 手票法, 박영사(1996)

최도성 · 지헌열, 회사정리제도, 서울대학교출판부(1998)

崔周永, "타인의 채무의 보증과 회사정리법 제78조 제1항 제4호의 무상부인," 상사판례연구(Ⅴ), 박영사(2000)

한국개발연구원, 기업퇴출관련 제도개선방안(1997. 12)

한국산업은행, 회사정리법해설(1982); "법정관리절차에 있어서의 정리계획 입안기준에 관한 연구," 산업은행조사월보(1993. 8)

한국법학원보, "심포지움 기업 회생관계법의 개정과 제도운영," 78호(1998. 5. 11)

韓宗遠, "회사정리법상 확정된 정리채권자표와 정리담보권자표의 기재의 효력," 대법원판례해설 16호(1992)

韓忠洙, "國際保全訴訟의 裁判管轄權," 國際私法硏究 4호, 지산(1999); "外國倒產節次의 承認과 執行," 변호사 31집(2001); "UNCITRAL의 국제도산절차와 Model Law 연구," 민사소송 7권 2호, 한국사법행정학회(2003)

洪日杓, "회사정리법上의 변제금지의 보전처분과 이행지체," 회사법상의 제문제(下), 법원행정처(1987)

[영미문헌]

John. D. Ayer, Rethinking Absolute Priority After Ahlers, 87 Mich. L. Rev. 963 (1989)

Douglas G. Baird, THE ELEMENTS OF BANKRUPTCY(Revised ed. 1993)

G. Baird and Thomas H. Jackson, Bargaining after the fall and the contours of the absolute priority rule, in Bhandari and Weiss, CORPORATE BANKRUPTCY (Cambridge 1996)

Lucian Arye Bebchuk ET AL., An Economic Analysis of Transnational Bankruptcies, 42 J.L. & Econ. 775(1999); 金和鎭譯, "會社整理와 持分의 分配: 提案," 국제거래법연구 2집, 국제거래법학회(1993)

Thomas F. Blakemore/金秉俊(역), "미국에서의 外國 破產訴訟節次의 效力," 국제사법연구 2호, 길안사(1997)

Brian A. Blum, BANKRUPTCY AND DEBTOR/CREDITOR(2nd ed. 1999)

Charles Booth, Recognition of Foreign Bankruptcies: An Analysis and Critique of the Inconsistent Approaches of United States Courts, 66 Am. Bank. L. J. 135, 155(1992); The New Avoidance Powers under Hong Kong Insolvency Law: A Move from Territoriality to Extraterritoriality Int'l Lawyer 255, 256, 264 Vol. 34, No 1(2000)

Ole Borcher & Mikkel Lyager, Ch 20 Denmark, Collier's International Business Insolvency Guide(Mathew Bender, 2001)

David Broder, A bipartisan outrage, Washington Post, May 19, 2002, B07

Richard F. Broude, Cramdown and Chapter 11 of the Bankruptcy Code: The Settlement Imperative, 39 Bus. Law. 441(1984)

Samuel L. Bufford ET AL, INTERNATIONAL INSOLVENCY(Federal Judicial

Center 2001)

Bussel, 三木浩一 譯 アメリカ倒産法における近時の展開(下), 國際商事法務 Vol. 25. No 11(1997)

Hannah L. Buxbaum, Rethinking International Insolvency: The Neglected Role of Choice of Law Rules and Theory, 36 Stan. J. Int'l L. 23(2000)

Arnold B. Cohen, CONSUMER BANKRUPTCY MANUAL(Thomson West 2nd ed. 2002)

David G. Epstein ET AL, BANKRUPTCY(1993)

Ian F. Fletcher ed, INSOLVENCY IN PRIVATE INTERNATIONAL LAW(Clarendon Press Oxford(1999); THE EC REGULATION ON INSOLVENCY PROCEEDINGS A Commentary and Annotated Guide(Oxford 2002); European Union, Collier International Business Insolvency(2003)

Michael A. Gerber, BUSINESS REORGANIZATION(1997)

Michael J. Herbert, UNDERSTANDING BANKRUPTCY(1995)

Thomas H. Jackson, THE LOGIC AND LIMITS OF BANKRUPTCY LAW (Harvard University Press 1986)

Robert L. Jordan & William D. Warren, BANKRUPTCY(4th ed, 1995)

Lawrence P. King, COLLIER INTERNATIONAL BUSINESS INSOLVENCY GUIDE(2001)

Kennethe N. Klee, Cram Down Ⅱ, 64 Am. Bkrtcy.L.J. 229, 244(1990)

E Bruce Leonard, Internaionalisation of Insolvency and Reorganization, International Business Lawyer(May 1996); Everfresh: A New Milestone in International Reorganizations, BCD News and Comment, Jan. 22, 1996; Managing Default by a Multinational Venture: Cooperation in Cross Border Insolvencies, 33 Tex. Int'l L.J. 543, 546(1998); The Way Ahead: Protocols in International Insolvency Cases, 17-Jan Am. Bankr. Inst. J. 12(1999)

Lynn M. LoPucki, Cooperation in International Bankruptcy: A Post-Universalism Approach, 84 Cornell L. Rev. 696(1999)

Norton BANKRUPTCY LAW AND PRACTICE 2nd ed.

Liza Perkins, A Defense of Pure Universalism in Cross—Border Corporate Insolvencies, 32 N.Y.U. J. Int'l L. & Pol. 787(2000)

Lawrence Ponoroff and F. Stephen Knippenberg, The Immovable Object Versus the Irresistible Force: Rethinking the Relationship Between Secured Credit and Bankruptcy Policy, 95 Mich L. REV. 2234(1997)

Harry Rajak, INSOLVENCY LAW THEORY & PRACTICE

Robert K. Rasmussen, A New Approach to Transnational Insolvency, 19 Mich. J. Int'l L. 1, 26(1997)

Dennis Rose, LEWIS'S AUSTRALIAN BANKRUPTCY LAW(11th ed LBC Information Services 1999)

Jeff A. Schnepper, THE NEW BANKRUPTCY(1981)

David A. Skeel, Jr. DEBT'S DOMINION(Princeton University Press 2001)

Sullivan, Warren & Westbrook, AS WE FORGIVE OUR DEBTORS; BANKRUPTCY AND CONSUMER CREDITS IN AMERICA(1989)

Charles Jordan Tabb, The Historical Evolution of the Bankruptcy Discharge, 65 Am. Bankr. L. J. 325(1991); The History of the Bankruptcy Laws in the United States, 3 Am. Bankr. Inst. L. Rev. 5(1995)

Elizabeth Warren, BUSINESS BANKRUPTCY(Federal Judicial Center 1993)

Elizabeth Warren & Amelia Warren Tyagi, THE TWO INCOME TRAP-WHY MIDDLE CLASS MOTHERES & FATEHRS ARE GOING BROKE(2003), 엘리자베스 워렌, 아멜리아 워렌 티야기 저, 주익종 역, 맞벌이의 함정(2004)

Ned W. Waxman, The Bankruptcy Reform Act of 1994, Bankruptcy Development Journal of Emory Law School

Benjamin Weintraub ET AL, PRACTICAL GUIDE TO BANKRUPTCY AND DEBTOR RELIEF(1964)

Jay Lawrence Westbrook, Multinational Enterprise in General Default: Chapter 15, The ALI Principles, and The EU Insolvency Regulation, 76 Am. BANKR. L. J. 1, 10(2002); International Judicial Negotiation, 38 Texas Int'l L.J, 567 (2003)

Teresa Wyszomiersky, A Way Forward Through Bankruptcy, Asian Wall Street Journal, 1998. 10. 5

Recommendation from the National Bankruptcy Review Commission Final Report, http;//www.abiworld.org/legis/review/agendas/AGENDA.html

Note, Estimating Contingent Liabilities to Determine Insolvency in Bankruptcy Proceedings, 1989 B.Y.U.L. REV. 1315

[일본문헌]

加藤和夫 "債權確定に關する若干の問題," 新實務民事訴訟講座(13), 日本評論社(1981)

兼子一, 條解會社更生法, 弘文堂(1953)

兼子一＝三ヶ月章, 條解會社更生法(中), 弘文堂(1974)

高木新二郎, アメリカ連邦破産法, 商事法務研究會(1996); "國際倒産法の次なる課題,"

山本克已＝山本和彦＝坂井秀行　編，國際倒産法制の新展開，經濟法令研究會(2001)；新倒産法制の課題と將來，商事法務(2002)
高木新二郎 編，倒産法実務事典(1999)
谷川久，“任意整理による主債務者免責と遡求義務者の責任，” 別册 ジュリスト No. 108(1990. 5)
宮川知法，“破産債務者の職業保障，”民事訴訟雜誌 36호(1990)
宮脇行彦 외，注解會社更生法，青林書院(1986)
吉野正三郎，破產法 30講，成文堂(1991)
納谷廣美，“複數管財人による手形行爲，”新倒産判例百選 別册 ジュリスト(1990)
大彬謙一，“いわゆる不良債權問題とデット・エクイティ・スワップ(債務の株式化)，”ジュリスト(2003. 3. 1)
大西良孝，“更生計劃の效力と遂行，”金融商事判例 719호
大村雅彦，“整理計劃における免責と保證人の地位，”新倒産判例百選 別册 ジュリスト(1990)
大阪個人再生手続運用研究會，事例解說 個人再生，新日本法規(2004)
桃尾重明，新國際倒産法実務，日本法令(2001)
渡部晃，“手形の讓渡擔保，”裁判実務大系 3，會社訴訟 會社更生法(1985)
渡辺光誠，アメリカ倒産法の実務，商事法研究會(1996)
渡辺惺之，“破產屬地主義，”新倒産判例百選 別册 ジュリスト(1990)
稲葉威雄，判例批評，民商法雜誌 81권 4호
道垣內正人，“國際倒産における債權者平等，”山本克已＝山本和彦＝坂井秀行 編，國際倒産法制の新展開，金融商事判例 增刊號 1121호(2001)
東京地裁破産再生実務研究會，破産・民事再生の實務(下)，金融財政事情研究會(2002)
東西倒産実務會 編，會社更生・會社整理，社團法人商事法研究會(1989)
木棚照一・松岡博・渡辺惺之，國際私法概論 第3版，有斐閣(1999)
木川裕一郎，“外國倒産手続の承認の考察，”倒産法學の軌跡と全開 櫻井孝一先生古稀祝賀，成文堂(2001)
木村圭二朗，“米國倒産法上の外國倒産手続の承認(1)(2)，”民商法雜誌(1995)
飯塚重男，“倒産手続における裁判官の忌避，”新倒産判例百選 別册 ジュリスト(1990)
法務省民事局參事官室 編，倒産法制に關する改正檢討課題，商事法務研究會(1997)
福岡博之，“破產法第七三條第一項の適用範圍の問題と割引手形の買戻，”手形研究 42호
司法研修所 編，破產事件の處理に關する実務上の諸問題，法曹會(1985)
寺澤達也 外 編著 會社更生企業その後，債權管理別册 No.1 金融財政事情研究會(2002)
山口和男，“主債務を免除する整理計劃認可と保證債務の消滅時效の進行，” 判例 タイムズ 判例 タイムズ 411호

山內八郞, 実務會社更生法(제 3 판), 一粒社(1971); 會社更生計劃の諸問題, 一粒社(1979)

山本克己, "新しい國際倒產法における「承認」概念と周邊," 河野正憲・中島弘雅 編, 倒產法大系, 弘文堂(2001); "當事者適格," 新裁判実務大系 3 國際民事訴訟(財產編) 靑林書院(2002); "日本新會社更生法の概要等," 민사소송 7권 2호, 한국민사소송법학회(2003)

山本克己＝山本和彦＝坂井秀行 編, 國際倒產法制の新展開, 金融商事判例 增刊號 1121호(2001)

山本和彦, 國際倒產法制, 商事法務(2002)

山田文, "米國における夫婦共同手続の導入可能性," 倒產法大係 倒產法と市民保護の法理, 弘文堂(2001)

三ヶ月章, 會社更生法硏究, 有斐閣(1979); 條解會社更生法(上, 中, 下), 弘文堂(1999)

三宅省三, "訴訟當事者の外國における破產と當事者適格の消長," 別册 ジュリスト No. 106(1990. 2)

霜島甲一, 會社更生計劃の分析 10 完 ジュリスト 399호(1968); "アメリカ合衆國連邦破產法改正の背景と草案について," 判例タイムズ No. 306(1978); "アメリカ合衆國一九七八年連邦破產法の成立, 民事節次法の革新(下)," 三ケ月章先生古稀祝賀, 有斐閣(1991)

商事法務硏究會, 更生會社 vs. 債權者, 商事法務硏究會(1978)

上原敏夫, "會社の倒產と內部債權の劣後的處遇"(上, 中, 下) 判例時報 1277호, 3면, 1280호, 1283호

上村多平, 多數當事者の債權關係, "企業の整理・再建と淸算" 靑林書院新社(1980)

西尾信一, "破產法第104條2号但書の「前ニ生ジタル原因」と手形取立委任," 判例 タイムズ 700호(1989. 9. 1)

西山芳喜, "任意整理による主債務者の免責と遡求義務者の責任," 別册 ジュリスト 手形小切手判例百選(1997)

西山俊彦, "會社更生計劃の條項について若干の考察," 會社と訴訟(下)(1968)

石渡哲, "會社更生における公正・衡平・遂行可能," 判例 タイムズ 866호(1995)

石黑一憲, 國際私法と國際民事訴訟法の交錯, 有斐閣(1998)

小島武司. "倒產手続と憲法的保障," 新倒產判例百選 別册 ジュリスト(1990)

小林秀之, アメリカ民事訴訟法, 弘文堂(1993); "カナダにおけるわが國の倒產手続の效力と屬地主義," 金融法務事情 No. 1284(1991. 4. 15)

小川善吉-三ヶ月章, "會社更生法をめくる諸問題(5)," 判例タイムズ

松岡博, 國際取引と國際私法, 晃洋書房(1993)

松久三四彦, "會社更生手続と時效," 判例 タイムズ 866호(1995)

松田安正, “株式による代物辨濟條項およびその利害得失,” 判例 タイムズ 866호 (1995)

松田二郎, 會社更生法(舊版), 有斐閣(1960); 會社更生法(新版), 有斐閣(1976)

松下淳一, “更生計劃の條項と 「平等, 公正, 衡平」 の意味,” ジュリスト No. 888 (1987. 6. 15); “內國倒産手續の對外的效力” 新裁判實務大系 3 國際民事訴訟(財産編), 青林書院(2002); “契約關係の處理,” 別册 NBL 倒産實體法(2002); “國際倒産,” 民事再生法の理論と實務(下)

水元宏田, 倒産法における一般実体法の規制原理, 有斐閣(2002)

深山卓也, 新しい國際倒産法制, 金融財政事情研究會(2001)

野崎辛雄, “更生計劃における權利の取扱いをめぐる諸問題,” 『新·実務民事訴訟講座 13』, 日本評論社(1981)

鈴木忠一 · 三ヶ月章 編集, 注解民事執行法(4), 第一法規(1985)

櫻井孝一 編, 演習 破産法(改訂版)(1996)

玉城 勳, “更生手続参加により中斷した時效の進行開始時期,” 新倒産判例百選 別册 ジュリスト(1990)

園尾隆司 · 小林秀之 編, 條解民事再生法, 弘文堂(2003)

園尾隆司 · 小林秀之 · 山本和彦 編, 解說 個人再生節次, 弘文堂(2001)

伊藤眞, “親會社の有する株式 · 更生債權を他より劣位に扱う更生計劃と公正 · 衡平,” 判例タイムズ No. 505(1983. 11. 10); 破産法, 有斐閣(1988); 破産法(新版), 有斐閣(1998); “和議手続における擔保權者の地位(上, 中, 下),” 判例 タイムズ No. 423-425(1980); “外國倒産の日本における效力,” ジュリスト 970호 (1990); “外國破産管財人の日本における 權限行使,” 別册 ジュリスト No. 106(1990. 2); “概說－屬地主義と普及主義”

高桑昭 · 道垣內正人 編, 國際民事訴訟法, 青林書院(2002)

林屋札二 編, 民事執行法(改訂版), 青林書院(1996)

日本弁護士連合會 消費者問題對策委員會, 2002年破産事件及び個人再生事件記錄調査

長谷部 외 3인, “會社更生手続 · 會社整理手続運用手引き,” 判例時報 1692호, 1693호 (2000)

長谷部茂吉, “更生手続と時效の中斷,” 金融商事判例增刊号 No 554

田頭章一, “國際破産管轄과 倒産節次의 國際的 效力,” 국제사법연구(2001); “消費者倒産處理手続の現狀と課題,” 河野正憲 · 中島弘雅, 倒産法大系 倒産法と市民保護の法理, 弘文堂(2001); “倒産處理法における雙方未履行雙務契約の處理,” 青山善充外 編. 新堂幸司先生古稀祝賀論文集(下), 有斐閣(2002); “倒産法制について,” 別册 ジュリスト 倒産判例百選 제 3 판(2002. 9)

前田 庸, “手形の買戾と否認,” 別册 ジュリスト 銀行取引判例百選(新版)

田村諄之輔, “會社更生計劃における公正, 衡平と遂行可能性についての一考察,” 裁判と法(下)(菊井先生獻呈論集)(1967); “更生擔保權の目的物の評價,” 新倒産判例百選 別冊 ジュリスト(1990)

齊藤秀夫・麻上正信 編, 注解破產法, 青林書院新社(1992); 注解破產法 第三版(上), 青林書院(1999)

鵜澤晋, “更生計劃による主債務變更と保證債務の時效中斷,” 金融法務事情 689호

宗田親彦, 全訂破產法概說, 法學書院(1983); 破產法硏究, 慶應通信(1995)

座談會, “新たな國際倒産法制下の諸論点(5·完),” 金融法務事情 1614호(2001)

酒井 一, “日本の倒産法制と國際倒産,” 渡辺惺之・野村美明 編, 國際取引法, 法律文化社(2002)

竹内康二・加藤哲夫, 倒産判例ガイト, 有斐閣(1996)

竹内康二, “更生計劃における公正衡平(1),” 新倒産判例百選 別冊 ジュリスト(1990); “外國破產節次의 承認,” 국제사법연구 7권(2001)

竹下守夫, “屬地主義と外國の破產管財人のわが國における權限,” 判例 タイムズ, 472호

中島健仁, “マルコ事件,” 山本克己＝山本和彦＝坂井秀行 編, 國際倒産法制の新展開, 金融商事判例 增刊號 1121호(2001)

中島弘雅, “各種契約取扱い,” ジュリスト(2002. 12. 15)

中西 康, “承認の理論的性格,” 山本克己＝山本和彦＝坂井秀行 編, 國際倒産法制の新展開, 金融商事判例 增刊號 1121호(2001)

中野貞一郎, 民事執行法, 青林書院(2000)

中村清, “雙務契約の履行請求および解除權行使の實際,” 判例 ダイムズ No 866(1995)

志水義文, “認可更生計劃の效力,” 會社と訴訟(下), 松田判事在職四十年記念, 有斐閣(1984)

青山善充, “會社更生の性格と構造(一, 二, 三, 四),” 法學協會雜誌 83권 2, 3호(1966), 84권 5호(1967), 86권 4호(1969); 最高裁判所民事判例硏究 31, 法學協會雜誌 84권 3호; “裁判に現れる會社更生法の諸問題,” 民訴雜誌 16호(1970); “支拂停止の意義および機能,” 新実務民事訴訟講座 13, 日本評論社(1981)

清水直, 続·會社更生手続の実務, 商事法務硏究會(1983); “100% 減資更生計劃の許否,” 新倒産判例百選, 別册 ジュリスト(1990)

最高裁判所 事務總局, 會社更生事件裁判例集(1966)

坂原正夫, “更生計劃における公正衡平(2),” 新倒産判例百選, 別册 ジュリスト(1990)

坂井秀行, “會社更生手続と海外資產・海外業營所,” 判例タイムズ 866호

貝瀨幸雄, “比較國際倒産法,” 石黑一憲 編, 國際金融倒産, 經濟法令硏究會(1995); ヨ・ロツパ連合倒産條約の硏究, 商事法硏究會(2000); “EU規則との比較,” 山本克己＝山本和彦＝坂井秀行 編, 國際倒産法制の新展開, 金融商事判例 增刊號 1121

호(2001)
片山英二, "國際倒産手続," 現代裁判法大係 20, 新日本法規出版(1998)
海保寛, "保證人の求償權," 裁判実務大系 會社訴訟と會社更生法, 青林書院(1985)
現代財産法研究會編, 譲渡擔保の法理 ジュリスト(1987. 8)
後藤靜思, 最高裁判所判例解說民事篇 1970年(上), 法曹會

판례색인

[대법원 판결]

[대법원 결정]

著者略歷

성균관대학교 법과대학 졸업
사법연수원 수료(제14기)
Duke Law School(LL.M.)
현재 서울중앙지방법원 파산부 부장판사

主要論文

제 4 회 법학논문상(2000), 수상논문: 헤이그송달조약에 관한 연구

파산법연구

2004年　9月　20日　初版發行
2006年　3月　20日　重版發行

著　者　林 治 龍
發行人　安 鍾 萬
發行處　(株) 博 英 社
서울特別市 鍾路區 平洞 13-31番地
電話 (733)6771 FAX (736)4818
登錄 1959. 3. 11. 제 300-1959-1 호(倫)

www.pakyoungsa.co.kr　e-mail: pys@pakyoungsa.co.kr

破本은 바꿔 드립니다. 本書의 無斷複製行爲를 禁합니다.

定 價 38,000원　ISBN 89-7189-660-4